JN439364

# 상법총칙
# 상행위법

최 정 식

Commercial Law

三 英 社

# 서 문

상법이 규율하는 대상인 경영, 경제 등 비즈니스 분야는 변화무쌍하게 발전하고 있다. 이에 발맞추어 살아있는 법인 상법도 부단한 변화와 발전을 이루면서 빈번하게 법이 개정되고 있으며 아울러 새로운 판례도 쌓여가고 있다. 한편 반가우면서도 이를 따라가야 하는 입장에서는 힘든 분야이기도 하다.

필자는 어음 · 수표법, 보험 · 해상법 저서를 수년 전에 발간하였다. 그렇다 보니 상법의 각론 내지는 특수 분야의 책을 먼저 발간하고 기본서인 상법총칙 · 상행위법을 뒤늦게 발간하는 모양새가 되었는데, 이는 상법총칙에 관한 훌륭한 저서가 많기 때문이기도 하지만 필자의 게으름이 주된 이유이다.

사실 오래 전에 책의 발간을 결심하였으나 머뭇거리던 중 수년간 학장 보직을 맡아서 복잡한 대학 사정을 헤쳐 나가느라 시간을 허비하였고, 그 이후 맞게 된 연구년에는 미국 대륙을 유랑하며 세월을 보내느라 정신이 없었다. 귀국 후 출판사의 독촉을 받고서야 방치한 원고를 꺼내 다듬어 이 책을 내놓게 되었으니 밀린 숙제를 끝낸 것 같아 홀가분하다.

이 책은 필자가 강의를 해온 원고를 중심으로 만들어졌으나 그 저변에는 훌륭하신 선배 교수님들의 저서들이 바탕을 이루고 있는데, 필자에게 많은 지혜를 터득하게 하였으니 감사할 따름이다.

이 책은 상법총칙 및 상행위법에 대한 기본법 이론을 충실히 소개하고 학자들의 대립되는 견해와 아울러 필자의 견해를 밝히려고 노력하였다. 법이 현실의 학문임은 두말할 나위가 없는바, 실무에서 법 이론이 어떻게 적용되는지 이해할 수 있도록 가능한 한 다양한 판례를 수록함으로써 이론과 실무를 접목시키려고 공을 들였다. 이 책이 법률관련 종사자, 법학도 그리고 여러 수험생들에게 조금은 난해한 상법 분야가 친근하게 다가갈 수 있는 길잡이 역할을 할 수 있기를 소망한다.

필자의 지혜가 부족하여 내용상 흠이 많겠지만 애정 어린 맘으로 살펴보아 주시길 부탁드린다. 책 한 권이 세상에 나오기까지는 고독한 시간을 견뎌내는 인고와 땀이 요구된다. 포기하려는 생각을 되돌리게 한 삼영사의 고성익 사장님과 꼼꼼하게 교정을 봐준 임진숙 과장님께 감사를 드린다. 최종 원고를 정성들여 살펴보아준 숭실대 국제법무학과 김성태 교수의 노고에 고마움을 표한다. 이런 저런 사정으로 가정에 소홀함에도 불구하고 언제나 인내심을 아끼지 않는 우리 가족에게도 사랑과 감사의 말을 전한다.

2019. 3.

살피재 연구실에서 **최 정 식**

# 차 례

# 제1편 서 론

## 제1장 상법의 의의


**제1절 상법의 개념** 21

**제2절 형식적 의의의 상법** 22

**제3절 실질적 의의의 상법** 23

제 1. 상(商)의 개념 ······ 23

제 2. 상법의 대상 ······ 23

제 3. 실질적 의의의 상법의 개념 ······ 25

**제4절 형식적 의의의 상법과 실질적 의의의 상법의 관계** 26


## 제2장 상법의 지위


**제1절 민법과 상법** 27

제 1. 특별법으로서의 상법 ······ 27

제 2. 민상이법(民商二法) 통일론 ······ 27

제 3. 민법의 상화와 상법의 자주성 ······ 29

**제2절 상법과 경제법** 30

제 1. 경제법의 의의 ······ 30

제 2. 상법과 경제법의 관계 ······ 31

**제3절 상법과 노동법** 31

**제4절 상법과 어음법 · 수표법** 32

## 제3장 상법의 특성과 이념

**제1절 상법의 특성 33**

제 1. 진보적 특성 ······ 33
제 2. 국제화 특성 ······ 33

**제2절 상법의 이념 34**

제 1. 기업의 생성 · 유지의 강화 ······ 34
제 2. 거래안전의 보호 ······ 36

## 제4장 상법의 법원(法源)

**제1절 상법의 법원의 종류 39**

제 1. 상사제정법 ······ 39
제 2. 상관습법 ······ 40
제 3. 상사자치법 ······ 46
제 4. 보통거래약관 ······ 46
제 5. 상사판례 ······ 56
제 6. 상사학설 ······ 57
제 7. 조 리 ······ 57

**제2절 상사에 관한 법의 적용순위 58**

제 1. 상법 제1조의 '상사'의 의의 ······ 58
제 2. 법 적용의 순서 ······ 60

**제3절 상법의 효력(적용범위) 63**

제 1. 시 간 ······ 63
제 2. 장 소 ······ 63
제 3. 사 람 ······ 64
제 4. 사 항 ······ 64

# 제2편 상법 총칙

## 제1장 서 설

**제1절 상법총칙의 의의** 67
**제2절 상법총칙의 체계** 67

## 제2장 상 인

**제1절 총 설** 69
**제2절 상인에 대한 입법주의** 69
제 1. 상인법주의(형식주의, 주관주의) ........ 69
제 2. 상행위법주의(실질주의, 객관주의) ........ 70
제 3. 절충주의 ........ 70
제 4. 우리 상법의 입장 ........ 70
**제3절 당연상인** 71
제 1. '기본적 상행위'를 하는 자 ........ 71
제 2. 영업성 ........ 72
제 3. '자기명의'의 상행위 ........ 75
제 4. 기업성 ........ 75
**제4절 의제상인** 76
제 1. 서 설 ........ 76
제 2. 설비상인 ........ 76
제 3. 민사회사 ........ 77
**제5절 소상인** 78
제 1. 의 의 ........ 78
제 2. 범 위 ........ 78
제 3. 소상인에게 적용되지 않는 규정 ........ 78

**제6절 상인자격의 취득과 상실 79**

제 1. 서 설 ······ 79
제 2. 자연인의 상인자격 ······ 80
제 3. 법인의 상인자격 ······ 82

**제7절 영업능력 85**

제 1. 서 설 ······ 85
제 2. 미성년자 ······ 85
제 3. 피한정후견인 ······ 86
제 4. 피성년후견인 ······ 87

**제8절 영업의 제한 88**

제 1. 공법상의 제한 ······ 88
제 2. 사법상의 제한 ······ 89

## 제3장 상업사용인

**제1절 총 설 90**

**제2절 상업사용인의 개념 91**

제 1. '특정상인'에의 종속 ······ 91
제 2. 종속관계와 고용여부 ······ 91
제 3. 대외적 거래업무에 종사 ······ 92
제 4. 상업사용인의 범위 ······ 92

**제3절 지배인 93**

제 1. 의 의 ······ 93
제 2. 선임과 종임 ······ 94
제 3. 지배인의 권한 ······ 96
제 4. 공동지배인 ······ 102
제 5. 표현지배인 ······ 105

**제4절 부분적 포괄대리권을 가진 사용인 110**

제 1. 의 의 ······ 110
제 2. 선임과 종임 ······ 110

제 3. 대리권의 범위 ······ 111
제 4. 표현지배인 규정의 유추적용 여부 ······ 113

**제5절 물건판매점포사용인 115**

제 1. 의 의 ······ 115
제 2. 요 건 ······ 116

**제6절 상업사용인의 의무 117**

제 1. 의 의 ······ 117
제 2. 경업금지의무 ······ 118
제 3. 겸직금지의무 ······ 121

## 제4장 영 업 소

**제1절 총 설 122**

제 1. 의 의 ······ 122

**제2절 영업소의 수와 종류 123**

**제3절 영업소의 법률효과 124**

제 1. 일반적 효과 ······ 124
제 2. 지점에 대한 법률적 효과 ······ 125

## 제5장 상 호

**제1절 총 설 127**

제 1. 상호의 필요성 ······ 127
제 2. 상호의 가치 ······ 127

**제2절 상호의 의의 128**

제 1. 상인이 '자기'를 표시하는 명칭 ······ 128
제 2. 상호는 '명칭'이다. ······ 128
제 3. 상인의 '영업상' 명칭 ······ 129
제 4. '상인'의 명칭 ······ 129

**제3절 상호의 선정 129**
제 1. 입법주의 ········ 129
제 2. 우리 상법의 원칙 ········ 130
**제4절 상호의 수 132**
제 1. 개인상인 ········ 132
제 2. 회사상인 ········ 133
**제5절 상호의 등기 133**
제 1. 개인상인 ········ 133
제 2. 회 사 ········ 133
**제6절 상호의 가등기 134**
제 1. 의 의 ········ 134
제 2. 요 건 ········ 134
제 3. 상호가등기의 절차 ········ 135
제 4. 상호가등기의 남용방지 ········ 135
제 5. 상호가등기의 효력 ········ 136
**제7절 상호권의 보호 138**
제 1. 의 의 ········ 138
제 2. 법적성질 ········ 139
제 3. 상호사용권 ········ 139
제 4. 상호전용권 ········ 140
제 5. 등기상호권자의 상호전용권 강화 ········ 147
**제8절 상호권의 변동 151**
제 1. 상호의 양도 ········ 151
제 2. 상호의 상속 · 압류 ········ 153
제 3. 상호의 폐지 ········ 154
**제9절 명의대여자 책임 155**
제 1. 의 의 ········ 155
제 2. 적용요건 ········ 155
제 3. 효 과 ········ 168

## 제6장 상업 장부

**제1절 총 설 169**

제 1. 필요성 ······ 169

제 2. 연 원 ······ 169

제 3. 회계처리기준 ······ 170

**제2절 상업장부의 의의 172**

**제3절 상업장부의 작성원칙 173**

제 1. 서 ······ 173

제 2. 일반적으로 공정·타당한 회계관행 ······ 173

**제4절 상업장부에 관한 의무 174**

제 1. 작 성 ······ 174

제 2. 확정과 공시 ······ 174

제 3. 보 존 ······ 175

제 4. 상업장부의 제출 ······ 175

**제5절 상업장부의 종류 176**

제 1. 회계장부 ······ 176

제 2. 대차대조표 ······ 177

## 제7장 상업 등기

**제1절 서 설 180**

제 1. 상업등기의 필요성 ······ 180

제 2. 의 의 ······ 181

제 3. 상업등기부의 종류 ······ 181

**제2절 상업등기사항 181**

제 1. 종 류 ······ 182

**제3절 상업등기절차 183**

제 1. 신청주의 ······ 183

제 2. 등기관할 ······ 184

제 3. 등기소의 심사권 ······ 185
제 4. 상업등기의 공시 ······ 186

**제4절 상업등기의 효력 187**

제 1. 일반적 효력(확보적 효력, 선언적 효력) ······ 187
제 2. 상업등기의 특수적 효력 ······ 192
제 3. 상업등기의 추정력 ······ 193
제 4. 부실등기의 효력 ······ 195

## 제8장 영업양도

**제1절 총 설 201**

**제2절 영업양도의 의의와 성질 202**

제 1. 영업의 의의 ······ 202
제 2. 영업양도의 의의 ······ 203
제 3. 영업양도의 구성요소 ······ 204
제 4. 영업양도의 절차 ······ 211
제 5. 영업양도의 효과 ······ 212

## 제9장 영업의 임대차

**제1절 의 의 228**

**제2절 절 차 228**

**제3절 효 력 229**

제 1. 당사자 간의 관계 ······ 229
제 2. 제3자와의 관계 ······ 229

## 제10장 경영위임

**제1절 경영위임의 의의** 230

**제2절 협의의 경영위임** 230

**제3절 경영관리계약** 231

## 제11장 영업의 담보와 강제집행

# 제 3 편 상행위법

## 제1장 상행위법 총론

**제1절 상행위법 총론** 235

제 1. 총 설 ······ 235

제 2. 상행위법의 특성 ······ 236

제 3. 상행위의 입법주의와 종류 ······ 239

**제2절 상행위에 대한 특칙** 249

제 1. 민법 총칙편에 대한 특칙 ······ 249

제 2. 민법 물권편에 대한 특칙 ······ 256

제 3. 민법 채권편에 대한 특칙 ······ 261

**제3절 유가증권** 294

제 1. 서 설 ······ 294

제 2. 유가증권의 종류 ······ 295

제 3. 유가증권과 구별되는 증권 ······ 300

**제4절 상호계산** 302

제 1. 서 설 ······ 302

제 2. 법적 성질 ······ 303
제 3. 요 건 ······ 303
제 4. 상호계산의 효력 ······ 305
제 5. 상호계산의 종료 ······ 309

**제5절 익명조합 310**

제 1. 서 설 ······ 310
제 2. 익명조합의 요소 ······ 311
제 3. 익명조합의 효력 ······ 313
제 4. 익명조합의 종료 ······ 317

**제6절 합자조합 319**

제 1. 서 설 ······ 319
제 2. 합자조합의 의의 ······ 320
제 3. 합자조합의 구성 ······ 322

## 제2장 상행위법 각론

**제1절 대리상 329**

제 1. 총 설 ······ 329
제 2. 대리상의 의의 ······ 330
제 3. 대리상의 법률관계 ······ 332

**제2절 중 개 업 342**

제 1. 총 설 ······ 342
제 2. 의 의 ······ 342
제 3. 중개계약의 종류와 성질 ······ 344
제 4. 중개인의 의무 ······ 345
제 5. 중개인의 권리 ······ 348

**제3절 위탁매매업 350**

제 1. 서 설 ······ 350
제 2. 위탁매매인의 의의 ······ 351
제 3. 위탁매매의 성질 ······ 352

제 4. 위탁매매의 법률관계 ······ 353
제 5. 준위탁매매인 ······ 362
**제4절 운송주선업** 362
제 1. 서 설 ······ 362
제 2. 운송주선인의 의의 ······ 363
제 3. 운송주선인의 형태 ······ 366
제 4. 운송주선인의 의무 ······ 368
제 5. 운송주선인의 권리 ······ 373
제 6. 수하인 등과의 관계 ······ 379
제 7. 순차운송주선 ······ 379
**제5절 운송업** 382
제 1. 총 설 ······ 382
제 2. 물건운송 ······ 384
제 3. 여객운송 ······ 412
**제6절 공중접객업** 418
제 1. 필요성 ······ 418
제 2. 의 의 ······ 418
제 3. 공중접객업자의 책임 ······ 419
**제7절 창고업** 427
제 1. 총 설 ······ 427
제 2. 창고업자의 의의 ······ 428
제 3. 창고업자의 의무 ······ 429
제 4. 창고업자의 권리 ······ 433
제 5. 창고증권 ······ 433
**제8절 금융리스업** 435
제1. 총 설 ······ 435
제 2. 리스의 종류와 형태 ······ 438
제 3. 리스거래의 구조 ······ 440
**제9절 가 맹 업** 449
제 1. 가맹업의 발달 ······ 449

제 2. 가맹업의 기능 ······ 450
제 3. 다른 계약과 차이 ······ 451
제 4. 가맹업 계약의 법적성질 ······ 452
제 5. 가맹업의 종류 ······ 454
제 6. 가맹계약 당사자의 의무 ······ 455
제 7. 제3자에 대한 책임 ······ 459
제 8. 가맹계약의 해지 ······ 460

**제10절 채권매입업** 461

제 1. 의 의 ······ 461
제 2. 기능과 종류 ······ 461
제 3. 채권매입업의 구조 ······ 462
제 4. 채권매입의 법적 성질 ······ 463
제 5 . 채권매입의 법률관계 ······ 464

**판례색인** 467

**사항색인** 469

## 참고문헌

강위두 · 임재호, 상법강의(상), 형설출판사, 2009. ………………… 강위두 · 임재호
김두진, 상법총칙, 상행위법, 동방문화사, 2015. ……………………………………… 김두진
김병연 · 박세화 · 권재열, 상법총칙 · 상행위, 박영사, 2012. …………… 김병연외
김성태, 상법(총칙 · 상행위)강의, 법문사, 2002. …………………………………… 김성태
김인현, 해상법, 제2판, 법문사, 2007. …………………………………………………… 김인현
김정호, 상법총칙 · 상행위법, 법문사, 2008. ………………………………………… 김정호
김홍기, 「상법강의 2판」, 박영사, 2016. ……………………………………………… 김홍기
류시창, 상법총칙 · 상행위법, 법문사, 2013. ………………………………………… 류시창
서돈각 · 정완용, 제 4전정, 상법강의(상), 법문사, 1999. ………… 서돈각 · 정완용
서헌제, 상법강의(상)-상법총칙 · 상행위법 · 회사법-, 2판, 법문사, 2007. … 서헌제
손주찬, 상법(상), 15판, 박영사, 2005. ………………………………………………… 손주찬
송상현 · 김현, 해상법원론, 제3판, 박영사, 2005. ……………………… 송상현 · 김현
안강현, 상법총칙 · 상행위법, 제5판, 박영사, 2015. ……………………………… 안강현
이기수 최병규, 상법총칙 · 상행위법, 7판, 박영사, 2010. ………………… 이기수외
이철송, 상법총칙 · 상행위, 13판, 박영사, 2015. …………………………………… 이철송
임중호, 상법총칙 · 상행위법, 법문사, 법문사, 2012. …………………………… 임중호
임홍근, 상법-총칙 · 상행위-, 법문사, 2001. ……………………………………… 임홍근
전우현, 상법총칙 · 상행위법, 박영사, 2011. ………………………………………… 전우현
정동윤, 상법(상), 제5판, 법문사, 2010. ……………………………………………… 정동윤
정찬형, 상법강의(상), 제18판, 박영사, 2015. ……………………………………… 정찬형
정찬형, 어음 수표법 강의, 제7판, 박영사, 2009 …………………………… 정찬형(어)
정희철, 상법학원론(상), 1989. …………………………………………………………… 정희철
채이식, 개정판 상법강의(상), 1996. ……………………………………………………… 채이식
최기원, 상법학신론(상), 19판, 박영사, 2011. ……………………………………… 최기원
최기원, 어음 · 수표법, 제5증보판, 박영사, 2008. …………………………… 최기원(어)
최정식, 어음 수표법, 삼영사, 2013. ………………………………………… 최정식(어수)
최종현, 「해상법상론」, 박영사, 2009. ………………………………………………… 최종현
최준선, 상법총칙 · 상행위법, 9판, 삼영사, 2015. ………………………………… 최준선

## 약어표

독점규제 및 공정거래에 관한 법률 …… 공정거래
민법 …… 민
민사소송법 …… 민소
민사집행법 …… 민집
부정경쟁방지 및 영업비밀보호에 관한 법률 …… 부정경쟁
상법 …… 상
상업등기법 …… 상등
수표법 …… 수표
약관규제에 관한 법률 …… 약관
어음법 …… 어음
자본시장과 금융투자업에 관한 법률 …… 자본시장
주식회사의 외부감사에 관한 법률 …… 외감
채무자 회생 및 파산에 관한 법률 …… 파산
형사소송법 …… 형소

# 제 1 편 서 론

제 1 장 상법의 의의 / 21
제 2 장 상법의 지위 / 27
제 3 장 상법의 특성과 이념 / 33
제 4 장 상법의 법원(法源) / 39

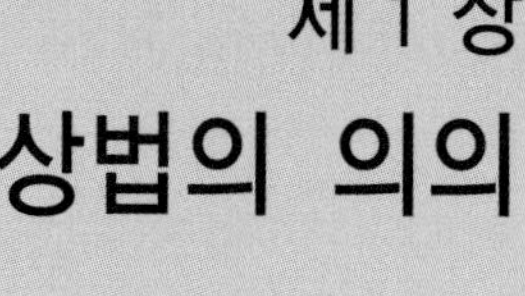

# 제 1 장
# 상법의 의의

## 제1절 상법의 개념

상법(commercial law, business law)의 개념은 그 규율하는 내용에 대한 접근방법에 따라 형식적 의의의 상법과 실질적 의의의 상법으로 나누어진다. 형식적 의의의 상법은 성문법상의 '상법'이라는 명칭을 가진 제정법을 말한다. 불문법 국가인 영국은 형식적 의미의 상법이 없으나, 성문법 국가인 독일, 프랑스, 일본 등은 '상법전'을 가지고 있다.[1)]

미국은 미국법률협회(American Law Institute)와 통일주법전국위원회(National Conference of Commissioners on Uniform State Laws)가 공동으로 마련한 법으로서, 매매, 상업증권, 은행거래 등 일부 상사거래에 관한 규정을 통일하는 통일상법전(Uniform Commercial Code : UCC)을 각 주가 채택하고 있다.

한편 실질적 의의의 상법은 제정법으로서 '상법전'의 존재나 그 내용과 상관없이 상법이 적용되는 통일적이고 체계적으로 파악할 수 있는 특수한 법의 영역을 말한다. 이러한 실질적 의의의 상법을 규명함으로써 상법의 적용범위를 확정하고, 상법이라는 학문의 통일성과 체계성을 정립하여 독립적인 상법의 영역을 구축할 수 있게 한다.

---

1) 대륙법계인 독일은 상법전을 가지고 있지만 상법총칙과 상행위만 규정하고 회사법과 보험법은 별도로 규정하고 있는 반면에, 일본은 상법전이 있지만 회사법을 분리하여 규정하고 있다. 영미법계인 영국은 상법전은 없으며 회사법과 동산매매법이 있고, 미국은 상법전은 없으며 UCC(통일매매법)를 각 주(state)가 채택하고 있다.

| 독 일 | 상법전(상법총칙과 상행위) | 회사법, 보험법 |
|---|---|---|
| 일 본 | 상법전 | 회사법 |
| 한 국 | 상법전(회사법 포함) | |
| 영 국 | 상법전 없음 | 동산매매법, 회사법 |
| 미 국 | 상법전 없음 | UCC(상법전)를 각주(state)채택 |

## 제2절 형식적 의의의 상법

형식적 의의의 상법이란 '상법'이라는 명칭을 가진 제정성문법을 말한다. 우리나라 상법전은 1962. 1. 20. 법률 제1000호로 공포되고 1963. 1. 1.부터 시행되었으며, 제1편 총칙, 제2편 상행위, 제3편 회사, 제4편 보험, 제5편 해상, 제6편 항공운송과 부칙으로 구성되어 있다.

제1편 총칙에서는 기업의 주체인 상인과 기업의 인적설비와 물적설비를, 제2편 상행위에서는 상행위와 이를 목적으로 하는 각 영업형태를, 제3편 회사에서는 주식회사를 비롯한 여러 형태의 회사 조직과 활동을, 제4편 보험에서는 보험계약에 관한 사항을, 제5편은 해상운송기업에 관한 사항을, 제6편 항공운송은 항공운송계약에서의 항공운송인의 책임법리를 각기 다루고 있다. 상법총칙과 회사편은 기업의 조직에 관한 법이고, 상행위, 보험, 해상, 항공운송편은 기업활동법을 다루고 있다.

우리 '상법'전은 사법에 관한 규정이 대부분이지만, 절차법적인 규정과 공법에 관한 규정도 포함되어 있다. 한편 실질적 의의에서 본 상법은 '상법'전 이외에도 은행법, 보험업법, 자본시장과 금융투자업에 관한 법률, 독점규제 및 공정거래에 관한 법률, 증권관련집단소송법 등 많은 상사특별법과 상사관습법이 포함되어 있다.

# 제3절 실질적 의의의 상법

## 제 1. 상(商)의 개념

실질적 의의의 상법은 형식적인 법전의 유무와 상관없이 그 규제대상인 생활관계의 특성과 내용에 따라 정해진다. 따라서 상법의 규제대상인 생활관계가 무엇인지를 먼저 밝혀야만 개념정의가 가능하다. 실질적 의의의 상법은 상(commerce)에 관한 법이라고 할 수 있다. 그런데 여기에서 말하는 '상'은 경제학적 개념으로서 공급자와 수요자 사이에 재화의 이전을 매개하는 행위를 의미한다. 경제가 고도로 발달하기 이전의 고유한 의미의 '상'은 소박하게 재화의 이전을 매개하는 개념에 머물렀으나 점차 경제발전이 이루어짐에 따라, 고유한 의미의 '상'뿐만 아니라 이를 보조하는 중개업, 대리상, 운송업, 은행업, 창고업 등도 상법의 규율대상이 되었다.

더 나아가 원래의 상과 무관한 연극과 공연, 여객운송업, 생명보험업뿐만 아니라 원시산업인 광업이나 수산업도 포함되고, 제조업, 임대업, 출판업 등 공업분야도 경영방법이나 설비의 동일성을 근거로 상법의 대상에 포함되었다(공업의 상화). 이처럼 상법의 규율대상이 확대됨에 따라 실질적 의의에서 상법의 규율대상인 '상'의 개념 범위를 새롭게 정립해야 하는 과제가 남게 되었다.

## 제 2. 상법의 대상

실질적 의의의 상법이 규율대상으로 삼고 있는 생활관계의 특성을 파악하여 상법의 대상을 확정하려는 것이다. '상'의 개념이 점차 확대됨에 따라 법률상의 '상'의 실질을 통일적으로 파악하려는 여러 견해가 있다. 한편 오늘날 확대된 '상'의 개념을 단일 개념으로 설명하기 매우 어렵다. 따라서 상법의 대상 자체의 파악을 부정하는 견해와 상법의 대상을 파악할 필요는 있으나, 너무 복잡하고 다양하기 때문에 이론직으로 파악하기 어렵고, 단지 상법이란 '상'에 관한 여러 법률제도와 규정을 법전으로 집적해놓은 것이라고 볼 수밖에 없다는 견해도 있다.[2]

2) 최준선, 28-29면.

### 1. 발생사적 연관설

법률적인 상은 경제적 의미의 '상' 또는 '고유한 의미의 상'인 상품유통의 매개와 관련이 있거나 그로부터 분화 또는 전문화된 형태로 발전된 영업활동이 역사적으로 '상'에 해당되므로, 이러한 영업활동의 총체가 상법의 대상이라고 한다(Lastig). 따라서 '고유한 의미의 상'에서 출발하여 이를 보조하는 대리상·중개상·보험업·운송업 등의 영업활동이 상법의 대상이라고 한다.

### 2. 매개행위 본질설

법률상의 '상'의 본질은 생산자와 소비자 간의 매개하는 행위에 있다고 한다(Goldschmidt). 상법의 대상이 되는 생활관계의 공통적 특징은 매개행위라 보는데, 오늘날 상행위에는 농업·임업 등에 의해 생산된 물건 판매, 통신, 출판, 공중접객업 등처럼 매개행위가 아닌 상행위가 너무 많다.

### 3. 집단거래 본질설

법률상의 '상'의 본질은 동일한 영업행위를 계속적·반복적으로 하는 집단적 거래에 있다고 보는 견해이다(Heck).

### 4. 상적 색채설

상법은 일반사법의 법률사실 중에서 영리성·집단성·개성상실성 등의 '상적 색채'를 띠고 있는 행위를 대상으로 한다는 견해이다.

### 5. 기업법설

경제학에서 정립된 개념인 '기업'의 개념을 중심으로, 상법은 기업생활의 수요에 부응하기 위해 형성된 기업에 관한 법이라고 한다(Wieland). 재산증식을 목적으로 하는 경제적 조직체인 기업의 개념을 수용하여 상법의 대상을 비교적·통일적으로 파악하고 있다는 점에서 지지를 받고 있다.

### 6. 상인법설

기업 자체로서는 스스로 활동할 수 없으므로 권리의무의 주체가 될 수 없고, 그 개념도 명확하지 않기 때문에, 상법의 대상은 상인개념을 기초로, 상법을 상인에게 적용되는 특별한 법으로 파악한다(Capelle-Canaris).

## 제 3. 실질적 의의의 상법의 개념

상법의 대상을 기업으로 보는 기업법설에 따르면, 상법이란 '기업의 생활관계에 관한 특별사법'이라고 정의할 수 있다. 이를 나누어 설명하면 다음과 같다.

### 1. '기업'에 관한 법

기업은 일정한 계획에 의하여 계속적으로 자본적 계산방법에 의하여 영리행위를 실현하는 독립된 경제적 조직체이다. 상법은 이러한 기업의 조직과 활동에 관한 법이다.

### 2. 사 법

상법은 기업적 생활관계에 관한 사법이 중심을 이룬다. 그렇지만 기업생활관계가 사법으로만 운영될 수는 없기 때문에 사법질서의 실현을 위한 행정 및 사법기관의 후견적 역할도 필요하므로 절차적 규정(주주총회의 소)이나 행정적 규정(상업등기), 벌칙을 정한 형법규정도 포함되어 있다. 한편 상법은 기업·상인만을 대상으로 하는 것이 아니라 일반 비상인도 상행위를 하는 경우 상법의 적용을 받으며, 상인이 아니더라도 상인적 설비와 방법으로 영리행위를 하면 상인(의제상인, 상 5조 1)으로 인정되어 상법이 적용된다.

### 3. 특별법

일반인의 경제생활을 규율하는 일반사법인 민법에 비하여 상법은 기업적 생활관계를 규율하는 특별사법이다.

## 제4절 형식적 의의의 상법과 실질적 의의의 상법의 관계

형식적 의의의 상법인 '상법전'은 국가의 정책적 요청에 의하여 실용성 · 편의성을 충족하기 위하여 제정되었기 때문에 실질적 의의의 상법과 항상 일치하지는 않는다. 실질적 의의의 상법에는 형식적 의의의 상법인 '상법전' 이외에도 상관습법, 상사특별법령, 조약 등이 포함된다.

실질적 의의의 상법에는 포함되지만 사회정책적 이유로 상법전에서 다루지 않는 원시산업, 의료업, 자유업 등이 있고, 형식적 의의의 상법인 '상법전'에는 상업등기, 주주총회관련의 소처럼 실질적 의의의 상법에 속하지 아니한 내용이 포함되어 있다. 형식적 의의의 상법은 상법의 대상을 연구할 때 정형성과 기준을 제공하고, 실질적 의의의 상법은 형식적 의의의 상법의 해석과 법률개정에 자극을 주는 역할을 상호간 수행하므로 양자는 밀접한 관련을 맺고 있다.

# 제 2 장
# 상법의 지위

기업법설 입장에서 상법이 기업적 생활관계에 관한 법으로서의 법체계를 가지고 있음을 알 수 있지만, 상법과 유사하거나 연관성을 갖는 민법·노동법·경제법·어음법·수표법 등과 비교 검토를 통하여 상법의 지위를 구체적으로 이해하고 나아가 상법의 자주성 문제도 검토하고자 한다.

## 제1절 민법과 상법

### 제 1. 특별법으로서의 상법

민법이 일반사법인데 비하여 상법은 특별사법이다. 즉, 민법이 일반적인 사법생활관계를 대상으로 하는데 비하여 상법은 기업적 생활관계를 규율하는 특별사법이다. 따라서 특정 사항에 대하여 상법에 규정이 있으면 상법이 적용되지만, 상법에 규정이 없으면, 민법이 적용된다. 예컨대, 사람의 능력(민 3), 법률행위(민 103), 물건(민 98)은 민법규정이 그대로 상법에 적용된다. 한편 민법의 일반 규정을 변경하는 규정인 상사법정이율(상 54), 소멸시효(상 64), 상업사용인(상 10) 등이 있다. 또 민법에 규정이 없는 사항으로 상법에만 규정된 상업등기, 상호, 상업장부, 상호계산 등이 있다.

### 제 2. 민상이법(民商二法) 통일론

#### 1. 배 경

상법을 민법과 분리하여 독립할 필요성에 대한 의문을 제기하면서 양법이 단일

법으로 되는 것이 타당하다는 견해이다. 역사적으로 1807년 프랑스 상법이 제정되면서 중세의 상인계급법으로서의 상법의 입장을 벗어나서 '상사'의 개념을 매개로 일반인에게도 상법이 적용되기에 이르렀고, 상법에 특별한 규정이 없으면 '상사'에 관하여 민법이 적용되었으므로 구태여 상법이 민법에서 분리할 필요성이 없다는 것이다. 즉, 상법상의 여러 제도가 민법의 일반원칙을 근간으로 하고 있고, 일반인의 경제생활을 상법과 민법으로 구분하여 적용하는 것이 불합리하다는 것이다. 1847년 이탈리아의 몬타넬리(Montanelli), 1888년 비반테(Vivante)가 민상이법통일론을 주장하였으며, 이러한 견해가 반영되어 1911년 스위스채무법, 1925년 태국민법, 1929년 중화민국민법, 1942년 이탈리아민법 등이 입법되었다.

## 2. 민상이법통일론의 근거와 비판

### (1) 역사적 배경

중세시대에는 상법이 상인의 계급법이었으나 오늘날 상법은 기업이나 상인뿐만 아니라 일반인의 모든 경제생활에 적용되므로 상법을 분리할 필요가 없다고 한다. 일반인의 경제생활의 참여범위가 확장됨에 따라 상법의 적용범위도 확대되고 일반인과 상인간의 거래도 상법을 적용하게 된 것은 사실이다. 하지만 민법은 일반인의 생활관계를 규율하고, 상법은 기업의 생활관계를 규율하기 때문에 각자의 고유한 영역이 존재하며, 구별되는 요소가 많아서 양법을 병존시킬 실질적 필요성이 있다.

### (2) 이익보호의 불균형

상법은 은행업자·상공인 등 상인의 이익만 반영하여 입법되므로 상인과 거래하는 일반인의 이익이 희생될 소지가 있다는 주장이 있다. 그러나 상법의 입법 또는 개정 시에 상인의 이익만 보호하는 입법태도를 지양하면 될 것이며, 민상법을 통일하여 해결될 문제는 아니다. 만일 특수한 계층에게만 유리한 방향으로 입법이 이뤄진다면 이를 개정하거나 부당한 압력을 막는 방법으로 해결하여야 할 것이다.

### (3) 법 적용상의 혼란

법률상 상인과 상행위 등의 개념이 불명확하므로 상법과 민법의 적용상의 혼란과 불안정이 야기된다고 주장한다. 이러한 적용상의 혼란은 상행위 통칙의 일부규정(위임·계약성립시기·시효·이율)에서 발생하는데, 입법기술을 통하여 해결될 수 있는 문제이다.

### (4) 사법의 통일성 저해

학문적으로 민법과 상법이 별도로 존재하는 것은 사법이론의 통일적 발전에 저해가 된다는 견해가 있다. 그러나 사법이 단일 법전으로 통일되어야만 사법이론이 발전할 수 있다는 주장은 타당하지 않으며, 서로 독립된 영역을 상호 인정하고 유기적이고 상호보완적인 연구를 한다면 충분히 사법을 발전시킬 수 있을 것이다. 그리고 법제상으로 상법과 민법이 이미 분리되어 독자적인 영역을 구축하고 있으며, 필요한 경우에는 상호간의 협력을 통해 합리적이고 통일적인 사법 전반의 발전을 도모할 수 있기 때문에 민상이법통일론은 설득력이 없다.

# 제 3. 민법의 상화와 상법의 자주성

## 1. 민법의 상화(商化)

첫째로, 기업의 생활관계를 규율하는 상법의 법리와 제도가 일반 개인의 생활에 침투되면서 상법의 원리와 법규가 민법으로 수용되는 현상을 '민법의 상화'라고 하는데, 1894년 야콥 리이써(Jakob Riesser)가 주장하였다.[1] 예컨대 계약자유의 원칙이나 동산취득의 법리는 상법상의 제도이지만 민법에 흡수되었고, 구 민법상 증권적 채권양도에 있어 의사표시만으로 양도의 효력이 발생하고, 증권의 배서・교부는 대항요건이었으나(구민 469, 86조 3), 현행 민법에서는 어음수표의 양도방식을 수용하여 배서교부를 증권적 채권의 양도방식으로 규정하고 있다(민 508, 510, 어음 11조 1, 14조 1).

둘째로, 초기에는 민사회사처럼 민법에 담겨진 제도가 나중에 상법의 지배하에 놓이는 현상을 '민법의 상화'로 이해하기도 하였다. 이처럼 민법과 상법의 적용의 영역과 대상이 애매해지면서 상법의 실질적 자주성에 대한 의문이 제기되었다.

## 2. 상법의 자주성(自主性)

민법의 제도가 상법의 지배하에 들어가는 의미의 '민법의 상화'현상은 원래 상법에 규정되어야 할 사항이 입법기술상 착오로 민법에 규정된 것이다. 따라서 이를 원래대로 환원하여 상법에 규정하는 것은 민법을 순화시키는 것이므로 상법의

---

1) Jakob Riesser의 「독일제국민법전초안에 영향을 미친 상법의 이념」의 저서에서 민법의 상화를 지적하였다.

자주성에 대한 의문을 제기할 이유가 되지 못한다.

그리고 상법의 원리와 제도가 일반 개인의 생활에 적용되는 등 민법으로 수용되는 의미의 '민법의 상화'현상은 상법의 원리가 일반인의 생활영역으로 그 영역을 확장하는 것으로서 경제적 발전의 결과물이다. 상법이 전자상거래나 프랜차이즈처럼 새로운 영역을 개척 발전시키는 것으로서 상법의 대상을 확대하는 결과를 가져오고, 새로운 영역의 법질서는 민법에 의해 수용될 때까지 상거래에만 적용된다. 더욱이 민법 중 가족법처럼 상화될 수 없는 고유한 영역이 여전히 남아 있다. 그러므로 민법의 상화현상이 상법의 실질적 자주성을 의심할 요인이 될 수는 없다.[2)]

# 제2절 상법과 경제법

## 제 1. 경제법의 의의

19세기 후반 기업의 집중과 독점이 심화되고, 기업의 횡포로 인하여 소비자의 이익이 침해되는 현상이 빈발하자 이를 규제하기 위하여 각 나라에서 국가경제 목적을 달성하기 위하여 사경제 부분에 대한 규제를 하는 경제법(economic law)이 탄생하였다. 우리나라의 독점규제 및 공정거래에 관한 법률, 방문판매 등에 관한 법률, 소비자기본법, 할부거래에 관한 법률 등이 경제법의 영역에 속한다.

국민경제를 담당하는 상법과 경제법은 기업을 상대로 하는 법으로서 관련성을 가지고 있다. 민간경제부분이 비약적으로 확대 발전됨에 따라 기업의 독점 및 집중현상이 발생하는바, 민간경제의 발전과 아울러 공정하고 평등한 거래질서를 유지하기 위하여 공공기관의 경제에 대한 감독·지도의 필요성이 확대되어 경제법 분야도 늘어나고 있다.

2) 이철송, 13면.

## 제 2. 상법과 경제법의 관계

### 1. 합일설

경제법과 상법이 모두 기업을 대상으로 하고 있고, 상법에도 사회성·규제성의 원리가 잠재적으로 존재하기 때문에, 경제법이 일시적으로 새로운 영역에 있더라도 장차 상법에 흡수되어야 한다는 견해이다.[3)]

### 2. 분리설

상법은 개개의 경제주체의 이익을 기초로 하여 그 상호간의 이해조정을 목적으로 하는 반면에, 경제법은 국가경제의 총체적 발전을 위하여 국가가 사법질서를 수정하는 것으로서 공권력의 제재를 수반한다는 점에서 차이가 있다. 상법은 상인과 기업을 대상으로 하는 기업사법인 반면에 경제법은 기업생활은 물론 시장경제 전반에 걸쳐 국민경제의 조화를 달성하려는 기업공법인 점에서 다르다. 이처럼 양법은 법의 목적과 실현수단이 상이하기 때문에 분리론이 타당하다.[4)]

# 제3절 상법과 노동법

상인은 영업을 하기 위하여 인적설비와 물적설비를 구비하여야 하는데, 인적설비로서 상인을 보조하는 기업보조자 내지 근로자가 필요하다. 상인과 기업보조자의 관계는 상인을 갈음하여 제3자와 영업행위를 하는 대리의 관계와 상인을 위하여 노무를 제공하는 고용관계가 있다. 전자는 상인의 대외적 거래를 대리하므로 상거래적 원리가 지배하여 상법이 적용되는 반면에, 후자는 민법상의 고용관계로서 근로자의 생활이익의 보호라는 사회정책적 이념에 의해 규제되는 노동법이 적용되어 양법은 그 적용대상과 이념이 다르다.

점차 근로자의 후생복지와 지위의 향상으로 근로자가 회사의 기관구성과 의사결정에 참여하는 경우가 증가하고 있다. 프랑스의 1917년 노동자참가주식회사제

3) 전우현, 11면.
4) 최준선, 41면 ; 이철송, 15면 ; 안강현, 14면.

도, 독일의 노동자의 경영참가제도 등이 있고 종업원의 소유참여로 근로의욕을 높이고 노사대립을 완화시킬 목적으로 채택한 종업원지주제도[5]도 하나의 예이다. 이처럼 노동법은 상법에 상당한 영향력을 미치고 있고, 노동법이 기업적 생활관계를 규율한다는 점에서 광의의 기업법이라고 할 수 있으며,[6] 노동법과 상법의 조화와 이해를 통하여 기업의 발전에 기여할 수 있을 것이다.

## 제4절 상법과 어음법 · 수표법

상인뿐만 아니라 일반인도 경제생활을 영위하는데 어음과 수표를 현금지급수단이나 송금수단으로 사용하기 때문에, 어음과 수표는 상인이나 기업에만 한정하여 사용되는 것은 아니다. 우리 법체계가 어음법과 수표법을 상법과 분리하여 독립된 법으로 규정하고 있는바, 어음법과 수표법은 민법, 상법과는 독립된 사법체계를 이루고 있다. 하지만 어음과 수표는 주로 상인이 사용하는 지급수단이고 신용수단이다. 따라서 어음법과 수표법은 실질적 의의의 상법에 내포되어 있어 상법 분야에서 다루고 있는 등 밀접한 관련이 있다는 점은 부인할 수 없다.[7]

---

5) 원래 이 제도는 종업원의 기업에 대한 귀속의식을 높이는 노무관리상의 대책으로서, 근래에는 주로 근로자의 재산형성 촉진책의 하나로서 장려하였다. 우리나라는 1968년의 자본시장육성에관한법률, 1972년의 기업공개촉진법, 1974년 5월 29일의 5 · 29대통령특별지시 및 이에 따른 같은 해 7월의 종업원지주제도의 확대실시 방안 등으로 이어지는 정부 주도의 자본시장 육성과 기업공개 촉진정책의 하나로 도입되었다.

6) 최준선, 40면.

7) 최정식(어수), 47면

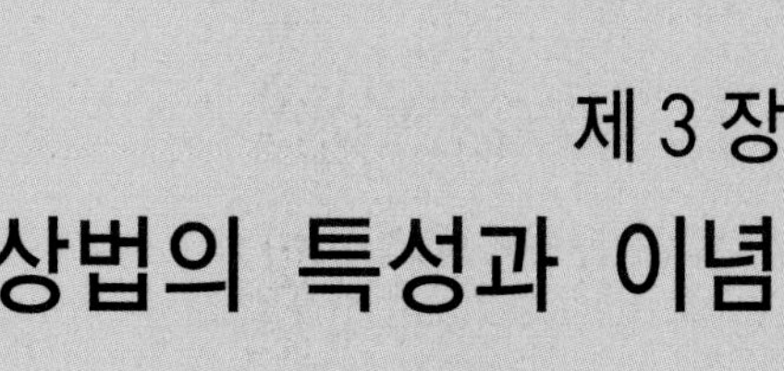

# 제 3 장
# 상법의 특성과 이념

## 제1절 상법의 특성

상법은 일반 사법인 민법과 비교할 때 독자적인 특성을 가지고 있다. 시간적으로 볼 때는 유동적이고 진보적이며, 공간적으로 보면 세계적·통일적 현상을 띠고 있다.

### 제 1. 진보적 특성

역사·종교·관습 등 전통적 요소에 의하여 지배되고 고정적 성향이 강한 민법의 신분법이나 부동산법과는 대조적으로 상법의 대상인 기업적 생활관계는 최대한 경제적 이익을 추구하는 인간의 욕망의 발로로 인하여 끊임없이 새로운 영역으로 확대 발전되고 있다. 이에 발맞춰 상법의 적용대상도 진보하고 발전하고 있다. 이러한 변화를 반영하여 입법을 하여야 하므로 상법은 진보적인 특성을 가질 수밖에 없다. 상법이 발전하는 경제현상을 적시에 수용하지 못하게 되면 법과 현실의 괴리가 발생하고, 국민경제발전에 장애가 될 수 있다. 다른 법에 비하여 상법이 자주 개정되고 있지만, 경제발전을 전부 반영하기는 어렵기 때문에 상관습이나 보통거래약관이 그 간극을 메워주는 역할을 하고 있다.

### 제 2. 국제화 특성

#### 1. 세계화·통일화

상법이 경제적 합리주의에 의하여 지배되는 기술적 규범이라는 특성으로 인하여 각국의 고유한 역사나 전통에 의하여 제약을 받지 않으며, 국가간 거래가 확대되는 현상으로 인하여 세계적으로 통일화되는 경향이 있다. 국가발전이 외국과의 교역의 확대에 의존하는 오늘날 각 나라가 자국의 상법만을 고집하게 되면 국가경제발전에 장애가 되고 국제거래상 발생하는 복잡하고 다양한 문제를 해결하기도 어렵다. 따라서 국가 간의 서로 다른 상법의 체계를 국제화하여 통일을 기할 필요가 있다. 상사조약이나 국제상관습법에 의하여 이를 해결해 나가고 있다.

### 2. 상사조약 및 상관습조약

어음법통일조약(1930), 수표법통일조약(1931), 선박충돌조약(1910), 해난구조조약(1910), 선주유한책임조약(1924), 선하증권통일조약[(헤이그규칙(1924)]과 그 개정인 비스비규칙(1968)과 함부르크 조약(1978), 국제물품매매계약에 관한 조약(1980), 해상우선특권과 저당권에 관한 조약(1926) 등이 있다. 국제상관습조약으로는 공동해손에 관한 '요크-앤트워프규칙'(York-Antwerp Rules), C.I.F. 계약에 관한 '바르샤바-옥스포드규칙'(Warsaw-Oxford Rules) 등이 있다.

## 제2절 상법의 이념

상법은 기업의 생활관계, 즉 기업의 조직과 활동을 규율한다. 그리하여 기업의 조직적 측면에서 기업의 생성·존속과 유지를 강화하고, 기업의 활동적 측면에서 거래활동이 원활하게 이루어질 수 있도록 도와주고, 거래의 상대방을 보호하여 거래안전을 도모하는 것을 이념으로 한다.

### 제 1. 기업의 생성·유지의 강화

#### 1. 기업의 생성 촉진

기업이 재화와 용역을 공급하고 고용을 촉진시키는 등 국민경제에서 차지하는 비중이 매우 크므로, 기업의 생성을 촉진할 수 있도록 장려하는 제도를 도입하고 있다. 그리하여 상법은 일정한 요건을 구비하면 자유롭게 회사를 설립할 수 있도록 준칙주의를 도입하고 있으며, 주식회사의 주식공모에 의한 자본모집과 주주의 유한책임제도를 통한 주식회사설립을 장려하고, 상인 자격의 완화, 벤처창업의 장려 등으로 기업의 생성을 촉진하고 있다.

## 2. 기업의 유지 강화

### (1) 영리성 보장

기업이 오랫동안 활동을 하려면 기업의 원래 목적인 경제적 이익을 추구하는 것을 보장하고 장려하여야 한다. 따라서 상법은 상행위의 유상성을 인정하고 상인에게 일반인에 비하여 높은 보수와 이자를 지급하도록 규정하고 있는데, 상인의 보수청구권(상 61), 이자청구권(상 55), 연 6%의 상사법정이자(상 54)가 이에 해당한다.

### (2) 기업의 독립성 확보

기업의 장기간 존속을 보장하기 위해서는 기업을 기업주로부터 독립시켜야 한다. 따라서 기업주의 사망이나 흥망과 상관없이 존속될 수 있도록 회사를 법인으로 하고(상 169), 기업의 상호(상 18 이하), 상업장부(상 29 이하), 상업등기(상 34 이하) 등을 갖추게 하고 있다.

### (3) 원활한 자본조달

기업이 유지되기 위하여서는 필요한 때 수월하게 자본조달을 할 수 있어야 한다. 이를 위한 제도로서 수권자본제도(상 289조 1항 3호 · 5호, 416조), 사채제도(상 469 이하), 상환주식, 전환주식, 신주인수권부사채 등 종류주식이나 다양한 사채를 인정하여 자본조달을 용이하도록 돕고 있다.

### (4) 인력보충

기업주 혼자만으로 기업을 운영하기 어렵기 때문에 이를 돕고 보충하기 위한 제도로서, 상업사용인(상 10 이하), 대리상(상 87 이하), 중개인(상 93 이하), 위탁매매인(상 101 이하) 등의 제도를 두고 있다.

### (5) 위험의 분화

기업의 위험을 분산하기 위하여 유한책임회사, 합자회사 등 다양한 회사제도를 두고 있고, 보험제도와 공동해손제도(상 865 이하) 등을 통하여 책임을 분산시키고 있으며, 책임을 제한하고 위험을 경감하기 위한 제도로서 유한책임사원, 선박소유자의 책임제한(상 769), 항공운송인 및 항공기 운항자의 책임감면(상 898) 등을 두고 있다.

(6) 기업해체 방지

기업을 해산하고 새로 설립하려면 많은 인적·물적 경비가 소요된다. 따라서 가능하면 기업의 해체를 방지하고 유지될 수 있도록 상법이 규정하고 있다. 회사계속제도(상 229, 269), 유한책임회사와 물적회사의 1인회사 허용(상 287조의 38 1호, 517조 1호), 회사의 조직변경(상 242, 269), 회사의 합병(상 174)과 분할(상 530조의2) 등이 여기에 해당된다.

### 3. 기업활동의 원활화

(1) 계약의 자유원칙

근대사법의 원칙인 계약자유는 상법분야에서 발생된 원칙으로서 상법에서 민법보다 훨씬 광범위하게 인정되는데, 민법에서는 금지되는 유질계약을 상사거래에서는 허용된다(상 59).[1]

(2) 거래방식의 정형화

상거래는 동종행위를 계속 반복하므로 집단화되며, 개인간 거래와 달리 개성이 중시되지 않는 정형적 거래가 이루어진다. 따라서 일정한 물권, 채권, 사원권을 증권화하고(주권, 선하증권, 창고증권), 계약체결을 할 때도 요식주의를 취하거나 보통거래약관에 의하여 이루어진다(보험약관, 상거래약관).

(3) 신속주의

상거래는 집단적으로 반복되므로 가능한 신속하고 간편하게 이루어져야 한다. 이를 위하여 상행위의 대리(상 48), 상사계약 청약의 효력(상 51), 확정기매매의 해제권(상 68), 매수인의 목적물검사와 하자통지의무(상 69), 상사채무의 단기소멸시효(상 64) 등의 제도를 두고 있다.

## 제 2. 거래안전의 보호

상거래는 영리성을 중시하여 개성을 묻지 않고 신속하고 간편하게 이루어지는 특성상 거래의 안전을 소홀히 할 염려가 있다. 그런데 상거래의 상대방을 충분히

1) 전우현, 18면.

보호하지 못한다면 상거래는 신뢰를 잃게 되고 거래의 원활화는 이루어질 수 없기 때문에 상거래의 상대방을 보호하는 각종 제도를 두고 있다.

## 1. 공시주의

### (1) 상업등기

상업등기부(상 34 이하)에 상호의 선정 · 폐지, 지배인 선 · 해임(상 13), 회사의 설립(상 180) · 해산(상 228), 회사의 대표이사 또는 집행임원(상 317조 2항 9호) 등을 기재하도록 규정하고 있다.

### (2) 공고제도

주식회사는 정관으로 공고방법을 정해야 하며, 정기적으로 대차대조표를 공고하여야 하고, 주주총회소집이나 합병을 할 때도 공고하여야 한다. 이사는 정관 · 주주총회의 의사록 · 재무제표 등을 본점과 지점에, 주주명부 · 사채원부 · 이사회의 의사록을 본점에 비치하여 사원이나 회사채권자에게 열람시켜야 한다.

### (3) 요식성

주식청약서(상 302) · 사채청약서(상 474) · 화물상환증(상 128조 2) · 선하증권(상 853) · 어음(어음 1) · 수표(수표 1) 등은 법에 규정된 대로 기재하여 거래상대방을 보호한다.

## 2. 외관주의

실질보다 외관으로 나타난 상태를 신뢰하고 거래한 상대방을 보호함으로써 상거래를 촉진시키는 외관주의는 영미법의 표시에 의한 반금언의 법리(estoppel by representation)와 독일의 외관이론(Rechtsscheintheorie)에 기원을 두고 있다. 표현지배인(상 14), 표현대표이사(상 395), 명의대여자책임(상 24), 부실한 상업등기의 공신력(상 39), 배서의 자격수여적효력(상 65, 어음 16조 1), 선하증권의 문언성(상 854), 어음의 선의취득자보호(어음 16조 2) 등 상법 전반에 걸쳐 외관주의에 입각한 규정들이 있다.

## 3. 엄격책임주의

### (1) 연대책임

상거래의 상대방을 충분히 보호하기 위하여 기업자의 책임과 의무를 엄격히 묻도록 상사에 관한 각종 책임의 연대화를 규정하고 있다. 다수채무자의 연대채무(상 57조 1), 상사보증채무의 연대책임(상 57조 2), 상인의 물품보관의무(상 60), 주식회사의 발기인·이사·감사의 책임의 연대성(상 399, 401), 순차운송인의 책임(상 138) 등이 있다.

#### (2) 주의의무 가중

기업자의 의무를 일반 사인에 비하여 가중시킴으로서 거래상대방을 보호하는 규정으로, 무상수치인의 선관주의의무(상 62), 매수인의 목적물검사·하자통지의무(상 69), 매수인의 목적물보관·공탁 의무(상 70) 등이 있다.

#### (3) 기업주와 경영자의 특별책임

기업주의 책임을 강화한 것으로 공중접객업자의 특별책임(상 152), 면책약관의 제한(상 799), 항공운송인의 엄격책임(상 905) 등이 있으며, 기업경영인의 책임을 강화한 것으로는 인적사원의 무한책임(상 212), 물적회사의 이사·감사의 손해배상책임(상 399조 1), 주식인수담보책임(상 428), 유사발기인의 책임(상 327) 등이 있다.

#### (4) 기존상태 존중주의

상거래의 안전과 계속성을 담보하기 위하여 기존의 법률관계를 가능한 유지시키려는 제도를 두고 있는데, 사실상의 회사제도(상 184 이하), 주주총회·사원총회의 결의하자주장의 제한(상 376 이하, 578), 회사의 설립·합병·신주발행·자본감소 등의 무효주장의 제한 내지 그 무효판결효과의 불소급원칙(상 184 이하, 236 이하) 등이 있다.

# 제 4 장
# 상법의 법원(法源)

## 제 1 절 상법의 법원의 종류

### 제 1. 상사제정법

상거래는 기술적 · 대량적 · 계속적으로 발생하므로 법적 안정성을 확보하기 위하여 거래의 내용을 명확히 하고 정형화할 필요가 있다. 이러한 이유로 성문의 제정법이 필요하고, 불문법국가에서도 상사거래에 관하여는 다수의 제정법이 존재한다. 한편 경제발전과 더불어 상거래의 유형과 내용이 진보하고 있기 때문에 상사제정법은 빈번하게 개정이 이루어지고 있다.

#### 1. 상 법

우리나라는 1962년 1월 20일 법률 제1000호로 제정 · 공포되고 1963년 1월 1일부터 시행된 상법전이 있으며, 최근까지 수십 차례 개정이 이루어졌다. 현재 총칙 · 상행위 · 회사 · 보험 · 해상 · 항공운송의 6개편으로 구성되어 있다.

#### 2. 상사특별법

(1) 부속법령

상법전의 시행에 필요한 부속법령으로 상법시행법(부 11조, 법 제1213호), 상법의 일부규정의 시행에 관한 규정(대통령령 제15830호), 선박소유자 등의 책임제한절차에 관한 법률(법 제4471호), 상업등기법(법 제8582호) 등이 있다.

#### (2) 특별법

독립된 특별법으로 어음법, 수표법, 자본시장과 금융투자업에 관한 법률, 은행법, 보험업법, 독점규제 및 공정거래에 관한 법률, 부정경쟁방지 및 영업비밀보호에 관한 법률, 신탁법, 해운법, 철도사업법, 자동차 등 특정동산 저당법, 선박법, 상표법 등 많은 법령이 있다.

### 3. 상사조약

헌법에 의하여 체결 공포된 조약과 일반적으로 승인된 국제법규는 국내법과 같은 효력이 있으므로(헌 6조 1), 상사에 관한 조약과 상사에 관하여 일반적으로 승인된 국제법규도 상법의 법원이다. 국제민간항공협정(1952.12.13. 조약 38호), 유류오염손해에 관한 민사책임에 관한 국제협약(1979. 3. 15. 조약 678호), 공동해손에 관한 요크-앤트워프 규칙, 상업신용장에 관한 리스본 규칙, 무역조건의 해석에 관한 INCOTERMS(International Commercial Terms) 등 다수가 있다.

## 제 2. 상관습법

### 1. 의 의

관습의 형식으로 존재하는 상사에 관한 법규(상 1)를 상관습법이라고 한다. 이는 상인의 상거래나 기업의 생활관계에서 오랫동안 반복되어 온 관습이 법적 확신을 갖게 되어 법규범으로 인정받는 것을 말한다. 상거래가 진보적으로 발전되므로 법규로 제정되기 전이라도 법적 효력을 인정할 만한 가치가 있을 때 상관습법의 효력을 승인함으로써 제정 성문법이 미처 따라가지 못하는 부분을 보충하는 역할을 한다.

### 2. 사실인 상관습과 상관습법

상거래에서 반복되고 관행적으로 지켜지지만 아직 법적 확신에 이르지 못한 상관행인 '사실인 상관습'과 관습의 형식으로 법적 효력을 갖는 '상관습법'과의 차이를 인정하고 구별하는 견해와 양자를 구별할 수 없다는 견해가 대립한다.

### (1) 구별설

첫째로 상관습법은 법적 효력을 가지고 당사자의 의사와 상관없이 적용되며, 사실인 상관습은 당사자가 상관습을 따를 의사가 있을 때에만 적용되고, 둘째로 상관습법은 법률문제로서 이를 위반하면 상고이유가 되지만(민소 423), 사실인 상관습의 존부는 법률해석과 사실인정 자료에 불과하여 이를 위반하더라도 상고이유가 되지 아니한다. 셋째로 상법 제1조에 '상사에 관하여 상법에 규정이 없으면 상관습법에 의하고, 상관습법이 없으면 민법의 규정에 의한다'고 규정되어 있어 상관습법이 상법 규정에 위반하여 성립할 수 없는데 비하여, 민법 제106조에 '법령 중의 선량한 풍속 기타 사회질서에 관계없는 규정과 다른 관습이 있는 경우에 당사자의 의사가 명확하지 아니한 때에는 그 관습에 의한다'고 규정하고 있는바, 사실인 상관습은 상법의 임의법규와 다르더라도 당사자가 이에 따를 의사가 있는 경우에는 구속력이 있으므로 구별된다고 주장한다.[1)]

### (2) 비구별설

양자의 구별이 불필요하다는 견해에 의하면, 첫째로 법적 확신이라는 주관적 요소로 양자를 구별하는 것은 법적 안정성을 해친다. 둘째로 상관습법은 상법의 임의규정에 위반하여 성립할 수 없는 반면에(상 1), 사실인 상관습도 상법의 임의법규에 우선하여 해석의 기준으로서 재판규범이 되므로(민 106) 양자를 구별하는 것은 타당하지 않다. 따라서 민법 제106조는 민법 제1조에 대하여 특별법의 성격을 가진다고 하거나 또는 민법 제1조의 '법률'은 강행규정만을 의미한다고 해석하여 양자를 동일하게 해석하여야 한다고 한다.[2)]

### (3) 소 결

다수의 일반인이 법적 규범력이 없는 상관습과 법적 효력이 있는 상관습법이 다르다고 인식하고 있으므로 양자를 구별하는 것이 타당하다. 상관습은 당사자가 그에 따를 의사가 있거나 의사가 불명확한 경우에만 적용되는데 비하여 상관습법은 당사자의 의사와 무관하게 적용된다. 따라서 상관습이나 상관행이 그 사회의 법적 확신에 의하여 인정을 받게 되면 법적 규범인 상관습법으로 승인된다고 본다.[3)] 법적 확신이 유무는 주관적 요소이므로 그 확신의 주체가 누구냐는 논쟁이

1) 이철송, 35면 ; 최준선, 66면 ; 김병연 외, 17면 ; 안강현, 23면 ; 김홍기, 13면.
2) 정찬형, 41면 ; 손주찬, 37면.
3) 상관습이 언제 상관습법으로 전환되는가에 관하여는 오랫동안 반복하여 관행하는 관습이 법으로 인정된다는 관행설, 자연적으로 생긴 관습이 국가기관에 의하여 승인을 받은 때에

있을 수 있으나 상관행으로 오랫동안 반복하여 이루어졌고 이를 법원이 법적 확신이 존재한다는 판단을 한 때에는 상관습법이 된다고 보아야 할 것이다.[4] 우리 판례도 구별설을 취하고 있다.

**대법원 1983. 6. 14. 선고 80다3231 판결**

민법 제1조는 민사에 관하여 법률에 규정이 없으면 관습법에 의하고 관습법이 없으면 조리에 의한다고 규정하여 관습법 및 조리의 법원으로서의 근거를 천명하고 있으며 한편 같은 법 제106조는 법령 중의 선량한 풍속 기타 사회질서에 관계없는 규정과 다른 관습이 있는 경우에 당사자의 의사가 명확하지 아니한 때에는 그 관습에 의한다고 규정하여 사실인 관습의 효력을 정하고 있다. 관습법이란 사회의 거듭된 관행으로 생성한 사회생활규범이 사회의 법적 확신과 인식에 의하여 법적 규범으로 승인 강행되기에 이르른 것을 말하고 사실인 관습은 사회의 관행에 의하여 발생한 사회생활규범인 점에서는 관습법과 같으나 다만 사실인 관습은 사회의 법적 확신이나 인식에 의하여 법적 규범으로서 승인될 정도에 이르지 않은 것을 말하여 관습법은 바로 법원으로서 법령과 같은 효력을 갖는 관습으로서 법령에 저촉되지 않는 한 법칙으로서의 효력이 있는 것이며 이에 반하여 사실인 관습은 법령으로서의 효력이 없는 단순한 관행으로서 법률행위의 당사자의 의사를 보충함에 그치는 것이다.

일반적으로 볼 때 법령과 같은 효력을 갖는 관습법은 당사자의 주장 입증을 기다림이 없이 법원이 직권으로 이를 확정하여야 하나 이와 같은 효력이 없는 사실인 관습은 그 존재를 당사자가 주장 입증하여야 한다고 파악할 것이나 사실상 관습의 존부 자체도 명확하지 않을 뿐만 아니라 그 관습이 사회의 법적 확신이나 법적 인식에 의하여 법적 규범으로까지 승인된 것이냐 또는 그에 이르지 않은 것이냐를 가리기는 더욱 어려운 일이므로 법원이 이를 알 수 없을 경우 결국은 당사자가 이를 주장 입증할 필요에 이르게 될 것이다.

한편 민법 제1조의 관습법은 법원으로서의 보충적 효력을 인정하는데 반하여 같은 법 제106조는 일반적으로 사법자치가 인정되는 분야에서의 관습의 법률행위의 해석기준이나 의사보충적 효력을 정한 것이라고 풀이할 것이므로 사법자치가 인정되는 분야, 즉 그 분야의 제정법이 주로 임의규정일 경우에는 위와 같은 법률행위의 해석 기준으로서 또는 의사를 보충하는 기능

---

법으로 인정된다는 승인설, 상관습이 사회의 법적 확신에 의하여 지지를 받거나 또는 관습에 따르는 것이 법에 따른다는 인식이 있을 때 관습법이 된다는 법적 확신설이 대립하나, 법적 확신설이 판례와 통설의 견해이다(최준선, 65면).

4) 최준선, 65면 ; 김홍기, 14면.

> 으로서 이를 재판의 자료로 할 수 있을 것이나 이 이외의 즉 그 분야의 제정법이 주로 강행규정일 경우에는 그 강행규정 자체에 결함이 있거나 강행규정 스스로가 관습에 따르도록 위임한 경우 등 이외에는 이 관습에 법적 효력을 부여할 수 없다고 할 것인바, 가정의례에 관한 법률에 따라 제정된 가정의례준칙(1973.5.17 대통령령 제6680호) 제13조는 사망자의 배우자와 직계비속이 상제가 되고 주상은 장자가 되나 장자가 없는 경우에는 장손이 된다고 정하고 있으므로 원심인정의 관습이 관습법이라는 취지라면(원심판시의 취지로 보아 관습법이라고 보여지나 반드시 명확하지는 않다) 관습법의 제정법에 대한 열후적 · 보충적 성격에 비추어 그와 같은 관습법의 효력을 인정하는 것은 관습법의 법원으로서의 효력을 정한 위 민법 제1조의 취지에 어긋나는 것이라고 할 것이고 이를 사실인 관습으로 보는 취지라면 우선 그와 같은 관습을 인정할 수 있는 당사자의 주장과 입증이 있어야 할 것일 뿐만 아니라 사실인 관습의 성격과 효력에 비추어 이 관습이 사법자치가 인정되는 임의규정에 관한 것이어야만 비로소 이를 재판의 자료로 할 수 있을 따름이므로 이 점에 관하여도 아울러 심리판단 하였어야 할 것이므로, 따라서 원심인정과 같은 관습을 재판의 자료로 하려면 그 관습이 관습법인지 또는 사실인 관습인지를 먼저 가려 그에 따라 그의 적용여부를 밝혔어야 할 것이다.

## 3. 상관습과 상관습법의 예

### (1) 상관습의 예

상관습법에 이르지는 않았더라도 상관습으로 인정된 사례로는 해상물건운송에서의 보증도,[5] 상인인 법인 간의 계속적 물품공급거래에 있어 인수증의 개별발행,[6] 선박의 매매대금을 연불조건으로 지급하기로 약정하는 경우의 중개수수료는 연불에 따른 이자를 제외한 선박대금을 기준으로 산정하는 지급,[7] 국제상거래에서 일방당사자의 채무불이행에 대하여 일반적으로 승인된 국제금리에 따른 지연손해금의 지급[8] 등이 있다. 하지만 예금통장의 제시가 없어도 예금지급청구서에 찍힌 인영과 미리 신고한 인영이 맞으면 예금을 지급하는 것,[9] 백지미보충어음을 지급제시기간 내에 제시하면 지급을 하는 것,[10] 상업신용장과 상업송장의 기재가

5) 대법원 1991. 12. 10. 선고 91다14123 판결.
6) 대법원 1983. 2. 8. 선고 82다카1275 판결.
7) 대법원 1985. 10. 8. 선고 85누542 판결.
8) 대법원 1990. 4. 10. 선고 89다카20252 판결.
9) 대법원 1962. 1. 11. 선고 4294민상195 판결.
10) 대법원 1992. 10. 27. 선고 91다24724 판결.

일부 불일치하더라도 이의없이 신용장대금이 결제되는 것[11] 등은 상관습이 인정되지 아니한다고 하였다.

### (2) 상관습법의 예

합리적인 '사실상 상관습'이 장기간에 걸쳐 이해관계자들에게 관행적으로 통용되다 보면 법적 확신에 이르게 되고, 법원이 이에 대한 법적 효력을 인정하면 상관습법이 되며, 결국에는 성문법으로 수용되는 과정을 거친다. 구법시대에 백지어음이 상관습법으로 통용되다가 어음법에 수용되었다(어 10).[12] 국제거래에 관한 INCOTERMS (International Commercial Terms)와 신용장통일규칙(Uniform Customs and Practice for Documentary Credits)에 대하여는 국제상관습으로 보는 견해[13]가 있으나, 세계적으로 통용되는 상관습법으로 보아야 할 것이다.[14]

**상관습을 인정한 사례**

**대법원 1991. 12. 10. 선고 91다14123 판결**

은행의 신용장개설에 따라 이루어진 격지 간의 상품매매에 따른 상품운송에 있어서 선하증권상에 수하인으로 되어 있어 장래 그 선하증권의 취득이 확실시되는 신용장개설은행의 보증하에 그 명의의 화물선취보증장과 상환으로 선하증권과 상환함이 없이 그 선하증권상에 통지처로 되어 있는 실수요자에게 운송물을 인도하는 형태의 이른바 보증도가 국제해운업계에서 일반적으로 행하여지는 세계적인 상관습인 사실은 인정할 수 있으나 …

**대법원 1983. 2. 8. 선고 82다카1275 판결**

상인인 법인간의 계속적인 물품공급거래에 있어서는 원칙적으로 기업의 회계자료로서 물품의 매출, 매입 또는 수불관계를 명확하게 하기 위하여 수요자는 공급자에게 사전에 물건의 종류, 규격, 수량을 지정하여 발주하고, 공급자는 발주수량의 물건에 송장을 첨부하여 인도하면 발주자는 이를 검수 확인하고 송장에 수령사실을 확인하거나, 수령할 물건의 명세를 표시한 인수증을 공급자에게 발행하고 그 부본을 발주법인이 보관하되 그 인수증은 물건의 인도, 인수사실을 증명하는 문서이므로 특단의 사정이 없는 한 물품의 종류, 규격, 수량, 인수법인, 인수자의 직위, 성명을 기재하고 작성자의 날인을 하여 인수일자마다 개별적으로 발행함이 거래의 상례라 할 것이다.

---

11) 대법원 1985. 5. 28. 선고 84다카696 판결.
12) 대법원 1956. 10. 27. 선고 4289민재항31 판결.
13) 최준선, 68면.
14) 안강현, 24면 ; 정찬형, 41면 ; 김성태, 101면.

**대법원 1985. 10. 8. 선고 85누542 판결**

원심판결 이유에 의하면, 원심은 선박을 매매함에 있어 그 대금을 연불조건으로 지급하기로 약정하는 경우의 중개수수료는 연불에 따른 이자를 제외한 선박대금액을 기준으로 산정하여 지급하는 것이 일반거래의 관행인 사실이 인정되고 …

**대법원 1990. 4. 10. 선고 89다카20252 판결**

국제상거래에 있어서 일방당사자의 채무불이행에 관하여는 일반적으로 승인된 적절한 국제 금리에 따른 지연손해금의 지급을 명함이 관행이라 할 것인데, 영국 런던중재법원이 일반적으로 적용되는 국제금리인 미국은행 우대금리(그 최고이율도 연 2할 5리로서 우리나라 이자제한법의 제한범위 내이다)에 따른 지연손해금의 지급을 명한 것은 상당하므로 우리나라의 공공질서에 반하지 아니한다.

**상관습을 부정한 사례**

**대법원 1967. 5. 16. 선고 67다311 판결**

피고소송대리인의 상고이유에 대하여 살피건대, 원판결에 의하면, 원심은, 갑제4호증의 1,2 지급보증서는 명백히 정형화된 법률상의 유가증권은 아니라 하여도, 동증서상의 자금사용자가 실지 그 자금을 사용하지 않거나 또는 자금사용자로부터 사용된 자금을 회수하지 아니하였다 하여도 위의 지급보증서를 발행한 피고로서는 면책사유가 없는 한 그 보증서의 소지인에게 그 보증서에 표시된 금액을 지급하여야 할 의무가 있는 공신력이 있는 상관습상 인정된 유가증권으로서 지시증권이며, 이는 소지인 출급식의 유가증권이라고 인정하였다. 그러나 갑제4호증의 1,2 지급보증서를 기록에 의하여 검토하면, 지급 금액 금 300만원 또는 200만원이라 하였고, 지급기일 1965.2.28 자금 사용자 주식회사 삼정상공사, 자금용도 "수산협동조합 중앙회에 목탄 15만포 납품계약 이행용"이라 하였고, 위와 같은 금액을 피고가 지급보증을 한다는 내용으로 되어 있으나 위와 같은 지급보증서를 수령하는 자를 특정한바 없이 다만 "은행 귀하"라고 되어 있음을 엿볼 수 있다. 그러므로 위와 같은 기재내용 특히 자금사용자가 특정되어 있을 뿐 아니라 자금용도가 특정되어 있다는 점으로 보아 이는 자금 사용자인 위의 회사가 그 자금용도로서 특정되어 있는 자금을 대부하는 은행에게 대하여, 피고가 그 지급을 보증한다는 민사상 보증을 한 보증서에 불과함을 엿볼 수 있을 뿐이고, 위와 같은 내용의 지급보증서가 유가증권으로서, 유통되고 있다는 상관습은 없는 것이다. 그러므로 원심이 위의 지급보증서를 상관습에 의한 유가증권이라 인정하고 그와 같은 견해를 전제로 하여 판단하였음은 상관습에 관한 법리를 오해한 위법이 있다고 아니 할 수 없으므로, 그 외의 상고이유에 대한 판단을 생략하고 원판결은 부당하다 하여, 관여법관전원의 일치된 의견으로서 주문과 같이 판결한다.

## 제 3. 상사자치법

회사나 기타의 단체가 그 조직과 운영에 관한 사항을 자율적으로 정하는 규범으로서, 회사의 정관, 한국거래소의 업무규정, 어음교환소의 교환규칙 등을 상사자치법이라고 한다. 그런데 상사자치법이 상법의 법원인지가 문제된다. 회사의 정관이 법률에 의하여 작성이 강제되더라도 반드시 법규의 성질을 가지는 것이 아니며, 법령에 의한 위임이 없이 작성한 것은 법규가 아닌 계약이고, 그 구속력은 계약에 따르기로 합의를 하였기 때문이라면서 법원성을 부인하는 견해가 있다.[15]

그러나 회사의 정관은 그 작성이 법에 의하여 요구되며(상 178, 270, 287조의 2), 일정한 경우에는 상법보다 우선 적용되므로(상 200, 207, 416), 강행법규에 반하지 않는 한 법적구속력을 갖는 자치법규이다. 유가증권시장에서의 매매거래에 관한 사항을 정하는 한국거래소의 업무규정은 자본시장법에 의하여 정해지며, 그 사항이 자본시장법 제393조에 의하여 법정되어 있기 때문에 법적 구속력을 갖는다.[16]

## 제 4. 보통거래약관

### 1. 의 의

보통거래약관(general conditions)이란 그 명칭이나 형태 또는 범위를 불문하고 계약의 일방 당사자가 다수의 상대방과 계약을 체결하기 위하여 일정한 형식으로 미리 마련한 계약의 내용을 말한다(약관 2조 1). 보통보험약관, 운송약관, 은행예금약관 등이 있다.[17] 대량의 집단적 거래를 반복하는 사업자로서는 거래를 할 때마다 거래상대방과 개별 계약을 체결해야 한다면 불필요한 시간과 비용을 소모하게 된다. 따라서 사업자가 자기 영업에 관한 계약의 내용을 표준화·정형화한 약관을 제시함으로써 계약내용이 명확히 하여 분쟁의 소지를 줄이고 거래상대방을 공평하게 대우할 수 있으며 신속하게 처리할 수 있다.

그렇지만 약관은 사업자가 일방적으로 작성한 것이므로 경제적 약자인 거래상

---

15) 정동윤, 30면 ; 안강현, 28면.

16) 최준선, 69면 ; 정찬형, 42면 ; 이철송, 37면.

17) 아파트분양계약서처럼 '계약서'란 명칭을 쓰더라도 그 성질이 약관에 해당되면 약관이다. 입찰안내서도 내용에 따라 약관으로 보아야 할 경우가 있다(대법원 1997. 2. 25. 선고 96다24835 판결)(이철송 37면 각주3).

대방은 불공정한 계약을 감수할 수밖에 없는 처지에 놓인다. 개별계약과 달리 약관은 작성자인 사업자가 유리한 방향으로 작성되기 때문에 약관을 사업자의 자율에만 맡겨 둘 수 없고 거래상대방을 보호할 다양한 방안이 강구되어야 한다.

## 2. 보통거래약관의 법원성

사업자가 일방적으로 작성한 약관에 의한 상거래에서 거래상대방이 약관의 내용을 구체적으로 이해하지 못한 상태에서 계약이 체결되는 경우에 약관에 따를 의무가 있는지 그리고 의무가 있다면 그 구속의 근거와 보통거래약관의 법원성에 대한 논의를 살펴본다.

### (1) 규범설

약관을 사회적으로 특정거래권에 있어서의 규범으로 보아서 약관의 법규성을 인정한다. 규범설은 다시 약관이 ① 당해 거래권이라고 하는 부분사회의 자치법으로서 정관과 같이 구속력을 갖는다는 자치법설, ② 국가가 기업에 대해 약관을 작성할 권한을 부여하였기 때문에 구속력을 갖는다는 수권설, ③ 약관에 의하여 거래가 형성된 특정거래권에서는 계약이 약관에 의해 체결된다는 상관습법이 형성되어 있기 때문에 구속력을 갖는다는 상관습법설(상관습백지설)[18]로 나누어진다.

### (2) 계약설(법률행위설)

사업자가 일방적으로 작성한 약관 그 자체로는 법규범이 될 수 없으며, 사업자의 약관에 의한 거래를 거래상대방이 따르겠다는 의사를 표시하였기 때문에 약관이 당사자에게 효력이 있다는 계약설(법률행위설)이 있다. 즉 사업자가 거래를 약관에 의한다는 것을 밝히고 약관을 제시한 경우에 한하여 그 약관이 개별계약의 내용에 포함되어 당사자를 구속한다는 것으로서 통설[19]과 판례의 입장이다. 판례는 "보통보험약관을 포함한 이른바 일반거래약관이 계약의 내용으로 되어 계약당사자에게 구속력을 갖는 근거는 그 자체가 법규범 또는 법규범적 성질을 갖기 때문이 아니며 계약당사자가 이를 계약의 내용으로 하기로 하는 명시적 또는 묵시적인 합의를 하였기 때문이다"라고 한다.[20] 한편 약관의 규제에 관한 법률 제3조가 사업자에게 중요한 약관의 내용에 대하여 설명의무를 부과하고, 이를 어길 경

18) 전우현, 31-32면.
19) 정찬형, 44면 ; 김성태, 126면 ; 김정호, 26면.
20) 대법원 2004. 11. 11. 선고 2003다30807 판결 ; 대법원 1999. 7. 23. 선고 98다31868 판결.

우 당해 약관을 계약의 내용으로 주장하지 못하게 규정하고 있어 법률행위설의 입장을 취하고 있다.[21)]

### (3) 의사추정설

법률행위설에 의하면 거래상대방이 약관에 의하여 거래를 하겠다는 의사가 있는 경우에 약관의 구속력이 발생한다고 주장하는바, 만일 당사자가 약관의 내용을 알지 못하였다면 그 효력이 없게 되어버리는데, 이처럼 당사자의 주관적 의사에 의하여 약관의 효력이 좌우되는 것은 문제가 된다고 비판한다. 그래서 약관의 명시처럼 상대방이 알 수 있는 경우 당사자가 약관에 따르지 않겠다는 명백한 의사표시를 하지 않는 한, 약관에 따라 거래의사가 존재하는 것으로 추정된다는 의사추정설[22)]이 있다.

**대법원 2004. 11. 11. 선고 2003다30807 판결**

보통보험약관을 포함한 이른바 일반거래약관이 계약의 내용으로 되어 계약당사자에게 구속력을 갖게 되는 근거는 그 자체가 법규범 또는 법규범적 성질을 갖기 때문은 아니며 계약당사자가 이를 계약의 내용으로 하기로 하는 명시적 또는 묵시적 합의를 하였기 때문이라고 볼 것인바(대법원 1986. 10. 14. 선고 84다카122 판결), 기록을 살펴보더라도 이 사건 보험계약의 체결 당시 당사자들 사이에서 협회선박기간보험약관(원고의 주장에 의하자면 전손담보조건부약관으로서 1983. 10. 1. 개정된 것)을 이 사건 보험계약에 적용하기로 명시적으로 합의하였다고 볼 만한 증거가 전혀 없을 뿐만 아니라 위 약관을 계약내용에 편입시킨다는 취지가 담긴 보험계약서 내지 청약서가 작성되었다는 사정이나 기타 이 사건 보험계약을 체결함에 있어 원고와 피고 사이에 그 점에 대한 묵시적 합의가 있었다고 추정할 만한 특별한 사정도 찾아보기 어렵다. 그럼에도 불구하고, 이 사건 보험계약을 체결함에 있어 위 협회기간보험약관(1983)을 적용하기로 하는 합의가 있었다고 본 원심의 판단에는 채증법칙을 위반하여 사실을 오인한 위법이 있다고 할 것이다.

---

21) 이철송, 40면 ; 최준선, 73면. 한편 약관규제법이 의사추정설을 취하고 있다는 견해도 있다(안강현, 31면 ; 손주찬, 45면 ; 정동윤, 33면).

22) 정동윤, 32면 ; 손주찬, 35면.

## 3. 보통거래약관의 해석원칙

약관이 경제적 강자인 사업자에 의하여 일방적으로 작성되는 특성상 거래상대방의 보호를 위하여 약관해석에 대한 일정한 제한이 필요하다. 약관규제법이 이를 규정하고 있다.

### (1) 신의성실의 원칙

약관은 신의성실의 원칙에 의하여 공정하게 해석되어야 하며 고객마다 다르게 해석되어서는 안 된다(약관 5조 1). 따라서 약관조항이 신의칙에 어긋날 경우 그 약관조항은 무효로 해석하거나 또는 신의칙에 맞게 수정해석을 할 수도 있다. 이 원칙으로부터 ① 약관은 원칙적으로 당사자의 주관적인 의사와 무관하게 그 문언에 따라 객관적·합리적으로 해석되어야 한다는 객관적·합리적 해석의 원칙, ② 약관은 평균적인 고객을 기준으로 획일적으로 해석하여야 하며, 때와 장소 그리고 고객마다 다르게 해석하는 것은 고객을 불공평하게 대우하는 것으로써 타당하지 않다는 통일적 해석의 원칙이 도출된다.

**대법원 2009. 12. 10. 선고 2009다61803·61810 판결**

약관의 규제에 관한 법률은 제6조 제1항에서 "신의성실의 원칙에 반하여 공정을 잃은 약관조항은 무효이다"라고 규정하고, 제11조 제1항에서 "고객의 권익에 관하여 정하고 있는 약관의 내용 중 다음 각 호의 1에 해당되는 내용을 정하고 있는 조항은 이를 무효로 한다"고 규정하면서 그 제1호에 '법률의 규정에 의한 고객의 항변권, 상계권 등의 권리를 상당한 이유 없이 배제 또는 제한하는 조항'을 들고 있다. 따라서 공평의 관점에서 창고업자에게 인정되는 권리인 유치권의 행사를 상당한 이유 없이 배제하는 내용의 약관조항은 고객에게 부당하게 불리하고 신의성실의 원칙에 반하여 공정을 잃은 것으로서 무효라고 보아야 한다.

**대법원 2009. 5. 28. 선고 2009다9294·9300 판결**

보통거래약관의 내용은 약관 내용이 명백하지 못하거나 의심스러운 때 고객보호의 측면에서 고객에게 유리하게, 약관작성자에게 불리하게 제한 해석하는 경우 이외에는 개개 계약체결자의 의사나 구체적인 사정을 고려함이 없이 평균적 고객의 이해가능성을 기준으로 하여 객관적·획일적으로 해석함이 원칙이라 할 것이다(대법원 1996. 6. 25. 선고 96다12009 판결; 대법원 2005. 10. 28. 선고 2005다35226 판결 등 참조).

(2) 개별약정 우선의 원칙

약관에서 규정하고 있는 사항에 대하여 당사자 간에 개별약정을 다르게 한 경우에는 개별약정이 우선하여 효력이 있다는 원칙이다. 약관규제법 제4조는 '약관에서 정하고 있는 사항에 관하여 사업자와 고객이 약관의 내용과 다르게 합의한 사항이 있을 때에는 그 합의 사항은 약관보다 우선한다'고 규정하고 있다.

**대법원 2001. 3. 9. 선고 2000다67235 판결**

약관의규제에관한법률 제4조는 '약관에서 정하고 있는 사항에 관하여 사업자와 고객이 약관의 내용과 다르게 합의한 사항이 있을 때에는 당해 합의사항은 약관에 우선한다.'고 하여 소위 개별약정우선의 원칙에 관하여 규정하고 있는바, 원고 박태호, 김재호, 한영희, 손종원, 오창배, 정대원, 이경범과 피고 사이의 각 주택할부금융약정서(갑 제1 내지 7호증의 각 1)에 의하면 제1조 제2항에 '차입의 종류 및 상환방법은 본인이 선택할 수 있으나 본 약정체결일에 일단 정하여진 내용은 대출실행기간 동안에는 임의로 변경하지 않는다.', 제3항에 '본 약정체결일에 정하여진 적용이자율, 수수료율, 지연배상금률 및 중도상환 수수료율은 대출실행만기일까지 변경하지 않는다.', 제11조 제2항에 '본 약정서 및 제10조에 의한 부속약정서에서 정하는 내용은 여신거래기본약관에 우선하여 적용됨을 승인한다.'고 각 기재되어 있고, 원고 오광철, 박승희와 피고 사이의 각 주택할부금융약정서(갑 제8, 9호증의 각 1)에 의하면 제1조 제2항에 '본 약정체결일에 정하여진 내용은 대출실행만기일(약정기간 내의 거치기간만료일, 변동금리적용기간만료일 등)까지 변경하지 않는다.', 제13조 제2항에 '본 약정서 및 제12조에 의한 부속약정서에서 정하는 내용은 여신거래기본약관에 우선하여 적용됨을 승인한다.'고 각 기재되어 있음을 알 수 있다.

그렇다면 위 약관조항은 금융사정의 변화 등을 이유로 사업자에게 일방적 이율변경권을 부여하는 규정인 반면 위 약정서 제1조 제2항 내지 제3항은 주택할부금융약정 당시 정해진 이율은 당해 거래기간 동안(변동금리의 경우에는 당해 변동금리의 적용기간 동안 등) 일방 당사자가 임의로 변경하지 않는다는 것으로서 곧 당사자에 의한 일방적 이율변경을 허용하지 않겠다는 것이라 할 것이고, 위 약정서의 내용이 단지 정상적인 경제상황에서만 사업자의 일방적 이율변경권을 배제하고 비정상적인 경제상황에서는 이를 여전히 유보하는 것이라거나 혹은 위 약관조항은 특별히 예외적인 사정변경이 생긴 경우에만 사업자에게 일방적 이율변경권을 부여하는 규정이고 위 약정서의 내용은 이를 배제시키는 것이 아니라고는 할 수 없으니, 이 한도에서는 위 약관조항과 위 약정서의 내용은 서로 상충된다고 할 것이고, 약관의규제에관한법률 제4조 및 위 각 약정서 제11조 제2항(원고 오광철, 박승희의 경우에는 제13조 제2항)에 따라 이러한 개별약정은 위 약관조항에 우선하므로 결국, 이 사건 각 대출 이후 당해 거래기간 등이 지나기 전에 피고가 한 이 사건 각 이율인상은 위 각 약정서의 내용에 반하는 것으로서 효력이 없다 할 것이다.

### (3) 불명확조항 해석의 원칙(작성자불리해석의 원칙)

약관의 해석상 그 뜻이 명료하지 아니한 경우에는 작성자에게 불리하게 해석하여야 한다는 원칙이다. 약관규제법 제5조 제2항이 '약관의 뜻이 명백하지 아니한 경우에는 고객에게 유리하게 해석되어야 한다'고 규정하고 있다. 약관은 사업자가 자기에게 유리하도록 작성하기 때문에 거래상대방을 보호하기 위하여 약관의 내용이 의심스럽거나 명백하지 아니한 경우에는 작성자에게 불리하게 해석하여야 한다는 것이다.

### (4) 제한적 해석의 원칙(엄격해석의 원칙)

당사자 일방이 작성한 약관의 내용이 상대방의 법률상 지위에 중대한 영향을 미치는 경우에는 약관을 엄격하게 해석하여야 한다는 원칙이다.[23] 약관 중 사업자에게 유리한 조항이 불명확한 경우에는 제한적으로 엄격하게 해석하여야 한다. 따라서 약관작성자의 면책사유로 규정된 사항은 예시적인 것이 아니라 한정적인 것으로 해석해야 하며,[24] 고객이 신용보증사고의 통지를 지연함으로써 채권보전에 장애를 초래한 경우에는 보증채무가 면책된다는 보증약관은 통지의 지연으로 인해 보험자의 채권보전조치에 실질적인 장애를 초래한 경우에 한하여 면책된다는 취지로 해석하여야 한다.[25]

23) 대법원 2011. 4. 28. 선고 2010다106337 판결.
24) 대법원 2006. 9. 8. 선고 2006다24131 판결.
25) 대법원 2001. 3. 23. 선고 2000다71555 판결(이철송, 55-56면).

### 대법원 2010. 12. 9. 선고 2009다60305 판결

이 사건 보험계약의 약관은 암과 상피내암의 분류기준으로 TNM 병기 분류법 등을 인용함이 없이 한국표준질병사인분류의 분류기준과 그 용어만을 인용하고 있는 점, 한국표준질병사인분류는 TNM 병기 분류법이 대장의 경우 예외적으로 정상 소재의 암종에 상피내 암종뿐만 아니라 점막내 암종도 포함된다고 명시하고 있는 것과는 달리 그와 같은 명시적·예외적 규정을 두고 있지 아니한 점, 오히려 한국표준질병사인분류가 명시하는 제3편 및 제4편의 악성 신생물과 상피내 신생물의 분류기준 및 그 용어에 의할 경우, 상피내에 존재하는 비침윤성, 비침범성인 신생물의 경우만이 상피내 암종에 해당하고, 암종이 상피를 넘어 기저막을 뚫고 점막고유층에 침윤한 점막내 암종의 경우에는 이미 이러한 행동양식을 갖고 있지 아니할 뿐만 아니라, 용종절제술을 마친다면 추후 전이 가능성이 극히 낮지만 절제하지 않고 방치할 경우 점막하층 조직과 근육층 등을 침윤하고 다른 부위로 전이할 수 있다는 점에서 악성의 행동양식을 갖고 있으므로 악성 신생물로 분류하는 것이 그 분류기준 및 용어에 충실한 해석인 점, 대한병리학회 소화기병리연구회의 논문도 같은 취지에서 점막내 암종의 경우 국제질병분류 코드상 행태코드 "/3"을 부여받을 수 있음을 인정하고 있을 뿐만 아니라 TNM 병기 분류법과 달리 상피내 암종과 점막내 암종이라는 용어를 계속 구분하여 사용하여야 한다는 입장을 밝히고 있는 점, 1988년 대한대장항문학회와 대한외과학회의 주관하에 작성된 한국인 대장암 취급지침서 역시 점막내 암종을 제1기 대장암으로 분류하여 악성 종양임을 인정하였고, 이것이 과거 오랫동안 국내 임상의사의 진단기준이 되어 왔던 점 등을 고려하면, 보험약관의 해석의 관점에서는 이 사건 보험계약의 약관에서 보험사고 내지 보험금 지급액의 범위를 정하는 기준으로 규정한 한국표준질병사인분류의 분류기준과 그 용어에 충실하게 원고의 질병과 같은 점막내 암종을 상피내 신생물로 분류되는 질병인 상피내암이 아니라 악성 신생물로 분류되는 질병인 암으로 보는 해석도 충분히 가능하고 그러한 해석의 객관성과 합리성도 인정된다.

따라서 이 사건 보험계약의 보험사고 내지 보험금 지급액의 범위와 관련하여 이 사건 각 보험계약의 약관이 규정하는 상피내암은 객관적으로 다의적으로 해석되어 약관 조항의 뜻이 명백하지 아니한 경우에 해당하므로, 약관의 규제에 관한 법률 제5조 제2항이 규정하는 작성자 불이익의 원칙을 적용하여 여기에는 점막내 암종을 제외한 상피내 암종(intraepithelial carcinoma)만이 해당한다고 제한 해석함이 상당하다. 원심은 이와 달리 대장 내의 선암이 상피세포 외에 점막고유층까지 침범하였으나 점막하층을 침윤하지 아니한 경우에는 전이될 위험성이 거의 없어 대장암에 포함되지 아니한다는 이유로, 원고의 질병은 이 사건 보험계약의 약관이 규정하는 암이 아니라 상피내암에 해당한다는 취지로 판단하였다. 이러한 원심의 판단에는 약관의 규제에 관한 법률 제5조 제2항이 규정하는 작성자 불이익의 원칙에 관한 법리를 오해하여 보험약관의 해석을 그르친 위법이 있다. 이 점을 지적하는 상고이유의 주장은 이유 있다.

## 4. 보통거래약관의 규제

약관에 의한 거래는 기본적으로 사적자치의 영역이지만, 경제적 약자인 거래상대방을 보호하기 위하여 국가가 약관인가를 할 때 심사를 통하여 소비자에게 불리한 조항을 통제하거나 공정거래위원회를 통한 불공정약관의 시정 등을 통하여 소비자를 보호한다. 이러한 규제에는 입법적 · 행정적 · 사법적 규제가 있다.

### (1) 입법적 규제

법률에 의한 사전적 규제로서 보통거래약관의 효력요건, 약관에 기재할 내용, 약관해석의 원칙 조항 등을 법률에 규정함으로써 구체적 소송에서의 해석의 기준이 되는 '약관의 규제에 관한 법률'이 있다. 또 상법 제638조의3 제1항에 보험약관의 교부 · 명시의무를 규정하고 있다. 약관에 관한 한 약관규제법이 일반법의 성격을 가지고 상법 등 다른 법이 특별법의 성격을 갖는바, 보험약관의 교부 · 명시의무에 관한 상법 제638조의3 제1항이 약관규제법에 우선하여 적용된다.

### (2) 행정적 규제

#### 1) 행정관청의 규제

행정기관이 사전적으로 약관을 규제하는 것으로는 보험약관에 대한 금융위원회의 인가(보험업법 4, 5), 운송약관의 국토교통부장관 등에 대한 신고(여객자동차운수사업법 10) 등이 있다. 해당관청의 인가를 받지 아니한 약관에 의한 거래라 하더라도 사법상 효력이 있으며, 인가를 받은 약관이라고 하더라도 그 약관이 항상 유효한 것이 아닌데, 그 이유는 인가란 행정관청의 감독을 위한 것이며 유효여부는 사법적 심사를 통하여 결정되기 때문이다.

#### 2) 공정거래위원회의 약관규제

(가) 이해관계자의 약관심사청구

약관조항과 관련하여 법률상 이익이 있는 자, 소비자단체, 한국소비자원, 사업자단체 등은 약관이 법위반에 해당되는지 여부에 관한 심사를 공정거래위원회에 청구할 수 있다(약관 19).

(나) 시정조치

공정거래위원회는 사업자가 불공정한 약관조항을 계약의 내용으로 한 경우에 사업자에게 해당 불공정약관조항의 삭제·수정 등 시정에 필요한 조치를 권고할 수 있으며, 공정거래위원회는 불공정한 약관조항을 계약의 내용으로 한 사업자에게 해당 불공정약관조항의 삭제·수정, 시정명령을 받은 사실의 공표, 그 밖에 약관을 시정하기 위하여 필요한 조치를 명할 수 있다(약관 17조의2, 1항, 2항).

(다) 표준약관의 심사·권고

사업자 및 사업자단체는 건전한 거래질서를 확립하고 불공정한 내용의 약관이 통용되는 것을 방지하기 위하여 일정한 거래 분야에서 표준이 될 약관을 마련하여 그 내용이 이 법에 위반되는지 여부에 관하여 공정거래위원회에 심사를 청구할 수 있다(약관 19조의3, 1항). 또 소비자기본법 제29조에 따라 등록된 소비자단체 또는 같은법 제33조에 따라 설립된 한국소비자원은 소비자 피해가 자주 일어나는 거래 분야에서 표준이 될 약관을 마련할 것을 공정거래위원회에 요청할 수 있다(약관 19조의3, 2항).

가) 표준약관의 심사 및 작성

공정거래위원회는 소비자단체 등의 요청이 있는 경우나 일정한 거래 분야에서 여러 고객에게 피해가 발생하는 경우에 피해발생상황을 조사하여 약관이 없거나 불공정약관조항이 있는 경우에, 사업자 및 사업자단체에 대하여 표준이 될 약관을 마련하여 심사 청구할 것을 권고할 수 있다(약관 19조의3, 3항). 그리고 공정거래위원회는 사업자 및 사업자단체가 제3항의 권고를 받은 날부터 4개월 이내에 필요한 조치를 하지 아니하면 관련 분야의 거래 당사자 및 소비자단체등의 의견을 듣고 관계 부처의 협의를 거쳐 표준이 될 약관을 마련할 수 있다(약관 19조의3, 4항).

나) 표준약관의 사용권장

공정거래위원회는 표준약관을 공시하고 사업자 및 사업자단체에 표준약관을 사용할 것을 권장할 수 있다(약관 19조의3, 5항). 그리고 공정거래위원회로부터 표준약관의 사용을 권장받은 사업자 및 사업자단체는 표준약관과 다른 약관을 사용하는 경우 표준약관과 다르게 정한 주요 내용을 고객이 알기 쉽게 표시하여야 한다(약관 19조의3, 6항).[26)]

---

26) 이철송, 56-58면.

다) 표준약관의 표지사용제한

공정거래위원회는 표준약관의 사용을 활성화하기 위하여 표준약관 표지를 정할 수 있고, 사업자 및 사업자단체는 표준약관을 사용하는 경우 공정거래위원회가 고시하는 바에 따라 표준약관 표지를 사용할 수 있다(약관 19조의3, 7항). 사업자 및 사업자단체는 표준약관과 다른 내용을 약관으로 사용하는 경우 표준약관 표지를 사용하여서는 아니 된다(약관 19조의3, 8항).

사업자 및 사업자단체가 제8항을 위반하여 표준약관 표지를 사용하는 경우 표준약관의 내용보다 고객에게 더 불리한 약관의 내용은 무효로 한다(약관 19조의3, 9항).

### (3) 사법적 규제

약관의 사용으로 인한 소송이 제기된 경우에 사법기관이 약관의 해석을 통하여 규제한다. 법원이 약관이 명시되고 계약의 내용이 되었는지 여부, 약관 조항의 의미 해석 등을 통하여 소비자를 보호하는 역할을 하는 것이다. 법원이 최근에는 종래의 소극적 태도에서 벗어나 적극적인 자세로 약관조항을 심사하면서 약관의 효력에 대한 전향적인 판결을 하고 있는 추세이다.

**대법원 2014. 9. 4 선고 2012다204808 판결**

상법 제732조의2, 제739조, 제663조의 규정에 의하면 사망이나 상해를 보험사고로 하는 인보험에 관하여는 보험사고가 고의로 인하여 발생한 것이 아니라면 비록 중대한 과실에 의하여 생긴 것이라 하더라도 보험금을 지급할 의무가 있다고 할 것인바, 위 조항들의 입법 취지 등에 비추어 보면, 피보험자의 사망이나 상해를 보험사고로 하는 보험계약에서는 보험사고 발생의 원인에 피보험자에게 과실이 존재하는 경우뿐만 아니라 보험사고 발생 시의 상황에 있어 피보험자에게 안전띠 미착용 등 법령위반의 사유가 존재하는 경우를 보험자의 면책사유로 약관에 정한 경우에도 그러한 법령위반행위가 보험사고의 발생원인으로서 고의에 의한 것이라고 평가될 정도에 이르지 아니하는 한 위 상법 규정들에 반하여 무효라고 할 것이다.

기록에 의하면, 원고가 그 소유의 옵티마 승용차에 관하여 피고와 개인용자동차종합보험계약을 체결하면서 피보험자가 피보험자동차를 소유·사용·관리하는 동안에 생긴 피보험자동차의 사고로 인하여 죽거나 다친 때에는 보험증권에 기재된 사망보험가입금액, 각 상해급별 보험가입금액 한도 내에서 실제 치료비(부상보험금)와 장해등급별 보험금액(후유장해보험금)을 보상하기로 하는 내용의 자기신체사고특약을 체결하였으며, 그 보험약관에는 "피보험자가 사고 당시 탑승 중 안전띠를 착용하지 아니한 경우에는 자기신체사고보상액에서 운전석 또는 그 옆좌석은 20%, 뒷좌석은 10%에 상당하는 금액을 공제한다"고 규정한 안전띠 미착용 감액조항(이하 '이 사건 감액약관'이라 한다)이 포함되어 있는 사실, 원고는 술에 취한 상태로 위 승용차를 운전하여 가다가 도로 오른쪽 옹벽과 중앙선 가드레일을 들이받고 안전띠를 착용하지 않은 상태로 도로에 정차해있던 중 뒤따라오던 승용차에 의하여 추돌당하여 상해를 입은 사실을 알 수 있다. 위 사실을 앞서 본 법리에 비추어 보면, 위 자기신체사고특약은 인보험의 일종이고, 이 사건 감액약관은 공제라는 표현을 사용하고 있으나 그 실질은 보험금의 일부를 지급하지 않겠다는 것이어서 일부 면책약관이라고 할 것인데, 원고가 안전띠를 착용하지 않은 것이 보험사고의 발생원인으로서 고의에 의한 것이라고 할 수 없으므로 이 사건 감액약관은 위 상법 규정들에 반하여 무효라고 할 것이다.

**대법원 1986. 12. 23 선고 85다카551 판결**

은행신용카드에 의한 거래에 있어서 그 거래약관상 비록 카드의 분실 도난으로 인한 모든 책임이 카드회원에게 귀속된다고 약정되어 있다고 하더라도 회원이 분실, 도난 등의 사실을 은행에 통지하고 소정양식에 따라 지체없이 그 내용을 서면신고 하였음에도 불구하고 은행이 가맹점에 대한 통지를 게을리 하였거나 가맹점이 분실, 도난 카드의 확인과 서명의 대조 등을 게을리 하여 거래가 성립되었을 경우에까지 그 책임을 회원에게 물을 수는 없다고 함이 거래의 안전을 기하는 신의성실의 원칙상 당연한 풀이라고 할 것이다(당원 1986. 3. 11. 선고 85다카1490 판결 참조).

## 제 5. 상사판례

상사거래에 관한 판결이 상법의 법원에 해당되는가를 살펴보건대, 판례는 개별사건에 대한 법률적 판단이므로 일반적인 성질을 가진 규범적 법규가 될 수 없다. 헌법 제103조가 법관은 헌법과 법률에 의하여 양심에 따라 독립하여 심판한다고 규정하고 있으며 판례에 구속된다고 규정하고 있지 않다.

영미법에서는 선결례구속의 원칙(doctrine of stare decisis)이 확립되어 판례의 구속력을 인정하고 있기 때문에 판례법(case law)이 중요한 법원이다. 하지만 대륙법계인 우리나라에서는 선행판결과 다른 판결을 하더라도 상고이유가 되지 않으므로 상법의 법원성은 인정되지 않는다. 하지만 대법원 전원합의체 판결에 대하여 하급심이 다른 판단을 하기 어렵다는 점에서 선행 판례가 사실상으로는 구속력을 갖는 것이므로 살아있는 법으로서의 판례의 연구와 평가는 중요하다.

## 제 6. 상사학설

상사에 대하여 학자들의 주장인 상사학설이 법원이 아니라는 것이 일반적인 견해이다.[27] 법의 해석이나 판례연구 등을 통하여 형성된 학자들의 학설은 재판에서의 법의 해석에 영향을 미치지만 학설이 대립하기도 하고, 학설이 항상 옳다고 할 수도 없기 때문에 직접적으로 법관을 구속할 수 없어 상법의 법원이 될 수 없다.

## 제 7. 조 리

### 1. 의 의

조리(nature of things)란 사람이 일반적으로 합리적이라고 생각하며 공동생활에서 지켜야 한다고 생각하는 원칙[28] 또는 사물자연의 성질에 적합한 원리[29]를 의미하는데, 사회적 타당성 · 신의성실 · 법의 일반원리 · 경험법칙 · 공서양속으로 이해할 수 있다. 이러한 조리(條理)는 법과 계약의 해석원리가 되고, 재판에서 적용할 법이 없는 경우에는 재판의 준거가 된다(민 1). 그런데 법의 흠결시 조리에 의한다는 민법 제1조의 규정이 조리에 대한 법원성을 인정하는 것인가에 관하여는 견해가 대립한다.

### 2. 조리의 법원성

모든 규범을 실정법화 할 수 없는 불완전성을 전제로, 민법 제1조가 법 흠결 시에 보충적 입법권의 근거이고, 적용할 법규가 없더라도 재판을 거부할 수는 없으므로 민법 제1조가 조리의 법원성을 인정한 것이라는 견해가 있다.[30] 그러나 조리는 법의 이념 내지는 추상적 해석의 원리가 될 뿐이지 법의 존재근거 또는 존재양

---

27) 상사에 관한 법원판결이 성문법 또는 관습법에 대하여 수정적 · 창조적 작용을 하면 법원성을 인정할 수 있다는 주장이 있다(정찬형, 47면).
28) 이철송, 60면.
29) 최준선, 83면.
30) 손주찬, 50면 ; 안강현, 36면 ; 김정호, 27면.

식으로서 구체적으로 실재하는 것은 아니므로 조리를 상법의 법원으로 볼 수 없다.[31)]

**대법원 1965. 8. 31. 선고 65다1156 판결**

정관에 보수에 관한 규정이 없고 주주총회의 의결도 없는 경우의 구 민법상의 상무취체역에 대한 보수는 그에 대한 상관습이나 민법의 규정 또는 민사관습도 없는 바이니 조리에 의하여 상당한 액을 지급하기로 한 것이라고 단정하고 그 상당액을 증거에 의하여 일정액으로 인정한 조처에 위법이 있지 아니하다.

## 제2절 상사에 관한 법의 적용순위

### 제 1. 상법 제1조의 '상사'의 의의

상법 제1조는 "상사에 관하여 본법에 규정이 없으면 상관습법에 의하고 상관습법이 없으면 민법에 의한다"고 하여 상사에 관한 법의 적용순서를 규정하고 있는 바, 상법의 법원으로서 상관습법이 포함되며, 민법이 보충적으로 적용됨을 밝히고 있다. 상법의 법원으로 상법 이외에도 많은 상사특별법과 조약, 국제법규, 상사자치법, 상관습법 등이 있다.

#### 1. 형식설과 실질설

상법 제1조의 '상사'는 상법에서 규정하고 있는 사항 또는 특별법에 의하여 상법전을 적용하기로 규정한 사항을 말한다는 형식설과 상사란 기업생활과 관련된 모든 재산법적 법률관계를 의미한다는 실질설이 대립하고 있다. 형식설은 상법전의 적용범위의 한계를 명확하게 정한다는 장점이 있으며, 상법전에 규정되어 있는 사항에 관하여 상법전을 배타적으로 적용한다는 의미이다. 한편 실질설은 그 성질상 상사에 관한 것이라면 상법전이 규정하고 있지 아니한 사항도 상법 제1조의 적

31) 이철송, 60면 ; 정찬형, 48면 ; 김성태, 137면 ; 최준선, 83면.

용대상이 된다.

## 2. 양설의 차이

대리인의 자기계약 및 쌍방대리 금지에 관한 규정은 민법(124조)에는 있으나 상법에는 없다. 형식설에 따르면 상업사용인의 자기계약은 상법에 규정이 없으므로 상법 제1조가 적용되지 아니하고 일반사법인 민법의 일반원칙을 적용해야 한다. 이처럼 형식설은 상법에 규정이 되어 있지 아니한 '상사'의 법률문제에 대하여 상관습법을 적용하지 못하고 민법을 적용해야 하기 때문에 상관습법의 민법에 대한 우선적 효력을 부정함으로써 상관습법을 무시하는 결과에 이른다. 그러나 실질설에 따르면 상업사용인의 자기계약은 실질적으로는 기업생활에 관한 법률관계이므로 상법 제1조가 적용되어, 상법에 규정이 없으면 상관습법에 따르고, 상관습이 없으면 민법을 적용해야 한다.

## 3. 소 결

생각건대, 형식설에 따라서 상법 제1조의 '상사'를 상법 또는 특별법에 규정된 사항으로 이해하면 '상사에 관하여 본법에 규정이 없으면'은 '본법 또는 특별법이 규정하고 있는 사항에 관하여 본법에 규정이 없으면'이라고 읽게 되는 모순이 생긴다. 그러므로 상법 제1조는 본법(상법)에 규정되어야 할 사항이 규정되어 있지 아니한 경우에(입법의 흠결) 그 적용법규를 찾아내기 위한 규정으로 이해하여 '상사'에는 '상법에 규정하고 있는 것'뿐만 아니라 '상법에 규정하여야 할 것'도 포함된다고 보는 실질설이 타당하다.[32] 형식설을 취하더라도 상법에 규정이 없는 경우에 이에 관한 관습법이 형성되어 있으면 그에 따라야 하고, 관습법이 민법에 우선 적용되기 때문에 그 적용순서에서 차이가 없다는 견해도 있다.[33]

32) 최준선, 85면.
33) 이철송, 32면.

## 제 2. 법 적용의 순서

### 1. 상법전과 상관습법

상법 제1조가 '상사에 관하여 본법에 규정이 없으면 상관습법에 의하고 상관습법이 없으면 민법에 의한다'고 규정하고 있는바, 동일한 사항에 대하여 상법전과 상관습법이 경합하는 경우에 그 적용순서에 대하여 견해가 대립한다.

#### (1) 보충적 효력설

상법 제1조가 제정법 우선주의를 취한다는 입장으로서, 상법전에 규정이 없는 사항에 대하여서만 상관습법이 보충적으로 적용되므로 상관습법의 제정법 개폐적 효력을 인정하지 아니한다.[34)]

#### (2) 대등적 효력설

상관습법과 상법을 동등한 지위에 있는 특별법으로 이해하여, 상관습법의 상사 제정법의 개폐적 효력을 인정한다. 따라서 상법 제1조는 상관습법의 보충적 효력을 규정한 것이 아니라 법의 적용순위를 밝히는 것으로 입법의 한계를 자인하는 규정이라고 비판한다.[35)]

#### (3) 소 결

제정법의 고정성으로 인하여 경제적 발전을 따라가지 못하는 현실적인 한계를 극복하기 위하여 상관습법의 탄생은 필연적이다. 따라서 제정법의 결함을 극복하기 위하여 탄생한 상관습법이 강행법규를 포함한 상사제정법에 대한 개폐효력을 갖는다고 본다. 어떤 사항에 대하여 상관습법이 존재하면 상법이나 민법 등 제정법의 규정을 배제할 수 있다는 판례가 있다.[36)]

**대법원 1987. 6. 23. 선고 86다카2107 판결**

상법 제812조에 의하여 준용되는 같은법 제121조 제1항은 해상운송인의 책임에 관하여 "수하인이 운송물을 수령한 날로부터 1년을 경과하면 소멸시효가 완성한다"라고 규정하고 있는 바, 위 기간은 소멸시효기간으로서 소멸

34) 정찬형, 48면.
35) 정희철, 56면 ; 손주찬, 53면 ; 최준선, 86면 ; 안강현, 37면.
36) 대법원 1987. 6. 23. 선고 86다카2107 판결.

> 시효의 이익을 미리 포기하거나 당사자 사이의 약정에 의하여 이를 배제, 연장 또는 가중할 수 없다 할 것이다. 당사자 사이에 해상운송인의 책임에 관하여 제소기간을 약정하고 그 기간연장에 합의하였다 하더라도 위와 같은 제소기간의 약정과 그 기간연장에 관하여 상관습법이 확립되었다고 인정되지 아니하는 한 그러한 약정과 합의에 의하여 위 소멸시효에 관한 상법이나 민법규정의 적용을 배제할 수는 없는 것이다.

## 2. 상관습법과 민법전

상법 제1조가 '상사에 관하여 … 상관습법이 없으면 민법이 적용된다'고 규정하여 상사에 관하여 상관습법은 민법의 규정을 우선하는 효력을 인정하고 있다. 이 규정의 해석을 성문법 국가인 우리나라에서 제정법우선주의에 대한 예외라고 설명하는 견해[37)]와 상관습법도 상사에 관한 법이므로 일반법인 민법을 우선하는 것이 당연하다는 견해[38)]가 대립한다. 생각건대 상관습법의 개폐적 효력설에 따라 상법전과 동등한 위치에 있는 상관습법을 특별법으로서 해석하여 민법보다 우선 적용된다고 보는 것이 타당하다. 상관습법의 합리적 진보적 경향에 비추어 볼 때 민법에 대한 우선적 효력을 인정할 필요가 있다.

## 3. 상법전과 민법전

상법 제1조가 상사에 관하여 상법과 상관습법이 없으면 민법이 적용된다고 규정하고 있기 때문에, 민법을 상법의 법원으로 볼 수 있는지가 문제된다. 상법이 민법의 각종 규정(능력 · 기간 · 기한 · 시효 등)을 준용하므로 상법의 법원이라는 견해가 있다.[39)] 그러나 민법과 상법은 법적 영역이 서로 달라서 별개의 법전 형식으로 존재하고, 상법이 특별사법이므로 민법을 상법의 법원으로 보기 위해서는 특별사법의 성격을 가져야 하나, 민법은 그러한 성격이 없으므로 상법의 법원으로 볼 수는 없다.

예컨대, 상사채권의 시효는 상법에 5년으로 규정되어 있지만, 시효의 기산점이나 시효완성의 효과 등은 민법이 적용되는데, 그 이유는 시효의 기산점이나 시효완성의 법률관계가 민사법 관계이기 때문에 민법을 적용하는 것일 뿐이고 법원이기

---

37) 정찬형, 48면.
38) 최준선, 87면 ; 안강현, 38면.
39) 임홍근, 36면 ; 강위두 · 임재호, 37면.

때문에 적용하는 것은 아니다.[40] 즉, 입법기술상 특별법 규정에 일반법에서 규율되는 모든 사항을 법문화하는 것이 힘들고 불필요하기 때문에 일반법을 준용하는 것이다.

### 4. 법원의 적용순위의 체계

상관습법의 효력에 대하여 개폐적 효력설을 취하느냐 보충적 효력설을 취하느냐에 따라서 달라지는데, 관습법의 제정법 개폐적 효력을 인정하면 상법과 동등한 순위에 위치할 것이고, 보충적 효력을 인정하면 상법 다음으로 적용될 것인데 다수설인 개폐적 효력설에 따르기로 한다. 자치법은 강행법규를 우선할 수는 없으므로 그 순서가 강행법과 임의법의 중간에 위치하여야 한다는 견해가 있으나,[41] 자치법은 개별단체의 법률관계를 구성원간의 합의에 이른 것이므로 관습법에 우선하고 성문법보다 우선 적용된다는 것이 일반적인 견해이다.[42] 판례법과 조리는 상사에 관한 법원은 아니지만 법원이 이를 적용하기 때문에 적용순서에 포함시키면 다음과 같다.

① 상사자치법(정관, 거래소의 업무규정) → ② 상사특별법 또는 상사조약 → ③ 상법전(상관습법) → ④ 상사판례법 → ⑤ 민사자치법 → ⑥ 민사특별법 또는 민사조약 → ⑦ 민법전(민사관습법) → ⑧ 민사 판례법 → ⑨ 조리

40) 이철송, 33면.

41) 이철송, 62면.

42) 정찬형, 49면 ; 최준선, 88면 ; 안강현, 39면. 자치법이 강행법규와 임의법규의 중간에 위치하여야 한다는 견해에 의하면, 상사에 관한 법의 적용순서는 (i) 조약 국제법규 상사특별법, (ii) 상법 중 강행법규, (iii) 민법 중 강행법규, (iv) 자치법, (v) 관습법, (vi) 상법 중 임의법규 순서이다(이철송, 61-62면).

# 제 3 절 상법의 효력(적용범위)

## 제 1. 시 간

### 1. 동일순위의 법규사이의 우선적용

동일한 사항에 대하여 시간적 전후로 두 개 이상의 상사법규가 있는 경우 첫째로 동일 순위인 경우에는 신법은 구법을 변경한다. 둘째로 일반법과 특별법의 관계에 있으면, 일반 신법(新法)이 특별 구법(舊法)을 변경하지 아니한다. 상법시행법 제3조가 이 원칙을 수용하여 "상사에 관한 특별한 법령은 상법시행후에도 그 효력이 있다"고 규정하고 있다.

### 2. 소급적용의 문제

구법시대에 발생한 생활관계가 신법시행 이후에 문제가 되는 경우에는, 법적 안정성을 보호하기 위하여 원칙적으로 법률불소급원칙에 의거하여 행위 당시의 법인 구법이 적용된다. 그런데 진보적이고 합리적인 발전이 이루어지는 상법 분야에서는 신법이 당사자에게 이익이 되고 형평에 맞는 경우가 있기 때문에 경과규정인 시행법이나 부칙으로 신법을 적용하도록 규정하는 경우도 있다(1984년 부칙 2조 본문). 상법시행법 제2조 제1항 본문은 "상법은 특별한 규정이 없으면 상법시행전에 생긴 사항에도 적용한다"고 하여 신법을 소급적용하고 있다.

## 제 2. 장 소

상법은 국내법이므로 원칙적으로 대한민국 영토에 적용된다. 국제적으로 이루어지는 상거래관계는 우리 기업이 외국에서 영업활동을 하는 경우에도 우리 상법이 적용될 수 있고, 외국기업이 우리나라에서 영업을 하는 경우에 외국 상법이 적용될 수도 있다. 국제사법에 의하여 상법의 장소적 적용범위가 제약되거나 확장된다.

## 제 3. 사 람

우리 상법이 대한민국 국민과 법인에게 적용되는 것이 원칙이지만 예외가 있다. 첫째로, 특정한 사항에 대하여 우리 상법이 외국인에게 적용될 수 있으며, 외국상법이 한국인에게 적용될 수 있다. 국제간 상거래에 대하여는 국제사법에 의하여 준거법이 결정된다. 둘째로, 상법규정 가운데 특수한 상인에게 적용되지 않는 규정이 있다. 예컨대 소상인에게는 지배인, 상호, 상업등기 등 일부규정이 적용되지 않는다(상 9).

## 제 4. 사 항

상법은 제1조에 의하여 '상사'에 관하여 적용된다. 상법은 당사자 쌍방에 대하여 상행위가 되는 쌍방적 상행위는 물론이고, 당사자 일방에게만 상행위가 되는 일방적 상행위에도 적용된다(상 3). 또 공법인의 상행위에 대하여 법령에 다른 규정이 없는 경우에 한하여 상법이 적용된다(상 2).

# 제2편 상법 총칙


제 1 장 서 설 / 67
제 2 장 상 인 / 69
제 3 장 상업사용인 / 90
제 4 장 영업소 / 122
제 5 장 상 호 / 127
제 6 장 상업 장부 / 169
제 7 장 상업 등기 / 180
제 8 장 영업양도 / 201
제 9 장 영업의 임대차 / 228
제10장 경영위임 / 230
제11장 영업의 담보와 강제집행 / 232

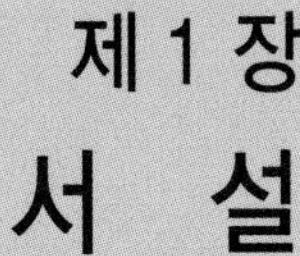

# 제 1 장
# 서 설

## 제1절 상법총칙의 의의

기업생활관계에 관한 법인 상법은 크게 기업주체의 조직 부분과 영리적 활동 부분으로 나누어 볼 수 있다. 상법총칙은 기업의 원활한 활동을 보장하기 위하여 기업의 조직적 측면에서의 대내 및 대외적 법률관계를 합리적으로 규율하는 법률인데 반하여, 상행위법은 기업이 영리목적을 달성하기 위하여 수행하는 대외적 거래관계를 규율함으로써 상인과 제3자 간에 이해관계를 합리적으로 조정하는 법이다. 상법총칙의 규정은 영업주뿐만 아니라 그와 거래하는 상대방 나아가 사회 전체에 대하여 영향을 미치므로 법적 획일성을 가져야 하는 강행규정이 대부분이나, 상행위의 규정은 상거래를 규율대상으로 하여 거래당사자의 사적자치를 존중하기 때문에 주로 임의규정이다.[1)]

## 제2절 상법총칙의 체계

상법총칙은 7장 45조로 구성되어 있는데, 제1장 '통칙'은 법원과 효력에 관한 것으로서 제1편에서 다루었고, 제2장 '상인'에서는 기업활동의 주체인 상인의 정의를 통하여 상인을 인식하는 방법과 무능력자의 상거래 방법을 규정하고 있다. 제3장 '상업사용인'에서는 상인이 대외적 거래행위를 대리하는 자로서, 상인의 인적 보조적 지위에 있는 상업사용인을 종류별로 대외적으로 의제되는 권한을 규정

1) 이철송, 71면.

하고 있다.

제4장 '상호'에서는 상인이 자기를 나타내는 명칭으로 상호를 선정할 경우 이에 대한 법적보호로서 상호전용권 및 등기상호의 효력, 명의대여자의 책임, 상호의 양도 등을 규정하고 있다. 제5장 '상업장부'에서는 상인이 자기의 영업에서 생성되는 회계정보를 작성하고 보관하는 방법 등을 규정하고 있다. 제6장 '상업등기'에서는 상인의 영업조직에 관한 공시방법인 상업등기제도를 규정하고 있는바, 상업등기를 하지 아니한 경우 제3자의 보호 및 부실한 등기를 한 자의 제3자에 대한 책임 등을 다루고 있다. 제7장 '영업양도'에서는 기업의 조직화된 유기적 일체로서의 영업재산의 양도에서의 양도인, 양수인 그리고 이들과 거래한 제3자의 이해관계의 조정을 다루고 있다.

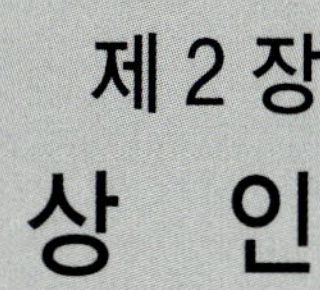
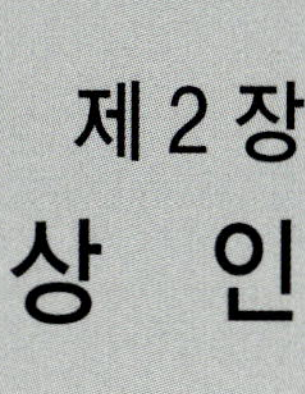

# 제 2 장 상 인

## 제1절 총 설

기업은 영업을 수행하기 위한 인적·물적 설비를 유기적으로 결합시킨 사회적 실체이고, 기업생활에 상법을 적용함으로써 발생하는 법률관계는 권리와 의무의 귀속자인 상인을 중심으로 이루어진다. 즉, 상인은 기업의 조직과 활동의 주체로서 기업조직 및 대외적 활동관계에서 발생하는 법률관계의 당사자이다.[1] 그리고 상인의 개념에 의하여 상법의 적용대상이 정해진다. 한편 상법의 적용대상을 확정하기 위해서는 상인의 개념 이외에도 기업의 영리행위인 '상행위'가 무엇을 의미하는지도 살펴보아야 한다. 또한 상인과 상행위의 개념은 상대방 개념을 전제로 하는바 양자의 관계도 살펴보아야 한다.

## 제2절 상인에 대한 입법주의

### 제 1. 상인법주의(형식주의, 주관주의)

기업의 실질과는 상관없이 상인의 형식적 자격 또는 행위형식의 특성을 바탕으로 상인의 개념을 정하고, 그 상인이 하는 행위를 상행위라고 한다. 즉, 상인의 개념을 형식적으로 도출한 후 그로부터 상행위의 개념을 도출하므로, 상인법주의, 형식주의 또는 주관주의라고 하며, 스위스채무법이 여기에 해당한다. 형식주의에

1) 이철송, 74면 ; 정찬형, 52면.

의하면 상인이 아닌 자가 영리행위를 하더라도 상법을 적용하기 곤란한 문제점이 있고, 상인의 범위와 한계가 불명확하며 상인의 개념은 상행위와 연관하여서만 도출되는 것으로 미루어볼 때 그 한계가 있다.

## 제 2. 상행위법주의(실질주의, 객관주의)

기업의 실질을 중시하여 먼저 특정한 행위를 상행위로 규정하고, 이러한 상행위를 하는 자를 상인으로 하는 입법주의로서 1885년 스페인상법이 해당된다. 이 입법태도는 기업의 실질을 중시하므로 실질주의 내지는 객관주의라고 하며, 상행위의 개념을 우선시하므로 상행위법주의라고도 한다. 이 주장은 행위의 객관적 성질만 강조하고 행위의 주체와 연관성을 고려하지 않는 문제점과 새롭게 발전해가는 기업의 다양한 상행위의 변화를 수용하지 못하는 단점이 있다.

## 제 3. 절충주의

상행위를 하는 자를 상인으로 보는 실질주의와 일정한 형식에 의하여 행위를 하는 자를 상인으로 보는 형식주의를 절충하여 수용한 입법주의로서 일본이 취하고 있다.

## 제 4. 우리 상법의 입장

상법 제4조는 기본적 상행위를 영업으로 하는 자를 당연상인으로 규정하고 있고, 제5조가 상행위를 하지 않는 자도 상인적 설비와 방법으로 영업을 하는 자를 의제상인으로 규정하고 있다. 이러한 우리 상법이 어떤 학설에 근거한 것인지에 대하여 견해가 대립하고 있다.

### 1. 상인법주의설

상법 제4조의 당연상인의 개념이 상법 제46조의 각 행위를 '영업으로' 할 때만 상행위가 성립하므로, 영업의 주체인 상인과 관련 없는 상행위는 성립하지 않는다. 또한 점포나 회사 형태로 기업을 경영하는 자는 상행위를 하지 않더라도 상인

으로 의제하므로, 상법의 상인개념은 상인법주의에 의하여 설명할 수 있다고 한다.[2)]

### 2. 절충주의설

당연상인은 상법 제46조의 기본적 상행위를 기초로 하여 상인의 개념을 규정하므로 상행위법주의를 취하고 있고, 의제상인은 상행위와 상관없이 상인적 방법이라는 형식적 기준에 의하여 상인의 개념을 규정하므로 상인법주의를 취하고 있는 바, 우리 법은 절충주의의 입장을 취하고 있다고 설명한다.[3)] 생각건대, 상법 제5조의 의제상인은 형식주의(상인법주의)를 취하고 있고, 제4조의 당연상인의 개념은 상행위 개념을 전제로 도출하므로 실질주의(상행위법주의)의 입장을 취하고 있지만, 상행위가 영업과 무관한 상행위가 아니라 상인과 관련된 영업적 상행위라는 점에서 순수한 실질주의 입법이라고 할 수 없다. 따라서 상인법주의에 기울어진 절충주의 입법이라고 판단된다.[4)]

## 제3절 당연상인

당연상인이란 자기 명의로 상법 제46조의 기본적 상행위를 영업으로 하는 자를 말한다(상 4). 이를 나누어 설명하면 다음과 같다.

### 제 1. '기본적 상행위'를 하는 자

당연상인의 개념을 설정함에 있어 고려되는 상행위는 상법 제46조의 기본적 상행위이다. 따라서 상법 제46조의 1호부터 22호의 유형의 행위를 할 때에만 당연상인이 되는데, 동 규정은 제한적으로 기본적 상행위의 유형을 열거하고 있다. 또 기본적 상행위는 채권행위를 의미한다. 왜냐하면 물권행위는 이행행위로서 영리성과 무관하기 때문이다.[5)] 그리고 이들 기본적 상행위를 '영업으로' 할 때에만 상

2) 임홍근, 53면.
3) 최준선, 96-97면 ; 손주찬, 65면 ; 정동윤, 47면 ; 김병연 외, 33면.
4) 정찬형, 54-55면 ; 전우현, 40면.
5) 이철송, 81면.

행위가 된다.

## 제 2. 영업성

영업이란 자본적 계산방법을 사용하여 영리를 목적으로 동종의 행위를 계속적·반복적으로 하는 것을 말한다.

### 1. 영리성

영리를 목적으로 한다는 의미는 이윤을 얻을 목적을 말한다. 영리성은 상인의 주관적 목적으로서 객관적으로 인식되면 충분하고, 실제로 이윤을 획득하였는지 여부는 문제되지 아니한다. 또 영리성은 각 행위마다 요구되는 것이 아니라 기업활동의 전체적 맥락에서 존재하면 된다. 영리목적과 아울러 비영리 목적이 있더라도 상관이 없으나, 비영리목적을 수행하는데 부수한 결과에 불과한 정도의 영리성을 갖는 경우에는 상인이 될 수 없다.[6]

**대법원 1994. 4. 29. 선고 93다54842 판결**

1. 어느 행위가 상법 제46조 소정의 기본적 상행위에 해당하기 위하여는 영업으로 동조 각호 소정의 행위를 하는 경우이어야 하고, 여기서 영업으로 한다고 함은 영리를 목적으로 동종의 행위를 계속 반복적으로 하는 것을 의미한다고 할 것인바, 위 대한광업진흥공사법의 제반 규정에 비추어 볼 때, 원고 공사가 광업자금을 광산업자에게 융자하여 주고 소정의 금리에 따른 이자 및 연체이자를 지급받는다고 하더라도, 이와 같은 대금행위는 위 법 제1조 소정의 목적, 즉 민영광산의 육성 및 합리적인 개발을 지원하기 위하여 하는 사업이지 이를 가리켜 '영리를 목적'으로 하는 행위라고 보기는 어렵다고 할 것이다.

2. 따라서 원고 공사의 위 법에 의한 광업자금의 융자행위는 원고 공사에 대하여는 상행위에 해당한다고 볼 수 없다고 할 것인바, 이와 다른 견해에서 원고 공사의 광산업자인 피고 임민수에 대한 이 사건 광업자금의 융자행위가 원고 공사에 대하여 상행위에 해당한다고 본 원심판결은 상행위에 관한 법리를 오해한 위법이 있다고 할 것이다.

---

6) 대법원 1994. 4. 29. 선고 93다54842 판결.

## 2. 계속성 · 반복성

동종행위를 계속적으로 반복함으로써 외부에서 기업성을 인식할 수 있어야 한다. 그러므로 1회 투기행위는 영업이 아니다. 계속성과 반복성은 상인의 점포나 홍보활동 등에 의하여 객관적으로 인식되면 충분하고 실제로 계속되었는지 또는 반복되었는지 여부는 따지지 않는다. 해수욕장 영업처럼 일정기간에 걸쳐 계속되고 반복되면 충분하고 언제나 계속 · 반복될 필요는 없다.

## 3. 영업의 의사

영업이 되려면 영업의사가 있어야 하고, 영업의사는 외부적으로 인식할 수 있어야 한다. 영업의사를 일반인에게 표시하지 않더라도 거래당사자 간에 인식되면 된다. 따라서 점포임차나 상업사용인의 고용처럼 개업준비행위에 해당되는 행위가 있으면 영업의사가 외부적으로 표시되었다고 볼 수 있다. 그러나 증권투기처럼 비밀로 하는 위법행위는 영업을 한다고 할 수 없다.[7] 변호사, 의사, 화가 등 자유직업인은 주관적으로 영리의 목적을 가지고 있더라도 영업성을 배제하여 상인으로 보지 않는데, 그 이유는 업무의 성격이 고도의 개성과 공익성을 띠고 있기 때문이다. 하지만 병원의 행위를 명의대여자로서 책임을 인정한 사례[8]가 있으며, 법무법인 등은 영업을 한다고 볼 여지가 있다.[9] 법원은 의사 · 변호사 등은 상인이나 의제상인이 아니라고 하며,[10] 변호사의 상호등기를 인정하지 아니하고 법무법인의 등기를 '명칭등기'로 규정하고 있다.[11]

**대법원 2007. 7. 26. 자 2006마334 결정**

> 1. 변호사가 의제상인인지 여부 등에 대하여
>
> 변호사법은 제1조에서 "변호사는 기본적 인권을 옹호하고 사회정의를 실현함을 사명으로 한다. 변호사는 그 사명에 따라 성실히 직무를 수행하고 사회질서의 유지와 법률제도의 개선에 노력하여야 한다."고 규정하고, 제2조에서 "변호사는 공공성을 지닌 법률전문직으로서 독립하여 자유롭게 그 직무를 행한다."고 규정하고, 제3조에서 "변호사는 당사자 기타 관계인의 위임 또는

7) 최준선, 99면.
8) 대법원 1987. 3. 24. 선고 85다카2219 판결.
9) 김성태, 165면.
10) 대법원 2007. 7. 26. 자 2006마334 결정 ; 대법원 2008. 6. 26. 자 2007마996 결정.
11) 김병연 외, 37면.

국가 · 지방자치단체 기타 공공기관의 위촉 등에 의하여 소송에 관한 행위 및 행정처분의 청구에 관한 대리행위와 일반 법률사무를 행함을 그 직무로 한다."고 규정한 다음, 변호사의 자격과 등록을 엄격히 제한하고(같은 법 제 4조, 제5조, 제7조 내지 제12조, 제14조), 변호사에게 품위유지의무, 비밀유지의무, 공익활동 등 지정업무처리의무 등을 부과하는 규정을 두고 있고(같은 법 제24조, 제26조, 제27조), 법률사무소의 위치와 수, 사무직원의 자격과 인원수 등을 엄격히 제한하고(같은 법 제21조, 제22조), 광고사항 및 방법 등에 일정한 제한을 가하고 연고관계의 선전을 금지하고(같은 법 제23조, 제30조), 수임사건을 제한하고, 계쟁권리의 양수행위, 독직행위, 변호사 아닌 자와 동업 등을 하는 행위, 사건유치 목적으로 법원 · 수사기관 · 교정기관 및 병원에 출입하는 행위, 재판 · 수사기관 공무원, 직무취급자 등의 사건소개 등을 금지하고(같은 법 제31조 내지 제37조), 변호사가 그 직무를 수행하면서 소속 지방변호사회의 허가 없이 상업 기타 영리를 목적으로 하는 업무를 경영하는 행위 등을 금지하는 규정 등을 두고 있으며(같은 법 제38조), 변호사로 하여금 소속 지방변호사회 · 대한변호사협회 및 법무부장관의 감독을 받도록 규정하고 있다(같은 법 제39조).

위와 같이 변호사의 영리추구 활동을 엄격히 제한하고 그 직무에 관하여 고도의 공공성과 윤리성을 강조하는 변호사법의 여러 규정에 비추어 보면, 위임인 · 위촉인과의 개별적 신뢰관계에 기초하여 개개 사건의 특성에 따라 전문적인 법률지식을 활용하여 소송에 관한 행위 및 행정처분의 청구에 관한 대리행위와 일반 법률사무를 수행하는 변호사의 활동은, 간이 · 신속하고 외관을 중시하는 정형적인 영업활동을 벌이고, 자유로운 광고 · 선전활동을 통하여 영업의 활성화를 도모하며, 영업소의 설치 및 지배인 등 상업사용인의 선임, 익명조합, 대리상 등을 통하여 인적 · 물적 영업기반을 자유로이 확충하여 효율적인 방법으로 최대한의 영리를 추구하는 것이 허용되는 상인의 영업활동과는 본질적으로 차이가 있다 할 것이고, 변호사의 직무 관련 활동과 그로 인하여 형성된 법률관계에 대하여 상인의 영업활동 및 그로 인한 형성된 법률관계와 동일하게 상법을 적용하지 않으면 아니 될 특별한 사회경제적 필요 내지 요청이 있다고 볼 수 도 없다. 따라서 근래에 전문직업인의 직무 관련 활동이 점차 상업적 성향을 띄게 됨에 따라 사회적 인식도 일부 변화하여 변호사가 유상의 위임계약 등을 통하여 사실상 영리를 목적으로 그 직무를 행하는 것으로 보는 경향이 생겨나고, 소득세법이 변호사의 직무수행으로 인하여 발생한 수익을 같은 법 제19조 제1항 제11호가 규정하는 '사업서비스업에서 발생하는 소득'으로 보아 과세대상으로 삼고 있는 사정 등을 감안한다 하더라도, 위에서 본 변호사법의 여러 규정과 제반 사정을 참작하여 볼 때, 변호사를 상법 제5조 제1항이 규정하는 '상인적 방법에 의하여 영업을 하는 자'라고 볼 수는 없다 할 것이므로, 변호사는 의제상인에 해당하지 아니한다.

2. 법무법인 등과의 차별적 취급이 헌법상의 평등원칙 위반이라는 점에 대하여

> 변호사가 변호사법 제40조에 의하여 그 직무를 조직적 · 전문적으로 행하기 위하여 설립한 법무법인은, 같은 법 제42조 제1호에 의하여 그 정관에 '상호'가 아닌 '명칭'을 기재하고, 같은 법 제43조 제2항 제1호에 의하여 그 설립등기시 '상호'가 아닌 '명칭'을 등기하도록 되어 있으므로, 이러한 법무법인의 설립등기를 '상호' 등을 등기사항으로 하는 상법상 회사의 설립등기나 개인 상인의 상호등기와 동일시할 수 없다.

## 제 3. '자기명의'의 상행위

자기명의라 함은 자기가 영업에서 발생하는 권리와 의무의 주체가 되어야 한다는 의미이다. 자기명의로 하는 한, 영업상의 이익이 자기가 아닌 자에게 귀속되어도 상관없으므로 반드시 '자기계산'으로 하여야 하는 것은 아니다. 예를 들어 아들이 아버지의 계산으로 영업을 하더라도 아들이 상인이지 아버지가 상인이 되는 것은 아니다. 또 상인이 반드시 기업을 소유하거나 기업위험을 부담하지 않더라도 상관없으므로 기업의 임차나 경영위임의 방식으로 영업을 하더라도 상인이다. 또한 행정청에 대한 신고자나 납세명의인이 다른 사람이라도 상관없고, 명의대여에서 명의임차인이 권리의무의 주체로서 상인이며, 명의대여자가 상인이 되는 것은 아니다.

## 제 4. 기업성

상법 제46조의 각호 행위를 영업목적으로 하더라도, 오로지 임금을 받을 목적으로 물건을 제조하거나 노무에 종사하는 행위는 상인이 아니다(상 46조 단서). 건설현장에서 일당을 받고 일하는 자나 바느질감을 주문받아 해주는 경우는 영세규모이기 때문에 기업성을 인정할 수 없어 상인이 아니고, 소상인에도 해당되지 아니한다.

# 제4절 의제상인

## 제 1. 서 설

의제상인이라 함은 상법 제46조 각호의 상행위를 하지 않더라도 영업의 형식에 따라 상인으로 인정되는 자이다. 즉, 의제상인은 상법 제46조 이외의 행위를 영업으로 하는 자이다. 상법 제46조의 기본적 상행위는 오랫동안 상인이 주된 영업으로 하여왔던 것이다. 한편 경제의 발달에 따라 상법에 열거된 기본적 상행위 이외의 새로운 형태의 영업행위가 탄생하는 것에 부응하여, 상인적 설비와 상인적 방법 만에 의한 새로운 상인을 인정하여 상법의 적용범위를 확대하려는 것이다. 의제상인에는 설비상인과 민사회사가 있다.

## 제 2. 설비상인

설비상인이란 점포 기타 유사한 설비에 의하여 상인적 방법으로 상행위 이외의 영업을 하는 자를 말한다(상 5).

### 1. 상인적 설비

설비상인은 점포 기타 유사한 설비를 갖추어야 한다. 상인적 설비는 물적설비 뿐만 아니라 지배인 등의 인적설비도 포함한다고 본다.[12] 농산물을 행상하는 자는 상인이 될 수 없으나 점포 등의 설비에서 농산물을 판매하면 의제상인이 될 수 있다.

### 2. 상인적 방법

상인적 방법이란 당연상인이 영업하는 것과 같은 방법으로 영업을 하는 것을 의미한다. 따라서 영업장소에서 상업사용인을 두고 영업장부를 작성하며 판매를 홍보하는 등 사회통념상 상인의 경영방법으로 영업을 하는 것을 의미한다. 영리성을 갖추어야 하므로, 영리를 목적으로 동일한 행위를 계속 반복적으로 하여야 한다.

---

12) 정찬형, 67면 ; 손주찬, 77면.

영업행위는 기본적 상행위(상 46조의 각호)가 아닌 행위이어야 하고, 회사가 아닌 자의 행위이어야 한다. 임업, 수산업이나 결혼상담, 흥행업, 연예인 송출 등처럼 새로운 유형의 영업행위가 그 대상이다. 계주가 계를 영업으로 하더라도 상인적 방법을 갖추지 않으면 의제상인이 될 수 없다.[13)]

## 제 3. 민사회사

상행위 기타 영리를 목적으로 하는 사단인 회사(상 169)는 상행위를 영리의 목적으로 하는 상사회사(당연상인)와 상행위 이외의 행위를 영리 목적으로 하는 민사회사(의제상인)로 나눌 수 있다. 민사회사는 상행위를 영업으로 하지 않으므로 당연상인이 아니다. 그러나 민사회사도 상사회사의 설립 조건에 따라 설립되어 운영되며(민 39조 1) 실질적으로 영리활동을 한다. 그리고 민사회사에 상사회사의 규정이 준용되므로(민 39조 2), 양자를 구별할 실익이 없다. 그러므로 민사회사가 설비상인의 요건을 구비했는지 여부와 상관없이 상법은 민사회사를 상인으로 의제한다(상 5조 2). 따라서 상법 제5조 제2항(회사)은 의제상인에 관한 상법 제5조 제1항에 대한 예시적 · 주의적 규정이라고 할 수 있다.[14)] 농수산업 등 원시산업을 경영하는 회사가 생산물을 판매하면 민사회사에 해당된다.

한편 상법 제5조 제2항이 민사회사를 상인으로 의제하기 위한 규정이라는 통설에 의문을 제기하면서, 상사회사는 상행위뿐만 아니라 상행위 이외의 행위도 목적으로 할 수 있기 때문에 민사회사의 개념을 인정할 실익이 없고, 따라서 상법 제5조 제2항은 상사회사 중 상행위 이외의 행위를 영업으로 하는 회사를 상인으로 보기 위한 규정이라는 견해도 있다.[15)]

---

13) 대법원 1993. 9. 10. 선고 93다21705 판결.
14) 최준선, 104면. 민사회사를 당연상인으로 취급하여야 한다는 견해가 있다(임홍근, 60면).
15) 이철송, 88면.

# 제5절 소상인

## 제 1. 의 의

소상인이라 함은 영업규모가 영세하여 상법 가운데 일부 규정의 적용이 배제되는 상인을 말한다(상 9). 상법이 모두 적용되는 완전상인에 대비되는 개념이다. 즉, 상법상의 여러 제도는 기업규모가 클 것을 전제로 하고 있는데, 소상인은 기업의 규모가 크지 않아서 이들 규정을 모두 적용할 실익이 적고, 오히려 영업에 부담이 될 수 있기 때문에, 상법의 지배인, 상호, 상업장부, 상업등기를 소상인에게는 적용하지 않는다(상 9).

## 제 2. 범 위

소상인의 범위는 대통령령으로 정하며, 현재는 '자본금액이 1천만원에 미치지 못하는 상인으로서 회사가 아닌 자'로 되어 있다(상법시행령 2조). 여기의 자본금액은 자기자본만을 의미하는 것이 아니므로 타인자본도 포함된 영업재산의 총액을 의미한다.[16] 소상인 규정은 당연상인이나 의제상인 모두에게 적용된다고 보는 것이 타당하다. 의제상인에게는 소상인 규정이 적용되지 않는다는 견해도 있다.[17]

## 제 3. 소상인에게 적용되지 않는 규정

### 1. 지배인

소상인에게는 지배인의 규정이 적용되지 않으므로, 소상인이 지배인을 두더라도 그가 상법상의 지배인이 되지 않는다. 그러므로 소상인의 지배인은 등기할 필요가 없으며, 표현지배인의 규정(상 14)도 적용되지 않는다.

---

16) 정찬형, 70면 ; 최준선, 106면 ; 이철송, 89면.
17) 임홍근, 61면.

### 2. 상 호

소상인이 상호를 선정하여 사용할 수는 있으나, 그 상호는 상법상 상호권으로 보호를 받지는 못한다. 그러므로 소상인은 유사상호의 사용금지를 청구하지 못하고 상호권의 침해로 인한 손해배상청구를 하지 못한다. 소상인이 상호를 선정하여 사용하는 경우에도, 회사의 문구를 사용할 수 없으며(상 20), 단일 상호를 사용해야 하고(상 21), 주체를 오인시킬 상호를 사용해서는 안 되며(상 23), 명의를 대여하는 경우에는 대여자책임을 부담해야 한다(상 24). 이러한 규정들은 타인의 상호를 보호하고, 일반인의 신뢰를 보호하기 위한 것이므로 소상인이라도 준수하여야 한다.

### 3. 상업장부

소상인은 상업장부를 작성할 필요가 없으며, 상업장부의 보존의무(상 33)와 소송에서의 제출의무(상 32)가 없다.

### 4. 상업등기

소상인은 상업등기를 할 의무가 없으므로 등기할 사항이 생기더라도 등기할 필요가 없다. 따라서 상업등기를 하더라도 등기상 이익이 없으며, 반대로 등기를 하지 않더라도 불이익도 없다. 즉, 미성년자가 법정대리인의 허락을 얻어 '소상인으로서' 영업을 하더라도 등기할 필요가 없고, 소상인인 피한정후견인 등을 위하여 법정대리인이 영업을 하더라도 등기할 필요가 없다(상 8조 1).

## 제6절 상인자격의 취득과 상실

### 제 1. 서 설

상인능력은 상인자격을 취득할 수 있는 법률상의 지위를 의미한다. 영리법인인 회사는 영리활동을 목적으로 하는 태생적 상인이므로 상인능력의 취득이 문제가 되지 않으나 자연인과 비영리법인은 문제가 된다. 민법상의 권리능력자는 모두 상인능력자이다. 그리고 민법상 권리능력자가 상법 제4조(당연상인)와 제5조(의제상인)의 요건을 구비하면 기업의 주체인 상인자격을 취득한다. 상인자격을 갖는 자가 유효한 영업활동을 할 수 있는 능력을 영업능력이라고 하는데, 민법상의 행위능력은 상법의 영업능력에 대응하는 개념이다.

## 제 2. 자연인의 상인자격

### 1. 취 득

(1) 자연인은 권리능력이 있으므로 생존하는 동안 상인능력이 있다. 따라서 권리능력자인 자연인이 상법 제4조와 제5조의 요건을 구비하면 상인자격을 취득한다.

(2) 상인자격을 취득한 시기

자연인이 상법 제4조와 제5조의 요건을 구비하면 상인자격을 취득하는데, 언제부터 상인자격의 취득시기로 볼 것인가에 관하여 견해가 나누어진다.

**1) 개업준비행위시설**

상인의 자격을 취득하는 시기에 대하여 영업의 목적인 상행위를 개시한 때가 아니라, 점포의 임차나 종업원의 고용 또는 영업용재산의 구입 등 영업의 개업준비행위를 한 때 상인자격을 취득한다고 한다. 따라서 자연인은 영업의 준비행위를 통하여 '영업의사가 객관적으로 나타났을 때'에 상인자격을 취득하고, 이때 영업의 준비행위는 보조적 상행위가 된다고 한다.[18] 영업의사가 객관적으로 나타났을 때란 개업준비행위에 의하여 개업의사가 주관적으로 실현되는 것만으로는 부족하고 영업용 기계를 구입한다든가 공장을 임차하든가 하여 상대방으로 하여금 개업의사를 객관적으로 인식될 수 있어야 한다(개업의사 객관적 인식가능성설).[19]

**2) 기업조직인식시설**

상인은 기업의 주체이고 기업의 존재는 객관적인 경제현상이라는 점을 착안하

---

18) 이철송, 92면 ; 손주찬, 83면 ; 전우현, 45면.

19) 최준선, 126-127면(상인자격의 취득시기에 관하여, 개업의사표백설, 개업의사 주관적 실현설, 개업의사 객관적 인식가능설, 단계적 결정설 등이 있다. 판례는 원칙적으로 개업의사 객관적인식가능설을 취하고 있으나, 최근에는 단계적 결정설(개업의사가 구체적으로 전개하는 준비행위의 각 단계에 따라 그 보조적 상행위성을 주장하는 각 당사자의 구체적 사정을 참작하여 상대적으로 결정하려는 이론)을 취하고 있다고 한다).

여, 상인이 영위하는 기업이 '객관적으로 기업으로 인식될 수 있는 조직이 갖추어졌을 때'에 상인자격을 취득한다고 한다. 법인인 상인이 객관적으로 기업으로서 조직을 갖춘 후에 등기함으로써 상인자격을 취득하는 것과 균형을 맞추기 위하여 자연인의 상인자격 취득시기도 개업준비행위 시까지 확장하는 것은 타당하지 않으며, 객관적으로 기업으로 인식될 수 있는 조직을 갖추었을 때 상인자격을 취득한다고 한다.[20)]

### 3) 판례

"영업을 위한 준비행위를 하는 자는 영업으로 상행위를 할 의사를 실현하는 것이므로 그 준비행위를 한 때 상인자격을 취득함과 아울러 개업준비행위는 영업을 위한 행위로서 그의 최초의 보조적 상행위가 되고, 개업준비행위는 점포구입 · 영업양수 · 상업사용인의 고용 등 그 준비행위의 성질로 보아 영업의사를 상대방이 객관적으로 인식할 수 있으면 당해 준비행위는 보조적 상행위로서 여기에 상행위에 관한 상법의 규정이 적용된다"고 함으로써 상인의 자격취득시기는 개업준비행위시이고, 그 준비행위는 영업의사를 상대방이 객관적으로 인식할 수 있으면 된다고 하였다.[21)]

생각건대, 기업의 활동을 포괄적으로 살펴보면 개업준비행위도 영업의 불가결한 일부로서 영업 자체로 보아야 한다. 그리고 개업준비행위는 기본적인 상행위 이전의 보조적 상행위로서, 개업준비를 착수한 때 영업의사를 객관적으로 나타낸 것이므로 이때 상인자격을 취득한다고 본다.[22)]

**대법원 2012. 4. 13. 선고 2011다104246 판결**

(1) 상법은 점포 기타 유사한 설비에 의하여 상인적 방법으로 영업을 하는 자는 상행위를 하지 아니하더라도 상인으로 보면서(제5조 제1항), 제5조 제1항에 의한 의제상인의 행위에 대하여 상사소멸시효 등 상행위에 관한 통칙 규정을 준용하도록 하고 있다(제66조). 한편 영업의 목적인 상행위를 개시하기 전에 영업을 위한 준비행위를 하는 자는 영업으로 상행위를 할 의사를 실현하는 것이므로 그 준비행위를 한 때 상인자격을 취득함과 아울러 개업준비행위는 영업을 위한 행위로서 그의 최초의 보조적 상행위가 되는 것이고, 이와 같은 개업준비행위는 반드시 상호등기 · 개업광고 · 간판부착 등에 의하

20) 정찬형, 73면 ; 정희철, 74-75면.
21) 대법원 2012. 4. 13. 선고 2011다104246 판결
22) 김병연 외, 43면.

여 영업의사를 일반적 · 대외적으로 표시할 필요는 없으나 점포구입 · 영업양수 · 상업사용인의 고용 등 그 준비행위의 성질로 보아 영업의사를 상대방이 객관적으로 인식할 수 있으면 당해 준비행위는 보조적 상행위로서 여기에 상행위에 관한 상법의 규정이 적용된다(대법원 1999. 1. 29. 선고 98다1584 판결).

(2) 甲이 학원 설립과정에서 영업준비자금으로 乙에게서 돈을 차용한 후 학원을 설립하여 운영한 사안에서, 제반 사정에 비추어 甲이 운영한 학원업은 점포 기타 유사한 설비에 의하여 상인적 방법으로 영업을 하는 경우에 해당하여 甲은 상법 제5조 제1항에서 정한 '의제상인'에 해당하는데, 甲의 차용행위는 학원영업을 위한 준비행위에 해당하고 상대방인 乙도 이러한 사정을 알고 있었으므로 차용행위를 한 때 甲은 상인자격을 취득함과 아울러 차용행위는 영업을 위한 행위로서 보조적 상행위가 되어 상법 제64조에서 정한 상사소멸시효가 적용된다.

### 2. 상 실

자연인이 사망하거나 영업을 폐지하거나 양도하는 때 상인자격을 상실한다. 단순한 시설의 폐지나 인원 처리가 끝났다 하더라도 청산절차가 진행 중인 때에는 청산절차가 종료된 때를 상실시기로 본다. 상인이 영업 중 피성년후견인(민 10)이나 피한정후견인(민 13)이 되더라도 그의 상행위는 취소할 수 있는 행위가 되므로, 동 심판을 받더라도 상인자격을 상실하는 것은 아니다. 상인이 파산선고를 받으면 파산관재인이 상인의 재산을 관리하고 영업이 종료되므로 상인자격을 상실한다.[23)]

## 제 3. 법인의 상인자격

### 1. 회 사

#### (1) 취 득

회사는 설립등기를 한 때 성립하고, 성립과 동시에 상인자격을 취득한다(태생적 상인). '설립 중의 회사'는 법인격과 상인자격이 없지만 설립준비행위는 영업을 위

23) 이철송, 93면 ; 최준선, 129면. 상인이 파산선고를 받더라도 상인인 파산관재인이 대리를 하기 때문에 파산자가 상인자격을 유지한다는 견해가 있으나(이기수 외, 95면), 파산관재인은 그의 업무를 수행할 뿐이지 파산자의 대리인이 아니므로 타당하지 않다.

한 보조적 상행위이고(상 47조 1), 성립된 회사가 승계하므로 설립중의 회사도 상인으로 본다.[24]

### (2) 상 실

회사가 해산하면 영업능력을 상실하고 청산의 목적범위 내로 능력이 제한되며, 청산이 종료되면 상인자격을 상실한다. 청산절차가 불필요한 합병으로 해산한 때에는 소멸회사는 합병과 동시에 상인자격을 상실하고, 파산의 경우에는 파산관재인의 잔무처리가 종료된 때에 상인자격을 상실한다.

## 2. 비영리법인(공익법인)

학술, 종교, 자선, 기예, 사교, 기타 영리 목적이 아닌 사업을 목적으로 하는 사단 또는 재단(민 32)법인은 본래 비영리법인으로서 상인이 될 수 없다. 비영리법인이 부수적으로 영리사업을 하는 경우에 상인자격을 취득할 수 있는가에 대하여, 법인의 목적이 공익사업이므로 상인의 자격이 없다는 주장이 있으나, 공익법인이라도 그 목적을 달성하기 위하여 부수적으로 수익사업을 할 수 있으므로 상인자격을 취득한다고 보는 것이 타당하다.[25] 이러한 맥락에서 학교법인에게 교육에 지장이 없는 범위 내에서 학교 경영에 충당하기 위한 수익사업을 허용하고 있다.[26]

## 3. 중간법인

사법인 중 영리법인도 아니고 비영리법인에도 속하지 아니하고 구성원 간의 상호부조 내지 공동이익의 증진을 목적으로 하는 단체를 중간법인이라고 하는데, 협동조합, 노동조합, 상호보험회사 등이 해당된다. 중간법인은 사업목적이 특정되어 있고, 그 사업이 영리사업이 아니므로 상인자격을 인정하지 아니한다는 것이 통설이다.[27] 하지만 농업협동조합중앙회 및 수산업협동조합중앙회 등 이 신용사업을 영위하는 경우에(농업협동조합법 5, 수산업협동조합법 6, 중소기업협동조합법 7조 1항 1호) 당해 신용사업부문에 대하여 은행법이 적용되는 금융기관으로 보도록 규정하고

---

24) 이철송, 94면 ; 최준선, 125면. 반대하는 견해도 있다(정찬형, 74면).
25) 이철송, 94면 ; 정찬형, 74면 ; 안강현, 71면.
26) 사립학교법 제6조 제1항(학교법인은 그가 설치한 사립학교의 교육에 지장이 없는 범위안에서 그 수익을 사립학교의 경영에 충당하기 위하여 수익을 목적으로 하는 사업을 할 수 있다).
27) 정찬형, 75면 ; 안강현, 72면 ; 김병연 외, 45면 ; 손주찬, 87-88면.

있으므로(은행법 5) 이에 한정하여 상인으로 보아야 하고, 비회원에 대하여 신용사업 등을 영위하는 경우에도 그 범위 내에서 상인이 된다고 보아야 할 것이다.[28) 판례는 농업협동조합의 조합원이 생산한 물건을 동 조합이 다른 조합원에게 판매하는 경우에 동 조합의 상행위를 부정하였으며,[29) 수산업협동조합은 상인이 아니라고 하였다.[30) 상호보험회사는 회원상호간의 보험을 목적으로 하고 영리를 목적으로 하지 아니하므로 상인이 될 수 없다.

**대법원 2006. 2. 10. 선고 2004다70475 판결**

구 수산업협동조합법(1994. 12. 22. 법률 제4820호로 개정되기 전의 것)에 의하여 설립된 조합이 영위하는 사업은 조합원을 위하여 차별없는 최대의 봉사를 함에 그 목적이 있을 뿐이고, 조합은 영리 또는 투기를 목적으로 하는 업무를 행하지 못하는 것이므로(제6조 제1항, 제2항), 김제수협을 상인으로 볼 수는 없다 할 것인바(대법원 2001. 1. 5. 선고 2000다50817 판결 참조), 같은 취지인 원심의 판단은 정당하다.

## 4. 공법인

### (1) 일반 공법인

국가나 지방자치단체 같은 일반 공법인은 그 목적이나 활동범위에 제한이 없으므로 영리사업을 할 수 있으며, 그 경우에 상인의 자격이 있다(상 2). 예컨대 철도사업, 전매사업 및 지방자치단체의 주차장사업 등은 국가나 지방자치단체가 공권력의 주체가 아닌 국고의 주체로서 영리행위를 하는 것이므로 그 한도 내에서는 상인이라고 본다. 철도여객이 철도 및 열차의 관리부주의로 상해를 입은 사건에서 국가를 여객운송인으로 보아 상법 제148조의 손해배상책임을 인정한 사례가 있다.[31) 일반 공법인이 상인자격을 취득하면 상법이 적용되지만, 각 공법인에 관한 특별법이 존재하므로 특별법이 우선 적용된다. 상업사용인 · 상호 · 상업장부 · 상업등기에 관한 규정은 그 성질상 공법인에 적용되지 않는다.

28) 최준선, 123면 ; 정동윤, 54면 ; 전우현, 46면.
29) 대법원 2000. 2. 11. 선고 99다53292 판결.
30) 대법원 2006. 2. 10. 선고 2004다70475 판결 ; 대법원 2001. 1. 5. 선고 2000다50817 판결.
31) 대법원 1982. 7. 13. 선고 82다카278 판결 ; 이철송, 96면.

(2) 특수 공법인

공법인 중 그 존립의 목적이 특정되어 있는 한국전력공사 · 한국토지주택공사 · 한국농어촌공사 등 특수공법인은 특별법에 의하여 법인격 부여의 목적이 특정사업에 한정되어 있고 그 이외의 영리사업은 할 수 없으므로 상인의 자격이 없다. 이에 대하여 특수공법인이 독립된 경제적 단위로서 독립채산을 원칙으로 사경제적 방법으로 영업을 하므로 상인자격이 있다는 견해도 있다.[32] 건설회사가 정부의 금융기업구조 개혁촉진방안에 따라 금융기관에 대한 부채상환을 위하여 한국토지공사에 그 소유의 토지를 매도한 행위는 상행위가 아니라고 한다.[33]

## 제 7 절 영업능력

### 제 1. 서 설

상행위가 적법 · 유효하기 위해서는 상인자격을 갖추어야 할 뿐만 아니라, 상행위를 유효하게 할 수 있는 법률적 지위인 영업능력을 갖추어야 한다. 상인자격이 민법의 권리능력에 대응하는 개념이며, 상법상 영업능력은 민법의 행위능력에 대응하는 개념이다. 법인은 상인자격이 있는 한 그 대표기관을 통하여 영업을 하므로 영업능력이 있다. 자연인은 권리능력이 있는 한 상인자격이 있지만, 영업능력이 있는지 여부는 별도의 문제이다. 영업에 관한 무능력자의 범위는 민법의 행위무능력의 범위와 일치하지만, 상거래의 특성을 고려하여 무능력자의 상행위에 대하여 상법은 특칙을 두고 있다.[34]

### 제 2. 미성년자

#### 1. 미성년자 스스로 영업을 하는 경우

미성년자도 법정대리인으로부터 영업허락을 받으면 영업행위를 할 수 있으며,

32) 최준선, 125면 ; 임홍근, 66면.
33) 창원지법 2000. 3. 16. 선고 99가합5187 판결.
34) 이철송, 96면.

이때 허락받은 '특정 영업'에 대하여는 성년자와 동일한 행위능력(영업능력)을 갖는다(민 8조 1). 법정대리인이 미성년자에게 영업을 허락한 경우에 거래안전을 위하여 상업등기부에 등기를 하여야 한다(상 6). 법정대리인이 미성년자의 영업허락을 취소하거나 제한을 할 수 있으나, 미성년자의 영업허락의 취소나 제한은 선의의 제3자에게는 대항하지 못한다. 영업허락의 취소나 제한은 거래안전을 위하여 상업등기부에 기재하여야 하며(상 40), 이를 등기한 경우에는 선의의 제3자에게 대항할 수 있다고 해석된다(상 37조 1항의 반대해석).

### 2. 법정대리인이 영업을 대리하는 경우

법정대리인이 미성년자를 대리하여 영업을 하는 경우에 거래안전을 위하여 이를 상업등기부에 등기하여야 한다(상 8조 1). 법정대리인의 대리권의 제한은 선의의 제3자에게 대항하지 못한다(상 8조 2). 법정대리인이 대리하는 영업행위가 자신 또는 동일한 이해를 가진 제3자를 상대로 하는 경우에는 본인(미성년자)의 이익과 상충되므로 법원에 특별대리인의 선임을 청구해야 하는 등 제한이 있다.

### 3. 미성년자가 인적회사의 무한책임사원이 되는 경우

미성년자자가 법정대리인의 허락을 얻어 회사의 무한책임사원이 된 때에는 그 사원자격으로 인한 행위에는 능력자로 본다(상 7). 이는 법정대리인의 허락을 얻어 무한책임사원이 되었다면 무한책임사원의 지위에 수반되는 모든 행위, 예컨대 지분출자, 기관구성, 대표선임 등의 개별행위도 허락한 것으로 보므로, 미성년자 단독으로 회사업무를 수행할 수 있다.[35)]

## 제 3. 피한정후견인

2013.7. 시행된 개정민법은 이전의 한정치산제도를 정신적 제약이 있는 자는 물론 장차 정신적 능력이 저하될 상황에 대비하여 후견제도를 이용하려는 자가 재산행위뿐만 아니라 치료·요양 등 복리에 관한 도움을 받을 수 있는 피한정후견인 제도로 확대·개편하였다(민 12조 1). 개정민법에 의하면 가정법원은 피한정후견인이 한정후견인의 동의를 받아야 하는 행위의 범위를 정할 수 있는바(민 13조 1),

35) 이철송, 102면.

동의를 받아야 하는 행위에 영업이 포함된 경우에는 피한정후견인이 영업을 하려면 한정후견인의 동의를 받아야 한다. 만일 한정후견인의 동의 없이 영업을 하였을 때에는 이를 취소할 수 있다(민 13조 4). 그리고 피한정후견인이 한정후견인의 영업에 관한 동의를 받았음을 등기하여야 한다(상 6).

한편 법정대리인이 피한정후견인(구 한정치산자)을 위하여 영업을 하는 때에는 등기를 하여야 하고(상 8조 1), 법정대리인의 대리권에 대한 제한은 선의의 제3자에게 대항하지 못한다(상 8조 2). 피한정후견인이 법정대리인의 허락을 얻어 인적회사의 무한책임사원이 되는 때에는 그 사원자격으로 인한 행위에는 능력자로 본다(상 7).

## 제 4. 피성년후견인

피성년후견인은 원칙적으로 법률행위능력이 없으므로 그의 법률행위는 취소할 수 있는바(민 10조 1), 피성년후견인은 독자적으로 영업을 할 수 없다. 법정대리인이 피성년후견인을 위하여 영업을 하는 때에는 등기를 하여야 한다(상 8조 1). 법정대리인의 대리권의 제한은 선의의 제3자에게 대항하지 못한다(상 8조 2). 피성년후견인이 인적회사의 무한책임사원이 될 수 있다는 견해가 있으나,[36] 이러한 해석은 상법 제7조의 취지에 어긋나고 피성년후견인의 영업능력을 인정하지 않는 취지(민 10조 1)와 맞지 않으며, 피성년후견인이 아닌 자가 무한책임사원이 된 경우에 그가 성년후견개시의 심판을 받으면 퇴사원인이 되는 규정(상 218조 4호)과도 충돌하므로 인적회사의 무한책임사원이 될 수 없다고 본다.[37]

**변경된 민법상 능력제도**

2013. 7. 1. 시행된 개정민법(법률 10429호)에서는 개정 이전 법과 다르게 규정하고 있다. '무능력자'는 '제한능력자'로 대체되었고, 개정 전의 '한정치산자'는 '피한정후견인'으로, '금치산자'는 '피성년후견인'의 용어로 개칭되고, 능력의 제한도 변경되었다. 개정법에서 미성년자의 능력은 개정 이전과 동일하지만, 피한정후견인의 경우에는 피한정후견심판을 하는 법원이 한정후견인의 동의를 얻어야 하는 법률행위의 범위를 정하지 않는 한, 제한 없이 단독으로 법률행위를 할 수 있게 되었다(민 13조 1).

피성년후견인은 금치산자와 마찬가지로 후견인의 대리에 의해서만 법률행위를 할 수 있으나(민 10조 1), 피성년후견인이 단독으로 하더라도 취소할 수 없는 법률행위의 범위를 법원이 정할 수 있고(민 10조 2), 일용품 구입 등 일상생활에 필요하고 그 대가가 과도하지 아니한 법률행위는 성년후견인이 취소할 수 없게 하였다(민 10조 4).

---

36) 최기원, 74면.
37) 정찬형, 78면 ; 최준선, 130면.

# 제8절 영업의 제한

국민의 직업선택의 자유라는 헌법상 권리(헌 15)에 의하여 누구든지 영업을 할 자유가 있다. 그러나 국가안전보장·질서유지 또는 공공복리를 위하여 필요한 경우에는 법률로써 국민의 자유를 제한할 수 있는바(헌 37조 2), 영업의 자유도 공법상 또는 사법상의 이유로 제한할 수 있으며, 개인 간의 합의나 계약에 의해서도 제한할 수 있다.

## 제 1. 공법상의 제한

### 1. 공익을 위한 제한

공법상의 금지 또는 제한을 위반하는 행위는 사법상 무효로서 상행위라고 할 수 없고 행위자도 상인이 될 수 없다. 예컨대 음란문서·도화 기타 물건의 판매·제조(형 243, 244), 마약취급자가 아닌 자의 마약매매(마약류 관리에 관한 법률 4) 등은 금지되므로 이를 영업으로 할 수 없다.

### 2. 인가 및 허가 영업

사업의 공공성을 확보하기 위하여, 일정한 영업은 행정청의 허가, 면허 또는 인가를 받도록 하고 있는데, 이러한 인·허가를 위반하더라도 사법상 행위는 효력이 있으므로 이러한 제한을 위반하는 행위를 하는 자도 상인이라고 본다.[38] 예컨대 의약품, 의약외품, 화장품, 의료용구의 제조업(약사법 3, 4), 총포 화약류의 제조 또는 수출입업(총포도검화약류 등 단속법 4, 9), 은행업이나 금융투자업의 금융위원회의 인가(자본시장 8조, 12조 1) 등이 여기에 해당된다.

---

38) 정찬형, 80면 ; 안강현, 75면 ; 최기원, 75면 ; 손주찬, 92면. 공법상의 제한을 위반하여 인허가를 받지 아니한 영업행위는 해악이 크므로 상인으로 보기 어렵다는 견해도 있다(이철송, 105면).

### 3. 신분에 의한 제한

공무원 · 공증인 · 변호사 등은 그 신분의 공익성 때문에 영업을 할 수 없다. 다만 이러한 자가 제한을 위반하여 영업을 하면 사법상 효력은 있으므로 상인이 될 수 있다고 본다.[39] 이들이 제한을 위반하여 영업을 하더라도 상인이 아니라는 견해도 있다.[40]

## 제 2. 사법상의 제한

### 1. 법률에 의한 제한

사인간의 사법상의 이익을 조정하기 위하여 법률로 영업의 자유를 제한하는 법률규정으로 상업사용인의 경업금지(상 17), 영업양도인의 경업금지(상 41조 1), 대리상의 경업제한(상 89), 무한책임사원 · 이사 등의 경업제한(상 198, 269, 397) 등이 있다. 이러한 규정을 위반한 영업행위도 사법상 효력이 있다. 그러나 공서양속에 위반하는 영업행위는 사법상 효력이 없다(민 103).

### 2. 계약에 의한 제한

당사자 사이에 적당한 기간 또는 구역을 제한하여 경업을 하지 않기로 한 경업금지계약은 공서양속에 어긋나지 않는 한 유효하다. 예를 들어 첨단기술제품을 제조하는 회사의 직원이 퇴사하는 경우에 기술 유출을 막기 위하여 일정기간 동종영업을 하지 않기로 하는 계약은 유효하다. 계약에 의한 제한을 위반하여 영업을 하더라도 영업행위는 유효하며, 다만 상대방은 계약에 의한 영업의 폐지나 손해배상청구를 할 수 있을 것이다.[41]

---

39) 정찬형, 80면 ; 손주찬, 92면 ; 최기원, 75면 ; 김성태, 180면 ; 안강현, 76면.
40) 이철송, 105면.
41) 이철송, 104면.

# 제 3 장 상업사용인

## 제1절 총 설

상인의 영업규모가 확대되면 상인이 혼자서 모든 영업을 할 수 없고 그의 영업활동을 도와줄 보조자가 필요하다. 민법의 대리인제도는 상인의 특수한 수요를 충족시키기에 부족하므로 상법에 상업사용인제도를 두어 상인의 영업활동을 보조하도록 배려하고 있다.

상인을 보조하는 자로서는 첫째로 상인으로부터 독립하여 보수를 받고 보조를 하는 자인 대리상, 위탁매매인, 중개인, 운송주선인 등이 있고, 둘째로 특정상인에 종속하여 그의 지시에 따라 보조하는 자로, 상인의 영업활동에 참가하여 대내적으로 활동을 보조하는 자인 피용자(근로자 · 판매원 · 기사 등)와 상인의 대외적 활동을 대리하여 제3자와 거래관계를 맺는 상업사용인 등이 있다.

상인과 피용자간의 고용관계는 민법과 노동법의 고용규정이 적용되는 관계로 상법에 규정을 두지 않고 있으며, 상법은 상인의 대외적 경영보조자인 상업사용인에 대하여만 규정하고 있다. 상업사용인은 상업대리인이므로, 그의 행위는 민법의 대리 규정이 적용된다. 그러나 상대방을 보호하고 거래안전을 기하여야 하는 상거래의 대리는 민사의 대리와 다른 점이 있다. 상법 제10조 이하에 상업사용인에 관한 특칙을 규정하고 있으며, 이 범위 내에서는 민법의 대리규정이 적용되지 않는다.

**영업의 인적요소** ┌ **경영자** － 개인기업－ 상인
회사 －업무집행사원, 대표이사
└ **경영보조자** － 독립적 보조자－ 대리상, 중개상, 위탁 매매인 등
종속적 보조자 － 상업사용인(지배인 등)

# 제2절 상업사용인의 개념

상업사용인은 특정한 상인에 종속하여 그 상인의 대외적 영업상 업무에 종사하는 자로서, 지배인, 부분적 포괄대리권을 가진 사용인, 물건판매점포의 사용인이 있다.

## 제 1. '특정상인'에의 종속

상업사용인은 '특정상인'에 종속하여 그의 대외적 거래를 대리하는 자이다. 특정상인은 영업주인데, 영업주에는 자연인과 법인이 있다. 특정상인은 반드시 1인만을 의미하는 것은 아니므로 2인 이상 상인의 상업사용인이 될 수도 있다. 다만 이 경우 상업사용인이 경업금지의무를 부담하므로 그 위반이 될 소지가 있다(상 17).

## 제 2. 종속관계와 고용여부

종속이라 함은 상인과 상명·하복의 관계가 있다는 의미이므로 상업사용인이 상인으로부터 독립하여 영업을 할 수 없다. 상업사용인과 대리상은 특정한 상인을 위하여 활동을 하는 점은 동일하나, 대리상은 상인과 독립하여 활동한다는 점에서 상인에 종속된 상업사용인과 다르다. 중개인과 위탁매매인은 상인의 대외적 거래를 보조하는 점에서는 상업사용인과 동일하지만, 이들은 불특정 상인을 보조하고 독립된 상인이라는 점에서 상업사용인과 다르다.

상인과 상업사용인은 종속관계에 있으므로 보통은 고용계약이 체결된 후에 상업사용인으로 활동을 하게 될 것이나, 가족이나 친지처럼 고용계약 없이도 대리권 수여계약 또는 위임계약만으로도 상업사용인이 될 수 있다. 따라서 상업사용인의 고용계약의 존부는 내부적 법률관계에 불과하여 상업사용인의 거래상대방과의 법률행위에 아무런 영향을 미치지 아니한다. 즉, 고용관계 유무를 불구하고 상인의 대외적 거래를 보조하는 자는 모두 상업사용인으로 본다(통설).

## 제 3. 대외적 거래업무에 종사

상업사용인은 상인의 대리인으로서 대외적 거래업무에 종사한다는 점에서 대리권 없이 대내적 영업(회계, 출납)을 하는 자와 다르다. 또 상업사용인은 기업의 영업상의 업무에 종사하는 자이므로 생산에 참여하거나(기술자) 비영업적, 비기술적 업무에 종사하는 자(배달부 · 청소원 · 수위) 등은 상업사용인이 아니다.[1]

## 제 4. 상업사용인의 범위

1. 인적회사의 업무집행사원이나 물적회사의 이사는 법인의 기관으로서 경영담당자이고 '대표의 법리'가 적용되는데 비하여, 상업사용인은 기업의 경영보조자이며 대리권을 수여받은 자로서 '대리의 법리'가 적용되는 점에서 상이하다. 다만 이사가 부분적 포괄대리권을 가진 상업사용인의 지위를 겸하여 영업거래를 대리하는 경우에는 상업사용인의 규정이 적용된다.[2]

2. 제한능력자인 상인을 대리하여 법정대리인이나 후견인이 영업을 하는 경우, 법정대리인이나 후견인은 제한능력자의 보조자가 아니라 제한능력자의 영업능력을 보충 또는 후견하는 지위에 있기 때문에 상업사용인이 아니다.[3]

3. 상업사용인은 영업상의 활동을 보조하는 자이므로 자연인으로 한정된다는 견해가 통설이다. 영업주와 상업사용인 사이에는 신뢰관계를 필요로 하는데, 만일 법인이 상업사용인이 되면 다시 법인의 대표기관이 상인을 대리하여 권한을 행사하는데 대표기관은 수시로 변경될 수 있으며 그럴 경우 신뢰관계가 형성되기 곤란하기 때문이다.[4]

---

1) 정찬형, 82면.
2) 대법원 1996. 8. 23. 선고 95다39472 판결.
3) 이철송, 108면.
4) 안강현, 81면.

**대법원 1996. 8. 23. 선고 95다39472 판결**

주식회사의 기관인 상무이사라고 하더라도 부분적 포괄대리권을 가지는 동 회사의 사용인을 겸임할 수 있다고 할 것이다(대법원 1968. 7. 23. 선고 68다442 판결). 원심판결 이유에 의하면 원심은, 그 내세운 증거에 의하여 소외인은 1981. 7. 14. 원고 회사에 경리부차장으로 입사하여 경리업무를 담당하여 오다가 1990.경 경리담당 상무이사로 승진하였으며, 1990. 6.경 원고가 피고 은행 퇴계로 지점과 이 사건 어음수탁보관거래계약을 체결하고 계속적으로 어음수탁보관거래를 함에 있어 위 소외인이 원고의 대리인으로서 대부분의 어음을 자신이 직접 피고에게 위탁한 사실 등을 인정한 다음, 위 소외인은 원고의 기관인 상무이사이기는 하지만 이 사건 어음수탁보관거래에 관하여는 부분적 포괄대리권을 가진 사용인으로서 겸임되었다는 취지로 판단하였는바, 이를 기록과 대조하여 살펴보면 원심의 사실인정과 판단은 옳다고 여겨지고, 거기에 상고이유의 주장과 같은 채증법칙을 위배하여 사실을 오인한 위법이나 부분적 포괄대리권을 가진 사용인에 관한 법리오해의 위법이 있다고 할 수 없다.

## 제3절 지배인

### 제 1. 의의

지배인은 영업주에 갈음하여 그 영업에 관한 재판상 또는 재판 외의 모든 행위를 할 수 있는 영업대리권을 가진 상업사용인이다(상 11조 1). 지배인의 대리권을 '지배권'이라고 한다. 이 지배권은 상법 제11조 제1항에 의하여 정형적으로 주어진다는 점(정형성)에서 본인의 수권행위에 의해 주어지는 임의대리와 다르다. 또한 지배권은 그 권한이 영업 전부에 미친다는 점(포괄성)에서 영업의 일부에 대리권을 갖는 '부분적 포괄대리권을 가진 사용인'이나 점포에서 물건을 판매하는 대리권을 갖는 '물건판매점포의 사용인'과 다르다. 그리고 지배인인지 여부는 영업대리권이 추상적·정형적·포괄적 권한이면 그 명칭이 설령 다르더라도(부지배인, 지점장, 영업부장) 지배인이고, 반대로 지배인이라는 명칭을 사용하더라도 그 권한이 한정되어 있다면 지배인이 아니다.

## 제 2. 선임과 종임

### 1. 선 임

#### (1) 선임권자

지배인은 영업주인 상인이나 그 대리인이 선임한다(상 10).[5] 지배인이 다른 지배인을 선임할 수 없다(상 11조 2항 반대해석). 회사의 지배인은 대표기관이 선임하며, 일정한 내부적 절차를 밟아야 하지만(상 203, 274, 393, 564), 이 내부절차를 위반하더라도 대표기관이 선임한 이상 그 지배인이 제3자와 유효한 거래를 할 수 있다.

**대법원 1978. 12. 26. 선고 78도2131 판결**

> 피고인이 변호사 사무원으로 있으면서 그 판시 3개 회사의 지배인으로 등기된 것은 그 회사들이 피고인을 회사에 종속시켜 대외적인 영업상의 활동을 보조토록 하는 이른바 상업사용인으로서의 지배인으로 선임하여서가 아니라, 이는 순전히 변호사법을 어겨 변호사가 아닌 피고인으로 하여금 그 회사의 소송사건을 맡아 처리할 수 있도록 하기 위한 하나의 방편에 불과하였던 것임을 인정할 수가 있으므로… 원심이 위 각 회사의 소송대리를 한 피고인을 변호사법 위반으로 다스린 점에 변호사법에 관한 법리오해의 위법이 있다고도 할 수 없다.

#### (2) 선임제한

상인은 누구든지 본점 또는 지점에 지배인을 둘 수 있으나, 소상인은 지배인에 관한 규정(상 9)이 적용되지 아니하므로 소상인이 설사 지배인을 선임하더라도 지배인의 대리행위에 관하여 제3자를 보호하기 위한 상법규정(표현지배인 등)이 적용되지 아니한다. 지배인은 영업활동을 수행할 것을 전제로 선임되므로 청산 중의 회사나 파산 중의 회사는 지배인을 선임할 수 없고, 재판상 소송행위만을 대리하기 위하여 지배인을 선임할 수 없다.[6] 지배인의 수에는 제한이 없으므로 1인 또는 수인을 둘 수 있고, 본점과 지점에 각각 지배인을 둘 수 있으며 수인의 지배인을

---

5) 지배인이 다른 지배인을 선임할 수 없다는 상법 제11조 2항의 취지상 법정대리인만이 지배인을 선임할 수 있고, 임의대리인은 지배인을 선임할 수 없다는 견해가 있으나(정동윤, 58), 지배인의 선임행위와 일반 법률행위를 달리 취급할 이유가 없으므로 임의대리인도 지배인을 선임할 수 있다.

6) 대법원 1978. 12. 26. 선고 78도2131 판결.

두더라도 공동지배인이 아닌 한 각각 단독으로 지배권을 행사한다.

### (3) 선임행위의 성질

지배인의 선임행위의 성질을 ① 대리권 수여행위 외에도 고용계약이나 위임계약이 수반되므로, 대리권수여계약과 결합한 고용계약 또는 위임계약이라고 보는 견해,[7] ② 상업사용인이 언제나 고용계약 등을 전제로 하지는 아니하므로 대리권수여계약으로 보는 견해,[8] ③ 지배인의 선임행위의 성질을 계약으로 보면 지배인의 의사표시의 흠결·하자 등 사유가 생길 때는 지배인의 지위취득 효력이 문제가 되어 상대방에게 손해를 입힐 수 있을 뿐만 아니라, 지배인의 선임이 그에게 자격과 권한을 부여할 뿐이지 의무나 책임을 부담시키는 것이 아니므로, 지배인의 수령을 요하는 영업주의 단독행위라는 견해[9] 등이 있다. 생각건대 지배인은 의무와 책임을 부담하게 되어 그의 승낙이 필요하므로 단독행위설은 타당하지 않고 고용계약이나 위임계약이 반드시 수반되는 것은 아니므로 대리권수여계약으로 보는 것이 타당하다.

### (4) 선임절차

지배인의 선임방식은 제한이 없으므로 특별한 방식이 요구되지 않는다. 지배인의 선임절차에서 개인상인은 특별한 절차가 요구되지 않으나, 회사는 그 종류에 따라 일정한 절차를 요구하는데, 합명회사는 정관에 다른 정함이 없는 한 총사원의 과반수의 결의(상 203), 합자회사는 무한책임사원의 과반수 결의(상 274), 유한책임회사는 사원 과반수의 결의(상 287조의18), 주식회사는 이사회의 결의(상 393조 1), 유한회사는 이사 과반수 결의 또는 사원총회의 결의(상 564조 1, 2) 등을 거쳐야 지배인을 선임할 수 있다. 이러한 절차를 위반하여 선임한 지배인은 무효이지만, 그 지배인의 대외적인 거래행위는 표현지배인(상 14)의 행위가 될 여지가 있다.

## 2. 지배인의 자격

지배인은 자연인에 한정된다고 보는 것이 통설이다. 자연인인 이상 자격에 제한이 없으므로 의사능력이 있는 이상 행위무능력자도 지배인이 될 수 있다(민 117). 회사의 무한책임사원이나 이사는 자기회사의 지배인을 겸할 수 있으나, [illegible]

7) 정동윤, 59면 ; 최기원, 81면.
8) 최준선, 137면 ; 김병연 외, 54면 ; 손주찬, 97면.
9) 이철송, 115면 ; 안강현, 83면.

주식회사나 유한회사의 감사는 그 성질상 그 회사나 자회사의 지배인을 겸할 수 없다(상 411, 570). 또한 지배인이 다른 회사의 무한책임사원, 이사나 다른 상인의 지배인이 되면 겸직금지의무위반이 된다(상 17조 1).

### 3. 종 임

지배인의 지위는 선임계약의 종료 또는 민법상의 대리권소멸사유로 인하여 소멸된다. 그러므로 지배인의 사망, 성년후견, 파산(민 127조 2호) 등에 의하여 지배권이 소멸하고, 지배인선임의 원인관계인 고용계약이나 위임계약의 종료에 의해서도 소멸한다(민 128조 본문). 영업주의 사망은 기업의 존속에 영향을 미치지 않으므로 지배권을 소멸시키지 않는다(상 50).

영업양도의 경우 당사자 간의 특약이 없는 한 영업의 지속이 가능하도록 양수인을 위한 지배인으로 남는다는 견해[10]가 있으나, 지배인은 영업의 계속을 전제로 하고 또 지배인과 영업주의 관계는 고도의 신뢰를 전제로 하기 때문에 영업양도는 지배인의 종임사유로 보는 것이 타당하고 또 같은 이유로 영업의 폐지, 파산, 해산의 경우에도 종임된다고 본다.[11]

### 4. 등 기

상인은 지배인의 선임과 그 대리권의 소멸에 관하여 그 지배인을 둔 본점 또는 지점소재지에서 등기하여야 한다(상 13). 포괄적이고 광범위한 대리권을 갖는 지배인은 거래의 상대방에게도 중대한 이해관계를 갖기 때문에 등기하도록 법이 규정하고 있다. 지배인의 선임과 종임의 등기가 지배권의 구성요건이나 효력발생요건이 아니므로 지배인의 실체관계에 영향을 미치지 않는다. 그러나 지배인의 선임이나 종임의 경우, 이를 등기하지 아니하면 선의에 제3자에게 대항하지 못한다(상 37).

## 제 3. 지배인의 권한

### 1. 지배권의 특성

지배권은 지배인이 갖는 권한으로서, 영업주에 갈음하여 영업에 관한 모든 재판

10) 이철송, 117면.
11) 정찬형, 85면 ; 최준선, 138면 ; 김병연 외, 57면.

상 또는 재판 외의 행위를 할 권한이다(상 11조 1). 영업에 관하여 포괄적인 권한이 지배인에게 주어지므로 개별 대리권을 행사할 때 영업주의 개별적인 수권이 필요하지 않다(포괄성). 지배권은 법률에 의하여 부여되기 때문에 정형화되고 획일적이므로 영업주가 임의대리처럼 그 권한을 신축할 수 없다. 따라서 영업주가 지배권을 제한하더라도 선의의 제3자에게 대항할 수 없다(상 11조 3). 이러한 지배권의 포괄성 · 정형성은 지배인의 권한을 신뢰하고 거래한 상대방을 보호하기 위한 것으로서, 개별 거래를 할 때마다 영업주의 의사를 물을 필요 없이 신속한 거래를 할 수 있게 하기 위한 것이다.[12)]

## 2. 지배권의 내용

### (1) 영업에 관한 행위

지배인의 대리권은 영업주의 '영업에 관한 재판상 또는 재판 외의 모든 행위'에 미친다(상 11조 1). 영업에 관한 행위란 영업의 존재를 전제로 그 범위 내에서 활동하는 것을 의미하므로, 영업을 폐지하거나 양도할 권한은 지배권의 범위를 벗어나고, 영업주의 가사(家事)행위 등은 영업 외의 행위로서 지배권에 포함되지 아니하며 영업행위라 하더라도 일신전속적인 행위(서명, 선서)나 법률에 의해 제한되는 행위 등은 지배권에 포함되지 않는다.[13)]

영업에 관한 행위는 영업의 목적이 되는 행위뿐만 아니라 영업을 위하여 직 · 간접으로 필요한 모든 행위를 의미하므로, 영업주가 일상적으로 행하는 영업부류에 속하는 거래는 물론이고 영업자금의 차용, 어음 및 수표의 발행도 포함된다. 신주발행이나 사채발행행위 등은 자금조달의 방법으로서 영업에 관한 행위이지만 단체법상의 권한과 절차에 의해 이루어질 사항이므로 지배권의 범위를 벗어난다고 본다.[14)]

영업에 관한 행위여부는 그 행위의 객관적 성질에 따라 정해지며, 지배인의 주관적 의사에 의해 결정되지 않는다. 따라서 지배인이 개인적 이익을 위하여 어음행위를 하였더라도, 어음행위는 객관적으로 영업에 관한 행위이므로 그 효력이 영업주에게 미친다.[15)] 그러나 거래상대방이 지배인이나 제3자의 이익을 위한 것임을 알았거나, 알지 못하데 중대한 과실이 있는 경우에는 영업주는 신의칙 또는 권

12) 이철송, 118면.
13) 이철송, 121면.
14) 이철송, 121면.
15) 대법원 1997. 8. 26. 선고 96다36753 판결.

리남용의 법리에 의하여 상대방에게 대항할 수 있다.[16)]

**대법원 1997. 8. 26. 선고 96다36753 판결**

지배인은 영업주에 갈음하여 그 영업에 관한 재판상 또는 재판 외의 모든 행위를 할 수 있고, 지배인의 대리권에 대한 제한은 선의의 제3자에게 대항하지 못한다고 할 것인데(상법 제11조 제1항, 제3항), 여기서 지배인의 어떤 행위가 영업주의 영업에 관한 것인가의 여부는 지배인의 행위 당시의 주관적인 의사와는 관계없이 그 행위의 객관적 성질에 따라 추상적으로 판단되어야 할 것이다 (대법원 1987. 3. 24. 선고 86다카2073 판결). -생략- 지배인의 어떤 행위가 그 객관적 성질에 비추어 영업주의 영업에 관한 행위로 판단되는 경우에 지배인이 영업주가 정한 대리권에 관한 제한 규정에 위반하여 한 행위에 대하여는 제3자가 위 대리권의 제한 사실을 알고 있었던 경우뿐만 아니라 알지 못한 데에 중대한 과실이 있는 경우에도 영업주는 그러한 사유를 들어 상대방에게 대항할 수 있다고 할 것이고, 이러한 제3자의 악의 또는 중대한 과실에 대한 주장·입증책임은 영업주가 부담한다고 할 것이다. -생략- 한편 지배인이 내부적인 대리권 제한 규정에 위배하여 어음행위를 한 경우, 이러한 대리권의 제한에 대항할 수 있는 제3자의 범위에는 그 지배인으로부터 직접 어음을 취득한 상대방뿐만 아니라 그로부터 어음을 다시 배서양도받은 제3취득자도 포함된다고 할 것이므로, 원심이 위 장영자를 통하여 이 사건 어음을 전득한 원고의 입장에서 이 사건 지배인의 대리권의 제한을 알았는지 여부를 판단한 것은 정당하다.

### (2) 재판상 또는 재판 외의 행위

모든 심급 법원에서 지배인이 영업주의 소송대리인이 될 수 있고(민소 87), 영업주를 위하여 소송대리인을 선임할 수 있다. 따라서 지배인은 별도의 수권 없이 변호사가 아니더라도(민소 87) 영업주를 대리하여 소제기, 응소, 반소제기, 청구포기, 상소제기 등을 하며 법정에서 공격방어방법을 제출할 수 있다. 재판 외의 행위는 소송행위 이외의 모든 영업행위를 의미하므로 영업의 목적인 기본적 상행위와 보조적 상행위가 포함된다.

### (3) 상호 및 영업소에 한정된 영업

지배권은 영업주의 모든 영업에 미치는 것이 아니라 상호 또는 영업소에 의하

16) 대법원 1987. 3. 24. 선고 86다카2073 판결.

여 한정된 영업에만 미친다. 그러므로 상인이 여러 상호로 영업을 하는 경우에는 지배인의 권한은 각 상호의 영업에 한정된다. 또 상인은 하나의 영업에 관하여 여러 개의 영업소를 가지고 있는 경우 지배인의 권한은 영업소 단위로 한정된다. 다만 영업주가 지배인을 선임하여 본점 또는 지점에서 영업을 할 수 있으므로(상 10), 본점과 지점에 각각 지배인을 두어 따로 영업을 할 수 있으나, 본·지점을 전부 관할하는 총지배인을 선임할 수도 있으므로 이 경우 특정 지점의 영업에 대하여 총지배인과 해당 지점의 지배인이 각자 대리권을 행사할 수 있다.

### 3. 지배권의 제한

(1) 지배인의 대리권은 매우 광범위하여 권한이 남용되는 경우에 영업주에게 큰 피해를 입힐 수 있기 때문에, 영업주가 지배인을 선임할 때 지배인의 권한을 특정 종류의 영업, 일정 범위의 금액 등으로 제한할 수 있다. 그런데 이러한 지배권의 제한은 법이 규정한 포괄적·정형적 지배권과 상충되며, 지배인과 거래한 선의의 제3자에게 불측의 손해를 입힐 우려가 있다. 우리 상법은 지배인의 대리권의 제한은 선의의 제3자에게 대항하지 못한다(상 11조 3)고 규정하고 있으므로, 영업주는 지배인과 선의의 제3자 간의 영업거래에 대하여 책임을 진다.

(2) 선의(善意)란 거래상대방이 거래행위 시에 지배인의 대리권의 제한을 알지 못한 것을 의미한다. 법문이 무과실을 요구하지 아니하므로 과실로 알지 못하였더라도 선의로 보호를 받아야 한다. 하지만 선의이더라도 중대한 과실이 있는 경우에는 보호를 할 필요가 없으므로 악의로 취급한다.[17] 제3자는 일반적으로 지배인과 거래한 직접 상대방을 의미하지만 그로부터 권리를 취득한 자도 포함된다고 본다. 영업주를 속이고 지배인이 발행한 약속어음을 수취한 자로부터 배서 양도받은 제3취득자도 선의이고 무중과실이라면 보호를 할 필요가 있는 것이다.[18] 제3자가 악의라거나 중대한 과실이 있다는 사실에 대한 입증책임은 이를 주장하여 면책을 받으려는 영업주가 부담한다.

(3) '대리권의 제한은 선의의 제3자에게 대항하지 못한다'는 의미는 영업주가 지배인의 대리행위에 대하여 대리권 제한의 위반을 이유로 책임을 부정하지 못하고, 지배인의 행위대로 책임을 져야 한다는 것이다. 반대로 제3자가 악의인 경우에

17) 대법원 1997. 8. 26. 선고 96다36753 판결.

18) 대법원 1997. 8. 26. 선고 96다36753 판결 ; 최준선, 122면.

는 무권대리(민 130)이므로 표현대리가 성립하지 않는 한 영업주는 책임을 지지 않는다.

### 4. 지배권의 남용

지배권의 남용은 지배인의 행위가 객관적으로는 대리권의 범위 내의 행위이지만, 주관적으로는 영업주의 이익이 아니라 자기 또는 제3자의 이익을 위하여 대리행위를 하는 것을 의미한다. 이 경우에도 외관주의 법리에 의하여 거래상대방을 보호하여야 하므로 원칙적으로 지배인의 거래행위는 유효하다. 그러나 거래상대방이 지배권의 남용을 알고 있거나 중대한 과실로 이를 알지 못한 때에는 보호할 필요가 없으므로 영업주에게 그 거래행위의 유효를 주장할 수 없다. 이때 어떠한 법리에 의하여 영업주가 지배인의 거래행위의 효력을 부인할 수 있는가에 관하여 학설이 대립한다.

#### (1) 심리유보설

민법 제107조 제1항이 '의사표시는 표의자가 진의 아님을 알고 한 것이라도 그 효력이 있다. 그러나 상대방이 표의자의 진의 아님을 알았거나 이를 알 수 있었을 경우에는 무효로 한다'고 규정하고 있는바, 이를 유추적용하여 지배권을 남용한 행위는 원칙적으로 효력이 있지만, 상대방이 지배권 남용을 알았거나 알 수 있었을 경우에는 무효라고 설명한다. 민법 제107조는 행위자가 그 행위를 할 진정한 의사가 없는 경우를 규정하고 있는 것에 비하여 지배권의 남용은 지배인에게 남용행위를 할 의사가 있다는 점에서 다르다는 비판을 받는다.[19]

#### (2) 권리남용설

지배권 남용행위는 원칙적으로 유효하지만 상대방이 지배권 남용사실을 알고 있는 경우에는 거래로 인한 권리를 영업주에게 행사하는 것은 신의성실원칙의 위반 내지는 권리의 남용으로서 허용되지 않는다고 한다.

#### (3) 대리권제한설

이 견해는 지배권 남용행위를 상법 제11조 제3항의 지배인의 대리권 제한에 해당되므로 선의의 제3자에게 대항하지 못한다고 해석한다. 즉, 지배권의 남용행위는 원칙적으로 유효하나 다만 제3자가 이를 알았거나 알 수 있었던 때에는 무효라

---

19) 정동윤, 63-64면.

는 것이다. 그러나 상법 제11조 제3항의 대리권의 제한은 지배인이 권한 밖의 행위를 하는 경우 그 효력에 관한 규정이고, 지배권의 남용은 객관적으로는 지배인의 지배권의 범위 내의 행위이기 때문에 그 의미가 다르다.

(4) 상대적 무효설(이익형량설)

지배권의 남용행위는 영업주의 이익을 해치고 지배인의 의무위반이므로 원칙적으로 무효이지만, 상대방이 중대한 과실 없이 이를 알지 못한 경우(선의)에는 상대방의 이익을 보호하기 위하여 유효하다는 것이다. 그러나 객관적으로는 남용행위도 지배권의 범위 내의 행위이므로 유효함에도 불구하고, 원칙적으로 무효라고 해석하는 것은 타당하지 않다는 비판이 있다.

(5) 판 례

판례는 민법 제107조 제1항 단서를 유추 적용하여, 상대방이 지배권남용행위를 알고 있었거나 알 수 있었던 때에는 영업주의 이익을 보호하여 지배인의 대리행위에 대하여 영업주가 책임을 지지 않는다고 함으로써 심리유보설을 취하고 있다.

**대법원 1999. 3. 9. 선고 97다7721 · 7738 판결**

지배인의 행위가 영업에 관한 것으로서 대리권한 범위 내의 행위라 하더라도 영업주 본인의 이익이나 의사에 반하여 자기 또는 제3자의 이익을 도모할 목적으로 그 권한을 행사한 경우에 그 상대방이 지배인의 진의를 알았거나 알 수 있었을 때에는 민법 제107조 제1항 단서의 유추해석상 그 지배인의 행위에 대하여 영업주 본인은 아무런 책임을 지지 않는다고 보아야 할 것이고, 그 상대방이 지배인의 표시의사가 진의 아님을 알았거나 알 수 있었는가의 여부는 표의자인 지배인과 상대방 사이에 있었던 의사표시 형성 과정과 그 내용 및 그로 인하여 나타나는 효과 등을 객관적인 사정에 따라 합리적으로 판단하여야 할 것이다(대법원 1987. 7. 7. 선고 86다카1004 판결, 1987. 11. 10. 선고 86다카371 판결, 1996. 4. 26. 선고 94다29850 판결, 1998. 2. 27. 선고 97다24382 판결 등 참조). -생략- 금융업을 하고 있는 피고로서는 적어도 통상의 주의만 기울였다면, 지배인 소외 1의 위 어음할인이 개인적인 자금거래로서, 그가 행한 이 사건 제1, 2어음에 대한 배서 · 양도행위가 자기 또는 제3자의 이익을 위하여 배임적인 의도에서 영업주인 원고 은행을 위한 진의 없이 하는 것임을 충분히 알 수 있었음이 분명하여, 위 어음할인 및 배서 · 양도행위는 원고 은행과의 관계에 있어서는 무효로서 그 효력이 없다.

## 제 4. 공동지배인

### 1. 의 의

상인은 수인의 지배인에게 공동으로 대리권을 행사하게 할 수 있다(상 12조 1). 이처럼 수인의 지배인이 공동으로 대리권을 행사하게 하는 경우 이들 지배인을 공동지배인이라고 한다. 이는 지배권의 남용이나 오용으로 인한 영업주의 피해를 사전에 방지하기 위한 제도적 장치로서 공동대표이사제도(상 389조 2, 208조 2)와 유사하다. 공동지배인제도는 지배인의 권한을 양적으로 축소시킨 상법 제11조 제3항의 지배권의 제한과 달리, 대리권의 행사방법을 공동으로 행사하게 하는 점에서 차이가 난다. 단순히 지배인이 수인인 경우에는 각 지배인이 단독으로 지배권을 행사할 수 있으나, 공동지배인은 반드시 공동으로 지배권을 행사하여야만 한다.

### 2. 요 건

#### (1) 수인(數人)의 지배인

공동지배인이 되기 위해서는 2인 이상의 지배인이 있어야 한다. 공동지배인의 선임방법에 대한 규정이 없으므로 수인의 지배인(A, B, C)을 두는 경우, 이들 모두를 공동지배인으로 할 수도 있고, A와 B, A와 C를 공동지배인으로 할 수도 있고, A는 단독지배인으로 B와 C는 공동지배인으로 할 수도 있다.

#### (2) 영업주의 의사표시

수인의 지배인이 선임된 경우 별다른 의사표시가 없으면 단독지배인이다(민 119조 본문). 그러므로 공동지배인이 되기 위해서는 영업주의 의사표시가 있어야 한다.

#### (3) 등 기

공동지배인 제도는 거래 상대방에 대하여 미치는 이해관계가 매우 크므로 공동지배인을 두기로 하였거나 그 사항을 변경한 때에는 그 지배인을 둔 본점 또는 지점소재지에 등기하여야 한다(상 13). 만일 이를 등기하지 아니한 경우에는 선의의 제3자에게 대항하지 못한다(상 37조 1).

## 3. 적용범위

재판상 행위에 대하여는 소송대리인의 개별대리의 원칙(민소 93조 1)을 근거로 공동대리를 부정하는 견해[20]가 있다. 그러나 개별소송 대리원칙은 임의대리를 적용대상으로 한 것이므로, 법정대리권이 부여되는 지배인에 대하여 당연히 적용된다고 보기 어렵다. 공동지배인제도는 민법 및 상법의 대리인 및 지배인 규정에 대한 예외적인 규정이기 때문에, 재판상 행위도 공동으로 하여야 한다고 본다.[21]

## 4. 효 과

### (1) 능동대리

**1) 행사방법**

공동지배인은 능동대리를 하는 경우에는 공동으로 하여야만 영업주에게 법률효과가 발생한다(상 12조 1). 공동지배인은 공동으로만 영업주를 위하여 제3자에게 의사표시를 할 수 있다. 이때 공동으로 하여야 한다는 것은 수인의 지배인의 의사가 하나의 완성된 대리의사로 표시되어야 한다는 의미이다. 반드시 공동지배인이 동시에 대리행위를 할 것을 요구하는 것은 아니어서, 각 지배인이 순차로 의사를 표시하여 하나의 완성된 대리의사를 표시하면 된다. 어음행위와 같은 요식행위는 공동지배인 전원의 기명날인 또는 서명이 있어야 하고 소송대리도 공동지배인이 공동으로 하여야 한다.

**2) 공동지배인 간의 지배권 위임**

(가) 포괄적 위임

공동지배인 중 일부가 자신의 지배권을 다른 일부에게 포괄적으로 위임할 수 있는가에 관하여는, 공동지배인제도의 취지와 상반되므로 허용되지 않는다고 본다.

(나) 개별적 위임

특정한 종류나 특정한 거래행위에 관하여 다른 지배인에게 개별적으로 위임하는 것은 남용의 우려가 크지 않을 뿐만 아니라, 기업 활동을 함에 있어서 현실적으로 개별위임을 할 수밖에 없는 현실 등을 고려할 때 허용되어야 한다고 주장한다.[22]

한편 공동지배인이 대리권을 개별적으로 다른 지배인에게 위임하는 것도 지배

20) 손수찬, 102면.
21) 최준선, 144면 ; 이철송, 126면 ; 안강현, 126.
22) 정찬형, 90면 ; 이철송, 127면 ; 최준선, 144면.

인이 지배인을 선임하는 것을 허용하는 것으로서 금지규정을 위반하는 것이고, 영업주나 지배인들의 편의를 위하여 예외를 인정하는 것은 공동지배인제도의 취지와 상충되므로 허용하여서는 안 된다는 견해가 있다.[23] 장기출장을 가거나 중병에 걸려 활동할 수 없는 등 위임이 불가피한 경우에는 특정한 사항에 한하여 개별위임을 허용하여야만 신속한 영업활동을 할 수 있을 것이다. 판례도 개별위임을 허용하고 있다.[24]

**대법원 1989. 5. 23. 선고 89다카3677 판결**

주식회사에 있어서 공동대표제도를 인정한 것은 대외관계에서 수인의 대표이사가 공동으로만 대표권을 행사할 수 있게 하여 업무집행의 통일성을 확보하고, 대표권 행사의 신중을 기함과 아울러 대표이사 상호간의 견제에 의하여 대표권의 남용 내지는 오용을 방지하여 회사의 이익을 도모하려는데 그 취지가 있다 할 것이므로 공동대표이사의 1인이 특정사항에 관하여 개별적으로 대표권의 행사를 다른 공동대표이사에게 위임함은 별론으로 하고, 일반적 포괄적으로 그 대표권의 행사를 위임함은 허용되지 아니한다 할 것이다. 다만 어음·수표처럼 요식행위는 수인이 공동지배인이 반드시 각각 기명날인 또는 서명을 하여야 하며, 최후의 기명날인 또는 서명에 의하여 영업주에 대하여 당해 어음 수표행위의 효력이 생긴다.

### 3) 위반의 효과

등기된 공동지배인 중 1인이 단독으로 한 대리행위는 무효이다. 상대방이 공동지배인이라는 사실을 몰랐더라도, 공동지배인으로 등기되어 있으므로 상대방은 악의자로 추정되어 영업주는 대리행위의 무효를 주장할 수 있다. 공동지배인이 등기부에 등기되지 아니한 경우에 선의의 제3자에게는 대항할 수 없으나, 악의의 제3자에게는 대항할 수 있다(상 37조 1). 공동지배인 중 1인이 단독으로 능동대리를 한 경우에는 무권대리로서 무효이지만, 추인을 하거나 표현대리의 요건을 구비하면 영업주가 책임을 질 수도 있다.

### (2) 수동대리

수동대리에서는 지배인 각자가 대리권을 가지므로, 공동지배인 중 1인에 대한 의사표시는 영업주에 대하여 그 효력이 있다(상 12조 2). 그래서 변제의 청구나 어

---

23) 김정호, 65-66면 ; 김성태, 208면.
24) 대법원 1989. 5. 23. 선고 89다카3677 판결.

음의 제시도 공동지배인 중 1인에게 하면 되고, 영업주에 대한 서류송달도 공동지배인 중 1인에게 하면 된다. 수동대리의 경우에 각자 대리권을 인정하더라도 대리권이 남용될 여지가 없고 지배인 중 일부가 의사표시를 수령할 수 없는 사유가 생기더라도 다른 지배인이 수령하여 거래를 신속히 종료시킬 필요가 있기 때문이다. 공동지배인 중 한 사람이 의사표시를 수령한 경우 의사의 흠결, 사기, 강박 또는 어떤 사정의 알고 모름, 과실유무 등은 수령한 지배인을 표준으로 판단한다.

## 제 5. 표현지배인

### 1. 의 의

표현지배인이란 지배인이 아니지만 지배인으로 오인될 명칭을 사용하는 경우에 지배인과 동일한 권한이 있는 것으로 의제되는 자를 말한다. 본점 또는 지점의 본부장, 지점장 그 밖에 지배인으로 인정될 만한 명칭을 사용하는 자는 본점 또는 지점의 지배인과 동일한 권한이 있는 것으로 본다. 다만 재판상 행위에 관하여는 그러하지 아니하다(상 14조 1). 영업주가 지배권을 수여하지 않았음에도 외관상 지배인과 유사한 명칭을 사용하는 것을 허락한 경우에 이를 신뢰하고 거래한 선의의 상대방을 보호하기 위한 제도로서, 금반언의 법리 내지는 독일의 외관법리에 그 기초를 두고 있다.

표현지배인의 대리행위가 표현대리에 해당되면 민법에 의하여 영업주가 책임을 질 것이다. 그럼에도 불구하고 상법에 특별히 표현지배인을 규정한 이유는 상거래에서 빈번하게 발생하는 명칭의 남용을 표현지배인으로 정형화시켜 놓음으로써 그로 인한 분쟁을 쉽게 해결하기 위한 것이다.

### 2. 요 건

#### (1) 지배인과 유사한 명칭의 사용

1) 사용인이 본점 또는 지점의 본부장, 지점장 그 밖에 지배인으로 인정될 만한 명칭을 사용하여야 한다. 즉, 사회통념상 특정영업소의 책임자로 인정될 만한 명칭을 사용하여야 한다. 제약회사의 지방분실장이 개인목적으로 대표이사의 배서를 위조하여 어음할인을 한 경우에 표현지배인으로 인정한 사례가 있다.[25] 보험회사 지점차장,[26] 증권회사 지점장대리,[27] 영업소주임, 지점계장, 건설회사 현장소

장,[28] 보험회사 영업소장[29] 등은 명칭 자체에서 상위 사용인의 존재가 인식되는 명칭이므로 표현지배인으로 인정될 수 없다.

2) 표현지배인은 지배인이 아님은 당연하지만, 최소한 부분적 포괄대리권을 가진 사용인이나 물건판매점포사용인이어야 하는가에 관하여는 제도의 취지가 외관의 신뢰를 보호하려는 것이므로 반드시 상업사용인일 필요는 없으며 단순한 피용자도 표현지배인이 될 수 있다.

3) 표현적 명칭이 대외적으로 표시되어야 한다. 표현지배인이 명함을 제시하거나, 인쇄물에 표시하거나, 은행창구에서 표현적 명칭이 기재된 명패를 사용하는 것도 명칭을 표시한 것으로 볼 수 있다.

**대법원 1993. 12. 10. 선고 93다36974 판결**

지점 차장이라는 명칭은 그 명칭 자체로서 상위직의 사용인의 존재를 추측할 수 있게 하는 것이므로 상법 제14조 제1항 소정의 영업주임 기타 이에 유사한 명칭을 가진 사용인을 표시하는 것이라고 할 수 없고, 따라서 표현지배인이 아니라 할 것이다. … 소외 양재천이 피고 회사 전주지점의 촉탁사원으로 입사하여 보험모집과 수금업무에 종사하였으나, 피고 회사로부터 차장으로 호칭되고 스스로도 피고 회사 전주지점 차장이라 새긴 명함을 사용하여 오던 중 피고 회사가 돈을 차용하는 것처럼 원고를 기망하여 원고로부터 그 판시와 같이 8회에 걸쳐 돈을 차용한 사실을 인정한 다음, 위 양재천이 피고 회사를 대표 또는 대리하여 원고로부터 돈을 차용할 권한이 있었다는 원고의 주장을 인정할 만한 증거가 없고, 위 양재천이 피고 회사 전주지점 차장이라는 명칭을 사용한 점만으로는 위 금전차용행위를 피고 회사의 표현지배인으로서 한 행위로 볼 수 없다.

### (2) 지배인의 권한 내의 행위

사용인의 행위가 지배인의 권한 내의 행위이어야 한다.[30] 지배인의 선임이나 영업양도 등은 권한 밖의 행위이다. 재판상 행위는 거래행위로 볼 수 없고 또 외관

25) 대법원 1998. 8. 21. 선고 97다6704 판결.
26) 대법원 1993. 12. 10. 선고 93다36974 판결.
27) 대법원 1994. 1. 28. 선고 93다49703 판결.
28) 대법원 1994. 9. 30. 선고 94다20884 판결.
29) 대법원 1983. 10. 25. 선고 83다107 판결.
30) 대법원 1989. 8. 8. 선고 88다카23742 판결 .

에 의하여 상대방을 보호할 필요가 없으므로 표현지배인의 규정이 적용되지 아니한다(상 14조 1항 단서).

### (3) 영업주의 허락

표현지배인의 명칭사용에 대하여 영업주의 귀책사유가 존재해야 한다. 따라서 영업주의 허락 없이 지배인으로 인정될 만한 명칭을 사용한 자의 행위에 대하여는 영업주가 책임을 지지 않는다. 영업주의 허락은 명시적인 경우가 대부분일 것이나 묵시적으로 허락할 수도 있다. 예컨대 법인의 이사회가 표현지배인의 명칭사용을 승인하거나 대표이사가 허락한 경우에 영업주의 허락이 있다고 볼 수 있다.[31]

### (4) 거래상대방의 선의

1) 표현지배인의 행위에 대하여 영업주가 책임을 지는 것은 사용인을 지배인이라고 믿거나 그 거래에 대한 대리권이 있는 것으로 믿고 거래한 상대방을 보호하기 위한 것이다. 따라서 그가 지배인이 아니라는 것을 알고 있는 악의의 상대방은 보호받지 못한다(상 14조 2). '선의'는 당해 법률행위에 있어서 대리권이 없음을 모르는 것이 아니라, 지배인이 아님을 모른 것으로 보아야 한다.[32]

그리고 선의에 과실 없음을 요구하는가에 대하여는, 법 규정이 없기 때문에 경과실이 있더라도 선의이면 보호받는다고 해석한다. 다만 중대한 과실로 선의인 상대방은 보호할 필요가 없기 때문에 악의자로 본다.

2) 표현지배인에 관한 규정은 직접 거래한 상대방에 한정된다. 다만 어음·수표행위를 한 경우에는 직접 상대방뿐만 아니라 그 이후 어음·수표의 취득자도 거래상대방에 포함된다고 본다.[33]

### (5) 영업소의 실질

표현지배인이 되려면 '본점 또는 지점'의 지배인으로 인정될 만한 명칭을 사용하여야 하는데, 이때 본점 또는 지점이 영업소의 실질을 갖추어야 하는가에 관하여 견해가 대립한다.

#### 1) 실질설

표현지배인제도는 표현적 명칭을 사용함으로써 그가 속한 '본점 또는 지점'의

31) 이철송, 131면.
32) 정찬형, 93면 ; 이철송, 134면.
33) 최기원, 90면 ; 안강현, 96면 ; 대법원 1994. 5. 27. 선고 93다21521 판결.

영업에 관한 포괄적 대리권을 갖는 것으로 오인한 거래상대방을 보호하는 제도인바, 표현지배인이 속한 본점이나 지점은 영업소의 실질을 갖추고 있어야 한다고 주장한다. 즉, 실체가 없는 영업소의 명칭을 사용하는 자까지 보호하게 되면 영업주의 이익이 침해될 우려가 있다고 한다. 판례[34]와 통설[35]의 견해이다.

#### 2) 외관설

표현지배인제도가 외관법리 내지는 반금언의 법리를 근거로 하는 만큼 영업소의 실질과 상관없이 지배인으로서의 외관을 신뢰한 자를 보호하여야 하며, 실질설에 따르면 거래상대방은 영업소의 실질을 입증해야 하는 어려움이 있으므로, 본점 또는 지점의 외관만 갖추면 충분하다고 한다.[36]

**대법원 1978. 12. 13. 선고 78다1567 판결(영업소 실질 부정)**

상법 제14조 제1항 본문에 본점 또는 지점의 영업주인 기타 유사한 명칭을 가진 사용인은 본점 또는 지점의 지배인과 동일한 권한이 있는 것으로본다 하여 표현지배인을 규정하고 있는데 '표현지배인으로서 본조를 적용하려면 당해 사용인의 근무장소가 상법상의 영업소인 "본점 또는 지점"의 실체를 가지고 어느정도 독립적으로 영업할 동을 할 수 있는 것임을 요한다 할 것'이다.

그런데 기록에 의하면 피고회사는 보험업법의 규제를 받는 보험사업자로서 보험계약의 체결, 보험료의 영수 및 보험금의 지급을 그 기본적 업무로 하고 있음이 분명하며 피고회사 부산영업소의 업무내용은 본점 또는 지점의 지휘감독아래 보험의 모집, 보험료의 집금과 송금,보험계약의 보전 및 유지관리, 보험모집인의 인사관리 및 교육 출장소의 관리감독 기타 본·지점으로부터 위임받은 사항으로 되어 있음이 또한 뚜렷하므로 이에 의하면 위 부산영업소는 피고회사의 기본적 업무를 독립하여 처리할 수는 없고 다만 본·지점의 지휘 감독아래 기계적으로 제한된 보조적 사무만을 처리하는 것으로밖에 볼 수 없으니 이는 상법상의 영업소인 본점·지점에 준하는 영업장소라고 볼 수 없어 부산영업소 권영진을 위 법조에서 말하는 표현지배인이라고 볼 수 없다고 할 것이다.

---

34) 대법원 1998. 10. 13. 선고 97다43819 판결 ; 대법원 1978. 12. 13. 선고 78다1567 판결 ; 대법원 1983. 10. 25. 선고 83다107 판결.

35) 최기원, 90면 ; 이철송, 133면 ; 정찬형, 92면 ; 안강현, 94면.

36) 최준선, 146면 ; 김정호, 68면.

**대법원 1998. 8. 21. 선고 97다6704 판결(영업소의 실질 인정)**

상법 제14조 제1항 소정의 표현지배인에 관한 규정이 적용되기 위하여는 당해 사용인의 근무장소가 상법상 지점으로서의 실체를 구비하여야 하고, 어떠한 영업장소가 상법상 지점으로서의 실체를 구비하였다고 하려면 그 영업장소가 본점 또는 지점의 지휘·감독 아래 기계적으로 제한된 보조적 사무만을 처리하는 것이 아니라, 일정한 범위 내에서 본점 또는 지점으로부터 독립하여 독자적으로 영업활동에 관한 결정을 하고 대외적인 거래를 할 수 있는 조직을 갖추어야 할 것인바, 기록에 의하여 살펴보면, 원심은 이러한 법리에 따라 위 부산 분실이 본점으로부터 어느 정도 독립하여 독자적으로 약품의 판매 여부에 관한 결정을 하고 그 결정에 따라 판매행위를 하는 등 영업활동을 하여 왔다.

지배인의 행위가 영업주의 영업에 관한 것인가의 여부는 지배인의 행위 당시의 주관적인 의사와는 관계없이 그 행위의 객관적 성질에 따라 추상적으로 판단하여야 할 것인바, 지배인이 영업주 명의로 한 어음행위는 객관적으로 영업에 관한 행위로서 지배인의 대리권의 범위에 속하는 행위라 할 것이므로 지배인이 개인적 목적을 위하여 어음행위를 한 경우에도 그 행위의 효력은 영업주에게 미친다 할 것이고, 이러한 법리는 표현지배인의 경우에도 동일하다 할 것이다. 피고 회사 부산 분실장인 소외인이 자신의 개인적 목적을 위하여 아무런 권한 없이 피고 회사 명의의 배서를 위조하여 원고로부터 이 사건 약속어음을 할인하였다 하더라도, 이는 표현지배인의 행위로서 피고 회사에 대하여 효력이 미친다고 판단한 것은 정당하다.

## 3. 효 과

표현지배인의 영업에 관한 행위는 재판상의 행위를 제외하고 본점 또는 지점의 지배인과 동일한 권한이 있는 것으로 본다. 그러므로 지배권이 없는 자(표현지배인)의 무권대리행위를 지배인의 행위로 보고 영업주가 책임을 진다. 영업주가 거래상대방에 대하여 표현지배인의 거래행위에 대하여 책임을 지므로, 표현지배인은 책임을 지지 않는다(민 135조 1).

# 제4절 부분적 포괄대리권을 가진 사용인

## 제 1. 의 의

1. '부분적 포괄대리권을 가진 사용인'은 영업의 특정한 종류 또는 특정한 사항에 대한 위임을 받은 사용인을 말하며, 그는 영업의 특정한 종류 또는 특정한 사항에 관한 재판외의 모든 행위를 할 수 있다(상 15조 1). 영업주의 영업활동을 포괄적으로 대리하는 지배인제도가 있지만 특정분야에서 특정인에게 영업의 일부만을 대외적으로 거래를 맡길 필요가 있는데, 자금조달업무를 '자금과장'에게 전담시키거나 상품구매업무를 '구매과장'에게 전담시키는 경우가 많다. 거래상대방도 그 특정분야에 대하여 거래하는 사용인에게 권한이 있다고 믿고 또 매번 대리권 유무를 확인하는 절차를 취하지 않게 하면 거래가 신속하고 안전하게 이루어질 수 있다. 회사의 부장, 차장, 과장, 계장, 대리 등이 있으며, 주식회사의 기관인 상무이사가 부분적 포괄대리권을 가진 사용인을 겸할 수 있다.[37)]

2. 부분적 포괄대리권을 가진 사용인과 지배인은 영업주를 위한 대리권이 포괄적이고 정형적이며 불가제한적이라는 점에서 공통되나, 다음과 같은 차이점이 있다. 전자는 그 대리권이 특정한 종류 또는 특정한 사항으로 제한되지만 후자는 그 제한이 없고, 전자는 재판상의 행위에는 그 대리권이 미치지 않는 반면 후자는 미치며, 전자는 지배인이 선임할 수 있으나 후자는 지배인이 선임할 수 없고, 전자는 등기사항이 아닌 점에서 후자와 다르다.

## 제 2. 선임과 종임

부분적 포괄대리권을 가진 사용인의 선임과 종임은 지배인의 경우와 대체로 유사하나, 영업주뿐만 아니라 지배인도 부분적 포괄대리권을 가진 사용인을 선임 또는 해임할 수 있으며(상 11조 2), 그 선임과 종임이 등기사항이 아니고, 소상인이 지배인을 선임하더라도 상법이 적용되지 않으나(상 9), 부분적 포괄대리권을 가진 사

37) 대법원 1996. 8. 23. 선고 95다39472 판결.

용인을 선임하는 경우에는 상법이 적용된다(상법 9조 반대해석).

부분적 포괄대리권을 가진 사용인의 선임행위는 영업의 특정한 종류 또는 특정한 사항의 '위임'이라고 법문에 표현되어 있으나, 이는 민법 제680조 이하의 위임계약이라는 의미가 아니라 '대리권수여계약'의 의미로 해석해야 한다.[38] 부분적 포괄대리권을 가진 사용인은 영업주의 피용자인 경우가 많을 것이나 회사의 이사가 일상적인 업무를 분장하여 대리하는 경우에는 이사와 부분적포괄대리권을 가진 사용인의 지위를 겸직하는 것으로 본다.[39]

## 제 3. 대리권의 범위

### 1. 특정한 종류 또는 특정한 사항

대리권의 범위가 영업의 전반에 걸치지 않고, 영업주로부터 위임받은 영업의 특정한 종류 또는 특정한 사항에 한정된다. 영업의 특정한 종류라 함은 상인이 수행하는 영업의 종류 중 일부를 의미하는 것으로서 건설회사가 특정사용인에게 분양업무만 맡기는 경우가 이에 해당되고, 영업의 특정한 사항이란 자금조달, 건설자재의 운송계약을 전담시키는 것과 같은 보조적 상행위를 의미한다.[40]

**대법원 2013. 2. 28. 선고 2011다79838 판결**

상법 제15조에 의하여 부분적 포괄대리권을 가진 상업사용인은 그가 수여받은 영업의 특정한 종류 또는 특정한 사항에 관한 재판 외의 모든 행위를 할 수 있으므로 개개의 행위에 대하여 영업주로부터 별도의 수권이 필요 없으나, 어떠한 행위가 위임받은 영업의 특정한 종류 또는 사항에 속하는가는 당해 영업의 규모와 성격, 거래행위의 형태 및 계속 반복 여부, 사용인의 직책명, 전체적인 업무분장 등 여러 사정을 고려해서 거래통념에 따라 객관적으로 판단하여야 한다(대법원 2009. 5. 28. 선고 2007다20440, 20457 판결). 건설회사 현장소장은 일반적으로 특정된 건설현장에서 공사의 시공과 관련된 업무만을 담당하는 자이어서 특별한 사정이 없는 한 상법 제15조 소정의 영업의 특정한 종류 또는 특정한 사항에 대한 위임을 받은 사용인으로서 그 업무에 관한 부분적 포괄대리권만을 가지고 있다고 봄이 상당하고, 일반적으

38) 최준선, 151면 ; 정찬형, 95면.
39) 대법원 1996. 8. 23. 선고 95다39472 판결 ; 대법원 1968. 7. 23. 선고 68다442 판결.
40) 이철송, 137면.

로 건설회사의 현장소장에게는 회사의 부담으로 될 채무보증 또는 채무인수 등과 같은 행위를 할 권한이나 회사가 공사와 관련하여 거래상대방에 대하여 취득한 채권을 대가 없이 일방적으로 포기할 권한이 회사로부터 위임되어 있다고 볼 수 없다(대법원 1994. 9. 30. 선고 94다20884 판결).

**대법원 2006. 6. 15. 선고 2006다13117 판결**

원심은, 피고의 소외 1 이사가 부분적 포괄대리권을 가진 상업사용인으로서 그 권한에 기하여 이아이디비의 원고에 대한 이 사건 물품대금채무를 보증하였다는 원고의 주장에 대하여, 피고의 소외 1 이사가 이 사건 전산개발장비 구매와 관련된 실무를 총괄하는 상업사용인의 지위에 있었다고 하더라도 회사에 새로운 채무부담을 발생시키는 지급보증행위는 그의 권한에 속하지 아니할 뿐만 아니라, 소외 1 이사가 원고에 대한 이아이디비의 이 사건 물품대금채무를 보증하였다거나, 원고가 위 소외 1 이사가 피고로부터 원고에 대한 물품대금채무의 보증에 관한 권한을 수여받았다고 믿을 만한 정당한 이유가 있다고 인정하기도 어렵다는 이유로, 위 주장을 배척하였는바, 기록에 의하여 살펴보면, 원심의 위와 같은 조치는 옳은 것으로 수긍이 가고, 거기에 부분적 포괄대리권을 가진 상업사용인에 관한 법리오해 등의 위법이 있다 할 수 없다.

## 2. 대리권의 포괄성

부분적 포괄대리권을 가진 사용인의 영업의 특정한 종류 또는 사항에 대한 대리권은 포괄적이고 불가제한적이라는 점에서 지배인과 유사하고, 일반 대리인과 다르다. 따라서 부분적 포괄대리권을 가진 사용인의 대리권에 대한 제한은 선의의 제3자에게 대항하지 못한다(상 15조 2, 11조 3). 건물분양계약을 위임받은 사용인은 분양계약의 체결은 물론 분양계약의 해제, 취소 및 재분양, 분양대금의 수령 등 분양과 관련된 일련의 행위를 할 수 있다.

## 3. 대리권의 한계

부분적 포괄대리권을 가진 사용인이 위임받은 특정한 사항이나 종류에 관한 사항 이외의 행위를 한 경우에는, 무권대리가 되어 영업주가 책임을 지지 않는다.

다만 위임받지 아니한 행위라고 할지라도 거래상대방이 그 상업사용인에게 그 권한이 있다고 믿을만한 정당한 이유가 있는 때에는 민법의 표현대리의 법리에 의하여 영업주가 책임을 질 수도 있다. 부분적 포괄대리권을 가진 사용인의 대리권은 소송행위에는 미치지 아니하는데, 그 이유는 부분적 대리권만 가진 자에게 중요한 소송행위의 대리권을 부여하는 것은 적절하지 않기 때문이다.

**대법원 2012. 12. 13. 선고 2011다69770 판결**

부분적 포괄대리권을 가진 상업사용인이 특정된 영업이나 특정된 사항에 속하지 아니하는 행위를 한 경우, 영업주가 책임을 지기 위하여는 민법상의 표현대리의 법리에 의하여 그 상업사용인과 거래한 상대방이 그 상업사용인에게 그 권한이 있다고 믿을 만한 정당한 이유가 있어야 한다. … 소외인은 피고의 피씨방용 컴퓨터 등 제품의 판매 등을 비롯한 관련 업무에 관하여 부분적 포괄대리권을 가진 상업사용인이지만 수익률 보장 또는 재매입 보장 약정이 포함된 이 사건 거래약정을 체결하는 행위는 소외인이 위임받은 업무권한 범위 내에 속하지 아니하고, 소외인이 부분적 포괄대리권을 가진 피고의 상업사용인으로 '유통사업부 정보기기영업팀 바이어/주임'이라는 명칭을 사용하였다는 사정만으로는 상법 제14조에서 정한 표현지배인이라고 할 수 없다고 판단하였다. 나아가 원심은 대기업의 계열사로 컴퓨터 등의 대형 유통업체인 피고가 중소업체인 원고 현대멀티넷에 컴퓨터 등을 판매하는 거래 과정에서 높은 수익률과 지체상금 및 재매입의 보장을 약속하거나, 협력업체인 주식회사 에버컴퓨터의 거래약정상 채무를 보증하는 것은 매우 이례적이어서, … 원고 현대멀티넷이 소외인에게 이 사건 거래약정을 체결할 권한이 있다고 믿은 데 정당한 이유가 있다고 할 수 없다고 판단한 것은 정당하다.

## 제 4. 표현지배인 규정의 유추적용 여부

부분적 포괄대리권을 가진 사용인에 대하여 표현지배인규정(상 14)을 적용한다는 규정이 없다. 영업주가 부분적 포괄대리권을 가진 자의 명칭(과장, 부장, 영업소장)을 사용하도록 허락을 하였으나 실제로는 이에 해당되는 대리권을 수여하지 아니한 경우에, 그러한 자와 거래한 선의의 상대방에 대하여 영업주가 상법 제14조를 유추 적용하여 책임을 지는지가 문제된다.

## 1. 부정설

표현제도는 당사자 일방이 외관창출에 대한 책임이 있는 경우에 그에게 책임을 묻는 제도로서, 당사자 일방의 희생을 수반하므로 법적 근거 없이 함부로 유추적용을 해서는 안 되며, 사용인이 부분적 포괄대리권이 있는 듯이 제3자와 거래하였다면 불법행위(민 750)로서 영업주는 사용자책임(민 756)을 부담하면 되므로 표현지배인의 유추적용을 부정한다.[41)]

## 2. 긍정설

거래상대방을 충분히 보호하기 위해서 민법의 표현대리책임이나 사용자책임만으로는 불충분하므로 표현지배인규정을 유추 적용하여야 한다고 주장한다. 상법의 표현지배인제도와 민법의 표현대리는 서로 다른 내용이어서 부분적 포괄대리권을 가진 사용인의 표현책임을 민법의 규정으로 해결해서는 안 된다. 나아가 영업주에게 사용자책임을 물으려면 지휘감독관계와 불법행위성을 입증하여야 하므로 민법에만 맡길 경우에 제3자 보호에 충분하지 않아서 상법의 표현지배인 규정을 유추 적용하여야 한다고 주장한다.[42)]

우리 판례는 부분적 포괄대리권을 가진 사용인에게 표현적 책임을 물으면 영업주의 책임을 지나치게 확대될 우려가 있으므로 상법 제14조를 유추 적용할 수 없으며, 거래상대방은 민법의 표현대리나 사용자책임의 법리에 의하여 보호받아야 한다고 한다.

**대법원 2007. 8. 23. 선고 2007다23425 판결**

상법 제14조 제1항은, 실제로는 지배인에 해당하지 않는 사용인이 지배인처럼 보이는 명칭을 사용하는 경우에 그러한 사용인을 지배인으로 신뢰하여 거래한 상대방을 보호하기 위한 취지에서, 본점 또는 지점의 영업주임 기타 유사한 명칭을 가진 사용인은 표현지배인으로서 재판상의 행위에 관한 것을 제외하고는 본점 또는 지점의 지배인과 동일한 권한이 있는 것으로 본다고 규정하고 있으나, 부분적 포괄대리권을 가진 사용인의 경우에는 상법은 그러한 사용인으로 오인될 만한 유사한 명칭에 대한 거래 상대방의 신뢰를 보호하는 취지의 규정을 따로 두지 않고 있는바, 그 대리권에 관하여 지배인과

41) 이철송, 142면 ; 김성태, 219면.
42) 정찬형, 96-97면 ; 안강현, 101면 ; 손주찬, 108면 ; 전우현, 69면.

같은 정도의 획일성, 정형성이 인정되지 않는 부분적 포괄대리권을 가진 사용인들에 대해서까지 그 표현적 명칭의 사용에 대한 거래 상대방의 신뢰를 무조건적으로 보호한다는 것은 오히려 영업주의 책임을 지나치게 확대하는 것이 될 우려가 있으며, 부분적 포괄대리권을 가진 사용인에 해당하지 않는 사용인이 그러한 사용인과 유사한 명칭을 사용하여 법률행위를 한 경우 그 거래 상대방은 민법 제125조의 표현대리나 민법 제756조의 사용자책임 등의 규정에 의하여 보호될 수 있다고 할 것이므로, 부분적 포괄대리권을 가진 사용인의 경우에도 표현지배인에 관한 상법 제14조의 규정이 유추적용되어야 한다고 할 수는 없다.

## 제5절 물건판매점포사용인

### 제 1. 의 의

물건을 판매하는 점포의 사용인은 그 판매에 관한 모든 권한이 있는 것으로 본다(상 16조 1). 물건판매점포의 사용인은 실제로 물건판매대리권을 갖고 있지 아니한 경우에도 물건판매에 관한 대리권을 가지고 있는 것 같은 외관을 갖추고 있기 때문에 그와 거래한 상대방을 보호하기 위하여 대리권을 가지고 있는 것으로 보고 영업주에게 책임을 부담시킨다. 점포에서 소매거래는 신속 반복하여 이루어지는데 거래상대방으로 하여금 점원이나 사원 등의 점포사용인의 대리권을 확인할 것을 요구하면 거래가 지연되어 영업활동에 방해가 되기 때문에, 영업주의 대리권 수여와 상관없이 사용인에게 판매할 대리권이 있다고 의제를 하는 것이다. 따라서 거래상대방이 악의, 즉 점포사용인에게 판매대리권이 없음을 알고 있는 경우에는 적용되지 않는다.

## 제 2. 요 건

### 1. 물건의 '판매'

물건의 '판매'에 관하여서만 권한이 있다. '판매'는 현실적인 판매뿐만 아니라 보통 판매에 수반되는 처분행위와 채무부담행위도 포함하므로, 물건의 교환, 할인, 환불, 외상판매도 포함된다. 물건 판매가 아닌 물건 구입, 영업자금차입, 점포대여, 종업원 고용 등은 적용되지 아니한다. 또 공사의 발주나 인쇄물의 제작처럼 물건판매가 아니라 용역의 공급을 내용으로 하는 거래에는 적용되지 아니한다. 본조를 물건의 '판매'에만 한정시킬 것이 아니라 물건임대업, 금융업, 공중접객업 등에 종사하는 점포의 사용인에게도 유추 적용하여 거래안전을 도모할 필요가 있다.[43]

**대법원 1976. 7. 13. 선고 76다860 판결**

상법 제16조는 "물건을 판매하는 점포의 사용인은 그 판매에 관한 모든 권한이 있는 것으로 본다" 고 규정하고 있는데 원심이 확정한 사실관계에 의하면, 원고와 이 사건 물품매매거래를 하였던 소외 이영철은 물건을 판매하는 점포의 사용인이 아니라 피고 회사 대구지점의 외무사원이었으며, 이 사건 거래물품은 점포내에 있었던 것도 아니었고 또 거래행위도 점포밖에서 이루어졌다는 것이다. 이러한 사실관계라면 여기에 위 상법 제16조가 적용되어 소외 이영철이가 피고 회사를 대리하여 이 사건 물품을 판매하거나 또는 원심이 인정한 바와 같은 선금을 받을 권한이 있었다고 할 수는 없으므로 같은 취지에서 위 상법규정에 관한 원고의 주장을 배척한 원심판단은 정당하다.

### 2. '점포'의 사용인

본 규정은 물건을 판매하는 '점포'의 사용인에 대하여만 적용하는데, 그 이유는 점포에서의 물건판매가 외관을 구성하기 때문이다. 그리고 그 점포에서 판매되는 물건에 관한 행위이어야 하므로 그 점포에 없는 물건의 판매는 적용되지 아니한다. 그러므로 외판원이 판매하는 물건에 대하여는 적용되지 아니한다.[44] 판매하는 물건이 점포 안에 비치되어 있을 것을 요구하지 않으므로 외부창고에 보관된 물

43) 정찬형, 99면.
44) 대법원 1976. 7. 13. 선고 76다860 판결.

건을 판매하더라도 상관없다. 이 규정은 점포 내에서 거래가 종결될 것을 전제로 하므로 특별한 사정이 없는 한 사용인이 점포 밖에서 대금을 수령할 권한이 없다고 본다.[45)]

### 3. 물건판매점포의 '사용인'의 범위

법문에 '사용인'이라고 표현하고 있지만 물건판매점포의 '사용인'은 영업주로부터 물건판매의 대리권을 수여받은 상업사용인에 한정되지 않고, 널리 점포에서 근무함으로써 상품을 판매할 권한이 있다고 보여지는 자도 포함된다. 그러므로 점포에서 상품의 분류나 배달을 하는 자도 점포에서 물건을 판매하면 본조가 적용된다. 즉, 물건판매점포사용인은 대리권 수여계약이 요구되지 않고, 고용계약이 있는 경우가 많겠지만 없더라도 상관없으며, 외관상 점포에서 물건을 판매하고 있으면 이를 신뢰한 상대방을 보호한다.

### 4. 상대방의 선의

물건판매점포사용인의 대리권의 의제는 상대방이 악의인 때에는 적용되지 아니한다. 따라서 사용인에게 물건을 판매할 대리권한이 없음을 알고 있으면서 그로부터 물건을 구입한 거래상대방에 대하여 영업주는 책임이 없다. 거래상대방이 선의인데 중대한 과실이 있으면 악의로 보아야 할 것이다.

# 제6절 상업사용인의 의무

## 제 1. 의 의

상업사용인은 영업주와 사이에 고용관계나 위임관계가 있는 것이 보통이므로 그 법률관계에 의하여 선량한 관리자의 주의의무(민 681), 위임사무 처리의무(민 680), 노무제공의무(민 655) 등을 부담하나, 상업사용인은 영업주에 종속되어 있으므로 영업주의 영업비밀과 영업기회를 잘 알고 있을 터인데, 만일 상업사용인이

45) 대법원 1971. 3. 30. 선고 71다65 판결.

그러한 영업기회를 자기의 사적 이익을 추구하는 방향으로 사용하게 되면 영업주는 큰 피해를 보게 된다. 따라서 영업주와 상업사용인 간의 이익충돌을 방지하고 상업사용인의 정력을 분산시키지 않도록 특별한 부작위의무로서 경업금지의무와 겸직금지의무를 부과하고 있다.

경업금지의무는 상업사용인 이외에도 영업양도인(상 41), 대리상(상 89), 합명회사의 사원(상 198), 합자회사의 무한책임사원(상 269), 주식회사의 이사(상 397) 및 유한회사의 이사(상 567) 등도 부담한다. 해석상으로 익명조합의 조합원에게도 경업금지의무가 인정된다.[46]

## 제 2. 경업금지의무

### 1. 내 용

상업사용인은 영업주의 허락 없이 자기 또는 제3자의 계산으로 영업주의 영업부류에 속한 거래를 하지 못한다(상 17조 1).

#### (1) 영업주의 영업부류에 속한 거래

영업주의 영업부류에 속한 거래란 영업주가 영업목적으로 하는 기본적 상행위(준상행위 포함)를 의미하고, 영업을 위하여 하는 거래(보조적 상행위)는 제외된다. 즉, 영업주가 실제로 경영하는 사업과 시장에서 상업사용인과 경합하여 영업주의 이익이 침해될 우려가 있는 거래를 말한다.[47] 따라서 정관에 기재된 회사의 목적사업이라고 하더라도 회사가 실제로 영업을 하지 않으면 경업금지대상이 아니다. 영업부류에 속하는 거래라고 하더라도 영리성이 없는 거래는 영업주의 이익을 해치지 않으므로 은행지점장이 은행에서 생활자금으로 대출받는 행위나 백화점 지배인이 자기의 생활용품을 구입하는 행위는 경업금지의 대상이 아니다. 영업주의 영업부류에 속하는 한, 일회적 거래든 계속적 거래든 상관없고 근무시간 외의 거래도 금지된다.

#### (2) 자기 또는 제3자의 계산

'계산'이란 거래의 경제적 효과의 귀속주체를 의미하므로, 거래의 경제적 효과

46) 최준선, 156면.
47) 최준선, 157면.

가 상업사용인 자신이나 제3자에게 발생하는 것을 의미한다. 거래의 명의가 누구든지 상관없다.

### (3) 상업사용인의 범위

경업금지의무를 부담하는 자는 모든 상업사용인이다. 그러나 경업금지의무는 고용이나 위임관계에 의하여 계속적 근무관계가 있는 것을 전제로 하기 때문에 지배인이나 부분적 포괄대리권을 가진 사용인에게는 적용되지만 물건판매점포 사용인은 고용계약 없이 대리권이 있는 것으로 의제하므로 본조가 적용될 여지가 많지 않을 것이다.[48] 종임된 상업사용인은 원칙적으로 이 의무를 부담하지 않는다.

### (4) 영업주의 허락없음

경업금지의무는 영업주의 허락이 없는 경우에 부담하는 의무이므로, 영업주의 허락이 있으면 영업주의 영업부류에 속하더라도 거래를 할 수 있다. 영업주가 경업을 하고 있는 자를 상업사용인으로 고용하면서 경업사실을 알고 있었다면, 묵시적으로 경업을 허락한 것으로 본다. 영업주의 허락은 철회할 수 있으나 사용인이 거래를 착수한 때에는 철회할 수 없다고 본다. 거래를 착수하기 전에라도 사용인이 투자를 개시한 경우에는 이를 중단하면 손해가 생기므로 영업주가 허락을 철회할 경우에는 사용인의 손해를 배상하여야 할 것이다.[49]

## 2. 위반의 효과

### (1) 계약해지

상업사용인이 영업주의 허락 없이 자기 또는 제3자의 계산으로 영업주의 영업부류에 속하는 거래를 한 경우에는 영업주는 상업사용인과의 수권행위인 고용계약 또는 위임계약, 대리권수여계약 등 모든 계약을 해지할 수 있다(상 17조 3). 고용계약의 경우에는 고용기간과 상관없이 언제든지 해지할 수 있고, 해지한 때에는 유예기간 없이 즉시 효력이 발생한다(민 659. 660).

### (2) 손해배상청구권

경업금지의무위반으로 영업주에게 손해가 발생한 경우에는 상업사용인은 그 손해를 배상해야 한다(상 17조 3).

---

48) 일본은 지배인에게만 경업금지의무가 적용된다(일본상법 제60조)(이철송, 147면).
49) 이철송, 149면.

### (3) 개입권

#### 1) 의 의

경업금지의무를 위반한 경우 영업주가 상업사용인에게 손해배상청구를 통하여 손해회복을 받을 수 있지만, 영업주가 실제로 입은 손해를 증명하고 손해액을 산출하는 것이 매우 힘들다. 그래서 손해배상청구에 따른 입증의 애로를 해결하고 또 영업주의 고객관계를 이전과 같이 유지하면서 영업주의 이익을 보호하기 위하여 개입권(탈취권) 제도를 두고 있다.

#### 2) 내 용

(가) 상업사용인이 경업금지를 위반하여 거래를 한 경우에 그 거래가 '상업사용인의 계산'으로 한 것인 때에는 영업주는 이를 '영업주의 계산'으로 한 것으로 볼 수 있다(상 17조 2항 전단). '영업주의 계산'으로 한 것으로 볼 수 있다는 의미는 영업주가 제3자의 직접 거래당사자가 된다는 의미가 아니라 상업사용인이 취득한 이득을 영업주에게 이전할 의무를 부담한다는 의미이다. 즉, 거래로 인한 비용을 영업주가 부담하고, 사용인이 얻은 이득은 영업주의 이득이 되므로 거래로 인하여 취득한 물건이나 권리의 양도를 청구할 수 있는 채권적 권리를 갖게 된다. 영업주와 상업사용인간의 이익의 귀속은 내부적 문제이므로 제3자에 대한 계산의 주체는 여전히 상업사용인이다.

(나) 상업사용인이 경업금지를 위반하여 거래를 한 경우에 그 거래가 제3자의 계산으로 한 것인 때에는 영업주는 상업사용인에 대하여 이로 인한 이득의 양도를 청구할 수 있다(상 17조 2항 후단). 영업주가 사용인에게 양도를 청구할 수 있는 '이득'이란 상업사용인이 제3자로부터 받은 보수(보수청구권)이지 거래 자체에서 발생한 이익을 의미하지 않는다. 이 경우 상업사용인의 위반거래 결과 이득이 있어야 하며, 그 이득에 대한 입증책임은 영업주가 부담한다.

#### 3) 행사방법과 기간

개입권은 형성권이므로 영업주는 사용인에게 일방적 의사표시로 권리를 행사할 수 있다. 개입권은 영업주가 그 거래를 안 날로부터 2주간을 경과하거나 그 거래가 있은 날로부터 1년을 경과하면 소멸한다(상 17조 4). 이 기간은 제척기간이다.

#### 4) 손해배상청구

개입권을 행사하더라도 손해배상청구에 영향을 미치지 않으므로(상 17조 3), 개입권을 행사한 후에도 별도의 손해가 발생하면 이를 입증하여 배상청구를 할 수 있다. 통상 손해액 중 거래의 이득부분은 손해액의 증명 없이 개입권에 의하여 배상을 받을 수 있고, 그 나머지 부분은 손해액을 증명해서 배상을 받을 수 있다.

## 제3. 겸직금지의무

### 1. 내 용

상업사용인은 영업주의 허락 없이 회사의 무한책임사원, 이사 또는 다른 상인의 사용인이 되지 못한다(상 17조 1항 후단). 이 규정은 사용인의 정력분산을 방지할 목적으로 규정된 것이기 때문에, 여기의 '회사'는 영업주의 영업부류에 속하는 회사로 한정되는 것이 아니라 영업의 내용을 불문하고 '모든 다른 회사'를 의미한다. 대리상·무한책임사원 및 이사의 겸직금직의무(상 89, 198, 269, 397)는 동종영업을 목적으로 하는 다른 회사의 무한책임사원 또는 이사가 될 수 없는 반면에 상업사용인의 겸직금지의무는 사용인의 정력분산을 막기 위하여 '모든 다른 회사'의 무한책임사원, 이사 또는 다른 상인의 사용인이 되지 못한다고 본다. 그러나 영업주의 허락이 있으면 겸직을 할 수 있다.

### 2. 위반의 효과

겸직금지의무를 위반하여 다른 회사의 직위에 취임하더라도 그 취임행위는 유효하다. 다만 영업주는 상업사용인과의 계약을 해지할 수 있고, 손해배상청구를 할 수 있다. 직위에 취임하는 것은 거래행위가 아니므로 개입권을 행사할 수 없다.[50]

50) 정찬형, 105면.

# 제4장
# 영 업 소

## 제1절 총 설

### 제 1. 의 의

영업소(office)는 상인의 영업활동을 위한 조직으로서 일정한 설비를 갖춘 영업활동의 중심인 일정한 장소를 의미한다. 이는 기업의 경영활동의 중심지로서 자연인의 주소에 해당된다. 회사의 경우에는 회사의 주소인 본점소재지(상 171)가 영업소이다. 개인상인의 영업소의 설치, 이전, 폐지에 관하여는 법적 제한이 없으나 회사는 법에 의하여 규제를 받는다.

#### 1. 독립된 기업활동의 장소적 중심지

영업소는 기업활동의 기본적 사항을 독립하여 결정하고 영업에 관한 의사결정과 지휘가 이루어지며, 활동결과가 보고되는 통일된 장소로서 인적·물적 설비를 갖추어야 한다. 영업활동을 위한 장소이므로 상품의 제조, 가공, 보관 등 사실행위만 이루어지는 창고나 공장은 영업소가 아니다. 영업활동이라 하더라도 영업에 관한 지휘나 결정이 아닌 단순한 판매나 용역제공만 하는 판매장이나 객장 등도 영업소가 아니다.[1] 또 수금이나 주문접수처럼 영업의 일부 기능만 행하는 신문보급소도 영업소가 아니다.[2]

1) 최준선, 161면.
2) 이철송, 154면.

### 2. 계속성과 고정성

영업소는 영업활동의 중심장소로서 일정기간 동안 계속되어야 하므로 일시 매점은 영업소가 아니다. 하지만 일정기간 계속되는 매점, 예컨대 여름 해수욕장의 매점은 영업소로 볼 수 있다. 그리고 영업소는 고정되어야 하므로 이동매점은 영업소로 볼 수 없다.

### 3. 객관성

영업소인지 여부는 영업주의 주관적 의사에 의해 판단해서는 안 되고, 객관적으로 영업활동의 중심장소로서 독립적 결정권이 있는가를 기준으로 결정되어야 한다. 회사의 등기된 영업소와 실제 영업소가 상이한 때에는 회사는 등기된 영업소를 신뢰한 선의의 제3자에 대하여 영업소가 아님을 주장할 수 없다(상 39).

## 제2절 영업소의 수와 종류

상인은 하나의 영업을 하더라도 수개의 영업소를 가질 수 있다. 이때 수개의 영업소를 가질 경우에는 그 영업소간의 주종관계가 생기는데, 여러 영업소를 전체로 통할하고 그 영업결과를 하나의 경영단위로 집중시키는 주된 영업소를 본점(main office)이라 하고 전체 영업의 일부를 담당하는 영업소를 지점(branch office)이라고 한다. 본점과 지점은 장소적으로 분리되어 있어야 한다.

지점은 영업소의 한 형태로서 일정 범위 내에서 영업에 관하여 독립하여 영업에 관한 지휘 결정을 하고 활동결과가 수집되는 영업중심의 장소로서 실체를 갖추어야 한다. 출장소, 분점, 매점 등은 본점이나 지점 조직구성의 일부분이므로 영업소가 아니다. 회사가 특정지역의 영업을 관리하기 위하여 자회사를 설립하여 '지사'라는 명칭을 사용하는 경우에는 독립된 회사이지 지점이 아니다.[3] 대리점은 대리상의 영업소로서 본인의 영업소가 아니다.

3) 이철송, 155면.

**대법원 1998. 10. 13. 선고 97다43819 판결**

> 상법 제14조 제1항 본문은 본점 또는 지점의 영업주임 기타 유사한 명칭을 가진 사용인은 본점 또는 지점의 지배인과 동일한 권한이 있는 것으로 본다고 규정하고 있는바, 위 조항 소정의 표현지배인이 성립하려면 당해 사용인의 근무 장소가 상법상의 영업소인 '본점 또는 지점'의 실체를 가지고 어느 정도 독립적으로 영업 활동을 할 수 있는 것임을 요하고, 본·지점의 기본적인 업무를 독립하여 처리할 수 있는 것이 아니라 단순히 본·지점의 지휘·감독 아래 기계적으로 제한된 보조적 사무만을 처리하는 영업소는 상법상의 영업소인 본·지점에 준하는 영업장소라고 볼 수 없다 할 것이다(대법원 1978. 12. 13. 선고 78다1567 판결, 1983. 10. 25. 선고 83다107 판결).

## 제3절 영업소의 법률효과

영업소는 자연인의 주소에 해당되는 법률효과를 가진다. 상인의 주소와 영업소는 같을 수도 있고 다를 수도 있다. 영업소에 대하여 상법은 다음과 같은 법률상 효과를 인정하고 있다.

### 제 1. 일반적 효과

#### 1. 영업채무의 이행장소

특정물인도 이외의 영업에 관한 채무변제는 원칙적으로 지참채무이므로 채권자의 현재 영업소에서 하여야 한다(민 467조 2항 단서). 지시채권이나 무기명채권에 의한 채무는 추심채무이므로 채무자의 현영업소를 변제장소로 한다(민 516, 524).

#### 2. 등기관할

상법에 의해 등기할 사항은 당사자 신청에 의하여 영업소의 소재지를 관할하는 법원의 상업등기부에 등기한다(상 34, 상등 4).

### 3. 재판적

회사의 보통재판적은 회사의 주된 사무소 또는 영업소가 있는 곳에 따라 정하고(민소 5), 사무소나 영업소가 있는 사람에 대하여 그 사무소 또는 영업소의 업무와 관련이 있는 소를 제기하는 경우에는 그 사무소 또는 영업소가 있는 곳의 법원에 제기할 수 있다(민소 12). 민사소송에서 소송서류의 송달은 송달받을 사람의 주소, 거소, 영업소 또는 사무소에서 한다(민소 183조 1항 본문). 그리고 회생 및 파산사건은 채무자의 주된 사무소 또는 영업소의 소재지를 관할하는 지방법원 본원의 관할에 전속한다(파산 3조 1항 본문 및 2호).

## 제 2. 지점에 대한 법률적 효과

### 1. 지점거래로 인한 채무이행장소

채권자의 지점에서의 거래로 인한 채무이행의 장소가 그 행위의 성질 또는 당사자의 의사표시에 의하여 특정되지 아니한 경우 특정물인도 외의 채무이행은 그 지점을 이행장소로 본다(상 56). 영업에 관한 채무변제는 채권자의 현영업소에서 하여야 한다는 민법 제467조 제2항 단서의 예외규정으로 채권이 발생한 지점을 이행장소로 규정하고 있다.

### 2. 지점에서의 등기

상인은 지배인의 선임과 그 대리권의 소멸에 관하여 그 지배인을 둔 지점소재지에서 등기하여야 한다(상 13). 또 본점의 소재지에서 등기할 사항은 다른 규정이 없으면 지점의 소재지에서도 등기하여야 한다(상 35). 그리고 지점의 소재지에서 등기할 사항을 등기하지 아니한 때에는, 그 지점의 거래에 한해서는 선의의 제3자에게 대항하지 못한다(상 38).

### 3. 지배인 등기

상인은 지배인을 선임하여 지점에서 영업을 하게 할 수 있다(상 10). 상인은 지배인의 선임과 그 대리권의 소멸에 관하여 그 지배인을 둔 지점소재지에서 등기하여야 한다(상 13).

## 4. 기 타

주식회사의 재무제표 및 영업보고서와 감사보고서의 각 등본을 지점에 3년간 비치하여 주주와 채권자에게 열람할 수 있도록 하여야 하고(상 448), 회사의 정관과 주주총회 의사록을 본점과 더불어 지점에도 비치하여야 한다(상 396조 1). 그리고 지점만의 영업을 본점이나 다른 지점과 분리하여 영업양도를 할 수 있다.

# 제 5 장
# 상 호

## 제1절 총 설

### 제 1. 상호의 필요성

기업은 독립된 경제적 조직의 단위체로서 권리와 의무를 귀속하기 위한 법적주체이다. 따라서 기업은 자신의 기업을 타인의 기업과 구분하고, 기업생활로 인한 경제적 효과를 귀속시키기 위하여 자신만의 개성을 나타내기 위한 명칭이 필요하다. 이러한 필요에 의하여 사용하는 기업의 명칭이 상호(trade name)이다. 자연인인 상인이 초기에는 자기의 성명을 사용하여 영업활동을 하였으나 점차 영업활동이 확대됨에 따라 가계와 영업을 구분할 필요가 생겼고, 자연인의 사망이나 은퇴 등으로 영업주체가 변동되더라도 영업활동은 지속될 필요가 있어 자연인의 이름과 구분되는 별도의 상호가 필요하게 되었다.[1)]

### 제 2. 상호의 가치

본래 상호는 상인이 운영하는 기업의 동일성을 인식하고 다른 기업과 구분하는 목적으로 사용되었으나, 시간이 지남에 따라 상인의 명성과 신용을 나타내는 징표가 되었다. 그리하여 상호는 상인의 중요한 재산이 되었으며, 영업과 연결되어 기업의 신용도를 나타내는 척도가 되고 있다. 일반 소비자들이 상호의 가치를 중심으로 제품을 구매하는 현상을 보더라도 상호는 상인의 중대한 영업재산임을 알 수 있다. 따라서 재산적 가치를 지닌 상호를 보호하기 위한 각종 보호장치를 법에 규정하고 있다.

---

1) 이철송, 160면 ; 정찬형, 106면.

# 제2절 상호의 의의

## 제 1. 상인이 '자기'를 표시하는 명칭

상호는 사회적 · 경제적 기능에서 보면 기업(영업)의 명칭으로 사용되고 기업의 신용의 척도가 되지만, 법률상으로는 상호에 의한 행위의 효과가 귀속되는 권리의무의 주체인 상인의 명칭이다.[2] 그런데 상호는 실질적으로 기업의 명칭이고, 상인은 상호권의 귀속의 주체로 취급되는데 불과하다는 견해가 있다.[3] 상호를 오랫동안 사용하게 되면 기업의 명칭과 같이 작용하지만, 기업 그 자체는 상호의 사용으로 인한 영업의 권리의무의 주체가 될 수 없으며, 상호에 의하여 거래한 효과로서 발생하는 권리와 의무는 영업주인 상인에게 귀속되는바, 상호는 상인의 명칭이다.[4]

## 제 2. 상호는 '명칭'이다.

상호는 명칭이므로 문자로 표시되어야 하고, 발음될 수 있어야 한다. 외국어라도 상관없으나 등기를 하기 위해서는 한글로 표시되어야 하므로, 기호 · 도안 등은 상호가 될 수 없다. 그러므로 상품을 판매 제조하는 자가 자기 상품을 타인의 상품과 구분하기 위해 사용하는 표지인 상표(trademark, 예 : HITE)나 서비스업을 하는 자가 자기의 영업과 타인의 영업을 구분하기 위해 사용하는 표장인 영업표지(service mark)와는 다르다. (주)엘지는 외국어지만 우리말로 표기될 수 있으므로 상호가 될 수 있으며, 등기실무상 상호의 등기는 한글과 아라비아 숫자만이 허용되므로, 한글로 된 등기에 괄호로 로마자 병기를 하면 되므로, 'Pizza Hut'은 안되지만, '피자헛(Pizza Hut)'은 상호로 가능하다. 자연인인 상인은 상호를 등기할 의무가 없으므로 외국어 상호를 미등기상호로 사용할 수 있고 또 등기를 전제로 하지 않는 상법상의 보호도 받을 수 있다고 본다.[5]

---

2) 이철송, 161면 ; 손주찬, 121면 ; 최기원, 106-107면 ; 김병연 외, 114면.
3) 정찬형, 108면.
4) 최기원, 121면.
5) 이철송, 162면.

## 제 3. 상인의 '영업상' 명칭

상호는 상인이 영업활동을 하면서 사용하는 명칭이므로 영업과는 무관한 개인 생활에서 사용하는 예명 · 아호 · 별명 등은 상호가 아니다. 자연인인 상인은 영업활동을 하면서 상호만을 사용하지 않고 개인의 성명을 사용하는 경우도 있다. 화물명세서, 화물상환증, 선하증권, 해상화물운송장 등에는 '성명 또는 상호'를 기재할 수 있도록 규정하고 있으므로, 상호와 아울러 성명도 사용할 수 있다. 하지만 회사의 경우에는 상호 외에 성명이 별도로 존재하지 않으므로 영업활동 이외의 생활관계에서도 상호로 자기를 표시한다.

## 제 4. '상인'의 명칭

상호는 상인의 명칭이므로 상인이 아닌 상호보험회사, 협동조합, 공공투자기관, 비영리법인 등의 명칭은 상호가 아니다. 소상인은 상호에 관한 규정이 적용되지 않으므로(상 9), 소상인이 사용하는 영업상의 명칭은 상법상 상호로서 보호를 받지 못한다.

# 제3절 상호의 선정

## 제 1. 입법주의

### 1. 상호자유주의

상인이 영업의 실질과 상관없이 어떠한 상호든 자유롭게 선정할 수 있도록 하는 입법주의로서 영미법계가 채택하고 있다. 상호자유주의는 상인에게 자유로운 선택을 허용하므로 상인에게 편리하고, 영업양도나 상속 시에 상호를 속용할 수 있으므로 상호의 가치를 보존시키는 장점이 있다. 반면에 영업의 내용과 상호의 표시가 일치하지 않음으로서 상인과 거래하는 상대방과 일반인에게 영업내용의 혼란을 불러일으키는 단점이 있다.

### 2. 상호진실주의

상호는 영업의 내용, 영업주와 영업지 등과 일치하여야 한다. 영업의 실체와 다른 상호는 사용할 수 없다. 스페인·프랑스 등 불문법계국가들이 채택하고 있다. 이 주의에 따르면 상호의 의미와 영업의 실체가 일치하므로 거래상대방이나 일반인이 상인의 영업내용이나 영업의 동일성에 대한 오인을 하지 않을 것이므로 거래의 안전에 도움이 되는 반면 영업양도나 상속의 경우에 양수인이나 상속인이 사용할 수 없는 경우가 발생하므로 상호의 가치를 보존할 수 없는 단점이 있다.

### 3. 절충주의

1998년 개정 전의 독일이 채택한 것으로서, 상인이 새로운 상호를 선정하는 경우에는 상호진실주의에 입각하여 상호의 의미와 영업의 실체가 일치하여야 하지만, 상인이 개명하거나 영업양도 또는 상속, 회사에서 사원이 입사·퇴사하는 경우 등에는 상호와 영업의 실체가 부합하지 않더라도 상호를 계속 사용할 수 있도록 하였다.

## 제 2. 우리 상법의 원칙

### 1. 상호선정의 자유(원칙)

상법 제18조는 '상인은 그 성명 기타의 명칭으로 상호를 정할 수 있다'고 규정하여 원칙적으로 상호선정의 자유원칙을 채택하고 있다. 따라서 상인은 영업의 실질과 상관없이 영업주·영업내용·영업장소를 나타내거나 또는 나타내지 않는 문자를 사용하여 상호를 선정할 수 있다.

### 2. 상호선정의 제한(예외)

상호선정 자유주의에 의하면 거래상대방이나 일반인에게 상인의 영업내용 등에 관하여 오해를 불러일으키므로 이를 예방하기 위하여 상호선정의 자유를 법에 의해 제한할 수 있다. 따라서 우리 상법은 상호선정에 관하여 자유주의에 기초한 절충주의를 채택하고 있다고 볼 수 있다.

### (1) 회사의 상호

회사의 상호에는 그 종류에 따라 합명회사, 합자회사, 유한책임회사, 주식회사 또는 유한회사의 문자를 사용하여야 한다(상 19). 회사의 종류에 따라 법적관계나 채권자보호 측면에서 차이가 나므로 회사의 종류도 명시하도록 하였다. 또 회사가 아니면 상호에 회사임을 표시하는 문자를 사용하지 못하고, 회사의 영업을 양수한 경우에도 같다(상 20). 이를 위반한 자는 200만원 이하의 과태료에 처한다(상 28). 회사는 개인상인보다 영업의 규모나 신용도가 커서 거래상대방으로부터 신뢰를 받을 가능성이 크므로 개인상인이 영업의 규모나 신용도를 높이기 위하여 회사상호를 사용할 수 없도록 한 것이다.

그리고 한국은행과 은행이 아니면 은행이라는 글자를 사용할 수 없고(은행법 14), 보험회사가 아니면 보험회사임을 표시하는 글자를 사용할 수 없으며, 보험업의 종류(생명보험·손해보험)까지 명시하여야 하는(보험업법 8조 1, 2) 등 특별법상 제한이 있다. 한편 특별법에 의해 인·허가를 받은 자에 한하여 영업을 할 수 있는 경우에 인·허가를 받지 아니한 자는 해당 명칭 및 유사명칭을 사용하지 못한다(은행법 14, 보험업법 8). 특별법에 의하여 설립되는 특별법인(한국산업은행)에 대하여는 해당 특별법에서 그 명칭을 정하므로 타인은 그 명칭이나 유사한 명칭을 사용하지 못한다.

### (2) 부정목적의 상호사용금지

누구든지 부정한 목적으로 타인의 영업으로 오인할 수 있는 상호를 사용하지 못한다(상 23조 1). 그리고 제1항의 규정에 위반하여 상호를 사용하는 자가 있는 경우에 이로 인하여 손해를 받을 염려가 있는 자 또는 상호를 등기한 자는 그 폐지를 청구할 수 있다(상 23조 2). 나아가 손해가 발생하면 손해배상청구도 할 수 있다(상 23조 3). 그리고 동일한 특별시·광역시·시·군에서 동종영업으로 타인이 등기한 상호를 사용하는 자는 부정한 목적으로 사용하는 것으로 추정한다(상 23조 4).

### (3) 부정경쟁방지법에 의한 상호사용제한

부정경쟁방지 및 영업비밀보호에 관한 법률('부정경쟁방지법'이라 함)에서는 상인간에 부정한 수단으로 경쟁하는 것을 방지하기 위하여 부정한 상호사용을 금지하고 있다.

그러므로 [가]. 국내에 널리 인식된 타인의 성명, 상호, 상표, 상품의 용기·포장, 그 밖에 타인의 상품임을 표시한 표지와 동일하거나 유사한 것을 사용하거나 이러한 것을 사용한 상품을 판매·반포 또는 수입·수출하여 타인의 상품과 혼동하게 하는 행위, [나] 국내에 널리 인식된 타인의 성명, 상호, 표장 그 밖에 타인의 영업임을 표시하는 표지와 동일하거나 유사한 것을 사용하여 타인의 영업상의 시설 또는 활동과 혼동하게 하는 행위, [다] 가목 또는 나목의 혼동하게 하는 행위 외에 비상업적 사용 등 대통령령으로 정하는 정당한 사유 없이 국내에 널리 인식된 타인의 성명, 상호, 상표, 상품의 용기·포장, 그 밖에 타인의 상품 또는 영업임을 표시한 표지와 동일하거나 유사한 것을 사용하거나 이러한 것을 사용한 상품을 판매·반포 또는 수입·수출하여 타인의 표지의 식별력이나 명성을 손상하는 행위(부정경쟁 제2조 1호 가, 나, 다) 등 부정경쟁행위로 인하여 자신의 영업상의 이익이 침해되거나 침해될 우려가 있는 자는 법원에 그 행위의 금지 또는 예방을 청구할 수 있다(부정경쟁 4조 1). 또 부정경쟁방지법 제4조 제1항에 따른 청구를 할 때에는 부정경쟁행위를 조성한 물건의 폐기, 부정경쟁행위에 제공된 설비의 제거, 부정경쟁행위의 대상이 된 도메인이름의 등록말소, 그 밖에 부정경쟁행위를 위반하는 행위의 금지 또는 예방을 위하여 필요한 조치를 취할 수 있다(부정경쟁 4조 2).

# 제4절 상호의 수

## 제 1. 개인상인

### 1. 상호단일의 원칙

동일한 영업에는 단일상호를 사용하여야 한다(상 21조 1). 이를 상호단일원칙이라고 하는데, 동일한 영업에 여러 개의 상호를 사용하면 영업 주체의 동일성의 혼란이 야기될 뿐만 아니라 타인이 상호선정을 할 때 불리하기 때문에 단일 상호를 사용하도록 하였다. 동일영업에 두 개 이상의 상호를 사용하더라도 등기여부와 상관없이 상호로서 보호를 받지 못하는바, 한 사람이 자기 명의와 아내 명의로 상호를 각각 등기하고 사용하더라도 보호를 받지 못한다.[6] 그러므로 동일영업에 수개의 영업소가 있더라도 단일 상호를 사용하여야 하고, 이 경우 지점의 상호에는 본점과 종속관계를 표시해야 한다(상 21조 2).

---

6) 제주지법 1998. 4. 23. 선고 97가합3244 판결.

### 2. 영업별 단일의 원칙

상호단일의 원칙은 하나의 영업에 하나의 상호를 사용하여야 한다는 원칙이므로, 개인상인이 여러 개의 영업을 하는 경우에는 각 영업마다 상호를 달리 선정해서 사용할 수 있다(상등 30조 3호 및 50조 1항 3호). 개인상인이 서울에서 운영하는 식당을 '한강식당'이라고 하고, 제주에서 운영하는 식당을 '서귀포식당'이라는 상호를 사용할 수 있다.

## 제 2. 회사상인

회사의 상호는 수 개의 영업을 하더라도 1개의 상호만 사용할 수 있다. 회사의 상호는 회사의 인격을 표시하는 유일한 명칭이기 때문이다.

# 제5절 상호의 등기

## 제 1. 개인상인

상호는 상인 자신뿐만 아니라 거래상대방과 이해관계가 있으므로 이를 공시하기 위하여 상호등기제도를 두고 있다. 하지만 개인상인의 경우에는 영업의 규모가 크지 않고 영업의 개시와 폐지가 빈번하여 상호등기를 강제하고 있지 않다(상대적 등기사항). 개인상호를 등기하는 경우에는 상호등기부에 하며, 등기를 하면 그 보호가 강화되고, 상호의 변경과 소멸의 등기는 절대적 등기사항이다(상 40).

## 제 2. 회 사

회사는 상호만이 유일한 회사의 명칭이므로 반드시 등기하여야 한다(절대적 등기사항). 회사의 상호등기는 회사설립 시에 하고, 회사등기부에 등기를 한다.

# 제6절 상호의 가등기

## 제 1. 의 의

상호의 가등기는 본등기를 하기 전에 장래의 상호등기의 보전을 위하여 미리 하는 등기이다. 타인이 등기한 상호는 동일 행정구역 내에서는 등기하지 못하는데(상 22), 회사가 미리 상호를 선정하였지만 회사설립 시까지 상당한 시일이 소요되어 상호등기를 하지 아니한 상태에서 그러한 정보를 입수한 제3자가 그 상호를 등기함으로써 회사가 미리 선정한 상호를 사용하지 못하게 되는 폐단을 막기 위한 것이다. 그 밖에 회사의 상호·목적을 변경하거나 또는 본점을 이전하는 경우에도 같은 이유로 가등기를 할 수 있다.

## 제 2. 요 건

### 1. 물적회사의 설립

주식회사 또는 유한회사를 설립하고자 할 때에는 본점의 소재지를 관할하는 등기소에 상호의 가등기를 신청할 수 있다(상 22조의2, 1항). 물적회사인 주식회사나 유한회사는 자본의 확정, 기관구성 등을 마치기까지 상당한 시일이 소요되므로 가등기를 할 필요성이 있으나, 합명회사나 합자회사 등 인적회사는 사원이 확정되면 단기간에 회사를 설립할 수 있으므로 상호의 가등기규정이 적용되지 않는다.

### 2. 회사의 상호·목적의 변경

회사는 상호나 목적 또는 상호와 목적을 변경하고자 할 때에는 본점의 소재지를 관할하는 등기소에 상호의 가등기를 신청할 수 있다(상 22조의2, 2항). 상호나 목적을 변경하기 위해서는 주주총회나 사원총회를 개최하여 정관변경결의를 하는 등 상당한 시일이 소요되므로 가등기의 필요성이 있다. 여기의 회사에는 물적회사와 인적회사가 포함된다.

### 3. 회사본점의 이전

회사는 본점을 이전하고자 할 때에는 이전할 곳을 관할하는 등기소에 상호의 가등기를 신청할 수 있다(상 22조의2, 3항). 여기의 회사에는 물적회사와 인적회사가 포함된다.

## 제 3. 상호가등기의 절차

### 1. 관 할

상호의 가등기는 회사 설립 시에는 설립하고자 하는 회사의 본점소재지를 관할하는 등기소에 신청하고(상 22조의2, 1항), 상호 목적을 변경하고자 할 경우에는 회사의 현 본점소재지를 관할하는 등기소에 신청한다(상 22조의2, 2항). 그리고 회사의 본점을 이전할 경우에는 이전하고자 하는 본점소재지를 관할하는 등기소에 신청한다(상 22조의2, 3항).

### 2. 가등기의 신청

회사설립시의 상호의 가등기는 발기인 또는 사원(상등 38조 1), 회사설립 후의 가등기는 회사대표자(상등 23조 1)가 각 신청을 한다. 그리고 신청된 상호가 타인이 이미 등기한 상호와 같은 경우 및 법령의 규정에 따라 사용이 금지된 상호인 때에는 등기관은 그 신청을 각하하여야 한다(상등 26조 13호, 14호, 29호).

## 제 4. 상호가등기의 남용방지

1. 상호가등기가 남발되는 것을 막기 위하여 상호를 가등기할 때에는 1천만원 범위 안에서 대법원규칙이 정하는 금액을 공탁하도록 하였고, 예정기간 내에 본등기를 한 때에는 이를 회수할 수 있게 하였다(상등 41).

2. 상호의 가등기를 한 후 본등기까지 예정기간을 정하여 그 기간이 넘지 않도록 규정하고 있는데, 회사설립시의 가등기는 2년, 상호 목적의 변경의 가등기는 1년, 본점소재지의 이전의 가등기는 2년으로 제한하고 있다(상등 38조 3, 39조 2).

3. 회사 또는 발기인 등은 첫째로 주식회사 또는 유한회사의 설립, 본점이전, 목적변경에 관계된 상호의 가등기의 경우에 상호를 변경하였을 때, 둘째로 상호나 목적 또는 상호와 목적변경에 관계된 상호의 가등기의 경우에 본점을 다른 특별시 · 광역시 · 특별자치시 · 시 또는 군으로 이전하였을 때, 셋째로 그 밖에 상호의 가등기가 필요 없게 되었을 때 중에서 어느 하나에 해당할 때에는 상호의 가등기의 말소를 신청하여야 한다(상등 42조 1). 그리고 예정기간 내에 본등기를 하였을 때나 본등기를 하지 아니하고 예정기간을 지났을 때에는 상호의 가등기를 직권으로 말소하여야 한다(상등 43).

## 제 5. 상호가등기의 효력

### 1. 상호의 사전등기배척

상호의 가등기는 상법 제22조의 적용에 있어서는 상호의 등기로 본다(상 22조의 2, 4항). 상호를 가등기하면 동일한 특별시 · 광역시 · 시 · 군에서 타인이 동종영업의 상호를 등기하지 못한다. 이는 상호의 가등기가 본등기처럼 동일한 특별시 · 광역시 · 시 · 군에서 동종영업의 상호의 등기를 사전에 배척하는 효력이 있다는 것이다.

### 2. 상호의 사후등기배척(상호전용권)

상법 제22조의2 제4항이 '상호의 가등기는 제22조의 적용에 있어서는 상호의 등기로 본다'고 규정하고 있고, 상법 제23조의 적용여부에 대하여는 언급이 없기 때문에 상호가등기에 상호전용권의 효력이 인정되는지 의문이다. 따라서 등기관이 심사착오 등으로 가등기된 상호와 동일한 상호 또는 유사한 상호로 등기한 경우에 가등기권리자에게 동일 또는 유사한 후등기의 말소청구권이 있는지에 관하여 견해가 대립한다.

#### (1) 등기법설

상법 제22조는 동일한 상호의 등기를 배척하는 등기법상 효력만 가질 뿐이고 동일한 상호에 대하여 이중의 상호등기가 이미 이루어진 경우에는 선가등기 상호권자가 후등기 상호권자에게 등기의 말소를 청구할 수 없으므로, 등기말소는 상호전용권(상 23조 1항)으로 해결하여야 한다고 주장한다.

### (2) 실체법설

상법 제22조는 등기법상 효력뿐만 아니라 실체법적 효력까지 부여한 것이므로 선가등기권자는 후등기권자에 대하여 상법 제22조에 의하여 등기말소를 청구할 수 있다고 해석한다.

### (3) 소 결

상호권의 충돌이 생긴 경우에 상호의 실체법적 문제는 상법 제23조에 의하여 해결하고, 상법 제22조는 단지 동일한 상호의 등기를 배척하는 등기법적 효력만이 있으므로, 먼저 상호를 가등기한 자가 후의 상호의 본등기를 한 자에게 등기말소를 청구할 수 없다는 견해가 있으나,[7] 실체법설에 의거하여 상호가등기를 한 자는 후의 상호등기권자에게 상법 제22조에 의하여 가등기말소청구를 할 수 있다고 본다.[8] 판례도 같은 취지이다.

**대법원 2004. 3. 26. 선고 2001다72081 판결**

상법 제22조는 "타인이 등기한 상호는 동일한 특별시 · 광역시 · 시 · 군에서 동종 영업의 상호로 등기하지 못한다."고 규정하고 있는바, 위 규정의 취지는 일정한 지역 범위 내에서 먼저 등기된 상호에 관한 일반 공중의 오인 · 혼동을 방지하여 이에 대한 신뢰를 보호함과 아울러, 상호를 먼저 등기한 자가 그 상호를 타인의 상호와 구별하고자 하는 이익을 보호하는 데 있고, 한편, 비송사건절차법 제164조에서 "상호의 등기는 동일한 특별시 · 광역시 · 시 또는 군내에서는 동일한 영업을 위하여 타인이 등기한 것과 확연히 구별할 수 있는 것이 아니면 이를 할 수 없다."고 규정하여 먼저 등기된 상호가 상호등기에 관한 절차에서 갖는 효력에 관한 규정을 마련하고 있으므로, 상법 제22조의 규정은 동일한 특별시 · 광역시 · 시 또는 군내에서는 동일한 영업을 위하여 타인이 등기한 상호 또는 그 상호와 확연히 구별할 수 없는 상호의 등기를 금지하는 효력과 함께 그와 같은 상호가 등기된 경우에는 선등기자가 후등기자를 상대로 그와 같은 등기의 말소를 소로써 청구할 수 있는 효력도 인정한 규정이라고 봄이 상당하다.

---

7) 이철송, 188-189면.

8) 손주찬, 136면 ; 최기원, 114면 ; 김병연 외, 92면 ; 안강현, 119면.

**대법원 2011. 12. 27. 선고 2010다20754 판결**

상법은 상호 선정 자유의 원칙을 선언하는(상법 제18조) 한편으로, 누구든지 부정한 목적으로 타인의 영업으로 오인할 수 있는 상호를 사용하지 못하게 함으로써(상법 제23조 제1항) 상호에 관한 일반 공중의 오인·혼동을 방지하기 위한 장치를 추가로 마련해 두고 있음에도 불구하고, 구 비송사건절차법 제164조, 구 상업등기법 제30조에서는 위와 같이 먼저 등기된 상호와 확연히 구별할 수 없는 것도 등기할 수 없도록 규정함으로써 상호의 검색·선정에 많은 시간이 소요되는 불편을 초래할 뿐만 아니라 등기관의 자의적인 법해석과 적용의 우려도 없지 않았으므로, 2009. 5. 28. 법률 제9749호로 상업등기법 제30조를 개정하여 '동일한 특별시·광역시·시 또는 군내에서는 동일한 영업을 위하여 다른 사람이 등기한 것과 동일한 상호는 등기할 수 없다'고 규정함으로써 먼저 등기된 상호가 가지는 등기 배척력이 미치는 범위를 그와 동일한 상호로 한정하기에 이르렀다.

…중략…

위와 같은 사실관계를 앞서 본 법리에 비추어 살펴보면, 이 사건 원심 변론종결 당시에는 상법 제22조에 의하여 선등기자가 후등기자를 상대로 상호등기의 말소를 소로써 청구할 수 있는 효력 범위는 먼저 등기된 상호와 동일한 상호에 한정된다고 할 것인데, 원고가 등기한 상호인 '동부주택건설 주식회사'와 피고들이 등기한 각 상호인 '동부건설 주식회사', '주식회사 동부', '동부디엔씨 유한회사', '동부부산개발 유한회사'가 동일하지 않음은 그 외관·호칭에 있어서 명백하므로, 원고에게 상법 제22조 소정의 등기말소청구권이 있다고 할 수 없다.

# 제7절 상호권의 보호

## 제 1. 의 의

상인은 자신이 적법하게 선정하거나 승계를 받은 상호에 대한 경제적 이익을 가지며, 법적으로 보호를 받을 수 있는 권리인 상호권을 갖는다. 상호권에는 타인으로부터 방해를 받지 않고 상호를 사용할 수 있는 적극적인 사용권리인 '상호사용권'과 타인이 자신의 상호를 부정하게 사용하면 이를 소극적으로 배척할 수 있는 '상호전용권'이 있다.

상호권은 회사의 경우에는 회사의 설립과 동시에 인정된다. 개인상인의 상호권은 상호를 선정 · 사용함으로써 등기와 상관없이 원시적으로 발생한다. 한편 개인상인의 상호전용권은 등기에 의하여 발생한다는 견해[9]가 있으나 등기를 함으로써 상호의 전용권이 강화되어 강력한 보호를 받을 수 있을 뿐이고 상호전용권은 상호의 등기여부와 상관없이 주어지는 권리라고 본다.[10]

## 제 2. 법적성질

상호의 법적성질에 대하여, 상호가 상인을 나타내는 명칭이라는 점에서 인격권으로 보는 견해, 상호의 경제적 가치를 중시하여 재산권으로 보는 견해, 등기 전후를 불문하고 상호권의 침해는 명예와 신용의 손상을 입히므로 인격권적 성질을 가짐과 동시에 상인에게 경제적 이익을 가져다주고 양도가 가능한 점에서는 재산권적 성질을 가지는바 인격권적 성질을 갖는 재산권이라는 견해[11] 등이 있다. 상호권에는 명예와 신용과 같은 인격권적 성질과 아울러 재산적 가치로서 재산권적 성질이 있으므로 '인격권적 성질을 가진 재산권'으로 보는 것이 타당하다.

## 제 3. 상호사용권

상인은 적법하게 상호를 선정하였거나 승계를 받은 경우에 타인의 방해를 받지 않고 그 상호를 사용할 권리가 있는데, 이를 상호사용권(적극적 상호권)이라고 한다. 따라서 상인은 자기의 상호를 사용하여 거래 등 법률행위를 하고, 광고나 간판 또는 인쇄물에 기재할 수 있으며, 자기 상호명의로 소송행위를 할 수 있다. 상호사용권은 상호 등기여부와 무관하게 주어지는 권리이므로 미등기상호라 하더라도 적법하게 상호가 선정되었다면 상인은 상호사용권을 누릴 수 있다.

9) 서돈각 · 정완용, 97면 ; 채이식, 73면.
10) 최준선, 177면 ; 정찬형, 112면 ; 이철송, 177면 ; 안강현, 120면.
11) 정찬형, 113면 ; 최준선, 176면 ; 이철송, 178면 ; 최기원, 116면 ; 손주찬, 142면.

## 제 4. 상호전용권

### 1. 의 의

부정한 목적으로 타인의 영업으로 오인할 수 있는 상호를 사용하는 자가 있는 경우에 이로 인하여 손해를 받을 염려가 있는 자 또는 상호를 등기한 자는 그 폐지를 청구할 수 있고 손해배상을 청구할 수 있는 권리를 상호전용권(소극적 상호권)이라고 한다(상 23). 따라서 다른 상인이 이미 사용하고 있는 상호와 동일하거나 유사한 상호를 사용함으로써 다른 상인의 영업으로 오인되는 경우에 상호전용권에 기하여 이를 배제할 수 있는 권리이다. 상호전용권은 상호사용폐지청구권, 상호등기말소청구권, 손해배상청구권 등으로 구성되어 있고, 상호등기 유무와 무관하게 상호의 적법한 사용자에게 주어지는 권리이다.

### 2. 요 건

#### (1) '동일 또는 유사상호'의 사용

1) '타인의 영업으로 오인할 수 있는 상호'의 사용을 금지하고 있는바, 타인의 상호와 동일하거나 유사한 상호를 사용하여 영업주체의 혼동을 불러일으켜야 한다. 어떤 상호가 일반 수요자들로 하여금 영업주체를 오인·혼동시킬 염려가 있는 것인지를 판단함에 있어서는, 양 상호 전체를 비교 관찰하여 각 영업의 성질이나 내용, 영업방법, 수요자층 등에서 서로 밀접한 관련을 가지고 있는 경우로서 일반 수요자들이 양 업무의 주체가 서로 관련이 있는 것으로 생각하거나 또는 타인의 상호가 현저하게 널리 알려져 있어 일반 수요자들로부터 기업의 명성으로 인하여 절대적인 신뢰를 획득한 경우에 해당하는지 여부를 종합적으로 고려하여 판단하여야 한다.[12)]

2) 상호의 유사성은 일반인을 기준으로 영업의 종류·규모·지역성 등을 종합하여 판단하여야 한다. 예컨대 삼보컴퓨터와 삼보전자주식회사는 전자업종이 유사하고, 시장이 중첩되므로 타인의 영업으로 오인될 상호로 볼 수 있지만, 삼보복덕방은 오인될 상호로 볼 수 없다. 상호의 유사성을 판단함에 있어 지역적 제한을 두지 않으므로 전국 어디서나 부정한 목적으로 타인의 영업으로 오인할 수 있는

---

12) 대법원 2002. 2. 26. 선고 2001다73879 판결.

상호의 사용은 금지되지만, 전국적인 규모에서 영업의 동일성에 대한 오인을 불러 일으키는지 여부는 영업의 규모와 범위, 고객의 지역성 등을 고려해서 판단되어야 한다.[13)]

3) 상법 제23조의 취지가 상호의 부정사용으로 인하여 일반인에게 오인을 야기하고 거래상대방의 선택에 있어 오류를 범하는 피해를 입는 것을 방지하려는 것이므로 상호의 유사성을 판단함에 있어 동종영업으로 제한할 필요는 없다.[14)] 그 까닭은 상호권자의 영업과 이종(異種)의 영업에서 동일 또는 유사한 상호를 사용하더라도 손해가 생길 수 있기 때문이다. '주식회사 유니텍'과 '주식회사 유니텍전자'는 서울시에 주소를 두고 있고, 주요부분인 '유니텍'이 일반인이 혼동할 정도로 유사하므로 동일상호로 볼 수 있으나,[15)] 수원에 개설된 '보령약국'과 서울의 '보령제약주식회사'는 지역이 다르고 영업의 종류도 약국과 제약회사로 다르므로 동일한 상호라 볼 수 없으며,[16)] '합동공업사'와 '충주합동레카'는 칭호, 외관 및 관념을 일반수요자가 관찰할 경우 오인할 우려가 없으므로 동일상호가 아니라고 한다.[17)]

**대법원 1996. 10. 15. 선고 96다24637 판결**

이 사건 각 상호와 관련된 영업인, 자동차견인업과 자동차정비업은 그 성질이나 내용상 서로 밀접한 관련이 있는 영업이고, 자동차정비업자 중의 상당수가 견인업을 겸업하고 있으며, 일반인들 또한 그렇게 생각하는 경향이 많으므로, 신청인의 '합동공업사'와 피신청인이 실제로 사용하는 '합동레카'라는 상호는 그 요부인 '합동'이 동일하여 일단은 영업주체에 대한 오인 · 혼동의 우려가 있는 상호라고 볼 여지도 있다. 따라서 원심이 단순하게 양 상호가 표상하는 영업이 서로 달라 오인 · 혼동의 우려가 없는 상호라고 판단한 것은 잘못이라 하겠지만, 그럼에도 불구하고 '합동공업사'와 '충주합동레카'는 그 칭호와 외관 및 관념을 일반 수요자의 입장에서 전체적, 객관적으로 관찰할 경우 서로 유사하지 아니하여 영업주체에 대한 오인 · 혼동의 우려는 없다고 할 것이다.

위에서 인정한 사실관계 및 기록에 의하면, 자동차정비업과 자동차견인업은 영업의 종류가 서로 다르고 그 영업의 성질과 내용이 서로 달라서 비교적 서비스의 품위에 있어서 관련성이 적은 점, 자동차를 견인할 경우 견인장소

13) 김병연 외, 99면
14) 이철송, 185-186면 ; 최준선, 180면 ; 대법원 2002. 2. 26. 선고 2001다73879 판결.
15) 대법원 2004. 3. 26. 선고 2001다72081 판결.
16) 대법원 1976. 2. 24. 선고 73다1238 판결.
17) 대법원 1996. 10. 15. 선고 96다24637 판결.

(주로 정비소일 것이다)를 차량 소유자가 지정할 수 있는 점, 운수관련 업계에서 '합동'이라는 용어가 일반적으로 널리 사용되고 있어 그 식별력이 그다지 크지 아니한 점, 신청인과 피신청인측의 신뢰관계, 신청인도 견인작업을 하고 있었고, 그 후 별도의 견인업 등록을 한 점, 피신청인이 정비업을 하고 있지 아니한 점과 피신청인의 영업 방법이나 그 기간 등을 고려할 때, 양 상호 중의 요부인 '합동'이 동일하고 피신청인이 등록한 상호인 '충주합동레카'를 사용하지 아니하고 '합동레카'를 사용하였다고 하더라도 피신청인이 '부정한 목적'으로 위 상호를 사용하였다고 할 수 없고, 달리 이를 인정할 증거도 없다 하겠다.

**대법원 2002. 2. 26. 선고 2001다73879 판결**

상법 제23조 제1항은 누구든지 부정한 목적으로 타인의 영업으로 오인할 수 있는 상호를 사용하지 못한다고 규정하고 있는바, 타인의 영업으로 오인할 수 있는 상호는 그 타인의 영업과 동종 영업에 사용되는 상호만을 한정하는 것은 아니라고 할 것이나, 어떤 상호가 일반 수요자들로 하여금 영업주체를 오인·혼동시킬 염려가 있는 것인지를 판단함에 있어서는, 양 상호 전체를 비교 관찰하여 각 영업의 성질이나 내용, 영업방법, 수요자층 등에서 서로 밀접한 관련을 가지고 있는 경우로서 일반 수요자들이 양 업무의 주체가 서로 관련이 있는 것으로 생각하거나 또는 그 타인의 상호가 현저하게 널리 알려져 있어 일반 수요자들로부터 기업의 명성으로 인하여 절대적인 신뢰를 획득한 경우에 해당하는지 여부를 종합적으로 고려하여야 할 것이다(대법원 1996. 10. 15. 선고 96다24637 판결 참조).

원심판결 이유와 원심이 인용하고 있는 제1심판결 이유에 의하면 원심은, 그 판시의 증거들을 종합하여, 원고 회사는 1995. 6. 20. 본점 소재지를 서울특별시, 설립목적을 전자부품·전자제품·반도체부품의 도소매업 및 수출입업 등으로 하여 설립된 회사로서 당초 '주식회사 서주반도체부품'이라는 상호로 위 목적사업을 영위하여 오다가 그 상호를 1995. 12. 29. '파워컴전자주식회사'로, 다시 1999. 11. 3. '파워컴 주식회사'로 각 변경하고 각 그 변경등기를 마친 사실, 소외 한국전력공사는 그 소유의 광통신망 및 동축케이블망 등을 현물출자하여 피고 회사를 설립하면서 1999. 9. 21. '주식회사 파워콤'으로 상호가등기를 경료하였고, 피고 회사는 2000. 1. 26. 본점소재지를 서울특별시, 설립목적을 전기통신회선설비 임대사업, 종합유선방송 분배망 및 전송망 사업 등으로 하여 설립된 후 위 상호가등기에 기하여 상호등기를 경료하고 위 목적사업을 영위하여 온 사실을 각 인정한 다음, 피고 회사가 원고 회사와 동일·유사한 상호를 사용하고 있는 사실은 인정되나, 그 판시의 증거들에 의하여 인정되는 사실관계, 즉 피고 회사가 영위하고 있는 전기통신회선설비 임대사업 등과 원고 회사가 영위하고 있는 전자부품 · 전자제품 · 반도체부품의 도소매업 및 수출입업 등은 각 그 공급하는 재화와 용역이 서로 상이한 점, 원고 회사의 주고객이 전자부품 · 전자제품 · 반도체부품의 수요자인 전자제품 제조회사 또는 소비자 등인 데 비하여, 피고 회사의 주고객은 전기통신회선설비 사용자인 전기통신사업자들로서 그 수요자층이 서로 다른 점, 원고 회사의 자본금이 6억 4,000만 원이고 2000년도 매출액이 금 52억 원 상당인 데 비하여, 피고 회사는 자본금이 7,500억 원, 2000년도 매출액이 금 2,580억 원으로써 그 사업규모에 있어서 큰 차이가 있는 점 등에 비추어, 피고 회사가 원고 회사의 상호와 동일 · 유사한 상호를 사용하더라도 일반 수요자들이 피고 회사의 영업을 원고 회사의 영업으로 오인할 염려가 없다고 판단하여 피고 회사가 상법 제23조 제1항 소정의 타인의 영업으로 오인할 수 있는 상호를 사용한 자에 해당된다는 원고의 주장을 배척하고 있다. 앞서 본 법리와 기록에 비추어 살펴보면, 원심의 위와 같은 사실인정과 판단은 정당하다고 수긍이 되고, 거기에 상고이유로 주장하는 바와 같이 심리를 제대로 하지 아니하고, 채증법칙에 위배하여 사실을 잘못 인정하였거나, 상법상 상호권에 관한 법리를 오해한 위법이 있다고 할 수 없다.

### (2) 유사상호의 '사용'

1) 유사상호를 사용한다는 의미는 상인이 그 상호를 자기를 표시하는 명칭으로 이용하는 것으로서, 계약서에 기재하는 법률상 사용과 광고를 하거나 간판 · 포장지 · 봉투 등에 사용 또는 기재하는 사실상의 사용을 포함한다. 또 기본적 상행위에 사용하는 것뿐만 아니라 영업자금을 차용하기 위한 보조적 상행위에 사용하는 것도 포함된다. 본 조항은 상호를 새롭게 선정하여 사용하는 경우뿐만 아니라 이미 유사상호를 사용하는 자로부터 상속 또는 양도 등에 의하여 승계받아 사용하는 경우에도 적용된다.[18]

2) 상호사용의 선후가 절대적인 기준이 될 수 없을 것이므로, 동일 유사한 상호를 먼저 사용하였더라도 후사용자의 영업이 규모가 매우 크면 후사용자의 상호가 주지성을 획득할 수 있다. 이 경우 후사용자의 상호사용으로 인하여 마치 선사용자가 후사용자의 명성이나 평판에 편승하여, 선사용자의 상품의 출처가 후사용자의 상품인 것처럼 소비자를 기망한다는 오해를 받아 선사용자의 신용이 훼손될 수 있다. 이를 '상호의 역혼동'이라고 한다. 이러한 역혼동이 생긴 경우 선사용자

18) 이철송, 183면.

는 후사용자에 대하여 손해배상을 청구할 수 있으나, 손해배상책임이 발생하기 위해서는 선사용자의 영업이 후사용자의 영업과 그 종류가 같거나 영업의 성질이나 내용, 영업방법, 수요자층 등에서 밀접한 관련이 있어야 한다.[19)]

**대법원 2002. 2. 26. 선고 2001다73879 판결**

상호를 먼저 사용한 자(선사용자)의 상호와 동일 · 유사한 상호를 나중에 사용하는 자(후사용자)의 영업규모가 선사용자보다 크고 그 상호가 주지성을 획득한 경우, 후사용자의 상호사용으로 인하여 마치 선사용자가 후사용자의 명성이나 소비자 신용에 편승하여 선사용자의 상품의 출처가 후사용자인 것처럼 소비자를 기망한다는 오해를 받아 선사용자의 신용이 훼손된 때 등에 있어서는 이를 이른바 역혼동에 의한 피해로 보아 후사용자의 선사용자에 대한 손해배상책임을 인정할 여지가 전혀 없지는 않다고 할 것이나, 상호를 보호하는 상법과 부정경쟁방지및영업비밀보호에관한법률의 입법 취지에 비추어, 선사용자의 영업이 후사용자의 영업과 그 종류가 다른 것이거나 영업의 성질이나 내용, 영업방법, 수요자층 등에서 밀접한 관련이 없는 경우 등에 있어서는 위와 같은 역혼동으로 인한 피해를 인정할 수 없다.

(3) 부정한 목적

부정한 목적이란 자기의 영업을 타인의 영업으로 오인시켜 그 타인의 사회적 신용 내지 경제적 이익을 자기 영업에 이용하려는 목적을 말한다. 본조의 '부정한 목적'은 부정경쟁방지법의 '부정경쟁의 목적'보다 광의의 개념이므로, 부정한 경쟁을 목적으로 하지 않더라도 부정한 목적이 성립할 수 있다.[20)] 판례는 '허바허바칼라'라는 상호를 양도한 후 '새 허바허바칼라'라는 상호로 다시 영업을 시작한 경우 '허바허바칼라'라는 상호로 오인시킬 부정한 목적이 있다고 하였고,[21)] '허바허바사장'이란 상호를 양도한 후에 '뉴서울사장(전 허바허바칼라 개칭)'라는 상호로 영업을 개시한 경우에도 부정한 목적이 있다고 하였다.[22)]

그러나 창원시에서 '동성아파트'라는 상호로 건설업을 하는 동성종합건설(주)이 서울에 지점을 설치하여 동성아파트를 건설하고 있고, 서울에서 아파트건설업을 하고 있던 (주)동성보다 도급순위가 훨씬 앞선다면 부정한 목적이 없다고 하였

19) 김병연 외, 98면 ; 대법원 2002. 2. 26. 선고 2001다73879 판결.
20) 이철송, 184면.
21) 서울고법 1977. 5. 26. 선고 76다3276 판결.
22) 대법원 1964. 4. 28. 선고 63다811 판결.

고,[23] 전국적인 체인점을 가지고 매출량이 매우 큰 서울의 유명한 제과점 '주식회사 고려당'이 마산분점을 내서 제과업을 하는 경우, 그보다 오래된 상호로 마산에서 '고려당'의 상호로 제과업을 하던 자의 영업규모나 지역적 기반 등을 고려해 볼 때, 마산 고려당의 명성을 이용하려는 부정한 목적이 없다고 하였다.[24]

### 대법원 1993. 7. 13. 선고 92다49492 판결

원심판결의 이유에 의하면, 원심은 피신청인의 상호인 "서울 고려당"은 그 요부가 "고려당"에 있고, 간이신속을 존중하는 거래계에서는 간략히 특징적인 부분인 "고려당"으로 호칭될 것이므로 그 경우 신청인의 상호인 "고려당"과 동일하여 양자는 오인, 혼동의 우려가 있어 서로 유사한 상호로 봄이 상당하고, 신청인의 "고려당"이라는 상호가 1959.7.21. 등기되었으므로 피신청인이 그와 유사한 위 상호를 동일한 시에서 동종영업을 위하여 사용하는 이상 상법 제23조 제4항에 의하여 피신청인에게 부정한 목적이 있다고 일응 추정된다 할 것이나, 거시증거에 의하면, 신청외 망 김동환이 1944. 서울 종로 2가에서 "고려당"이라는 상호 및 상표로 양과자 제조, 판매업을 개시하여 1945.9.1. 위 상호로 영업감찰을 받은 이래 같은 업체를 경영하여 오던 중 1971.10.1. 그의 후손들에 의하여 "주식회사 고려당"이 설립된 사실, 위 회사는 40년이 지난 지금까지 동일한 상표와 상호로 같은 영업을 계속해 오면서 상표인 "고려당"이란 표장을 선전해 왔으며, 매출액도 1990년에 23,000,000,000원, 1991년에는 27,000,000,000원이나 되고 전국적으로 250여개의 판매대리점 및 직영점을 가지고 있어 일반수요자들에게 "고려당"은 위 회사의 상호 및 제품에 사용되는 상표인 것으로 널리 인식되기에 이른 사실, 피신청인은 1991.8.1. 위 회사와 위 회사 제품의 마산대리점 계약을 체결함에 있어(피신청인은 1990.11.1. 위 회사와 위 수탁판매계약을 체결하여 위 회사의 분점개설, 상호 및 상표의 사용권을 가지는 신청 외 고려당판매주식회사와 판매대리점계약을 체결하였다가 위 두 회사가 합병함에 따라 다시 계약을 체결하였다) 위 회사의 상표인 "고려당"을 상품에 관한 광고, 간판 등에 사용할 수 있는 권리도 취득한 사실, 이에 피신청인은 위 회사 마산대리점을 개점, 운영함에 있어 위 회사의 연혁과 그 관계를 표시하기 위하여 "SINCE 1945 신용의 양과 서울 고려당 마산분점"이라는 간판을 사용한 사실, 신청인과 피신청인은 모두 같은 마산시에서 제과점을 경영하고 있으나 신청인은 합포구 창동에, 피신청인은 회원구 양덕동에 제과점이 위치하여 비교적 원거리에 있는 사실이 인정되며 위 인정사실에 비추어 보면 피신청인은 위 회사의 명성과 신용을 믿고 위 회사 등과 마산판매대리점계약을 체결한 자로서 위 회사

---

23) 대법원 1995. 9. 29. 선고 94다31365 · 94다31372 판결.
24) 대법원 1993. 7. 13. 선고 92다49492 판결.

의 "고려당"이란 상호를 간판에 내세운 것으로 인정될 뿐 신청인의 상호인 마산의 "고려당"이 가지는 신용 또는 경제적 가치를 자신의 영업에 이용하고자 하는 의도는 없었다고 봄이 상당하므로 피신청인이 부정한 목적으로 신청인의 상호와 동일한 상호를 사용함을 전제로 한 이 사건 신청인은 이유 없다는 취지로 판단하고 있다. 기록에 의하여 살펴보면 원심의 위 사실인정과 판단은 정당하다고 수긍할 수 있고, 거기에 상법 제23조에 관한 소론과 같은 법리오해의 위법이 있다고 할 수 없다. 피신청인이 그의 간판에 "SINCE 1945 신용의 양과 서울 고려당 마산분점"이라고 표시한 것이 주식회사 고려당과의 관계를 나타내기 위하여 위 회사의 상호를 표시한 것이라면 피신청인에게 위 상호의 사용과 관련하여 부정경쟁의 목적이 있는가를 판단함에 있어서 원심이 피신청인이 아닌 위 회사와 신청인의 명성과 신용을 비교한 것을 잘못이라고 할 수 없다. 또 원심은, 피신청인이 신청인보다 명성이나 신용이 더 큰 위 회사의 판매대리점경영자로서 구태여 신청인의 명성이나 신용에 편승할 필요가 없었고, 간판에도 위 회사와의 관계(마산분점이라는 표시를 하여 신청인의 상호와 구분되도록 하고 있다)를 표시한 점, 신청인과 피신청인의 영업소가 서로 원거리인 다른 구에 있는 점등을 종합하여 양자 사이에 오인의 염려가 없으므로 피신청인에게 부정한 목적이 없다는 것이지, 서로 다른 구에 영업소가 있다는 이유만으로 부정한 목적이 없다고 판단한 것은 아니다.

#### (4) 상호권자의 허락이 없을 것

상호권자가 동일 유사한 상호의 사용을 허락한 경우에는 상호권자는 상법 제24조의 명의대여자의 책임을 지므로 본조가 적용되지 않는다.

#### (5) 증명책임

상호권자가 상호전용권에 기하여 타인의 동일 유사한 상호를 배척하려면 앞에 열거한 요건을 증명하여야 한다. 상호가 등기된 경우에는 부정목적이 추정되므로 유사상호 사용자가 부정한 목적이 없었다는 사실을 증명해야 하므로 등기상호는 한층 강화된 보호를 받는다.

### 3. 효 력

#### (1) 상호사용폐지청구권

상호전용권의 요건이 구비되면, 상호권자는 부정한 목적으로 상호를 사용하는 타인에게 상호의 사용을 폐지할 것을 청구할 수 있다(상 23조 1, 2). 상호를 폐지한다는 것은 현재의 상호 사용을 금지하고 장래의 사용도 금지하는 것이므로 상호가 사용된 간판의 철거, 인쇄물의 폐기 등을 청구할 수 있다.

### (2) 등기말소청구권

상호권자는 타인이 자기의 영업으로 오인할 수 있는 상호를 등기한 경우에는 그 등기의 말소를 청구할 수 있다. 상법 제23조 제2항의 '상호의 폐지'라 함은 상호사용의 폐지뿐만 아니라 등기말소까지 포함되므로, 미등기상호권자도 상호전용권에 기하여 등기말소를 청구할 수 있다.[25)]

### (3) 손해배상청구권

상호의 부정사용으로 상호권자에게 손해가 발생한 경우에, 상호권자는 상호의 사용폐지와 등기말소를 청구하는 것 외에도 손해배상을 청구할 수 있다(상 23조 3). 나아가 상법 제23조 제1항을 위반한 상호부정사용자는 200만원 이하의 과태료에 처한다(상 28).

## 제 5. 등기상호권자의 상호전용권 강화

상호전용권은 상호등기 유무를 불문하고 인정되므로, 등기여하에 따라 상호전용권의 내용이 달라지지 않는다. 다만 법은 상호를 등기한 자에게는 미등기상자보다 상호전용권의 요건을 완화하여 쉽게 권리행사를 할 수 있도록 배려하고 있다.

### 1. 상호폐지청구권의 요건 완화

(1) 상법 제23조에 의하여 타인의 부정한 상호사용을 배척하려면 '타인에게 부정한 목적'이 있음을 입증하여야 하는데, 이에 대한 입증이 쉽지 않다. 그런데 상법 제23조 제4항이 '동일한 특별시 · 광역시 · 시 · 군에서 동종영업을 타인이 등기한 상호를 사용하는 자는 부정한 목적으로 사용하는 것으로 추정한다'고 규정하므로, 등기상호권자는 동종영업을 하는 동일한 서울특별시 등에서 타인이 자신의 상호를 사용하는 경우에 그에게 '부정한 목적'이 있다는 사실을 입증할 필요가 없고 반대로 타인이 부정한 목적이 없음을 입증해야 하는바, 입증책임이 전환된다.

---

25) 최준선, 181면 ; 정찬형, 117면.

(2) 등기상호권자는 상호의 부정사용으로 인하여 '손해를 입을 염려가 있음'을 증명하지 않아도 상호전용권을 행사할 수 있다. 그러나 미등기상호권자는 상법 제23조 제2항에 의하여 '손해를 받을 염려'가 있음을 증명해야 한다. 즉 미등기상호권자는 부정한 목적과 손해를 받을 염려가 있음을 모두 증명하여야 상호전용권을 행사할 수 있다.[26] 이에 대하여 미등기상호권자는 부정한 목적만 입증하면 되고 손해를 받을 염려에 대해서는 입증할 필요가 없다는 견해가 있는데, 이 견해에 의하면 미등기상호권자도 상법 제23조 제2항의 '손해를 입을 염려가 있는 자'에 해당되므로 자신의 상호권이 존재하고 타인이 자신의 상호를 부정사용하는 사실을 입증하면 충분하고 별도로 '손해를 입을 염려가 있음'을 증명할 필요가 없다고 한다.[27]

(3) 등기상호권자는 미등기상호권자에 비하여 상호전용권을 행사할 때 입증책임이 경감되는 이익을 누린다. 그렇지만 부정한 목적이란 주관적 요소는 추상적 판단의 대상이 되는 것일 뿐 거래에서 부정한 목적을 명백하게 입증하여야 할 것이 요구되는 것도 아니다. 손해를 받을 염려가 있다는 것도 추상적 가능성을 의미하고 현실적으로 손해의 발생을 의미하지 않는다. 해석상 상호사용의 부정한 목적이 입증되면 손해를 입을 염려가 있다는 사실은 증명된다고 할 수도 있다. 결과적으로 부정한 목적이나 손해를 입을 염려 등은 입증이 그리 어렵지 않으므로 미등기상호권자와 등기상호권자의 입증의 정도 차이가 그리 크지 않다.[28]

## 2. 동일상호등기 배척권

### (1) 의 의

타인이 등기한 상호는 동일한 특별시 · 광역시 · 시 · 군에서 동종영업의 상호로 등기하지 못한다(상 22). 등기상호권자는 상호전용권의 행사를 쉽게 할 수 있을 뿐만 아니라, 동일한 시 · 군 등에서 동종영업에 관하여 상호가 중복등기가 되는 것을 사전에 배척할 수 있기 때문에 선순위 상호등기자는 매우 유리하다. 따라서 A가 상호를 적법하게 선정 사용하고 있지만 아직 상호등기를 하고 있지 않음을 알고 동종영업을 하는 B가 상호등기를 먼저 마친 경우에, A는 상호등기를 할 수 없다. 하지만 B가 상호등기를 먼저 하였다고 하여 상호권이 생기는 것은 아니므로 A가

---

26) 최준선, 182면 ; 정찬형, 118면 ; 손주찬, 138면.
27) 이철송, 186-187면.
28) 최준선, 182면.

상호전용권을 행사하여 B에 대하여 상호폐지와 상호등기말소를 청구할 수 있다. 일반인의 혼동을 막으려는 공익적 이유에서 본조가 규정되었으므로 선등기권자의 동의가 있더라도 동일한 상호의 후등기는 할 수 없다.[29)]

(2) 동일 상호

등기가 금지되는 상호는 등기된 상호와 '동일한 상호'에 한정되는 것이지, 상법 제23조의 '타인의 영업으로 오인할 수 있는 상호'가 아니다. '동부주택건설주식회사'라는 선등기상호가 존재하는데, '동부건설주식회사', '주식회사 동부'라는 상호가 후등기 되었으므로, 동 상호들에 대하여 상법 제22조에 기하여 등기말소를 청구한 사안에서, 상법 제22조는 상업등기법 제30조가 규정하는 '동일한 상호'에 한하여 적용되는 것을 전제로 하고, 이 사건의 후 상호들(동부건설주식회가 및 주식회사 동부)은 선상호와 동일한 상호가 아니므로 상법 제22조의 적용대상이 아니라고 하였다.[30)]

(3) 동종영업

동종영업이란 동일한 목적을 갖는 영업을 말하며, 동종영업이라 해서 쌍방의 영업목적이 완전히 일치하여야 하는 것은 아니고, 주요부분이 일치하면 된다. 영업의 동일성은 실제로 그 영업을 수행하고 있는지를 기준으로 하지 않고, 등기신청을 할 때 기재되는 영업의 종류에 의하여 영업의 동종여부가 결정된다.[31)]

(4) 예 외

상법 제22조의 등기상호의 사전배척권은 다음과 같은 경우에는 적용되지 않는다. 첫째로 행적구역의 변경으로 동일지역에 동일상호가 경합하여 존재하는 경우에는 양자의 등기는 모두 효력이 있다. 둘째로 지점 소재지에서 지점의 상호를 등기하는 경우, 본점 소재지에서의 상호등기가 적법한 이상 동일상호의 경우에도 등기가 인정된다. 이 경우에는 지점의 표시를 부기하여 등기하여야 한다.

(5) 효 력

상법 제22조의 효력에 관하여, 후등기자가 등기를 신청하는 경우 그 등기를 배척하는 등기법상 효력에 그치는 것인지, 아니면 등기법상 효력과 아울러 후등기자

---

29) 동일상호의 판단 기준에 관한 예규 제5조[등기예규 제1295호, 2009. 5. 28].
30) 대법원 2011. 12. 27. 선고 2010다20754 판결.
31) 이철송, 190면.

의 등기가 이루어진 경우 선등기자에게 후등기자의 등기말소를 청구할 실체법적 효력까지 인정되는가에 관하여 견해가 나누어진다.

**1) 등기법설**

상법 제22조는 실체법적 권리가 아닌 등기법상의 절차법적 권리만을 부여하는 바, 후등기를 신청하는 자의 등기를 형식적으로 배척하는 효력만 인정한다고 한다. 그 이유는 타인이 등기한 상호와 동일 유사한 상호를 등기하여 상호권이 침해된 경우, 상호권자는 상호등기 유무와 상관없이 상호전용권(상 23)에 의하여 후등기자의 등기말소를 청구할 수 있기 때문에, 상법 제22조에 등기법적 효력만 인정하더라도 상호전용권자의 보호에 소홀함이 없기 때문이라고 한다.[32)]

**2) 실체법설**

상법 제22조는 후등기자의 등기를 배척하는 등기법상 효력과 아울러 후등기자의 등기가 경료된 경우에도 선등기자는 그 등기말소를 청구할 수 있는 실체법적 효력까지 부여한다고 해석한다. 즉, 상법 제23조에 의하여 상호전용권자는 타인에게 부정한 목적이 있음을 입증하여 상호폐지와 상호등기말소를 청구할 수 있지만, 상법 제22조는 부정한 목적의 입증을 요구하지 않기 때문에, 선등기자는 부정한 목적을 증명할 필요 없이 후등기자에 대하여 등기말소를 청구할 수 있다고 해석한다. 통설[33)]과 판례의 입장이다. 생각건대 부정한 목적을 증명하지 않고 선상호등기자가 상법 제22조에 의하여 후 상호등기자의 등기말소청구권을 인정하는 실체법설이 상호권자의 보호에 더 충실하므로 타당하다.

**대법원 2004. 3. 26. 선고 2001다72081 판결**

상법 제22조는 "타인이 등기한 상호는 동일한 특별시 · 광역시 · 시 · 군에서 동종 영업의 상호로 등기하지 못한다."고 규정하고 있는바, 위 규정의 취지는 일정한 지역 범위 내에서 먼저 등기된 상호에 관한 일반 공중의 오인 · 혼동을 방지하여 이에 대한 신뢰를 보호함과 아울러, 상호를 먼저 등기한 자가 그 상호를 타인의 상호와 구별하고자 하는 이익을 보호하는 데 있고, 한편, 비송사건절차법 제164조에서 "상호의 등기는 동일한 특별시 · 광역시 · 시 또는 군 내에서는 동일한 영업을 위하여 타인이 등기한 것과 확연히 구별할 수 있는 것이 아니면 이를 할 수 없다."고 규정하여 먼저 등기된 상호가 상호등기에 관한 절차에서 갖는 효력에 관한 규정을 마련하고 있으므로, 상

32) 이철송, 188-189면 ; 정찬형, 119면.
33) 최준선, 184면 ; 최기원, 123면 ; 손주찬, 140면 ; 안강현, 123면.

> 법 제22조의 규정은 동일한 특별시 · 광역시 · 시 또는 군 내에서는 동일한 영업을 위하여 타인이 등기한 상호 또는 그 상호와 확연히 구별할 수 없는 상호의 등기를 금지하는 효력과 함께 그와 같은 상호가 등기된 경우에는 선등기자가 후등기자를 상대로 그와 같은 등기의 말소를 소로써 청구할 수 있는 효력도 인정한 규정이라고 봄이 상당하다.

## 제8절 상호권의 변동

### 제 1. 상호의 양도

상호의 법적 성질을 인격권적 성질을 포함한 재산권으로 보기 때문에 상호는 상인의 재산적 권리로서 양도를 허용할 수 있다. 다만 상호가 인격권적 성질을 가지고 있기 때문에 그 범위 내에서 양도가 제한될 수 있다. 일반인들은 상호에 의하여 영업의 동일성을 판단하는 경향이 있기 때문에 영업과 분리하여 상호만의 양도를 허용하면 영업의 동일성 판단이 흐려지므로, 법은 일정한 제한 내에서 상호의 양도를 허용하고 있다.

#### 1. 상호양도의 허용

##### (1) 영업과 함께 상호의 양도

상호는 영업과 함께 하는 경우에 한하여 이를 양도할 수 있다(상 25조 1항 후단). 이는 상호의 인격권적 성질을 반영한 것이다. 영업과 상호를 동시에 양도하면 일반인의 신뢰를 해치지 않기 때문이다. 이때 영업이란 영업의 전부를 의미하는 것이라는 견해[34]와 영업의 일부를 양도하더라도 그것이 독립된 영업이거나 영업의 일부가 중요한 부분이면 가능하다는 견해[35]가 있다.

34) 정찬형, 122면 ; 최준선, 185면.
35) 이철송, 196-197면 ; 최기원, 127면 ; 김성태, 269면.

(2) 영업을 폐지하는 경우의 상호의 양도

상호는 영업을 폐지하는 경우에 한하여 이를 양도할 수 있다(상 25조 1항 전단). 영업이 폐지되므로 상호를 양도하더라도 영업의 동일성에 대하여 혼동을 일으킬 염려가 없고, 영업을 폐지할 때 상호양도를 통하여 재산적 가치를 회수할 기회를 줄 필요가 있기 때문이다. 영업의 폐지라 함은 사실상 영업의 중단을 의미하고, 반드시 행정관청에 폐업신고까지 할 것을 요구하지 않는다.[36)]

## 2. 상호양도의 절차

(1) 양도의 합의

상호양도는 양도·양수인의 의사표시만으로 그 효력이 발생한다. 다만 회사가 상호를 양도하는 경우에는 먼저 상호변경의 정관변경절차를 밟아야 하고, 회사의 상호를 자연인이 양수하는 경우에는 회사라는 명칭을 삭제하여야 하며, 회사가 양수하는 경우에는 회사의 상호를 변경하는 정관변경의 절차를 밟아야 한다.

(2) 상호양도의 등기

1) 상호의 양도는 등기하지 아니하면 제3자에게 대항하지 못한다(상 25조 2). 상호양도의 등기는 구민법하의 부동산물권변동의 등기(구민법 177)와 같이 대항요건으로서의 의미가 있으므로, 상호의 양도를 등기하지 아니하면 제3자에 대하여 그의 선악을 불문하고 효력이 없는바, 상업등기의 효력에 관한 상법 제37조가 적용되지 아니한다. 상호의 이중양도가 이루어진 경우에는 먼저 등기한 자가 상호권을 취득한다.

2) 상호의 양도에서 미등기 상호가 포함되는지 여부

(가) 상법 제25조 제2항의 '상호의 양도'는 '등기된 상호의 양도'만을 의미하고, '미등기 상호의 양도'는 제외되므로 미등기 상호의 양도는 대항요건을 갖출 필요가 없다는 견해가 있다. 등기된 상호를 양도하는 경우에는 제3자에 대한 대항요건을 갖추기 위해서는 상법 제25조 제2항에 의하여 변경등기를 하여야 하지만, 미등기상호는 등기가 되어 있지 아니하므로 등기를 통한 대항요건을 갖출 방법이 없으며, 또 미등기상호의 양도 시 제3자에 대한 대항요건으로서 등기를 강요하는 것은 부당하므로 미등기상호는 '양수 사실'만을 가지고 제3자에게 대항할 수 있다고 주장한다.[37)]

---

36) 대법원 1988. 1. 19. 선고 87다카1295 판결.

(나) 상법 제25조 제2항의 '상호의 양도'에 '미등기 상호'도 포함된다는 견해가 있다. 미등기상호의 양도도 대외적으로 공시할 필요가 있으며, 따라서 미등기상호의 양도도 제3자에게 대항하려면 상법 제25조 제2항에 의하여 등기를 하여야 하는바, 미등기 상호양수인이 등기를 함으로써 제3자에게 대항력을 구비할 수 있다고 한다. 그렇게 해석하지 않고 미등기상호의 양도가 '양수사실'만으로 제3자에게 대항할 수 있다고 해석하면, 미등기상호 양수자를 등기상호의 양수자보다 두터운 보호를 해주는 결과가 되어 부당하다고 한다.[38]

생각건대 미등기상호 양도에 대하여 등기를 요구하는 것은 미등기상호의 등기를 강제하고 절차상으로도 번거롭기 때문에 미등기상호의 양수인은 양수사실만으로 제3자에게 대항할 수 있다고 해석하는 것이 타당해 보인다.

#### (3) 상호양도의 효력

상호가 적법하게 양도되면 양수인은 상호권을 취득하고 양도인은 상호권을 상실한다. 따라서 양도인은 양도한 상호와 동일 또는 유사한 상호를 사용할 수 없다. 양도인이 영업과 상호를 동시에 양도하는 경우에는 경업금지의무를 부담하고(상 41), 일정한 경우 양수인은 변제책임을 부담하며(상 42조 1), 일정한 경우 양도인의 채무자의 양수인에 대한 변제가 유효하게 된다(상 43).

## 제 2. 상호의 상속 · 압류

상호는 재산권적 성질을 가지므로 상속될 수 있다. 상업등기법은 '등기된 상호를 상속하거나 양수한 사람은 그 상호를 계속 사용하려는 경우에는 상호의 상속 또는 양도의 등기를 신청할 수 있다(상등 33)'고 규정하고 있다. 이러한 상호상속의 등기는 상호양도의 등기와 달리 상호이전의 대항요건이 아니다. 상호의 압류는 가능하지만 영업과 분리하여 상호만을 압류할 수 없다.

---

37) 정찬형, 122-123면 ; 최준선, 186면 ; 정동윤, 81면.
38) 이철송, 198-199면 ; 안강현, 125면.

## 제 3. 상호의 폐지

### 1. 상호의 폐지 · 소멸 등기

등기한 사항에 변경이 있거나 그 사항이 소멸한 때에는 당사자는 지체없이 변경 또는 소멸의 등기를 하여야 한다(상 40).

### 2. 상호등기말소청구권

상호를 변경 또는 폐지한 경우에 2주간 내에 그 상호를 등기한 자가 변경 또는 폐지의 등기를 하지 아니하는 때에는 이해관계인은 그 등기의 말소를 청구할 수 있다(상 27). 상호등기자는 상호등기말소에 대하여 이의신청을 할 수 있다. 상호등기자가 상호를 폐지하거나 변경을 하였다면 신속하게 이를 등기하여야 함에도 불구하고 이를 게을리하는 경우 제3자가 상호등기를 하는데 장애가 되므로 이해관계인에게 말소청구권을 부여하였다.

### 3. 상호폐지의 의제

상호를 등기한 자가 정당한 사유없이 2년간 상호를 사용하지 아니하는 때에는 이를 폐지한 것으로 본다(상 26). 상호폐지의제는 등기한 상호에만 적용된다.[39] 정당한 사유란 천재지변처럼 불가항력의 사유뿐만 아니라 자금부족으로 인한 일시적 사업중단처럼 주관적인 이유로 당분간 상호사용이 불가능한 경우도 포함된다.[40]

---

39) 이철송, 202면 ; 정찬형, 124면. 한편 미등기상호도 상법 제26조가 유추적용된다는 견해(최기원, 126면)가 있으나, 미등기상호는 기간계산의 기산점이 불분명하므로 이를 유추적용할 수 없고 상호를 사실상 사용하지 않는 경우에는 묵시적인 상호폐지의 의사표시가 있는 것으로 보아야 할 것이다(정찬형, 125면 각주 1).

40) 최준선, 187면.

# 제9절 명의대여자 책임

## 제 1. 의 의

상법은 '타인에게 자기의 성명 또는 상호를 사용하여 영업을 할 것을 허락한 자는 자기를 영업주로 오인하여 거래한 제3자에 대하여 그 타인과 연대하여 변제할 책임이 있다(상 24)'라고 명의대여자의 책임을 규정하고 있다. 명의대여라 함은 타인에게 자신의 성명 또는 상호를 사용하여 영업을 할 것을 허락하는 것을 말하는데, 거래상대방에게 명의를 대여한 자의 영업으로 믿도록 한 것에 대하여 실제 영업주인 명의차용자와 더불어 연대책임을 부담시킴으로서 거래의 안전과 선의의 제3자를 보호하는 역할을 한다. 외관이론과 금반언의 법리에 기초를 둔 것으로서 상호진실을 간접적으로 강제하는 효과가 있다. 명의대여가 금지되는 영업이라고 하더라도 명의대여자가 책임을 부담한다.

## 제 2. 적용요건

### 1. '명의'의 사용

#### (1) 명 의

명의차용자가 명의대여자의 '성명 또는 상호'를 사용하여야 한다. 반드시 성명이나 상호만을 사용하여야 하는 것은 아니므로 아호 · 예명 · 약칭 등 거래통념상 대여자의 영업으로 오인할 명칭을 사용하면 된다. 성명이나 상호에 지점 · 영업소 · 출장소 · 현장사무소 등 명의대여자의 영업소로 여겨질 만한 명칭을 부가하여 사용하는 것도 명의대여이다.[41] 그러나 타인의 상호나 명칭 아래 대리점이란 명칭을 사용한 경우에는 대리점이 특정상인에 종속하는 명칭이 아니므로 명의대여로 볼 수 없다.[42]

41) 대법원 1978. 6. 27. 선고 78다864 판결.
42) 대법원 1989. 10. 10. 선고 88다카8354 판결.

**대법원 1976. 9. 28. 선고 76다955 판결**

피고 회사가 1972.9.1 소외 이종남과 피고 회사 신탄진출장소 운영에 관한 계약을 체결하고 그 사람을 임기 2년간의 출장소장으로 임명함으로써 그 사람으로 하여금 현장에서 "대한통운주식회사 신탄진 영업소"라는 간판을 붙이고 피고 회사의 지휘감독하에서 신탄진연초제조창에서 생산되는 연초전매품의 상하차등 영업을 하도록 하여 왔다면, 피고 회사는 특별한 사정이 없는 한 위 소외 이종남에게 자기의 상호를 사용하여 피고 회사의 목적사업의 하나인 운송업을 한 것을 허락한 것에 해당하여 그 사업에 관하여 자기가 책임을 부담할 지위에 있음을 표시한 것이라고 볼 수 있으므로 원심이 같은 이유에서 피고 회사는 상법 제24조 소정의 명의대여자의 책임에 따라 피고 회사를 영업주로 오인하고 거래한 원고에 대하여 위 소외 이종남이가 부담한 이 사건 대여금채무를 지급할 의무가 있다고 판시하였음은 정당하다.

**대법원 1989. 10. 10. 선고 88다카8354 판결**

원고가 피고 회사 전주 완주군 농업기계대리점이란 명칭을 사용한 김선호로부터 이 사건 농기구를 매수하였고 피고 회사가 그와 같은 명칭을 사용하는 것을 위 김선호에게 허락하거나 묵인하였다 하더라도 피고 회사에게 상법상 명의대여자로서의 책임을 물을 수는 없다 할 것이다. 왜냐하면 일반거래에 있어서 실질적인 법률관계는 대리상, 특약점 또는 위탁매매업 등이면서도 두루 대리점이란 명칭으로 통용되고 있는데다가 타인의 상호아래 대리점이란 명칭을 붙인 경우는 그 아래 지점, 영업소, 출장소 등을 붙인 경우와는 달리 타인의 영업을 종속적으로 표시하는 부가부분이라고 보기도 어렵기 때문이다.

### (2) 명의대여자와 명의차용자의 자격

1) 명의대여자가 상인일 것을 요구하지 않으므로, 공법인이 명의를 대여한 경우 책임을 부담한다.[43] 개인이 지방자치단체의 병원시설을 임차하여 병원을 운영하면서 병원명의로 약품을 구매하였다면 그 채무에 대하여 지방자치단체가 명의대여자책임을 부담한다.

---

43) 대법원 1987. 3. 24. 선고 85다카2219 판결.

2) 명의차용자는 상인이어야 한다. 차용자가 명의를 차용할 당시에 상인자격을 취득하지 않았더라도, 명의를 차용하면서 보조적 상행위인 개업준비행위를 하였다면 상인자격을 취득하므로 문제가 없다.

**대법원 1987. 3. 24. 선고 85다카2219 판결**

상법 제24조가 "타인에게 자기의 성명 또는 상호를 사용하여 영업을 할 것을 허락한 자는 자기를 영업주로 오인하여 거래한 제3자에 대하여 그 타인과 연대하여 변제할 책임이 있다고"규정한 취지는 금반언의 법리 및 외관주의의 법리에 따라 타인에게 명의를 대하여 영업을 하게 한 경우 그 명의대여자가 영업주인 줄로 알고 거래한 선의의 제3자를 보호하기 위하여 그 거래로 인하여 발생한 명의차용자의 채무에 대하여는 그 외관을 만드는데에 원인을 제공한 명의대여자에게도 명의차용자와 같이 변제책임을 지우자는 것으로서 그 명의대여자가 상인이 아니거나, 명의차용자의 영업이 상행위가 아니라 하더라도 위 법리를 적용하는데에 아무런 영향이 없다할 것이므로, 같은 취지에서 원심이 소외 사단법인 한국병원관리연구소에게 피고의 명칭을 부가한 인천직할시립병원이라는 이름을 사용하여 병원업을 경영할 것을 승낙한 피고는 특단의 사정이 없는 한 위 법리에 따라 위 병원을 피고가 경영하는 것으로 믿고 의약품을 납품한 원고에 대하여 그 대금을 변제할 책임이 있다고 판단하고 상법 제24조의 적용범위가 상인 또는 사법인에 한정하여 적용되는 것은 아니라 하여 이 점에 대한 피고의 주장을 배척하였음은 정당하고, 거기에 소론이 지적하는 법리오해나 심리미진 내지 이유불비 또는 판단유탈의 위법을 찾아볼 수 없으므로 논지는 이유 없다.

## 2. '영업상' 명칭 사용

### (1) 거래에 관하여 생긴 채무

1) 명의차용자가 명의대여자의 명의로 거래행위를 하였어야 한다. 명의차용자가 명의대여자 명칭으로 행하는 영업은 명의차용자 자신의 제3자와의 영업거래이고, 명의대여자의 영업상 거래는 본조의 적용대상이 아니다. 거래로 인한 채무에는 명의차용자와 제3자와의 거래에서 생긴 직접 채무는 물론이고 그 거래효과로 발생한 채무의 불이행으로 인한 손해배상채무나 계약해제로 인한 원상회복의무 등도 포함된다.

2) 명의대여자가 명의차용자에게 경영을 위임한 경우에는 그 영업은 명의대여자의 영업이므로 본조는 적용되지 않는다. 그러나 명의대여자가 명의차용자에게 영업을 임대한 경우나[44] 명의차용자가 명의대여자의 대리상인 경우에는[45] 명의차용자는 독립된 상인으로서 자신의 영업이므로 본조가 적용될 수 있다.

3) 명의차용자가 차용한 명의를 명의대여자의 허락없이 다시 제3자에게 명의대여를 한 경우, 처음 명의대여자가 명의전대에 귀책사유가 없는 한 전차인의 제3자와의 거래에 대하여 명의대여자가 책임을 지지 않는다. 명의차용자의 피용인이 대여자의 명의로 거래한 경우에는 명의대여자책임은 명의차용자의 행위에 한정되고 명의차용자의 피용인의 행위에 대하여는 명의대여자의 책임을 부정한 판례가 있다.[46] 한편 건설업 면허를 대여받은 자가 그 면허를 사용하여 면허를 대여한 자의 명의로 하도급거래를 하는 것도 허락하였다고 봄이 상당하므로, 면허를 대여한 자를 영업의 주체로 오인한 하도급 받은 자에 대하여도 명의대여자로서의 책임을 진다는 판례가 있다.[47] 명의대여자와 명의차용자 사이에 사실상 사용관계가 존재하면 명의대여자는 민법상 사용자책임을 부담할 수 있다.[48]

**대법원 1989. 9. 12. 선고 88다카26390 판결**

타인에게 자기의 성명 또는 상호를 사용하여 영업을 할 것을 허락한 자는 자기를 영업주로 오인하여 거래한 제3자에 대하여 그 타인과 연대하여 변제할 책임이 있다고 규정한 상법 제24조의 명의대여자의 책임규정은 거래상의 외관보호와 금반언의 원칙을 표현한 것으로서 명의대여자가 영업주(여기의 영업주는 상법 제4조 소정의 상인 보다는 넓은 개념이다)로서 자기의 성명이나 상호를 사용하는 것을 허락했을 때에는 명의차용자가 그것을 사용하여 법률행위를 함으로써 지게 된 거래상의 채무에 대하여 변제의 책임이 있다는 것을 밝히고 있는 것에 그치고 있는 것이므로 여기에 근거한 피고의 책임은 피고가 자기의 명의를 사용할 것을 허락한 소외 유태두가 원고로부터 원심설시의 부채를 진 것이라면 몰라도 명의차용인의 피용자의 행위에 대해서까지 미칠 수는 없는 것 이고 비록 원심이 쓰고 있는 피용자라는 말을 대리

44) 대법원 1967. 10. 25 선고 66다2362 판결.
45) 대법원 1957. 6. 27 선고 4290민상178 판결(대한여행사가 타인에게 '대한여행사 외국부 국제항공권 판매처'라는 간판을 세우고 항공권 판매행위를 그에게 대행 혹은 대리하게 한 경우에는 '타인에게 자기상호를 사용하여 영업을 허락한 자'에 해당한다).
46) 대법원 1989. 9. 12. 선고 88다카26390 판결 ; 대법원 1987. 11. 24. 선고 87다카1379 판결.
47) 대법원 2008. 10. 23. 선고 2008다46555 판결.
48) 대법원 2002. 4. 26. 선고 2002다4894 판결 ; 대법원 2005. 2. 25. 선고 2003다36133 판결.

인을 표시하는 의미로 쓴 것으로 본다 하더라도 위에서 본 원심확정의 사실과 아래에서는 정경남이를 유태두의 대리인으로 보기에는 가볍게 수긍이 되지 않는 점(특히 소외 유태두는 그 자신이 독자적인 상인이 될 수는 없으므로 그로부터 대리권을 수여받은 사람은 상법 제48조의 적용대상이 못된다)이 있어 같은 정경남의 행위를 명의차용자인 유태두의 행위로 볼 수 없으므로 결국 위에서 본 명의대여자 책임의 법리에 따라 원고에게 책임을 져야 할 이유가 있다고는 볼 수 없다고 할 것임에도 불구하고 위와 같이 판단한 원판결에는 명의대여자의 책임에 관한 법리오해가 아니면 소외 정경남이가 소외 유태두의 적법한 대리인인가의 점에 관한 심리를 미진한 위법이 있다.

**대법원 2008. 10. 23. 선고 2008다46555 판결**

상법 제24조는 명의를 대여한 자를 영업의 주체로 오인하고 거래한 거래상대방의 이익을 보호하기 위한 규정으로서 이에 따르면 명의대여자는 명의차용자가 영업거래를 수행하는 과정에서 부담하는 채무를 연대하여 변제할 책임이 있다. 그리고 건설업 면허를 대여한 자는 자기의 성명 또는 상호를 사용하여 건설업을 할 것을 허락하였다고 할 것인데, 건설업에서는 공정에 따라 하도급거래를 수반하는 것이 일반적이어서 특별한 사정이 없는 한 건설업 면허를 대여받은 자가 그 면허를 사용하여 면허를 대여한 자의 명의로 하도급거래를 하는 것도 허락하였다고 봄이 상당하므로, 면허를 대여한 자를 영업의 주체로 오인한 하도급 받은 자에 대하여도 명의대여자로서의 책임을 진다고 할 것이고, 면허를 대여받은 자를 대리 또는 대행한 자가 면허를 대여한 자의 명의로 하도급거래를 한 경우에도 이와 달리 볼 것은 아니다. - 중략 - 위 법리를 이러한 사실들에 비추어 보면, 피고는 소외 2에게 건설업 면허를 대여하면서 소외 2 등이 피고 명의의 법인인감도장 등을 이용하여 피고의 이름으로 이 사건 리모델링 공사를 도급받은 후 공정별로 하도급할 것을 알면서 이를 용인한 것으로 보이고, 소외 2가 피고의 이름으로 하도급계약을 체결함에 있어 소외 1로 하여금 소외 2를 대리 또는 대행하여 피고의 이름으로 원고와 사이에 이 사건 전기공사도급계약을 체결하도록 한 것으로 봄이 상당하므로, 결국 이 사건 전기공사도급계약에 대하여 피고는 원고에게 명의대여자로서의 책임을 진다고 할 것이다.

(2) 불법행위로 인한 채무

명의차용자의 불법행위라도 명의대여자가 영업주라는 신뢰에 기인하여 발생한 불법행위로 인한 배상책임에는 명의대여자가 본조의 책임을 진다는 견해가 있다.[49] 그러나 명의대여자의 책임은 영업거래로 인한 채무에 한정되는 것이므로, 영업과 관련이 있더라도 명의차용자의 불법행위에 대한 책임은 지지 않는다고 보아야 할 것이다. 이 규정은 영업주를 오인하여 거래한 상대방을 보호하는 제도이고, 피해자가 가해자를 오인했기 때문에 불법행위를 당하였다는 것은 있을 수 없기 때문이다. 즉, 피해자가 명의대여자의 영업으로 오인을 하였더라도 그와 같은 오인과 불법행위로 인한 손해와는 아무런 인과관계가 없으므로 명의대여자는 책임을 지지 않는다고 본다.[50]

**대법원 1998. 3. 24. 선고 97다55621 판결**

상법 제24조 소정의 명의대여자 책임은 명의차용인과 그 상대방의 거래행위에 의하여 생긴 채무에 관하여 명의대여자를 진실한 상대방으로 오인하고 그 신용 · 명의 등을 신뢰한 제3자를 보호하기 위한 것으로, 이 사건과 같은 불법행위의 경우에는 설령 피해자가 명의대여자를 영업주로 오인하고 있었더라도 그와 같은 오인과 피해의 발생 사이에 아무런 인과관계가 없으므로, 이 경우 신뢰관계를 이유로 명의대여자에게 책임을 지워야 할 이유가 없다고 판단한 것도 정당하다.

### (3) 어음행위에 관한 책임

#### 1) 영업에 관하여 명의대여를 한 경우

영업에 관하여 명의대여를 한 경우 명의대여자가 명의차용자가 한 어음 · 수표행위에 대하여 명의대여자 책임을 부담하는가에 관하여, 상법 제24조는 명의차용자의 영업상의 채무에 관한 규정인데, 원인채무는 영업상의 채무로서 상법 제24조가 적용되지만, 어음의 추상성상 어음채무는 영업거래로 인하여 직접 부담하는 채무가 아니므로 상법 제24조가 적용되지 않는다는 견해가 있다.[51] 그러나 영업에 관하여 명의대여가 있고, 그 영업과정에서 발생한 대금채무 이행의 방법으로 어음을 발행하거나 배서를 하는 것은 영업으로 인한 거래의 범위에 속한다고 할 수 있으므로 명의대여자 책임이 인정된다는 견해가 통설[52]이자 판례[53]의 입장이다.

---

49) 임홍근, 122면 ; 전우현, 111면.
50) 대법원 1998. 3. 24. 선고 97다55621 판결.
51) 이철송, 219면 ; 김성태, 268-269면.
52) 최준선, 170면 ; 정찬형, 130면 ; 안강현, 131면.
53) 대법원 1969. 3. 31. 선고 68다2270 판결 ; 대법원 1970. 9. 28. 선고 70다1073 판결.

**2) 특정 어음행위만을 위하여 명의를 대여한 경우**

영업에 관하여 명의대여를 한 것이 아니라 어음행위에 관하여서만 명의대여가 이루어진 경우에도 명의대여자 책임(상 24)을 유추하여 적용할 수 있다는 견해가 있다. 즉, 어음상의 기명날인 또는 서명에서 A의 명칭이 B를 표시하는 명칭으로 쓰인 것이므로 B가 어음상 책임을 지고, A는 자기의 명의를 B에게 대여한 것이 되므로 제24조를 유추 적용하여야 한다는 것이다.[54] 그러나 어음에는 명의대여자인 (A)의 기명날인 또는 서명만이 기재되어 있을 뿐이므로, 어음에 나타나지 아니한 명의차용자(B)가 상법 제24조의 책임을 부담할 수 없다.[55] 어음의 문언성 및 외관법리에 의하여 어음에 표시된 명의자(A)만이 어음상 책임을 진다.

**대법원 1969. 3. 31. 선고 68다2270 판결**

김현구는 본건 약속어음을 발행할 때에 어음용지 주소난에 대한교육보험 주식회사 부산지사라고 표시하고 동지사장이라고 기재하지 않았다 하더라도 그 성명 아래에는 그 개인 도장외에 위 회사 부산지사장인이라는 직인을 찍었다는 것이므로 특별한 사정이 없는 한 이는 동인이 피고 회사 부산지사장이라는 대표자격을 표시한 것이라 할 것이고, 또 피고 회사는 김현구에게 피고회사 부산지사라는 상호를 사용하여 보험가입자와 피고와의 간에 보험계약의 체결을 알선할 것을 허락하였고, 김현구는 동지사 사무실 비품 대금을 조달하기 위하여 이주환에게 위 약속어음을 발행하고 원고가 그 소지인이 되었다는 것이며, 기록에 의하면 이주환이가 김현구의 위 어음발행 행위의 주체를 피고 회사로 오인한대에 중대한 과실이 있다고 보여지지 않으므로 피고는 명의 대여자로서 그 외관을 신뢰한 이현구와의 거래인에 대하여 상법 24조에 의한 책임을 저야한다 할 것이니 이와 반대의 논지는 채용할 수 없다.

## 3. 명의사용의 '허락'

### (1) 허락의 방식

명의대여자가 자기의 성명 또는 상호의 사용을 명의차용자에게 허락하여야 한다. 명의대여자는 자신의 귀책사유로 인한 책임을 부담하므로, 그의 허락 없이 사

54) 손주찬, 130면 ; 정찬형, 130면.
55) 정동윤, 85면 ; 최준선, 170면 ; 이철송, 221면 ; 김성태, 288면.

용한 경우에는 책임을 부담하지 않는다. 명의사용의 대가 유무는 문제되지 않으며, 명의대여의 적법성 여부도 묻지 않는다.[56] 허락은 명의차용자에게 표시하면 충분하고, 제3자에게 통지하거나 일반에 공표할 필요가 없다. 허락을 대리계약, 중개계약, 도급계약 등과 함께 행할 수도 있고, 명의사용 자체만을 허락할 수도 있다.

**대법원 1988. 2. 9. 선고 87다카1304 판결**

농약관리법 제10조에 의하면 농약판매업을 하고자 하는 자는 일정한 자격과 시설을 갖추어 등록을 하도록 되어 있는 바 이는 농약의 성질로 보아 무자격자가 판매업을 할 경우 국민보건에 위해를 끼칠 염려가 있기 때문이며 따라서 그 등록명의를 다른 사람에게 빌려 준다든지 하는 일은 금지되고 있다 할 것이다. 그러나 만일 그 등록명의를 대여하였다거나 그 명의로 등록할 것을 다른 사람에게 허락하였다면 농약의 판매업에 관한한 등록명의자 스스로 영업주라는 것을 나타낸 것이라 할 것이고 상법 제24조에 의한 명의대여자로서 농약거래로 인하여 생긴 채무를 변제할 책임이 있다고 할 것이다.

#### (2) 묵시적 허락

묵시적인 허락으로 명의대여를 할 수 있다. 판례는 동업관계가 종료한 후에 다른 동업자가 종전 상호를 사용하는 것을 방치한 경우에 묵시적으로 허락한 것으로 볼 수 있으나, 상점, 전화, 창고 등의 몇 차례 사용을 허락한 사실만으로는 명의사용의 허락이라고 볼 수 없다고 판시하고 있다.[57]

타인이 자신의 상호나 성명을 사용하는 것을 알면서 이를 저지하지 않는 단순한 부작위만으로도 묵시적 허락이 된다는 견해에 따르면 복잡한 현대사회에서 외관을 중심으로 상거래가 이루어지는데, 자신의 성명이나 상호를 타인이 무단 사용하는 사실을 알면 그 표현적 상태를 제거할 생활상의 의무가 있으므로, 이러한 상태를 장기간 방치한다면 묵시적인 허락이 있다고 보아야 한다고 주장한다.[58] 그러나 묵시적 허락은 타인이 자신의 성명이나 상호를 사용하는 것을 알고 방치하는 것만으로는 부족하고, 추가로 점포의 사용료를 받는다든가 영업장소의 허락 등 부수적인 사정이 필요하다는 것이 판례의 취지이다.[59]

56) 대법원 1988. 2. 9. 선고 87다카1304 판결.
57) 대법원 1982. 12. 28. 선고 82다카887 판결.
58) 이철송, 206면.
59) 대법원 1982. 12. 28. 선고 82다카887 판결 ; 정찬형, 127면 ; 최준선, 174면 ; 안강현, 127면.

**대법원 1982. 12. 28. 선고 82다카887 판결**

묵시적 명의대여자의 책임을 인정하기 위하여는 영업주가 자기의 성명 또는 상호를 타인이 사용하는 것을 알고 이를 저지하지 아니하거나 자기의 성명 또는 상호를 타인이 사용함을 묵인한 사실 및 제3자가 타인의 성명 또는 상호를 사용하는 자를 영업주로 오인하여 거래를 한 사실이 인정되어야 할 것이므로, 영업주가 자기의 상점, 전화, 창고 등을 타인에게 사용하게 한 사실은 있으나 그 타인과 원고와의 거래를 위하여 영업주의 상호를 사용한 사실이 없는 경우에는 영업주가 자기의 상호를 타인에게 묵시적으로 대여하여 원고가 그 타인을 영업주로 오인하여 거래하였다고 단정하기에 미흡하다고 할 것이다.

(3) 허락의 철회

명의사용을 허락하였다가 철회할 수 있다. 또 기한부 내지는 해제조건부로 허락을 한 경우에 기한이 도래하거나 조건이 성취됨으로써 차용자가 명의사용을 할 근거가 사라지는데, 명의차용자가 대여자의 명의를 계속하여 사용하는 경우에 명의대여자가 책임을 부담하는지 여부가 문제된다. 명의대여관계가 종결되었다고 하더라도 대여자는 차용자의 장래의 명의사용을 저지하거나 거래상대방에게 대여종료사실을 알리는 등 명의대여의 표상을 제거할 의무를 부담하므로 이를 제거하지 않는 한 대여자책임을 면할 수 없을 것이다.[60)]

**대법원 2008. 1. 24. 선고 2006다21330 판결**

피고와 소외인은 신라원을 동업으로 운영하기로 하는 동업계약을 체결하고, 피고와 소외인을 신라원의 공동사업자로 하여 사업자등록을 하였던 점, 위 동업계약이 해지된 이후에도 소외인은 종전과 같은 장소에서 종전에 사용하던 '신라원'이라는 상호를 계속 사용하면서 영업을 하였던 점, 원고는 신라원의 사업자등록이 피고와 소외인 공동 명의로 되어 있는 사실을 알고 있었고 위 동업계약이 해지되고 피고의 공동사업자 탈퇴신고가 된 이후에도 계속 신라원의 사업자등록이 피고와 소외인 공동 명의로 되어 있는 것으로 알고 있었던 점, 위 동업계약이 해지된 이후에 소외인이 종전에 사용하던 '신라원'이라는 상호를 계속 사용하는 것에 대하여 피고가 이의를 하였다는 등의 사정이 엿보이지 않는 점 등을 종합하여 보면, 위 동업계약이 해지되고

60) 이철송, 209면 ; 대법원 2008. 1. 24. 선고 2006다21330 판결.

피고의 공동사업자 탈퇴신고가 있기 이전에는 비록 피고가 신라원의 경영에 실제로 관여한 바가 전혀 없다고 하더라도 피고는 소외인이 피고의 명의를 사용하여 신라원을 운영하는 것을 허락하였다고 볼 것이고, 위 동업계약이 해지되고 피고의 공동사업자 탈퇴신고가 있은 이후에는 피고는 소외인이 종전과 같은 장소에서 종전에 사용하던 '신라원'이라는 상호를 계속 사용하면서 영업을 하는 것을 허락하였거나 묵인함으로써 원고에 대하여 종전과 같이 신라원이 피고와 소외인의 동업으로 계속 운영되고 있는 것과 같은 영업상의 외관을 유지시켰으며, 원고로서는 피고도 신라원의 공동 영업주인 것으로 오인하여 거래를 하였다고 봄이 상당하다는 이유로 피고에게 상법 제24조의 명의대여자 책임이 인정된다고 판단하였는바, 앞서 본 법리와 기록에 비추어 살펴보면 원심의 위와 같은 사실인정과 판단은 정당하다.

## 4. 외관의 존재

### (1) 오인할 외관

상대방이 명의차용자의 영업을 명의대여자의 영업으로 오인할 외관이 있어야 한다. 보험회사가 '보험회사 부산지사'라는 명칭을 사용하게 한 경우,[61] 공사의 수급인이 하수급인에게 수급인의 공사현장소장인 것처럼 표시하여 행동하게 한 경우,[62] 인터넷 가전제품 사이트의 사업자등록과 함께 그 사이트에 대표이사 1인 및 대금결제계좌명의자로 표시된 경우[63] 등은 오인할 외관이 존재한다고 하였다.

**대법원 2013. 9. 26. 선고 2013다36392 판결**

원심은, 그 채택 증거에 의하면 원고가 피고 명의로 사업자등록이 되어 있는 이 사건 인터넷 가전제품 판매 사이트(이하 '이 사건 인터넷 사이트'라 한다)에 접속하여 가전제품을 주문한 후 대금 합계 65,178,500원을 피고 명의의 예금계좌에 송금하고도 주문한 가전제품 대부분을 배송받지 못한 사실은 인정되나, 그러한 사실만으로는 피고가 이 사건 인터넷 사이트를 통해 원고를 기망하여 금원을 편취하였음을 인정하기에 부족하다는 이유로 원고의 손해배상청구를 기각하였다.

그러나 원심판결 이유 및 원심이 채택한 증거에 의하면, 피고는 소외인으로 하여금 피고 등의 명의로 '○○○'이라는 상호의 사업자등록을 하고 이

61) 대법원 1969. 3. 31. 선고 68다2270 판결.
62) 대법원 1985. 2. 26. 선고 83다카1018 판결.
63) 대법원 2013. 9. 26. 선고 2013다36392 판결.

사건 인터넷 사이트를 운영하도록 허락하며 대금 결제에 필요한 예금계좌의 명의도 제공한 사실, 이 사건 인터넷 사이트에는 대표이사가 '피고 외 1명'으로 표시되어 있고, 대금 결제 등에 관한 예금계좌도 '국민은행 ○○○(피고)'으로 기재되어 있는 사실 등을 알 수 있는바, 이에 의하면 피고는 소외인에게 자기의 성명 또는 상호를 사용하여 이 사건 인터넷 사이트를 통해 가전제품 판매업을 할 것을 허락함으로써 상법 제24조에 따라 피고를 영업주로 오인한 원고에게 소외인과 연대하여 매매계약의 불이행으로 인한 손해배상책임이 있다고 볼 여지가 충분하고, 한편 원고는 원심에서 '원고가 피고 명의로 된 통장에 상거래 명목으로 가전제품 대금을 송금하였는데도 제1심이 원고의 손해배상청구를 기각한 것은 부당하다'는 취지로 주장하였는데, 이러한 주장에는 피고의 명의대여자 책임에 관한 주장이 포함되어 있다고 볼 수 있으므로, 원심으로서는 석명권을 적절히 행사하여 그 주장 취지를 명확히 한 다음 이에 대하여 심리 · 판단하였어야 한다. 명의사용의 허락을 철회하였음에도 차용자가 계속 사용하는 경우 명의대여자가 책임에 관하여는 명의사용의 허락을 철회하였다면 향후 명의사용을 하지 못하게 하거나 거래처에 명의사용사실의 종료를 광고하는 등 명의대여로 인한 외관적 상태를 제거하는 조치를 취해야 하며, 만일 그러한 조치를 취하지 않아 제3자가 선의로 거래한 경우에는 명의대여자의 책임을 부담해야 한다.

### (2) 동일 영업 또는 동종 영업 여부

#### 1) 명의대여자가 영업을 하지 않는 경우

명의대여자가 영업을 하지 않는 경우에는, 명의차용자가 '대여자의 명의'를 사용하여 영업을 한다는 사실만으로 명의의 동일성이 인정된다.

#### 2) 명의대여자가 영업을 하는 경우

명의대여자가 영업을 하는 경우에는 '영업외관의 동일성'까지 인정되어야 한다는 견해가 있으나, 이 견해에 의하더라도 영업외관의 의미를 엄격하게 해석할 필요가 없다고 한다.[64] 한편 명의차용자가 명의대여자의 영업범위 내에 속하는 거래를 하였는지 또는 동종영업을 하였는지를 물을 필요가 없다는 견해가 있다.[65]

생각건대, 영업과 무관한 비상인도 명의를 대여할 경우에 책임을 지고 개인상인은 하나의 상호로 수종의 영업을 영위할 수 있으며, 회사의 권리능력이 정관의 목

---

64) 정찬형, 127면.
65) 최준선, 169면.

적에 의하여 제한받지 않는다고 해석되는바, 상호가 영업의 종류나 범위를 제한하는 기능을 할 수 없다고 본다. 따라서 명의차용자의 영업이 대여자의 영업범위내의 행위인가 또는 동종영업인가를 묻지 않고 상호의 동일성이라는 외관이 존재하면 명의대여자의 책임을 물을 수 있다고 해석하는 것이 타당하다.[66)]

명의차용자의 임대행위가 명의대여자의 영업범위 내가 아니라고 판단하여 명의대여자 책임을 부정한 판례가 있다. 즉, 정미소업을 하는 A가 B에게 상호와 함께 영업과 건물을 임대한 경우, B가 다시 C에게 건물을 전대차하였다면 건물의 임대는 정미소 영업과는 관련이 없으므로, C가 B의 영업을 A의 영업으로 알고 건물을 임차하였다고 하더라도 임대보증금반환의 책임을 A에게 물을 수 없다고 하였다.[67)] 한편 명의대여자의 영업이 '호텔경영'이고, 차용자의 영업이 '나이트클럽경영'인 경우에 영업외관의 동일성을 인정하였고,[68)] 명의대여자의 영업이 '보험을 인수하는 업무'인 반면, 차용자의 영업은 '보험계약체결의 알선업무'인 경우에 영업외관의 동일성을 인정하여 대여자책임을 인정하였다[69)].

**대법원 1983. 3. 22. 선고 82다카1852 판결**

1. 원심판결 이유에 의하면, 원심은 원고가 동양정미소라는 상호 아래 정미소를 경영하여 오다가 약 10여년 전에 이 사건 각 건물등 부속건물을 포함한 정미소 전체를 소외 조문곤에게 임대하고 같은 소외인은 같은 상호를 그대로 사용하면서 위 정미소를 경영하여 오던 중 그 판시내용과 같이 피고들에게 각 점유부분을 임대한 사실, 피고들은 각 임대차계약 당시 소외 조문곤은 원고의 대리인으로서 위 정미소를 관리하고 있는 자에 불과하고 영업주는 여전히 원고인 줄로 오인하는 한편, 위 건물들이 모두 정미소 건물의 부지내에 있는 창고 또는 살림집으로서 정미소에 딸려 있고 또 정미소의 맵겨간을 짓는 비용을 조달하기 위하여 임대한다는 등의 말을 하여 소외 조문곤이 위 정미소의 관리자의 지위에서 영업주인 원고를 위하여 이를 임대하는 것으로 알고 위 소외인과 임대차계약을 체결하기에 이른 사실을 인정한 후, 다른 사람에게 자기의 상호로 정미소를 경영할 것을 허락한 원고로서는 원고를 위 정미소의 영업주로 오인하고 이 사건 임대차계약을 맺은 피고들에 대하여 명의대여자로서 위 임대차계약상의 책임을 면할 수 없다고 판단하고 있다.

---

66) 최기원, 133면 ; 최준선, 169-170면.
67) 대법원 1983. 3. 22. 선고 82다카1852 판결.
68) 대법원 1978. 6. 13. 선고 78다236 판결.
69) 대법원 1969. 3. 31. 선고 68다2270 판결.

> 2. 그러나 상법 제24조에 규정된 명의대여자의 책임은 제3자가 명의대여자를 영업주로 오인하고 그 영업의 범위내에서 명의사용자와 거래한 제3자에 대한 책임이므로 영업의 범위외의 거래에 대하여는 명의대여자의 책임을 물을 수 없는 것이다. 그런데 원심 인정사실에 의하면, 원고가 대여한 상호에 의하여 표상되는 원고의 영업은 정미소영업임 이 분명한바, 소외 조문곤이 이 사건 각 건물을 피고들에게 임대한 행위는 원고의 정미소 영업범위내에 속하는 행위라고 보기 어려우며, 원심판시와 같이 위 임대건물이 정미소 건물의 부지내에 있고 또 그 임대목적이 정미소창고 건축비용을 조달키 위한 것이라고 위 조문곤이 말한 바 있다고 하여도 이러한 사정만으로 위 건물 임대행위를 정미소의 영업범위내에 속하는 거래라고 할 수는 없다.

## 5. 제3자의 오인(외관의 신뢰)

(1) 제3자가 명의차용자와 영업거래를 함에 있어 명의대여자를 영업주로 오인하였어야 한다. 여기의 '제3자'란 명의차용자와 직접 거래한 상대방을 의미하고, 직접 거래상대방 이외의 제3자는 제외된다.[70]

(2) 제3자가 명의대여자를 영업주로 오인하였어야 한다. 그러므로 제3자가 명의대여자가 영업주가 아니라는 사실을 알면서 거래를 하였다면 명의대여자 책임을 묻지 못한다. 이 규정은 외관을 신뢰한 자를 보호하려는 취지이기 때문이다.

(3) 상대방이 명의대여자를 영업주로 오인함에 있어 과실이 있는 경우에, 첫째로 과실 유무를 불구하고 제3자가 명의대여자를 영업주로 알고 있었다면(선의) 보호된다는 단순 선의설, 둘째로 제3자의 오인(선의)에 경과실이 있는 경우에는 보호를 받지만 오인에 중대한 과실이 있는 경우에는 보호받지 못한다는 무중과실설, 셋째로 경과실이든 중과실이든 보호를 받지 못한다는 무과실설이 있다. 생각건대 법이 무과실을 요구하지 않고 있고, 경과실로 오인한 경우까지 보호받지 못한다면 너무 가혹하므로 제3자가 영업주로 오인함에 있어 중대한 과실이 있는 경우에만 악의로 보아서 본조가 적용되지 않는다고 해석하는 무중과실설이 타당하다.[71] 명의대여자가 대여자책임을 면하려면 제3자의 악의 또는 중과실에 대한 입증책임을 진다. 악의의 판단 시기는 거래행위시를 기준으로 한다.

---

70) 이철송, 213면.
71) 대법원 2008. 1. 24. 선고 2006나21330 판결 ; 대법원 2001. 4. 13. 선고 2000다10512 판결.

## 제 3. 효 과

명의대여의 요건이 성립되면 명의대여자는 자기를 영업주로 오인하여 거래한 제3자에 대하여 명의차용자와 연대하여 변제할 책임이 있다. 여기의 '연대'는 명의차용자의 채무를 보증하거나 대신 변제한다는 의미가 아니고 자신의 고유의 책임에 대하여 부진정연대책임을 진다는 의미이다. 따라서 채무자 1인에 대한 이행청구 또는 채무자 1인이 채무승인이나 소멸시효중단 및 시효이익의 포기 등은 다른 채무자에게 효력을 미치지 아니한다. 명의대여자가 변제한 후에 명의차용자에게 구상할 수 있다.

# 제 6 장
# 상업 장부

## 제1절 총　설

### 제 1. 필요성

상인은 영리를 얻을 목적으로 영업을 한다. 따라서 영업의 결과인 이익과 손실의 상황을 기재할 필요가 있다. 상법은 상인에게 그 영업상의 재산 및 손해를 명백하게 하기 위하여 상업장부를 작성하도록 강제하고 있다. 기업은 재산상태와 영업성과를 정확히 측정하여 영업의 전략을 세우기 위해서 기업의 재산상태와 손익을 파악하는 기술적 행위인 기업회계를 위한 도구로서 상업장부가 필요하다.

상업장부는 상인은 물론 주주 및 채권자 등 이해관계인의 이익을 위해서도 필요하다. 채권자는 기업에게 금원을 대여하고 후에 채권의 회수와 이자를 보장받기 위하여 상인의 재산상태와 영업의 성과를 살펴보아야 하고, 주식투자자는 배당이나 주가상승 등을 예측하는데 상인의 영업성과가 매우 중요하다. 나아가 국가나 지방자치단체도 기업의 이익을 기준으로 법인세 등 각종 세금을 부과하여야 하므로 상업장부가 필요하다.

### 제 2. 연 원

상업장부제도는 은행업과 더불어 발전하여 왔다. 고대 그리스시대 상업장부를 사용한 흔적이 있으나 로마시대 무렵부터 계정과목의 형식에 의하여 질서 있게 장부를 정리하기 시작하였는바, 이때부터 채권·채무를 대차로 나누어 기입하는 장부 및 금전출납부, 수입장부, 고정자산의 재산목록 등 장부체계를 갖추기 시작하였다.

14세기에 이르러 이탈리아 상인에 의하여 복식부기가 창안되어 회계기술이 발달하였고, 아라비아 숫자가 보급되어 기장이 편리해지면서 상업장부가 서유럽에 보급되었다. 유럽제국에서 상업장부의 근대적 발전의 기초가 된 것은 1673년 프랑스 루이 14세가 만든 상사조례였다. 동 조례에서는 상업장부에 관한 자세한 규정을 두어 장부 비치를 게을리 한 자에 대하여 벌칙을 부과하였다. 이러한 규정은 1807년 프랑스 상법전, 1867년 독일 구상법에 계승·발전되었다. 우리나라는 조선시대에 송도 개성상인의 고유한 장부제도[松都簿記]가 있었다.[1)]

## 제 3. 회계처리기준

우리나라에는 기업회계에 적용되는 회계규범으로서, 주식회사 등의 외부감사에 관한 법률(외감법)에 근거하여 제정된 '회계처리기준'이 있다. 회계처리기준은 금융위원회가 증권선물위원회의 심의를 거쳐 일반적으로 공정 타당하다고 생각되는 회계관행을 모아 성문화한 행정명령으로서, 외감법적용대상인 회사는 모두 회계처리기준에 따라 재무제표의 작성 등 회계를 하여야 한다.

### 1. 한국채택 국제기업회계기준

2011. 1. 1.부터 주권상장법인, 은행, 보험회사, 신용카드업자 등은 '한국채택국제회계기준'(K-IFRS : Korea International Financial Reporting Standards)을 적용하여 재무제표 및 연결재무제표를 작성하여야 한다(외감법 시행령 6조 1항). '한국채택국제회계기준'은 금융위원회가 증권선물위원회의 심의를 거쳐 국제회계기준위원회의 국제회계기준(IFRS)을 채택하여 정한 처리기준이므로 국제회계기준과 거의 동일하며 한국적 실정에 맞추어 약간의 변경을 하였다. 한국채택국제회계기준은 한국회계기준원의[2)] 회계기준위원회가 2007. 11. 23. 제정하였는데, 이를 준수하면

---

1) 이철송, 225면 ; 최준선, 192면.

2) 한국공인회계사회, 금융감독원, 증권거래소, 한국증권업협회, 대한상공회의소, 전국경제인연합회, 은행연합회, 상장회사협의회 등 14개 단체가 회원으로 있는 사단법인으로 1999년 6월 설립되었다. 한국회계연구원이라는 이름으로 개원되었다가 2006년 3월 한국회계기준원으로 명칭을 변경하였다. 1999년 9월 1일부터 업무를 시작, 2000년 3/4분기부터 금융위원회의 위탁을 받아 내부에 설치한 회계기준위원회(KASB : Korea Accounting Standards Board)를 통하여 회계기준 제정, 개정과 해석 및 질의 회신을 수행하고 있다.

국제회계기준을 준수한 것으로 규정하고 있다.

## 2. 일반기업회계기준

일반기업회계기준은 외감법 적용대상기업 중 한국채택 국제회계기준에 따라 회계처리하지 아니하는 기업의 회계와 감사인의 감사의 통일성과 객관성을 부여하기 위하여 종전의 기업회계기준을 수정한 회계기준이다.

외감법 적용대상인 주권비상장법인은 '일반기업회계기준'을 적용하여 재무제표 및 연결재무제표를 작성해야 한다. 다만 외감법 적용대상인 주권비상장법인은 '한국채택국제회계기준'을 선택하여 재무제표 및 연결재무제표를 작성할 수도 있다. '일반기업회계기준은' 2009. 11. 27. 한국회계기준원 회계기준위원회가 제정하였으며, 2011. 1. 1. 이후 최초로 개시하는 회계연도부터 적용된다.[3)]

## 3. 중소기업회계기준

외감법의 적용을 받지 아니하는 일반 중소기업에게는 일반기업회계기준이 큰 부담이 된다. 그래서 2012. 4. 개정상법은 외감법의 적용대상이 아닌 회사를 위해서 회사의 종류 및 규모 등을 고려하여 법무부장관으로 하여금 중소기업청장과 협의하여 회계기준을 작성 고시하게 하였다(상법 446조의 2, 상령 15조 3호).

[ 한국의 회계기준 체계 ]

| 회계기준 | 적용대상 | 외부감사 | 관련법령 |
|---|---|---|---|
| 한국채택국제회계기준 | 주권상장법인 및 금융회사 | 의무 | 주식회사 등의 외부감사에 관한 법률 |
| 일반기업회계기준 | 외부감사대상 주식회사 | 의무 | 주식회사 등의 외부감사에 관한 법률 |
| 중소기업회계기준 | 외부감사대상 이외의 주식회사 | 면제 | 상법 |

3) 정찬형, 133면.

## 제2절 상업장부의 의의

1. 상인은 영업상의 재산 및 손익의 상황을 명백히 하기 위하여 회계장부 및 대차대조표를 작성하여야 한다(상 29조 1). 그러므로 비상인이 작성하는 장부는 상업장부가 아니며, 상인이 작성하는 장부라도 영업상 재산과 손익상태의 파악을 목적으로 하지 않는 의사록, 주주명부, 사채원부 등은 상업장부가 아니다.

2. 유한책임회사, 주식회사, 유한회사 등 물적회사는 대차대조표, 손익계산서, 이익잉여금 처분계산서(결손금 처리계산서) 등의 재무제표를 작성해야 한다(상 287조의33, 447, 579). 대차대조표는 상업장부이면서 동시에 재무제표이다. 회계장부는 상업장부이지만 재무제표는 아니다. 손익계산서, 이익잉여금 처분계산서(결손금 처리계산서)는 재무제표이지만 상업장부는 아니다.

물적회사가 작성해야 하는 재무제표에는 대차대조표, 손익계산서, 이익잉여금 처분계산서(결손금 처리계산서)가 있고, 기업회계기준에 의하여 '현금흐름표 및 자본변동표'가 추가된다. 주식회사와 유한회사는 재무제표와 함께 영업보고서도 작성해서 주주총회 또는 사원총회에 보고해야 하는데(상 447조의2, 449조 2), 영업보고서는 재무제표나 상업장부가 아니다.

3. 상업장부는 상인이 상법상 의무로 작성하는 장부이므로, 소상인이 작성하는 장부는 상업장부가 아니다(상 9). 상업장부의 규제와 관련하여 물적회사는 회계감독을 받으며(상 447, 579-583), 상장회사는 자본시장법에 의하여 회계정보의 공개를 하여야 하고(자본시장 160조 이하), 일정규모 이상의 회사는 주식회사 등의 외부감사에 관한 법률에 의하여 재무제표를 작성하여 회사로부터 독립된 외부의 감사인에 의한 회계감사를 받아야 한다(외감 4조 1).[4)]

4) 김병연 외, 125면.

# 제3절 상업장부의 작성원칙

## 제 1. 서

상법은 상업장부의 작성에 관하여 이 법에 규정한 것을 제외하고는 일반적으로 공정 타당한 회계관행에 의한다(상 29조 2)는 규정을 두고 있는데, 상업장부의 작성에 관한 구체적인 기준을 법에 규정하지 않고 회계 관행에 맡기고 있다. 이러한 상법의 태도는 상업장부의 작성에 관한 구체적인 기술이나 회계의 관행이 항상 변하고 있기 때문에 작성기준을 법으로 확정하는 것이 효율적이지 않을 뿐만 아니라 거래계의 수요와도 일치하지 않기 때문이다.

## 제 2. 일반적으로 공정·타당한 회계관행

회계장부에 기재할 사항은 일반적으로 공정·타당한 회계관행에 따라서 기재하여야 한다(상 29조 2). 일반적으로 공정·타당한 회계관행은 회계관행으로서 공정하고 타당하여야 하며, 일반적으로 인정된 것을 의미한다. 회계관행이라 함은 회계원칙이 이론적으로 수용되는데 그치지 않고 상당기간 널리 적용되어 이용자들에게 규범의식이 형성되었을 때에 비로소 성립한다.[5]

일반적으로 공정·타당한 회계관행으로 인정되는 것으로서는, 주권상장법인과 은행·보험회사 등 금융기관에 적용되는 '한국채택 국제기업회계기준(K-IFRS)'과 외감법 적용대상 중 국제기업회계기준이 적용되지 않는 주식회사에 적용되는 '일반기업회계기준' 그리고 중소기업에 적용되는 '중소기업회계기준'이 있다.[6] 이들 회계처리기준은 금융위원회가 증권선물위원회의 심의를 거쳐 일반적으로 공정 타당하다고 인정되는 회계관행을 모아서 성문화한 행정명령으로서, 외감법 적용대상인 회사는 회계처리기준에 따라 재무제표의 작성 등 회계를 하여야 한다.

---

5) 이철송, 233면.
6) 최순선, 197면.

# 제4절 상업장부에 관한 의무

## 제 1. 작 성

### 1. 작성의무

상인은 상업장부를 작성하여야 한다(상 29조 1). 개인상인은 개인이 작성하고, 회사는 업무집행사원, 이사, 청산인 등이 작성의무를 부담한다. 소상인은 상업장부를 작성할 의무가 없다. 상인의 상업장부 작성의무 불이행에 대하여 불이익을 주는 규정이 없다. 그러나 회사가 상업장부를 부실기재하면 이사의 손해배상책임이 발생할 수 있고(상 399, 401), 벌칙이 적용될 수 있다(상 635조 1항 9호).

### 2. 작성방법

장부의 작성방법에 관하여는 법이 규정한 것을 제외하고는 일반적으로 공정·타당한 회계관행에 맡기고 있다(상 29조 2). 늘 변하는 회계의 관행을 법으로 정하는 것은 적절하지 못할 뿐만 아니라 기업의 회계현실과 동떨어지기 때문이다.

상업장부의 기재는 명료하여야 한다. 회계장부에는 거래와 기타 영업상의 재산에 영향이 있는 사항을 기재하여야 하고(상 30조 1), 대차대조표는 일반상인은 영업을 개시한 때와 매년 1회 이상 일정한 시기에, 회사는 성립한 때와 매결산기에 회계장부에 의하여 작성하고 작성자가 기명날인 또는 서명을 하여야 한다(상 30조 2). 회계장부에 작성자의 기명날인 또는 서명이 없어도 효력이 있으나, 대차대조표에 기명날인 또는 서명이 없으면 무효이다.

## 제 2. 확정과 공시

1. 개인상인이 작성하는 상업장부는 작성과 동시에 확정되지만, 회사가 작성하는 상업장부는 소정의 절차를 밟아야 한다. 주식회사와 유한회사는 이사회의 승인, 감사의 감사, 주주총회(사원총회)의 승인의 절차를 거쳐야 하며, 합명·합자회사는 법에 규정이 없지만 총사원 또는 업무집행사원의 승인을 얻어야 한다고 본다(상 200, 201, 269).

2. 회사는 개인상인과 달리 상업장부를 공시하여야 한다. 주식회사와 유한회사는 주주총회 또는 사원총회가 개최될 때 주주, 사원 및 회사채권자의 열람을 위하여 재무제표를 비치 공시하여야 하며(상 448, 449조 2항, 579조의3), 소수주주 또는 소수사원은 회계장부를 열람할 수 있다(상 466, 581조 1항). 유한책임회사는 사원 및 채권자의 열람을 위하여 공시하여야 한다(상 287조의34).

## 제 3. 보 존

### 1. 보존기간

상인은 10년간 상업장부와 영업에 관한 중요서류를 보존하여야 한다. 다만, 전표 또는 이와 유사한 서류는 5년간 이를 보존하여야 한다(상 33조 1). 그리고 이들 기간은 상업장부에 있어서는 그 폐쇄한 날로부터 기산한다(상 33조 2). 영업에 중요한 서류라 함은 영업활동에 관하여 증거가치가 있는 서류로서, 뒷날 분쟁이 생길 경우에 필요한 증거가 될 수 있는 서류이다.

상업장부와 영업에 관한 중요한 서류는 일반채권 소멸시효기간인 10년이 지나면 분쟁이 종료될 것으로 예정하고 보존기간을 10년으로 정하였고, 전표 등 유사서류는 상인의 보존부담을 덜어주기 위하여 5년으로 보존기간을 정하였다. 상인의 보존부담의 완화와 보존절차의 간소화 등을 위해서 상업장부 일체를 5년의 보존기간으로 단축할 필요가 있다는 견해가 있다.

### 2. 보존방법

보존방법에 대한 제한이 없다. 상업장부의 효율적 관리와 보존비용을 절감하기 위하여 상업장부와 영업에 중요한 서류는 마이크로필름 기타 전산정보처리조직에 의하여 이를 보존할 수 있도록 하였고(상 33조 3), 그 구체적인 방법 등 필요한 사항은 대통령령에 위임하였다(상 33조 4).

## 제 4. 상업장부의 제출

법원은 신청에 의하여 또는 직권으로 소송당사자에게 상업장부 또는 그 일부분의 제출을 명할 수 있다(상 32). 이 규정은 민사소송법의 문서제출에 관한 규정이 특칙으로서 상업장부는 민사소송법 제334조의 요건을 구비하지 않아도 제출을 하여야 하고, 당사자의 신청이 없더라도 법원이 직권으로 제출명령을 할 수 있다.

# 제5절 상업장부의 종류

## 제 1. 회계장부

### 1. 의 의

회계장부는 거래와 기타 영업상의 재산에 영향이 있는 사항을 기재하는 장부이다(상 30조 1). 회계장부는 대차대조표처럼 특정한 명칭이 있는 장부가 아니므로 거래와 기타 영업상의 재산에 영향을 미치는 사항을 기재한 것이면 모두 회계장부이며 상인이 통상 작성하는 일기장, 분개장, 원장, 전표 등이 해당된다. 일기장은 거래의 전말을 발생순으로 기재하는 장부이고, 분개장은 일기장에 기재된 일일거래를 내용별로 분류하고 적당한 계정과목을 설치하여 대변과 차변으로 나누어 기재하는 장부이며, 원장은 분개장에 기재된 계정과목에 관한 각 계좌를 설정하고, 그 계좌별로 매일 거래를 정리하여 기재하는 장부이다.[7)]

### 2. 기재사항

회계장부에 기재할 사항은 거래와 기타 영업상의 재산에 영향이 있는 사항이다. 그러므로 상거래, 즉 법률행위뿐만 아니라 채무불이행·불법행위로 인한 손해배상, 화재·도난 등으로 입은 손해 등 재산의 증감을 초래하는 모든 사항에 대하여 그 내용과 금액을 기재해야 한다. 현실적으로 재산이 증감해야 하므로 매매계약의 체결처럼 법률관계는 발생하였지만 아직 재산의 증감을 초래하지 아니한 경우에는 기재능력이 없다. 개인상인의 가계의 수입이나 지출은 영업상의 재산변동이 아니므로 기재할 필요가 없다.

---

7) 이철송, 224-225면.

### 3. 기재방법

회계장부의 기재방법은 일반적으로 공정·타당한 회계관행에 의하여야 하는데(상 29조 2), 기업회계기준을 따르면 될 것이다. 그리고 일반적으로 공정·타당한 회계관행에 의하여 기재의 시점을 선택해야 하는데, 기업회계의 충분성의 원칙에 따라 상당한 시기에 기재하면 된다.

## 제 2. 대차대조표

### 1. 의 의

대차대조표(balance sheet)라 함은 일정한 시기에 기업 재산의 구성상태를 파악하기 위하여 자산과 부채·자본의 과목으로 구분하여, 차변과 대변에 대조하여 표시한 일람표이다. 기업회계기준에서는 '재무상태표'라고 한다. 대차대조표는 회계장부를 기초로 작성되어야 하지만, 회계장부에 나타나지 않는 자본에 관한 사항(자본금, 적립금)도 기재하여 손익관계를 표시해야 한다.

### 2. 종 류

대차대조표에는 통상대차대조표와 비상대차대조표로 구분되는데, 전자는 개업시 작성하는 개업대차대조표와 매년 1회 이상 또는 결산기에 작성하는 결산대차대조표가 있고(상 30조 2), 후자로는 회사의 합병·청산 등의 경우에 작성하는 대차대조표가 있다.

### 3. 작성방법

(1) 상인은 영업을 개시한 때와 매년 1회 이상 일정시기에, 회사는 성립한 때와 매 결산기에 회계장부에 의하여 대차대조표를 작성하고, 작성자가 이에 기명날인 또는 서명하여야 한다(상 30조 2). 그 기재 방법이나 방식에 대하여 규정이 없으므로 일반적으로 공정·타당한 회계관행에 의하여 작성하면 된다.

(2) 기재방식으로는 상하로 연결하여 먼저 자산의 부(部)를 표시하고 다음에 부채의 부(部), 자본의 부(部)로 배열하는 '보고식'과 차변에 자산을 대변에 부채와

자본을 대비시켜 기재하는 '계정식'이 있는데 주로 계정식이 사용된다.

(3) 회계실무에서 대차대조표는 복식부기로 작성하는데, 항상 차변과 대변의 양쪽의 금액을 동일한 금액으로 기장하는 이중기입의 방법으로 작성한다. 회계장부를 일정시점을 기준으로 마감하고 자산은 차변에 기재하고 자본과 부채는 대변에 기재하는데, 자산이 자본과 부채보다 많으면 그 차액은 이익으로 대변에 가산시켜 차변과 대변을 일치시키고, 자산이 자본과 부채보다 적으면 그 차액은 손실로 차변에 가산함으로써 양쪽을 일치시킨다.[8] 재무제표는 일정 시점에서 기업의 자산, 부채, 자본 및 기업의 재정상태를 표시하고, 손익계산서는 일정 기간 동안의 수익과 비용의 내용인 기업성과를 보여주는 점에서 다르다.

**재무상태표(계정식)**

**20×1년 12월 31일 현재**

ABC주식회사 (단위 : 백만원)

| 과목 | 금액 | 과목 | 금액 |
|---|---|---|---|
| **자산** | | **부채** | |
| 유동자산 | | 유동부채 | |
| 현금및현금성자산 | 100,000 | 매입채무 | 140,000 |
| 매출채권 | 300,000 | 단기차입금 | 40,000 |
| … | | … | |
| 비유동자산 | | 비유동부채 | |
| 매도가능금융자산 | 150,000 | 장기차입금 | 20,000 |
| 유형자산 | 450,000 | … | |
| … | | **부채총계** | **200,000** |
| | | **자본** | |
| | | 납입자본 | 100,000 |
| | | 기타자본구성요소 | 300,000 |
| | | 이익잉여금 | 300,000 |
| | | 자본총계 | **800,000** |
| **자산총계** | **1,000,000** | **부채 및 자본총계** | **1,000,000** |

8) 이철송, 226면.

**재무상태표(보고식)**
20×1년 12월 31일 현재

ABC주식회사 (단위 : 백만원)

| 과목 | 금액 |
|---|---|
| **자산** | |
| 유동자산 | |
| 현금및현금성자산 | 100,000 |
| 매출채권 | 300,000 |
| … | |
| 비유동자산 | |
| 매도가능금융자산 | 150,000 |
| 유형자산 | 450,000 |
| … | |
| **자산총계** | 1,000,000 |
| **부채** | |
| 유동부채 | |
| 매입채무 | 140,000 |
| 단기차입금 | 40,000 |
| … | |
| 비유동부채 | |
| 장기차입금 | 20,000 |
| … | |
| **부채총계** | 200,000 |
| **자본** | |
| 납입자본 | 100,000 |
| 기타자본구성요소 | 300,000 |
| 이익잉여금 | 300,000 |
| **자본총계** | 800,000 |
| **부채 및 자본총계** | 1,000,000 |

# 제 7 장
# 상업 등기

## 제1절 서 설

### 제 1. 상업등기의 필요성

#### 1. 연 역

상업등기는 연역적으로 중세 이탈리아의 상인단체명부에 그 기원을 두고 있는데, 18세기 독일에서는 회사등기부, 대리인등기부, 상호등기부 등이 있었으며, 1861년 독일보통상법전은 모든 상인에게 상호, 지배인 등을 등기하고 서명 등을 공시하도록 함으로써 근대적인 상업등기제도가 확립되었다.[1)]

#### 2. 기업공시

상업등기는 기업공시를 목적으로 한다. 기업과 거래하는 상대방을 보호하기 위하여 공시주의를 채택함으로써, 기업은 사회적 신용을 증대시키고 기업경영의 건전성과 합리성을 도모할 뿐만 아니라 제3자에게 대항할 수 있는 장점이 있고, 거래상대방은 기업의 중요한 내용을 등기부를 통하여 미리 알 수 있기 때문에 거래의 신속과 안전을 기할 수 있다. 상업등기는 개인상인보다 다수인과 거래를 하는 회사에서 필요성이 커서, 회사의 경우에 많은 공시를 하도록 규정하고 있다.

1) 최준선, 200면.

## 제 2. 의 의

1. 상업등기(commercial registration)란 상법의 규정에 의하여 등기할 사항을 법원의 상업등기부에 하는 등기를 말한다(상 34). 상업등기는 상법의 규정에 의한 등기이므로 다른 법률에 의한 부동산등기나 상호보험회사등기 또는 협동조합등기는 상업등기가 아니다. 선박등기는 상법의 규정(상 743, 선박법 8)에 의한 등기이지만 선박등기부에 하는 것이므로 상업등기가 아니다.

2. 상업등기는 법원에 하는 등기이므로, 행정관청에 하는 특허권·상표권의 등록과 다르다. 상법의 상업등기는 실체적 법률관계와 중요한 절차를 규정하고 있고, 구체적 절차는 상업등기법 및 상업등기규칙 등에 규정하고 있다.

3. 상업등기는 일정한 '사실'을 공시할 목적으로 하는 등기인 점에서 '권리'등기인 부동산등기와 다르다. 상업등기의 규정은 소상인에게는 적용하지 아니한다(상 9).

## 제 3. 상업등기부의 종류

상업등기부로서는 상호등기부, 미성년자등기부, 법정대리인등기부, 지배인등기부, 합자조합등기부, 합명회사등기부, 합자회사등기부, 유한책임회사등기부. 주식회사등기부, 유한회사등기부, 외국회사등기부의 11종류가 있다(상등 11).

# 제2절 상업등기사항

상법의 규정에 의하여 상업등기부에 등기하도록 규정된 사항이 상업등기사항이다. 어떤 것을 등기사항으로 할 것인가는 정책적인 문제로서 기업의 기밀을 보호함과 동시에 기업공시의 목적을 달성할 수 있는 내용이어야 한다. 상법에 등기사항으로 규정된 것이 아닌 사항은 등기할 수 없으며 등기를 하더라도 효력이 없다.

## 제 1. 종 류

### 1. 등기 주체에 따라

#### (1) 기업일반에 관한 등기사항

지배인등기(상 13)와 상호등기(상 22, 23)가 있다.

#### (2) 개인기업의 등기사항

미성년자가 법정대리인의 허락을 얻어 영업을 하는 경우의 등기(상 16), 법정대리인이 피한정후견인, 피성년후견인의 영업을 하는 경우(상 8) 등이 있다.

#### (3) 회사기업의 등기사항

회사의 설립, 지점설치와 이전, 해산, 청산 등이 있다.

### 2. 강제성 유무에 따라

#### (1) 절대적 등기사항

회사의 상호와 목적 등 반드시 등기를 하여야 하는 사항으로서, 이를 등기하지 아니하면 선의의 제3자에게 대항할 수 없다(상 37). 대부분의 상업등기가 절대적 등기사항이다.

#### (2) 상대적 등기사항

등기여부가 임의적인 사항으로서 개인기업의 상호등기가 있다. 일단 등기를 한 다음에는 그 사항의 변경, 소멸은 절대적 등기사항이 된다(상 40).

### 3. 법적효과에 따라

#### (1) 창설적 등기사항

당사자가 등기를 하여야만 그 효력이 발생하는 등기사항으로서, 회사의 설립·합병 등이 있다.

#### (2) 면책적 등기사항

법률관계의 해소나 당사자의 면책을 목적으로 하는 등기사항으로서, 지배인의 해임등기, 상호의 폐지등기, 회사의 해산등기, 사원의 퇴사등기가 있다.

### 4. 지점의 등기

(1) 본점의 소재지에서 등기할 사항은 다른 규정이 없으면 지점의 소재지에서도 등기하여야 한다(상 35). 여기의 '본점의 소재지에서 등기할 사항'은 절대적 등기사항만을 말하고, '다른 규정'이란 상법 제13조(지배인의 선임과 그 대리권의 소멸에 관하여는 그 지배인을 둔 본점 또는 지점의 소재지에서 등기해야 한다)와 같이 본점이나 지점의 등기사항을 별도로 구분한 경우를 말한다. 그러므로 이러한 특별규정(상 13)이 없으면 본점 등기사항은 모두 지점의 등기사항이 된다.

(2) 지점의 소재지에서 등기할 사항을 등기하지 아니한 때에는 그 지점의 거래에 관하여 선의에 제3자에게 대항하지 못한다(상 38).

### 5. 변경 · 소멸의 등기

등기한 사항에 변경이 있거나 그 사항이 소멸한 때에는 당사자는 지체없이 변경 또는 소멸의 등기를 하여야 한다(상 40). 상대적 등기사항도 일단 등기한 이후에는 그 사항의 변경 · 소멸은 이 규정에 의하여 절대적 등기사항이 되므로 지체없이 등기를 하여야 한다.

## 제3절 상업등기절차[2)]

### 제 1. 신청주의

상업등기는 원칙적으로 당사자 신청 또는 관청의 촉탁에 의하여 한다(상 34, 40, 상등 22조 1). 여기의 당사자란 개인상인의 경우에는 상인 자신이나 대리인이며, 회사의 경우에는 등기의 성질에 따라 등기신청기관이 정해져 있다. 상업등기의 신청은 서면(전자문서 포함)으로 하여야 하고, 등기신청서에 법정사항을 기재하고 신청자 또는 대리인이 기명날인 또는 서명을 하여야 한다(상등 24).[3)] 예외적으로 당사자의

---

2) 상업등기를 통일적으로 규율하기 위하여 비송사건절차법과 대법원규칙 등에서 정하고 있는 상업등기에 관한 규정을 단행법인 상업등기법이 2007. 8. 제정되었다.

3) 제24조(등기신청의 방법) ① 등기는 다음 각 호의 어느 하나에 해당하는 방법으로 신청한다.
1. 신청인 또는 그 대리인이 등기소에 출석하여 신청정보 및 첨부정보를 적은 서면을 제

직권으로 하는 경우가 있는데, 등기관의 잘못으로 등기에 착오나 실수가 있는 경우에는 직권으로 등기를 경정하고(상등 76조 2), 등기가 그 등기소의 관할에 속하지 아니하는 등 허용될 수 없는 등기가 이루어진 때에는 등기관이 직권으로 등기를 말소한다(상등 78, 80). 등기사항이 해산판결 및 회사설립무효판결처럼 재판에 의해 생기는 경우에는 법원이 직권으로 등기소에 등기촉탁을 하여야 한다(상 192, 비송 93, 98, 107). 휴면회사의 해산등기는 등기관의 직권발동에 의해 이뤄진다(상 520조의2, 상등 73조 1).

## 제 2. 등기관할

### 1. 관할 등기소

상업등기에 관하여는 등기 당사자의 영업소재지를 관할하는 지방법원, 그 지원 또는 등기소를 관할 등기소로 한다(상 34, 상등 4).

### 2. 등기관

등기사무는 등기소에 근무하는 법원서기관·등기사무관·등기주사 또는 등기주사보(법원사무관·법원주사 또는 법원주사보 중 2001년 12월 31일 이전에 시행한 채용시험에 합격하여 임용된 사람을 포함) 중에서 지방법원장(등기소의 사무를 지원장이 관장하는 경우에는 지원장)이 지정하는 사람(등기관)이 처리한다(상등 8조 1).

---

출하는 방법. 다만, 대리인이 변호사[법무법인, 법무법인(유한) 및 법무조합을 포함한다]나 법무사[법무사법인 및 법무사법인(유한)을 포함한다]인 경우에는 대법원규칙으로 정하는 사무원을 등기소에 출석하게 하여 그 서면을 제출할 수 있다.

2. 대법원규칙으로 정하는 바에 따라 전산정보처리조직을 이용하여 신청정보 및 첨부정보를 등기소에 보내는 방법(법원행정처장이 지정하는 등기유형으로 한정한다)

② 제1항에도 불구하고 다음 각 호의 등기에 관하여는 우편을 이용하여 신청정보 및 첨부정보를 적은 서면을 등기소에 제출하는 방법으로 등기를 신청할 수 있다.

1. 촉탁에 따른 등기
2. 회사의 본점과 지점 소재지에서 공통으로 등기할 사항(이하 "본·지점 공통 등기사항"이라 한다)에 대한 지점 소재지에서의 등기

③ 신청인이 제공하여야 하는 신청정보 및 첨부정보는 대법원규칙으로 정한다.

④ 신청정보를 적은 서면(전자문서를 포함한다. 이하 "등기신청서"라 한다)에는 신청인 또는 그 대리인이 기명날인(대법원규칙으로 정하는 전자서명을 포함한다. 이하 같다)하여야 한다. 다만, 대법원규칙으로 정하는 경우에는 서명으로 이를 갈음할 수 있다.

## 제 3. 등기소의 심사권

등기관은 신청사항이 등기할 사항이 아닌 경우에는 이유를 적은 결정으로 신청을 각하하여야 한다(상등 26). 그런데 등기관이 심사할 사항의 범위가 법에 명시되지 않아서 등기관의 심사권이 어느 범위까지 허용되는지에 관하여 견해가 대립한다.

### 1. 형식적 심사주의

등기관은 신청사항이 법정 형식에 맞는지 여부처럼 형식적 사항만 심사할 수 있으며, 신청사항의 내용이 진실한가 여부, 즉 실체적 내용은 심사할 권한이 없다는 견해이다. 만일 실질적 내용까지 등기관에게 심사권을 부여하면 등기에 이르기까지 많은 시간이 지체되며, 또 등기공무원은 단순히 기록관일 뿐이고 법관이 아니기 때문에 실체적 내용을 심사할 권한이 없다고 한다. 나아가 상업등기에 공신력이 인정되지 아니하므로 실체적 내용을 심사할 필요가 없다고 한다. 과거에 부동산등기에 대하여 형식적 심사주의를 취하여 왔는데[4], 상업등기에서도 형식적 심사주의를 취한 판례가 있다.[5]

**대법원 2008. 12. 15. 자 2007마1154 결정**

원칙적으로 등기공무원은 등기신청에 대하여 실체법상의 권리관계와 일치하는지 여부를 심사할 실질적 심사권한은 없고 오직 신청서 및 그 첨부서류와 등기부에 의하여 등기요건에 합당하는지 여부를 심사할 형식적 심사권한 밖에는 없다. 따라서 등기관이 구 비송사건절차법(2007. 7. 27. 법률 제8569호로 개정되기 전의 것) 제159조 제10호에 의하여 등기할 사항에 관하여 무효 또는 취소의 원인이 있는지 여부를 심사할 권한이 있다고 하여도 그 심사방법에 있어서는 등기부 및 신청서와 법령에서 그 등기의 신청에 관하여 요구하는 각종 첨부서류만에 의하여 그 가운데 나타난 사실관계를 기초로 판단하여야 하고, 그 밖에 다른 서면의 제출을 받거나 그 외의 방법에 의해 사실관계의 진부를 조사할 수는 없다.

---

4) 대법원 1995. 1. 20. 자 94마535 결정(등기공무원은 등기신청에 대하여 실체법상의 권리관계와 일치하는 여부를 심사할 실질적 심사권한은 없고 오직 신청서 및 그 첨부서류와 등기부에 의하여 등기요건에 합당하는 여부를 심사할 형식적 심사권한 밖에는 없는 것(대법원 1989.3.28. 선고 87다카2470 판결)임은 소론과 같다).

5) 대법원 2008. 12. 15. 자 2007마1154 결정.

### 2. 실질적 심사주의

등기관이 형식적 적법성뿐만 아니라 실체적 내용까지 심사할 권한이 있다고 한다. 그 이유는 첫째로 등기제도가 객관적 사실을 공시하여 거래상대방과 일반 공중을 보호하려는 것이기 때문에 그 내용이 진실하여야 하는 것은 당연하고, 둘째로 법원이 '직권으로 사실탐지와 필요하다고 인정하는 증거조사를 하여야 한다'는 비송사건절차법 제11조의 규정이 등기소의 상업등기심사에 적용된다는 점을 들고 있다.

### 3. 절충주의

등기관이 법관이 아니므로 그 실체적 내용까지 심사할 권한이나 의무가 없지만, 등기할 사항에 대하여 착오가 있거나 빠진 것이 있음을 발견한 때에는 정정할 수 있으므로(상등 76), 등기신청사항이 진실한지 여부가 의문이 생길 경우에는 등기관은 실체적 진실에 대하여 심사할 수 있다는 견해이다. 이 견해는 다시 형식적 심사주의를 우선시하는 수정형식적 심사주의[6]와 실질적 심사주의를 원칙으로 하는 수정실질적 심사주의[7]로 나누어진다.

### 4. 소 결

생각건대 등기가 객관적 진실에 부합하게 공시를 하여야 하므로 실질적 심사주의가 이론상 타당하지만, 시간의 지연과 등기관이 법관이 아니라는 점 때문에 모든 사항을 실질 심사할 수는 없고, 신청사항이 진실과 다르다고 의심이 드는 경우에 한정하여 실질적 심사를 할 수 있다고 보는 수정실질적 심사주의가 타당하다고 여겨진다.

## 제 4. 상업등기의 공시

상업등기는 일반적·능동적 공시방법인 공고(公告)와 결합하여 공시적 효력이 있었으나, 1995년 상법개정시 공고제도를 폐지하여 현재는 개별적·공시방법만

6) 전우현, 127면 ; 최기원, 161면.
7) 정찬형, 150면 ; 최준선, 204면.

인정된다. 대법원규칙으로 정하는 바에 따라 등기기록에 기록되어 있는 사항의 전부 또는 일부의 열람과 이를 증명하는 등기사항증명서의 발급을 신청할 수 있다. 다만, 등기기록의 부속서류에 대해서는 이해관계 있는 부분만 열람을 신청할 수 있다(상등 15).

## 제4절 상업등기의 효력

상업등기의 일반적 효력을 등기 전후로 구분하여 규정하고 있고(상 37조 1), 등기의무자의 고의 및 과실에 의한 부실등기의 효력을 별도로 규정하고 있다(상 39). 그리고 일정한 등기사항에 관하여는 등기 자체에 따른 특수한 효력이 발생한다.

### 제 1. 일반적 효력(확보적 효력, 선언적 효력)

#### 1. 등기 전(前)의 효력

##### (1) 소극적 공시의 원칙

등기할 사항은 이를 등기하지 아니하면 선의의 제3자에게 대항하지 못한다(상 37조 1). 즉 등기할 사항을 등기하지 아니하면 악의의 3자에게는 대항할 수 있으나, 선의의 제3자에게는 대항할 수 없도록 함으로써 선의의 제3자를 보호한다. 그러므로 영업주가 지배인을 해임하고 해임등기를 하지 아니하면 그 사실을 모르는 제3자와 지배인 사이에 매매가 이루어진 경우 영업주는 제3자에 대하여 지배인의 매매로 인한 의무를 이행하여야 한다. 등기의 일반적 효력은 등기 내용인 사실이 존재할 때만 발생하는 효력이므로, 등기사실이 존재하지 아니하는 경우에는 등기를 하여도 등기효력이 발생하지 아니한다. 즉 상업등기는 원칙적으로 적극적 공신력이 없다.

##### (2) 요 건

**1) 등기할 사항**

'등기할 사항'이란 절대적 등기사항과 상대적 등기사항을 포함하며, 새로 생긴 사항은 물론이고 변경 또는 소멸되는 사항도 포함한다(상 40).

#### 2) 미등기

등기할 사항을 등기하지 않았거나, 등기한 사항에 대하여 변경 또는 소멸이 되었으나 변경 또는 소멸의 등기를 하지 않았어야 한다. 거래의 안전을 위하여 선의의 제3자를 보호하는 것이 법 규정의 취지이므로 미등기의 원인이 등기소의 과실에 의한 경우에도 적용된다.[8]

#### 3) 제3자의 선의(善意)

(가) '선의'라 함은 등기할 사항의 존재를 모르는 것을 의미하므로 등기 여부를 알지 못하였다는 뜻이 아니다. 즉 해임된 지배인과 거래한 제3자가 해임된 사실을 몰랐던 것을 의미하는 것이다.

(나) 해임사실을 알지 못하는데(선의) 과실이 있는 경우 보호받을 수 있는가에 대하여, 법문이 과실에 대하여 규정하고 있지 아니하므로 경과실이 있는 경우에는 선의의 제3자가 보호받는 것은 당연하다. 중과실이 있는 선의의 제3자도 보호받을 수 있다는 견해[9]가 있으나 중과실이 있는 선의의 제3자를 보호하는 것은 형평에 어긋나므로 악의자로 보는 것이 타당하다.[10] 선악의 판단 시기는 거래 당시를 기준으로 하고, 제3자는 선의로 추정되므로 제3자의 악의를 주장하는 자가 증명책임을 부담한다.

### (3) 효 과

#### 1) 대항력의 제한을 받는 자

등기할 사항을 등기하지 아니하면 선의에 제3자에게 대항하지 못하므로, 악의에 제3자에 대하여는 등기할 사항을 등기하지 아니하더라도 진실한 법률상태를 주장할 수 있다. 그리고 등기할 사항을 등기하지 않음으로써 선의의 제3자에게 대항하지 못하는 불이익을 입는 자는 반드시 등기신청인만을 의미하지는 않고, 등기할 사항을 대외적으로 주장할 법률상 이익을 갖춘 자는 모두 포함하므로, 합명회사사원이 퇴사하는 경우 회사의 대표사원이 변경등기를 하여야 하지만(상등규 103조 2), 퇴사등기를 하지 않음으로써 회사채권자에게 책임을 지는 불이익을 입는 자는 퇴사한 사원이다(상 225조 1).[11]

---

8) 이철송, 250면.
9) 최준선, 206면 ; 전우현, 129면 ; 이기수외, 213 ; 손주찬, 179면.
10) 정찬형, 152면 ; 이철송, 248면 ; 안강현, 151면 ; 김성태, 328면.
11) 이철송, 250면.

2) 제3자란 등기사항의 당사자가 아니면서 등기사항에 대하여 정당한 이해관계자를 의미한다. 따라서 상호의 양도가 등기되지 아니한 상태에서 이중으로 상호를 양도받은 자, 해임된 지배인이 발행한 어음을 배서 양도받은 자도 제3자이다.

3) 본조는 선의의 제3자를 보호하기 위한 규정이지 당사자를 보호하기 위한 것이 아니므로, 제3자는 자신의 이익을 포기하고 진실한 사실을 주장할 수 있다. 예컨대 해임등기를 이행하지 아니한 영업주는 선의에 제3자에 대하여 그 지배인이 해임되었다는 사실을 주장하지 못하지만, 반대로 선의의 제3자는 지배인이 해임되었음을 주장하여 거래의 효과를 부인할 수 있다.

## 2. 등기 후(後)의 효력

### (1) 원칙(적극적 공시의 원칙 ; 대항력)

등기할 사항을 등기하면 선의의 제3자에게 이를 대항할 수 있다. 즉, 등기를 한 후에는 제3자의 악의가 의제되므로 제3자의 악의를 증명할 필요 없이 등기된 사항으로 대항할 수 있다.

### (2) 예 외

1) 등기할 사항을 등기한 후라도 제3자가 정당한 사유로 인하여 이를 알지 못한 때에는 제3자에게 대항할 수 없다(상 37조 2항 단서). 제3자가 '정당한 사유로 등기사항을 알지 못한 경우'에도 제3자를 악의자로 의제하는 것은 부당하므로 등기 이후에도 정당한 사유로 인한 선의의 제3자는 보호하여야 한다. 여기의 '정당한 사유'라 함은 등기부가 소실되었거나 천재지변 등 객관적 사정으로 등기부를 열람할 수 없는 것을 의미하며, 주관적인 사정은 포함되지 아니한다.

2) 정당한 사유가 있더라도 등기당사자는 대항력을 갖추고 있으므로 제3자가 '선의'와 '정당한 사유'를 증명해야 등기효력을 부정할 수 있다.

## 3. 일반적 효력이 미치는 범위

### (1) 등기할 사항의 범위

상법 제37조의 등기의 일반적 효력은 등기할 사항에 적용된다. 그러나 창설적 효력이 있는 등기에는 적용되지 않는다. 예컨대 회사설립 같은 창설적 등기사항은 등기를 함으로써 회사가 설립되는바, 등기 전에는 설립의 효력이 발생하지 않아서 제3자는 선악을 불문하고 회사설립의 효력을 주장할 수 없다.

### (2) 적용되는 법률관계

#### 1) 비(非)거래관계

(가) 부정설

상법 제37조는 거래안전을 위한 규정으로서 등기당사자와 제3자 간의 거래관계에만 적용이 되고 거래와 무관한 불법행위 · 사무관리 · 부당이득 등은 등기 유무로 제3자의 보호여부를 결정하는 것은 상업등기의 목적에 벗어나므로 비거래관계는 상법 제37조가 적용되지 않는다고 한다.[12)]

(나) 긍정설

기업이 경제적 생활체로서 광범위한 활동을 하고 있고, 지배인의 불법행위에 대하여 영업주가 사용자책임을 부담하는 등 회사에게 불법행위능력이 인정되므로, 불법행위나 사무관리, 부당이득에 대하여도 상법 제37조가 적용된다는 긍정설과[13)] 원칙적으로는 소극설을 취하지만, 예외적으로 거래와 불가분의 관계에서 생긴 비거래관계에는 상법 제37조가 적용되어야 한다는 제한적 긍정설이 있다. 그래서 해임된 지배인이 거래처로부터 물품을 편취하는 등 거래와 불가분 관계가 있는 불법행위 같은 비법률행위적 법률관계는 본조가 적용되지만, 사무관리나 부당이득은 상대방의 신뢰를 전제로 하지 않기 때문에 적용되지 않는다고 한다.[14)] 생각건대, 거래관계와 밀접하고 불가분의 관계가 있는 불법행위는 상법 제37조가 적용된다고 보는 제한적 긍정설이 타당하다.

#### 2) 소송행위

(가) 적용긍정설

소의 제기와 같은 적극적 소송행위든 소장 수령과 같은 소극적 소송행위든 모든 소송행위에 상법 제37조가 적용된다는 견해가 있다.[15)] 소송행위도 거래행위의 연장이며 일방의 게으름 때문에 등기가 지연되었는데, 그 불이익을 타인에게 입히

12) 정찬형, 154면 ; 김정호, 137면; 김성태, 330면 ; 이철송, 254면(이철송 교수는 원칙적으로 비거래관계는 상법 제37조가 적용되지 않지만, 이미 발생한 불법행위로 인한 손해배상청구권이나 부당이득반환청구권의 행사 또는 동 의무의 이행관계는 이미 거래관계라 볼 수 있으므로 상법 제37조의 적용대상이 된다고 한다).
13) 정희철, 122면.
14) 최준선, 208면 ; 손주찬, 182면 ; 정동윤, 100면.
15) 정찬형, 155면 ; 김정호, 141면.

는 것은 불합리하다고 한다. 따라서 해임지배인에 대한 소멸등기 전에 그 지배인에게 행한 소장송달이 유효하고, 해임지배인이 행한 반소의 제기나 소송대리인의 선임도 유효하다고 한다.[16]

(나) 적용부정설

소송절차의 명확성과 안전성을 중시하여 소송행위에는 상법 제37조가 적용되지 않는다는 견해이다.[17] 한편 등기의 부실 원인이 법인 자신의 고의적인 태만으로 기인된 경우에 한정하여 상법 제37조가 적용되나 원칙적으로는 적용될 수 없다는 견해도 있다.[18]

(다) 소결

형식적 요건을 중시하는 소송행위의 특성상 선·악을 불문하고 등기부의 기재에 의하여 소송행위를 진행하는 것이 타당하므로, 등기할 사항을 등기하면 선의의 제3자에게 대항할 수 있다는 적극적 공시의 원칙은 소송행위에 적용될 것이다. 그러나 소극적 공시의 원칙을 소송행위에 적용하게 되면, 해임된 지배이사에 대한 해임등기를 하지 아니한 상태에서 그 지배인이 회사에 대한 소송에서 응소를 한 경우 상대방이 선의이면 유효한 응소가 되고 악의이면 무효가 되어 소송행위의 안전성과 명확성에 어긋나므로 소극적 공시원칙은 소송행위에 적용될 수 없다고 본다.[19] 판례도 같은 입장이다.[20]

### 3) 공법관계

상법 제37조의 제3자라 함은 대등한 지위에서 하는 보통의 거래관계의 상대방을 의미하므로 조세권에 기하여 조세의 부과처분을 하는 국가는 제3자에서 제외된다.[21]

---

16) 대법원 1972. 12. 26. 선고 72다538 판결(판결이 공시송달의 방법에 의하여 피고 대표자 남상일 명의로 송달되었다는 사실을 인정한 이상 설사 위 남상일이가 적법한 대표권이 있는 피고의 대표자가 아니었다 할지라도 그 판결의 피고에 대한 송달의 효력은 부정할 수 없는 것이다).

17) 김성태, 331면 ; 정동윤, 100면.

18) 이시윤, 신민사소송법(제5판), 2010. 111면.

19) 최준선, 209면.

20) 대법원 1994. 2. 22. 선고 93다42047 판결(공정증서가 채무명의로서 집행력을 가질 수 있도록 하는 집행인낙표시는 공증인에 대한 소송행위로서 이러한 소송행위에는 민법상의 표현대리 규정이 적용 또는 준용될 수 없다고 할 것이다) ; 대법원 2001. 2. 23. 선고 2000다45303 · 45310 판결.

21) 대법원 1978. 12. 26. 선고 78누167 판결(상법 제37조 소정의 "선의의 제3자"라 함은 대등한 지위에서 하는 보통의 거래관계의 상대방을 말한다 할 것이므로 조세권에 기하여 조세의 부과처분을 하는 경우의 국가는 동조 소정의 제3자라 할 수 없다).

### (3) 외관보호규정(표현책임)과 관계

1) 표현지배인은 등기부에 지배인으로 등기되어 있지 아니하므로, 그와 거래한 제3자는 그가 지배인이 아니라는 사실을 아는 것으로(악의) 의제되어, 거래행위의 유효를 주장할 수 없을 것이다. 그러나 상법은 표현지배인(상 14), 표현대표이사(상 395) 등과 거래한 선의의 제3자를 보호하고 있는바, 표현지배인, 표현대표이사 등은 외관보호의 법리에 따라 그 효력이 인정되고 상법 제37조의 적용은 배제된다.

2) 표현지배인 등에 대하여 상법 제37조의 적용을 배제하는 근거에 대하여는, 상법 제14조가 상법 제37조의 예외규정이라는 예외설,[22] 상법 제14조는 상법 제37조 제2항의 '정당한 사유'에 해당된다는 정당사유설, 상법 제37조는 등기의 기초사실이 있을 때 공시하는 규정인 반면에 상법 제14조는 등기의 기초사실이 없는 외관보호규정으로서 서로 차원이 다르다는 이차원설[23]이 대립한다. 판례[24]는 이차원설을 취하고 있다. 이들 규정은 모두 외관보호의 법리에 기초를 두고 있지만 '명칭사용'의 외관을 보호하는 상법 제14조(표현지배인)가 '등기'라는 외관을 보호하는 상법 제37조보다 우선하는 효력이 있으므로 상법 제37조의 예외규정으로 보아야 할 것이다.

### (4) 상호양도와 관계

'상호의 양도는 등기하지 아니하면 제3자에게 대항하지 못한다'는 상법 제25조 제2항과 상법 제37조의 관계에 대하여 상법 제25조 제2항이 상법 제37조의 예외규정이라는 견해와 양 규정이 서로 다르다는 이차원설이 있다. 생각건대 상호양도의 등기는 상업등기의 일반규정인 상법 제37조가 적용되지 않는 예외규정으로 보아야 할 것이다.

## 제 2. 상업등기의 특수적 효력

### 1. 창설적 효력

등기에 의하여 새로운 법률관계가 형성되거나 설정되는 효력을 말한다. 즉, 회

22) 최준선, 210면.
23) 정동윤, 101면.
24) 대법원 1979. 2. 13. 선고 77다2436 판결(상법 제395조와 상업등기와의 관계를 헤아려 보면, 본조는 상업등기와는 다른 차원에서 회사의 표현책임을 인정한 규정이라고 해야 옳으리니 ... ).

사의 설립등기에 의하여 회사가 창설되고(상 172), 회사합병등기에 의하여 회사합병의 효력이 발생한다(상 234, 530조 2, 603). 창설적 효력은 제3자의 선·악과 무관하게 발생하므로 상법 제37조가 적용되지 않는다.

### 2. 보완적 효력

상업등기의 전제가 되는 법률관계의 하자가 있더라도 등기를 하면 하자가 치유되는 효과가 발생하여 그 하자를 주장하지 못하게 하는 효력으로서, 치유적 효력이라고도 한다. 예컨대 회사가 성립한 후에는 주식인수인이 주식청약서의 요건의 흠결을 이유로 그 인수를 무효로 주장하거나 사기, 강박 또는 착오를 이유로 그 인수를 취소하는 것이 제한된다(상 320조 1).

### 3. 부수적 효력

합명회사나 합자회사에서 무한책임사원이 퇴사한 경우 퇴사등기를 한 때부터 2년이 경과하면 회사채무에서 면책되며(상 225, 269), 회사설립등기를 하면 주권을 발행할 수 있고(상 355조 2), 주식양도가 허용된다(상 319조 2). 이러한 효과는 주권발행의 제약 또는 면책시기를 정함에 있어 등기를 기준으로 택한 것이므로 상업등기의 고유한 효과는 아니다.[25)]

## 제 3. 상업등기의 추정력

### 1. 사실상 추정과 법률상 추정

(1) 상업등기의 대상인 사실관계에 대한 다툼이 있는 경우에, 상업등기부에 등기된 사항은 진실하다는 사실상 추정을 받는다. 그러나 이러한 사실상 추정력으로부터 증명책임을 전환시키는 법률상 추정력이 생기는 것은 아니다.[26)] 그 이유는 등기소가 형식적 심사권만 가진다고 보는 한 법률상 추정력을 인정하기 어렵기 때문

25) 이철송, 255면.

26) 대법원 1983. 12. 27. 선고 83다카331 판결(피고들은 1968.7.1 이전부터 1970.12.31이 경과하도록 소외 대명모방주식회사의 이사 또는 감사인 것으로 같은 회사의 법인등기부에 등재되어 있음이 명백하므로 특단의 사정이 없는 한 피고들은 정당한 절차에 의하여 선임된 적법한 이사 또는 감사로 추정된다 할 것이다).

이다.[27)]

(2) 법률상 추정력이 인정되면 등기된 사항의 존재를 부인하는 자가 부존재 사실을 입증해야 한다.[28)] 공무원이 등기의 형식적 심사밖에 할 수 없다는 견해에 따르면 법률상 추정력은 인정되지 아니하고, 공무원에게 실질적 심사권이 있다는 실질적 심사주의에 따르면 법률상 추정력은 인정될 것이다. 법인등기부에 이사로 등재되면 적법한 이사로 사실상 추정된다. 그런데 법률상 추정력이 인정되면 등기된 이사가 부적법한 이사라고 주장하는 자가 부적법한 이사임을 증명하여야 할 책임을 지며 만일 이를 증명하지 못하면 등기이사는 적법한 이사로 법률상 추정을 받게 된다. 등기공무원에게 형식적 심사권한만을 부여하는 한 법률상 추정력은 부정되어야 할 것이다.

## 2. 상업등기의 공신력

(1) 등기에 사실상 추정력이 인정되더라도 당사자가 등기가 실제와 다르다는 사실을 입증하면 제3자의 신뢰는 보호받지 못한다. 즉, 상업등기는 사실여부와 무관하게 등기를 신뢰한 자에 대하여 등기된 대로 효력을 부여하는 공신력(公信力)이 없다. 이처럼 등기의 공신력을 인정하지 않게 되면 등기제도는 신뢰를 잃고 당사자들은 거래를 할 때마다 등기의 진실여부를 확인하여야 하므로, 거래의 안전과 신속을 해칠 뿐만 아니라 상업등기제도의 효용이 감소되는 문제가 발생한다.

(2) 그래서 부실등기를 하게 된 원인이 등기신청인에게 있는 경우에는, 부실등기사실을 알지 못하는 제3자는 보호받아야 할 것이다. 상법 제39조는 '고의 또는 과실로 인하여 사실과 상위한 사항을 등기한 자는 그 상위를 선의의 제3자에게 대

---

27) 정찬형, 157면 ; 이철송, 255면.

28) 법률상 추정(法律上 推定)이라 함은 어느 사실로부터 다른 사실을 경험칙에 의하여 추인하는 사실상(事實上)의 추정(推定)과는 달리 법률에 의하여 추인하는 것으로 규정된 것을 말한다. 사실상의 추정에서의 경험칙이 법규화 된 것이라고 할 수 있다. 여기에는 민법 제30조의 「2인 이상이 동일한 위난으로 사망한 경우에는 동시에 사망한 것으로 추정한다」는 동시사망에서 보는 바와 같이 갑(甲)사실이 있는 경우에는 을(乙)사실이 있는 것으로 추정하도록 법률에 규정되어 있는 법률상의 사실추정과 민법 제198조의 「전후(前後) 양시(兩時)에 점유(占有)한 사실이 있는 때에는 그 점유는 계속한 것으로 추정한다」는 점유계속의 추정에서 보는 바와 같이 갑(甲)사실이 있는 경우에는 을(乙)권리가 있는 것으로 추정하도록 규정되어 있는 법률상의 권리추정(權利推定)이 있다. 그리고 법률에 명문의 규정이 있는 것은 아니지만 판례에 의하여 법률상의 권리추정으로 취급되는 것으로 등기명의자를 당해 부동산의 적법한 권리자로 추정하는 경우가 있다.

항하지 못한다'고 규정하여, 상업등기의 공신력이 인정되지 아니함으로 발생하는 문제점을 해결하고 부실등기의 책임을 등기당사자에게 귀속시킴으로써 부실등기를 억제하고자 하였다.[29)]

(3) 상법 제39조가 등기를 한 자의 고의·과실이 있는 경우에 한하여 상업등기의 공신력을 제한적으로 인정한 것이라는 견해[30)]와 공신력과는 무관한 외관법리에 의한 규정이라는 견해[31)]가 대립한다. 외관법리의 넓은 뜻에는 공신력도 포함된다고 보는 견해가 있으며, 양 견해가 공신력의 개념 파악에 차이가 있을 뿐 모두 외관법리를 그 바탕으로 하므로 다툴 실익이 없다는 주장도 있다.[32)] 생각건대, 등기의 공신력을 인정하지 않는 상법 제39조는 외관법리에 근거를 둔 것으로 이해하여야 할 것이다.

## 제 4. 부실등기의 효력

### 1. 의 의

상법 제39조에 '고의 또는 과실로 인하여 사실과 상위한 사항을 등기한 자는 그 상위를 선의의 제3자에게 대항하지 못한다.'고 규정하고 있다. 이는 부실등기의 책임을 등기당사자에게 돌림으로써 부실등기를 억제하는 역할을 한다.

### 2. 적용 요건

#### (1) 사실과 상위(相違)한 등기

등기부에 표시될 수 있는 사항이면 어떠한 사항이든지 본조가 적용된다. 상법 제39조는 등기할 사항과 상위하게 등기를 한(작위) 자에게만 적용된다. 지배인 아닌 자를 지배인으로 등기한 경우가 해당된다. 그러나 등기할 때에는 사실에 부합하였으나 사정이 변동되어 사실과 다른 경우, 예컨대 지배인을 해임하고 해임등기를 하지 아니한 경우처럼 부작위의 경우에는 본조가 아닌 상법 제37조 제1항이 적용된다. 주식회사의 대표이사의 선임결의의 무효판결이 확정된 후 새로운 대표

29) 이철송, 258면.
30) 김성태, 337면 ; 김정호, 146면 ; 정찬형, 157면.
31) 이철송, 258면 ; 최준선, 214면 ; 정동윤, 102-103면 ; 김정호, 146면.
32) 손주찬, 188면.

이사의 등기를 게을리한 경우에는 등기할 사항을 등기하지 아니하였기 때문에 상법 제37조 제1항이 적용되지만,[33] 선임 후 판결까지 존속한 대표이사의 등기는 부실한 등기이므로 상법 제39조가 적용된다.[34]

### 대법원 2004. 2. 27. 선고 2002다19797 판결

이사 선임의 주주총회결의에 대한 취소판결이 확정된 경우 그 결의에 의하여 이사로 선임된 이사들에 의하여 구성된 이사회에서 선정된 대표이사는 소급하여 그 자격을 상실하고, 그 대표이사가 이사 선임의 주주총회결의에 대한 취소판결이 확정되기 전에 한 행위는 대표권이 없는 자가 한 행위로서 무효가 된다. 그러나 이사 선임의 주주총회결의에 대한 취소판결이 확정되어 그 결의가 소급하여 무효가 된다고 하더라도 그 선임 결의가 취소되는 대표이사와 거래한 상대방은 상법 제39조의 적용 내지 유추적용에 의하여 보호될 수 있으며, 주식회사의 법인등기의 경우 회사는 대표자를 통하여 등기를 신청하지만 등기신청권자는 회사 자체이므로 취소되는 주주총회결의에 의하여 이사로 선임된 대표이사가 마친 이사 선임 등기는 상법 제39조의 부실등기에 해당된다.

원심판결 이유에 의하면 원심은, 이 사건 주주총회에서 선임된 이사들에 의하여 대표이사로 선임된 최일권은 당일 법인등기부에 같은 내용의 등기를 함으로써 법인등기부상으로는 그 이후부터 주주총회 취소판결이 확정될 때까지 원고 회사의 대표이사로 등재된 사실, 거래상대방인 노충량은 당시 법인등기부상 원고 회사의 대표이사로 등재된 최일권과 근저당권설정계약을 체결하고 그에 기하여 근저당권설정등기를 경료한 사실, 노충량을 비롯한 피고들은 이 사건 주주총회결의 취소판결이 확정될 때까지는 최일권이 원고 회사의 적법한 대표이사가 아니라는 사정을 전혀 알지 못하였던 사실을 적법하게 인정한 다음, 원고 회사는 상법 제39조의 법리에 따라 원고 회사와 노충량과 체결된 근저당권설정계약과 근저당권설정등기 및 이에 터잡은 모든 거래행위에 대하여 책임을 져야 할 것이므로 원고의 주장은 이유 없다고 판단하였는바, 앞에서 본 법리에 비추어 볼 때 원심의 사실인정과 판단은 정당하다.

---

33) 대법원 1974. 2. 12. 선고 73다1970 판결.
34) 대법원 2004. 2. 27. 선고 2002다19797 판결.

### (2) 등기신청인의 고의 또는 과실

#### 1) 등기신청인의 귀책사유

등기신청인의 부진정한 외관작출에 대한 책임을 지우는 것이 본조의 취지이므로, 등기신청인에게 귀책사유가 있어야 한다. '고의나 과실'은 등기신청인뿐만 아니라 그 대리인의 고의나 과실도 포함한다. 등기신청인이 회사인 경우에는 대표기관을 기준으로 판단해야 한다.

#### 2) 제3자의 귀책사유

등기신청인의 고의·과실로 인한 것이 아니고, 제3자의 허위신청에 의하여 이루어진 부실등기에 대하여는 본조가 적용되지 않는다.[35] 그런데 제3자가 문서위조 등의 방법으로 등기신청인 명의로 경료한 부실등기에 관하여, 등기신청인에게도 귀책사유가 있는 경우에 본조가 적용되는지 여부가 문제된다.

① 자기 모르게 부실등기가 된 경우에는 등기신청인에게 아무런 귀책사유가 없기 때문에 이를 방치하는 것이 등기명의인의 과실로 평가될 수 있을 때에만 적용된다는 견해,[36] ② 부실등기를 모른 점에 대하여 등기신청인에게 중과실이 있거나, 등기신청인이 부실등기라는 사실을 안 이후에 말소나 정정 등기 등을 게을리하는 등 방치한 경우에 본조가 유추 적용된다는 견해,[37] ③ 알고 방치한 경우뿐만 아니라 과실로 알지 못하고 방치한 경우에도 본조가 적용되어야 한다는 견해[38]가 대립하고 있다.

④ 판례는 제3장의 허위에 의한 부실등기가 이루어진 후, 등기신청권자가 알면서 방치한 것이 아니라면, 부실등기 상태를 발견하여 시정하지 못한 데 과실이 있더라도 상법 제39조를 적용하지 못한다고 판시함으로써, '부실상태를 알고 방치한 경우'에만 본조의 책임을 물을 수 있다고 하였다.[39] 다른 판례는 등기신청권자가 스스로 등기를 하지 아니하였다 하더라도 그의 책임있는 사유로 등기가 이루어지는 과정에 관여를 하거나 부실등기의 존재를 알고 있음에도 이를 시정하지 않고 방치하는 등 등기신청권자의 고의·과실로 부실등기를 한 것과 동일시할 수 있는 특별한 사정이 있는 경우에는, 등기신청권자에 대하여 상법 제39조에 의한 부실등기 책임을 물을 수 있다고 한다.[40]

---

35) 대법원 2008. 7. 24. 선고 2006다24100 판결 ; 이철송, 261면.

36) 정동윤, 103면.

37) 정찬형, 159면-160면 ; 김정호, 147면 ; 김성태, 340면.

38) 이철송, 261면.

39) 대법원 1975. 5. 27. 선고 74다1366 판결.

생각건대 등기신청인의 귀책사유가 없이 제3자의 부실등기에 대하여 등기신청인이 책임을 질 수 없다. 다만 등기신청인이 중대한 과실로 제3자의 허위신청을 알지 못하였거나 또는 부실등기를 알면서도 시정조치를 게을리하는 등 방치한 경우에는 책임을 물을 수 있을 것이다.

**대법원 1975. 5. 27. 선고 74다1366 판결**

소외 대한지업주식회사는 창립당시 소외 나용균이 대표이사로 선임되고 1955.4.10 중임되었다가 1963.6.26 퇴임하고 그날 소외 1이 대표이사로 선임되어 1966.2.26과 1970.3.1에 각 중임된 것으로 등기되어 본건 계쟁부동산에 관하여 원고 앞으로 소유권이전등기가 경료된 1970.11.24 당시에도 위 소외 1이 대표이사로 등기되어 있었던 사실과 위 소외 회사는 창립후 1955년경부터 영업의 부진으로 사실상 휴업상태에 들어가 임직원들이 출근도 하지 아니하게 되고 모든 회사관계인들이 회사에 대하여 무관심하게 되었으며 대표이사의 직인 등도 회사 사무실에 보관되어 있던 중 위 소외 회사의 감사인 소외 2가 대표이사의 직인을 도용하여 1963.6.26에 위 소외 회사의 임시주주총회가 개최되어 소외 1 등 4인이 이사로 선임되고 같은날 이사회에서 위 소외 1이 대표이사로 선임된 것처럼 임시주주총회 의사록과 이사회 회의록을 위조하는 한편 이를 사용하여 주식회사 변경등기를 신청하므로써 위 소외 1이 소외 회사의 대표이사로 등기되어 내려온 사실이 있다 .... (중략)

상법 제39조는 고의나 과실로 스스로 사실과 상위한 내용의 등기신청을 함으로써 부실의 사실을 등기하게 한 자는 그 부실등기임을 내세워 선의의 제3자에게 대항할 수 없다는 취지로서 등기신청권자 아닌 제3자가 문서위조 등의 방법으로 등기신청권자의 명의를 도용하여 부실등기를 경료한 것과 같은 경우에는 비록 그 제3자가 명의를 도용하여 등기신청을 함에 있어 등기신청권자에게 과실이 있다 하여도 이로서 곧 등기신청권자 자신이 고의나 과실로 사실과 상위한 등기를 신청한 것과 동일시 할 수는 없는 것이고, 또 이미 경료되어 있는 부실등기를 등기신청권자가 알면서 이를 방치한 것이 아니고 이를 알지 못하여 부실등기 상태가 존속된 경우에는 비록 등기신청권자에게 부실등기 상태를 발견하여 이를 시정하지 못한 점에 있어서 과실이 있다 하여도 역시 이로서 곧 스스로 사실과 상위한 등기를 신청한 것과 동일시 할 수 없는 법리라 할 것이므로 등기신청권자 아닌 제3자의 문서위조등의 방법으로 이루어진 부실등기에 있어서는 등기신청권자에게 그 부실등기의 경료 및 존속에 있어서 그 정도가 어떠하건 과실이 있다는 사유만 가지고는 상법 제39조를 적용하여 선의의 제3자에게 대항할 수 없다고 볼 수는 없다

40) 대법원 2011. 07. 28. 선고 2010다70018 판결.

할 것인바 원판결이 이와 반대의 견해로 위 소외 회사의 진정한 대표이사 아닌 위 소외 1을 소외 2가 위 소외 회사의 명의를 도용하여 대표이사로 등기한 부실등기의 경료 및 그 존속에 있어 위 소외 회사에게 중대한 과실이 있다는 사유를 들어 위 소외 회사는 등기의 상위로서 선의의 제3자인 원고에게 대항할 수 없다고 판단한 것은 상법상의 부실등기의 효력에 관한 법리를 오해한 위법이 있다 할 것인 즉 이점 논지는 이유 있다.

**대법원 2011. 7. 28. 선고 2010다70018 판결**

등기신청권자에게 상법 제39조에 의한 불실등기 책임을 묻기 위해서는, 원칙적으로 등기가 등기신청권자에 의하여 고의 · 과실로 마쳐진 것임을 요하고, 주식회사의 경우 불실등기에 대한 고의 · 과실의 유무는 대표이사를 기준으로 판정하여야 하는 것이지만, 등기신청권자가 스스로 등기를 하지 아니하였다 하더라도 그의 책임 있는 사유로 등기가 이루어지는 데에 관여하거나 불실등기의 존재를 알고 있음에도 이를 시정하지 않고 방치하는 등 등기신청권자의 고의 · 과실로 불실등기를 한 것과 동일시할 수 있는 특별한 사정이 있는 경우에는, 등기신청권자에 대하여 상법 제39조에 의한 불실등기 책임을 물을 수 있다.

(3) 제3자의 선의

제3자가 등기내용이 사실과 상위함을 알지 못하였어야 한다. 알지 못하는 것에 대하여 무과실일 것을 법이 요구하지 않는바, 상위함을 알지 못한데 대하여 과실이 있더라도 본조가 적용되어야 한다는 견해[41]가 있으나, 중과실이 있는 선의의 제3자는 보호할 필요가 없으므로 본조가 적용되지 않는다고 본다.[42] 선의인지 여부는 거래 시를 기준으로 한다. 제3자라 함은 등기신청인과 직접 거래를 한 상대방뿐만 아니라 등기이해관계자도 포함하므로, 지배인이 아니면서 지배인으로 등기된 자가 영업주를 대리하여 발행한 어음에 배서하여 취득한 자도 제3자이다.

(4) 입증책임

등기에 의하여 외관이 형성되었으므로 등기신청인 및 등기와 다른 사실을 주장하는 자가 자신에게 고의 · 과실이 없다는 사실과 제3자가 악의자임을 입증함으로

41) 손주찬, 190면 ; 정동윤, 103면.
42) 안강현, 159면 ; 정찬형, 160면 ; 이철송, 263면 ; 최준선, 216면.

써 책임에서 벗어날 수 있다.

### 3. 효 과

이상의 요건이 충족되면 부실등기를 한 자는 자기의 귀책사유 없음과 제3자의 악의를 입증하지 못하는 한, 그 부실등기의 구속을 받아 선의의 제3자에게 대항할 수 없다. 그러나 선의의 제3자는 사실관계에 부합한 주장을 할 수 있으므로, 부실등기한 사실과 진실한 사실 가운데 하나를 선택할 수 있다.

### 4. 적용범위

본조는 원칙적으로 거래행위에 적용되어야 한다는 점에서 상법 제37조의 적용범위와 같다. 소송행위는 본조가 적용되지 아니한다.

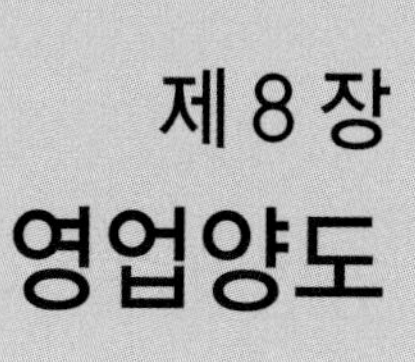

# 제8장
# 영업양도

## 제1절 총 설

영업은 단순히 영업용 재산을 모아 놓은 것이 아니라 영업용 재산을 기초로 영업활동을 통하여 이익을 창출하는 경영조직체로서 외형적인 영업재산을 뛰어넘는 가치를 포함하고 있다. 그런데 상인이나 기업이 영업을 폐지하거나 종료하고자 할 때 단순히 영업의 외형적 재산만을 분리하여 매각하면 손해가 클 뿐만 아니라 오랫동안 쌓아온 상인의 영업노하우나 고객관계 등 무형의 소중한 가치를 상실하게 된다.

그래서 상법은 기업유지의 이념에서 영업 자체의 양도를 인정하여 계속기업이 보유하고 있는 무형의 자산을 보존시킴으로써 양도인은 그에 상응하는 대가를 보장받을 수 있고, 양수인은 그 가치를 활용하여 영업이 계속적인 번창을 누릴 수 있도록 배려하고 있다.

우리 상법은 총칙 1편 제7장과 주식회사 및 유한회사 편에 영업양도에 관한 규정을 두고 있다. 총칙에서는 영업양도 후의 양수인의 지위를 보호하기 위하여 양도인의 경업금지의무(상 41)와 양도인과 거래한 채권자와 채무자가 영업양도로 인하여 손실을 입지 않도록 배려하는 규정을 두고 있다(상 42-45). 한편 영업양도는 기업합병과 더불어 기업결합의 수단으로 사용되며 회사의 분할 방법으로도 이용된다.

# 제2절 영업양도의 의의와 성질

## 제 1. 영업의 의의

### 1. 객관적 의의의 영업

상법에 영업의 개념에 관한 정의 규정이 없다. 주관적 의의의 영업은 상인이 행하는 모든 영리활동을 의미하고, 객관적 의의의 영업은 상인이 추구하는 영리목적을 위하여 결합시킨 조직적 일체로서의 영업재산의 총체를 의미하는데, 여기에는 영업활동에 의하여 획득된 재산적 가치가 있는 사실적 관계도 포함된다. 영업양도의 대상이 되는 영업은 객관적 평가가 가능한 가치를 지니면서 특정되어야 하므로 객관적 의의의 영업이다.

### 2. 영업의 구성요소

영업양도의 대상은 '객관적 의의의 영업'이므로 상인의 영업활동을 의미하는 '주관적 의의의 영업'과 구별되고, 개별 영업용 재산이나 영업용 재산의 총체와도 구별된다. 영업의 구성요소로는 적극자산인 동산, 부동산, 지상권, 저당권, 각종 채권, 지적재산권 등이 있으며, 소극자산으로는 영업에 관하여 발생한 각종 채무가 있다. 또 재산적 가치가 있는 사실관계인 고객, 영업의 노하우, 판매망 등 영업권 등도 포함된다.

### 3. 영업양도의 제한

영업의 양도는 원칙적으로 상인이 자유롭게 할 수 있다. 그러나 특별법에 의하여 영업의 양도·양수를 제한하는 경우가 있다. 금융기관이 영업의 전부나 일부를 양도하거나 양수하는 경우에는 금융위원회의 인가나 승인을 받아야 한다(은행법 55조 1항 3호, 보험업법 150조). 또 공정거래법상 기업결합의 규제를 위하여 자산 또는 매출액이 일정금액 이상인 회사 및 그 계열회사 또는 당해회사와 특수관계에 있는 자는 공정거래위원회가 인정하는 경우가 아니면 영업의 전부 또는 중요부분의 양수를 하지 못한다(공정거래 7조 1항 4호).

## 제 2. 영업양도의 의의

영업양도가 무엇을 의미하는가는 영업양도의 대상이 무엇이냐에 따라서 달라지는데, 영업영도의 대상을 영업재산 등 물적요소를 중시하는 양도처분설, 영업주체인 인적요소에 중점을 두는 지위교체설, 양자를 절충한 지위・재산이전설 등이 있다.

### 1. 양도처분설

#### (1) 영업재산양도설

상인이 객관적 의의의 영업재산을 타인에게 양도하는 계약을 영업양도라고 한다. 영업양도는 일정한 영업목적에 의하여 조직화된 유기적 일체로서의 기능적 재산인 영업재산을 그 동일성을 유지하면서 일체로서 이전하는 채권계약이라는 것이 통설[1)]과 판례의 입장으로서 타당하다.

#### (2) 영업조직양도설

영업의 고유한 사실관계 내지 영업조직의 양도를 영업양도라고 보는 견해이다. 재산적 가치가 있는 사실관계를 중시하여 그 사실관계 속에 영업이 존재하고 사실관계 이외의 영업재산인 물건이나 권리는 영업조직의 종물로써 존재하므로 영업조직이 양도되면 이에 수반하여 물건과 권리가 이전되는 것이라고 한다.

#### (3) 영업유기체양도설

영업을 일종의 유기체로 보고, 이 유기체를 양도하는 것이 영업양도라고 한다. 또는 유기체로서 영업 위에 1개의 물권 또는 기타의 권리가 성립하는데, 이 권리의 양도가 영업양도라고 한다.

### 2. 지위교체설

영업양도는 기업자 또는 경영자로서의 지위가 교체되거나 승계되는 것이고, 영업재산은 영업자 지위 이전에 수반되어 이전된다고 설명한다.

---

1) 최준선, 223면 ; 정찬형, 166면 ; 정동윤, 116면.

### 3. 지위 · 재산이전설

재산양도설과 지위교체설을 절충하여 영업양도란 경영자의 지위와 영업재산이 이전하는 것으로 본다.

**대법원 2008. 4. 11. 선고 2007다89722 판결**

상법 제42조 제1항의 영업이란 일정한 영업 목적에 의하여 조직화된 유기적 일체로서의 기능적 재산을 말하고, 여기서 말하는 유기적 일체로서의 기능적 재산이란 영업을 구성하는 유형 · 무형의 재산과 경제적 가치를 갖는 사실관계가 서로 유기적으로 결합하여 수익의 원천으로 기능한다는 것과 이와 같이 유기적으로 결합한 수익의 원천으로서의 기능적 재산이 마치 하나의 재화와 같이 거래의 객체가 된다는 것을 뜻하는 것이므로, 영업양도가 있다고 볼 수 있는지의 여부는 양수인이 유기적으로 조직화된 수익의 원천으로서의 기능적 재산을 이전받아 양도인이 하던 것과 같은 영업적 활동을 계속하고 있다고 볼 수 있는지의 여부에 따라 판단되어야 한다.

## 제 3. 영업양도의 구성요소

### 1. 소유권변동 및 처분권자의 처분

영업양도는 영업재산의 소유권 변동을 가져오므로, 양도인은 영업재산의 소유권자이어야 하며, 영업재산에 대한 처분권을 가진 영업주이어야 한다. 따라서 재산에 대한 소유권 변동을 가져오지 않고, 경영권만의 변동을 초래하는 '영업의 임대차'나 '경영위임'은 영업양도가 아니다. 그리고 영업주체의 양도 예컨대, 회사의 주식이나 지분의 양도로 경영권을 인수하는 행위는 주주 및 지분권자 개인 간에 양도이므로 영업양도가 아니다.[2)]

### 2. 영업조직의 이전

영업양도는 영업재산과 재산적 사실관계가 기능적으로 조직화된 일체의 양도이므로, '개개의 영업용 재산의 양도'나 단순한 '영업용 재산의 전부 양도'와 구별된

2) 대법원 1995. 8. 25. 선고 95다20904 판결.

다. 영업재산의 일체성은 영업조직에 의하여 형성되므로 영업재산이 영업조직과 동시에 이전되어야 한다. 따라서 폐업한 운수회사가 차량 등 재산 일체를 다른 회사에게 양도하더라도 영업조직이 해체되었다면 영업양도로 볼 수 없다.[3] 그리고 영업의 물적설비는 모두 양도되었지만 종업원 전원을 해고한 경우에는 영업양도가 아니라고 한다.[4] 그러나 영업주와 물적설비만이 전부라고 할 정도로 영세하여 그 영업을 양도하더라도 이전된다고 볼 사실관계나 거래처가 없고 이전되는 종업원이 없는 경우에도 영업양도의 대상이 된 이상 경제적 가치가 있는 사실관계가 포함되어 있다고 보아야 할 것이므로 영업양도로 볼 수 있다.[5]

**대법원 2004. 10. 28. 선고 2004다10213 판결(영업조직의 해체로 영업양도 부인)**

영업의 양도라 함은 일정한 영업목적에 의하여 조직화된 업체, 즉 인적·물적 조직을 그 동일성을 유지하면서 일체로서 이전하는 것으로서, 영업양도가 있다고 보기 위하여는 양수인이 유기적으로 조직화된 수익의 원천으로서의 기능적 재산을 이전받아 양도인이 하던 것과 같은 영업활동을 계속하고 있다고 볼 수 있어야 함은 물론, 종래의 영업조직이 유지되어 그 조직이 전부 또는 중요한 일부로서 기능할 수 있어야 하므로, 예컨대 영업재산의 전부를 양도하였다 하더라도 그 조직을 해체하여 양도하였다면 영업양도로 볼 수 없다고 할 것이다(대법원 1998. 4. 14. 선고 96다8826 판결, 2001. 7. 27. 선고 99두2680 판결, 2003. 5. 30. 선고 2002다23826 판결). (중략)

이 사건 완성 전의 체육시설 부지의 95.6%에 해당하는 이 사건 골프장 부지와 그 부대시설이 사업계획승인을 얻은 상영개발의 의사에 기하지 아니하고 근저당권자의 신청으로 개시된 경매절차에 의하여 글로리산업개발에게 낙찰되었다는 것이므로, 완성 전의 체육시설에 관한 상영개발의 영업은 낙찰 당시에 그 물적 기반을 대부분 상실하여 해체되었고, 상영개발은 위 경매 이후에는 사업계획승인이라는 영업권을 가지고 있었을 뿐 유기적으로 조직화된 수익의 원천이 될 기능적 재산을 갖지 못하고 있었다고 보아야 할 것이며, 그렇다면 피고가 골프장을 인수하려는 의사로 골프장 부지의 대부분을 경매절차에서 낙찰받아 소유권을 취득한 글로리산업개발을 흡수합병한 건영으로부터 낙찰된 지 4년이 경과한 후에 이를 다시 매수하는 한편, 상영개발과 사이의 이 사건 양수도계약에 의하여 골프장사업과 관련된 일체의 영업권 및 나머지 골프장 부지 4.4%에 해당하는 토지를 양수함으로써 완성 전의

---

3) 대법원 2003. 5. 30. 선고 2002다23826 판결; 대법원 2001. 7. 27. 선고 99두2680 판결 ; 대법원 1995. 7. 25. 선고 95다7978 판결; 대법원 2004. 10. 28. 선고 2004다10213 판결.
4) 대법원 1994. 11. 18. 선고 93다18938 판결 ; 1995. 7. 14. 선고 94다20198 판결.
5) 대법원 2002. 9. 11. 자 2000마1136 결정

골프장을 사실상 전부 인수한 결과가 되었다고 하더라도, 이를 두고서 법 제30조 제3항, 제1항에서 말하는 이전에 존재하던 완성 전의 체육시설에 관한 인적 · 물적 조직이 그 동일성을 유지하면서 일체로서 이전되었다고 할 수는 없다고 할 것이다.

**대법원 1995. 7. 14. 선고 94다20198 판결(종업원 해고로 영업양도 부인)**

영업양도가 있었다고 인정하려면 당사자 사이에 영업양도에 관한 합의가 있거나 영업상의 물적, 인적 조직이 그 동일성을 유지하면서 양도인으로부터 양수인에게 일체로서 포괄적으로 이전되어야 한다. 갑 회사가 영위하던 사업 부문을 폐지함에 따라 근로자들 전부가 사직서를 제출하고 퇴직금을 정산, 수령하면서 그들의 선택에 따라 그 절반 정도는 대부분 그 사업 부문에 사용되던 장비 등을 불하받아 다른 직장에 취업하고 나머지 절반 정도의 근로자들은 폐지되는 사업 부분과 동일한 사업을 하고 있던 계열회사인 을 회사에 입사시험 없이 종전 수준의 임금을 지급받기로 하고 입사한 경우, 갑 회사는 그 사업 부문을 폐지한 것에 불과하고 을 회사가 이를 양수하기로 갑 회사와 사이에 합의한 것이거나 흡수통합한 것은 아니며, 을 회사가 그 사업 부문에 속한 근로자 등 인적 조직과 장비 등의 물적 시설을 그대로 인수하지 아니한 점에 비추어 을 회사가 갑 회사의 그 사업 부문을 그 동일성을 유지한 채 포괄적으로 이전 받은 것으로 볼 수도 없다.

## 3. 동일성의 유지

영업의 양도가 되려면 영업주가 변경되었지만 영업양도 전후로 영업의 동일성이 유지되어야 한다. 여기의 동일성이란 이전된 영업재산과 영업조직이 영업양도 전과 같이 기능적으로 작용하여 양수인의 수익의 원천이 될 수 있어야 한다는 의미이다. 영업조직과 영업재산이 일체로 이전되면 특단의 사정이 없는 한 영업의 동일성이 유지된다고 보아야 할 것이다. 지점만의 양도, 채권이나 채무를 제외한 양도도 동일성이 유지되는 범위 내에서 부분적인 증감이나 변경이 있더라도 영업양도라고 볼 수 있다.[6] 상호의 속용은 영업양도의 필수 요건이 아니다.

6) 대법원 1997. 11. 25. 선고 97다35085 판결(상법 제42조는 채권 · 채무의 승계가 영업양도의 요건이 아님을 당연한 전제로 하고 있으므로, 이 사건에서 이은섭의 건물주에 대한 임차보증금채권과 정육점에 대한 임차보증금반환채무만이 피고에게 인수되고 슈퍼마켓에 진열된 상품의 구입대금채무는 인수되지 않았다는 점은 영업양도를 부정할 근거가 될 수 없고...).

**대법원 1997. 11. 25. 선고 97다35085 판결(동일성 유지한 영업양도)**

상법 제42조가 말하는 영업이란 일정한 영업 목적에 의하여 조직화된 유기적 일체로서의 기능적 재산을 뜻하는바 (당원 1989. 12. 26. 선고 88다카10128 판결), 여기서 말하는 유기적 일체로서의 기능적 재산이란 영업을 구성하는 유형 · 무형의 재산과 경제적 가치를 갖는 사실관계가 서로 유기적으로 결합하여 수익의 원천으로 기능한다는 것과 이와 같이 유기적으로 결합한 수익의 원천으로서의 기능적 재산이 마치 하나의 재화와 같이 거래의 객체가 된다는 것을 뜻한다 할 것이므로, 영업양도가 있다고 볼 수 있는지의 여부는 양수인이 당해 분야의 영업을 경영함에 있어서 무(無)로부터 출발하지 않고 유기적으로 조직화된 수익의 원천으로서의 기능적 재산을 이전받아 양도인이 하던 것과 같은 영업적 활동을 계속하고 있다고 볼 수 있는지의 여부에 따라 판단되어야 할 것이다.

기록에 의하면, 피고는 이은섭과 건물 소유자 간의 임대차계약상의 임차인의 지위를 그대로 승계하였고, 슈퍼마켓 안의 정육점에 대한 이은섭의 임대인으로서의 지위도 그대로 승계하였으며, 위 슈퍼마켓 양수대금 122,000,000원은 임차보증금 35,000,000원과 권리금 35,000,000원 및 슈퍼마켓 안의 재고 상품 대금 52,000,000원으로 구성되어 있고, 내부 시설을 일부 새롭게 단장한 것 외에는 종전의 판매 시설과 재고 상품을 그대로 인수하여 종전과 똑같은 형태로 슈퍼마켓 영업을 계속하고 있는 사실 및 피고가 이 사건 슈퍼마켓을 인수한 목적은 오로지 슈퍼마켓 영업을 해 보기 위한 데 있었던 사실 등이 인정되는바, 이와 같은 사실들과 함께, 슈퍼마켓에 진열된 재고상품을 인수하여 영업을 계속하는 피고가 영업을 개시하자마자 그 재고 상품 공급처와의 거래를 대부분 즉시 중단하고 다른 종류의 물품 공급처를 새로 개척하여 진열 상품의 종류를 대부분 바꾸었다고는 보기 어려울 것이고, 슈퍼마켓의 고객관계는 그 성격상 개별적인 인수 · 인계의 대상이 될 수 없음은 당연하다 할 것이지만 이은섭의 슈퍼마켓이 자리하고 있는 위치상의 이점이나 이은섭의 그 동안의 경영에 대한 고객들의 평가에 의하여 영업주의 변경에도 불구하고 종전의 고객관계는 대체로 그대로 유지된다고 볼 수 있고 바로 이러한 점 때문에 권리금 35,000,000원이 지급되었다고 보아야 할 것인 점 등에 비추어 보면, 이 사건에서 이은섭의 슈퍼마켓 영업이 동일성을 유지하면서 피고에게 양도되었다고 인정하기에 부족함이 없다고 보아야 할 것이다.

상법 제42조는 채권 · 채무의 승계가 영업양도의 요건이 아님을 당연한 전제로 하고 있으므로, 이 사건에서 이은섭의 건물주에 대한 임차보증금채권과 정육점에 대한 임차보증금반환채무만이 피고에게 인수되고 슈퍼마켓에 진열된 상품의 구입대금채무는 인수되지 않았다는 점은 영업양도를 부정할 근거가 될 수 없고, 또 근로관계가 승계되었는지의 여부나 그 승계의 정도는 상법상의 영업양도가 있다고 볼 것인지를 판단하는 데 있어서 중요한 요소가 된다고 할 것이지만, 양도되는 영업의 종류 · 방법 · 규모 및 근로자의 대체 가능성 등에 따라 그 중요성은 개별적인 사안별로 달리 판단되어질 수 있는 것이므로, 이 사건과 같은 슈퍼마켓의 양도에 있어서 단순 노무에 종사하는 종전 종업원들의 근로관계가 그대로 승계되지 않았다고 하더라도 앞서 살펴본 제반 사정에 비추어 볼 때 슈퍼마켓의 영업 목적을 위하여 조직화된 유기적 일체로서의 기능적 재산이 피고에게 그대로 이전되었고 또 피고가 양도인이 하던 것과 같은 영업 활동을 계속하고 있다고 보는 데는 지장이 없다고 할 것이다.

### 4. 채권계약에 의한 이전

영업양도는 양수인과 양도인간의 채권계약에 의한 '이전'이므로,[7] 상속이나 단체법상 포괄승계인 회사합병과 구별된다. 영업양도는 반드시 영업양도 당사자 사이의 명시적 계약에 의하여야 하는 것은 아니며 묵시적 계약에 의해서도 가능하다.[8] 그리고 영업재산과 영업조직의 일체를 이전한다는 합의가 필요하다. 영업인수계약, 경영권양도계약 등의 명칭을 사용하더라도 그 실질이 영업양도이면 영업양도라고 본다.[9]

**대법원 2009. 1. 15. 선고 2007다17123 · 17130 판결(묵시적 계약에 의한 영업양도)**

소외 1 주식회사의 대표이사이던 소외 2가 실질적으로 피고의 대표자로서 활동하였을 뿐만 아니라, 소외 1 주식회사와 피고의 대표이사 및 이사, 감사, 주주 등이 소외 2의 부모이거나 누나 및 그 배우자들인 점, 피고가 소외 1 주식회사의 영업장소와 동일한 영업장소에서 위 회사의 기존 거래처를 기반으로 위 회사가 하던 것과 같은 포장이사업 등의 영업활동을 계속하고 있는 점, 소외 1 주식회사와 피고 사이에 소외 1 주식회사가 임차한 목적물의 사용, 관리에 관한 업무를 피고에게 위임하는 내용의 합의 각서가 작성되기도 한 점, 피고의 인터넷 홈페이지에서 상호가 소외 1 주식회사에서 피고로 변경된 것으로 게재하고 있고, 피고의 직원 또한 이와 같은 내용으로 진술하고 있으며, 피고의 인터넷 홈페이지에서 검색되는 전국 지점은 소외 1 주식회사

7) 대법원 2005. 2. 22. 선고 2005다602 판결.
8) 대법원 2009. 1. 15. 선고 2007다17123, 17130 판결.
9) 대법원 2012. 7. 26. 선고 2012다27377 판결.

> 의 전국 지점과 같은 점, 피고가 사용하는 ' 이비즈ㅁㅁ'이라는 상호와 소외 1 주식회사의 ' ㅁㅁ익스프레스'라는 상호는 공통적으로 'ㅁㅁ'이라는 명칭을 사용하고 있을 뿐 아니라, 피고의 등기부상의 정식 상호는 ' 피고 주식회사'이지만 전화 안내나 인터넷 홈페이지에는 'ㅁㅁ', ' ㅁㅁ익스프레스'를 사용하여 자신을 칭하였고, 'ㅁㅁ', ' ㅁㅁ익스프레스'에 관한 서비스표권(원심은 '상호'라고 하였으나 '서비스표권'의 오기로 보인다)의 존속기간이 만료되자 피고의 명의로 'ㅁㅁ', ' ㅁㅁ익스프레스'로 구성된 서비스표(원심은 '상호'라고 하였으나 '서비스표'의 오기로 보인다)를 출원하여 각 서비스표 등록을 받은 점 등 여러 사정에 비추어 보면, 비록 형식상 피고와 소외 1 주식회사 사이에 명시적인 영업양도 약정이 없었다고 하더라도, 실질적으로는 소외 1 주식회사의 대표이사 겸 피고의 실질적 대표자인 소외 2에 의하여 피고가 소외 1 주식회사의 영업을 양수하였다고 봄이 상당하다.

## 5. 유상계약

영업양도는 유상계약이므로 양도한 영업재산에 대한 양도인이 담보책임을 부담하는 등 매매에 관한 규정(민 567)이 적용된다. 양도의 방식은 매매, 교환, 회사의 설립 시 또는 신주발행시의 현물출자의 방식 등 다양하다.

## 6. 영업의 일부양도

### (1) 영업의 양도라는 견해

상법 제374조 제1항 제1호에 주식회사가 "영업의 전부 또는 중요한 일부의 양도"를 하려면 주주총회의 특별결의가 요구되는데, 영업의 일부가 나머지 부분과 구분되어 독립적으로 영업이 수행될 수 있는 조직과 설비를 갖추고 있는 경우(지점)에는, 그러한 영업의 일부양도가 상법총칙의 영업양도로 인정된다는 견해이다.[10)]

### (2) 영업양도가 아니라는 견해

상법총칙의 영업양도는 영업의 전부가 양도되는 것을 전제로 하여 양도인에게 경업피지의무(상 41)를 부담시키고 또 양도인의 채권자 및 채무자를 보호하기 위한 규정(상 42-45)을 두고 있으므로 영업의 일부양도에는 상법 제374조 제1항 제1호가 적용될 뿐이고, 상법총칙의 영업양도(상 41-45)는 적용되지 않는다고 한다.[11)]

---

10) 이철송, 276면 ; 최준선, 218면.
11) 성찬형, 170-171면.

(3) 소 결

영업의 일부양도도 영업의 양도의 개념을 충족하는 한 영업양도이다. 즉, 양도되는 영업의 일부가 조직화된 영업재산이고, 양도되는 영업부분의 인적·물적 조직이 그 동일성을 유지한 채 포괄적으로 이전하여야 하며, 나머지 부분과 구별되어 독립적으로 영업활동을 수행할 정도의 조직과 설비를 갖추면 영업양도에 해당된다. 지점의 양도는 영업의 일부양도이지만 출장소나 판매장의 양도는 영업의 일부양도라고 할 수 없다.[12)]

영업의 일부양도는 영업양도의 상법총칙의 규정(상 42-45)이 적용되지만, 영업양도인의 경업금지규정인 상법 제41조는 적용하기 어려울 수 있다. 상법 제41조 제1항에 의하면 10년간 동일한 지역 내에서 동종 영업을 하지 못한다고 규정되어 있는바, 영업의 일부를 양도한 자는 이 규정에 따를 경우 나머지 영업을 할 수 없게 되어 당사자의 의사에 부합하지 않기 때문에, 당사자 간에 상법 제41조의 적용을 배제하는 합의가 이루어졌다고 해석할 수 있을 것이다.[13)]

**대법원 1997. 4. 25. 선고 96누19314 판결(영업의 일부양도 부인**

영업양도라 함은 일정한 영업목적에 의하여 조직화된 총체 즉 인적, 물적 조직을 그 동일성을 유지하면서 일체로서 이전하는 것을 말하고, 영업의 일부만의 양도도 가능하지만 이 경우에도 해당 영업 부문의 인적, 물적 조직이 그 동일성을 유지한 채 일체로서 이전되어야 하는 것이다(당원 1994.11.18. 선고 93다18938 판결, 1995.7.14. 선고 94다20198 판결 등 참조). 이 사건에서 보건대 사실관계가 원심이 확정한 바와 같다면, 남부여객, 대경교통, 금강여객 및 참가인은 1993. 9. 13. 감천여객으로부터 버스만을 양수한 것에 불과하여 영업을 일부 양수하였다고 할 수 없고, 참가인이 1993. 9. 27. 감천여객의 일반버스 영업을 양수하였다고 할 것인데 원고들과의 근로관계를 승계의 대상에서 제외한 것은 실질적인 해고와 다름이 없다고 할 것인바(당원 1995. 9. 29. 선고 94다54245 판결 참조), 원고 이학균, 유문웅, 이석철이 승무하던 시내버스가 위 남부여객, 대경교통, 금강여객에게 각 양도되었다는 사정만으로는 참가인이 위 원고들과의 근로관계를 승계의 대상에서 제외(실질적인 해고에 해당)할 정당한 이유가 된다고 할 수 없고, 달리 기록을 살펴보아도 참가인이 원고들과의 근로관계를 승계의 대상에서 제외할 정당한 이유를 찾아볼 수 없으므로 참가인은 위 영업양수에 의하여 원고들과의 근로관계를 승계한다고 할 것이다.

---

12) 이철송, 276면.

13) 이철송, 277면 ; 최준선, 218면 ; 서울중앙지법 2009. 10. 8. 선고 2009가합31692 판결.

## 제 4. 영업양도의 절차

### 1. 계약당사자

영업양도는 양도인과 양수인 간의 계약에 의하여 이루어진다. 양도인은 양도의 목적인 영업의 주체로서 상인이다. 개인상인이 영업의 전부를 양도하면 상인자격을 상실하나, 회사는 영업의 전부를 양도하더라도 해산사유가 아니므로 정관목적의 변경을 통하여 다른 사업을 할 수 있다. 한편 양수인은 상인인 경우가 일반적이나 상인이 아니더라도 영업을 양수한 경우에는 개업준비행위에 해당되므로 보조적 상행위가 되고 그때부터 상인자격을 취득한다.

### 2. 대내적 의사의 결정

자연상인은 본인이 의사결정을 하여 본인이나 대리인이 양도를 하면 되지만, 회사는 법이 정한 일정한 의사결정절차를 거쳐야 한다.

#### (1) 양도인이 회사인 경우

인적회사는 회사존속 중에 영업을 양도하려면 정관변경을 하여야 하므로 총사원이 동의가 필요하고(상 179, 204, 269, 287조의 16), 해산 후에 영업양도를 하는 경우에는 총사원의 과반수의 결의가 필요하다(상 257, 269, 287조의 45). 물적회사인 경우에는 주주총회나 총사원의 특별결의가 필요하다. 이러한 결의가 없으면 무효이다.

#### (2) 양수인이 회사인 경우

인적회사는 영업양수로 정관을 변경하게 되는 때에 한하여 총사원의 동의가 필요하고, 그 외의 경우에는 일반적 업무집행방법으로 처리할 수 있다. 물적 회사는 회사의 영업에 중대한 영향을 끼치는 다른 회사의 영업의 전부나 일부를 인수하는 경우에는 주주총회의 특별결의가 필요하고(상 374조 1항 1호). 반대하는 주주에 대하여 회사는 주식매수청구권을 부여하여야 한다(상 374조의2).

### 3. 영업양도계약

#### (1) 체결 방식

영업양도계약은 객관적 의의의 영업이전을 목적으로 하는 채권계약이다. 양도

계약은 당사자 간의 합의만으로 성립하지만, 보통 서면계약으로 이루어진다. 당사자가 개인인 경우에는 당사자 간에 계약을 체결하면 될 것이나 회사인 경우에는 의사결정절차를 거친 후에 대표기관이 계약을 체결한다.

(2) 효력발생시기

양도계약의 효력이 발생하는 시기는 계약체결 시나 양도대금 지급시기가 아니라, 유기적으로 조직화된 영업재산이 동일성을 유지하면서 양수인에게 이전되어 양수인이 동 재산으로 영업활동을 개시하는 때를 영업의 양도시점으로 보아야 할 것이다.[14]

(3) 법적성질

영업양도계약의 성질은 영업의 양도가 유상으로 이루어지는 경우에는 대금이 지급방식에 따라 매매·교환 등과 유사하지만, 어느 하나의 계약으로 설명할 수 없는 다양한 권리 의무를 발생시키므로 상법이 인정하는 특별한 무명계약이라는 견해와[15] 하나의 계약에서 영업의 매매 이외에도 경업금지의무, 사용인승계 등 복잡한 내용을 가지므로 민법상의 매매계약과 다른 혼합계약으로 보는 견해가 있다.[16] 영업양도계약의 내용에는 자산·부채의 양도, 영업소와 상호의 양도, 양도 후 양도인의 폐업과 해산, 사용인의 인계, 해약 사유 등 계약조건의 변경 등도 포함될 것이다.

## 제 5. 영업양도의 효과

### 1. 대내적 효과(당사자간의 관계)

(1) 영업재산의 이전의무

**1) 영업재산**

영업양도계약이 체결되면 양도인은 영업을 이전할 의무를 부담하고 양수인은 양수대금을 지급할 의무를 부담한다. 양도계약은 채권계약이므로 그 이행행위인 물권행위가 행해져야 하는데, 영업재산의 포괄적 이전의 물권행위가 존재하지 않

14) 이철송, 281면.
15) 이철송, 272면.
16) 정찬형, 174면 ; 최준선, 225면.

으므로 개개의 구성부분에 대하여 물권행위가 이루어져야 한다. 따라서 부동산은 이전등기를 하여야 하고, 동산은 인도하여야 하며, 지명채권은 채무자의 승낙 또는 양도인의 통지절차(민 450)를 거쳐서 양도하여야 한다. 영업재산을 이루는 구성부분을 개별적인 물권행위에 의하여 이전하더라도 전체적으로는 영업의 동일성이 유지되도록 기능적으로 조직화된 일체로서 이전되어야 한다.

#### 2) 영업조직과 사실관계

영업조직이나 사실관계는 유형의 자산이 아니어서 특정된 이전 방법이 없다. 따라서 영업의 관리조직이나 영업망, 거래처, 영업 비밀 등을 구두나 문서 등 거래통념에 부합하는 방법으로 전달하면 된다.

#### 3) 채무

채무는 영업의 동일성과 관련이 없고 제3자의 권리에 관한 것으로 영업양도의 요소가 아니다. 그러므로 당사자 간에 합의가 없으면 채무는 이전되지 아니하고, 양수인이 채무를 인수하기로 합의를 하였더라도 채권자와의 관계에서 효력을 갖기 위해서는 채무인수의 법적 절차인 채권자의 승낙을 받아야 한다(민 453, 454). 이처럼 채무가 당연히 승계되는 것은 아니므로, 영업양도인의 양도 전의 채무에 대한 보증인이 있는 경우 채무가 양도될 때 양도인의 피보증인의 지위가 양수인에게 이전되지 않는바, 보증인이 양도인의 채무를 대신 변제하더라도 양수인에 대하여 구상권을 행사할 수 없다.[17)]

영업상 채무를 포괄적으로 이전하기로 합의를 하면서 '양도 시 확인된 채무에 한하여 양수한다'는 특약을 하였는데, 양도 당시에는 당사자가 임금채무의 존재를 확인하지 않았다가 양도 후 채권자가 승소한 경우에 이 임금채무는 양도 당시에 확인하지 않았던 채무에 해당되어 양수인의 책임을 부정한 사례가 있다.[18)]

#### 4) 공법상 권리관계

주무관청의 영업허가와 같은 공법상의 권리관계가 영업에 포함된 경우, 공법적인 지위가 법률에 의해 양도가 가능한 경우에는 당사자 간에 협력할 것을 합의할 수 있으나, 협력에 관한 합의가 없는 경우에는 공법상 지위이전은 양도인의 의무가 아니다. 사업자등록명의의 이전은 양도인의 의무가 아니라고 한다.[19)]

---

17) 대법원 1989. 12. 22. 선고 89다카11005 판결.
18) 대법원 1996. 5. 31. 선고 91다15225 판결.
19) 대법원 2002. 4. 26. 선고 2000다9482 · 9499 판결.

#### 5) 고용관계

종업원은 영업의 인적시설에 해당되므로 영업이 포괄적으로 양도되면 반대의 특약이 없는 한 양도인과 근로자간의 근로관계도 원칙적으로 양수인에게 포괄적으로 승계된다. 그러므로 별도의 합의가 없는 한 근무조건, 양도 전의 퇴직금채무 등 임금채무도 양수인에게 동일하게 이전된다. 그러나 종업원이 자유로운 의사에 의하여 고용승계를 거부할 수 있으므로, 종업원은 퇴직하면서 양도기업에 대하여 퇴직금 등 임금청구권을 행사할 수 있다.[20)]

**대법원 1994. 6. 28. 선고 93다33173 판결**

영업의 양도라 함은 일정한 영업목적에 의하여 조직화된 업체 즉 인적 물적 조직을 그 동일성은 유지하면서 일체로서 이전하는 것을 말하고 영업이 포괄적으로 양도되면 반대의 특약이 없는 한 양도인과 근로자간의 근로관계도 원칙적으로 양수인에게 포괄적으로 승계된다 할 것이고(당원 1992.7.14. 선고 91다40276 판결; 1991.11.12. 선고 91다12806 판결; 1991.8.9. 선고 91다15225 판결 등 참조), 영업양도 당사자 사이에 근로관계의 일부를 승계의 대상에서 제외하기로 하는 특약이 있는 경우에는 그에 따라 근로관계의 승계가 이루어지지 않을 수 있으나, 그러한 특약은 실질적으로 해고나 다름이 없다 할 것이므로, 근로기준법 제27조 제1항 소정의 정당한 이유가 있어야 유효하다 할 것이며, 영업양도 그 자체만을 사유로 삼아 근로자를 해고하는 것은 정당한 이유가 있는 경우에 해당한다고 볼 수 없다 할 것이다.

**대법원 2001. 11. 13. 선고 2000다18608 판결**

영업양도의 경우에는 특단의 사정이 없는 한 근로자들의 근로관계 역시 양수인에 의하여 계속적으로 승계되는 것으로, 영업양도시 퇴직금을 수령하였다는 사실만으로 전 회사와의 근로관계가 종료되고 인수한 회사와 새로운 근로관계가 시작되었다고 볼 것은 아니다. 다만, 원고가 자의에 의하여 사직서를 제출하고 퇴직금을 지급받았다면 계속근로의 단절에 동의한 것으로 볼 여지가 있지만, 이와 달리 회사의 경영방침에 따른 일방적 결정으로 퇴직 및 재입사의 형식을 거친 것이라면 퇴직금을 지급받았더라도 계속근로관계는 단절되지 않는 것이라 할 것이다.

---

20) 대법원 2012. 5. 10. 선고 2011다45217 판결.

### (2) 경업금지의무

#### 1) 의 의

영업양도인이 영업을 양도한 후 동종영업을 재개하면 양수인이 영업을 양수한 이익이 사라지므로, 양수인에게 피해를 입히지 않고 영업양도의 실효성을 거둘 수 있도록 영업의 지역적·시간적 제한 하에서 양도인에게 일정한 경업금지의무가 부과된다(상 41).

#### 2) 법적 성질

경업금지의무가 계약상 의무인지 법이 특별히 인정한 의무인지에 대하여 견해가 대립한다. 영업양도계약에 경업금지의무가 포함되어 있기 때문에 상법 제41조는 그 범위를 주의적으로 규정한 것에 불과하다고 설명하는 계약설[21]과 경업금지의무는 영업양수인을 보호하기 위하여 상법이 특별히 인정한 법정의무(부작위의무)[22]라는 견해가 대립한다.

영업양도계약에 당연히 경업금지의무가 수반된다고 보기 어렵기 때문에 상법이 양수인을 보호하기 위해 인정한 법정의무로 보아야 할 것이다. 영업양도인의 경업금지의무 규정(상 41)이 비례의 원칙이나 평등권에 어긋나는 헌법위반이 아니다.[23]

#### 3) 내 용

(가) 금지기간

영업을 양도한 경우에 다른 약정이 없으면, 양도인은 10년간 동일한 특별시, 광역시, 시, 군과 인접한 특별시, 광역시, 시, 군에서 동종영업을 하지 못한다(상 41조 1). 당사자 간에 약정이 있으면 10년을 초과하는 기간을 정하여 경업금지의무를 부담하게 할 수 있다. 이 제도는 양수인을 보호하기 위한 것이므로 당사자의 특약으로 이를 배제하거나 경감할 수 있으며 합의에 의하여 금지기간을 단축할 수도 있고, 10년을 초과할 수도 있다. 다만 지나치게 오랫동안 경업금지를 하면 양도인의 직업선택의 자유를 침해하므로 20년을 초과하지 않는 범위 내에서 경업금지약정을 할 수 있다(상 41조 2). 그러므로 20년을 초과하는 금지약정에서 20년을 초과한 기간은 무효이다.

---

21) 이철송, 286면.

22) 정찬형, 177면 ; 전우현, 154면.

23) 헌법재판소 1996. 10. 4. 선고 94헌가5 전원재판부 결정.

(나) 금지대상

경업금지대상을 '동종영업'이라고 법이 규정하고 있다. 동종영업이란 동일영업보다 광범위한 개념으로서 양도한 영업과 경쟁관계나 대체관계에 있는 영업을 의미하며, 영업소의 설치여부와 상관없이 동종영업에 속하는 거래를 하지 못한다. 경업금지의 대상인 영업의 범위는 당사자간 합의로 정하거나 제한할 수 있으므로, 제과와 음료 영업을 양도한 경우에 제과만의 경업을 금지하고 음료는 허용하는 약정을 할 수 있다.[24)]

**대법원 2015. 9. 10. 선고 2014다80440 판결**

1. 상법 제41조 제1항은 다른 약정이 없으면 영업양도인이 10년간 동일한 특별시 · 광역시 · 시 · 군과 인접 특별시 · 광역시 · 시 · 군에서 양도한 영업과 동종인 영업을 하지 못한다고 규정하고 있다. 위 조문에서 양도 대상으로 규정한 영업은 일정한 영업 목적에 의하여 조직화되어 유기적 일체로서 기능하는 재산의 총체를 말하는데, 여기에는 유형 · 무형의 재산 일체가 포함된다. 영업양도인이 영업을 양도하고도 동종 영업을 하면 영업양수인의 이익이 침해되므로 상법은 영업양수인을 보호하기 위하여 영업양도인의 경업금지의무를 규정하고 있다. 위와 같은 상법의 취지를 고려하여 보면, 경업이 금지되는 대상으로서의 동종 영업은 영업의 내용, 규모, 방식, 범위 등 여러 사정을 종합적으로 고려하여 볼 때 양도된 영업과 경쟁관계가 발생할 수 있는 영업을 의미한다고 보아야 한다. … 중략 …

2. 피고 케이미트가 제3의 업체로부터 국내산 소 · 돼지고기를 공급받아 유통 · 판매하는 영업은 비록 소 · 돼지를 수매하여 도축하는 과정이 없는 등 양도 대상인 중부공장 영업과 일부 차이가 있기는 하나, 국내산 소 · 돼지고기를 유통 · 판매한다는 점에서는 차이가 없으므로, 전자의 영업은 양도 대상인 중부공장 영업과 경쟁관계가 발생할 수 있는 영업이고, 따라서 이를 중부공장 영업과 동종 영업으로 보아야 한다. 피고 케이미트가 전국적인 영업망을 가지고 영업하는 점을 고려하면, 이 사건 양도 당시 전자의 영업이 전체 영업에서 차지하는 비중이 낮았다고 하여 양도 후에 위 영업이 중부공장 영업과 경쟁관계가 발생하지 않는다고 볼 수는 없다

3. 상법 제41조 제1항은 영업양도인의 경업금지의무를 규정하면서 그 경업금지지역을 동일한 특별시 · 광역시 · 시 · 군과 인접 특별시 · 광역시 · 시 · 군으로 규정하고 있다. 앞서 본 바와 같이 위 조문에서 양도 대상으로 규정한 영업은 일정한 영업 목적에 의하여 조직화되어 유기적 일체로서 기능하는 재산의 총체를 가리킨다는 점과 상법이 경업금지의무를 규정하고 있는

24) 이철송, 289면 ; 대법원 2015. 9. 10. 선고 2014다80440 판결.

취지는 영업양수인을 보호하기 위한 것인 점을 고려하여 보면, 경업금지지역으로서의 동일 지역 또는 인접 지역은 양도된 물적 설비가 있던 지역을 기준으로 정할 것이 아니라 영업양도인의 통상적인 영업활동이 이루어지던 지역을 기준으로 정하여야 한다. 이때 통상적인 영업활동인지 여부는 해당 영업의 내용, 규모, 방식, 범위 등 여러 사정을 종합적으로 고려하여 판단하여야 한다.

(다) 금지지역

동일한 특별시, 광역시, 시, 군과 인접한 특별시, 광역시, 시, 군에서 동종영업을 하지 못한다(상 41조 1). 동일지역 및 인접지역의 판단은 양도의 물적설비를 기준으로 할 것이 아니라 양도인의 통상적인 영업활동이 이루어지던 지역을 기준으로 정해야 하며, 그 해당여부는 영업의 내용, 규모, 방식, 범위 등을 종합적으로 고려하여 판단해야 한다.[25] '동일한 시'뿐만 아니라 '인접한 시'에서도 경업금지를 한 이유는 시 지역의 경계선 바로 안쪽에서 영업을 양도하고, 바로 바깥쪽에서 새로운 영업을 개시하는 것을 막기 위한 것이다. 이 지역적 제한은 특약에 의하여 좁힐 수는 있으나 확대할 수는 없다.

(라) 적용범위

가) 이 의무는 상인의 영업양도를 대상으로 한 규정이므로 양도인이 상인인 경우에만 적용된다. 따라서 상인이 아닌 자가 영업을 양도하면 경업금지의무를 부담하지 않는다. 농업협동조합은 상인이 아니므로, 조합이 도정공장을 양도한 후 다시 도정공장을 할 수 있다.[26] 주식회사의 대표이사가 영업양도 후에 동종영업을 하면 영업양수인을 보호할 수 없으므로 회사뿐만 아니라 회사의 대표자도 경업금지의무를 부담한다고 보아야 한다.[27] 그리고 개인상인이 영업을 양도한 후 그가 회사를 설립하여 동종영업을 하면, 회사의 법인격을 부인하여 회사의 지배자인 양도인의 의무위반을 추궁할 수 있을 것이다.[28]

나) 경업금지의무가 영업양도인의 상속인에게 승계된다고 해석하면 자기의사에 의하지 않고 상속인이 직업선택의 자유를 제한받게 되므로 이 의무는 상속인에게 승계되지 않는다고 본다.[29]

---

25) 대법원 2015. 9. 10. 선고 2014다80440 판결.
26) 대법원 1969. 3. 25. 선고 68다1560 판결.
27) 최준선, 229면.
28) 최준선, 229면 ; 안강현, 174면.
29) 최준선, 229면 ; 이철송, 290면.

다) 경업금지의무는 양도인이 타인의 명의를 빌려서 영업을 하는 경우는 물론이고, 영업양도 후 자신이 의무를 위반하여 경업을 하던 영업을 제3자에게 임대하거나 양도하는 경우에도 적용된다고 본다.[30)]

#### 4) 의무의 발생시기

경업금지의무가 발생하는 때는 계약의 내용에 따라서 영업을 이전한 시점이라는 견해가 있으나, 영업양도계약이 이행되어 양수인이 영업을 할 수 있는 상태에 이르렀을 때에 발생한다고 본다.[31)]

**대법원 2010. 5. 27. 선고 2007다8044 판결**

건축회사가 상가를 건축하여 각 점포별로 업종을 지정하여 분양한 경우 그 수분양자나 수분양자의 지위를 양수한 자는 특별한 사정이 없는 한 그 상가의 점포 입주자들에 대한 관계에서 상호간에 명시적이거나 또는 묵시적으로 분양계약에서 약정한 업종제한 등의 의무를 수인하기로 동의하였다고 봄이 상당하므로, 상호간의 업종제한에 관한 약정을 준수할 의무가 있다(대법원 2002. 12. 27. 선고 2002다45284 판결 등 참조). 그리고 이때 전체 점포 중 일부 점포에 대해서만 업종이 지정된 경우라고 하더라도, 특별한 사정이 없는 한 적어도 업종이 지정된 점포의 수분양자나 그 지위를 양수한 자들 사이에서는 여전히 같은 법리가 적용된다고 보아야 한다.

원심은 그 판결에서 채용하고 있는 증거들을 종합하여, 원고는 2002. 10. 14. 소외 1 주식회사로부터 성남시 분당구 (이하 동 및 지번 생략)ㅁㅁ상가(이하 '이 사건 상가 건물'이라 한다) 중 109동 302호를 분양받았고, 피고는 2002. 10. 4. 소외 1 주식회사로부터 이 사건 상가 건물의 같은 동 412호를 분양받은 사실, 원고와 피고가 소외 1 주식회사와 사이에 작성한 상가 공급계약서 양식은 총 4면으로 이루어져 있는데, 제2면 제6조(상가의 용도)는 제1항에 "갑(소외 1 주식회사)은 사업계획 승인 또는 건축허가 내용의 범위 내에서 작성한 분양계획(또는 분양광고)의 내용에 따라 위 표시상가를 다음 용도로 지정 · 분양하고 이에 따라 개점 영업되도록 한다. 단, 분양계획(또는 분양광고)에 상가용도를 지정하지 않았을 경우에는 그러하지 아니하다."라고 규정되어 있고, 그 바로 밑에 "◇ 상가의 용도 : "라고 기재되어 해당 점포의 용도를 기입하는 공란이 있으며, 제2항에 "2) 을(분양계약자)은 위 용도로 개점 영업하여야 하며, 다른 용도로 변경하고자 할 경우에는 전체 공동주택 및 상가 구성과의 조화와 활성화를 저해하지 않도록 갑과 사전에 협의하여야

30) 이철송, 289면 ; 대법원 1996. 12. 23 선고 96다37985 판결.
31) 이기수 외, 242면.

한다.", 제3항에 "3) 을이 입점 후 용도를 변경하고자 할 경우에는 상가자치관리규정 등에서 정하는 바에 따른다."라고 각 규정되어 있는 사실, 원고와 피고가 각 상가 분양계약을 체결하면서 작성한 계약서 제6조의 "◇ 상가의 용도 : " 란에는 각 아무런 기재도 없으나, 소외 1 주식회사로부터 분양 업무를 위임받은 소외 2 주식회사의 소속 직원은 원고에게 분양하는 위 302호 상가에 관한 계약서의 제1면 하단에는 "※ 본 건물 내 태권도 같은 업종 신규 분양치 않음"이라는 문구를, 피고에게 분양하는 위 412호 상가에 관한 계약서의 제1면 상단에는 "※ 보습학원"이라는 문구를 각 기재해 준 사실, 이 사건 상가 건물에 관한 분양계약 중 위와 같이 업종이 기재된 경우는 상가 전체 84개 점포 중 7개 점포였던 사실, 소외 1 주식회사는 2003. 4.경 원고를 비롯한 수분양자들에게, 이 사건 상가 건물의 분양이 완료되고 2003. 9.경 입점예정임을 공지하면서, 아울러 원고와 피고에게 분양한 각 점포를 비롯한 이 사건 상가 건물에 입점이 확정된 점포의 용도를 고지하고 수분양자들이 운영하고자 하는 점포의 용도에 관하여 연락을 주면 업종의 중복 여부를 알려주겠다고 안내한 사실 등을 인정한 다음, 피고가 위 412호 상가에 관한 분양계약을 체결할 때 굳이 "※ 보습학원"이라는 문구가 기재된 계약서를 받은 것은 그 기재 업종에 대한 독점적 이익을 보장받는 대신 다른 업종을 특정하여 분양받는 수분양자에 대해서도 그 독점적 이익을 보장하는 영업제한의무를 수인하는 의미이고, 각자 업종을 특정하여 분양받은 수분양자들인 원고와 피고는 상호 특정 업종에 대한 영업제한의무를 부담한다고 판단하였다. 이를 앞에서 본 법리들에 비추어 보면, 위와 같은 원심의 법률행위 해석 및 판단은 정당하고, 거기에 상고이유에서 주장하는 바와 같은 법리오해, 이유모순 등의 위법이 없다.

5) 의무위반의 효과

양도인이 위무를 위반하면, 양수인은 양도인의 비용으로 그 위반을 제거하고, 장래에 적당한 처분을 법원에 청구할 수 있고(민 389조 3), 이로 인하여 양수인이 손해를 입은 경우에는 손해배상청구를 할 수 있다. 경업금지의무의 이행강제방법으로는 양도인의 경업금지 이외에 제3자에 대한 임대, 양도 등 처분행위를 금지할 수 있으며, 그러한 내용의 영업금지가처분신청을 구할 수 있다. 그러나 경업금지의무를 위반하였더라도 양도인과 제3자간의 양도행위가 무효가 되지는 않는다.

**대법원 1996. 12. 23. 선고 96다37985 판결**

원심은 피신청인은 동종 영업을 하지 않기로 한 위 영업양도계약뿐만 아니라 상법 제41조에 따른 경업금지의무를 부담하고 있고, 위 인정 사실에 의하면 보전의 필요성도 인정됨을 이유로 피신청인에 대하여 위 '만다라'식당에서 일반음식점 영업을 계속하거나 제3자에게 그 영업의 임대, 양도 기타 처분을 하여서는 아니된다고 명한 제1심판결을 유지하고 있는바, 피신청인이 부담하는 경업금지의무는 피신청인 스스로 동종 영업을 하거나 제3자를 내세워 동종 영업을 하는 것을 금하는 것을 내용으로 하는 의무이므로, 피신청인이 그 부작위의무에 위반하여 영업을 창출한 경우 그 의무위반 상태를 해소하기 위하여는 영업을 폐지할 것이 요구되고, 그 영업을 타에 임대한다거나 양도한다고 하더라도 그 영업의 실체가 남아있는 이상 의무위반 상태가 해소되는 것은 아니므로, 원심이 같은 취지에서 영업의 임대, 양도 기타 처분을 금지한 것은 정당하고 거기에 소론과 같이 경업금지의무의 범위에 대한 법리를 오해한 위법이 없다 (다만 위 가처분명령에 의하여 제3자에 대한 임대, 양도 등 처분행위의 사법상 효력이 부인되는 것은 아니고, 가처분채무자가 그 의무위반에 대한 제재를 받는 것에 불과하다).

## 2. 대외적 효과(제3자와의 관계)

### (1) 영업상 채권자 보호

영업을 양도한 경우에 영업상 채무인수에 대한 합의가 없으면 양수인에게 채무가 승계되지 않으므로 양도인의 채권자는 영업양도 때문에 책임재산을 상실할 우려가 있다. 따라서 실제로 채무이전을 하지 않았더라도 채무이전과 같은 외관을 야기한 경우, 예컨대 양수인이 상호를 계속 사용한다든가 또는 채무를 인수한 것처럼 광고하는 경우에는 이를 믿은 채권자를 외관법리에 의해 보호할 필요가 있다.

#### 1) 양수인이 상호를 속용(續用)하는 경우

영업양수인이 양도인의 상호를 계속 사용하는 경우에 양도인의 영업으로 인한 제3자의 채권에 대하여 양수인도 변제할 책임이 있다(상 42조 1). 양수인이 채무인수를 하지 않고 양도인의 상호를 계속 사용하는 경우에 양수인이 채무를 인수한 것으로 오인하여 채권자가 채권회수시기를 놓칠 우려가 있는바, 상호를 속용하는 영업양수인은 양도인의 영업이 지속되는 듯한 외관을 현출한 책임을 져야 한다.

(가) 양수인의 책임요건

가) '영업'을 양수해야 한다. 여기의 영업은 완전상인의 영업을 의미하므로 소

상인은 제외된다(상 9).

나) 영업을 '양수'하여야 한다. 이 양수는 양도인의 지위를 승계하는 일체의 행위를 의미하므로 매매, 교환, 증여, 신탁 등 유·무상계약이 해당된다. 영업양도의 무효나 취소의 경우에 양수인이 영업양수의 무효나 취소를 항변으로 주장하여 책임을 면할 수 있는가에 관하여는 본조는 외관에 대한 신뢰를 보호하려는 취지이므로 양수인이 영업을 계속하고 있는 한 책임을 부담한다고 본다.[32]

다) 영업양도인의 '영업으로 인하여 생긴 채무'이어야 한다. 양도 당시의 거래상의 채권뿐만 아니라 불법행위로 인한 손해배상채권, 부당이득채권, 영업상 승계한 채권도 보호를 받는다. 영업상 취득한 어음·수표도 포함된다. 영업상의 채권임은 채권자가 증명해야 한다.

라) 채무인수사실이 없어야 한다. 채무를 인수하였다면 채권자가 양수인에게 직접 채권을 행사할 수 있으므로 본조를 적용할 필요가 없다.

마) 상호를 계속 사용하여야 한다.

① 상호의 속용이라 함은 동일한 상호를 계속 사용하는 것인데, 어느 정도를 동일한 상호로 볼 것인가가 문제된다. 종전의 거래상대방이 영업주체의 변동을 깨닫지 못할 정도의 동일성을 의미하므로, 상법 제23조 제1항의 유사상호는 영업주체의 동일성에 대한 일반인의 오해를 불러일으킬 가능성이 있는 상호를 의미하는데 비하여, 본조의 동일상호는 상법 제23조 제1항의 유사상호의 개념보다 더 엄격하게 해석해야 한다고 본다.[33].

종래의 상호에 자구(字句)를 부가하더라도 사회통념상 동일상호를 사용하는 것으로 인정되는 경우는 포함된다고 본다. '삼정장 여관'과 '삼정호텔', '남성사'와 '남성정밀공업주식회사', '주식회사파주레미콘'과 '파주콘크리트주식회사'처럼 형식상 양도인과 양수인의 상호가 완전히 동일할 것을 요구하지 않고, 양도인의 상호 중 그 기업주체를 상징하는 부분을 양수한 영업의 기업주체를 상징하는 것으로 상호 중에 사용되는 경우 또는 전후의 상호가 주요부분에서 공통되는 경우 동일상호로 본다.

② 상호의 속용이 정당한가 여부, 즉 상호권이 실제로 이전되었는지 여부나 대항요건을 갖추었는지 여부는 본조의 책임을 묻는데 영향을 미치지 않는다. 상호속용의 원인도 따지지 않는다.

---

32) 이철송, 294면 ; 최준선, 231면 ; 안강현, 175면 ; 대법원 2009. 1. 15. 선고 2007다17123·17130 판결.

33) 이철송, 295면.

③ 상인의 영업의 동일성을 표시하는 영업표지(營業標紙)가 상호보다 영업의 동일성을 강하게 나타내는 경향이 있다. 그래서 상호를 속용하지 않더라도 영업표지 또는 영업장을 지칭하는 옥호(屋號)를 속용하는 경우 상호속용으로 보아 본조를 적용한 사례가 있다.[34]

바) 채권자의 선의(善意)

채권자가 선의이어야 하는가에 관하여 견해가 대립한다. 첫째로 선의의 채권자에게만 적용된다는 견해에 의하면, 본조가 영업양도로 인한 채권실행의 기회를 놓친 채권자를 보호하기 위한 규정이므로 채권자가 영업양도 시 채무가 인수되지 아니한 사실을 안 때에는 양도인에 대한 채권을 행사함에 있어 실기할 우려가 없기 때문에 적용되지 않는다고 한다.[35]

둘째로 악의의 채권자에게도 본조가 적용된다는 견해에 의하면 채권자가 자기도 모르는 사이에 영업이 양수인에게 넘어감으로써 담보로 여겨졌던 양도인의 재산을 잃게 되었고, 또 양수인은 채무인수를 하지 않으려면 면책등기를 하거나 채권자에게 통지를 하여야 함에도 불구하고 이런 조치를 취하지 않았기 때문에, 우연한 기회에 채권자가 양도계약의 내용을 알았다고 하더라도 양수인이 책임을 면제할 이유가 없다는 점에서 채권자의 선의는 요건이 아니라고 한다.[36] 생각건대 영업이 양수인에게 넘어감으로써 채권담보가 되는 영업재산을 잃게 되었고, 그 대가로 받은 재산은 소비되어 버리거나 은닉될 수 있으므로, 양수인에게 채무가 인수되지 아니한 사실을 알고 있는 채권자도 본조의 보호를 받는 것이 타당하다.

**대법원 1989. 12. 26. 선고 88다카10128 판결**

상법 제42조 제1항은 영업양수인이 양도인의 상호를 계속 사용하는 경우에는 양도인의 영업으로 인한 제3자의 채권에 대하여 양수인도 변제할 책임이 있다고 규정하고 있는바 이 규정은 일반적으로 영업상의 채권자의 채무자에 대한 신용은 채무자의 영업재산에 의하여 실질적으로 담보되어 있는 것이 대부분 인데도 실제로 영업의 양도가 행하여진 경우에 있어서 특히 채무의 승계가 제외된 경우에는 영업상의 채권자의 채권이 영업재산과 분리되게 되어 채권자를 해치게 되는 일이 일어나므로 영업상의 채권자에게 채권추구의 기회를 상실시키는 것과 같은 영업양도의 방법(채무를 승계하지 않았음에도 불구하고 상호를 속용함으로써 영업양도의 사실이, 또는 영업양도

34) 이철송, 297면 ; 대법원 2009. 1. 15. 선고 2007다17123 · 17130 판결.
35) 이철송, 298면 ; 대법원 1989. 12. 26. 선고 88다카10128 판결.
36) 정동윤, 122면 ; 최준선, 233면 ; 김정호, 164면 ; 안강현, 177면.

에도 불구하고 채무의 승계가 이루어지지 않은 사실이 각각 대외적으로 판명되기 어려운 방법)이 채용된 경우에 양수인에게도 변제의 책임을 지우기 위하여 마련된 규정이라 할 것이므로 위 규정에서 말하는 상호의 계속사용은 그러한 입법취지를 관철시키는 입장에서 결정되어야 하고 그렇게 볼 때에는 일반적으로 영업양도인이 사용하던 상호와 그 양수인이 사용하는 경우가 전혀 동일할 것까지는 필요없는 일이고 다만 전후의 상호가 주요부분에 있어서 공통되기만 하면 된다고 볼 것이며 한편 제3자의 채권은 양도인의 영업으로 인하여 발생되는 것이어야 하되 위에서 본 바와 같이 상호를 속용하는 영업양수인의 책임은 어디까지나 채무승계가 없는 영업양도에 의하여 자기의 채권추구의 기회를 빼앗긴 채권자를 보호하기 위한 것이므로 영업양도에도 불구하고 채무인수의 사실 등이 없다는 것을 알고있는 악의의 채권자가 아닌한 당해 채권자가 비록 영업의양도가 이루어진 것을 알고 있었다 해도 보호의 적격자가 아니라고 할 수는 없다.

**대법원 2009. 1. 15. 선고 2007다17123 · 17130 판결**

… 중략 … 상호를 속용하는 영업양수인에게 책임을 묻기 위해서는 상호속용의 원인관계가 무엇인지에 관하여 제한을 둘 필요는 없고 상호속용이라는 사실관계가 있으면 충분하다고 할 것이고, 따라서 상호의 양도 또는 사용허락이 있는 경우는 물론 그에 관한 합의가 무효 또는 취소된 경우라거나 상호를 무단 사용하는 경우도 상법 제42조 제1항의 상호속용에 포함된다고 할 것이며, 나아가 영업양도인이 자기의 상호를 동시에 영업 자체의 명칭 내지 영업 표지로서도 사용하여 왔는데, 영업양수인이 자신의 상호를 그대로 보유 · 사용하면서 영업양도인의 상호를 자신의 영업 명칭 내지 영업 표지로서 속용하고 있는 경우에는 영업상의 채권자가 영업주체의 교체나 채무승계 여부 등을 용이하게 알 수 없다는 점에서 일반적인 상호속용의 경우와 다를 바 없으므로, 이러한 경우도 상법 제42조 제1항의 상호속용에 포함된다고 할 것이다. … 중략 …

원심이 확정한 사실관계에 의하면, ' 소외 1 주식회사'가 상호인 소외 1 주식회사는 'ㅁㅁ익스프레스', 'ㅁㅁ'이라는 명칭에 관하여 서비스표 등록을 마치는 등 자신의 상호 또는 그 약칭을 영업 명칭 내지 영업 표지로서도 사용함으로써 소외 1 주식회사의 영업이 타인의 영업과 식별되도록 하여 온 점, 피고의 상호는 ' 피고 주식회사'이지만 피고는 전화 안내나 인터넷 홈페이지에 소외 1 주식회사가 등록하여 사용하던 상호 내지 그 약칭인 ' ㅁㅁ익스프레스', 'ㅁㅁ'을 사용하여 자신을 칭하여 온 점, 피고의 직원들은 고객들에게 피고와 소외 1 주식회사가 실질적으로 동일 법인이라는 취지로 전화응답을 하거나 피고가 소외 1 주식회사의 상호만을 변경한 법인인 것처럼 보이도록 대외적으로 광고하였던 점 등을 알 수 있다. 사정이 이와 같다면 피고는 자신의 상호를 사용하는 이외에도 소외 1 주식회사의 상호 또는 그 약칭이 영업 명칭 내지 영업 표지로서 갖는 고객흡인력을 피고의 영업활동에 이용하기 위하여 이를 피고 자신의 영업 명칭 내지 영업 표지로서 속용한 것이라 할 것이므로, 앞에서 본 법리에 비추어 볼 때 피고는 소외 1 주식회사의 상호를 속용한 것이라고 봄이 상당하다

(나) 양수인의 책임범위

가) 영업양수인은 양도인의 영업상 채무에 대하여 변제할 책임을 진다(상 42조 1). 이때 책임의 범위는 양수인의 전 재산으로 무한책임을 진다. 이 책임은 외관이론에 근거한 것이므로 영업양도계약이 무효가 되거나 취소가 되더라도 책임을 면할 수 없다. 영업양도로 인한 채무인 한 거래상 채무든 채무불이행으로 인한 손해배상채무든 불법행위나 부당이득으로 인한 채무[37]든 상관없으며 영업양도 시 변제기가 도래하였는지 여부도 묻지 않는다.

상호를 속용하는 양수인이 변제책임을 지는 제3자에 대한 채무는 양도인의 영업으로 인한 채무로서 영업양도 전에 발생한 것이면 족하고 반드시 영업양도 당시의 상호를 사용하는 동안 발생한 채무에 한하는 것은 아니다.[38] 영업양도로 채권자의 지위가 유리하게 변하는 것은 아니므로 양수인은 양도인이 채권자에게 가지고 있는 항변권을 원용하여 대항할 수 있다.[39]

나) 양수인이 책임을 지더라도 양도인을 면책시키는 것은 아니므로 중첩적 채무인수로 의제하며, 양도인과 양수인의 채무는 부진정연대채무로 본다.[40] 그리고 채권자의 영업양도인에 대한 채권과 영업양수인에 대한 채권은 법적으로 발생원인을 달리하는 별개의 채권으로서, 영업양수인에 대한 채권이 영업양도인에 대한 채권의 처분에 당연히 종속되는 것은 아니므로 채권양도의 대항요건은 채무자별로 갖추어야 한다.[41]

다) 양수인이 채무승계를 한 것이 아니므로 채권자가 양도인에 대한 집행권원을 가지고 양수인의 재산에 대하여 강제집행을 할 수 없다. 채권자가 승소한 소송의 변론종결 이후에 영업양도가 이루어졌다고 하더라도 마찬가지이다.[42] 확정판결

37) 대법원 1989. 3. 28. 선고 88다카12100 판결.
38) 대법원 2010. 9. 30. 선고 2010다35138 판결.
39) 정동윤, 123면.
40) 이철송, 299면 ; 대법원 2009. 7. 9. 선고 2009다23696 판결.
41) 대법원 2009. 7. 9. 선고 2009다23696 판결.

의 변론종결 후 그 판결상의 채무자로부터 영업을 양수하였더라도, 그 확정판결상의 채무에 관하여 면책적으로 채무를 인수하는 등 특별한 사정이 없는 한 그 양수인이 민사소송법 제218조 제1항의 변론종결 이후의 승계인에 해당된다고 할 수 없다.

(다) 양수인의 책임배제

양수인이 상호를 속용하더라도, 양수인이 영업양도 후 지체없이 양도인의 채무에 대한 책임이 없음을 등기한 때에는 모든 채권자에 대하여 면책된다(상 42조 2항 전단). 또 양도인과 양수인이 지체없이 제3자(채권자)에게 그 뜻을 통지한 경우에는 그 통지를 받은 채권자에게 책임지지 않는다(상 42조 2항 후단).

(라) 본조의 유추적용

영업을 현물출자하여 회사를 설립하고 동일 또는 유사상호를 사용하는 경우와 영업의 임차인이 동일 또는 유사상호를 사용하는 경우에도 본조가 유추 적용된다.[43]

**2) 양수인이 상호를 속용하지 않은 경우**

양수인이 양도인의 상호를 속용하지 아니한 경우에는 양도인의 채무를 변제할 책임이 없으나, 양수인이 상호를 속용하지 않았더라도 양수인의 채무를 인수하는 광고를 한 경우에는 양수인이 변제책임을 진다(상 44). 이는 금반언의 법리에 의한 책임이다. 그리고 양수인이 양도인의 영업으로 인한 채무를 인수할 것을 광고하지 않고 개별적으로 인수를 통지한 경우에도 상법 제44조가 유추 적용된다.[44] 광고 중에 채무인수라는 용어를 사용하지 않았더라도 양수인이 채무인수한 것으로 일반인이 믿을 만한 문구가 기재되어 있으면 책임을 진다.

**3) 양도인의 책임존속기간**

양수인이 양도인의 채무에 대한 책임을 지더라도, 양도인의 채무는 상호속용의 경우에는 영업양도일부터, 채무인수 광고의 경우에는 그 광고일부터 2년이 경과하면 소멸한다(상 45). 위 기간은 제척기간이다. 위 2년 기간 내에 소멸시효가 완성되면 양도인의 채무는 소멸한다. 단기제척기간을 둔 이유는 양도인의 채무는 특정 영업주의 채무라기보다는 영업 자체의 채무, 즉 기업채무로 보아서 영업양수인을 주채무자로 볼 수 있고, 또 기업자산으로 담보되어 있으므로 장기간 양도인의 지위를 불안하게 하는 것은 부당하다고 생각하기 때문이다.

---

42) 대법원 1979. 3. 13. 선고 78다2330 판결.

43) 대법원 2009. 9. 10. 선고 2009다381827 판결.

44) 최준선, 236면 ; 정찬형, 183면 ; 대법원 2010. 11. 11. 선고 2010다26769 판결.

**대법원 2010. 11. 11. 선고 2010다26769 판결**

양도인의 상호를 계속 사용하지 아니하는 영업양수인에 대해서도 양도인의 영업으로 인한 채무를 인수할 것을 광고한 때에는 그 변제책임을 인정하는 상법 제44조의 법리는 영업양수인이 양도인의 채무를 받아들이는 취지를 광고에 의하여 표시한 경우에 한하지 않고, 양도인의 채권자에 대하여 개별적으로 통지를 하는 방식으로 그 취지를 표시한 경우에도 적용이 되어, 그 채권자와의 관계에서는 위 채무변제의 책임이 발생한다. 위 법리와 기록에 비추어 살펴보면, 피고는 원고의 2005. 3. 30.자 내용증명에 의한 보상요구에 대하여 2005. 5. 24. 및 2005. 6. 7. '원고가 요청한 사항이 청구 유효기간 내에 청구되었음을 확인하고, 청구 내용에 대해서 청구 효력의 만료일 이후에도 계속 원고와 협의하여 나가겠다'는 취지의 답변을 한 후 원고와 사이에 여러 차례에 걸쳐 지급할 보상금의 액수에 대한 협의를 하였음을 알 수 있는데, 이는 피고가 원고에게 영업양도인인 신화유화로부터 이 사건 양도대금 채무를 인수하였다는 취지를 표시한 것에 해당한다 할 것이므로, 상법 제44조의 채무인수를 광고한 양수인으로서 원고에게 위 채무를 변제할 책임이 있다.

(2) 영업상 채무자의 보호

**1) 상호를 속용하는 경우**

(가) 영업양수인이 양도인의 상호를 속용하는 경우 양도인의 영업으로 인한 채권에 대하여 채무자가 선의이며 중대한 과실없이 양수인에게 변제한 때에는 그 효력이 있다(상 43). 이는 양수인이 양도인의 상호를 계속사용하는 경우, 양도인의 채무자가 중과실없이 영업주가 교체되는 사실을 모르고 양수인에게 변제하는 것을 보호하기 위한 것이다. 여기의 선의·무중과실은 '영업양도'에 대한 선의·무중과실을 의미하므로, 영업양도사실을 알고 있으나 채권양도가 없었다는 사실을 모른 경우(채권양도가 있었다고 믿은 경우)에는 본조가 아닌 채권의 준점유자에 대한 변제(민 470)에 의하여 채무자가 보호될 수 있을 것이다.[45]

(나) 본조는 영업양도는 있었으나 채권양도가 없는 경우를 전제로 한 규정이므로 채권양도의 절차와 대항요건을 구비한 경우에는 채무자는 당연히 양수인에게 변제하여야 하므로 본조가 적용될 여지가 없다. 또 지시식 증권이나 무기명증권은 피배서인이나 증권소지인에게 변제하여야 하므로 본조가 적용되지 아니한다.

---

45) 정찬형, 185-186면.

(다) 양수인이 상호속용의 합의 없이 무단으로 상호를 속용하는 경우에도 제3자를 보호하기 위해서 본조를 적용할 수 있다고 본다. 이때 발생하는 양도인의 불이익은 양수인에게 구상권을 행사함으로써 회복될 수 있다.[46)]

**2) 상호를 속용하지 않은 경우**

양수인이 상호를 속용하지 않았으나 다른 방법으로 양수인에게 채권이 귀속하는 듯한 외관을 창출하여 채무자가 선의로 양수인에게 변제한 경우에 대하여 상법에 규정이 없다. 양수인이 양도인의 상호를 속용하지 아니한 경우에는 채무자가 양도인의 영업으로 오인할 외관이 없으므로, 채권양도의 일반원칙에 의하여 채무자가 양수인에게 변제하더라도 효력이 없다. 그러나 영업양수인이 채권양도를 광고하거나 양수인이 양도인과 함께 채무자에게 양도통지를 한 경우에는 상법 제44조를 유추 적용하여 채무자는 양수인에 대한 채무변제로 양도인에게 대항할 수 있다고 본다.[47)]

---

46) 이철송, 304면.

47) 최준선, 237면 ; 정찬형, 186면 ; 김두진, 167면.

# 제 9 장
# 영업의 임대차

## 제1절 의 의

영업의 임대차계약이라 함은 상인의 영업의 전부 또는 독립된 일부를 일괄하여 타인에게 임대하는 계약을 말한다. 여기의 영업은 유기적 일체의 영업 자체를 의미하므로 영업적 재산의 개별적 임대차를 전제로 하는 민법상의 임대차와 다르다.

## 제2절 절 차

자연상인의 영업의 임대차는 상인과 임차인 간의 합의로 이루어지므로 특별한 절차가 필요하지 않다. 그러나 주식회사와 유한회사의 영업의 임대차는 주주총회 또는 사원총회의 특별결의를 필요로 한다(상 374조 1항 2호, 576조 1항). 합명회사와 합자회사는 총사원의 동의가 필요하다고 본다.[1] 영업임대차의 방식은 특별한 규정이 없으므로 민법상의 임대차계약방식에 의해 체결될 것이다. 그리고 경쟁을 제한하기 위하여 다른 회사의 영업을 임차하는 경우에는 공정거래법상의 제한을 받는다.

1) 최준선, 238면.

# 제3절 효 력

## 제 1. 당사자 간의 관계

영업임대차의 법률적 성질은 영업재산과 사실관계를 포함하는 영업재산 전부를 포괄적으로 유상으로 사용하여 영업을 영위할 수 있게 하는 계약이므로 민법의 임대차와 다른 상법상 비전형계약이다. 영업의 임대차계약이 체결되면 임차인은 영업재산을 이용할 수 있고(민 618), 임료지급의무를 부담하며(민 618, 544), 임대인은 임대차기간 중에는 영업양도인에 준하여 경업금지의무를 부담한다고 본다(상 41). 그렇지만 임대인의 경업금지의무의 존속기간은 영업임대차가 계속되는 동안으로 한정되므로 상법 제41조가 획일적으로 적용되기 어려울 것이다.[2)]

## 제 2. 제3자와의 관계

영업임대차는 영업양도와 달리 임대인의 영업상의 채권·채무가 임차인에게 이전되지 않으므로 임대인의 채권자는 임대인에게만 채무이행을 청구할 수 있다. 임차인이 임대인의 채무를 인수하였다고 공고를 하거나 통지한 경우에는 상호속용 여부와 상관없이 상법 제44조를 유추 적용하여 임차인이 변제책임을 부담한다고 보아야 할 것이다. 또 임차인이 상호를 속용하였기 때문에 임대인의 채무자가 선의이고 중대한 과실 없이 임차인에게 변제하였다면 상법 제43조를 유추적용하여 변제의 효력이 인정될 것이다.[3)]

임차인이 상호를 속용하여 제3자가 임차인을 임대인으로 오인하여 거래한 경우에는 명의대여자의 책임(상 24)에 의하여 임대인도 임차인과 연대하여 변제하여야 할 경우도 있다. 그러나 영업의 임대는 영업양도와 상이하므로, 상호를 속용하는 양수인의 책임에 관한 상법 제42조 제1항을 영업권의 임대차계약에 확대하여 적용하거나 유추적용을 할 수 없다.[4)]

---

2) 최준선, 238면.
3) 최준선, 239면.
4) 이철송, 306면 ; 최준선, 239면.

# 제10 장
# 경영위임

## 제1절 경영위임의 의의

1. 경영위임이란 상인이 기업의 경영을 타인에게 위임하는 계약을 말한다. 경영의 성과를 높이기 위하여 능력 있는 전문가에게 경영을 맡기는 것이다. 유명브랜드의 호텔 체인에 가입하거나, 파산의 위기에 봉착한 기업이 위기를 벗어나기 위하여 다른 기업에 경영을 위임하기도 한다.

2. 경영위임은 영업임대차와 달리 기업의 경영이 위임인의 명의로 이루어지므로 영업활동의 명의와 손익계산이 영업주에게 귀속되고 수임인은 보수를 지급받는다. 그리고 영업재산의 관리와 영업활동은 수임인의 관장 하에 있지만, 회사법상 효력이 생기는 사항인 임원 선임, 정관변경, 합병 등은 경영위임의 범위에서 제외된다.

3. 주식회사나 유한회사가 경영을 위임하기 위해서는 주주총회나 사원총회의 특별결의가 필요하다(상 374조 1항 2호, 576조 1항). 합명회사나 합자회사의 경우에는 정관에 다른 정함이 없는 한 총사원의 동의가 필요하다고 본다.

## 제2절 협의의 경영위임

1. 협의의 경영위임계약은 수임인이 '경영권행사의 주체'로서 지위뿐만 아니라, '영업이윤의 제1차적 귀속자'로서의 지위를 갖는 계약이다. 이 경우 수임인이 위

임인에게 일정한 보수를 지급하거나 일정비율의 배당보증을 하는 점에서 영업임대차와 유사하므로 위임인은 위임기간 동안에 영업임대차의 경우처럼 경업금지의무를 부담한다고 본다.

2. 대외적으로는 위임인은 상인 자격을 갖고 그 영업활동에 의한 모든 권리의무가 위임인에게 귀속되므로 위임인은 수임인에게 광범위한 영업의 대리권을 수여한다. 즉, 위임인이 수임인에게 자기의 영업을 이용할 수 있는 권리를 부여하는 점에서 임대차와 같으나, 대외적으로는 위임인이 영업의 소유자라는 점에서 다르다.

3. 경영위임계약을 체결하는 경우 영업임대차와 마찬가지로 물적회사가 영업전부를 위임하는 경우에는 주주총회(사원총회)의 특별결의를 거쳐야 하고 이를 반대하는 주주에게는 주식매수청구권이 인정된다.

## 제3절 경영관리계약

경영관리계약은 수임인이 '경영권 행사의 주체'로서의 지위만을 갖는다. 이 경우 경영은 위임인의 명의로 수행되는 점에서 협의의 경영위임과 같으나, 그 경영의 손익은 위임인에게 귀속되고 수임인은 경영활동에 대하여 보수를 받는다. 이는 민법상의 위임계약이므로 상법상의 영업양도의 규정이 유추 적용되지 않는다.

# 제11 장
# 영업의 담보와 강제집행

영업은 채권계약으로서 단일한 목적물이 될 수 있으나, 물권의 목적이 될 수 없으므로 영업 그 자체에 대하여 질권이나 저당권을 설정할 수 없다. 그런데 영업을 활발히 영위하기 위해서는 영업 그 자체를 담보로 제공하고 자금을 융통할 필요가 있으나 상법에 아무런 규정이 없으므로, 영업의 개별 재산에 대하여 담보를 설정할 수밖에 없다.

공장 및 광업재단 저당법, 자동차 등 특정동산 저당법 등 특별법에 의하여 영업담보가 가능하지만 많은 비용이 들고 절차가 복잡할 뿐만 아니라 그 이용도 업종별로 한정되어 있다. 따라서 영업 일반에 대하여 영업 일체를 담보로 제공하고 금융을 융통할 수 있는 새로운 입법이 필요하다.

# 제 3 편 상행위법

제 1 장 상행위법 총론 / 235
제 2 장 상행위법 각론 / 329

# 제1 장
# 상행위법 총론

## 제 1 절 상행위법 총론

### 제 1. 총 설

상법은 기업법설의 입장에서 기업적 생활관계에 관한 법으로 정의할 수 있으며, 이를 다시 기업주체의 조직의 면과 영리활동의 면으로 나눌 수 있다. 상법 중 상법총칙과 회사법은 기업 활동의 원활한 수행을 보장하기 위하여 기업의 조직적 측면에서의 법률관계를 규율하는 법이고, 상행위법은 기업의 영리목적 달성을 위하여 수행하는 대외적 거래관계를 규율함으로써 상인과 제3자와의 거래관계를 합리적으로 조정하는 법이라고 할 수 있다.[1)]

상행위법은 상법 제2편 '상행위'에서 주로 규율하고 있고, 이외에 보험, 해상, 항공운송 편에서도 규율하고 있다. 그런데 민법의 상화(商化)현상에 따라 상행위편의 통칙 규정이 단편화 되고, 보통거래약관에 의한 거래형식의 통일화 현상 그리고 상행위법의 대상인 금융, 증권, 서비스업 등의 미수용 등으로 인하여 상법에서 상행위편 규정이 차지하는 비중이 그리 높지 않다. 상행위법을 형식적 의의의 상행위법과 실질적 의의의 상행위법으로 나누어 설명할 수 있다.

#### 1. 형식적 의의의 상행위법

형식적 의의의 상행위법은 상법전 제2편 '상행위' 규정을 말한다. 이는 총 15장으로 구성되어 있는데, 제1장 통칙, 제2장 매매, 제3장 상호계산, 제4장 익명조합,

1) 이철송, 311면.

제4장의2 합자조합, 제5장 대리상, 제6장 중개업, 제7장 위탁매매업, 제8장 운송주선업, 제9장 운송업, 제10장 공중접객업, 제11장 창고업, 제12장 금융리스업, 제13장 가맹업, 제14장 채권매입업으로 구분하고, 상법 제46조부터 제168조의 12까지 143개 조문으로 구성되어 있다.

### 2. 실질적 의의의 상행위법

실질적 의의의 상행위법은 기업이 거래활동을 통해 형성되는 상인과 제3자간의 법률관계를 규율하는 법이다. 즉, 기업이 영리목적을 달성하기 위하여 수행하는 대외적 거래관계를 규율함으로써 상인과 제3자간의 이해관계를 합리적으로 조정하는 법이다. 실질적 의의의 상행위법은 형식적 의의의 상행위법에 해당되는 상법 제2편에 주로 규정되어 있으나, 그 밖에도 상법 제4편 보험, 제5편 해상, 제6편 항공, 상사특별법인 자본시장과 금융투자업에 관한 법률, 은행법, 신탁법 그리고 상관습법 등 다양한 형태로 존재한다. 상호계산, 익명조합, 합자조합 규정은 보조적 상행위이기 때문에 상행위편에 규정하고 있다.

## 제 2. 상행위법의 특성

### 1. 임의 규정

기업조직에 관한 법률관계(상법총칙, 회사)는 이해관계인에 대하여 획일적으로 처리되어야 하므로 대부분이 강행규정이다. 이에 비하여 상인과 제3자와 거래에서는 상인이 일반인과 달리 자신의 권리를 충분히 보호할 능력이 있기 때문에 당사자 간의 사적 자치를 폭넓게 인정하더라도 별 문제가 되지 않는다. 따라서 상인의 대외적 거래관계를 규율하는 상행위법은 당사자 자치를 원칙으로 하되, 당사자 간의 거래 내용과 방식을 정하지 않았을 경우에 한하여 보충적으로 적용되는 임의규정이 대부분이다.[2] 예컨대 민법에서 허용되지 않는 유질계약(민 339)이 상행위법에서는 허용이 된다(상 59).

그러나 점차 상인간의 거래가 복잡해지고 있고, 상인의 거래상대방인 개인과의 거래를 사적 자치에만 맡겨두게 되면 경제적 약자인 개인에게 피해가 발생할 염려가 있다. 더욱이 보통거래약관에 의한 집단적 거래가 증가함에 따라 소비자를

2) 이철송, 312면.

보호하기 위해서 행정감독권을 발동하는 등 사적자치원칙은 상당한 제약을 받게 되는 등 현대의 상행위법이 점차적으로 강행법화 되어가는 경향이 있다.[3)]

## 2. 유상성

상인의 활동은 영리추구를 전제로 하기 때문에 상행위도 상인의 영리활동을 돕는데 그 초점을 맞추고 있다. 그래서 민법상 위임은 무상이 원칙이지만, 상인이 영업 범위 내에서 타인을 위하여 활동을 한 때에는 보수청구권이 있으며(상 61), 민법상 금전소비대차는 무이자가 원칙이지만 상인간의 금전소비대차는 이자 약정이 없더라도 법정이자를 받을 수 있고(상 55조 1), 상인이 영업 범위 내에서 타인을 위하여 금전을 체당한 때에는 그 날 이후의 법정이자청구권이 있다(상 55조 2). 상사법정이자는 연 6분으로 민사이자(연 5분)보다 높게 책정되어 있는 등 유상성(有償性)을 그 특징으로 하고 있다.[4)]

## 3. 신속성

상거래는 다수인을 상대로 반복하여 이루어지기 때문에 개별거래가 신속하게 처리되어야만 상인의 이익이 증가한다. 그리고 지나간 거래로 인한 법적분쟁이 장기화되면 장래 영업활동에 지장을 주므로 상인의 거래로 인한 법률행위는 소멸시효를 단기로 규정하거나 특별한 소멸사유를 두는 경우 등 신속성(迅速性)을 그 특징으로 하고 있다.

그리하여 대화자간의 계약의 청약에 대하여는 즉시 승낙여부를 통지하지 않으면 그 효력을 잃고(상 51), 민사거래에서는 청약을 받은 자가 즉시 승낙여부를 통지할 의무를 부담하지 않으나, 상인은 상시 거래관계에 있는 자로부터 자신의 영업부류에 속하는 계약의 청약을 받은 때에는 지체없이 낙부의 통지를 하여야 하고, 이를 게을리하면 승낙한 것으로 본다(상 53). 또한 확정기매매에서 당연해제사유를 두고 있으며(상 68), 상사채권의 시효를 5년으로 규정하고 있다(상 64).

## 4. 안전성

상거래가 집단적으로 반복하여 신속하게 이루어지므로 거래상대방을 안전하게

---

3) 최준선, 246면.
4) 이철송, 312면.

배려하여야 한다. 이를 위하여 상인이 그의 영업부류에 속하는 계약의 청약을 받은 경우에 청약을 거절한 때라도 견품 기타의 물건을 받은 경우에는 그 물건을 보관할 의무가 있다(상 60). 또 매수인이 매매계약을 해제한 경우에도 매도인을 위하여 매매목적물을 보관 또는 공탁하여야 한다(상 70). 또 중개인이 거래당사자 일방의 성명 또는 상호를 묵비한 경우에는 반대 당사자에 대해 이행책임을 지며(상 99), 상인은 민법상 유치권보다 강화된 상사유치권을 행사할 수 있고(상 58), 상인별로 특수한 유형의 유치권을 갖는다(상 91).

## 5. 정형성

상거래는 다수를 상대로 동일한 형태의 거래가 반복하여 이루어지므로, 거래를 정형화하면 훨씬 효율적이다. 대부분의 상거래는 부합계약의 형식을 이루어지므로, 거래내용은 보통거래약관이나 상관습에 의하여 결정된다.

## 6. 기업책임의 가중, 감경

### (1) 책임의 가중

상인과 거래하는 일반인을 보호하는 등 신뢰 구축을 위하여 상인의 책임을 가중하는 경우가 있다. 수인이 1인 또는 전원에 대하여 상행위가 되는 행위로 채무부담을 한 때에는 민법의 분할책임 대신에 연대책임을 지며(상 57조의1), 보증인이 있는 경우에 그 보증이 상행위이거나 주채무가 상행위로 인한 것인 때에는 주채무자와 보증인은 연대하여 변제할 책임이 있다(상 57조 2). 또 일반인은 무상으로 임치를 받더라도 자기재산과 동일한 주의의무를 부담하는데 비하여(민 695), 상인은 선량한 관리자로서의 주의의무를 부담한다(상 62).

### (2) 책임의 감경

상인이 위험을 지나치게 부담하게 되면 영리활동에 지장이 생기므로 책임을 경감하여 줌으로써 영업활동의 촉진을 돕는다. 그리하여 운송주선인, 공중접객업자, 창고업자 등의 손해배상책임에 대하여 단기 소멸시효를 규정하고 있고(상 121, 147, 154), 운송인, 운송주선인이나 공중접객업자에게는 명시되지 아니한 고가물 손실에 대하여 면책시켜주며(상 124, 153), 운송업의 융성을 위하여 운송인의 손해배상책임을 정형화시키고 배상액을 제한하고 있다(상 137).

## 제 3. 상행위의 입법주의와 종류

상행위는 상인이 영업으로서 또는 영업을 위하여 하는 행위이다. 실질적 의의의 상행위는 영리에 관한 행위를 말하고, 형식적 의의의 상행위는 상법과 특별법 등에서 상행위로 규정된 것을 말한다.

### 1. 상행위에 관한 입법주의

#### (1) 주관주의(상인법주의)

상인의 개념을 형식적으로 먼저 정한 후에 그 상인의 영업상의 행위를 상행위라고 한다. 상인법주의 또는 형식주의라고도 한다. 스위스 채무법이 이에 속한다.

#### (2) 객관주의(상행위법주의)

행위의 주체가 누구든 불문하고 행위의 객관적 성질 자체에 의하여 상행위의 개념을 먼저 정한 후, 그 상행위를 하는 사람을 상인이라고 한다. 실질주의 또는 상행위법주의라고도 한다. 1885년 스페인 상법이 해당되는데, 오늘날 순수하게 이러한 입법주의를 취하는 나라는 없다.

#### (3) 절충주의

특정한 종류의 행위는 그 행위의 주체가 누구인지를 불문하고 그 행위의 성질 자체를 중시하여 상행위라고 하고(절대적 상행위), 다른 행위는 영업으로 할 때에만 상행위라고 인정하며(영업적 상행위), 이러한 상행위를 영업으로 하는 자를 상인이라고 한다. 일본 상법, 우리나라 의용상법이 여기에 해당된다.

#### (4) 우리 상법의 입장

우리 상법이 절대적 상행위를 인정하지 아니하고, 점포 기타 유사한 설비에 의하여 상인적 방법으로 영업을 하는 자는 상행위를 하지 않더라도 의제상인(상 5)이 되므로 주관주의 입법에 가깝다. 한편 자기명의로 상행위를 하는 자를 당연상인으로 정의하고 있는데(상 4), 당연상인은 기본적 상행위의 개념을 전제로 한다. 그런데 기본적 상행위는 상법 제46조에서 '영업으로 하는 … 행위를 말한다'고 하여 상행위의 영리성을 강조하는데, 이는 객관주의 입법의 표현이다. 따라서 우리 법은 절충주의를 취하고 있다고 할 수 있다.[5] 즉 당연상인의 기본적 상행위는 객관주의에 따르고(상 4), 설비상인의 상행위는 형식상으로는 주관주의를 따르며(상 5조 1), 회사는 순수한 주관주의를 취하고 있다(상 5조 2).[6]

## 2. 상행위의 종류

### (1) 기본적 상행위

기본적 상행위는 당연상인의 개념을 정하는 기초가 되는 상행위로서, 영업적 상행위라고도 한다. 상법 제46조의 각 호에 열거된 22가지의 행위만을 영업으로 할 때 상행위가 되고, 이러한 상행위를 자기명의로 하는 자가 상인이다. 영업성은 채권행위에서만 가능하므로 기본적 상행위는 채권적 법률행위이다.

#### 1) 동산, 부동산, 유가증권 등의 매매

(가) 매매는 물건 등을 저가로 사서 고가로 팔아 이익을 얻는 전형적인 영업행위이다. 그 목적물은 주로 동산, 부동산, 유가증권이지만 그 밖의 물권이나 채권, 지식재산권, 광업권, 어업권 등도 대상이 될 수 있다.

(나) '매매'의 의미에 관하여는 견해가 대립한다.

가) '매수와 매도'라는 견해

매매를 물건을 사서 파는 영업을 하여야 상행위로 보는 '매수와 매도'라고 보는 견해이다.[7] 이 견해에 의하면 매매는 전형적인 상행위로서 이익을 얻고 양도할 의사에 의하여 매도와 매수가 내면적 연관관계가 있어야 한다. 다만 매수가 항상 매도보다 앞서야 하는 것은 아니라고 한다.

여기의 매수라 함은 민법상의 매매(민 563)와 달리 유상의 승계취득을 의미하는 것으로서 교환, 소비대차, 대물변제 등도 포함된다고 한다. 그러나 증여, 유증 같은 무상행위나 가공, 원시생산 등 원시취득은 매수라고 할 수 없으므로, 어부가 잡은 물고기, 농가에서 기른 농산물 등을 판매하는 행위는 매매에 해당되지 않는다고 한다.[8]

나) '매수 또는 매도'로 보는 견해

매수와 매도는 영리를 얻으려는 의사에 의하여 내면적 연관성만 있으면 되는

---

5) 최준선, 96-97면.
6) 이철송, 316-317면.
7) 최준선, 110면 ; 정동윤, 141면 ; 김정호, 36-37면.
8) 최준선, 110면.

것이고 매수행위와 매도행위가 합쳐서 하나의 상행위로 보려고 하는 것은 아니므로, '팔기 위해서 사는 행위(유상취득행위)' 또는 '산 물건을 파는 행위'도 매매라고 본다.[9] 여기의 '사는 행위'에는 매수행위뿐만 아니라 유상의 승계취득이 포함된다. 따라서 증여같은 무상취득이나 가공·원시생산 등과 같은 원시취득은 여기에 해당되지 않으나, 유상의 승계취득인 한 매매 이외에도 교환, 소비대차, 소비임치, 대물변제 등에 의한 취득도 포함된다고 한다.

그리고 '파는 행위'는 산 물건이거나 유상으로 승계취득한 물건을 파는 행위로서 매수와 내면적 연관성이 있어야 하므로 원시생산업자가 스스로 생산한 물건을 파는 행위는 매매가 아니라고 한다.[10] 다만 원시생산업자가 자기의 물건을 판매하는 경우 의제상인의 요건을 갖추면 의제상인이 될 수는 있으나 당연상인은 될 수 없다.

다) '매수와 매도' 또는 '매도'로 보는 견해

원시산업처럼 매도만을 영업으로 하는 것은 가능하나 매수만을 영업으로 하는 것은 상상하기 어렵기 때문에, 매매란 '매수와 매도' 또는 '매도'라고 보아야 한다고 한다. 이 견해에 의하면 원시산업으로서 채취한 물건을 매도하는 것은 기본적 상행위가 될 수 있는데, 다만 그 매도가 영업성을 갖추었을 때에 가능하다고 한다.[11]

생각건대, 매매란 매수행위와 매도행위가 합쳐서 하나의 상행위로 볼 필요는 없으므로, '팔기 위해서 사는 행위(유상취득행위)' 또는 '산 물건을 파는 행위'도 매매라고 보는 두번째 견해가 타당하다고 생각된다.

(다) 매수(유상승계취득)에 의하여 취득한 물건을 제조·가공·수선을 하여 매도하는 행위가 여기의 매매에 해당된다는 견해[12]와 동조 3호의 제조·가공·수선에 관한 행위로 보아야 한다는 견해[13]가 대립한다. 생각건대, 자기의 계산으로 물건(원료)을 매수하여 제조·가공하여 판매하는 것은 제조업이지 판매업으로 볼 수 없으므로, 상법 제46조 제3호의 제조·가공·수선에 관한 행위로 보는 것이 타당하다.[14]

#### 2) 동산, 부동산, 유가증권, 기타 재산의 임대차

재산의 이용에 관한 행위로서 그 목적물은 매매와 동일하다. 임대차의 의미에

9) 정찬형, 57면 ; 손주찬, 69면.
10) 정찬형, 57-58면(원시생산업자의 판매행위가 기본적 상행위가 되는 경우는 상법 제46조 제18호(광물 또는 토석의 채취에 관한 행위)밖에 없다).
11) 이철송, 318면.
12) 손주찬, 69-70면.
13) 정찬형, 58-59면 ; 최준선, 111면.
14) 정찬형, 59면.

대하여 첫째로 타인의 재산을 임차하여 임대하는 행위로 보는 견해,[15] 둘째로 임대할 의사를 가지고 임차하거나(유상취득하거나) 또는 이것을 임대하는 행위로 보는 견해[16]로 나눠진다.

첫째 견해는 임차와 임대가 내면적 관련성이 있어야 한다는 것으로서 임대업의 범위를 너무 좁게 해석하므로 거래실정에 맞지 않고 따라서 임대차의 범위를 가능한 넓게 해석하는 둘째 견해가 타당하다. 다만 임대할 의사는 임대 행위 당시에 존재하여야 하고 객관적으로 인식할 수 있어야 한다. 책 · 자동차 · 건물의 임대, 선박용선 등이 해당된다. '임차'만으로는 직접 영리가 실현되지 아니하므로 제외되어야 한다는 견해도 있다.[17]

#### 3) 제조, 가공, 수선에 관한 행위

(가) 제조는 원재료에 일정한 공법을 사용하여 다른 용도를 갖는 물건을 만드는 것이고, 가공은 원재료의 동일성을 유지하면서 그 효용을 증가시키는 작업으로서 세탁, 정미 등이 해당되고, 수선은 원재료의 효용성을 회복시켜 주는 작업으로서 양복수선, 자동차수리 등이 해당된다. 그리고 제조, 가공, 수선 등의 행위 자체는 사실행위에 불과하므로 상행위가 될 수 없으며, 그러한 행위의 인수, 즉 대가를 수령하고 상대방이 원하는 제조, 가공, 수선을 해주기로 하는 약정이 상행위가 된다.

(나) 제조, 가공, 수선행위가 '타인을 위하여' 인수하는 행위만이 여기의 상행위가 된다는 견해에 따르면 '자기를 위하여' 제조, 가공, 수선을 하는 행위는 대외적 거래가 없어 상행위성을 인정할 수 없으며, 자기를 위하여 제조, 가공, 수선을 하여 '판매'하는 행위는 본조가 '제조, 가공, 수선에 관한 행위'로 제한되어 있으므로, 동조 제1호의 매매에 해당된다는 견해와[18] 자기의 계산으로 원료를 구입하여 물건을 제조하여 판매하는 행위도 여기의 상행위에 포함된다는 견해가 대립한다.[19] 자기의 계산으로 물건(원료)을 매수하여 제조 · 가공하여 판매하는 것은 제조업이지 판매업으로 볼 수 없으므로, 여기의 상행위로 보아야 할 것이다.

#### 4) 전기 · 전파 · 가스 또는 물의 공급에 관한 행위

대가를 받고 전기 · 전파(라디오, 텔레비전) · 가스 · 수도 등의 계속적인 공급을 인수하는 것으로서, 계약의 성질은 매매계약이지만 설비의 임대가 수반되는 경우

---

15) 서돈각 · 정완용, 64면.
16) 최준선, 111면 ; 정찬형, 59면 ; 최기원, 57면.
17) 이철송, 319면.
18) 이철송, 319면 ; 최준선, 111면 ; 손주찬, 70면.
19) 정찬형, 60면 ; 최기원, 57면.

에는 매매계약과 임대차계약의 혼합계약이 된다.

**5) 작업 또는 노무의 도급의 인수**

작업의 도급의 인수는 가옥, 교량 등의 부동산 또는 선박에 관한 공사를 인수하는 계약을 말하고, 노무의 도급의 인수는 노동자의 공급을 인수하는 계약으로서 인력송출업인 연예행사나 토목사업에서 볼 수 있다. 노무자 공급은 직업안정위원회의 심의를 거쳐 고용노동부장관이 허가한 자에 한하여 할 수 있다(직업안정법 18조-19조).

**6) 출판, 인쇄 또는 촬영에 관한 행위**

출판에 관한 행위란 문서 또는 도화를 인쇄하여 발매 또는 유상으로 반포하는 행위를 말한다. 출판을 위해서는 저작자와 사이에 출판계약, 인쇄업자와 사이에 인쇄계약이 수반되는데, 이들 계약은 출판업자의 부속적 상행위에 속한다. 그러므로 자기가 직접 서술하거나 인쇄를 할 수도 있다(신문출판행위). 인쇄에 관한 행위란 물리적 화학적 방법으로 문서 또는 도화를 복제하는 것을 인수하는 행위이다. 촬영에 관한 행위란 사진의 촬영을 인수하는 계약으로서 사진사의 행위가 여기에 해당된다(저작권법, 출판문화산업 진흥법 등).

**7) 광고, 통신 또는 정보에 관한 행위**

광고란 특정기업이나 상품 기타 특정사실을 일반인에게 홍보하는 행위인데 유상으로 광고를 인수하는 행위가 상행위이다. 통신이란 유무선의 장비를 이용하여 의사 또는 정보를 교환하는 행위인데, 이 가운데 불특정의 정보를 계속적으로 수집하여 유상공급하기로 하는 계약이 상행위가 된다. 정보에 관한 행위란 의뢰자로부터 대가를 수령하고 타인이 의뢰한 특정사항에 대한 정보를 수집 제공하기로 하는 계약을 말한다.

**8) 수신 · 여신 · 환 기타의 금융거래**

수신은 이자를 받거나 받지 않고 타인의 금전을 수신하는 행위이고, 여신은 금전을 타인에게 대여하는 행위이며, 환거래는 이종화폐를 교환하는 행위이다. 기타의 금융거래로는 어음할인이나 금전대차의 보증 등이 있다.

**9) 공중이 이용하는 시설에 의한 거래**

공중의 이용에 적절한 시설을 갖추고 이를 유상으로 사용하게 하는 것을 목적으로 하는 행위로서, 호텔, 음식점, 극장, 도서관 등이 해당된다.

#### 10) 상행위의 대리의 인수

독립한 상인이 다른 일정한 상인을 위하여 계속적으로 상행위를 대리할 것을 인수하는 행위이다. 체약대리상(상 87)이 여기에 해당된다. 영업적 상행위든 보조적 상행위든 상관없으며, 대리의 목적이 되는 행위가 위탁자를 위하여 상행위가 되는 행위로 제한되는 점에서 중개나 주선과 다르다.

#### 11) 중개에 관한 행위

타인간의 법률행위의 매개를 인수하는 행위로서, 법률행위는 상행위에 한정되지 않으므로 중개인(상 93), 중개대리상(상 87)은 물론이고 민사중개인에 해당되는 결혼상담소나 복덕방, 자동차중개소 등도 포함된다.

#### 12) 위탁매매 기타의 주선에 관한 행위

주선이란 자기의 명의로 타인의 계산 하에서 법률행위를 할 것을 인수하는 행위이다. 즉, 법률상으로는 자기가 권리의무의 주체이지만 경제적으로는 타인이 손익의 주체가 된다. 위탁매매인(상 101이하), 운송주선인(상 114이하), 준위탁매매인(상 113)이 여기에 해당된다.

#### 13) 운송의 인수

물건 또는 사람의 운송을 인수하는 계약을 말하며, 운송이라는 사실행위를 의미하지 않는다. 운송의 대상과 장소에 따라 여객운송, 물건운송, 육상운송, 해상운송, 항공운송 등이 있다.

#### 14) 임치의 인수

타인을 위하여 물건, 금전 또는 유가증권을 보관할 것을 인수하는 계약으로서, 창고업자, 주차장의 업무가 여기에 해당된다. 소비임치의 경우 상인의 영리성은 임치행위가 아니라 소비행위(임차물의 운용)에서 이루어지므로 소비임치 자체는 영리성이 없기 때문에 본조에 해당되지 않는다는 견해가 있으나,[20] 구분할 필요 없이 혼장임치, 소비임치도 포함된다고 보아야 할 것이다.[21] 금전 또는 유가증권의 소비임치는 금융거래의 일종으로서 제46조 제8호에 속하고 여기에는 속하지 않는다는 견해[22]가 있으나, 제46조 제8호의 금융거래이면서 동시에 여기의 임치에도 속한다고 본다.[23]

---

20) 이철송, 321면 ; 정동윤, 144면.
21) 최준선, 114면 ; 정찬형, 63면.
22) 정찬형, 63면.

### 15) 신탁의 인수

신탁이란 위탁자와 수탁자의 신임관계에 기하여 위탁자가 수탁자에게 특정 재산을 이전하거나 담보권의 설정 또는 그 밖의 처분을 하고, 수탁자로 하여금 수익자의 이익 또는 특정 목적을 위하여 그 재산의 관리·처분·운용·개발 등 신탁 목적의 달성을 위하여 필요한 행위를 하게 하는 법률관계이다. 신탁의 인수라 함은 이러한 재산의 처분·관리 등을 할 것을 인수하는 행위를 말한다. 신탁회사, 증권투자신탁회사 등의 업무가 여기에 해당된다.

### 16) 상호부금 기타 이와 유사한 행위

상호부금(相互賦金)이란 일정한 좌수와 부금을 정한 다음에 정기적으로 고객으로 하여금 부금을 납입하게 하고, 구좌마다 추첨이나 입찰 등의 방법으로 특정된 자에게 일정한 금액을 급부할 것을 약정하는 여수신(與受信)의 혼합거래로서, 상호저축은행의 신용부금업무가 이에 해당된다. 신용부금업무는 일정 기간을 정하고 부금을 납입하게 하여 기간의 중도 또는 만료 시에 부금자에게 일정한 금전의 급부를 약정하여 행하는 부금의 수입과 급부금의 지급업무를 말한다. '기타 이와 유사한 행위'에는 상호저축은행이 운영하는 신용계업무가 있다. 신용계업무란 일정한 계좌수와 기간 및 금액을 정하고 정기적으로 계금을 납입하게 하여 계좌마다 추첨, 입찰 등을 통하여 계원에게 금전의 급부를 약정하여 행하는 계금의 수입과 급부금의 지급업무를 말한다.[24]

### 17) 보 험

보험이란 동일한 위험에 처한 다수인이 단체를 구성하여 그 구성원이 미리 금전을 모아 구성원 중 보험사고를 당한 자에게 일정한 금원 기타의 급여를 지급하는 제도이다. 보험자가 체결하는 보험계약이 기본적 상행위이며, 영리보험만이 해당되고 사회보험이나 상호보험은 제외된다.

### 18) 광물 또는 토석의 채취에 관한 행위

채취한 광물이나 토석을 판매하는 행위는 원시산업자의 행위로서 의제상인의 요건을 갖춘 경우에는 준상행위가 될 수 있으나, 행위의 기업성에 착안하여 기본적 상행위로 상법이 규정하고 있다. 여기의 행위는 채취라는 사실행위를 의미하는 것이 아니라 채취한 광물 등을 판매하는 행위를 말한다.

---

23) 최준선, 114면.
24) 최준선, 115면.

**19) 기계, 시설, 그 밖의 재산의 금융리스에 관한 행위**

금융리스란 상법 제168조의2 이하에서 다루고 있는 금융리스업의 대상으로서 영위하는 영업을 말하며, 금융리스이용자가 선정한 기계, 시설, 그 밖의 재산을 제3자로부터 취득하거나 대여받아 금융리스이용자에게 이용하게 하는 영업이다(상 제168조의2). 과거에는 물융(物融)이라고 하였다.

**20) 상호 · 상표 등의 사용허락에 의한 영업에 관한 행위**

자신의 상호 · 상표 등을 제공하는 것을 영업으로 하는 가맹업자로부터 그의 상호 등을 사용할 것을 허락받아 가맹업자가 지정하는 품질기준이나 영업방식에 따라 영업을 하는 행위로서 '가맹업' 또는 '프랜차이즈'라고 한다(상 제168조의6).

**21) 영업상 채권의 매입 · 회수 등에 관한 행위**

타인이 물건, 유가증권의 판매, 용역의 제공 등으로 취득하였거나 취득할 영업상 채권을 매입하여 회수하는 채권매입업으로서 '팩토링(factoring)'이라고도 한다(상 제168조의11).

**22) 신용카드, 전자화폐 등을 이용한 지급결제 업무의 인수**

2010년 개정상법에서 인터넷의 발전으로 전자화가 광범하게 이루어지는 현실을 반영하여 신용카드와 전자화폐에 의한 지급결제업무를 상행위로 규정하였다.

### (2) 준상행위

고유의 상행위는 상행위법이 적용되는 행위로서, 기본적 상행위(상 46)와 보조적 상행위(상 47)가 있다. 준상행위(準商行爲)는 의제상인(상 5)이 영업으로 하는 행위를 말한다(상 66). 의제상인은 기본적 상행위를 하지 않으므로, 기본적 상행위가 아닌 행위 중에서 상인이 영업으로 할 만한 것은 준상행위가 될 수 있다. 상법은 의제상인이 영업으로 하는 행위에 대하여 상행위에 관한 통칙 규정을 준용하고 있다(상 66). 경제가 발전함에 따라 준상행위의 영역은 점차 확대되어 가고 있다.

### (3) 보조적 상행위

**1) 의 의**

보조적 상행위라 함은 상인이 '영업을 위하여', 즉 '영업을 보조하기 위하여' 하는 행위로서 부속적 상행위라고도 한다. 영업을 보조하기 위하여 하는 행위는 영리성은 없으나 영업을 위한 수단적 행위이기 때문에 상행위로 규정하였다. 보조적 상행위는 기본적 상행위 및 준상행위와 대비되는 개념으로서, 기본적 상행위나 준상행위는 상인이 '영업으로' 하는 행위인 반면에 보조적 상행위는 기본적 상행위와 준상행위의 '수행을 위한 필요'에 의하여 하는 행위이다. 금전차입은 도매업자에게는 보조적 상행위이지만 은행에게는 기본적 상행위이다. 보조적 상행위로는 근로계약, 단체협약, 개업준비행위,[25] 영업의 양도양수 등이 있다.

**2) 범 위**

(가) 영업을 위하여 하는 행위란 영업과 관련된 모든 재산법상의 행위를 의미하며, 유상이든 무상이든 상관없다. 영업을 위하여 하는 행위인지 여부는 상인의 주관적 목적과 기준에 의하여 판단할 것이 아니라, 그 행위의 객관적 성질에 의하여 판단해야 할 것이다. 영업자금의 차입,[26] 영업자금의 대여, 사무소 임차 등이 해당된다. 신분상의 행위나 세금신고 등 공법상의 행위는 해당되지 않는다.

(나) 보조적 상행위는 법률행위에만 한정되지 않고 또 계약에 한정되지도 않으므로, 기본상행위의 취소나 해제 같은 단독행위, 외상채권의 양도 같은 물권행위도 포함되고, 최고나 통지 같은 준법률행위도 포함된다.

(다) 영업소의 설정, 상호선정, 상품생산 등과 같은 사실행위나 불법행위가 보조적 상행위가 될 수 있는가에 관하여, 긍정하는 견해는 보조적 상행위는 영업을 위하여 하는 행위이고, 이때 '행위'라 함은 반드시 법률적 행위로 한정할 필요가 없는 점, 보조적 상행위는 고유한 의미의 상행위가 아니라 상행위로 의제되는 점, 상대방의 이익을 위하여 보조적 상행위의 범위를 가능한 확대해석하는 것이 입법취지에 맞는 점 등을 고려하여 사실행위나 불법행위도 보조적 상행위로 포함시킬 필요가 있다고 한다.[27] 한편 부정하는 견해에 의하면 보조적 상행위를 인정하는 실익은 그에 해당되는 행위에 대하여 상법을 적용하기 위한 것인데, 상법에서는 불법행위에 적용할 규정을 찾기 어렵기 때문에 사실행위나 불법행위는 보조적 상행위가 될 수 없다고 한다.[28]

(라) 상행위의 추정

상행위인지 여부가 불분명한 경우에는 상행위로 추정하여 상법을 적용한다(상

---

25) 대법원 2012. 4. 13. 선고 2011다104246 판결.

26) 대법원 2012. 7. 26. 선고 2011다43594 판결.

27) 정찬형, 201면 ; 최준선, 119면 ; 손주찬, 218면 ; 최기원, 215면 ; 정동윤, 138면.

28) 이철송, 325-326면 ; 김정호, 184-185면(보조적 상행위에서 상행위라 함은 법률행위만을 의미하므로, 사실행위나 불법행위 그리고 영업활동과 관련하여 발생한 불법행위나 부당이득 등 법정채권채무도 이에 속하지 않는다고 한다) ; 대법원 1985. 5. 28. 선고 84다카966 판결.

47조 2). 그러므로 어떤 자의 행위가 보조적 상행위가 아니라는 주장을 하는 자가 이를 증명해야 한다. 상행위의 추정은 새롭게 채권 채무를 발생시키는 거래뿐만 아니라 기존의 채권 채무를 정산하기 위한 경개·준소비대차 같은 계약에도 적용된다.[29)]

**대법원 2008. 12. 11. 선고 2006다54378 판결**

상법 제47조 제1항은 "상인이 영업을 위하여 하는 행위는 상행위로 본다"고 규정하고 있고, 같은 조 제2항은 "상인의 행위는 영업을 위하여 하는 것으로 추정한다"고 규정하고 있으므로, 영업을 위하여 하는 것인지 아닌지가 분명치 아니한 상인의 행위는 영업을 위하여 하는 것으로 추정되고 그와 같은 추정을 번복하기 위해서는 그와 다른 반대사실을 주장하는 자가 이를 증명할 책임이 있다. 그런데 금전의 대여를 영업으로 하지 아니하는 상인이라 하더라도 그 영업상의 이익 또는 편익(便益)을 위하여 금전을 대여하거나 영업자금의 여유가 있어 이자 취득을 목적으로 이를 대여하는 경우가 있을 수 있으므로, 이러한 상인의 금전대여행위는 반증이 없는 한 영업을 위하여 하는 것으로 추정된다.

원심판결 이유에 의하면, 원심은 음식점을 영위하는 원고가 1997. 7. 24. 피고에게 2,000만 원을 변제기는 1997. 9. 25.로 정하여, 1997. 12. 9.경 1,000만 원을 변제기는 1998. 3. 5.로 정하여 각 고율의 이자로 대여하고, 피고는 위 날짜에 위 각 금원을 소외인에게 고율의 이자로 재차 대여한 사실을 인정한 다음, 원고와 피고 사이에 상호 고율의 이자소득을 얻기 위한 목적으로 행하여진 위 금전대여행위를 가리켜 원고 또는 피고가 '영업으로' 내지 '영업을 위하여' 하는 상행위라고 볼 수 없다는 이유로, 원고의 위 대여금채권이 5년의 상사소멸시효가 완성되어 소멸되었다고 주장하는 피고의 항변을 배척하였다. 그러나 앞에서 본 법리에 비추어 보면, 음식점업을 영위하는 상인 원고가 부동산중개업을 영위하는 상인인 피고에게 합계 3,000만 원의 금원을 고율의 이자로 대여한 행위는 반증이 없는 한 상법 제47조 제2항에 의하여 영업을 위하여 하는 것으로 추정되고, 원심이 설시한 바와 같은 위 금전대여행위가 원고와 피고 사이에 상호 고율의 이자소득을 얻기 위한 목적으로 행하여졌다는 사정만으로는 위 추정이 번복된다고 볼 수 없으므로, 원고가 위 추정을 번복할 만한 증명책임을 다하지 못하는 한 원고의 피고에 대한 위 금전대여행위는 상행위로 보아야 할 것이다.

29) 대법원 1992. 7. 28. 선고 92다10173·10180 판결.

(4) 절대적 상행위

절대적 상행위는 행위의 주체와 상관없이 그 행위 자체의 객관적 성질에 의하여 항상 상행위가 되는 것으로서 의용상법에서는 인정되었으나(의용상법 501), 현행 상법에서는 폐지되었다. 다만 담보부사채신탁법에서 제3자가 사채의 총액을 인수하는 행위는 상행위로 보므로(동법 23조 2), 절대적 상행위가 존재한다. 또 신탁법 제4조의 '신탁의 인수행위'도 절대적 상행위로 볼 수 있다.

(5) 일방적 상행위와 쌍방적 상행위

거래에 참여하는 당사자 일방에게만 상행위가 되는 일방적 상행위와 거래당사자 쌍방에게 상행위가 되는 쌍방적 상행위가 있다. 일방적 상행위도 원칙적으로 상법이 적용되나(상 3), 상사유치권(상 58), 상사매매(상 67조 내지 71) 규정은 쌍방적 상행위에게만 적용된다.

## 제2절 상행위에 대한 특칙

### 제 1. 민법 총칙편에 대한 특칙

#### 1. 상행위의 대리와 위임

(1) 대리의 방식(비현명주의)

**1) 취 지**

우리 민법은 본인을 위한 것을 표시하지 않은 행위는 원칙적으로 대리인만이 책임을 지고, 상대방이 대리인으로서 한 것임을 알았거나 알았었을 경우에만 본인이 책임을 진다(민 115)고 규정하여 현명주의를 취하고 있다. 그러나 상법은 '상행위의 대리인이 본인을 위한 것을 표시하지 않아도 본인에게 효력이 있다. 그러나 상대방이 본인을 위하여 하는 것을 알지 못한 때에는 대리인에 대하여도 이행의 청구를 할 수 있다(상 48)'고 규정하여, 비현명주의(非顯名主義)를 취하고 있다.

이와 같이 상법이 비현명주의를 취하는 것은 상인의 영업행위는 통상 그 대리인인 상업사용인에 의하여 이루어지고 상대방도 그러한 대리관계를 알고 있는 경우가 대부분이며, 상거래의 내용이 일반적으로 비개성적인 것으로서 그 이행여부가 중요할 뿐 당사자가 누구인가는 중요하지 않기 때문에 대리의사를 생략하고 신속하게 이루어지는 관행을 존중하는 것이다.[30] 그러나 어음·수표 등 유가증권은 요식성과 문언성을 요구하고 엄격한 현명주의를 취하므로, 대리관계가 어음·수표에 표시되어야만 본인이 책임을 진다.

**2) 요 건**

(가) 본조가 적용되려면 대리인에게 대리권이 존재하여야 한다. 대리권이 없으면 본인은 원칙적으로 책임을 지지 않고 대리인만 책임을 진다.

(나) 본인에 대하여 상행위가 되는 행위를 대리한 경우에 본조가 적용된다. 그러므로 상대방에 대하여만 상행위가 되고 본인에 대하여는 상행위가 되지 아니하는 행위에는 적용되지 아니한다. 기본적 상행위, 준상행위, 보조적 상행위가 모두 적용된다.

**3) 대리에 대한 상대방의 부지(不知)**

(가) 거래상대방이 대리행위임을 알지 못한 경우, 즉 대리인 자신의 상행위로 알고 있는 경우에는 본인은 물론이고, 대리인에 대하여도 이행을 청구할 수 있다(상 48조 단서). 그 이유는 대리의사가 표시되어 있지 아니한 대리인과 거래하는 상대방이 대리관계를 알지 못하는 경우에도 본인에게만 효력이 생긴다면 외관을 신뢰한 상대방이 예측하지 못한 손해를 입게 할 수 있으므로 대리인에게도 이행의 청구를 할 수 있게 하였다.

(나) 알지 못한데(不知) 대하여 상대방의 과실이 있는 경우에도 대리인에게 이행을 청구할 수 있는지에 대하여는 견해가 대립한다. 긍정설[31]에 의하면 상법 제48조 단서는 거래상대방을 보호하기 위한 규정이므로 상대방이 본인을 위한 것임을 알지 못하였다면 과실 유무를 불문하고 대리인에 대하여 이행을 청구할 수 있다고 한다. 한편 부정설[32]은 상법 제48조 단서는 선의·무과실의 상대방을 보호하기 위한 규정이므로 상대방이 본인을 위한 것임을 알지 못한데 대하여 과실이 있는 경우에는 대리인에게는 이행을 청구할 수 없다고 한다. 생각건대 상대방의 중대한 과실로 대리인이 본인을 위하여 행위를 하는 것을 알지 못한 때에는 대리인에게 이행을 청구할 수 없다고 보아야 할 것이다.

(다) 본인과 대리인의 책임이 모두 인정되는 경우, 본인과 대리인간에는 부진정

---

30) 이철송, 330면.
31) 이철송, 333면 ; 이기수 외 279면 ; 정찬형, 205면.
32) 손주찬, 221면 ; 전우현, 198면 ; 정동윤, 150면.

연대채무가 성립하므로 거래상대방은 본인이나 대리인의 어느 쪽에게나 이행청구를 할 수 있다(연대설).[33] 한편 거래상대방은 어느 일방을 선택하여 이행을 청구하면 다른 일방에게는 이행을 청구할 수 없다는 견해에 의하면, 상대방이 대리인과의 법률관계를 선택하면 본인과의 법률관계는 주장할 수 없다고 한다(택일설).[34]

택일설에 의하면 상대방은 처음부터 어느 일방을 거래당사자로 삼은 것이므로 두 사람의 연대채무를 인정하는 것은 거래상대방을 지나치게 보호하는 것으로서 부당하다고 한다. 생각건대 상대방이 대리인에 대하여 이행을 청구할 수 있을 뿐이고, 거래 자체는 본인과 상대방 사이에 성립하므로 본인과 대리인간에는 부진정 연대채무가 성립하며, 상대방은 어느 쪽에게도 이행을 청구할 수 있다고 본다.

**대법원 1996. 10. 25. 선고 94다41935 판결**

민법 제114조가 대리행위의 현명주의를 취한 것과는 달리 상법 제48조는 "상행위의 대리인이 본인을 위한 것임을 표시하지 아니하여도 그 행위는 본인에게 효력이 있다. 그러나 상대방이 본인을 위한 것임을 알지 못한 때에는 대리인에 대하여도 이행을 청구할 수 있다"고 규정하여 비현명주의를 취하고 있다.

소외 두룡유통이 피고들과 이 사건 각 분양계약을 체결하면서 원고의 대리인임을 표시하였다고 볼 자료는 없지만, 소외 두룡유통에게 위에서 본 바와 같이 원고를 대리할 권한이 있고, 이 사건 점포의 분양행위는 그 규모, 횟수, 분양기간 등에 비추어 볼 때 상법 제46조 제1호 소정의 부동산의 매매로서 본인인 원고의 상행위가 된다고 할 것이므로, 상법 제48조에 의하여 대리행위의 현명 여부에 불구하고 유효한 대리행위로서 그 효과는 본인인 원고에게 귀속된다 고 할 것이다.

### (2) 본인의 사망과 대리권의 존속

1) 민법상 본인이 사망하면 본인과 대리인간의 신뢰관계가 더 이상 지속되지 않으므로 대리권이 소멸된다(민 127조 1호). 그러나 상인이 그 영업에 관하여 수여한 대리권은 본인의 사망으로 인하여 소멸하지 아니한다(상 50). 만일 상인이 사망한 경우에 그 대리권도 소멸한다고 하면 상거래의 신속과 편의가 유지될 수 없고 기업유지의 정신에도 반할 뿐만 아니라 본인의 영업으로 믿고 거래한 거래상대방에게 예기하지 못한 손해를 입혀 거래안전을 해치기 때문이다.

---

33) 전우현, 199면 ; 손주찬, 222면 ; 최기원, 220면 ; 이철송, 333면.

34) 최준선, 249면 ; 정동윤, 150면.

2) 이 규정은 본인이 상인인 경우에 한하여 적용되고, 거래상대방만이 상인인 경우에는 적용되지 아니한다. 즉 상인이 영업에 관하여 대리권을 수여하여야 한다. 상인이 아닌 자가 은행에서 대출받는 행위를 위한 대리권을 수여하는 경우, 상인 아닌 대리권수여자가 사망하면 그 대리권은 소멸한다. 대리인이 위임을 받아 하는 행위는 영업에 관한 대리행위이므로 본인인 상인에게 기본적 상행위나 준상행위가 될 수 있고, 보조적 상행위가 될 수도 있다.

3) 대리권수여의 기초가 되는 법률관계는 위임에 한정되지 않으므로 고용, 조합, 대리상계약에도 적용된다. 회사가 본인인 경우에는 사망제도가 없으므로 본조가 적용되지 아니한다.

### (3) 수임인의 권한

민사대리에서는 수임인은 위임의 본지에 따라서 선량한 관리자의 주의의무로서 위임사무를 처리하여야 한다(민 681). 한편 상행위의 위임을 받은 자인 수임인은 위임의 본지에 반하지 않는 범위 내에서 위임을 받지 않은 행위를 할 수 있다(상 49). 상법 제49조가 민법 제681조의 특칙 조항이 아니라 민법규정의 취지를 선명하게 하기 위하여 주의적으로 규정한 것에 불과하다는 주의규정설[35]과 상법 제49조는 민법이 허용되는 범위를 초과하는 수임인의 대외적 대리권한의 범위에 관한 특칙이라는 견해[36]가 대립하고 있다.

생각건대 상법 제49조의 '위임의 본지에 반하지 않는 범위 내에서' 위임을 받지 아니한 행위를 하는 것은 민법 제681조의 '위임의 본지에 따라서 선량한 관리자의 주의를 가지고 위임사무를 처리'하는 범위에 포함되므로 상법 제49조는 민법 제681조가 허용하는 위임인과 수임인의 내부관계에 대한 규정으로 이해하는 주의규정설이 타당하다.

## 2. 상사시효

### (1) 상사채권시효

1) 민법상 채권의 소멸시효는 10년이지만(민 162), 상행위로 인한 채권은 본법에 다른 규정이 없는 때에는 5년간 행사하지 아니하면 소멸시효가 완성된다. 그러나 다른 법령에 이보다 단기의 시효의 규정이 있는 때에는 그 규정에 의한다(상 64).

35) 이철송, 335면 ; 최준선, 250면 ; 정동윤, 152면.
36) 서돈각 · 정용상, 148면.

이는 상거래로 인한 채권은 신속하게 해결될 것을 요구하므로 민사채권보다 단기간으로 규정한 것이다.

2) 본조가 적용되기 위해서는 상행위로 인한 채권이어야 한다. 그리고 상행위인 한 기본적 상행위,[37] 보조적 상행위,[38] 쌍방적 상행위, 일방적 상행위[39]든 상관이 없으며, 채권자를 위한 상행위든 채무자를 위한 상행위든 상관없다.

3) 상행위로 인한 채권이 변형되어 원래 채권과 실질적 동일성을 갖는 채권도 포함된다. 따라서 상행위로 인하여 발생한 채무의 불이행으로 인한 손해배상채무,[40] 상행위의 계약해제로 인한 원상회복청구권, 위약금채무,[41] 면책적 채무인수도 상사시효인 5년이 적용된다. 주채무가 민사채무이더라도 보증채무가 상행위로 인한 것인 때에는 보증채무의 시효는 상사시효가 적용된다.

4) 그러나 거래행위로 인하여 발생하지 아니한 채권, 예컨대 불법행위로 인한 손해배상청구권이나 부당이득반환청구권[42] 등은 원칙적으로 민사시효가 적용된다. 또 상인이 그의 영업을 위하여 근로자와 체결하는 근로계약은 보조적 상행위에 해당한다고 하더라도, 근로자의 근로계약상의 주의의무위반으로 인한 손해배상청구권은 상거래처럼 신속하게 해결할 필요가 있는 것은 아니므로 특별한 사정이 없는 한 민사 소멸시효가 적용된다.[43] 또 보증채무 없이 타인의 채무를 대신 변제함으로써 채무자를 면책시키는 것은 거래행위가 아니기 때문에 이로 인하여 취득한 구상권은 법정채권으로서 상사시효가 적용되지 않는다.[44]

**대법원 2008. 4. 10. 선고 2007다91251 판결**

원고는 1992. 1. 1.부터 '(상호 생략)'이라는 상호로 사업자등록을 하고 수예품의 소매업을 영위하고 있는 상인임을 알 수 있는바, 원고는 그 사업자금을 조달하기 위하여 피고가 조직, 운영하는 계에 가입하여 계불입금채무를 지게 되었다고 주장하고 있는 터이므로, 위 법리에 비추어 피고가 원고에 대

37) 대법원 1996. 1. 23. 선고 95다39854 판결.
38) 대법원 1989. 6. 27. 선고 89다카2957 판결 ; 대법원 1995. 4. 21. 선고 94다36643 판결 ; 2000. 8. 22. 선고 2000다19922 판결 ; 대법원 2012. 11. 15. 선고 2011다56491 판결.
39) 대법원 1993. 3. 9. 선고 92다44329 판결.
40) 대법원 2008. 3. 14. 선고 2006다2940 판결 ; 대법원 2011. 12. 8. 선고 2009다25111 판결.
41) 대법원 2013. 4. 11. 선고 2011다112032 판결.
42) 대법원 2003. 4. 8. 선고 2002다64957 · 64964 판결.
43) 대법원 2005. 11. 10. 선고 2004다22742 판결.
44) 대법원 2001. 4. 24. 선고 2001다6237 판결 ; 대법원 1996. 3. 26. 선고 96다3791 판결.

하여 가지는 이 사건 계불입금채권은 다른 반증이 없는 한, 원고에 대한 관계에서 상행위에 해당하는 행위로 인한 채권으로서 상사채권에 해당하여 5년의 소멸시효기간이 적용되는 것으로 봄이 상당하다고 할 것이다.

**대법원 2011. 12. 8. 선고 2009다25111 판결**

건설공사에 관한 도급계약이 상행위에 해당하는 경우 그 도급계약에 기한 수급인의 하자담보책임은 상법 제64조 본문에 의하여 원칙적으로 5년의 소멸시효에 걸리는 것으로 보아야 한다. 원심은, 이 사건 아파트를 분양한 자인 소외 회사와 그 건축을 맡은 시공사인 피고 건설회사 사이의 이 사건 도급계약에 기한 하자보수에 갈음하는 손해배상채권은 상사채권으로서 5년의 상사시효에 걸린다고 판단하였다. 앞서 본 법리와 기록에 비추어 보면 원심의 이 부분 판단은 정당하고, 이와 다른 견해에서 이 사건 도급계약에 기한 피고 건설회사의 하자담보책임이 10년의 민사시효에 걸리는 것으로 보아야 한다는 상고이유의 주장은 받아들일 수 없다.

**대법원 2006. 11. 23. 선고 2006다10989 판결**

이 사건 구상금 청구권은 원고와 이권 사이에 맺은 보험계약과 피고와 최준식 사이에 맺은 보험계약이 중복보험에 해당하여 상법 제672조 제1항이 적용됨에 따라 원고가 최준식에게 보험금을 지급함으로써 취득한 채권으로서 근본적으로 상행위에 해당하는 보험계약을 기초로 하여 발생한 것이고, 중복보험에 의한 구상관계에서는 당사자 쌍방이 모두 상인인 보험회사로서 그로 인한 거래관계를 신속하게 해결할 필요가 있는 점 등에 비추어 보면, 위 구상금 청구권은 상사채권으로서 그 소멸시효기간은 5년이라고 보는 것이 타당하고, 그 기산점은 원고가 현실로 피해자에게 보험금을 지급한 날부터 기산한다.

이러한 법리에 비추어 볼 때, 원심이 중복보험에 의한 구상금 청구권의 소멸시효기간을 일반민사채권과 같이 10년으로 판단한 것은 잘못이라 할 것이나, 한편 기록에 의하면 원고는 소외인에게 2002. 11. 29.부터 같은 해 12. 13.까지 보험금으로 합계 54,727,390원을 지급한 후에 그로부터 5년이 경과하지 않은 2004. 12. 22. 피고에 대해 이 사건 구상금 청구소송을 제기한 사실을 인정할 수 있는바, 그렇다면 이 사건 구상금 청구권의 소멸시효가 완성되지 않았음은 역수상 명백하다 할 것이어서, 이와 달리 원고의 이 사건 청구권이 보험자 대위권에 터잡은 보험금 청구권임을 전제로 하여 이 사건 사고가 발생한 날부터 2년이 경과함으로써 소멸시효가 완성되었다는 피고의 이 부분 주장을 배척한 것은 결과적으로 정당하고, 거기에 상고이유에서 주장하는 바와 같은 법리오해의 위법이 없다.

**대법원 2005. 11. 10. 선고 2004다22742 판결**

상법 제64조의 상사시효제도는 대량, 정형, 신속이라는 상거래 관계 특유의 성질에 기인한 제도임을 고려하면, 상인이 그의 영업을 위하여 근로자와 체결하는 근로계약은 보조적 상행위에 해당한다고 하더라도, 근로자의 근로계약상의 주의의무 위반으로 인한 손해배상청구권은 상거래 관계에 있어서와 같이 정형적으로나 신속하게 해결할 필요가 있다고 볼 것은 아니므로 특별한 사정이 없는 한 5년의 상사 소멸시효기간이 아니라 10년의 민사 소멸시효기간이 적용된다고 봄이 타당하다 (대법원 1985. 6. 25. 선고 84다카1954 판결 ; 2003. 4. 8. 선고 2002다64957, 64964 판결 참조).

**대법원 2001. 4. 24. 선고 2001다6237 판결**

물상보증은 채무자 아닌 사람이 채무자를 위하여 담보물권을 설정하는 행위이고 채무자를 대신해서 채무를 이행하는 사무의 처리를 위탁받는 것이 아니므로, 물상보증인이 변제 등에 의하여 채무자를 면책시키는 것은 위임사무의 처리가 아니고 법적 의미에서는 의무 없이 채무자를 위하여 사무를 관리한 것에 유사하다. 따라서 물상보증인의 채무자에 대한 구상권은 그들 사이의 물상보증위탁계약의 법적 성질과 관계없이 민법에 의하여 인정된 별개의 독립한 권리이고, 그 소멸시효에 있어서는 민법상 일반채권에 관한 규정이 적용된다.

(2) 상사시효의 배제

1) 운송주선인, 물건운송인, 여객운송인, 창고업자, 선박소유자 등의 손해배상책임의 소멸시효와 이들 채권의 시효는 1년이며, 공중접객업자의 손해배상책임의 소멸시효는 6월이다. 보험금과 보험료 또는 적립금의 반환청구권의 소멸시효는 3년, 보험료청구권의 소멸시효는 2년이다.

2) 상법 이외의 다른 법령에 의하여 일반상사채권의 소멸시효기간이 상사채권

의 시효 5년보다 단기인 경우에는 다른 법령이 적용된다. 숙박료, 음식료, 입장료는 1년(민 164), 이자채권, 생산자 및 상인이 판매한 생산물 및 상품의 대가에 관한 채권은 3년이다(민 163). 여기의 '상인이 판매한 상품의 대가'란 상품의 매매로 인한 대금 그 자체로 인한 채권만을 말하는 것으로서 상품의 공급자체와 등가성이 있는 청구권에 한한다. 따라서 위탁자의 위탁상품공급으로 인한 이득상환청구권(위탁자가 위탁매매인에게 갖는 위탁매매의 대금청구권)이나 하자담보책임, 채무불이행책임은 등가성이 없으므로 5년의 상사시효가 적용된다.[45)]

**대법원 1996. 1. 23. 선고 95다39854 판결**

위탁매매에 있어서 위탁자가 매도위탁을 위하여 위탁매매인에게 하는 상품의 공급은 매도인이 민법 제568조 소정의 매매계약 의무를 이행하기 위하여 매수인에게 하는 상품의 공급과는 의미가 다른 것이어서, 위탁매매인은 상품 그 자체를 계약상 자신의 청구 이행의 목적으로 취득하는 것이 아니라 위임업무 처리과정에서 보수를 지급받을 뿐이므로 위탁매매인의 계약상 의무는 위탁인의 보수지급 의무와 대응할 뿐이고 위탁인의 상품공급 자체에는 대응하지 아니한다고 할 것이다. 따라서, 위탁자의 위탁상품 공급으로 인한 위탁매매인에 대한 이득상환청구권이나 이행담보책임 이행청구권은 위탁자의 위탁매매인에 대한 상품공급과 서로 대가관계에 있지 아니하여 등가성이 없으므로 민법 제163조 제6호 소정의 '상인이 판매한 상품의 대가'에 해당하지 아니하여 3년의 단기소멸시효의 대상이 아니라고 할 것이고, 한편 위탁매매는 상법상 전형적 상행위이며 위탁매매인은 당연한 상인이고 위탁자도 통상 상인일 것이므로, 위탁자의 위탁매매인에 대한 매매 위탁으로 인한 위의 채권은 다른 특별한 사정이 없는 한 통상 상행위로 인하여 발생한 채권이어서 상법 제64조 소정의 5년의 상사소멸시효의 대상이 된다 고 할 것이다.

## 제 2. 민법 물권편에 대한 특칙

### 1. 유질계약의 허용

(1) 민법에서는 질권(質權)설정 당시에 계약 또는 채무변제기 전의 계약으로 변제에 갈음하여 질권자에게 질물의 소유권을 취득하게 하거나 기타 법률의 정한

45) 대법원 1996. 1. 23. 선고 95다39854 판결.

바 없이 질물의 처분을 약정할 수 없다(민 339). 그러나 상행위로 인한 채권을 담보하기 위하여 설정한 질권에는 유질계약을 허용하고 있다(상 59). 그 이유는 상인은 합리적 판단력을 가지고 자신을 보호할 수 있기 때문에 당사자의 의사에 맡기더라도 문제가 없으며, 나아가 채권자로 하여금 간이하고 신속하게 질권 실행을 할 수 있도록 함으로써 기업금융이 원활하도록 도모하고 있다.

(2) 유질계약이 허용되는 '상행위로 인하여 생긴 채권'의 범위에 관하여 견해가 대립하고 있다. 첫째로 채무자나 채권자 어느 일방에게 상행위가 되는 행위에 의하여 생긴 채권이라고 하는 견해가 있다.[46] 둘째로 '상행위로 인하여 생긴 채권'이라 함은 채무자에게 상행위가 되는 경우만을 의미한다는 견해가 있다.[47]

첫 번째 견해는 본 규정이 상인의 편의를 위한 규정이므로, 누구에 대한 상행위가 되든지 불문하고 적용된다고 한다. 반면 두 번째 견해에 의하면 본 규정의 입법취지가 상인의 자기 방어력을 전제로 질권 실행의 간이화를 도모하기 위한 것인데 채권자(질권자)가 상인이고 채무자(질권설정자)가 비상인인 경우에는 채무자가 자기방어력이 미약하므로 그를 보호하기 위해서는 유질계약은 금지되고, 상인인 채무자가 질권을 설정하는 경우 즉 채무자에게 상행위가 되는 경우에 한해서만 유질계약이 허용된다고 한다.[48] 상인의 자기 방어력를 전제로 하는 본 규정의 입법취지를 고려하면 두 번째 견해가 타당하다.

## 2. 일반 상사유치권

### (1) 의 의

**1) 민사유치권**

타인의 물건 또는 유가증권을 점유한 자는 그 물건이나 유가증권에 관하여 생긴 채권이 변제기에 있는 경우에는 변제를 받을 때까지 그 물건 또는 유가증권을 유치할 권리가 있다(민 320조 1).

**2) 일반 상사유치권**(상 58)

상인간의 상행위로 인한 채권이 변제기에 있는 때에는 채권자는 변제를 받을 때까지 그 채무자에 대한 상행위로 인하여 자기가 점유하고 있는 채무자 소유의

46) 정동윤, 289면 ; 전우현, 216면 ; 안강현, 198면 ; 최기원, 228면.
47) 이철송, 342면 ; 이기수 외, 289면 ; 최준선, 259면 ; 정찬형, 214면.
48) 이철송, 342면 ; 최준선, 259면.

물건 또는 유가증권을 유치할 수 있다. 그러나 당사자 간에 다른 약정이 있으면 그러하지 아니하다(상 58).

상사유치권은 상사거래의 특수성을 반영하고 거래상대방을 보호하기 위하여 민사유치권보다 그 성립요건을 완화·변경하였다. 상사유치권의 성질이나 효력 등은 민사유치권 규정이 준용된다.

**3) 특별 상사유치권**

상사유치권은 상행위편의 통칙에 규정되어 모든 상행위에 적용되는 일반 상사유치권(상 58)과 개별적인 상행위(대리상, 위탁매매인, 운송주선인, 선장 등)에만 인정되는 특별상사유치권(상 91, 111, 121, 147 등)으로 구분된다. 여기에서는 일반 상사유치권을 다룬다.

### (2) 상사유치권의 요건

**1) 당사자**

상사유치권 성립 당시에 당사자 쌍방이 상인이어야 한다. 상사유치권이 상인 간에 이루어지는 거래의 특성을 고려한 것이므로 채권자 및 채무자의 상인자격은 피담보채권이 성립할 때와 유치물의 점유가 개시되는 시점에 모두 구비되어야 한다. 유치물 점유 시 상인자격이 필요 없다는 견해가 있으나, 유치물의 범위가 피담보채권과 견련성이 없는 물건에까지 확대되어 있는 점을 고려하여 채권자가 유치물의 점유를 취득하는 원인이 된 행위를 할 때에 상인자격을 갖추어야 한다고 본다. 그러나 채권의 변제기 또는 유치권을 행사할 때에는 상인자격을 요구하지 않는다.[49]

**2) 피담보채권**

(가) 피담보채권은 상인인 채무자와 채권자 쌍방에게 상행위가 되는 행위로 인하여 발생한 채권이어야 한다. 따라서 채권의 발생원인이 쌍방에 대하여 상행위가 아니거나, 일방에게만 상행위인 경우에는 상사유치권이 성립하지 아니한다. 여기의 '상행위'에는 영업적 상행위, 보조적 상행위를 불문한다.

(나) 피담보채권은 쌍방적 상행위로 인하여 생긴 채권이어야 하기 때문에, 제3자로부터 양수한 채권에 대하여는 제3자가 상인이더라도 상인간의 상사유치권이 성립하지 아니한다. 그러나 상속, 합병에 의해 포괄이전하는 경우나 영업양도처럼

---

49) 이철송, 344면 ; 최준선, 254면.

채권이 물건의 점유와 동시에 이전하는 경우에는 전채권자와 승계인이 동일인으로 보아서 승계인도 유치권을 행사할 수 있다.

(다) 피담보채권은 경매대금으로 변제될 수 있어야 하므로 금전채권이어야 한다. 추후에 금전채권으로 변환될 수 있으면 충분하므로, 종류채권, 특정물채권 등의 채무불이행으로 인한 손해배상채권, 소유물 반환청구권 같은 물권적 청구권도 해당된다.

(라) 피담보채권이 변제기에 이르러야 유치권을 행사할 수 있다. 유치물을 점유할 때에는 변제기가 아니더라도 상관없다.

### 3) 유치목적물

(가) 채무자의 소유

상사유치권은 채무자 소유의 물건 또는 유가증권에만 성립한다. 민사유치권이 피담보채권과 견련성이 있는 물건이라면 그 소유자가 누구인가를 묻지 않고 성립되는데 비하여, 상사유치권은 피담보채권과 목적물의 견련성을 요구하지 않으나, 유치목적물이 채무자의 소유이어야 한다. 유치권이 성립할 때에 그 물건이 채무자 소유이면 되므로, 그 이후에 소유권이 제3자에게 이전되더라도 유치권의 효력에 영향을 주지 않는다. 그리고 유치권 성립 당시에 채무자 소유물에 제한물권이 설정되어 있다면 그 제한물권이 확보하고 있는 담보가치를 침해하지 못한다.[50)]

**대법원 2013. 2. 28. 선고 2010다57350 판결**

상사유치권의 대상이 되는 목적물을 '채무자 소유의 물건'에 한정하는 취지는, 상사유치권의 경우에는 목적물과 피담보채권 사이의 견련관계가 완화됨으로써 피담보채권이 목적물에 대한 공익비용적 성질을 가지지 않아도 되므로 피담보채권이 유치권자와 채무자 사이에 발생하는 모든 상사채권으로 무한정 확장될 수 있고, 그로 인하여 이미 제3자가 목적물에 관하여 확보한 권리를 침해할 우려가 있어 상사유치권의 성립범위 또는 상사유치권으로 대항할 수 있는 범위를 제한한 것으로 볼 수 있다. 즉 상사유치권이 채무자 소유의 물건에 대해서만 성립한다는 것은, 상사유치권은 성립 당시 채무자가 목적물에 대하여 보유하고 있는 담보가치만을 대상으로 하는 제한물권이라는 의미를 담고 있다 할 것이고, 따라서 유치권 성립 당시에 이미 목적물에 대하여 제3자가 권리자인 제한물권이 설정되어 있다면, 상사유치권은 그와 같이 제한된 채무자의 소유권에 기초하여 성립할 뿐이고, 기존의 제한물권이

50) 대법원 2013. 2. 28. 선고 2010다57350 판결.

확보하고 있는 담보가치를 사후적으로 침탈하지는 못한다고 보아야 한다. 그러므로 채무자 소유의 부동산에 관하여 이미 선행(先行)저당권이 설정되어 있는 상태에서 채권자의 상사유치권이 성립한 경우, 상사유치권자는 채무자 및 그 이후 채무자로부터 부동산을 양수하거나 제한물권을 설정받는 자에 대해서는 대항할 수 있지만, 선행저당권자 또는 선행저당권에 기한 임의경매절차에서 부동산을 취득한 매수인에 대한 관계에서는 상사유치권으로 대항할 수 없다.

(나) 목적물의 종류

유치물은 물건 또는 유가증권이다. 부동산은 포함되지 않는다는 견해가 있으나 명문으로 배제하는 규정이 없기 때문에 포함되는 것으로 보아야 할 것이다. 권리나 무채재산권은 점유할 수 없으므로 제외된다.

(다) 목적물의 점유취득원인

'채무자에 대한 상행위'로 인하여 채권자가 그 목적물을 취득하였어야 한다. 채권자가 목적물을 취득한 원인이 상행위이어야 한다. 이는 점유취득행위가 상행위일 것을 요구하는 것이 아니라 채권자의 점유취득원인이 상행위이어야 한다는 것이다. 즉, 채무자가 채권자에게 목적물을 임치하는 경우 그 임치행위가 채권자(창고업자)에게 상행위이면 되고, 채무자가 상인이거나 채무자에게 상행위가 될 것을 요구하지 않는다. 점유취득원인이 채권자와 채무자 간의 쌍방적 상행위이어야 한다는 견해가 있지만, 상사유치권은 채권보전을 용이하기 위하여 인정된 것이므로 채권자에게만 상행위가 되면 상사유치권이 성립한다고 보아야 한다.[51)]

(라) 피담보채권과 목적물의 견련성(牽聯性)

민법상 유치권은 채권이 목적물 자체에서 발생하였거나 또는 목적물반환청구권과 동일한 법률관계 또는 사실관계에서 발생할 것을 요구하므로 피담보채권과 목적물이 개별적 관련성이 있어야 한다(민 320조 1). 그러나 상사유치권은 유치목적물과 피담보채권은 개별적인 관련성을 요구하지 않는다.

(마) 유치권배제의 특약

상사유치권은 법정 담보물권이지만 당사자 간 특약으로 그 성립을 배제할 수 있다(상 58조 단서). 상사유치권은 채권자의 이익을 위한 것이므로, 채권자가 특약으로 그 이익을 포기할 수 있다. 이 특약은 묵시의 의사표시로도 할 수 있다. 화물상환증, 선하증권 등을 채무자에게 발행한 경우에는 증권을 취득하는 제3자에 대

51) 최준선, 256면.

하여 유치권의 배제특약을 한 것으로 해석할 수 있다.

### (3) 상사 유치권의 효력

1) 상법은 채권자가 채권의 변제를 받을 때까지 목적물을 유치할 수 있다고만 규정하고 있으며(상 58), 그 효력에 대한 규정이 없는바 민법 규정이 준용된다. 따라서 유치권자는 유치물을 경매할 수 있고(민 322조 1), 정당한 이유가 있으면 감정인의 평가에 의하여 유치물로 직접 변제에 충당할 것을 법원에 청구할 수 있으며(민 322조 2), 목적물의 과실을 수취하여 다른 채권자보다 우선하여 자기 채권의 변제에 충당할 수 있고, 목적물의 범위 내에서 목적물을 사용할 수 있으며, 비용상환청구권이 있다.

2) 유치권자는 선량한 관리자의 주의로 목적물을 점유하여야 하고(민 324조 1), 채무자의 승낙 없이 목적물의 사용 대여 또는 담보제공을 하지 못한다(민 324조 2).

# 제 3. 민법 채권편에 대한 특칙

## 1. 상사계약의 성립

### (1) 청약의 효력(승낙적격)

**1) 대화자간의 청약의 효력**

상법 제51조는 대화자간의 청약의 구속력에 대하여 '대화자간의 계약의 청약은 상대방이 즉시 승낙하지 아니한 때에는 그 효력을 잃는다.'고 규정하여, 승낙기간의 유무와 상관없이 즉시 승낙을 하지 아니하면 청약의 효력은 소멸한다. 이는 청약단계에서 상거래 관계의 신속한 결정을 도모하기 위한 것이다.

민법에 대화자간의 청약의 효력 규정이 없으나, 청약의 구속력은 대화가 지속하는 기간 동안에만 존속하는 것으로 해석되므로 상법 제51조는 민법의 원리를 주의적으로 밝힌 규정으로 이해한다.[52] 그러나 대화자간에도 청약자가 승낙기간을 정한 경우에는 그 기간 내에 승낙의 통지를 받지 못한 때에는 그 청약은 효력을 잃는다(민 528조 1).

---

52) 정찬형, 222면 ; 김두진, 202면 ; 안강현, 204면.

#### 2) 격지자간의 청약의 효력

2010년 개정 전 상법 제52조 제1항은 "격지자간의 계약의 청약은 승낙기간이 없으면 상대방이 상당한 기간 내에 승낙의 통지를 발송하지 아니한 때에는 그 효력을 잃는다."고 규정하였으나(발송주의), 개정상법에서 삭제되었으므로 청약의 효력은 승낙기간의 유무와 상관없이 민법의 도달주의가 적용된다.

첫째로 승낙의 기간을 정한 계약의 청약은 청약자가 승낙의 통지를 그 승낙기간 내에 받지 않으면 그 효력을 잃는다(민 528조 1). 둘째로 승낙기간을 정하지 아니한 계약의 청약은 청약자가 상당한 기간 내에 승낙의 통지를 받지 못한 때에는 그 효력을 잃는다(민 529). 여기의 '상당한 기간'이라 함은 청약이 도달하는 시간과 상대방이 낙부를 고려하는 시간 그리고 승낙의 통지가 청약자에게 도달하는 시간으로 이해하는데, 상법에서는 신속한 계약의 완결을 위하여 민법의 기간보다 짧은 기간으로 해석한다. 청약에 대하여 연착된 승낙은 민법 제530조를 준용하여 청약자가 이를 새로운 청약을 한 것으로 볼 수 있다(민 530).

### (2) 계약의 성립시기

#### 1) 승낙기간을 정하지 않은 경우

상법에 규정이 없으므로 민법의 일반원칙에 의한다. 격지자간에 승낙기간을 정하지 아니한 상사계약은 청약 후 상당한 기간 내에 승낙자가 승낙의 통지를 발송하면 계약이 성립한다(민 531, 발신주의). 따라서 승낙이 불도달하면 그 불이익은 청약자가 부담한다. 다만 청약자가 계약의 불성립을 주장하는 경우에 승낙자가 계약의 성립을 주장하려면 상당한 기간 내에 승낙의 통지를 발송하였음을 증명해야 한다.[53]

#### 2) 승낙기간을 정한 경우

청약자가 승낙기간을 정하여 청약을 한 경우, 청약의 효력과 계약의 성립시기 모두 민법의 적용을 받는다. 따라서 격자지간의 계약은 승낙의 통지를 발송한 때에 성립하지만(민 531, 발신주의), 승낙기간을 정한 계약의 청약은 청약자가 승낙기간 내에 승낙의 통지를 받지 못하면 그 효력을 잃는다(민 528조 1, 도달주의). 이처럼 계약의 성립시기는 발송주의를 취하는 반면(민 531), 청약의 효력은 도달주의(민 528, 529)를 취하는 모순이 발생한다.

도달주의의 원칙을 중시하는 견해[54]에 의하면 승낙도 의사표시에 해당되므로

---

53) 이철송, 355면.
54) 김기선, 채권법 각론, 1964. 49-50면 ; 김두진, 202-203면.

그 의사표시가 상대방에게 도달한 때 효력이 생긴다는 원칙(민 111조 1)에 의하여, 승낙이 승낙기간 또는 상당기간 내에 도달할 것을 효력발생의 정지조건으로 하여 승낙의 통지발송으로 계약이 성립한다고 한다. 즉 민법 제531조는 승낙의 효력발생시기를 정한 규정이 아니라, 계약의 성립시기를 정한 것인바, 승낙이 청약자에게 도달한 때 효력이 발생하게 되나, 그 효력이 승낙통지를 발송한 때로 소급해서 청약과 결합하여 계약을 성립하게 한다는 것이다. 한편 발신주의를 중시하는 견해(통설)에 의하면 민법 제531조는 계약의 성립 및 효력발생시기를 정한 것으로서 도달주의의 예외로 해석한다. 즉 민법 제531조는 승낙의 효력발생시기에 관하여 예외적으로 발신주의를 규정한 것으로 본다. 그리하여 승낙기간 내에 승낙의 불도달을 해제조건으로 하여 승낙의 통지를 발송한 때에 계약이 성립하고 동시에 효력이 발생한다고 해석한다.[55)]

### (3) 낙부(諾否)통지의무

#### 1) 의 의

상인이 상시 거래관계에 있는 자로부터 그 영업부류에 속한 계약의 청약을 받은 때에는 지체없이 낙부의 통지를 발송하여야 한다. 이를 해태한 때에는 승낙한 것으로 본다(상 53)라고 규정하고 있다. 상사거래는 반복되므로 관행상 특별한 사정이 없는 한 청약을 한 대로 계약이 체결될 것으로 기대한다. 따라서 상인이 지체 없이 낙부통지를 발송하지 아니하고 뒤늦게 거절을 하는 경우 뜻밖의 손해를 입지 않도록 낙부통지발송의무를 부과하고 의무를 이행하지 아니하면 승낙한 것으로 보는 것이다. 그러나 상인이 아닌 개인이 청약을 받은 경우에는 낙부통지를 하지 않더라도 승낙한 것으로 보지 않는다.

#### 2) 요 건

(가) 상인이 '상시 거래관계에 있는 자'로부터 청약을 받은 경우에 적용된다. 청약자는 상인이 아니라도 무방하나, 청약의 상대방은 상인이어야 한다. 상시 거래관계란 과거에도 거래가 있어 왔고 향후에도 거래가 있을 것으로 예상되는 관계로서, 거래의 규모, 종류 등을 종합하여 판단하여야 한다.[56)] 그러므로 상시거래관계에 있지 아니한 자 사이에는 청약자가 미리 정한 기간 내에 이의를 하지 아니하면 승낙한 것으로 간주한다는 뜻을 표시하더라도 상대방에 대하여 효력이 없다.[57)]

---

55) 곽윤직, 채권각론, 신정판, 1995, 73-74면 ; 이철송, 355면 ; 류시창, 136면.
56) 정찬형, 224면 ; 이철송, 356면 ; 최준선, 263면 ; 안강현, 295면.

(나) 낙부통지의무는 '승낙기간을 정하지 아니한 격지자간의 청약'에만 적용되는데, 그 이유는 대화자간의 청약은 즉시 승낙하지 아니하면 그 효력을 잃고(상 51), 승낙기간을 정한 격자지간 청약은 청약자의 의사로서 승낙기간을 정하였기 때문에 본조를 적용할 필요가 없다.

(다) 이 의무는 상인의 '영업부류에 속한 거래'의 청약에만 적용되므로 청약의 내용이 상인의 기본적 상행위나 준상행위에 속해야 하고, 보조적 상행위는 제외된다. 이 의무는 상인에게 요구되는 과중한 의무이므로 그가 일상적으로 반복하여 행하는 업무에 한하여 요구할 수 있고 상인이 일반인과 같은 지위에서 행하는 보조적 상행위까지 이 의무를 요구할 성질은 아니다.[58]

(라) 당사자 간에 이 의무의 적용을 배제하는 특약이 있거나 다른 관습이 있는 때에는 적용되지 않는다. 또 청약의 내용이 종전 거래에 비하여 상당히 다르거나 외환이나 증권처럼 가격의 등락이 심하여 거래 시에 고도의 주의의무를 기울여야 하는 경우 이 의무가 적용되지 않는다.

### 3) 효 과

청약의 수령자가 계약체결을 원하지 않는 경우에는 지체없이 거절의 통지를 발송해야 한다(상 53조 전단). 청약을 받은 상인은 낙부의 통지를 발송하면 되므로 불도달로 인한 불이익은 청약자가 부담한다. 거절의 통지를 게을리 한 경우에는 계약이 성립되므로 청약자가 일방적으로 청약을 철회할 수 없다. 하지만 상대방이 과실 없이 청약의 사실을 알지 못하는 등 상대방의 책임 없는 사유로 낙부의 통지가 지연되거나 상대방이 무능력자인 경우에는 승낙으로 의제할 수 없다.[59] 청약의 수령자가 낙부통지의무를 불이행하면 승낙의제에 의하여 계약이 성립되는 효과가 있을 뿐이고 불이행으로 인한 손해배상책임을 부담하지는 않으므로 이 의무는 간접의무·불완전의무이다.

**대법원 1999. 1. 29. 선고 98다48903 판결**

민법 제527조, 제528조 제1항 및 상법 제52조의 규정에 의하면, 각기 다른 보험회사의 보험에 가입한 피보험차량들이 일으킨 교통사고로 제3의 피해자가 손해를 입어 어느 한 보험회사가 손해 전액을 배상한 경우에 그 보험회사가 함께 손해배상책임을 부담하는 다른 피보험차량의 운행자나 그 보험회사

57) 대법원 1999. 1. 29. 선고 98다48093 판결.
58) 이철송, 357면 ; 정찬형, 224면.
59) 정찬형, 224면 ; 손주찬, 234면 ; 최준선, 264면.

> 와 사이에 쌍방의 손해분담비율에 관하여 화해계약을 체결하기 위한 청약을 함에 있어서도 그 청약은 원칙적으로 철회하지 못하는 것이다. 그러나 청약시 승낙기간을 정한 경우에는 그 승낙기간, 그렇지 아니한 경우에는 상당한 기간이 도과하면 그 청약은 실효되고, 이 때의 상당한 기간은 청약이 상대방에게 도달하여 상대방이 그 내용을 받아들일지 여부를 결정하여 회신을 함에 필요한 기간을 가리키는 것으로, 이는 구체적인 경우에 청약과 승낙의 방법, 계약 내용의 중요도, 거래상의 관행 등의 여러 사정을 고려하여 객관적으로 정하여지는 것이라고 할 수 있다. 그리고 청약이 상시거래관계에 있는 자 사이에 그 영업부류에 속한 계약에 관하여 이루어진 것이어서 상법 제53조가 적용될 수 있는 경우가 아니라면, 청약의 상대방에게 청약을 받아들일 것인지 여부에 관하여 회답할 의무가 있는 것은 아니므로, 청약자가 미리 정한 기간 내에 이의를 하지 아니하면 승낙한 것으로 간주한다는 뜻을 청약시 표시하였다고 하더라도 이는 상대방을 구속하지 아니하고 그 기간은 경우에 따라 단지 승낙기간을 정하는 의미를 가질 수 있을 뿐이다.

### (4) 물건보관의무

#### 1) 취 지

상법 제60조는 '상인이 그 영업부류에 속한 계약의 청약을 받은 경우에 견품 기타의 물건을 받은 때에는 그 청약을 거절한 때에도 청약자의 비용으로 그 물건을 보관해야 한다. 그러나 그 물건의 가액이 보관의 비용을 상환하기에 부족하거나 보관으로 인하여 손해를 받을 염려가 있는 때에는 그러하지 아니하다'라고 규정하고 있다. 상거래에서 청약자가 상대방에게 물건의 상태와 품질을 살펴볼 수 있게 하거나 거래관계에 있는 경우 승낙을 기대하면서 물품을 송부하는 경우가 있는데, 상인을 신뢰하고 물건을 송부한 청약자의 물건이 멸실되거나 훼손되는 위험으로부터 보호하고, 상거래의 안전과 신용을 유지하기 위하여 상인에게 특별한 의무를 부과시키는 것으로서 신의칙상 요구되는 의무이다.[60]

#### 2) 요 건

(가) 청약의 상대방이 상인이어야 하고, 청약자는 상인이 아니라도 무방하다. 청약자와 상대방이 상시거래관계일 것을 요구하지 아니한다. 상인에게 상당한 부담을 주는 물건보관의무도 상시거래관계에 있는 자로 한정하는 것이 타당하다는 견해가 있다.[61]

---

60) 정찬형, 225면 ; 이철송, 358면.
61) 이철송, 359면 ; 김정호, 203면 ; 이기수 외, 301-302면.

(나) 청약을 받은 상인은 '그 영업부류에 속하는 계약의 청약'을 받아야 한다. 즉, 상인의 기본적 상행위나 준상행위에 속하는 것이어야 하며, 보조적 상행위에 속하는 것은 제외된다. 청약을 받은 상대방이 물건을 점유하여야 하므로 격자지간(청약자가 상대방의 영업소 소재지와 다른 지역에서 청약하는 경우)의 청약거절에만 적용되고 대화자간의 청약은 제외되며,[62] 승낙기간의 유무는 묻지 아니한다.

(다) 이 의무는 상인이 청약을 받을 때 견품 기타의 물건을 받아야 발생한다. 여기의 물건이라 함은 동산 및 유가증권을 말한다. 견품이란 목적상품의 일부로서 받은 견품 기타의 물건이므로 통념상 반환이 요구되지 않는 시용품은 제외된다. 청약과 관련하여 물건을 수령한다는 것은 청약과 동시에 물건을 수령하는 것에 한정되지 아니하므로 다른 시기에 도달되더라도 그 청약과 관련이 있으면 보관의무가 있다.[63]

#### 3) 효 과

(가) 상인의 물품보관의무는 물건을 수령한 때부터 청약자에게 인도할 때까지 존속한다. 또 자신의 의사에 의하여 물건을 수령할 것을 요구하지 않으므로, 청약받은 상인이 물건의 수령을 거절하더라도 본조의 의무를 부담한다.

(나) 보관비용은 청약자의 부담으로 한다. 상인이 보관의무를 이행한 때에는 보관비용청구권에 관하여 보관물건에 대한 상인간의 유치권(상 58) 및 민법상의 유치권(민 320)을 행사할 수 있다. 여기의 비용이라 함은 물건의 유지 및 보존비용이며, 그 물건을 보관함으로써 발생하는 기회비용, 예컨대 보관하는 장소를 차지함으로써 입게 되는 불이익, 보관을 하는데 투입된 시간의 보상 등은 제외된다.[64] 상인이 물건을 보관하는데 기울여야 할 주의의무의 정도는 임치를 받은 상인의 선관주의의무(상 62)를 유추하거나 신의칙에 의하여 선량한 관리자의 주의로써 보관의무를 부담한다고 본다.[65] 청약을 받은 상인은 특별히 상법이 부과하는 의무에 의

---

62) 정찬형, 225면 ; 손주찬, 235면 ; 최기원, 236면. 한편 동지거래라고 하더라도 물건의 점유가 상대방에게 있기 때문에 양자를 차별할 이유가 없어서 동지거래에도 적용된다고 한다(이철송, 359면).

63) 손주찬, 235면.

64) 대법원 1996. 7. 12. 선고 95다41161・41178 판결(상법 제60조는 상거래에 있어 청약을 받은 상인에게 일정한 범위 내에서 청약과 동시에 송부받은 견품 등 물건에 관하여 그 청약을 거절하는 경우라도 이를 반송할 때까지 보관의무를 지움과 아울러 그 보관에 따르는 비용의 상환을 구할 수 있음을 정한 규정으로서, 그 송부받은 물건의 현상이나 가치를 반송할 때까지 계속 유지, 보존하는 데 드는 보관비용의 상환에 관한 규정일 뿐, 원고가 주장하는 바와 같이 그 물건이 보관된 장소의 사용이익 상당의 손해의 배상에 관한 규정은 아니라고 할 것 이므로 … ).

65) 정찬형, 225면 ; 이철송, 360면.

하여 물건을 보관하므로 별도의 보수청구권(상 61)을 행사할 수 없다.

(다) 물건의 가액이 보관비용을 상환하기에 부족하거나 보관으로 상인이 손해를 받을 염려가 있는 때에는 보관의무를 지지 아니한다(상 60조 단서). 비용의 부족이나 손해를 받을 염려는 청약을 받은 상인이 입증하여야 한다.

## 2. 상행위의 영리성

### (1) 상인의 보수청구권

#### 1) 취 지

민법의 위임계약에 의하면 수임인이 타인을 위한 행위를 하더라도 다른 약정이 없는 한 위임인에 대하여 보수를 청구할 수 없다(민 686조 1). 임치계약의 수치인도 마찬가지로 보수를 청구할 수 없다(민 701). 그러나 상인은 그 영업범위 내에서 타인을 위한 행위를 한 때에는 이에 대하여 상당한 보수를 청구할 수 있다(상 61). 따라서 특약이 없더라도 상인은 보수청구권을 가지는데, 그 이유는 상인에게 영리성을 보장하고 보수를 약정하지 아니하는 경우에 발생할 수 있는 분쟁을 사전에 방지하기 위한 것이다.

#### 2) 요 건

(가) 상인이 타인을 위하여 행위를 한 경우에 그 타인에게 보수를 청구할 수 있다. 이때 타인은 상인일 것을 요구하지 아니한다. 민사중개인(부동산소개업자)은 상인이므로 보수청구권이 있다.[66]

(나) '타인을 위한 행위' 즉, 타인의 이익을 위한 행위이어야 한다. 따라서 부동산 중개업자가 부동산을 중개한 결과 어느 일방에게는 이익이 되고 다른 상대방에게는 이익이 되지 않았다면 이익이 되지 않는 상대방에게는 보수청구권이 없다.[67] 그러나 현실로 반드시 타인에게 이익의 결과가 나타나야 하는 것은 아니다. 그리고 '타인의 이익을 위하여'라 함은 '타인만을 위하여'는 아니므로 타인과 동시에 제3자에게 이익이 되는 경우도 포함된다. 여기의 '행위'는 채무의 보증이나 어음의 인수처럼 법률행위일 수도 있고 거래의 중개나 물건의 보관처럼 사실행위일 수도 있으나 불법행위는 제외된다.

(다) 상인이 그 '영업범위 내'에서 행위를 하여야 한다. '영업범위 내의 행위'의 개

66) 대법원 1968. 7. 24. 선고 68다955 판결.
67) 대법원 1977. 11. 22. 선고 77다1889 판결.

념은 '영업부류에 속한 계약'(상 53, 54)의 개념보다 넓은 개념으로 상인이 영업으로서 하는 행위(기본적 상행위)나 영업을 위하여 하는 행위(보조적 상행위)를 의미한다.[68]

### 3) 보수청구권이 인정되지 아니하는 경우

(가) 상인의 행위가 일의 완성을 목표로 하는 경우에는 그 일을 완성하지 못한 때에는 보수청구권이 없다.

(나) 상법에 의하여 보수청구를 제한하는 경우가 있는데, 중개인은 각 당사자에게 결약서를 교부한 후가 아니면 보수청구를 할 수 없으며(상 100), 운송물이 송하인의 책임없는 사유로 인하여 멸실한 때에는 운송인은 운임을 청구할 수 없다(상 134조 1).

(다) 상품포장비용이 상품의 가격에 포함되는 경우처럼 어떠한 행위의 보수가 계약상의 대가에 포함되어 있는 경우나 견적서의 교부처럼 거래통념이나 업계의 관행상 무상으로 인정되는 경우에는 보수청구권이 없다.

(라) 상인이 타인을 위하여 행위를 하는 근거가 위임이나 위탁처럼 계약에 의하여 행해지는 경우에는 당연히 본조가 적용된다. 의무는 없지만 타인을 위한다는 의사를 가지고 객관적으로 타인을 위하여 행하는 사무관리의 경우에도 보수청구권이 인정된다고 본다.[69] 상법 제60조나 제70조에 의하여 상인이 법률상 의무에 기하여 물품을 보관하는 경우에 보수청구권이 있는가에 관하여는 부정하는 견해[70]와 긍정하는 견해[71]가 대립한다.

(마) 상법 제61조는 임의규정이므로 당사자 간에 보수청구권을 배제하는 특약이나 거래관행이 있으면 보수청구권을 행사할 수 없다.[72]

### 4) 효 과

위의 요건을 충족하면 상인은 상당한 보수를 청구할 수 있다. 이 보수청구권은 법에 의하여 인정되므로 상대방의 승낙을 불문하고 발생한다. 보수의 상당성은 거래관행과 사회통념에 의해 결정되는바, 상인의 노력의 정도와 타인의 이익의 정도 등을 감안한다.

---

68) 이철송, 363면 ; 정찬형, 239면 ; 손주찬, 239면.
69) 정찬형, 239면 ; 이철송, 364면. 대법원 2010. 1. 14. 선고 2007다55477 판결.
70) 이철송, 364면 ; 정찬형, 240면.
71) 김두진, 222면.
72) 대법원 2007. 9. 20. 선고 2006다15816 판결.

**대법원 2010. 1. 14. 선고 2007다55477 판결**

민법 제739조 제1항은 "관리자가 본인을 위하여 필요비 또는 유익비를 지출한 때에는 본인에 대하여 그 상환을 청구할 수 있다"고만 규정하고 있을 뿐, 사무관리자가 사무관리 본인에 대하여 보수를 청구할 수 있는지 여부에 관하여는 명시적으로 규정하고 있지 않다. 그러나, 직업 또는 영업에 의하여 유상으로 타인을 위하여 일하는 사람이 향후 계약이 체결될 것을 예정하여 그 직업 또는 영업의 범위 내에서 타인을 위한 행위를 하였으나 그 후 계약이 체결되지 아니함에 따라 타인을 위한 사무를 관리한 것으로 인정되는 경우에 상법 제61조는 상인이 그 영업범위 내에서 타인을 위하여 행위를 한 때에는 이에 대하여 상당한 보수를 청구할 수 있다고 규정하고 있어 직업 또는 영업의 일환으로 제공한 용역은 그 자체로 유상행위로서 보수 상당의 가치를 가진다고 할 수 있으므로 그 관리자는 통상의 보수를 받을 것을 기대하고 사무관리를 하는 것으로 보는 것이 일반적인 거래 관념에 부합하고, 그 관리자가 사무관리를 위하여 다른 사람을 고용하였을 경우 지급하는 보수는 사무관리 비용으로 취급되어 본인에게 반환을 구할 수 있는 것과 마찬가지로, 다른 사람을 고용하지 않고 자신이 직접 사무를 처리한 것도 통상의 보수 상당의 재산적 가치를 가지는 관리자의 용역이 제공된 것으로서 사무관리 의사에 기한 자율적 재산희생으로서의 비용이 지출된 것이라 할 수 있으므로 그 통상의 보수에 상응하는 금액을 필요비 내지 유익비로 청구할 수 있다고 봄이 타당하고, 이 경우 통상의 보수의 수준이 어느 정도인지는 거래관행과 사회통념에 의하여 결정하되, 관리자의 노력의 정도, 사무관리에 의하여 처리한 업무의 내용, 사무관리 본인이 얻은 이익 등을 종합적으로 고려하여 판단하여야 한다.

### (2) 법정이자청구권

1) 민법상의 소비대차는 무이자가 원칙이지만(민 598), 상인간의 소비대차는 이자지급에 관한 약정이 없더라도 상인이 법정이자를 청구할 수 있다(상 55조 1). 이는 상인의 영리성을 보장하기 위한 것이다. 2010년 상법 개정 전에는 상인간의 금전소비대차에 대하여만 이자청구권을 인정하였기 때문에 상인이 비(非)상인에게 금전을 대여한 경우에는 이자청구권이 인정되지 않았다. 이는 상인이 그 영업범위 내에서 타인을 위하여 금전을 체당하였을 때에 체당한 날 이후의 법정이자를 청구할 수 있도록 규정한 상법 제55조 제2항과 균형이 맞지 않았다. 따라서 2010년 개정상법에서는 금전대여자가 상인인 경우에는 차용인이 상인이든 아니든 이자청

구권을 인정하였다.

2) '상인이 그 영업에 관하여 금전을 대여한 경우'로 규정하고 있는바, 상인이 영업범위 내의 금전소비대차에 한하여 본조가 적용되어, 금전소비대차가 대여자에게 영업적 상행위 또는 보조적 상행위일 때만 이자청구권이 인정된다.[73] 한편 금전소비대차가 반드시 영업범위일 필요는 없기 때문에 영업과 무관한 소비대차도 이자청구권이 인정된다는 견해가 있다.[74]

**대법원 2007. 3. 15. 선고 2006다73072 판결**

상법 제55조에 의하면 상인 간에서 금전의 소비대차를 한 때에는 대주는 법정이자를 청구할 수 있는 것이고, 상인 간에서 금전소비대차가 있었음을 주장하면서 약정이자의 지급을 구하는 청구에는 약정 이자율이 인정되지 않더라도 상법 소정의 법정이자의 지급을 구하는 취지가 포함되어 있다고 보아야 할 것이다. 원심판결 이유에 의하면 원심은 회사인 원고가 회사인 피고에게 1,861,000,000원의 대여금채권을 가지고 있음을 인정한 다음 위 대여금에 대하여 연 10%의 비율에 의한 약정이자 및 지연손해금의 지급을 구하는 원고의 청구에 대하여 이자 지급약정이 체결되었음을 인정할 증거가 없다는 이유로 이를 배척하고, 다만 이 사건 소장 송달 다음날 이후의 지연손해금 청구만을 인용하였다. 그러나 앞서 본 법리에 비추어 볼 때 원고의 위 이자 지급 청구에는 상법 소정의 법정이자의 지급을 구하는 취지도 포함되어 있다고 보아야 할 것이므로 원심으로서는 원고와 피고 사이에 이자 지급약정이 체결되었음이 인정되지 않는다 하더라도 곧바로 원고의 이자 지급 청구를 배척할 것이 아니라 원고의 법정이자 청구에 대하여도 판단하였어야 할 것이다. 원심판결에는 이 점에 관한 판단유탈로 인하여 재판에 영향을 미친 위법이 있다.

### (3) 체당금의 이자청구권

1) 상인이 그 영업범위 내에서 타인을 위하여 금전을 체당(替當)하였을 때에는 체당한 날 이후의 법정이자를 청구할 수 있다(상 55조 2). 체당이란 금전소비대차에 의하지 않고 타인을 위하여 금전을 출연하는 것을 말하는바, 소비대차 이외의 원인에 의하여 금전을 출연한 경우에 금전체당에 대한 이자약정이 없더라도 이자를

73) 정찬형, 238면 ; 이철송, 366면 ; 이기수 외, 307면.

74) 김성태, 459면.

인정해 줌으로써 상인의 영리성을 보호해주려는 것이다. 여기의 타인은 상인일 것을 요구하지 아니하므로 상인이 영업범위 내에서 체당할 경우에는 체당금의 법정이자를 청구할 수 있다.

체당의 원인이 위임·임치·도급처럼 계약에 의하여 행하여질 수도 있으나 사무관리에 의하여도 행해질 수 있다. 예컨대 부동산 중개인이 매수인의 등기이전비용을 대신 납부하는 경우 이자를 청구할 수 있다. 한편 위임이나 임치에서 수임인 또는 수치인이 필요한 비용을 지출한 경우 위임인 또는 임치인에 대하여 지출한 날 이후의 법정이자를 청구할 수 있으나(민 688조 1, 701), 위임이나 임치 이외의 사유로 체당금을 지급한 경우에는 본조에 의하여 이자를 청구할 수 있다.

2) 상인이 체당금을 제3자로부터 차용하여 지출한 경우 채권자에게 지급한 이자를 별도로 청구할 수 있는가에 대하여, 명시적이거나 묵시적으로 금전차용의 위임을 받은 경우에 한하여 지급이자를 필요비로 청구할 수 있으며, 그러한 수권을 받지 아니하였다면 이자를 청구할 수 없다고 본다.[75]

3) 상인이 체당행위에 대한 보수를 청구할 수 있는가에 대하여는 체당행위는 상인이 타인을 위하여 하는 행위이므로 상인으로서 보수청구권이 있다는 견해가 있으나,[76] 체당행위, 즉 금전출연에 대하여는 이자가 보수를 의미하므로 별도의 보수를 받는 것은 이중으로 보수를 받는 것이 되어 허용되지 않는다고 본다.[77]

#### (4) 상사 법정이율

민사에 의한 채무의 법정이율이 연 5분인데(민 379) 비하여, 상행위로 인한 채무의 법정이율은 연 6분으로(상 54) 민사이율보다 높은 이자를 인정한다. 본조는 상행위로 인한 채무의 이자를 말하므로 채무의 발생원인이 상행위이어야 한다. 상행위로 인한 채무의 불이행으로 발생하는 손해배상채무도 상행위로 인한 채무와 동일성이 있는 한 상사 법정이율을 청구할 수 있다.

그러므로 건설업자에 대하여 입주지연으로 부과하는 지체배상금도 상행위와 동일하다고 보아 상사 법정이율에 의하여 이자를 배상하여야 한다. 그렇지만 상인간의 부당이득반환청구권이나 불법행위로 인한 손해배상청구권은 상행위로 인한 채무가 아니므로 본조가 적용되지 아니한다. 법에 특별한 규정이 없으므로 채무자나 채권자 어느 일방에게만 상행위가 되면 본조가 적용된다고 본다.

75) 이철송, 366면.
76) 정찬형, 241면 ; 손주찬, 237면 ; 정동윤, 162면.
77) 이철송, 367면.

**대법원 2004. 3. 26. 선고 2003다34045 판결**

상법 제54조의 상사법정이율은 상행위로 인한 채무나 이와 동일성을 가진 채무에 관하여 적용되는 것이고, 상행위가 아닌 불법행위로 인한 손해배상채무에는 적용되지 아니하므로 원심이 이 사건 손해배상금 원금인 그 대출원금 상당액에 대하여 민사 법정이율인 연 5푼이 아닌 상사 법정이율인 연 6푼의 법정이자를 가산한 데에는 위 법리를 오해한 위법이 있고, 이는 판결에 영향을 미쳤음이 분명하다.

## 3. 무상수치인의 주의의무

### (1) 취 지

상인이 그 영업범위 내에서 물건의 임치를 받은 경우에는 보수를 받지 아니한 때에도 선량한 관리자의 주의를 하여야 한다(상 62). 민법에 의하면 보수를 받고 임치를 받은 자는 임치받은 물건에 대하여 선량한 관리자의 주의를 기울여야 하나(민 374), 보수없이 임치를 받은 무상수치인은 주의의무가 경감되어 자기재산과 동일한 주의로 물건을 보관하면 된다(민 695). 하지만 기업활동을 하는 상인은 영리를 추구하기 때문에 평균인 이상의 능력이 있는 것으로 간주하여 무상수치인도 유상수치인과 동일하게 임치물에 대하여 선량한 관리자의 주의를 기울일 것을 요구하고 있다.

### (2) 요 건

1) 상인이 '그 영업범위 내'에서 타인의 물건을 수치한 경우에 적용되므로, 수치인은 상인이어야 하며, 임치인은 상인이든 아니든 상관없다. 수치인이 임치인과 상거래관계에 있지 않더라도 임치를 허락하였다면 본조가 적용된다.[78]

78) 대법원 1994. 4. 26. 선고 93다62539 판결(갑이 을과의 임치계약에 의하여 건고추를 창고업자인 병 소유의 냉동창고중 을이 임차한 부분에 운반, 적치하고 그 입고시에 병이 갑이 제시한 서류만을 근거로 하여 그 서류에 기재된 입고량에 따른 인수증을 갑에게 발행하였다면 갑과 을 간의 위 임치계약은 위 창고부분의 소유자이자 임대인인 병이 가동하는 냉동시설의 가동에 의하여 그 계약목적을 달성하려는 것이 당연 전제되어 있다고 보이는데다 창고업자인 병이 그 영업범위 내에서 위 건고추의 입고와 보관에 관여한 점 등에 비추어, 병은 위 물품인수증을 갑에게 발행함으로써 갑에 대한 관계에서는 적어도 위 건고추에 대한 무상수치인의 지위에서 선량한 관리자로서의 주의의무를 진다).

2) 상인이 '그 영업범위 내'에서 물건을 임치 받아야 한다. 여기의 영업범위라 함은 상인이 '영업으로(기본적 상행위)' 임치하는 경우는 물론이고, '영업을 위하여(보조적 상행위)' 임치하는 경우도 포함한다. 따라서 창고업자가 영업으로 물건을 수치한 경우는 물론이고, 공중접객업자인 백화점이 고객의 물건을 임시로 보관하는 경우에도 본조가 적용된다.

3) 상인이 그 물건의 보관에 대하여 보수를 받지 아니하여야 한다. 상인이 영업범위 내에서 타인을 위한 행위를 한 때에는 특약이 없더라도 보수청구권을 갖기 때문에(상 61), 유상수치인에 해당되어 본조가 적용되지 아니한다. 따라서 본조는 무상임치의 특약이 있거나 상관습에 의하여 무상임치되는 경우 등 상인이 보수청구권을 포기하는 경우에만 적용된다. 본조는 임의규정으로서 당사자 간에 의무를 경감하거나 배제하는 특약이 있는 경우에는 적용되지 아니하므로 경감 내지는 배제의 특약이 없어야 한다.

### (3) 효 과

상인인 수치인이 선량한 관리자 주의의무를 해태하여 임치물이 멸실·훼손된 때에는 손해배상책임을 부담한다. 이 의무는 임치계약이 존속하는 동안에만 부담하므로, 수치인이 적법하게 임치계약을 해지하고 임치인에게 임치물의 회수를 최고하였음에도 불구하고 임치인의 수령지체로 반환하지 못하고 있는 사이에 임치물이 멸실 또는 훼손된 경우에는, 수치인에게 고의 또는 중대한 과실이 없는 한 채무불이행으로 인한 손해배상책임이 없다.

**대법원 1983. 11. 8. 선고 83다카1476 판결**

> 상인이 그 영업범위내에서 물건의 임치를 받은 경우에는 보수를 받지 아니하는 때에도 선량한 관리자의 주의로 보관할 의무가 있으므로 이를 게을리 하여 임치물이 멸실 또는 훼손된 경우에는 채무불이행으로 인한 손해배상책임을 면할 수 없으나, 다만 수치인이 적법하게 임치계약을 해지하고 임치인에게 임치물의 회수를 최고하였음에도 불구하고 임치인의 수령지체로 반환하지 못하고 있는 사이에 임치물이 멸실 또는 훼손된 경우에는 수치인에게 고의 또는 중대한 과실이 없는 한 채무불이행으로 인한 손해배상책임이 없다고 할 것이다. 원심판결 이유에 의하면, 원심은 고추상인인 피고가 원고를 위하여 건고추 2,900근을 매수한 후 원고와 사이에 고추시세가 상당한 수준에 상승하여 매각처분할 수 있을 때까지 무상으로 보관하여 주기로 약정하고 이를 피고 점포 2층에 보관하던중 그 판시와 같이 보관방법이 적절

하지 못하였던 탓으로 1981.9.경 위 고추가 변질되고 벌레가 먹어 상품으로서의 가치가 전혀 없게 된 사실을 인정한 다음, 피고가 상인으로서 임치받은 위 건고추에 대하여 선량한 관리자의 주의의무를 다하지 아니한 잘못으로 위 건고추의 상품가치가 상실된 것이므로 피고는 이로 인한 손해를 배상할 책임이 있다고 판단하는 한편, 피고가 위 건고추를 보관중 원고에게 수시로 고추시세를 알려주고 수차 매각을 권유하였으나 원고는 시세가 맞을 때까지 편리를 보아 달라고 거절하여 오다가 그해 5월경에는 위 건고추를 속히 처분하지 않으면 7월경부터 벌레가 먹어 못쓰게 되니 빨리 처분하던지 인도받아 가라고 까지 하였으나 원고는 시세가 싸다는등 또는 보관장소가 없다는등 이유로 거절하여 지금까지 피고 점포에보관되어 있는 사실을 인정하고 원고의 위와 같은 과실을 참작하여 피고의 배상액을 정함에 있어 과실상계를 하고 있다.

그러나 원고와 피고 사이의 위 건고추 보관약정은 기간의 약정이 없는 임치라고 할 것이므로 수치인인 피고는 언제든지 그 계약을 해지할 수 있다고 할것인바, 원심이 인정하고 있는 바와 같이 위 건고추가 변질되고 벌레먹기 전인 1981.5.경 피고가 원고에게 보관물의 처분과 인수를 요구하였다면 이는 임치계약을 해지하고 임치물의 회수를 최고한 의사표시라고 볼 여지가 있고, 그와 같이 본다면 원고가 원심인 정과 같이 시세가 싸다는등 이유로 그 회수를 거절한 이상 이때부터 수령지체에 빠진 것이라 하겠으므로 그후 피고보관중인 위 건고추가 변질되고 벌레가 먹음으로써 상품가치가 상실되었다고 하여도 그것이 피고의 고의 또는 중대한 과실로 인한 것이 아닌 한 피고에게 그 배상책임을 물을 수 없을 것이다.

## 4. 채무의 이행

### (1) 채무이행의 장소

1) 지점거래로 인한 경우 이외에 대하여는 상법에 규정이 없으므로 민법의 일반원칙에 따라 이행을 하여야 한다. 특정물의 인도는 채무성립 당시의 물건이 있던 장소에서 하여야 한다(민 467조 1). 특정물인도 이외의 채무는 채권자의 현주소에서 하여야 하며, 영업에 관한 채무이행은 현재 영업소에서 하여야 한다(민 467조 2, 지참채무).

2) 상법에 '채권자의 지점에서의 거래로 인한 채무이행의 장소가 그 행위의 성질 또는 당사자의 의사표시에 의하여 특정되지 아니한 경우 특정물인도 외의 채무이행은 그 지점을 이행장소로 본다'(상 56)고 규정함으로써 민법 제467조 제2항의 특정물인도 이외의 채무이행장소에 대한 특칙을 두고 있다. 그러므로 채권자의

지점에서의 거래로 인한 채무의 이행장소는 그 행위의 성질 또는 당사자의 의사표시에 의하여 특정되지 아니한 경우에는 채권자의 현재의 주소가 아니라 거래가 이루어진 채권자의 지점이 이행장소가 되는 것이다.

민법 제467조 제2항 단서에 따르면 채권자의 특정 지점에서 이루어진 거래에서 발생한 채무의 이행장소는 채권자의 영업소이면 본점이든지 지점이든지 모두 가능한데, 이럴 경우 영업소 별로 채권추심을 관리하는 상인은 변제를 수령하는데 상당한 애로가 있기 때문에 지점을 독립된 영업단위로 보아서 동 지점을 배타적 이행장소로 보아 상인을 돕고자 하는 것이다.[79)]

3) 본 규정은 임의적 규정이므로, 이삿짐운송계약처럼 행위의 성질이나 당사자의 의사표시에 의하여 이행장소를 정하였다면 그 이행장소에서 채무이행을 하여야 한다.

#### (2) 채무이행 또는 이행청구의 시기

법령 또는 관습에 의하여 영업시간이 정하여져 있는 때에는 채무의 이행 또는 이행의 청구는 그 시간 내에 하여야 한다(상 63). 민법에 이행시간에 대한 규정을 두고 있지 않지만 신의칙과 거래관행에 의하여 이행시간을 준수하여야 한다고 해석된다. 백화점의 종료시간이나 증권거래소의 마감시간 내에 채무이행을 하는 경우가 해당된다. 이행청구나 이행을 영업시간 내에 하지 아니하면 이행청구의 효력이 없으며, 이행을 하더라도 수령을 할 필요가 없다. 이 규정은 거래당사자 중 어느 일방이 상인이면 적용되며, 이 규정은 임의규정이므로 당사자 간에 달리 정하면 그에 따른다.

## 5. 다수당사자의 채무

### (1) 다수채무자간의 연대책임

**1) 의 의**

민법상 채권자나 채무자가 수인인 경우에 특별한 의사표시가 없으면 각 채권자 또는 각 채무자는 균등한 비율로 권리가 있고 의무를 부담한다(민 408, 분할채무). 이에 비하여 상법은 '수인이 그 1인 또는 전원에게 상행위가 되는 행위로 인하여 채무를 부담한 때에는 연대하여 변제할 책임이 있다(상 57조 1)'고 규정함으로써 연대책임을 채택하고 있다. 상인을 포함한 수인이 채무를 부담할 경우에 거래상대방

79) 이철송, 371면.

은 서로의 신용을 합하여 전채무자의 대외적 신용을 믿고 거래를 하는데 민법의 분할채무원칙을 준수한다면 채권자를 해할 우려가 있다. 따라서 채권자의 신뢰를 보호하고 거래의 안전을 위하여 채무자 중 최소한 1인 이상이 상행위로 인하여 채무를 부담하는 경우 전채무자가 채권자에게 연대책임을 지도록 하였다.

#### 2) 요 건

(가) 당사자

다수채무자간에 연대채무를 부담하게 하려면 채무자 중 1인 또는 수인에게 상행위가 되게 하는 행위로 인한 채무이어야 하므로, 채무자 중 최소한 1사람은 상인이어야 한다. 그러나 채권자가 상인일 것을 요구하지 않는다.

(나) 상행위로 인한 채무

여기의 상행위에는 기본적 상행위나 준상행위는 물론이고 보조적 상행위도 포함된다. 현재의 채무가 직접 상행위로부터 발생할 것을 요구하지 않으므로 상행위로 인한 채무불이행으로 인한 손해배상채무나 상사계약해제로 인한 원상회복의무처럼 상행위로 인한 채무와 실질적으로 동일한 성격을 유지하는 경우에는 본조가 적용되고,[80] 상행위로 인하여 발생한 채무가 부당이득이 될 경우 그 반환의무에도 적용된다.[81]

**대법원 1998. 3. 13. 선고 97다6919 판결**

조합의 채무는 조합원의 채무로서 특별한 사정이 없는 한 조합채권자는 각 조합원에 대하여 지분의 비율에 따라 또는 균일적으로 변제의 청구를 할 수 있을 뿐임은 소론과 같으나, 조합채무가 특히 조합원 전원을 위하여 상행위가 되는 행위로 인하여 부담하게 된 것이라면 상법 제57조 제1항을 적용하여 조합원들의 연대책임을 인정함이 상당하다고 할 것이다(당원 1995. 8. 11. 선고 94다18638 판결 참조).

그런데 원심이 인정한 사실관계와 갑 제8호증의 33(증인신문조서) 등 관계 증거에 의하면 피고 박남철 및 위 정동출은 상호 출자하여 위 망인으로부터 이 사건 각 토지를 매수하여 그 지상에 이 사건 연립주택을 신축한 후 분양하는 공동사업을 경영하여 이익을 분배하기로 하였고, 원고는 피고 박남철, 위 정동출로부터 위 연립주택 제104호를 포함한 3세대를 매수하였음을 알 수 있는바, 사실관계가 그러하다면 피고 박남철과 위 정동철 사이의 법률관계는 동업관계라고 할 것이고, 또 피고 박남철, 위 정동철이 원고에 대하여 부담하는 위 매매로 인한 이 사건 제2토지에 관한 소유권이전등기의무는 위 동업체의 조합채무로서 그 조합원 전원을 위하여 상행위가 되는 행위로

80) 최준선, 267면 ; 정찬형, 217면 ; 손주찬, 242면 ; 대법원 1998. 3. 13. 선고 97다6919 판결.
81) 대법원 1992. 11. 27. 선고 92다30405 판결.

인하여 부담하게 된 경우에 해당한다 할 것이므로, 피고 박남철은 상행위인 위 주택분양사업의 동업자인 위 정동출과 연대하여 이를 이행할 의무가 있고, 따라서 원심 판시와 같은 사정에 의하여 위 소유권이전등기의무가 이행불능이 되었다면 이로 인하여 피고 박남철과 위 정동철이 원고에 대하여 부담하게 되는 손해배상채무 역시 연대채무라고 보아야 할 것이다.

(다) 공동의 상행위

수인의 채무가 '하나의 공동행위'에 의하여 채무를 부담하여야 한다. 그러하지 않고 채무자마다 다른 개별행위에 의하여 채무를 부담하는 경우에는 각 채무자마다 개별적으로 채무가 발생하므로 본조가 적용되지 아니한다. 상인이 공동으로 경영하는 사업의 영업상의 채무나 원재료구입채무, 상가건물의 일부에서 숙박업을 하는 공유자들이 부담하는 관리비지급채무[82] 등이 여기에 해당된다. 동업자간에 내부적 업무분담에서 그 중 한사람이 상행위를 한 경우에도 동업자 전부가 연대책임을 진다.[83]

그런데 동일인의 지배를 받는 수개의 기업으로 만들어진 기업집단이 그룹단위로 대외거래를 하는 경우에 대금채무불이행으로 인하여 채권자가 다른 계열회사에게 연대책임을 물었는바, 각 구매행위의 실질적 효과가 계열회사 각자에 미친다는 점에 초점을 두고, 동 거래는 계열회사들이 조달본부에 위임하여 이루어진 거래이므로 본조의 적용대상이 아니라고 판시한 예가 있다.[84] 수인이 공동으로 어음이나 수표를 발행하는 경우의 공동발행은 수인의 독립된 어음행위나 수표행위이기 때문에 상법 제57조에 의한 연대책임을 지는 것이 아니라 어음법 제47조 제1항에 따른 합동책임을 진다.

**대법원 1976. 1. 27. 선고 75다1606 판결**

원심은 증거에 의하여 피고와 위 현용주는 시멘트가공보도부록 등을 제조판매하는 원고회사로부터 이 사건 대금관계 물품을 구입하여 동업을 육군제9사단에 공사 자재납품을 하는 사업 및 도로포장공사를 하되 피고는 주로 동군부에 대한 교섭과 사업자금을 제공하고 위 현용주는 물품의 구입과 납품 및 금전출납 등 업무를 분담 종사함으로써 공사자재납품 및 도로포장공사를 동업하였다는 사실을 인정하고 이렇다면 피고와 위 현용주는 동업자로서 원

82) 대법원 2009. 11. 29. 선고 2009다54034 · 54041 판결.
83) 대법원 1976. 1. 27. 선고 75다1606 판결.
84) 대법원 1987. 6. 23. 선고 86다카633 판결.

> 고회사에 대하여 상법 제57조에 따른 상행위가 되는 행위로 인하여 위 물품 대금 채무를 부담한 것이므로 연대하여 이를 변제할 책임이 있다는 취지로 판단하고 있으므로 전후가 모순된 판시를 한 것으로 볼 수 없다.

#### 3) 효 과

수인의 채무자는 연대채무를 부담하며, 연대채무의 효력은 민법 제414조 내지 제427조의 규정에 따른다. 이때 수인의 채무자 중 1인이 상인인 경우에도 채권자 및 채무자 전원에게 상법이 적용되므로(상 3), 채무자 전원이 채권자에 대하여 연대책임을 지며, 상사시효와 상사이율이 적용된다.

### (2) 보증인의 연대책임

#### 1) 의 의

민사 채권자가 보증인에게 채무의 이행을 청구한 때에는 보증인은 주채무자의 변제자력이 있는 사실 및 그 집행이 용이하다는 것을 증명하여 먼저 주채무자에게 청구할 것과 그 재산에 대하여 집행할 것을 항변할 수 있는 최고·검색의 항변권을 갖기 때문에 민사보증채무는 보충성을 갖는다. 다만 연대보증의 특약이 있는 경우에는 보증인이 연대책임을 진다(민 437). 그러나 상법에서는 보증이 상행위이거나 주채무가 상행위로 인한 것인 때에는 특약이 없는 경우에도 주채무자와 보증인은 연대하여 책임을 부담한다(상 57조 2). 즉 상사보증인은 연대보증인으로서 책임을 지므로 채권자로서는 훨씬 강화된 보호를 받을 수 있다.

#### 2) 요 건

(가) 연대보증이 성립하려면 보증이 상행위이거나 또는 주채무가 상행위로 인한 것이어야 한다. 여기의 상행위는 쌍방적 상행위는 당연히 적용되고, 일방적 상행위인 경우에도 보증인 또는 주채무자에게만 상행위가 되는 경우는 포함된다. 한편 비상인이 은행으로부터 대출을 받을 때 비상인이 보증을 서는 경우처럼 보증인 또는 주채무자에게는 상행위가 되지 않고 채권자에게만 상행위가 되는 경우에도 채무자와 보증인이 연대책임을 부담한다는 견해[85]가 있으나, 이 규정은 채무자인 상인의 책임을 확보하려는 제도이고, 비상인과 상인간 거래에서 상인이 유리한 지위에 있으므로 구태여 본 조항에 의하여 상인을 보호할 필요가 없기 때문에 채권자만 상인인 경우에는 본조가 적용되지 않는다고 보는 것이 타당하다.[86]

---

85) 손주찬, 243면 ; 최기원, 243면.

(나) 주채무가 상행위로 인한 것이면 보증인이 상인이든 아니든 또는 수인이 하나의 공동행위에 대하여 보증을 서든, 각각 별개의 행위에 의하여 보증을 하든 상관없이 수인의 보증인은 연대책임을 진다. 주채무자의 채무가 직접 상행위로 인한 것이 아니더라도 이와 동일성을 가진 채무도 포함하므로, 매도인인 상인의 목적물 인도채무를 보증한 비상인은 매도인이 목적물을 약정시기에 인도하지 못하여 위약금을 지급하는 경우에도 보증인은 매도인과 연대책임을 진다.[87]

(다) 수출업자의 이행보증을 은행이 보증하는 것처럼 보증이 상행위인 경우에 보증인은 연대책임을 진다. 그리고 보증이 상행위인 때에는 주채무가 상행위가 아니더라도 보증인이 연대책임을 진다.

(라) 상법 제57조 제1항은 수인의 채무가 하나의 법률행위로 발생될 것을 요구하지만 동조 제2항의 보증계약은 주채무의 원인행위와 별도로 체결되므로, 주채무가 성립한 후에 보증계약이 체결되더라도 본조가 적용된다는 점에서 동조 제1항과 다르다.[88]

3) 효 과

(가) 위의 요건을 구비하면 보증인은 주채무자와 연대책임을 부담하므로, 보증인의 최고·검색의 항변권을 행사할 수 없다.

(나) 보증인이 수인인 경우에 보증인 상호간에 연대책임을 부담하는가에 대하여 상법에 규정을 두고 있지 않다. 보증인 또는 주채무자가 상행위가 되어 주채무자와 보증인이 연대책임이 성립하는 한 보증인 상호간에도 분별의 이익(민 439)을 상실하며, 상법 제57조 제2항을 유추 적용하여 연대책임을 진다고 본다.[89] 이에 대하여 보증인 상호간에 연대책임을 부담한다는 특약이 없을 뿐만 아니라, 금액을 한정하여 보증을 한 보증인에게 다른 보증인과 관계에서 그 이상의 책임을 부담시키는 것은 부당하므로 보증인 상호간에 연대책임을 인정할 수 없다는 견해가 있다.[90]

한편 주채무가 상행위로 인한 경우에는 보증인 상호간에 연대책임을 부담하는 것은 문제가 없으나, 주채무가 상행위가 아닌 상태에서 일부 보증인은 비상행위로 보증을 하고, 다른 일부 보증인은 상행위로 보증을 한 경우까지 보증인 상호간에

86) 정찬형, 218면 ; 이기수 외, 316면 ; 이철송, 377면 ; 최준선, 271면.
87) 정찬형, 219면.
88) 이철송, 377면.
89) 안강현, 202면 ; 손주찬, 244면 ; 최기원, 244면.
90) 정동윤, 168면.

연대책임을 묻는 것은 비보증인에게 예측하지 못한 피해를 입히게 되므로, 이 경우 비상인은 최고·검색의 항변권을 갖고, 보증인간에도 분별의 이익을 갖는다는 견해가 있다.[91] 본 규정은 임의규정이므로 당사자 간에 특약이 있으면 그에 따른다.

## 6. 상사매매의 특칙

### (1) 서

1) 상사매매에 대한 상법의 규정은 제67조부터 제71조까지 5개 조항이다. 상법의 상사매매 규정은 '확정기매매의 해제'를 제외하고는 모두 매도인의 이익을 보호하고 위한 규정으로, 상사매매의 법적 분쟁을 사전에 예방하거나 신속하게 해결하려는 것이다.

2) 상사매매에 관한 특칙은 '상인간의 매매'에 한정하여 적용되므로 매매당사자가 모두 상인이어야 한다. 그러므로 상인과 비상인간의 매매나 비상인과 비상인간의 매매는 상법이 아닌 민법규정이 적용된다. 그리고 상인간의 매매는 당사자 쌍방에게 상행위가 되는 매매이어야 한다. 여기의 상행위는 기본적 상행위뿐만 아니라 부속적 상행위도 포함한다. 상사매매의 특칙은 매매에만 적용되는 특칙이므로 매매가 아닌 임대차 등에는 적용되지 않는다. 이 특칙은 임의규정이므로 당사자 간에 다른 특약이 있으면 그에 따른다. 매매의 목적물이 동산이나 유가증권으로 한정된다는 견해[92]가 있으나, 부동산을 제외한다는 법 규정이 없으므로 포함된다고 해석하여야 할 것이다.[93]

### (2) 매도인의 공탁·경매권

#### 1) 취 지

(가) 민사상 매매에서는 매수인이 목적물을 수령하지 않거나 수령할 수 없는 때 또는 매도인이 과실 없이 매수인을 알 수 없을 경우에는 매도인이 목적물을 공탁하여 채무를 면할 수 있다(민 487). 다만 변제의 목적물이 공탁에 적당하지 아니하거나 멸실 또는 훼손될 염려가 있거나 공탁에 과다한 비용을 요하는 경우에는 매도인은 법원의 허가를 얻어 그 물건을 경매하거나 시가로 방매하여 대금을 공탁

---

91) 이철송, 377-378면.
92) 최기원, 246면.
93) 이철송, 380면 ; 김두진, 207면 ; 이기수 외, 339면.

할 수 있다(민 490). 이처럼 민법에서는 공탁을 원칙으로 하고 예외적으로 경매를 허용하고 있다.

(나) 이에 비하여 상인간의 매매는 거래를 신속하게 완료하고 매수인의 수령지체로 인하여 매도인이 피해를 입지 않도록 하기 위하여, 상인간의 매매에 있어서 매수인이 목적물의 수령을 거부하거나 이를 수령할 수 없는 때에는 매도인은 그 물건을 공탁하거나 상당한 기간을 정하여 최고한 후 경매할 수 있다(상 67조 1항 전단)고 규정하고 있다. 따라서 상인간의 매매에서의 경매권의 행사는 민사매매의 경매의 요건(민 490)을 요구하지 않으므로 매도인은 공탁권이나 경매권 중 어느 하나를 선택하여 행사할 수 있다. 이처럼 상사매매에서 매도인에게 공탁권과 경매권을 자유롭게 선택할 수 있게 함으로써 매도인으로 하여금 목적물인도의무를 수월하게 이행할 수 있게 하며, 민법상 경매대금은 반드시 공탁을 하여야 하지만 상사매매에서는 경매대금을 매매대금에 충당할 수 있게 함으로써, 매매대금을 용이하게 회수할 수 있도록 배려하고 있다.

**2) 공탁권**

(가) 요 건

가) 상인 간 매매에서 매수인이 목적물의 수령을 거부하거나 수령할 수 없는 때에는 매도인은 목적물을 공탁할 수 있다(상 67조 1항 전단). 수령불능이 매수인의 귀책사유에 의할 것을 요구하지 아니하며, 대금의 지급여부도 묻지 아니한다. 한편 매수인이 사망하고 그 상속인을 알 수 없는 경우에 공탁을 할 수 있는가에 관하여 상법에 규정이 없으나, 민법 제487조 후단이 상인간의 매매에도 적용되므로 공탁할 수 있다고 본다.[94]

나) 공탁비용은 매수인이 부담하므로, 매수인은 공탁비용을 상환하여야만 공탁물을 수령할 수 있다.

(나) 효 과

매도인이 공탁물을 공탁한 때에는 지체 없이 매수인에게 이에 관한 통지를 하여야 한다. 그런데 공탁의 실무에서는 공탁공무원이 채권자에게 통지하도록 되어 있기 때문에 별도로 공탁자가 통지를 하지 않아도 된다. 공탁을 하게 되면 매도인의 목적물인도의무는 소멸한다.

94) 이철송, 381면 ; 정찬형, 227면.

### 3) 경매권[자조(自助)매각권]

(가) 의 의

상사매매에서의 경매는 민사매매에서의 채무자의 경매요건을 갖출 필요가 없고, 목적물이 공탁에 적합한 경우에도 법원의 허가 없이 경매를 할 수 있다. 즉 상인간의 매매에 있어서 매수인이 목적물의 수령을 거부하거나 이를 수령할 수 없는 때에는 매도인은 상당한 기간을 정하여 최고한 후 경매할 수 있다(상 67조 1 전단). 매수인에 대하여 최고를 할 수 없거나 목적물이 멸실 또는 훼손될 염려가 있는 때에는 최고 없이 경매할 수 있다(상 67조 2).

(나) 요 건

가) 상인 간 매매에서 매수인이 목적물의 수령을 거부하거나 수령할 수 없어야 한다.

나) 상당한 기간을 정하여 매수인에게 수령을 최고하여야 한다. 매수인이 수령을 하지 아니하면 목적물이 매각되어 매수인에게 손해가 생기는 것을 예방하기 위하여 목적물을 일정 시점까지 수령하지 아니하면 경매를 통하여 목적물을 처분한다는 뜻을 명확히 알려주어야 한다. 매수인의 수령은 당연한 의무이므로 매수인이 수령여부를 고려하기 위한 기간은 가산할 필요가 없는바 '상당한 기간'이라 함은 매수인이 목적물을 수령하기 위해 준비하는 데 소요되는 기간이라는 견해[95]가 있으나 매수인이 목적물을 수령할 것인가의 여부를 고려하는데 필요한 기간이라고 보아야 할 것이다.[96]

그러나 매수인에 대하여 최고를 할 수 없거나 목적물이 멸실 또는 훼손될 염려가 있는 때에는 최고 없이 경매할 수 있다(상 67조 2). 매수인을 알 수 없는 때에도 경매할 수 있다. 한편 상당기간을 정하여 최고한 후에 경매를 할 수 있도록 법이 규정하고 있어 상당기간이 경과하면 가격이 하락하는 경우에 매도인이 대금을 회수하기 어려울 수 있는바, 거래소의 시세가 있는 물건은 최고 없이 거래소를 통한 매각을 허용할 필요가 있다는 견해가 있다.[97]

(다) 효 과

가) 매도인이 목적물을 경매한 경우에는 지체없이 매수인에게 이에 관한 통지를 발송하여야 한다(상 67조 1항 후단). 여기의 통지는 경매의 유효요건이 아니며 이를 해태하여 손해가 생긴 경우에는 손해배상책임을 진다.

---

95) 이철송, 382면.
96) 손주찬, 248면 ; 최준선, 276면.
97) 이철송, 382면.

나) 경매비용은 매수인이 부담하므로 매도인이 경매를 하면 그 대금에서 경매비용을 공제하고 잔액을 공탁하여야 하나, 그 전부나 일부를 매매대금으로 충당할 수 있다(상 67조 3). 매매대금으로 충당한 후 잔액이 있으면 이를 매수인에게 인도하거나 공탁하여야 한다. 민사매매에서는 경매대금으로 매매대금의 충당을 허용하지 않고 공탁만을 인정하고 있다.

### (3) 확정기(確定期)매매의 해제

#### 1) 의 의

(가) 민법에서 매매의 해제에 관하여, '당사자 일방이 그 채무를 이행하지 아니하는 때에는 상대방은 상당한 기간을 정하여 그 이행을 최고하고 그 기간내에 이행하지 아니한 때에는 계약을 해제할 수 있다. 그러나 채무자가 미리 이행하지 아니할 의사를 표시한 경우에는 최고를 요하지 아니한다(민 544)'고 규정하고 있다. 정기행위의 해제에 대하여는 '계약의 성질 또는 당사자의 의사표시에 의하여 일정한 시일 또는 일정한 기간내에 이행하지 아니하면 계약의 목적을 달성할 수 없을 경우에 당사자 일방이 그 시기에 이행하지 아니한 때에는 상대방은 전조의 최고를 하지 아니하고 계약을 해제할 수 있다'(민 545)고 규정하고 있다. 즉, 민법상 채무불이행으로 인하여 계약을 해제하려면 채무자에게 상당한 기간을 정하여 이행 최고를 하고, 상당기간 경과 후에 계약을 해제할 수 있으나, 이행시기에 이행을 하지 아니하면 계약의 목적을 달성할 수 없는 정기행위의 경우에는 최고 없이 계약해제의 의사표시만으로 계약을 해제할 수 있는 것이다.

(나) 상인간의 확정기매매에 대하여는 '상인간의 매매에 있어서 매매의 성질 또는 당사자의 의사표시에 의하여 일정한 일시 또는 일정한 기간 내에 이행하지 아니하면 계약의 목적을 달성할 수 없는 경우에 당사자의 일방이 이행시기를 경과한 때에는 상대방은 즉시 그 이행을 청구하지 아니하면 계약을 해제한 것으로 본다(상 68)'고 규정하고 있다. 상인간의 확정기매매는 정기행위의 하나의 유형이다. 민법상 확정기매매에서는 채무불이행시 이행의 최고를 하지 않고 해제의 의사표시를 함으로써 계약을 해제할 수 있도록 하는데 비하여, 상법상 확정기매매에서는 채무불이행시에 해제의 의사표시를 할 필요가 없을 뿐만 아니라 상대방이 즉시 이행을 청구하지 아니하면 해제되는 것으로 의제하고 있다.

2) 요 건

(가) 상인간의 매매

확정기매매의 당연해제의 간주는 상인간의 상행위인 매매에 적용된다. 즉, 상행위는 쌍방적 상행위이어야 한다.

(나) 확정기 매매

매매의 성질(절대적 확정기매매)이나 당사자의 의사표시(상대적 확정기매매)에 의하여 일정한 시기나 기간 내에 이행하지 아니하면 계약의 목적을 달성할 수 없는 확정기매매이어야 한다. 매매의 성질에 의한 확정기매매란 급부의 객관적 성질에 비추어 볼 때 목적물의 이용시기가 정해져 있거나 일정시기가 중요한 의미가 있는 매매로서, 여름에 필요한 수영복, 크리스마스 성탄절에 필요한 크리스마스트리 또는 약정기일에 결제되지 않으면 환리스크 회피를 달성할 수 없는 선물환계약[98] 등이 해당된다. 의사표시에 의한 확정기매매는 급부의 성질상 이용시기가 정해져 있는지는 알 수 없지만 계약 시에 채권자의 주관적 동기가 표시되어 이용시기가 한정된 매매로서, 선적시기가 특정되어 있으므로 그때까지 인도하여야 함을 표시하고 매수한 경우가 해당된다.[99] 상인간의 확정기매매인지 여부는 매매목적물의 가격변동성, 매매계약을 체결한 목적 및 그 사정을 상대방이 인지하였는지 여부, 대금결제방법, 선적기간의 표시가 불가결하고 중요한지 여부 등 제반사정을 종합하여 판단되어야 할 것이다.

**대법원 2003. 4. 8. 선고 2001다38593 판결**

상인인 원·피고들 사이에 이루어진 이 사건 선물환계약은 그 약정 결제일에 즈음하여 생길 수 있는 환율변동의 위험(이른바, 환리스크)을 회피하기 위하여 체결되는 것으로서 그 성질상 그 약정 결제일에 이행되지 않으면 계약의 목적을 달성할 수 없는 상법 제68조 소정의 확정기매매라 할 것이고, 그 계약 불이행으로 인한 손해배상액의 산정에 관한 미화 1$당 원화의 환율은, 그 계약이 약정결제일 전에 이미 해제되었다는 등의 특수한 사정이 없는 이상, 원래 약정되었던 결제일 당시의 환율을 기준으로 하여야 한다.

98) 대법원 2003. 4. 8. 선고 2001다38593 판결.
99) 최준선, 287면.

## 대법원 2009. 7. 9. 선고 2009다15565 판결

상법 제68조에 "상인간의 매매에 있어서 매매의 성질 또는 당사자의 의사표시에 의하여 일정한 일시 또는 일정한 기간 내에 이행하지 아니하면 계약의 목적을 달성할 수 없는 경우에 당사자의 일방이 이행시기를 경과한 때에는 상대방은 즉시 그 이행을 청구하지 아니하면 계약을 해제한 것으로 본다"고 규정하고 있으므로 상인간의 확정기매매의 경우 당사자의 일방이 이행시기를 경과하면 상대방은 이행의 최고나 해제의 의사표시 없이 바로 해제의 효력을 주장할 수 있다고 할 것인바, 상인간의 확정기매매인지 여부는 매매목적물의 가격 변동성, 매매계약을 체결한 목적 및 그러한 사정을 상대방이 알고 있었는지 여부, 매매대금의 결제 방법 등과 더불어 이른바 시.아이.에프(C. I. F.) 약관과 같이 선적기간의 표기가 불가결하고 중요한 약관이 있는지 여부, 계약 당사자 사이에 종전에 계약이 체결되어 이행된 방식, 당해 매매계약에서의 구체적인 이행 상황 등을 종합하여 판단하여야 할 것이다.

원심은, 이 사건 계약의 목적물이 가격변동이 심한 상태에 있는 원자재이고, 매수인인 원고는 원자재의 국제 중개무역을 하는 회사로 전매를 위하여 페로몰리브덴을 구매하게 된 것이며, 피고 역시 중국으로부터 페로몰리브덴을 수입하여 원고에게 전매하여야 하는 것을 전제로 이 사건 계약을 체결한 것임을 알 수 있는데, 이러한 계약에 있어서는 이행기의 결정이 가격의 결정과 불가분의 관계에 있을 정도로 중요한 의미를 가지며, 이행이 늦어지는 경우에는 사정에 따라서는 어느 일방이 큰 손해를 볼 우려가 있으며 원·피고 모두 이러한 사정은 잘 알고 있었다고 보이는 사정을 종합하면, 이 사건 계약은 그 성질상 또는 당사자의 의사표시에 의하여 약정된 이행기 내에 이행되지 아니하면 계약의 목적을 달성할 수 없는 상법 제68조가 말하는 확정기매매에 해당한다고 판단하였다.

그러나 원심이 들고 있는 사정들은 모두 원자재 국제 중개무역에 있어서의 일반적인 성질에 불과한 것들로서 이 사건 계약이 확정기매매라고 인정할 충분한 사정에 이르지 못하였을 뿐만 아니라, 오히려 원심판결 이유와 원심이 배척하지 아니한 증거들에 의하면, 이 사건 계약 전에 체결된 원·피고 사이의 페로몰리브덴 계약의 이행을 보더라도 계약에서 정한 이행기를 경과하여 이행되었음에도 대금이 정상적으로 지급되어 마무리된 사실, 이 사건 계약의 이행기 후에 계약의 일부가 이행되었는데 일부 이행의 상업송장에 이 사건 계약 번호가 기재되어 있고 이 사건 계약의 내용과 일치하는 조건으로 대금이 지급된 사실, 일부 이행 후에 원·피고 사이에 나머지 부분의 이행에 대하여 계속 논의를 하였으며 그 논의 과정과 내용을 보면 이 사건 계약의 나머지 부분 이행에 대한 것임이 명백한 사실을 알 수 있으므로, 이 사건 계약이 상법 제68조의 확정기매매로서 그 이행기를 경과하고 원고가 즉시 이행을 청구하지 않음으로써 해제되었고 이행기 후의 일부 이행과 나머지 부분 이행에 관한 논의는 해제로 인하여 법률상 이행의무 또는 수령의무가 없는 상태에서 호의적으로 이루어진 이행과 수령에 불과하다는 원심의 판단을 수긍하기 어렵다.

(다) 채무불이행

채무자가 채무를 이행할 시기에 채무를 이행하지 않아야 한다. 채무자에게 귀책사유가 없거나 동시이행관계에 있는 반대급부를 채권자가 이행하지 않음으로써 채무자도 채무이행을 하지 아니한 경우에도 동 규정이 적용된다는 견해가 있으나,[100] 과실 없는 채무자에게 계약해제로 인한 원상회복의무와 손해배상채무를 부담시키는 것은 계약해제의 법리에 맞지 않으므로 채무자에게 불이행의 귀책사유가 있어야 한다.[101]

(라) 채권자가 즉시 이행청구를 하지 않을 것

채무자가 의무를 불이행하더라도 채권자가 즉시 이행청구를 하면 계약은 해제되지 않는다. 이행기를 경과한 채무의 이행이 채권자에게 이익이 되는 경우에 채권자에게 이행청구권을 부여함으로써 계약을 유지하도록 배려한 것이다. 여기의 '즉시'라 함은 이행기의 직후를 의미하고 이행의 청구는 도달주의가 적용되므로(민 111, 544), 이행청구가 채무자에게 이행직후에 도달하지 아니하면 계약은 해제된다.

#### 3) 효 과

이상의 요건을 구비하면 계약은 해제되는바, 민법의 계약해제법리에 의하여 그 계약은 소급하여 효력을 잃게 되며 각 당사자는 원상회복의무를 부담하고(민 548, 549), 채무자는 상대방에 대하여 손해배상채무를 부담한다(민 551).

### (4) 매수인의 목적물 검사와 하자 통지의무

#### 1) 의 의

민법에 의하면 인도한 매매목적물의 하자가 있거나 수량이 부족한 경우에 매수인에게 이를 적극적으로 발견할 의무가 없고, 하자 또는 수량부족을 발견하면 매도인은 하자담보책임을 지고, 매수인은 대금감액을 청구할 수 있으며, 또 매수인

100) 손주찬, 350면 ; 정동윤, 202면.
101) 최준선, 287면 ; 이철송, 387면 ; 정찬형, 230면.

이 선의인 경우에는 계약해제와 손해배상청구를 할 수 있는데, 이러한 권리는 매수인이 선의인 경우에는 사실을 안 날부터 1년 또는 6월 내에, 악의인 경우에는 계약한 날부터 1년 내에 행사할 수 있다(민 573, 574, 582).

그런데 상인인 매수인이 매수한 물건을 보유하다가 상당기간 후에 하자나 수량부족을 발견하여 매도인에게 담보책임을 묻게 된다면 매도인으로서는 이른 시일내에 물건을 처분할 기회를 상실할 우려가 있고, 상당기간 경과 후에 하자나 수량부족을 주장하는 경우 하자나 수량부족이 매매 시에 존재하였는지 여부에 대한 다툼이 발생할 수 있기 때문에, 상인간의 매매에서는 매매 즉시 매수인이 하자와 수량부족 여부를 검사하여 하자와 수량부족을 발견하게 되면 즉시 매도인에게 통지를 하도록 할 필요가 있다.

그래서 '상인간의 매매에 있어서 매수인이 목적물을 수령한 때에는 지체없이 이를 검사하여야 하며, 하자 또는 수량의 부족을 발견한 경우에는 즉시 매도인에게 그 통지를 발송하지 아니하면 이로 인한 계약해제, 대금감액 또는 손해배상을 청구하지 못한다. 매매의 목적물에 즉시 발견할 수 없는 하자가 있는 경우에 매수인이 6월내에 이를 발견한 때에도 같다(상 69조 1)'고 규정하였으며, 그러나 매도인이 악의인 경우에는 상법 제69조 제1항은 적용되지 않는다(상 69조 2). 이 규정은 임의규정이므로 당사자 간에 다른 약정이 있는 경우에는 그 적용을 배제할 수 있다.

**2) 요 건**

(가) 당사자

매매목적물의 하자 검사·통지의무는 상인간의 상행위로 인하여 이루어진 매매에 적용된다. 그러므로 양 당사자가 상인이어야 하고, 쌍방에게 상행위로 되는 매매이어야 한다. 상인자격은 매매계약체결시만 보유하면 된다.

(나) 목적물의 인도

매매의 목적물을 매수인이 수령하여야만 검사를 할 수 있으므로, 목적물이 매수인에게 이전되어야 한다. 매수인이 목적물을 검사할 수 있어야 하기 때문에 매매의 목적물이 현실적으로 매수인에게 인도되어야 하며, 화물상환증이나 선하증권 등의 교부에 의한 매매나 목적물반환청구권의 양도에 의한 인도는 본조가 적용되지 아니한다. 목적물에는 특정물뿐만 아니라 불특정물(종류매매)도 포함된다. 불대체물(不代替物)도 원칙적으로 포함되지만, 특정한 매수인만이 사용할 수 있는 불대체물을 제작·공급하는 계약은 도급계약의 성격이 강하므로 본조가 적용되지 않는다. 본조의 취지가 목적물에 하자 등의 문제가 생길 경우에 신속하게 대응하여 전매할 수 있도록 하는 것인데, 특정매수인의 요청에 의하여 그의 상호나 이름 등이 기재된 물품은 회수하더라도 다른 곳에 판매할 수 없기 때문에 본조가 적용될 수 없다.

**대법원 1987. 7. 21. 선고 86다카2446 판결**

당사자의 일방이 상대방의 주문에 따라서 자기의 소유에 속하는 재료를 사용하여 만든 물건을 공급할 것을 약정하고 이에 대하여 상대방이 대가를 지급하기로 약정하는 이른바 제작물공급계약은 그 제작의 측면에서는 도급의 성질이 있고 공급의 측면에서는 매매의 성질이 있다. 이러한 계약은 대체로 매매와 도급의 성질을 함께 가지고 있는 것으로서 이를 어떤 법에 따라 규율할 것인가에 관하여는 민법 등에 특별한 규정이 없는바, 계약에 의하여 제작 공급하여야 할 물건이 대체물인 경우에는 매매로 보아서 매매에 관한 규정이 적용된다고 하여도 무방할 것이나, 이와는 달리 그 물건이 특정의 주문자의 수요를 만족시키기 위한 불대체물인 경우에는 당해 물건의 공급과 함께 그 제작이 계약의 주목적이 되어 도급의 성질을 강하게 띠고 있다 할 것이므로 이 경우에도 매매에 관한 규정이 당연히 적용된다고 할 수는 없을 것이다. 매매에 있어 그 목적물의 수량부족이나 하자가 있는 경우 매도인에게 담보책임을 물어 매수인에게 계약해제권등을 인정하고 있는 민법의 규정과는 별도로 상법 제69조 제1항에서 상인간의 매매에 있어 매수인에게 목적물의 수령후 지체없이 하자 또는 수량의 부족을 발견하여 즉시 매도인에게 그 통지를 하지 아니하면 이로 인한 계약해제 등을 청구하지 못하도록 규정하고 있는 취지는 상인간의 매매에 있어 그 계약의 효력을 민법규정과 같이 오랫동안 불안정한 상태로 방치하는 것은 매도인에 대하여는 인도당시의 목적물에 대한 하자의 조사를 어렵게 하고 전매의 기회를 잃게될 뿐만 아니라, 매수인에 대하여는 그 기간중 유리한 시기를 선택하여 매도인의 위험으로 투기를 할 수 있는 기회를 주게 되는 폐단등이 있어 이를 막기 위하여 하자를 용이하게 발견할 수 있는 전문적 지식을 가진 매수인에게 신속한 검사와 통지의 의무를 부과함으로써 상거래를 신속하게 결말짓도록 한 것이라고 보여진다. 기록에 의하면, 이 사건 포장지는 피고의 주문에 따른 일정한 무늬와 규격으로 인쇄되어 있고 더구나 그 포장지에는 피고회사 이름까지 인쇄되어 있어 피고만이 이를 사용할 수 있고 원고나 피고로서는 이를 타에 매각처분하기가 곤란하거나 불가능한 사실이 엿보이는 바, 이러한 사정하에서라면 원고가 공급한 이 사건 포장지는 불대체물에 해당할 것이고, 이러한 경우 상법 제69조 제1항에 따라 그 거래관계를 보다 신속하게 결말지을 필요가 절실히 요구된다고 할 수도 없을 것이다.

(다) 하자 또는 수량부족

매매물건에 하자가 있거나 수량이 부족하여야 한다. 목적물의 수량부족(민 574조 전단)과 물건의 하자(민 580, 581)만이 본조의 적용대상이 되고, 그 밖의 재산권의 전부 또는 일부가 타인에게 속하는 경우(민 572), 목적물의 일부가 멸실된 경우(민 574조 후단), 재산권이 타인의 권리에 의하여 제한받는 경우(민 575-577)처럼 권리의 하자가 있을 때에는 목적물을 검사하더라도 하자나 수량부족을 쉽게 발견할 수 없으므로 본조가 적용되지 아니한다.

(라) 매도인의 선의

매도인이 목적물을 인도할 당시에 하자나 수량부족을 알고 있었다면(악의), 매수인이 매도인에게 하자 등을 알릴 필요가 없으므로 본조가 적용되지 아니하고, 민법의 일반원칙에 의하여 담보책임을 부담한다.

**3) 의무의 내용**

(가) 목적물의 검사의무

매수인은 목적물을 수령한 후 '지체없이' 이를 검사하여야 한다. 매수인의 검사시기, 방법 및 정도는 목적물의 종류 등에 따라 객관적으로 정해지며, 매수인의 주관적 사정, 예컨대 질병이나 매수인의 능력부족으로 인한 검사의 지연은 허용되지 아니하며, 매수인의 과실여부도 불문한다.[102] 다만 즉시 발견할 수 없는 하자가 있는 경우에는 수령후 6월 내에 검사를 하여야 한다. 여기의 즉시 발견할 수 없는 하자란 하자의 성격상 즉시 발견하기 어려운 경우로서, 사과의 과심이 썩은 하자가 이에 해당한다.[103]

(나) 하자 통지발송의무

가) 매수인이 목적물의 하자나 수량부족을 발견하면 즉시 매도인에게 통지를 발송하여야 하고, 즉시 발견할 수 없는 하자가 있는 경우에는 수령후 6월 내에 검사를 하여 하자를 발견한 경우에도 발견 즉시 매도인에게 통지를 발송해야 한다(발신주의). 발신주의를 취하므로 불도달로 인한 위험부담은 매도인이 부담한다. 통지발송의 증명책임은 매수인이 부담한다.[104] 통지의 방법은 제한이 없다.

나) 목적물의 하자나 수량부족을 즉시 또는 6월내에 발견할 수 없는 경우에는 본조가 적용되어 매도인에게 담보책임을 물을 수 없다는 견해[105]와 반도체의 내

102) 대법원 1999. 1. 29. 선고 98다1584 판결.
103) 대법원 1993. 6. 11. 선고 93다7174 · 7181 판결.
104) 대법원 1990. 12. 21. 선고 90다카28498 · 28504 판결.
105) 최순신, 281면 ; 손주찬, 253면 ; 정동윤, 205면.

구성 하자처럼 6월이 지나도 발견하기 어려운 하자에 대하여는 본조를 적용할 수 없고, 민법의 하자담보책임을 물을 수 있다는 견해가 있다.[106] 생각건대 본조가 상거래의 신속한 처리와 매도인을 보호하기 위한 것이므로 6월의 기간이 경과하면 본조에 의하여 매수인은 매도인에 대하여 권리행사를 할 수 없다고 보아야 할 것이다. 판례도 같은 취지이다.[107]

### 4) 의무이행의 효과

(가) 매수인이 검사·통지의무를 이행하면, 민법상 일반원칙에 의하여 담보책임을 매도인에게 물을 수 있다. 그래서 특정 목적물에 하자가 있어 매매계약의 목적을 달성할 수 없는 경우에 한하여 계약을 해제할 수 있고 특정물에 하자가 있더라도 매매계약의 목적을 달성할 수 있는 경우에는 계약은 해제할 수 없고 손해배상만 청구할 수 있다(민 580조 1, 575조 1). 불특정물에 하자가 있는 때에는 계약의 해제 또는 손해배상을 청구할 수 있는데(민 581조 1), 이에 갈음하여 하자 없는 물건으로의 교환을 청구할 수도 있다(민 581조 2). 매수인의 이러한 권리는 그 사실을 안 날부터 6월 내에 행사하여야 한다(민 582).

(나) 목적물의 수량이 부족한 경우에는 매수인은 그 부분의 비율로 대금감액을 청구할 수 있으며, 잔존하는 부분만이라면 매수인이 이를 매수하지 않았으리라는 사정이 있으면 선의의 매수인은 계약전부를 해제할 수 있다. 이때 선의의 매수인은 감액청구 또는 계약해제 이외에 손해배상을 청구할 수 있다(민 574, 572). 그리고 매수인은 그 사실을 안 날부터 1년 내에 그 권리를 행사하여야 한다(민 574, 573).

### 5) 의무 위반의 효과

매수인이 검사·통지의무를 이행하지 아니한 경우에는 계약해제, 대금감액 또는 손해배상을 청구하지 못한다(상 69조 1항 전단). 즉 매수인이 검사·통지의무를 위반하면, 그의 권리인 계약해제권, 대금감액권, 손해배상청구권을 상실하는 불이익을 당할 뿐이고 그 불이행으로 인하여 손해배상책임을 부담하지 않으므로 이 의무는 불완전의무(간접의무)이다. 상법 제69조 제1항은 예시적인 것으로서, 매수인이 이 의무를 해태한 경우 대금감액청구, 계약해제, 손해배상청구를 할 수 없을 뿐만 아니라, 상법에 규정되지 아니한 하자있는 물건의 수령거절, 불특정매매에서의 대물변제, 하자보수청구, 부족분의 청구 등의 권리도 행사하지 못한다고 보아야 한다.[108]

---

106) 이철송, 394면.
107) 대법원 1999. 1. 29. 선고 98다1584 판결.

**대법원 1999. 1. 29. 선고 98다1584 판결**

원심이 같은 취지에서 원고가 피고로부터 이 사건 건물에 대한 점유를 이전받은 날부터 6월 내에 피고에게 이 사건 건물에 대한 하자를 발견하여 즉시 통지하지 아니한 사실을 자인하고 있어, 비록 이 사건 건물의 하자가 원고 주장과 같이 그 성질상 점유이전일부터 6월 내에 도저히 발견할 수 없었던 것이었다고 하더라도, 원고는 상법 제69조 제1항이 정한 6월의 기간이 경과됨으로써 이 사건 손해배상청구권을 행사할 수 없다고 판단한 조치는 정당한 것으로 수긍이 가고, 거기에 상고이유로 주장하는 바와 같은 상사매매에 있어서 매도인의 하자담보책임에 관한 법리를 오해한 위법이 있다고 할 수 없다.

### (5) 매수인의 보관·공탁의무

#### 1) 의 의

(가) 민법상 매매목적물의 하자 또는 수량부족으로 매수인이 계약을 해제하는 경우에 각 당사자는 원상회복의무를 부담한다(민 548조 1). 또 매수인이 매매목적물이 다르거나 초과수량의 급부를 받았을 때에는 민법상 매수인은 이를 수령할 의무가 없으며, 설사 수령을 하더라도 보관의무를 부담하지 아니하므로 매도인에게 상당히 불리하다.

(나) 그런데 원격지에 있는 상인간의 상거래에서 매매계약을 해제하는 경우 매수인에게 목적물의 반환의무를 부과하면, 매도인은 반송운임 기타 비용을 부담하여야 하고 운송 도중에 물건이 훼손되거나 상실할 염려가 있을 뿐만 아니라 물건이 도착하기까지 상당기간이 소요되어 매도인이 제3자에게 적절한 시기에 전매할 기회를 잃어버리는 피해를 입게 된다.

(다) 그래서 상법상 매매에서는 '목적물의 하자 또는 수량부족으로 매매계약을 해제하거나 또는 매도인으로부터 매수인에게 인도한 물건이 매매의 목적물과 상위하거나, 수량이 초과한 경우에 매수인은 매도인의 비용으로 매매의 목적물을 보관 또는 공탁하여야 하고(상 70조 1항 본문, 71), 다만 그 목적물이 멸실 또는 훼손될 염려가 있는 때에는 법원의 허가를 얻어 경매하여 그 대가를 보관 또는 공탁하여야 한다(상 70조 1항 단서)'고 규정하고 있다. 즉, 상인간의 상거래에서는 물건의 하

108) 최준선, 206면.

자나 수량부족으로 계약을 해제하는 경우와 인도된 물건이 매매목적물과 다르거나 수량을 초과한 경우에 매수인에게 목적물의 보관·공탁의무를 부과하여 매도인을 보호한다.

(라) 매수인의 목적물 보관·공탁의무(상 70, 71)와 청약을 받은 상인의 물건보관의무(상 60)의 차이점은 첫째로, 전자는 계약이 성립한 것을 전제로 발생하는 의무인데 비하여 후자는 계약이 성립하지 않은 것을 전제로 발생하는 의무이다. 둘째로 전자는 모든 상사매매계약에서 발생하는데 비하여 후자는 매수인이 영업부류에 속하는 계약의 청약을 받은 경우에 발생하는 의무이다. 셋째로 전자는 목적물이 멸실·훼손의 염려가 있는 때 법원의 허가를 받아 그 목적물을 경매하여 그 대가를 보관하여야 하나(상 70조 1항 단서), 후자는 그 물건의 가격이 보관비용을 상환하기에 부족하거나 보관으로 인하여 손해를 받을 염려가 있는 때에는 보관의무가 면제된다(상 60조 단서).

(마) 매수인의 목적물 공탁·경매의무(상 70, 71)와 매도인의 목적물 공탁·경매권(상 67)을 비교해보면, 전자는 매수인의 경매의무가 공탁의무의 2차적 의무인데 비하여 후자는 매도인이 공탁이나 경매 중 어느 하나를 선택할 수 있다는 점이 다르다.

2) **요 건**

(가) 매도인과 매수인은 모두 상인이어야 하고, 매매가 쌍방에 대하여 상행위이어야 한다.

(나) 목적물의 하자가 있거나 수량부족으로 매수인이 계약을 해제하거나(상 69조 1) 인도물건이 목적물과 상위하거나 수량을 초과한 경우(상 71)에 적용된다. 그리고 약정해제나 확정기매매의 경우에 지연된 이행을 이유로 인한 계약해제처럼 그 밖의 사유로 계약이 해제된 경우에도 매수인이 이미 목적물을 수령하였다면 본 규정이 유추 적용된다고 본다.[109)]

(다) 매도인이 선의이어야 한다. 즉, 매도인이 목적물의 하자 또는 수량부족으로 인한 해제사유를 알지 못해야 한다. 목적물이 상이하거나 수량을 초과한 경우(상 71)에 명문의 규정이 없지만 매도인이 선의인 때에만 매수인이 보관·공탁의무를 부담한다고 본다.[110)]

(라) 매도인의 영업소나 주소와 목적물의 인도장소가 동일한 특별시, 광역시, 시, 군에 있는 때에는 본조가 적용되지 아니한다(상 70조 3). 즉, 매수인의 보관·공

---

109) 최준선, 284면 ; 손주찬, 255면 ; 정찬형, 236면 ; 이철송, 396면.
110) 이철송, 396면 ; 정찬형, 237면 ; 손주찬, 256면.

탁의무는 격지(隔地)매매에만 적용되고, 동지(同地)매매의 경우에는 매도인이 쉽게 목적물을 회수하여 처분할 수 있으므로 본조를 적용할 이유가 없다.

**3) 의무의 내용**

(가) 보관 또는 공탁

위의 요건이 충족되면, 매수인은 계약을 해제한 경우에는 목적물을, 매매목적물이 다른 경우에는 상위한 물건을, 수량을 초과하여 수령한 경우에는 초과된 물건을 보관 또는 공탁하여야 한다. 따라서 매수인은 보관을 하거나 공탁을 할 수 있고, 보관비용은 매도인이 부담한다. 목적물의 가액이 보관비용의 상환에 부족하더라도 매수인의 보관의무는 면제되지 않는 점에서 상법 제60조의 물건보관의무와 다르다.

한편 매수인에게 보관에 대한 보수청구권이 있는가에 대하여는 본조의 의무는 상법이 인정한 의무이므로 상인의 보수청구권은 없다는 견해가 있으나,[111] 매수인이 상인으로서 보수청구권(상 61)이 있다고 본다.[112] 보관기간에 대하여 규정이 없지만, 매도인이 목적물에 대하여 적절한 조치를 취할 수 있을 때까지의 상당한 기간동안만 보관의무가 있다고 본다. 매수인은 임치를 받은 상인의 책임(상 62)을 유추 적용하여 목적물에 대한 선관주의의무가 있다고 본다.

(나) 경매

매수인이 보관해야 할 목적물이 멸실 또는 훼손될 우려가 있는 때에는 법원의 허가를 얻어 경매하고, 그 대가로 보관 또는 공탁해야 한다(긴급매각, 상 70조 1항 단서). 보관을 할 경우에 멸실·훼손될 우려가 있는 부득이한 경우에 한하여 경매를 하여야 하므로 경매는 이차적인 수단이다. 가격의 하락은 멸실·훼손의 우려가 있는 부득이한 사유에 해당된다고 볼 수는 없다. 그리고 매수인이 경매한 때에는 지체 없이 매도인에게 그 통지를 발송해야 한다(발신주의, 상 70조 2).

**4) 의무위반의 효과**

매수인이 목적물 보관·공탁의무를 위반한 때에는 매도인에 대하여 손해배상책임을 부담한다. 매수인이 목적물이 멸실·훼손의 염려가 없는 때에 경매를 하였거나 또는 멸실·훼손의 염려가 있음에도 불구하고 경매를 하지 않은 때는 의무위반이 되어 매수인은 손해배상책임을 지게 된다.

---

111) 이철송, 397면 ; 정찬형, 237면.

112) 손주찬, 256면 ; 이기수 외, 355면 ; 최준선, 285면 ; 정동윤, 207면.

# 제3절 유가증권

## 제 1. 서 설

1. 유가증권(有價證券)에는 주권, 화물상환증, 선하증권, 창고증권 및 어음·수표 등이 있으며, 그 중 어음·수표가 대표적인 유가증권이다. 재산적 가치가 있는 무형의 권리를 증권에 결합시킨 유가증권은 무형의 권리의 이전을 용이하게 한다. 추상적 권리를 구체적 권리로 바꾸어 양도를 용이하게 하고, 안전한 유통을 가능하게 하는 법적 기술적 제도가 유가증권제도이다.

거래가 가능한 권리로서는 물권과 채권이 있는데, 부동산이나 동산을 대상으로 하는 물권은 소유권의 객체임을 쉽게 알 수 있기 때문에 양도를 하는데 어려움이 없으나, 타인에 대한 청구권인 채권은 시각적으로 확인되지 않기 때문에 양도방법이 단순하지 않다. 채권양도를 채무자 기타 제3자에게 대항하기 위해서는 일정한 요건을 갖추어야 하는바, 민법 제450조는 '지명채권의 양도는 양도인이 채무자에게 통지하거나 채무자가 승낙하지 아니하면 채무자 기타 제3자에게 대항하지 못한다'고 규정하고 있다.

즉, 채권의 양도는 양도인과 양수인간의 계약에 의하여 가능하지만 채무자에게 대항하려면 양도인의 통지나 채무자의 승낙이 있어야 하고, 채무자 이외의 제3자에게 대항하기 위해서는 확정일자 있는 양도의 통지나 승낙이 필요하다 이러한 채권양도는 양도를 할 때마다 매번 통지 또는 승낙이 필요하므로 빈번한 채권양도가 행해질 경우에는 그 절차가 복잡하고 상당한 시간이 소요되므로 채권을 신속하게 이전하는데 장애가 된다. 또한 진정한 권리자가 아닌 자로부터 채권을 양수받더라도 채권을 취득할 수 없기 때문에 양수인은 이전의 모든 양도인이 진정한 권리자인지 여부를 확인하여야 하고, 채무자도 진정한 권리자가 아닌 자에게 변제를 하더라도 효력이 없으므로 진정한 권리자에게 다시 변제를 하여야 한다. 이와 같은 불안정한 채권양도방법의 단점을 보완하기 위하여 고안된 유가증권제도는 권리의 유통성을 높이고 양수인의 지위를 보호하는데 적절한 수단이다.

2. 유가증권에는 지급, 신용, 추심 등 기능을 갖는 어음과 수표, 자본시장의 유가증권인 주권과 사채, 화물상환증·선하증권·창고증권 같은 재화유통의 유가증권 등이 있다. 그런데 주권과 사채권은 증권결제예탁원에의 혼장임치(混藏任置)와

증권불소지제도의 채택으로 말미암아 주주가 주권을 양도하거나 이익배당을 받을 때 주권의 직접 교부 또는 제시하는 대신 주권보관증명서나 예치증만 제시하면 되므로 주권의 소지와 제시가 필요하지 않다. 그리고 전자어음의 발행 및 유통에 관한 법률의 시행으로 인한 전자자금결제제도와 신용카드 및 은행지로송금 등으로 인하여 어음·수표에 의한 자금송금이나 추심기능이 축소되어가고 있는 실정이다.

3. 유가증권이란 용어는 상법(46조, 136조), 형법(214조), 민사소송법(122조, 462조) 등 여러 법에서 법전상의 용어로 사용되고 있지만 그 통일적 정의규정이 없는 관계로 각 법률마다 각기 상이한 의미로 사용되고 있다. 상법 제65조는 '금전의 지급청구권, 물건 또는 유가증권의 인도청구권이나 사원의 지위를 표시하는 유가증권에 대하여는 다른 법률의 규정이 없으면 지시채권과 무기명채권에 관한 민법의 통칙규정(민 508조-525조)을 적용하는 외에, 배서의 무조건성에 관한 어음법 제12조 제1항 및 제2항을 준용한다'고 규정하고 있다.

화물상환증, 선하증권, 창고증권, 주권, 채권에 대하여는 상법에 별도의 규정을 두고 있고, 또한 어음법과 수표법이 독립하여 존재한다. 유가증권이란 용어는 독일어의 Wertpapier에서 기원한 것인데, 영미법에서는 유가증권을 어음, 수표, 정부증권을 포함한 유통증권(negotiable instrument)과 선하증권, 창고증권 등 물건의 거래에 관한 비유통증권(quasi negotiable instrument)으로 분류하고 있고, 미국의 통일상법전(Uniform Commercial Code)은 어음, 수표, 양도성예금증서를 상업증권(commercial paper)으로, 사채는 투자증권으로 분류하고 있다.[113]

## 제 2. 유가증권의 종류

### 1. 증권에 화체된 권리의 종류에 따른 분류

#### (1) 채권증권

채권증권은 채권을 표창하는 유가증권으로서 어음과 수표가 대표적인 예이다. 채권증권은 금전지급청구권을 표창하는 어음·수표와 같은 금전증권과 물건인도청구권을 표창하는 화물상환증·창고증권·선하증권과 같은 물품증권으로 나누어진다. 수표나 인수되지 아니한 환어음의 소지인은 어음금 지급을 청구할 권리가 없으므로 권한증권에 해당될 뿐 채권증권이 아니라는 견해가 있으나,[114] 이들도 발행인이나

113) 최정식(어음), 5면.

배서인에 대하여 상환청구권이 있으므로 넓은 의미에서 채권증권으로 볼 수 있다.[115)]

### (2) 물권증권

물권증권은 물권을 표창하는 증권으로서 우리나라에는 물권 자체를 표창하는 증권은 없다. 독일의 저당증권, 토지채무증권 등이 여기에 해당된다.[116)] 선하증권 같은 운송증권이 양도되면 물건의 인도청구권이 양도됨과 동시에 물건이 양도된 것과 같은 물권적 효력이 인정되는 「물권적」 증권일 뿐 물권증권이 아니다. 즉 운송증권이 표창하는 권리는 물권 그 자체가 아니라 물건인도증권 또는 물품증권으로서의 채권증권이다.

### (3) 사원권증권

사원권증권이란 주식회사에서 사원권을 표창하는 유가증권으로서 주권이 그 예이다. 유한회사는 물적회사이지만 사원의 지분에 대하여는 지시식 또는 무기명식 증권을 발행하지 못하므로(상 555), 유한회사의 지분증서는 유가증권이 아닌 증거증권으로서 지분증서의 양도나 입질은 효력이 없다.[117)] 주식의 양도시 주권을 교부하여야 하며(상 336조 1), 권리를 행사하기 위하여는 무기명주권을 회사에 공탁하여야 한다(상 358).

## 2. 유통방식에 따른 분류

### (1) 기명증권(지명증권)

기명증권(記名證券)은 증권에 권리자가 특정되어 있는 증권으로서, 채무자가 특정된 권리자에게 채무이행을 하여야만 면책되는 증권이다. 따라서 기명증권은 배서를 할 수 없거나 금지된 것으로서 유통성이 제한되므로 그 효용성이 크지 않다. 기명증권은 배서나 교부 등의 방법으로 이전할 수 없으며, 민법상 지명채권양도의 방법(민 450)으로 이전하고, 배서를 전제로 하는 선의취득이나 인적항변의 절단이 인정되지 않는다. 기명증권을 분실하면 제권판결을 받을 수 있는가에 관하여, 정

---

114) 최기원(어), 30면.

115) 최정식(어음), 8면 ; 정찬형(어), 34면 ; 양명조(어), 49면 ; 최준선(어), 12면.

116) 당사자가 토지채무설정등기를 토지등기소에 신청하면 등기소가 직권으로 토지채무증권을 작성하여 토지소유자에게 교부하고 토지소유자가 이를 토지채무권리자에게 인도하면 토지채무권리자는 등기를 하지 않고 증권에 의해 토지채무를 양도할 수 있게 된다. 토지채무증권은 저당권을 표창하는 유가증권으로서 토지등기소가 이 증권을 작성해서 토지소유자에게 교부한다(최기원(어), 29면).

117) 최기원(어), 29면 ; 정찬형(어), 35면.

당한 권리자의 보호와 거래안전을 위한 제권판결의 특성상 기명증권은 분실을 하더라도 권리자의 보호나 거래안전상 문제가 발생하지 않으므로 제권판결의 대상이 되지 않는다고 본다.[118)]

기명사채(상 479), 배서가 금지된 어음(어 11조 2항, 77조 1항 1호, 수표 14조 2항), 배서가 금지된 화물상환증 · 창고증권 · 선하증권(상 130조 단서, 157, 820) 등이 기명증권에 해당된다. 판례는 기명증권에 해당되는 배서금지 약속어음을 양도할 때에 약속어음의 교부(인도)가 필요하다고 한다. 기명증권도 유가증권이므로 권리행사에 증권의 소지(제시)를 요구하고, 그 결과 권리의 이전의 효력이 발생하기 위해서는 증권의 교부가 필요하다.[119)]

**대법원 1989. 10. 24. 선고 88다카20774 판결**

배서금지의 문언을 기재한 약속어음은 어음법상의 배서의 방법에 의하여서는 양도할 수는 없는 것이나 배서금지어음이라도 양도성 그 자체까지 없어지는 것은 아니므로 어음법 제77조 제2항, 제11조 제2항에 의하여 지명채권의 양도에 관한 방식에 따라서 그리고 그 효력으로써는 이를 양도할 수 있는 것이고 이 경우에는 민법 제450조의 대항요건(통지 또는 승낙)을 구비하는 외에 약속어음을 인도(교부)하여야 하고 지급을 위하여서는 어음을 제시하여야 하며 또 어음금을 지급할 때에는 이를 환수하게 되는 것이므로 증권과 분리시켜 양도하는 불합리한 결과는 생기지 아니한다고 할 것이다.

### (2) 지시증권

지시증권이란 증권상에 기재된 자 또는 그가 지시하는 자를 권리자로 하는 증권이다. 지시증권에는 증권상 지시문구에 의하여 지시증권이 되는 「선택적 지시증권」과 증권에 지시문구가 없어도 법률에 의해 당연히 지시할 수 있는 「법률상 당연한 지시증권」이 있다. 어음, 수표, 화물상환증, 선하증권, 주권 등은 법률상 당연한 지시증권이다. 지시증권의 최종 피배서인은 배서의 연속에 의하여 적법한 권리자로 추정받는다(어 16조 1항 1문, 77조 1항 1호, 수 19조 1문). 지시증권에 피배서인을 지정하지 아니한 백지식 배서가 있으면, 그 소지인은 무기명증권처럼 그 증권을 교부함으로써 제3자에게 양도할 수 있다(어 14조 2항 3호, 수 17조 2항 3호).

118) 최정식(어음), 9면 ; 최준선(어), 10면.
119) 정찬형(어), 35-36면.

(3) 무기명증권(소지인출급식 증권)

무기명증권은 증권에 권리자가 기재되어 있지 않으며 그 증권의 소지인이 권리를 행사할 수 있는 증권이다. 따라서 소지인이 진정한 권리자가 아니더라도 증권의 소지라는 외관에 의하여 권리자로 추정받는다. 무기명증권은 단순한 교부만으로 양도할 수 있고(민 523), 증권의 선의취득이 인정되므로(민 524), 진정한 권리자가 도난 기타의 상실을 하더라도 선의취득자에게 대항할 수 없다. 주권(상 357), 채권(상 480), 화물상환증, 창고증권은 무기명식으로 발행할 수 있으나, 어음은 수취인의 기재가 필요적 기재사항이므로(어 1조 6호, 75조 5호), 무기명식으로 발행할 수 없다.

(4) 선택무기명증권(선택소지인출급식 증권)

증권상에 특정인을 권리자로 지정함과 동시에 증권의 정당한 소지인도 권리자로 인정하는 유가증권으로서, 지명소지인출급증권 또는 선택소지인출급증권이라고도 한다. 그 효력은 무기명증권과 같으며, 어음에는 인정되지 아니한다.

## 3. 완전유가증권 · 불완전유가증권

증권의 소지가 필요한 정도에 따른 분류로서, 완전유가증권은 권리의 발생 · 이전 · 행사의 모든 경우에 증권의 소지가 필요한 유가증권으로서 어음, 수표가 해당되고, 불완전유가증권은 권리의 발생, 이전, 행사의 일부에만 증권의 소지가 필요한 유가증권으로써 주권과 화물상환증이 여기에 해당된다.

## 4. 유인증권 · 무인증권

증권상 권리와 그 원인관계와의 관련여부에 따른 분류이다. 유인(有因)증권이란 증권의 작성에 일정한 원인관계가 필요하고 그 원인관계가 증권에 기재되며 그 원인관계에 의하여 증권의 효력이 영향을 받는 것으로서 요인(要因)증권이라고도 하고, 화물상환증, 선하증권, 창고증권, 주권 등이 여기에 해당된다. 따라서 화물을 인도받지 않은 채 발행된 화물상환증은 원인관계가 없으므로 증권으로서 효력이 없다. 무인(無因)증권은 증권상의 권리가 그 원인관계와 분리 · 독립되어 원인관계가 증권에 기재되지 않을 뿐만 아니라, 원인관계의 존부나 유무효에 의하여 증권상의 권리에 영향을 주지 않는 것으로서 어음, 수표가 이에 해당되며, 추상증권이라고도 한다.

**대법원 2008. 2. 14. 선고 2006다47585 판결**

선하증권은 운송물의 인도청구권을 표창하는 유가증권인바, 이는 운송계약에 기하여 작성되는 유인증권으로 상법은 운송인이 송하인으로부터 실제로 운송물을 수령 또는 선적하고 있는 것을 유효한 선하증권 성립의 전제조건으로 삼고 있으므로 운송물을 수령 또는 선적하지 아니하였는데도 발행된 선하증권은 원인과 요건을 구비하지 못하여 목적물의 흠결이 있는 것으로서 무효라고 봄이 상당하고(대법원 1982. 9. 14. 선고 80다1325 판결 및 대법원 2005. 3. 24. 선고 2003다5535 판결 참조), 이처럼 무효이어서 담보로서의 가치가 없는 선하증권을 담보로서의 가치가 있는 유효한 것으로 기망을 당한 나머지 그 소지인으로부터 수출환어음과 함께 매입한 은행으로서는 운송물을 수령하지 않고 선하증권을 발행함으로써 위와 같은 기망행위에 가담한 운송인에 대하여 달리 특별한 사정이 없는 한 수출환어음의 매입대금액 상당의 손해배상을 청구할 수 있는 것이며, 설사 함께 매입되었던 수출환어음의 지급인이 사후에 이를 인수하였다 하더라도 위 불법행위와 그로 인한 손해의 발생과 사이의 인과관계가 단절된다고 할 수는 없고, 또한 현실적으로 위 수출환어음의 지급이 이루어지지 아니하는 한 위 불법행위로 인한 은행의 손해가 전보되어 소멸하게 되는 것도 아니라고 할 것이다.

## 5. 설권증권 · 비설권증권

증권의 작성에 의하여 비로소 그 증권에 표창되는 권리가 발생하는 유가증권을 설권증권(設權證券)이라고 하는데, 어음 · 수표가 이에 해당된다. 비설권증권(非設權證券)은 증권의 작성에 의하여 권리가 발생하는 것이 아니라, 이미 존재하는 권리를 표창할 뿐이므로 증권의 작성과 권리의 발생은 관계가 없고, 권리의 행사와 이전 또는 그 중 어느 하나를 위하여 사용되는 유가증권으로서 화물상환증, 창고증권, 선하증권 등 대부분의 유가증권이 여기에 해당된다.

## 6. 문언증권 · 비문언증권

문언(文言)증권은 증권상의 권리의 내용과 범위가 증권에 기재된 문언에 의해서 정해지는 증권이다. 따라서 증권 취득자는 증권에 기재된 대로 권리를 취득하고 채무자는 증권에 기재된 바에 의하여 책임지는데, 어음 · 수표가 이에 해당된다. 비문언(非文言)증권은 증권상의 권리의 내용이 증권에 기재된 문언이 아닌 실질관계에 의해 정해지는 증권으로서, 증권에 기재되지 않은 실질적 권리관계에 의하여 증권의 선의취득자에게 대항할 수 있는 효력이 인정된다. 따라서 비문언증권인 기명주권은 선의취득을 하였더라도 명의개서를 하지 않는 한 주주로서 권리를 행사할 수 없고, 주권의 발행시기(상 355조 2)를 위반하여 발행된 주권은 무효이며(상 355조 3), 주권의 선의취득이 인정되지 아니한다.

## 제 3. 유가증권과 구별되는 증권

### 1. 증거증권

증거(證據)증권은 사법상 법률관계의 유무와 내용의 증명을 용이하게 하는 증거법적 기능을 수행하는 증명증서로서, 증권에 권리가 화체된 것이 아니므로 권리자는 증거증권을 소지하지 않더라도 다른 방법으로 권리를 증명하면 권리행사를 할 수 있으며, 채무자는 무권리자인 증거증권의 소지인에게 채무를 이행하더라도 면책되지 않는다. 즉, 증거증권은 실질적인 법률관계의 유무와 무관한 증권으로서 권리자로 하여금 권리의 입증을 용이하게 하는 증거법적 기능을 수행한다.

매매계약서, 차용증서, 운송장, 거절증서 등이 이에 해당되는데 채무자가 진정한 권리자가 아닌 차용증서의 소지자에게 채무이행을 하더라도 진정한 권리자에 대한 변제책임은 면제되지 않는다. 유가증권은 일정한 법률관계를 증명하는 기능을 수행하기 때문에 증거증권의 성질을 갖지만, 반대로 모든 증거증권이 유가증권인 것은 아니며, 유가증권과 증거증권의 구별은 증권과 사권의 결합 여부에 의하여 결정된다.[120]

### 2. 면책증권(자격증권)

면책(免責)증권은 채무자가 악의 또는 중대한 과실 없이 증권소지인에게 채무를 이행하면 그 소지인이 진정한 권리자가 아니더라도 채무를 면하게 되는 증권이다. 면책증권은 채무이행의 편의를 위한 것으로서 권리의 존부와는 무관하므로 유가증권과 같은 효력이 인정되지 아니한다. 따라서 면책증권의 소지인이라고 하여 당연히 권리자로 인정되지 아니하며, 증권을 소지하면 채권자로서 추정되지만 실질적인 권리자로 인정되는 것은 아니므로 채무자가 권리입증을 요구하면 증권소지

120) 최정식(어음), 13면 ; 최준선(어), 6면.

인은 일반원칙에 의하여 실질적 권리를 입증하여야만 한다. 반면에 증권이 없더라도 실질적인 권리자임을 입증하면 권리를 행사할 수 있다.

예금통장, 출고지시서, 음악회에서의 의복보관표 등이 여기에 해당된다. 예금통장을 소지한 자가 예금인출을 청구할 경우에 그 소지인이 진정한 권리자가 아니더라도 예금을 실제로 한 자로서 주민등록증을 소지하고 있는 경우에는 그에게 예금을 지급하면 후에 진정한 권리자가 예금인출을 요구하더라도 은행은 다시 지급할 의무가 없다. 한편 진정한 예금주가 통장을 분실하더라도 권리자임을 증명하면 통장 없이 예금인출을 할 수 있다.

유가증권은 증권에 의하여 권리양도가 예정된 증권이지만 면책증권은 채무자의 채무이행의 편의를 위한 것으로서 면책증권을 양도하더라도 채권양도가 되지 않는다. 즉, 면책증권은 유통을 전제로 한 증권이 아니므로 증권 자체로서는 권리추정력이 인정되지 않으므로 면책증권에 의하여 증명된 채권을 양도하기 위해서는 민법의 지명채권양도(민 450조 이하)의 방식과 효력에 의하여 하여야 한다.[121]

**대법원 1970. 10. 23. 선고 70다1985 판결 (출고지시서)**

기록과 원심판결 이유에 의하면 원심이 이 사건 출고지령서(갑제2호증)가 기명소지인출급식 증권이라고 단정하기 어렵고 원인관계에 있어서 대금이 지급되지 않았으니 피고로서는 그 출고를 거부할 수 있다고 판시한 것은 정당하고 논지는 이유 없다. 원심이 든 증거를 보면 출고지시서는 피고 회사가 소외 동양유리사에 대하여 경유 102드럼을 출고하라는 지령서로서 그 지령서를 지참하는 자에게 출고지령서와 교환하여 물품을 인도하는 것으로서 출고지령서의 소지인은 출고지령서와 교환으로 지령서 기재의 물건을 받음으로써 목적을 달성하고 피고회사는 출고지령서와 교환으로 물건을 소지인에게 인도하면 정당한 소지인이 아닐 경우에도 인도책임을 면하는 소위 면책증권으로서의 작용을 하는 것임을 알 수 있으므로 실질관계인 매매계약에 의하여 영향을 받는 유인증권이라고 할 것이며 따라서 출고지령서의 양수인은 증권을 양도받았다는 사실만으로는 지령서표시 물건의 인도청구권을 취득할 수 없으며 또 지령서의 양도는 그 표시물건의 양도와 같은 효력이 없다고 해석함이 상당하다.

121) 최정식(어음), 14면 ; 최기원(어), 18면

### 3. 금액권

금액권은 특정한 재산권을 표창한 것이 아니라 증권 그 자체로서 법률상 특정 목적을 위하여 금전에 갈음하는 효력을 갖는다. 우표, 수입인지, 화폐가 이에 해당되는데, 증권 그 자체로서 재산적 가치를 보유하며 법적 근거가 있어야만 발행할 수 있다. 따라서 금액권이 물리적으로 멸실되면 그 가치가 소멸되고 제권판결에 의한 권리행사권한이 회복되지 않는다. 화폐가 불에 타서 소멸해버리면 화폐의 가치는 사라지고, 설사 화폐의 소멸을 증명하더라도 동일 가치의 화폐의 지급을 한국은행에 요구할 수 없다.

# 제4절 상호계산

## 제 1. 서 설

### 1. 의 의

상호계산은 상인간 또는 상인과 비상인간에 상시 거래관계가 있는 경우에 일정한 기간의 거래로 인한 채권·채무의 총액에 관하여 상계하고 그 잔액을 지급할 것을 약정하는 계약이다(상 72). 계속적 거래관계에 있는 상인의 거래에서 발생하는 채권과 채무를 개별적으로 결제를 하려면 많은 비용과 위험이 따르므로 일정기간 내에 채권과 채무를 일괄하여 상계하고 그 나머지를 정산하면 상인의 활동은 신속하고 원활하게 이루어질 것이다.

상호계산은 그 자체를 '영업으로' 하는 영업적 상행위가 될 수 없으며, '영업을 위하여' 이용하는 보조적 상행위이다. 즉, 상인이 금전 채권과 채무의 결제방법으로 상호계산을 사용하는 것이다. 그러므로 상호계산제도를 이용하는 당사자 일방은 상인이어야 하고(상 72), 그에게 보조적 상행위가 된다(상 47).

### 2. 기 능

상호계산은 13세기 초 이탈리아 도시에서 은행거래를 할 때 관습적으로 이용되었으며, 그 이후 독일 구 상법에 규정되었고 그 후 프랑스, 일본, 우리나라 등에 계수되었다. 상호계산의 주된 기능은 기업에 결제방법상 편의를 제공하는 것이다. 즉, 기업 상호간의 계속적이고 빈번한 거래관계에서 당사자 사이에 금전지급의 위험과 비용을 줄일 수 있는 대차결제의 기술적 제도이다.

부차적으로는 일방당사자의 채권 중 장차 상계될 금액의 한도 내에서는 상대방에 대한 채무로 담보권을 확보하는 담보적 기능을 수행한다. 또 당사자의 개별적 채무의 변제를 상호계산에 의하여 잔액확정 시까지 연기함으로써 자금을 활용할 수 있는 신용제공의 기능을 수행한다.

## 제 2. 법적 성질

상호계산이 채권·채무가 같은 금액의 범위에서 소멸하는 점에서는 민법의 상계와 비슷하지만, 민법상 상계는 개별적 채무소멸이라는 단독행위인 반면에 상호계산은 포괄적으로 소멸시키는 계약인 면에서 다르다. 상호계산의 법적 성질에 대하여는 지급유예를 중시하는 상호신용공여계약설, 채무유예설, 소비대차설, 상호위임설 등이 있고, 상계기능을 중시하는 상계계약설, 상계예약설 등이 있다.[122] 상호계산에 의하여 새로운 채권과 채무를 발생시키는 것이 아니라 이미 발생한 채권과 채무의 결제방법을 약정하는 계약이므로 상법상 특수한 낙성계약으로 보아야 할 것이다.[123]

## 제 3. 요 건

### 1. 당사자 중 일방은 상인

상호계산은 '상인간 또는 상인과 비상인간의 거래'에 적용되므로 적어도 거래의 일방 당사자는 상인이어야 한다. 상호계산은 상인의 활동에서 발생하는 채권·채무의 결제수단이므로 비상인 사이에 이와 유사한 결제방법이 상법상 상호계산이 될 수 없다. 금융기관 사이에 이루어지는 어음교환은 결제의 수단으로 이용되지만 증권의 무색적 성질로 인하여 지급을 하는 것일 뿐이고, 대립된 당사자 간의 채

122) 이기수, 369면.
123) 최준선, 293면 , 이철송, 407면.

권 · 채무를 결제하는 것은 아니므로 상법상 상호계산이 아니다.[124)]

### 2. 당사자 간의 상시 거래관계

상인과 상대방간에 상시 계속하여 서로에게 채권 · 채무가 발생하는 거래관계가 있어야 한다. 그러므로 어느 일방에게만 채권 · 채무가 계속 발생해서는 안 된다. 소매상과 일반소비자 간에는 항상 소비자가 채무자이고 소매상이 채권자이므로 이들 사이에는 상법상 상호계산을 사용할 수 없다. 그리고 서로 상대방에 대하여 채권 · 채무가 발생할 것으로 예상되면 충분하므로, 결과적으로 일방에게만 채권이 발생하거나 채권 · 채무가 발생하지 않더라도 상관없다.

### 3. 상호계산기간 내의 거래상 채권 · 채무 총액의 상계

상계의 대상은 일정기간 내에 거래에서 생긴 채권 · 채무의 총액이다. 여기의 일정기간을 상호계산기간이라고 하며, 다른 약정이 없는 한 6월로 한다(상 74).

### 4. 상호계산에 의하여 결제되는 채권 · 채무

상호계산의 대상이 될 수 있는 채권 · 채무의 자격을 '상호계산능력'이라고 하며, 상호계산능력이 있는 것은 당사자간 일정기간 '거래에서 생긴' 채권 · 채무를 의미한다. 거래에서 생긴 채권 · 채무이어야 하므로 사무관리, 부당이득 또는 불법행위처럼 거래와 무관하게 생긴 채권 · 채무는 제외된다. 그리고 상호계산은 집단적으로 총액을 상계하므로 금전채무만이 해당된다.

금전채권이더라도 어음 · 수표처럼 이를 행사하기 위해서는 지급제시를 하여야 하고 지급거절이 되는 경우에는 상환청구권보전을 위한 절차가 필요하므로 상호계산능력이 없다. 그러나 어음 기타 상업증권의 수수에 따른 대가의 지급채무는 상호계산능력이 있다. 담보부채권은 상호계산에 포함시키면 담보가 소멸하기 때문에 상호계산능력이 없다는 견해가 있으나,[125)] 잔액채권이 성립하더라도 담보권이 소멸하지 않으므로 상호계산능력이 있다고 본다.[126)]

---

124) 정찬형, 246면.
125) 이철송, 408면.
126) 최준선, 292면 ; 정찬형, 248면.

# 제 4. 상호계산의 효력

## 1. 상호계산기간 중 효력(소극적 효력)

### (1) 당사자간 효력(상호계산불가분의 원칙)

**1) 원 칙**

당사자 간에는 상호계산기간 내에 생긴 일체의 채권·채무는 독립성을 잃고 하나의 계산단위로 흡수되므로, 결산기에 일괄상계 시까지 그 효력이 정지된다. 따라서 당사자는 상호계산에 계입된 채권을 임의로 분리하여 개별적으로 행사하지 못하며, 변제기에 이르더라도 이행지체가 되지 아니하고, 이행청구를 하지 않더라도 소멸시효가 진행되지 않는다. 따라서 개별채무에 대하여 이행의 소를 제기할 수 없으나, 개별채무의 확인의 소나 해제 및 취소권을 행사할 수는 있다. 또 상호계산 외의 다른 채권·채무와 상계하지 못하며, 양도·입질·압류도 할 수 없다.

**2) 예 외**

상호계산에 계입된 채권·채무는 당사자가 임의로 상호계산으로부터 제외시킬 수 없다. 그러나 어음 기타 상업증권의 수수대가로서의 채권·채무를 상호계산에 계입한 경우에는 그 증권채무자가 변제하지 아니한 때에는 당사자는 그 채무의 항목을 상호계산에서 제거할 수 있는데(상 73), 어음 등은 주채무자에게 지급기일에 지급제시를 하여야 하고, 만일 지급거절이 되면 지급거절증서작성 등 소구권보전절차를 갖춰야 하므로 상호계산에서 제거시킬 수 있다.

### (2) 제3자에 대한 효력

상호계산에 계입된 채권·채무를 제3자가 개별적으로 양수하거나 입질을 할 수 있는지 아니면 제3자에게도 상호계산불가분의 효력이 미쳐서 양수나 입질을 할 수 없는지에 관하여 의견이 대립한다.

**1) 절대적 효력설**

상호계산제도가 강행규정이므로, 채권의 일부를 제3자에게 양도, 입질하거나 제3자가 압류하더라도 제3자의 선·악을 불문하고 무효라고 한다. 일방당사자의 채무는 동시에 자신의 채권을 위한 담보가 되는데, 이를 제3자가 침해하면 담보의 기능을 상실하기 때문이라는 것이다.[127)]

---

127) 손주찬, 274면.

#### 2) 상대적 효력설

상호계산불가분의 효력은 당사자의 의사표시에 의해 발생하는 효력인바, 그 효력은 당사자 간에만 미치고 당사자 이외에는 미치지 않으므로, 당사자 일방이 약속을 위반하여 제3자에게 채권을 양도하는 경우 선의의 양수인에게 그 효력을 주장할 수 없으며, 위반한 당사자는 상대방에 대하여 손해배상책임을 질뿐이라고 한다.[128] 절대적 효력설에 따르면 채무자가 압류금지재산을 만들 수도 있고 또 채무면탈을 목적으로 상호계산에 자기의 채권을 계입시킬 수도 있는바, 이는 제3채권자의 채권회수를 방해하는 행위로서 부당하다고 비판한다.

#### 3) 소 결

상호계산제도는 거래 당사자 간의 계산상 편이를 위하여 인정된 부속적 상행위이므로 이와 무관한 선의의 제3자에게는 그 효력이 미치지 않는다고 보는 상대적 효력설이 타당하다. 채권 양도의 경우에는 양도인 등이 채무자에게 대항요건을 갖추고(민 450, 451, 349), 이때 채무자가 이의 없이 채권양도를 승낙하면 해당채권을 상호계산에서 제거하기로 묵시적인 합의가 이루어졌다고 볼 수 있으므로 채권의 양도는 효력이 있다.

채권의 입질은 채권양도와 같은 대항요건을 갖추어야 하고 채무자의 항변권도 인정되어 채무자에게 해가 되지 않으므로 가능하다. 그러나 당사자 간의 상호계산 약정에 의하여 국가의 강제집행권인 압류를 제한할 수 없다.[129]

## 2. 상호기간계산 만료 후 효력(적극적 효력)

### (1) 잔액채권의 성립

#### 1) 성립시기

상호계산기간이 만료하면 그 기간 중에 발생한 쌍방의 채권·채무의 총액이 일괄 상계되고 남은 금액만큼의 잔액채권이 '성립'한다. 기간경과 후 당사자가 계산서를 승인하여야만 잔액채권이 성립한다는 견해가 있으나, 상호계산계약에는 기간 중의 채권·채무를 상계하고 잔액채권을 성립시킬 의사가 포함되어 있으며, 상호계산기간이 경과하면 자동적으로 잔액채권이 성립한다고 본다.[130]

---

128) 정찬형, 251면.
129) 이철송, 410-411면.
130) 이철송, 413면 ; 최준선, 299면 ; 정찬형, 251면 ; 정동윤, 179면.

#### 2) 잔액채권의 성질

상호계산기간이 경과하여 성립한 잔액채권은 기간 중의 채권·채무의 합산 상계에 의하여 생긴 것이므로 기간 중의 채권·채무에 기초한 유인성을 갖는 채권이다.

#### 3) 이 자

상호계산으로 일괄 상계한 후의 잔액에 대하여 채권자는 계산폐쇄일 이후의 법정이자(연 6분)를 청구할 수 있다(상 76조 1). 이처럼 잔액에 대한 법정이자의 기산일을 계산폐쇄일로 잡고 있는 것은 계산기간의 경과로 잔액채권이 성립되는 것을 전제로 한 것이다.[131] 그러나 당사자는 각 항목을 상호계산에 계입한 날부터 이자를 붙일 것을 약정할 수 있다(상 76조 2). 이 경우에는 계산폐쇄일 이후에 법정이자와 약정이자가 동시에 발생한다.

#### 4) 소멸시효의 기산점

상호계산기간이 종료하면 잔액채권이 성립하는데, 기간의 경과로 잔액채권이 성립한 때부터 소멸시효가 진행된다는 견해[132]와 계산서의 승인에 의하여 잔액채권이 확정된 때부터 시효가 진행된다는 견해[133]가 대립하고 있다. 생각건대 기간의 경과로 잔액채권이 성립한 때부터 소멸시효가 진행된다고 보아야 할 것이다.

#### 5) 담보권과 보증채무의 문제

종래 채무의 담보권과 보증채무가 상호계산승인에 의하여 소멸되는지 여부는 경개설의 입장에서는 구채무가 소멸하므로 그에 딸린 담보권과 보증채무도 소멸한다고 보아야 할 것인데, 이러한 해석은 담보권자나 채권자의 권리를 침해한다. 당사자의 특약에 의하여 보증 또는 담보가 있는 개별채권을 상호계산에 계입한 경우에는 이러한 담보와 보증의 효력이 잔액채권에도 미친다고 보아야 할 것이다.[134]

### (2) 계산서의 승인

#### 1) 잔액채권의 확정

잔액채권은 상호계산의 당사자가 채권·채무의 각 항목을 기재한 계산서를 '승인'함으로써 확정되는데, 계산서를 승인함으로써 잔액채권을 확정하는 행위의 법적 성질에 대하여 견해가 대립한다.

---

131) 이철송, 413면.
132) 이철송, 413면.
133) 정찬형, 252면.
134) 정찬형, 252면; 이철송, 414면.

#### 2) 잔액채권확정의 법적 성질

(가) 경개적 효력설

경개설은 구 채권·채무를 소멸시키고 신 채권·채무를 발생시키는 점에서 민법상 경개와 유사하다고 설명한다.[135] 상호계산의 승인은 무인계약인데 비하여 경개는 유인계약이므로 타당하지 않다는 비판이 있다.

(나) 무인적 채무승인설

상호계산기간이 경과하여 자동적으로 성립한 잔액채권은 그대로 존속하고, 이와 별개로 당사자간의 승인에 의하여 새로운 무인적 잔액채권이 발생하여 양 채권이 병존한다고 설명한다.[136]

(다) 유인적 확인설

구 채권·채무가 소멸하지도 않고 신 채권·채무가 새롭게 탄생하지도 않으며, 승인행위는 종래의 채권·채무의 합산결과를 확인하는 것에 지나지 않는다고 한다.

(라) 소결

경개설에 의하면 신채권과 구채권은 유인적 관계에 있기 때문에 구채권이 취소되면 신채권은 성립할 수 없게 되어 부당하며,[137] 유인적 확인설은 구채권에 관한 시효기간, 이행의무지, 재판적 등을 통일하여 잔액채권의 행사를 간편하게 해결하려는 제도의 취지에 반한다. 구채권·채무가 잠정적 상태에 놓이고, 새로 발생된 채권·채무는 구채권·채무의 존재나 효력에 영향을 받지 않는 무인성을 갖는 잔액채권이라는 무인적 채무승인설이 타당하다.[138]

### (3) 잔액채권 승인의 효력

1) 당사자가 계산서를 승인하면 계산서에 기재된 각 항목의 채권·채무에 대하여 이의를 제기하지 못한다(상 75). 따라서 채권·채무의 금액의 오류를 다투지 못하는 것은 물론이고 채권발생원인의 무효나 취소 등으로 채권이 부존재하더라도 이를 주장하지 못한다. 그러나 승인행위 자체의 의사표시의 흠결이나 하자가 있다면 민법 제107조 이하에 의하여 무효나 취소를 할 수 있다.

2) 각 항목을 기재한 계산서의 '착오나 탈루'가 있는 경우에는 예외적으로 이의를 제기할 수 있다(상 75조 단서). 그 의미가 무엇인지에 관하여 학설이 나뉘고 있다.

---

135) 정찬형, 251면 ; 손주찬, 276면 ; 김성태, 369면 ; 전우현, 248면 ; 김두진, 235면.
136) 정동윤, 180면 ; 최준선, 296면.
137) 정동윤, 180면.
138) 최준선, 296면 ; 이철송, 415면.

(가) 승인무효설

계산서에 착오나 탈루가 있으면 계산서의 승인행위가 무효가 되어 잔액지급채무가 확정되지 않고, 승인행위 자체의 효력을 다투어 잔액채권·채무의 효력을 다툴 수 있다는 견해이다.[139)]

(나) 부당이득반환청구설

계산서의 착오나 탈루가 있더라도 계산서의 승인행위 자체의 효력에는 영향을 미치지 않으며, 이러한 사정은 승인행위의 자체에 연유하는 하자에 불과하므로 상호계산 외에서 부당이득으로 그 반환을 청구할 수 있다는 견해이다.[140)]

(다) 소결

계산서의 착오나 탈루가 있더라도 승인행위는 여전히 유효하며, 다만 그로 인하여 부당이득이 발생하였다면 상호계산 외에서 별도로 부당이득의 반환을 청구할 수 있다고 해석하는 것이 계산서의 승인을 통하여 안전한 채권을 창설하려는 제도의 취지에 부합한다. 그러나 승인행위의 자체의 하자가 있는 경우, 예컨대 승인행위가 사기나 강박, 착오에 의하여 이루어진 경우에는 민법의 일반원칙에 의하여 취소할 수 있다고 본다.[141)]

## 제 5. 상호계산의 종료

상호계산계약은 계약의 일반적인 종료원인에 의하여 종료된다. 그러므로 당사자 간의 계속적 거래관계가 종료하거나 영업이 양도되면 상호계산계약이 종료한다. 상법은 특별한 상호계산계약의 종료원인을 규정하고 있다. 각 당사자는 상대방의 신용 변동이 발생하거나 기타 특별한 사정이 생긴 경우에는 언제든지 상호계산을 해지할 수 있다(상 77조 전단). 해지의 의사표시는 거래상대방에게 명시적으로 하여야 하며, 그 의사표시가 상대방에 도달한 때에 효력이 생긴다(민 111조 1). 이 경우에는 즉시 계산을 폐쇄하고 잔액의 지급을 청구할 수 있다.

특별법이 규정하는 특별종료원인으로는 당사자 일방의 파산(파산 343조 1), 회생절차의 개시(파산 125조 1) 등이 있는데, 이러한 사유가 발생하면 당사자 일방의 신용이 심각하게 악화되기 때문에 상호계산계약의 해지를 통하여 다른 상대방이 보호를 받을 수 있다.

---

139) 정찬형, 252면.
140) 손주찬, 277면 ; 정동윤, 181면 ; 이기수 외, 374면.
141) 정동윤, 181면.

# 제5절 익명조합

## 제 1. 서 설

### 1. 개 념

익명조합(undisclosed association)은 당사자 일방이 상대방의 영업을 위하여 출자하고 상대방은 그 영업으로 인한 이익을 분배할 것을 약정함으로써 그 효력이 생긴다(상 78). 2인 이상이 법인이 아닌 형태로 공동사업을 하기 위해서는 민법의 조합을 이용할 수 있다. 그런데 민법상의 조합은 조합원 전원이 업무를 집행하고(민 706), 조합원 전원이 조합채무에 대하여 책임을 부담한다. 따라서 유한책임만을 원하거나 소수의 경영자에 의하여 영업이 신속 원활하게 진행되기를 원하면 민법상 조합은 바람직한 형태가 아니다. 그리하여 민법상의 조합의 단점을 보완하고 상사기업에 맞도록 변형하여 기업 활동의 수요에 적응시킨 형태가 익명조합이다.

### 2. 기 능

익명조합은 자본은 있지만 대외적으로 자신을 드러내기 곤란한 투자자(익명조합원)가 익명으로 자본을 투자하고, 자본은 없으나 경영능력을 갖춘 자(영업자)가 익명조합원으로부터 투자받은 자본을 가지고 기업의 주체로서 경영을 하여 그 이익을 익명조합원에게 분배해주는 방식을 취한다.

보통 영업자가 자금이 필요한 경우에 금전소비대차에 의하여 투자자로부터 금원을 차용하는데, 이 경우에는 영업의 성과와 상관없이 원금과 이자를 상환하여야 한다. 그런데 익명조합의 방식으로 자금을 조달하면 경영성과에 따라서 이윤을 분배하므로 영업자는 이윤이 없는 경우에는 분배할 의무가 없게 되어 손실의 위험을 분산시키고 한편 투자자로부터 경영 간섭을 받지 않기 때문에 영업자의 능력을 충분히 발휘하여 영업활동을 수행할 수 있는 장점이 있다. 투자자인 익명조합원은 자신의 사회적 신분 등 때문에 경영활동에 참여할 수 없지만 경영능력이 월등한 영업자를 통하여 경영에 참여하는 효과를 거둘 수 있다.

그러나 익명조합의 영업자가 익명조합원의 감시권에 의한 견제를 받지만, 사용처나 수익의 확정 및 배분에 대하여 금융감독원 같은 감독기관의 규제가 없고 감시장치가 없다는 점에서 투자자 보호에 문제가 있다.

### 3. 연 역

익명조합은 합자회사와 연역적으로 유사하다. 10세기경부터 지중해 연안의 해상무역에서 일반적으로 행하여진 코멘다(commenda)계약에 그 기원을 두고 있다. 코멘다계약은 자본가(commendator)가 금전이나 상품을 제공하고 기업자(tractator)는 투자받은 자본을 가지고 자신의 명의로 무역을 수행하여 얻은 이익의 일부를 자본가에게 분배하기로 하는 계약이다. 15세기에 자본가가 공동기업자로서 외부에 나타나는 경우와 자본가는 내부에 숨어 있고 대외적으로 기업자가 영업의 권리의무의 주체가 되는 경우가 있었는데, 전자는 합자회사로 후자는 익명조합으로 발전되었다.[142)]

## 제 2. 익명조합의 요소

### 1. 당사자

익명조합의 당사자는 출자를 하는 자인 익명조합원(undisclosed partner)과 그 출자를 받아 영업을 영위하는 자인 영업자이다. 익명조합원의 자격은 제한이 없으므로 개인이든 법인이든, 상인이든 비상인이든 상관없으나 영업자는 익명조합계약에 의하여 영업을 수행하여야 하므로 조합계약 이후에는 상인이어야 한다. 영업자가 익명조합계약을 체결하는 것은 영업을 위하여 준비하는 행위이므로 보조적 상행위가 된다. 익명조합은 영업을 위하여 결성되는 실질상 공동기업이므로 출자의 대상이 영업자의 영업이고, 그 영업은 특정되어야 한다. 따라서 영업자가 어떠한 사업이라도 수행하여 이익이 나면 분배하기로 하는 약정은 익명조합이 될 수 없다. 그러나 영업자의 영업의 전부를 대상으로 할 필요는 없고 어느 정도 독립성이 인정되는 한 영업의 일부(지점)를 대상으로 할 수도 있다.[143)]

익명조합계약은 쌍방 당사자 간의 계약이지만 하나의 익명조합에 복수의 익명조합원이나 영업자가 존재할 수 있다. 수인의 익명조합원이 하나의 조합을 구성하여 1인의 영업자에게 공동출자하는 경우에는 하나의 익명조합계약이지만, 수인의

---

142) 이철송, 418면.
143) 이철송, 422면 ; 정찬형, 257면.

익명조합원이 각자 독립되어 있는 경우에는 각 익명조합원과 영업자 사이에 수개의 익명조합계약이 병존한다. 1인의 익명조합원이 수인의 영업자와 익명조합계약을 체결하는 경우에는 각 영업자마다 익명조합계약이 병존한다. 이때 각기 다른 익명조합계약의 익명조합원들 사이 또는 영업자들 사이에는 아무런 법률관계가 없다.

## 2. 익명조합원의 출자

익명조합원의 출자의 대상은 금전 기타 재산이다. 익명조합원이 노무나 신용을 출자할 수 없는 것은 합자회사의 유한책임사원과 같다(상 86, 272).

## 3. 영업으로 인한 이익분배

익명조합원은 영업자의 '영업'을 위하여 출자하고, 영업자는 익명조합원에게 영업으로 인한 이익을 분배할 것을 약정해야 한다. 이익의 분배는 영업의 성과에 따라 분배를 하는 것이므로 영업의 성과와 상관없이 정기적으로 일정금액을 분배하기로 약정하는 것은 익명조합계약이 아니다. 이익부담과 달리 손실분담은 공동기업의 필수적인 요소가 아니므로 익명조합에서 이를 배제할 수 있다.[144]

**대법원 1962. 12. 27. 선고 62다660 판결**

상법 제535조는 익명조합계약은 당사자의 일방이 상대방의 영업을 위하여 출자를 하고 그 영업에서 생하는 이익을 분배할 것을 약속함으로 인하여 그 효력이 발생한다 규정하였으므로 당사자의 일방이 상대방의 영업을 위하여 출자를 하는 경우라 할지라도 그 영업에서 이익이 난 여부를 따지지 않고 상대방이 정기적으로 일정한 금액을 지급하기로 약정한 경우에는 가령 이익이라는 명칭을 사용하였다 하더라도 그것은 상법상의 익명조합계약이라고 할 수 없는 것이다. 원심은 그 인용의 증거에 의하여 제1심 피고 장순태는 1959년 4월 21일 원고와 간에 기간은 정함이 없이 원고는 본건 형광등공장에 300,000원을 출자하고 위 장순태는 영업성적 여하에 불구하고 영업이익금에서 매월 금 18,000원을 매월 20일 원고에게 지급한다는 익명조합계약을 하고 소외 강대헌은 판시와 같이 피고명의로 위 장순태를 위하여 연대보증을 한 사실을 인정하여 피고의 분배할 이익금이 없으니 원고의 청구에 응할 수 없다는 항변에 대하여 본건 계약은 영업성적 여하를 불구하고 출자금의 월 6푼

144) 이철송, 422면 ; 최준선, 299면 ; 정찬형, 262면.

에 해당하는 이익금을 지급하기로 특약한 것이라는 이유로 그 항변을 배척하였는바 장순태 및 원고간의 본건 계약이 원심이 인정한 바와 같다면 그것은 상법상의 익명조합계약이라고 할 수는 없는 것이다.

### 4. 익명조합의 성질

익명조합은 유상·쌍무의 낙성계약이다. 익명조합의 성질을 민법상 조합으로 보는 견해, 소비대차로 보는 견해 등이 과거에 있었으나 오늘날은 민법상 전형계약이 아닌 상법상 특수한 계약으로 본다.[145]

## 제 3. 익명조합의 효력

### 1. 대내적 효력

#### (1) 출 자

익명조합원은 조합계약에 의하여 출자의무를 부담하며, 영업자는 출자의무가 없다. 영업자가 익명조합의 영업을 위하여 출자를 할 수 있으나 그것은 자기의 영업을 위한 것이고 그것에 대하여 익명조합의 지분을 갖는 것도 아니므로 공동기업에서의 출자라고 할 수 없다. 출자의 종류와 목적물은 조합계약에 의하여 정해지는데, 금전이나 현물 등 재산으로 한정되며 신용이나 노무를 출자할 수 없다(상 86, 272). 익명조합계약은 유상계약이므로 익명조합원의 출자이행은 민법의 매매에 관한 규정이 준용되고(민 567), 익명조합원은 출자물에 대하여 담보책임을 진다(민 570조 이하). 익명조합원이 출자한 금전 기타 재산은 영업자의 재산으로 본다(상 79조). 따라서 익명조합원이 출자한 재산을 영업자가 임의로 처분하더라도 횡령죄가 되지 않는다.[146]

#### (2) 영업의 수행

1) 익명조합에서 출자의 대상은 영업자의 단독기업이므로 영업을 수행하는 자는 영업자이며, 익명조합원은 영업을 수행하지 못한다. 그러나 실질상으로는 익명

145) 이철송, 419면 ; 정찬형, 259면(정찬형 교수는 상법상 특수한 계약으로 보면서도 그 내용은 기업조직에 관한 장기적 계약이라고 한다).

146) 대법원 1971. 12. 28. 선고 71도2032 판결

조합은 익명조합원과 영업자의 공동영업이므로 조합의 규정이 유추적용되어 영업자는 선량한 관리자의 주의의무로 영업을 수행할 의무를 익명조합원에게 부담한다(민 707, 681).

2) 영업자가 상법상 경업피지의무를 부담하는지가 문제된다. 첫째로 영업자는 공동기업자, 사용인 또는 기관 등과 같은 지위에 있지 아니하므로 경업피지의무가 없다는 견해,[147] 상법의 익명조합 편에 합자회사의 무한책임사원의 경업피지의무(상 269, 198)를 준용한다는 규정이 없으므로 영업자는 원칙적으로 경업피지의무를 부담하지는 않으나, 익명조합계약의 내용에 따라서 경업피지의무가 인정될 수도 있다는 견해,[148] 영업자가 익명조합원에게 선관주의의무를 부담하므로 영업자의 영업과 동종 영업을 별도로 한다면 이해의 충돌이 발생하여 영업자가 경업피지의무를 부담한다는 견해 등이 있다.[149]

생각건대 영업자가 익명조합원에게 선관주의의무를 부담하므로 조합계약에서 정한 영업에 관하여 경업피지의무를 부담한다고 보아야 할 것이다. 이처럼 영업자에게 경업피지의무를 인정하더라도 영업자가 이를 위반하는 경우 개입권을 행사할 수 없고 계약해지권 및 손해배상청구권만 행사할 수 있을 뿐이다. 반대로 익명조합원은 경업피지의무를 부담하지 아니한다.

### (3) 익명조합원의 감시권

익명조합원은 익명조합의 운영에 대하여 중대한 이해관계를 가지고 있지만 영업을 수행할 권리가 없으므로 자신의 권리를 지킬 수 있도록 업무집행권이 없는 합자회사의 유한책임사원처럼 익명조합원에게 감시권을 부여하고 있다(상 86, 277). 따라서 익명조합원은 영업연도 말에 회계장부·대차대조표 및 기타의 서류를 열람할 수 있으며, 회사의 업무와 재산상태를 검사할 수 있고, 중요한 사유가 있으면 언제든지 법원의 허가를 얻어서 열람 조사를 할 수 있다(상 86, 277).

### (4) 손익의 분배

#### 1) 이익의 분배

(가) 이익의 개념

영업자는 익명조합원에게 그 영업으로 인하여 얻은 이익을 분배하여야 한다. 물

147) 김용채, 118면
148) 서돈각·정완용, 179면.
149) 정찬형, 260면 ; 이철송, 425면 ; 최준선, 306면.

적회사는 채권자를 보호하기 위하여 자본금의 충실원칙을 준수해야 하고 자본과 이익준비금의 적립이 강제되므로, 순자산에서 이를 공제하여야 배당가능이익이 산출된다. 그러나 익명조합은 대외적으로 영업자의 단독기업이며 익명조합원은 채권자에게 직접적으로 책임을 지는 일도 없으므로 법률상 적립이 강제되는 자본금이나 준비금이 없다. 따라서 익명조합에서 이익이나 손실은 익명조합원의 출자액을 기준으로 영업으로 인한 순재산의 증가 또는 감소를 의미한다.[150] 이익이나 손실의 확정은 영업연도 말의 대차대조표에 의하여 정해진다. 영업연도는 당사자 간 다른 특약이 없으면 1년으로 한다(상 30조 2항 전단).

(나) 이익의 분배

익명조합에서 이익이 발생하면 영업자는 이를 익명조합원에게 분배할 의무를 부담하고, 익명조합원은 이를 청구할 권한이 있는데, 익명조합원에게 이익이 발생하면 당연히 이익배당청구권이 주어진다. 따라서 이익분배를 하지 않는 조건으로 익명조합계약을 체결하더라도 이는 민법상 조합은 될 수 있으나 익명조합계약은 아니다. 다만 당사자 간 특약으로 이익의 일부를 영업 내에 유보하거나 그 이익을 추가하여 출자할 수는 있다.

이익의 분배비율을 익명조합계약에 정해진 대로 하면 될 것이나, 정함이 없으면 민법상조합의 이익분배원칙(민 711조 1)에 따라 각자의 출자가액에 비례하여 정해진다. 여기의 '각자의 출자가액'은 익명조합원의 출자가액과 영업자 자신의 영업에 투자한 재산 및 노력을 평가하여 합산한 금액의 총액에 대한 각자의 출자가액의 비율을 의미한다.[151] 이익의 분배는 익명조합원에게는 현실적으로 지급하여야 하나, 영업자에게는 계산상으로만 한다.

### 2) 손실의 분담

(가) 손실이란 당해 영업연도 중에 영업활동을 통하여 감소한 재산액을 말한다. 손실분담은 익명조합의 요소가 아니므로 당사자 간에 특약으로 익명조합원이 손실을 분담하지 않기로 하는 특약은 유효하다(상 82조 3). 하지만 영업을 공동으로 하는 경우에 손실분담을 하는 것이 일반적인 관례이므로 익명조합원이 손실을 분담하지 않는다는 특약이 없으면 손실분담의무가 있다. 그 분담비율에 약정이 없으면 이익의 분배비율과 동일한 것으로 추정한다(민 711조 2).

(나) 익명조합원의 출자가 손실로 인하여 감소된 때에 당사자간 다른 약정이 없

---

150) 이철송, 426면.
151) 정찬형, 261면.

으면, 그 손실을 보전한 후가 아니면 익명조합원은 이익배당을 청구하지 못한다(상 82조 1항, 3항). 이 출자손실은 영업이익으로 보전할 수 있을 것이나 익명조합원의 추가출자로 보전할 수도 있다.

(다) 손실액이 출자액을 초과하는 경우에도 당사자간 다른 약정이 없으면 익명조합원은 이미 받은 이익의 반환 또는 증자할 의무가 없다(상 82조 2항, 3항). 즉 익명조합이 영업자의 단독기업이므로 영업자가 영업상의 채무에 대하여 무한책임을 지게 되고, 익명조합원은 영업으로 인한 채무에 대하여 책임을 지지 않는다.

#### (5) 당사자 지위의 전속성

익명조합계약은 당사자 간의 깊은 신뢰를 바탕으로 이루어지므로 특약이 없는 한 영업자의 지위가 계약에 의하여 제3자에게 양도될 수 없으며, 상속이나 합병에 의하여서도 이전되지 아니한다. 익명조합원도 영업에 대한 감시권을 행사하고 미이행한 출자부분에 대하여 출자의무를 부담하는바, 특약이 없는 한 익명조합원의 지위가 양도되지 않는다고 본다.[152)]

### 2. 대외적 효력

#### (1) 영업자의 지위

익명조합은 실질적으로는 공동영업이지만 형식적(법률적)으로는 영업자가 자기 명의로 영업을 하고, 대외적으로 제3자에 대하여 모든 권리와 의무의 귀속주체가 되므로 익명조합의 채무에 대하여 무한책임을 진다. 영업자와 거래한 제3자도 영업자의 단독기업임을 믿고 거래를 하였기 때문에 제3자 보호에 특별한 문제가 없다.

#### (2) 익명조합원의 지위

1) 익명조합은 영업자의 단독기업이므로 익명조합원은 영업을 행할 권리가 없고 제3자와 법률관계를 갖게 될 여지가 없으며, 제3자에 대하여 책임을 지지도 않는다(상 80). 영업자를 대리할 권한도 없다(상 86, 278).[153)]

2) 대외적으로 신용이 좋은 익명조합원의 성명이나 상호를 영업자가 그의 영업

---

152) 이철송, 427면.

153) 서울고등법원 1967. 2. 15. 선고 66나400 판결(원·피고가 공장운영 동업계약을 체결하면서 원고는 자금만 출자하고, 대외관계는 피고가 나서서 하기로 하였다면 원고는 익명조합원으로서 피고의 제3자에 대한 행위에 관하여 그의 선의 악의를 불문하고 아무런 권리나 의무가 없다 할 것이므로 피고의 조합재산 처분의 효력을 다툴 수 없다).

에 사용할 수 있는데, 이 경우 익명조합원의 영업으로 오인하여 거래를 한 선의의 제3자에 대하여는 익명조합원은 명의대여자로서 책임을 질 것이다(상 24).

그런데 상법은 '익명조합원이 자기의 성명을 영업자의 상호 중에 사용하게 하거나 자기의 상호를 영업자의 상호로 사용할 것을 허락한 때에는 그 사용 이후의 채무에 대하여 영업자와 연대하여 변제할 책임이 있다(상 81)'라고 규정하여 익명조합원이 자기의 상호나 성명의 사용을 허락한 경우 그 사용 이후의 채무에 대하여 영업자와 연대책임을 부담하도록 하였다. 상법 제81조는 상법 제24조의 주의적 규정으로 본다. 익명조합원은 영업자로 오인하여 거래한 '선의의 제3자'에 대하여만 명의대여자책임을 질뿐이고, 악의 또는 중과실이 있는 제3자에게는 책임을 지지 않는다고 본다.[154)]

## 제 4. 익명조합의 종료

### 1. 종료의 사유

#### (1) 계약해지

익명조합은 원칙적으로 상대방이 채무를 불이행하면 계약을 해지할 수 있고(민 543), 채무불이행이 발생하지 않더라도 다음과 같은 경우에 해지할 수 있다. 즉, 조합계약으로 조합의 존속기간을 정하지 아니하거나 어느 당사자의 종신까지 존속할 것을 약정한 때에는 각 당사자는 6월 전에 상대방에게 예고를 하고 영업연도말에 계약을 해지할 수 있다(상 83조 1). 그러나 부득이한 사정이 있는 때에는 조합의 존속기간의 약정의 유무에 불구하고 각 당사자는 언제든지 계약을 해지할 수 있다(상 83조 2). 한편 익명조합원의 출자반환청구권을 압류한 채권자는 익명조합계약을 해지할 수 있는 권한이 없다. 이는 거래의 안전을 해칠 염려가 있기 때문이다.[155)]

#### (2) 당연종료사유

익명조합계약은 ① 영업의 폐지 또는 양도, ② 영업자의 사망 또는 성년후견개시, ③ 영업자 또는 익명조합원의 파산의 사유가 발생하면 종료된다(상 84). 그러나 특약에 의하여 영업자가 사망한 경우에는 그 상속인, 성년후견이 개시된 때에는

---

154) 이철송, 428-429면.
155) 익명조합원의 채권자에게 계약해지권을 인정할 필요가 있다는 견해도 있다(이철송, 429면).

그 법정대리인이 영업을 할 수 있다고 본다.[156] 익명조합원의 사망이나 성년후견의 개시는 계약의 종료사유가 아니다.

영업자가 회사인 경우 해산 후에도 청산의 목적범위 내에서 존속하므로 청산 중에도 이익을 분배할 수 있다는 견해가 있으나,[157] 회사가 해산하면 익명조합의 본래의 목적인 영업의 계속이 불가능하므로 계약도 종료한다고 보아야 할 것이다.[158] 영업자가 회사가 합병된 경우에는 존속회사 또는 신설회사가 그 권리의무를 승계한다.

## 2. 종료의 효과

(1) 조합계약이 종료한 때에는 영업자는 익명조합원에게 그 출자의 가액을 반환하여야 한다(상 85조 본문). 출자의 가액이라 함은 이미 이행한 출자를 평가한 금액을 말한다. 출자의 반환은 특약이 없으면 출자의 가액을 금전으로 반환하여야 하며, 현물출자를 한 경우에도 이를 금전으로 평가하여 그 가액을 반환하여야 한다. 사용권을 출자한 경우에는 출자물 자체를 반환하여야 한다.

(2) 익명조합원이 손실을 분담한 경우에는 납입된 출자가 손실분담으로 인하여 감소한 때에는 그 잔액을 반환하면 된다(상 85조 단서). 그러나 익명조합원이 손실을 부담하지 않기로 하는 특약이 있는 경우에는 출자액 전액을 반환하여야 한다. 그리고 손실분담액이 출자액을 초과하더라도 추가로 출자의무를 부담하지 않는다.

**대법원 2011. 11. 24. 선고 2010도5014 판결**

조합재산은 조합원의 합유에 속하는 것이므로 조합원 중 한 사람이 조합재산의 처분으로 얻은 대금을 임의로 소비하였다면 횡령죄의 죄책을 면할 수 없고, 이러한 법리는 내부적으로는 조합관계에 있지만 대외적으로는 조합관계가 드러나지 않는 이른바 내적 조합의 경우에도 마찬가지이다. 그러나 이러한 조합 또는 내적 조합과는 달리 익명조합의 경우에는 익명조합원의 영업을 위하여 출자한 금전 기타의 재산은 상대편인 영업자의 재산으로 되는 것이므로 그 영업자는 타인의 재물을 보관하는 자의 지위에 있지 않고 따라서 영업자가 영업이익금 등을 임의로 소비하였다고 하더라도 횡령죄가 성립할 수는 없다(대법원 1973. 1. 30. 선고 72도2704 판결). 한편 어떠한 법률

156) 이철송, 430면.
157) 정찬형, 264면.
158) 이철송, 430면.

관계가 내적 조합에 해당하는지 아니면 익명조합에 해당하는지는, 당사자들의 내부관계에 있어서 공동사업이 있는지, 조합원이 업무검사권 등을 가지고 조합의 업무에 관여하였는지, 재산의 처분 또는 변경에 전원의 동의가 필요한지 등을 모두 종합하여 판단하여야 할 것이다(대법원 2010. 11. 25. 선고 2009도7001 판결).

# 제6절 합자조합

## 제 1. 서 설

기업구조의 변화에 따라 새로운 첨단 사업부문에서 자본 등 물적 자산보다 무형의 인적 자산을 중시하는 형태의 기업의 필요성이 증가하자, 2011년 4월 14일 상법개정 시 유한책임회사와 합자조합이라는 새로운 형태의 회사제도를 도입하였다. 그 이전에는 상법상 주식회사, 유한회사, 합명회사, 합자회사와 익명조합 그리고 민법상 조합 형태의 공동기업이 있었다. 그런데 민법상 조합에서는 다른 조합원이 수행한 업무실패의 책임이 업무를 수행하지 않은 다른 조합원에게 전가되며, 벤처기업처럼 위험부담이 큰 사업이 조합의 형태로 운영될 경우 조합원 전원이 책임을 부담하여야 하고, 또 원칙적으로 조합원 전원이 업무집행에 관여하게 되므로 영업을 일사분란하게 수행하는데 지장이 있었다.

한편 상법상 익명조합에서는 익명조합원은 자본을 출자할 뿐이고 대외적으로는 영업자의 단독기업이므로 영업에 관여할 수 없고, 나아가 출자의 목적물이 재산으로 한정되어 노무, 신용의 출자가 허용되지 않기 때문에 지식기반사업으로 이용하기에 한계가 있고, 공동사업이라고 하더라도 조합원 상호간에 경영이나 사업의 공통성의 인식이 거의 없으므로 공동기업의 일반적 유형으로 보기도 어려웠다.[159]

물적 회사의 경우에는 조직구조의 엄격성, 인적 자산에 대한 배당의 경직성의 문제가 있고, 인적 회사는 사원의 과다한 책임부담의 문제가 있다. 즉, 합명회사의 무한책임사원은 회사운영에 대한 폭넓은 재량권이 있지만, 무한책임을 부담해야

159) 송인방 · 양영석, "지식기반산업시대 새로운 법적 기업유형의 창출 및 착근방안", 「산업경제연구」 제21권 제2호, 한국산업경제학회, 2000.4, 074-075면.

하므로 지식기반사업에 적절하지 않고, 합자회사는 유한책임사원과 무한책임사원 사이에 어느 정도 리스크가 분산되지만, 무한책임사원은 회사채무에 대하여 무한책임을 지며, 유한책임사원은 경영에 관여할 수 없는 문제가 있다.

한편 주식회사나 유한회사의 경우에는 출자자가 출자한도 내에서 책임을 지므로 위험이 분산된다는 장점이 있지만, 설립에서 운영에 이르기까지 복잡한 절차를 거쳐야 하고, 자본에 대한 규제가 엄격하여 자율성이 필요한 지식기반사업의 형태로는 한계가 있었다. 따라서 출자자의 능력을 적절하게 평가하여 그 보상을 받을 수 있는 소유와 경영을 일치시키는 시스템을 갖추고, 기관의 설치 및 권한 분배 그리고 이익배당에서 내부자치가 허용되며, 출자자의 유한책임을 부담하는 새로운 형태의 기업이 필요하여 미국의 합자조합(Limited Partnership : LP), 일본의 유한책임사업조합(Limited Liability Partnership : LLP) 등을 모델로 하여 합자조합을 신설하였다.[160]

## 제 2. 합자조합의 의의

### 1. 개 념

합자조합은 조합의 업무집행자로서 조합의 채무에 대하여 무한책임을 지는 조합원과 출자가액을 한도로 하여 유한책임을 지는 조합원이 상호 출자하여 공동사업을 경영할 것을 약정함으로써 그 효력이 생긴다(상 86조의2). 그러므로 합자조합은 2인 이상이 출자하여 공동사업을 할 것을 약정하는 상법상의 조합으로서 그 성격이 민법상 조합과 유사하므로 상법에 특별한 규정이 없는 한 민법의 조합 규정이 준용된다(상 86조의8, 4항).

합자조합은 조합의 업무집행자로서 무한책임을 지는 무한책임조합원과 출자가액을 한도로 조합채무에 대하여 유한책임을 부담하는 유한책임조합원으로 구성되는 점에서 조합원 전원이 무한책임을 부담하는 민법상 조합과 다르다. 합자조합은 법인격이 없으며 구성원의 사적자치가 폭넓게 인정되므로 사모투자펀드(Private Equity Fund) 등에 적합하다. 합자조합과 유사한 형태로는 우리나라의 '중소기업창업지원법'상 중소기업창업투자조합(동법 20조 2항)과 '자본시장과 금융투자업에 관한 법률'상 집합투자기구의 하나인 투자조합(자본시장 219조)이 있었다. 이처럼

160) 박세화, "유한책임회사제도에 대한 법이론적 검토", 「법학연구」 제48호, 부산대학교 법학연구소, 2007, 2면.

특별법상으로만 인정되던 투자조합이 2011. 4. 개정상법에 의하여 일반화되기에 이르렀다.[161]

## 2. 미국의 합자조합(Limited Partnership : LP)

### (1) 의 의

미국의 합자조합은 "두 사람 이상이 공동소유의 형태로 영리를 추구하기 위한 결합체"라고 정의할 수 있다. 1916년 모범합자조합법(Uniform Limited Partnership Act)의 공식주석(Official Comment)에서 동법의 제정 이유를 "자본이 있는 다른 사람으로부터 영업을 하는 사람이 자금을 확보하기 위한 용도로 유한책임에 대한 규정을 만들어 채택하기 위함이다"라고 밝히고 있다. 따라서 합자조합은 자본가와 기업가의 결합을 위한 공동기업형태라 할 수 있다. 그러므로 경영은 원칙적으로 무한책임조합원(General Partner)이 담당하고 유한책임조합원(Limited Partner)은 수동적인 투자자의 지위에 머무르게 된다.[162]

LP의 경우 무한책임조합원은 경영의 주체가 된다. 수동적 투자자의 지위에 있는 유한책임조합원은 우리의 익명조합원처럼 익명성이 보장되어, 외부로 드러나지 않고 내부적으로는 출자한 재산을 한도로 유한책임을 진다.[163]

### (2) 무한책임조합원(General Partner)의 의무

General Partner는 합자조합에 대하여 신인의무(Fiduciary duty)를 지는데, 모범합자조합법(ULPA: Uniform Limited Partnership Act, 2001)에서 명시적으로 General Partner에게 부과되는 신인의무를 주의의무(Duty of care)와 충실의무(Duty of loyalty)로 규정하고 있다.[164]

2001년 ULPA와 Delaware 주법에서는 General Partner의 충실의무의 내용을 자기거래(self-trading) 금지의무, 횡령 및 회사기회의 유용금지의무, 경업금지의무라고 명시하고 있다. 또한 주의의무위반의 내용을 "중과실, 부주의한 행동 및 의도적인 불법행위(grossly negligent or reckless conduct, intentional misconduct, or a knowing violation of war)"라고 명시하고 있다.[165]

---

161) 정찬형, 266면.

162) 김희철, "상법개정안의 합자조합제도 도입에 관한 세법적 고찰", 「중앙법학」 제8집 제4호, 중앙법학회, 2006.12, 273면.

163) 김희철, 위의 논문, 278면.

164) 김희철, 앞의 논문, 278면.

165) 김희철, 앞의 논문, 278~279면.

과거 우리 상법에 익명조합과 관련하여 경업피지의무에 대한 명문규정이 없어서 익명조합의 영업자가 경업피지의무를 부담하는지 여부에 대하여 학설의 대립이 있었으나, 개정상법에는 제86조의8에서 상법 제198조(사원의 경업의 금지)를 준용하도록 규정하고 있다.

General Partner가 합자조합을 제대로 운영하고 있는지 여부를 Limited Partner는 감시를 할 수 있다. 이를 위해서 합자조합은 영업본점에 합자조합의 설립신고서 및 그 변경서면, 최근 3년간의 세금신고서, 설립계약서 및 회계서류, (달리 정함이 없는 경우)출자하였거나 출자하기로 약정한 현금의 금액 또는 재산이나 노무의 합의된 가액, 추가출자를 이행하여야 할 시기 또는 사유, 출자액의 환급을 포함한 각 Partner들의 재산분배에 대한 권리, 합자조합의 해산사유 등을 기재한 서면을 비치하여야 한다. Limited Partner들은 영업시간 내에 각종 업무 및 회계장부를 포함한 재무관련 서류들을 열람할 수 있다. 우리 상법도 유한책임조합원에게 감시권을 부여하고 있다(상 제86조의8, 277조).

### (3) 유한책임조합원(Limited Partner)의 의무

Limited Partner는 원칙적으로 합자조합이나 다른 Partner들에 대하여 신인의무를 지지 않으므로, 자기거래를 할 수 있고 경업을 할 수도 있다. 다만, 합자조합에 소비대차를 하는 경우 합자조합의 재산에 대해 담보설정을 할 수 없다. 예외적으로 합자조합 계약서에 Limited Partner도 신인의무를 진다고 명시한 경우 또는 Limited Partner가 General Partner를 해임할 권한을 갖거나, 투표로 경영을 맡은 사람들 6명 중 3명을 선임할 정도의 영향력을 행사한 경우에는 Limited Partner가 실질적인 General Partner로 간주되어 신인의무를 부담할 수 있으며, 따라서 경업금지의무도 부담할 수 있다.

## 제 3. 합자조합의 구성

합자조합은 조합임에도 불구하고 유한책임조합원을 둘 수 있다. 합자조합은 법인이 아닌 조합이므로 법인이 아닌 조합원에게만 과세가 되어 유한책임회사에서와 같은 이중과세문제가 발생하지 않는 장점이 있다.

## 1. 설 립

### (1) 조합계약

합자조합은 조합의 업무집행자로서 조합의 채무에 대하여 무한책임을 지는 조합원과 출자가액을 한도로 하여 유한책임을 지는 조합원이 상호 출자하여 공동사업을 경영할 것을 약정함으로써 그 효력이 생긴다(상 86조의2). 합자조합계약은 유상, 쌍무, 낙성계약으로서 상법상 특수한 계약이다. 무한책임조합원과 유한책임조합원으로 구성된다는 점에서 합자회사와 유사하나 회사가 아닌 조합의 형태를 띠고 있으므로 '법인격 없는 합자회사'라고 할 수 있다. 조합자체로서는 권리능력이나 소송당사자능력이 없으며, 상법이나 조합계약에 다른 규정이 없으면 민법의 조합에 관한 규정이 준용되나, 유한책임조합원에 대하여 민법 제712조 및 제713조는 준용하지 않는다(상 86조의8, 4항).

### (2) 조합계약의 내용

#### 1) 법률규정

합자조합의 설립을 위한 조합계약에는 1) 목적, 2) 명칭, 3) 업무집행조합원의 성명 또는 상호, 주소 및 주민등록번호, 4) 유한책임조합원의 성명 또는 상호, 주소 및 주민등록번호, 5) 주된 영업소의 소재지, 6) 조합원의 출자에 관한 사항, 7) 조합원에 대한 손익분배에 관한 사항, 8) 유한책임조합원의 지분의 양도에 관한 사항, 9) 둘 이상의 업무집행조합원이 공동으로 합자조합의 업무를 집행하거나 대리할 것을 정한 경우에는 그 규정, 10) 업무집행조합원 중 일부 업무집행조합원만 합자조합의 업무를 집행하거나 대리할 것을 정한 경우에는 그 규정, 11) 조합의 해산 시 잔여재산 분배에 관한 사항, 12) 조합의 존속기간이나 그 밖의 해산사유에 관한 사항, 13) 조합계약의 효력 발생일을 적고 총조합원이 기명날인하거나 서명하여야 한다(상 86조의3).

#### 2) 쟁 점

(가) 목적

합자조합은 그 목적에 제한이 없기 때문에 반드시 영리목적일 필요는 없다는 견해가 있으나,[166] 합자조합도 상법에 규정되어 있는 한 영리목적을 가져야 한다고 본다.[167]

---

166) 최준선, 311면.

(나) 명칭

합자조합은 명칭을 기재하여야 하는데, 반드시 '합자조합'이란 표시가 필요한가에 관하여는 명문의 규정이 없으므로 표시하지 않아도 되는 것으로 해석될 여지가 있지만 사원이 전부나 일부가 유한책임을 부담하는 것은 거래상대방이 알고 있어야만 하므로 표시되어야 한다고 본다. 일본의 유한책임사업조합은 '유한책임사업조합'이라는 명칭을 반드시 기재하여야 하고(일본 유한책임사업조합계약에 관한 법률 제9조 1항), 미국의 합자조합은 'Limited Partnership' 또는 약칭인 'L.P.'나 'LP'를 반드시 기재하여야 한다.[168] 합자조합은 업무집행조합원과 유한책임조합원의 공동사업이고 양자 간의 계약에 의하여 설립되므로 1인이 설립할 수 없다.

## 2. 합자조합의 내부관계

### (1) 출자와 손익분배

조합계약에서 조합원의 출자에 관한 사항을 정해야 한다(상 86조의3, 6호). 업무집행조합원(무한책임조합원)은 조합계약에 다른 규정이 없으면 합자회사의 무한책임사원과 동일하게 재산, 노무, 신용의 출자를 할 수 있다(상 86조의8, 3항의 반대해석).[169] 그러나 유한책임조합원은 조합계약에서 달리 정하지 않는 이상 금전이나 재산만 출자할 수 있고 신용 또는 노무를 출자의 목적으로 하지 못한다(상 86조의8, 3항, 272조). 따라서 조합계약에 규정이 있으면 유한책임조합원도 신용과 노무를 출자할 수 있다. 합자조합의 자본금에는 제한이 없다. 조합원에 대한 손익분배는 조합계약에서 정하는 바에 따르며(상 86조의3, 7호) 조합계약에 규정이 없으면 민법의 조합에 관한 규정이 준용되어(상 86조의8, 4항), 조합원의 손익분배의 비율은 각 조합원의 출자가액에 비례하여 정한다(민 711조 1).

### (2) 지분의 양도

유한책임조합원의 지분은 조합계약에서 정하는 바에 따라 양도할 수 있다(상 86

---

167) 이철송, 435면 ; 정찬형, 268면(미국의 모범합자조합법(Uniform Limited Partnership Act, 2001)의 제104조에서는 합자조합이 영리목적일 필요가 없다고 규정하였으나, 개정 모범합자조합법(Rivised Uniform Limited Partnership Act: RULPA) 제106조는 합자조합이 영리목적일 것을 규정하고 있다).

168) 이철송, 435면 ; 정찬형, 269면.

169) 합자조합의 업무집행조합원은 신용을 출자할 수 없다는 견해가 있다(김재문, "새로운 기업형태의 도입에 관한 상법개정안에 대한 소고", 「경영법률」, 제18집 제1호, 한국경영법률학회, 2007, 213면).

조의7, 2항). 유한책임조합원의 지분을 양수한 자는 양도인의 조합에 대한 권리 · 의무를 승계한다(상 86조의7, 3항). 유한책임조합원과는 달리 업무집행조합원은 다른 조합원 전원의 동의를 받지 아니하면 그 지분의 전부 또는 일부를 타인에게 양도하지 못한다(상 86조의7, 1항).

### (3) 업무집행

#### 1) 업무집행권

(가) 업무집행조합원

업무집행조합원은 조합계약에 다른 규정이 없으면 각자가 선량한 관리자의 주의로써 합자조합의 업무를 집행하고 대리할 권리와 의무가 있다(상 86조의5, 1항, 2항).

(나) 공동업무집행조합원

조합계약에 의하여 공동업무집행조합원을 둘 수 있으며(상 86조의3, 9호), 업무집행조합원 중 일부 업무집행조합원만 조합의 업무를 집행하게 할 수도 있는 점(상 86조의3, 10호)은 합자회사의 무한책임사원이 원칙적으로 각자가 회사의 업무집행권이 있는 점(상 273)과 다르다. 둘 이상의 업무집행조합원이 있는 경우에 조합계약에 다른 정함이 없으면 그 각 업무집행조합원의 업무집행에 관한 행위에 대하여 다른 업무집행조합원의 이의가 있는 경우에는 그 행위를 중지하고 업무집행조합원 과반수의 결의에 따라야 한다(상 86조의5, 3항).

(다) 유한책임조합원

유한책임조합원은 조합계약에 다른 정함이 없는 이상 조합의 업무집행이나 대표행위를 할 수 없다(상 86조의8, 3항, 278조). 따라서 조합계약에 의하여 유한책임조합원에게 조합의 업무집행권을 부여할 수 있는 점은 합자회사의 유한책임사원에게 업무집행권이 없는 점(상 278)과 다르다.

(라) 직무집행정지

업무집행조합원은 업무집행을 정지하거나 직무대행자를 선임하는 가처분을 하거나 그 가처분을 변경 취소하는 경우에는 본점 및 지점이 있는 곳의 등기소에 이를 등기하여야 한다(상 86조의8, 2항, 183조의2). 직무대행자는 가처분명령에 다른 정함이 있거나 법원의 허가를 얻은 경우 외에는 합자조합의 통상업무에 속하지 아니한 행위를 하지 못한다(상 86조의8, 2항, 200조의2, 1항). 직무대행자가 이에 위반한 행위를 한 경우에도 합자조합원은 선의에 제3자에 대하여 책임을 진다(상 86조의8, 2항, 200조의2, 2항).

### 2) 업무집행조합원의 의무

(가) 선관주의의무

업무집행조합원은 선량한 관리자의 주의로 조합업무를 집행하여야 한다(상 86조의5, 2항).

(나) 경업금지의무

가) 업무집행조합원

업무집행조합원은 다른 조합원의 동의가 없으면 자기 또는 제3자의 계산으로 합자조합의 영업부류에 속하는 거래를 하지 못하며, 동종영업을 목적으로 하는 다른 회사의 무한책임사원 또는 이사가 되지 못한다(상 86조의8, 2항, 198조 1항). 따라서 이를 위반한 경우에는 개입권을 행사할 수 있고 손해배상을 청구할 수 있다(상 86조의8, 2항, 198조 2항, 3항). 다만 개입권은 다른 조합원 과반수 결의에 의하여 행사하여야 하며 다른 조합원의 1인이 그 거래를 안 날로부터 2주간을 경과하거나 그 거래가 있은 날로부터 1년을 경과하면 소멸한다(상 86조의8, 2항, 198조 4항). 업무집행조합원의 경업피지의무는 조합계약에 의하여 배제하는 등 달리 규정을 할 수 있다(상 86조의8, 2항 단서).

나) 유한집행조합원

유한책임조합원은 경업금지의무를 부담하지 않으므로, 다른 조합원의 동의 없이 자기 또는 제3자의 계산으로 조합의 영업부류에 속하는 거래를 할 수 있고 동종영업을 목적으로 하는 다른 조합의 무한책임조합원이 될 수 있다(상 86조의8, 3항, 275조). 하지만 조합계약에 의하여 유한책임조합원에게 경업금지의무를 부담시킬 수 있다.

(다) 자기거래의 제한

조합원은 다른 조합원 과반수의 결의가 있는 때에 한하여 자기 또는 제3자의 계산으로 조합과 거래를 할 수 있다(상 86조의8, 2항, 3항, 199조). 여기의 조합원에는 업무집행조합원뿐만 아니라 유한책임조합원도 해당된다. 그러나 조합계약에 의하여 달리 정할 수 있다(상 86조의8, 2항 단서, 3항).

### (4) 유한책임조합원의 감시권

유한책임조합원에게는 감시권이 있다(상 86조의8, 3항, 277조). 영업연도 말에 있어서 영업시간 내에 한하여 조합의 회계장부·대차대조표 기타의 서류를 열람할 수 있고 조합의 업무와 재산상태를 검사할 수 있다. 또한 중요한 사유가 있는 때에는 유한책임조합원은 언제든지 법원의 허가를 얻어 열람과 검사를 할 수 있다.

## 3. 합자조합의 외부관계

### (1) 조합의 대리

업무집행조합원은 조합계약에 다른 규정이 없으면 각자가 합자조합의 업무를 집행하고 대리할 권리와 의무가 있다(상 86조의 5, 1항). 유한책임조합원은 조합계약에 다른 규정이 없으면 합자조합을 대리할 권한이 없다(상 86조의 8, 3항, 278조). 그러므로 조합계약에 의하여 유한책임조합원에게 조합의 대리권을 부여할 수도 있다.

### (2) 조합원의 책임

#### 1) 업무집행조합원

업무집행조합원은 조합의 운영에 관하여 재판상 또는 재판 외의 모든 행위를 할 권한이 있으며, 업무집행조합원의 권한에 대한 제한은 선의의 제3자에게 대항하지 못한다(상 86조의8, 2항, 209조). 업무집행조합원은 합자회사의 무한책임사원처럼 조합의 채무에 대하여 무한책임을 지는바, 조합의 재산으로 회사의 채무를 완제할 수 없거나 조합재산에 대한 강제집행이 주효(奏效)하지 못한 때에는 각 업무집행조합원은 연대하여 변제할 책임이 있다. 그러나 조합에 변제의 자력이 있으며 집행이 용이한 것을 증명한 때에는 업무집행조합원에게 책임이 없다(상 86조의8, 2항, 212조 1항, 2항, 3항).

#### 2) 유한책임조합원

(가) 유한책임조합원은 조합계약에서 정한 출자가액의 한도로 유한책임을 부담한다. 만일 유한책임조합원이 출자의무를 이행하지 아니한 부분이 있는 경우에는 조합계약에서 정한 출자가액에서 이미 이행한 부분을 뺀 가액을 한도로 하여 조합채무를 변제할 책임이 있다(상 86조의6, 1항). 이때 합자조합에 이익이 없음에도 불구하고 배당을 받은 금액은 변제책임을 정할 때에 변제책임의 한도액에 더한다(상 86조의6, 2항). 유한책임조합원의 책임은 분할책임이므로 다른 조합원의 채무에 대하여 변제책임이 없다(상 86조의8, 4항 단서, 민 713조).

(나) 유한책임조합원이 조합계약에서의 정함에 따라 업무집행을 하는 경우(상 86조의8, 278조), 유한책임조합원이 무한책임을 부담하는지 여부에 관하여 상법에 규정이 없지만, 무한책임을 부담한다고 본다. 또 자칭무한책임조합원의 책임(상 281조의 유추적용)이나 표현무한책임조합원의 법리에 의하여 유한책임조합원에게 책임을 물을 수도 있다.[170]

---

170) 최준선, 315면.

## 4. 합자조합의 종료

합자조합의 해산사유는 조합계약에 의하여 정해지지만, 조합계약에 정함이 없는 경우에도 조합원 전원이 퇴사한 때에는 해산사유가 된다(상 86조의8, 1항, 285조 1). 이 경우 잔존한 업무집행사원 또는 유한책임조합원은 전원의 동의로 새로운 유한책임조합원 또는 업무집행조합원을 가입시켜서 조합을 계속할 수 있으며, 이때 조합의 해산등기를 마쳤을 때에는 주된 영업소의 소재지에서 2주간 내에 또한 지점소재지에서 3주간 내에 조합의 계속등기를 하여야 한다(상 86조의8, 1항, 285조 3항, 229조 3항). 해산 후 청산을 하는 것은 합명회사와 동일하다. 해산등기, 청산인의 등기, 청산종료등기는 합명회사의 규정을 준용한다.

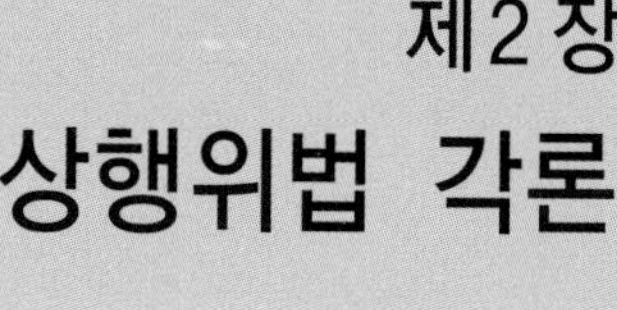

# 제2장
# 상행위법 각론

## 제1절 대리상

### 제 1. 총 설

19세기 후반부터 국제무역이 급격하게 발전함에 따라 물건판매를 목적으로 하는 기업이 대량으로 상품을 판매하기 위하여 판매대리상을 이용한 것이 대리상의 효시이다. 대리상이란 개념은 1892년 독일제국 재판소의 판결에서 처음 인정되었고, 1897년 독일 신상법이 명문으로 규정하였다. 프랑스 상법에 상사대리인제도가 있었으나 상업사용인이라고 한다. 영미법에 대리인 제도(agent)가 있으나 이는 영업대리와 중개행위까지를 포함하는 개념으로서 우리의 대리와는 약간 상이하다. 우리 상법의 대리상제도는 독일 상법을 계수하였다.[1)]

기업이 성장하려면 생산량과 판매량을 확대하고 판매하는 지역도 광범위하게 확장하여야 한다. 판매망을 확장하는 방법으로는 지점이나 출장소를 설치하거나 상업사용인이나 직원을 늘려서 해결하는 방법도 있으나 이러한 방법은 많은 비용과 노력이 소요된다. 따라서 기업이 해당지역에 거주하면서 그 지역사정에 밝고 경험과 신용, 인간관계가 넓은 자를 대리상으로 선정하여 이용하면 비용을 절감하면서 실질적인 영업실적 증가를 가져올 수 있는 효과를 누릴 수 있다.

1) 전우현, 265-266면 ; 손주찬, 289면.

## 제 2. 대리상의 의의

일정한 상인을 위하여 상업사용인이 아니면서 상시 그 영업부류에 속하는 거래의 대리 또는 중개를 영업으로 하는 자를 대리상이라고 한다(상 87).

### 1. 독립적 상인

대리상은 상업사용인이 아니면서 영업을 보조하므로, 영업주로부터 독립된 상인이다. 대리상은 상업사용인과 달리 법인일 수도 있다. 영업주의 영업을 보조하는 역할을 한다는 점에서 대리상과 상업사용인의 구별이 쉽지 않으나, 자기의 영업소를 가지는가 여부, 영업비용의 부담여부, 대가를 월급으로 받는지 아니면 수수료로 받는지 등을 검토하여 결정해야 할 것이다.[2)]

### 2. 영업주 본인의 특정·계속성

대리상은 불특정 상인을 보조하는 것이 아니라 특정한 상인(영업주)만을 위한 영업보조를 하여야 한다. 영업주(본인)는 반드시 상인이어야 하고 복수라도 상관없다. 따라서 상인이 아닌 자를 위하여 거래의 대리나 중개를 하는 자는 민사대리상이다. 나아가 대리상은 특정 상인의 영업을 '계속적으로(상시)' 보조하는 자이므로 단지 1회적인 거래의 대리나 중개를 하는 자는 대리상이라고 할 수 없다. 대리상 제도는 영업주와 시간적 계속성을 가지고 영업을 보조하는 전문적 상인을 규율하려는 제도이다.

### 3. 영업의 보조성

대리상은 자기를 위해 상거래를 하는 것이 아니라, 다른 상인(영업주)을 위해 그의 영업거래를 대리 또는 중개하는 방법으로 다른 상인의 영업을 보조하는 자이다.

### 4. 거래의 대리·중개

(1) 대리상은 상인의 영업부류에 속하는 거래의 대리 또는 중개를 영업으로 하여야 한다. '영업부류'에 속한다고 함은 상인의 기본적 영업활동을 의미하므로, 상

2) 전우현, 264면.

인의 보조적 상행위를 대리 또는 중개하는 자는 대리상이 아니다. 예컨대, 무역업을 하는 상인의 금융거래를 대리하더라도 대리상이 아니다.[3] 거래의 대리를 하는 대리상을 체약대리상이라고 하고, 거래의 중개를 하는 대리상을 중개대리상이라고 한다. 체약대리상은 상인 명의로 활동하므로 자기의 명의로 활동하는 위탁매매인·운송주선인과 구별되고, 중개대리상은 특정 상인만을 위하여 의무를 부담한다는 점에서 불특정 상인을 위하여 중개하는 중개인과 다르다.

(2) 명칭과 상관없이 실질관계에 따라 대리상인지 여부가 결정된다. 생산자나 공급자로부터 물품을 구입하여 자기의 명의와 계산으로 판매를 하는 특약점은 회사의 명성을 이용하려는 것일뿐 자신의 영업을 하는 자이므로 상법상의 대리상이 아니다.

**대법원 1999. 2. 5. 선고 97다26593 판결**

어떤 자가 제조회사와 대리점 총판 계약이라고 하는 명칭의 계약을 체결하였다고 하여 곧바로 상법 제87조의 대리상으로 되는 것은 아니고, 그 계약내용을 실질적으로 살펴 대리상인지의 여부를 판단하여야 하는바, 원심이 적법하게 확정한 사실에 의하면 원고 회사는 피고 회사로부터 이 사건 스토어를 매입하여 원고 회사 스스로 10여 종의 주변기기를 부착하여 노래방기기 세트의 판매가격을 결정하여 위 노래방기기 세트를 소비자에게 판매하였다는 것이므로 원고 회사를 피고 회사의 상법상의 대리상으로 볼 수 없다 할 것이고, 또한 피고 회사가 국제 신문에 피고 회사 제품의 전문취급점 및 A/S 센터 전국총판으로 원고 회사를 기재한 광고를 한 번 실었다고 하더라도, 전문취급점이나 전국총판의 실질적인 법률관계는 대리상인 경우도 있고 특약점인 경우도 있으며 위탁매매업인 경우도 있기 때문에, 위 광고를 곧 피고 회사가 제3자에 대하여 원고 회사에게 피고 회사 제품의 판매에 관한 대리권을 수여함을 표시한 것이라고 보기 어렵다.

## 5. 대리상 자격취득의 종속성

특정인이 상인인 영업주와 대리 또는 중개의 인수계약을 함으로써 대리상 자격을 취득한다. 따라서 상인이 먼저 존재하고, 그 상인과 계약을 체결함으로써 대리상이 되기 때문에 대리상자격취득은 종속성을 갖는다. 영업주인 상인과 대리상과의 계약은 낙성·불요식·쌍무·유상계약이며 민법상 위임계약이다.[4]

---

3) 이철송, 457면.

## 제 3. 대리상의 법률관계

대리상과 영업주의 관계는 대리상계약에 의하여 정해진다. 대리상계약은 대리상에게 법률행위(체약대리상) 또는 사실행위(중개대리상)를 위탁하므로 민법의 위임규정이 적용된다. 따라서 계약이나 상법에 다른 정함이 없으면 체약대리상의 권리와 의무는 민법의 위임규정(민 680-692)과 상법의 상사대리규정(상 48-50)에 의하여 결정된다. 대리상의 대리행위에 대하여는 현명주의가 배제되며(상 48), 대리상은 계약의 본지에 반하지 않는 범위 내에서 위임받지 아니한 행위도 할 수 있고(상 49), 본인이 사망을 하더라도 대리상 지위가 유지된다(상 50).

### 1. 대리상과 영업주의 관계

#### (1) 대리상의 의무

영업주와 대리상의 관계는 대리상계약에 의하여 정해지며, 대리상계약의 법적 성질은 위임이다. 대리상은 수임인으로서 선관주의의무, 통지의무, 경업금지의무, 영업비밀준수의무를 부담한다.

**1) 통지의무**

대리상이 거래의 대리 또는 중개를 한 때에는 지체 없이 본인에게 통지를 발송해야 한다(상 88, 발신주의). 민법상의 수임인은 위임인의 청구가 있는 때에는 위임사무의 처리상황을 보고하고 위임이 종료한 때에는 지체없이 그 전말을 보고하여야 한다(민 683). 이에 비하여 상법상 대리상은 영업주의 청구가 없더라도 거래의 대리나 중개행위가 이루어진 때에는 지체없이 통지의무를 부담한다는 점에서 상이하다. 대리상이 통지의무를 게을리 하여 영업주가 손해를 입으면 배상을 하여야 한다.

**2) 경업금지의무**

(가) 취 지

대리상은 본인의 허락 없이 자기나 제3자의 계산으로 본인의 영업부류에 속하는 거래를 하거나 동종영업을 목적으로 하는 다른 회사의 무한책임사원 또는 이사가 되지 못한다(상 89조 1). 대리상은 영업주의 영업을 보조하는 위치에 있기 때문에 그의 영업기회를 침해할 가능성이 있는바, 영업주와 이해충돌을 방지하기 위하여 경업금지를 의무화하였다.

---

4) 이철송, 458면.

(나) 의무의 범위

경업금지의무의 범위는 상업사용인보다 좁고 합명회사의 무한책임사원(상 198), 유한책임회사의 업무집행자(상 287조의10) 및 주식회사의 이사(상 397)와 동일하다. 상업사용인은 다른 상인의 사용인이 되지 못한다는 규정이 있으나(상 17조 1), 대리상에는 다른 상인의 사용인이 되는 것을 금지하는 규정이 없어(상 89조 1) 해석상 논란이 있다. 대리상 규정에 '대리상은 다른 상인의 사용인이 되지 못한다'는 규정이 없는 것은 입법의 착오로서, 상법 제89조가 본인의 이익을 보호하려는 입법취지를 감안한다면 대리상도 다른 상인의 사용인이 될 수 없다고 해석하여야 할 것이다.[5)]

(다) 경업금지위반 효과

이 의무를 위반한 대리상의 행위가 무효는 아니며, 영업주는 의무위반을 이유로 대리상계약을 해지할 수 있고, 손해배상을 청구할 수 있다(상 89조 2, 17조 3). 그리고 그 거래가 대리상 계산으로 한 때에는 영업주의 계산으로 한 것으로 볼 수 있고, 제3자의 계산으로 한 때에는 대리상에 대하여 그로 인한 이득의 양도를 청구할 수 있다(상 89조 2, 17조 2, 개입권). 다만 겸직의무위반을 한 때에는 계약해지 또는 손해배상을 청구할 수 있을 뿐이고 개입권은 인정되지 않는다. 개입권의 제척기간은 영업주가 그 거래를 안 날로부터 2주간을 경과하거나 그 거래가 있은 날로부터 1년을 경과하면 소멸한다(상 89조 2, 17조 4).

**3) 영업비밀준수의무**

(가) 의 의

대리상 계약이 존속기간 중은 물론 종료 후에도 계약과 관련되어 알게 된 본인의 영업상 비밀을 준수하여야 한다(상 92조의3). 대리상은 영업주와 계속적인 대리관계를 유지하면서 영업주의 영업비밀을 알 가능성이 크며, 본인과 높은 수준의 신뢰관계를 유지하므로 특별히 본인의 이익을 보호할 신인의무를 부담한다.

(나) 성 질

대리상은 영업주와 위임관계에 있으므로 본인에 대하여 선량한 관리자로서 주의의무를 부담하고 이 의무에 비밀준수의무도 내포되어 있다고 해석된다. 비밀준수의무를 계약기간이 종료한 후에도 부담지우기 위하여 1995년 상법개정 시 대리인의 보상청구권에 대응하여 입법화하였다.

---

5) 이철송, 462면 ; 최준선, 321면 ; 정찬형, 286면 대리상이 다른 상인의 상업사용인이 될 수 있다는 견해도 있다(손주찬, 292면).

영업 종료 후의 비밀준수의무도 계약상의 의무이다. 부정경쟁방지 및 영업비밀보호에 관한 법률 제10조에 의해서도 영업비밀 침해행위에 대한 금지청구권, 침해행위를 조성한 물건의 폐기, 침해행위에 제공된 설비의 제거, 그 밖에 침해행위의 금지 또는 예방을 위하여 필요한 조치를 함께 청구할 수 있으며, 동법 제11조에 의하여 고의 또는 과실에 의한 영업비밀 침해행위로 영업비밀 보유자의 영업상 이익을 침해하여 손해를 입힌 자에 대하여 그 손해를 배상할 책임을 물을 수 있다.

(다) 영업비밀의 개념

상법에 영업비밀의 개념에 대한 규정이 없으나, 부정경쟁방지 및 영업비밀보호에 관한 법률 제2조 제2호에서 '영업비밀이란 공공연히 알려져 있지 아니하고 독립된 경제적 가치를 가지는 것으로서, 합리적인 노력에 의하여 비밀로 유지된 생산방법, 판매방법, 그 밖에 영업활동에 유용한 기술상 또는 경영상의 정보를 말한다'라고 정의하고 있다. 즉, 영업비밀(trade secret)이란 기업정보나 영업내용에 대하여 공지되지 아니한 정보로서 영업주가 배타적으로 관리할 수 있으며, 경제적 가치를 가지고 이용할 수 있는 것을 의미하는 것으로서 법으로 보호되는 것뿐만 아니라 사업계획, 사업내용 및 기업의 내부조직에 관한 정보도 포함된다. 나아가 영업주의 건강상태 등 신상정보도 영업에 영향을 미치는 것이라면 영업비밀로 볼 수 있다.[6]

(라) 의무의 내용

대리상은 영업상의 비밀을 타인에게 누설하거나 전파하여서는 안 되는 수비의무(守備義務)뿐만 아니라 영업비밀을 대리상의 이익을 위하여 사용하지 아니할 비밀이용 금지의무도 부담한다고 본다.[7] 법률상 공시의무가 있는 주주총회나 이사회의 의사록, 주주명부 등은 영업비밀이 아니지만, 회계장부는 제한된 범위 내에서만 공개되므로 영업비밀로 볼 수 있다. 재무제표는 상법 제448조 제1항에 의하여 '정기총회회일의 1주간 전부터 본점에 5년간, 그 등본을 지점에 3년간 비치하여야 한다'고 규정하여 공시를 할 때를 정하고 있는바, 공시 이전에는 영업비밀이다.

(마) 적용범위

대리상이 지켜야 할 영업비밀준수의무는 영업주 본인의 적법한 권리·사실관계에 대한 것만이 해당되고 범죄행위나 기타 위법행위는 제외된다. 나아가 비밀준수를 기대하기 곤란한 사정이 있는 것으로서 대리상의 형사사건에서 자기의 이익을 방어하기 위한 경우나 소송에서 영업비밀에 대한 증언을 할 경우에는 이 의무가 없다.[8]

---

6) 이철송, 464면.
7) 이철송, 464면.

(바) 의무위반 효과

의무위반의 효과에 대하여 법에 규정이 없으나 대리상계약이 존속 중에 의무를 위반한 경우에는 채무불이행으로서 본인은 사전 통고없이 계약을 해지할 수 있고(상 92조 1), 손해배상을 청구할 수 있다. 이때는 대리상의 책임 있는 사유로 대리상계약이 종료하므로 보상청구권은 발생하지 않는다.

대리상계약이 종료한 후에 영업비밀준수의무를 위반한 경우에는 채무불이행으로 인한 손해배상책임을 청구할 수 있으며, 이 경우 이미 발생한 보상청구권에는 영향을 미치지 않는다. 대리상이 대리상 계약이 존속 중이든 종료된 후든 영업비밀준수의무를 위반한 경우에는 일반적으로 불법행위도 성립할 것이므로 본인은 영업비밀준수의무 위반으로 인한 손해배상과 불법행위로 인한 손해배상 중 어느 하나를 선택하여 행사할 수 있다.[9]

### (2) 대리상의 권리

#### 1) 보수청구권

대리상은 상인이므로 본인을 위하여 한 행위에 관하여 상당한 보수를 청구할 권리가 있다(상 61). 대리상의 보수는 계약에 의하여 정해지지만 설사 보수에 관한 약정이 없더라도 상법 제61조에 의하여 보수를 청구할 수 있다. 대리상계약이 성립되었으나 본인이 스스로 이행하지 않은 경우에는 보수청구에 지장이 없지만 본인의 과실 없이 이행불능이 되거나 이행할 필요가 없게 되면 보수를 청구할 수 없을 것이다.[10]

#### 2) 유치권

(가) 대리상은 다른 특약이 없는 한 거래의 대리 또는 중개로 인한 채권이 변제기에 있는 때에는 그 변제를 받을 때까지 본인을 위하여 점유한 물건 또는 유가증권을 유치할 수 있다(상 91). 대리상이 본인에 대하여 갖는 보수청구권이나 체당금반환청구권을 확보할 수 있도록 하기 위한 것이다. 유치권의 목적물과 피담보채권의 견련성을 요구하지 않는 점에서 민사 유치권(민 302조 1)과 상이하고 일반 상사유치권(상 58)과 같으나, 목적물이 본인의 소유임을 요구하지 아니하는 점에서 일반 상사유치권과 다르고 민사유치권과 같다.

(나) 대리상의 상사유치권은 일반 상사유치권(상 58)의 특칙으로 특별상사유치권이

---

8) 이철송, 465면.
9) 최준선, 322면.
10) 이철송, 467면.

라고 한다. 대리상이 본인을 위하여 점유하는 물건은 통상적으로 대리상의 보수청구권 등 채권과 견련성이 있다고 추정하여 목적물의 소유 유무를 불문하고 유치권의 대상으로 삼는다. 다만 이 유치권은 대리상을 보호할 목적으로 인정된 것이므로 당사자 사이에 특약으로 배제하거나 다른 합의를 하더라도 효력이 있다(상 91조 단서). 대리상의 유치권에 관한 효력은 일반 민사유치권(민 321-328)에 의하여 규율된다.

**3) 보상청구권**

(가) 의의

대리상의 활동으로 본인이 새로운 고객을 획득하거나 영업상의 거래가 현저하게 증가하고 이로 인하여 계약의 종료 후에도 본인이 이익을 얻고 있는 경우에는 대리상은 본인에 대하여 상당한 보상을 청구할 수 있다. 다만, 계약의 종료가 대리상의 책임 있는 사유로 인한 경우에는 그러하지 아니하다(상 92조의 2, 제1항). 대리상이 성실하게 그 업무를 수행하여 영업이익이 현저하게 증가하는 등 시장을 개척한 효과는 대리상 계약이 종료된 이후에도 지속되어 본인에게 상당한 이득을 가져다 줄 수 있다. 대리상은 계약 기간 중에는 보수를 받지만 계약기간이 종료한 이후에는 보수를 받을 수 없으므로 시장개척으로 인한 이익을 형평에 맞추어 분배하기 위하여 대리상에게 보상청구권을 인정한다. 1995년 상법 개정 시 독일의 제도를 본받아 신설하였다.

(나) 성질

이 청구권은 대리상 자신의 노력으로 인한 이익이 계약 종료 후에도 존속하면 그 대가를 지급하는 것으로서 계약상 권리이며, 부당이득반환청구권이나 손해배상청구권이 아니다.

(다) 요건

가) 대리상 계약의 종료

① 보상청구권이 발생하는 경우

계약기간이 종료되어 계약이 종료한 경우에 보상청구권이 발생한다. 대리상에게 귀책사유 없이 본인이 대리상계약을 해지한 경우에도 보상청구권이 발생한다. 즉, 대리상에 대한 보수지급을 게을리 하는 것처럼 본인에게 책임 있는 사유로 대리상이 계약을 해지한 경우에도 보상청구권이 발생한다.

② 보상청구권이 발생하지 않는 경우

본인에게 책임지울 수 없는 사유, 즉 대리상의 개인사정으로 대리상계약을 종료한 경우에는 보상청구권이 발생하지 않는다. 대리상의 경업금지의무위반 등 대리상의 책임 있는 사유로 본인이 대리상계약을 해지한 경우에도 보상청구권이 발생하지 아니한다. 쌍방에게 책임 없는 불가항력적인 사유, 예컨대 천재지변이 발생하여 계약을 해지하는 경우에도 보상청구권이 발생하지 않는다고 보아야 할 것이다.[11)]

나) 영업거래의 증가와 이익의 현존

대리상의 노력으로 새로운 고객의 증가처럼 본인의 영업거래가 증가하여야 한다. 기존고객을 상대로 영업거래량이 증가하거나 새로운 계약의 체결도 해당된다. 고객의 증가는 일시적인 현상이 아니라 지속적이어야 한다. 대리상으로 인한 영업증가의 이익이 대리상 계약이 종료된 이후에도 실존하여야 한다. 따라서 본인이 영업 종료 후에 영업을 폐지하거나 대리상이 체약한 상대방과 거래를 중단하면 보상청구권은 발생하지 않는다. 새로운 고객이 확보되었으나, 물품의 원료비가 증가하여 실제로 영업이익이 증가하지 않았더라도 현존이익이 존재한다고 보아야 할 것이다.[12)]

다) 배제특약의 부존재

보상청구권은 대리상의 이익을 보호하기 위한 것이므로 대리상이 자신의 의사에 의하여 보상청구권을 포기할 수 있는바, 보상청구권을 배제하는 특약이 없어야 한다.[13)] 한편 독일 상법 제89조 b 제4항에 보상청구권을 배제하는 특약을 사전에 할 수 없다는 규정처럼 경제적 능력의 차이가 있는 대리상과 본인간의 형평을 고려하여 보상청구권을 배제하는 특약은 효력이 없다는 견해가 있다.[14)] 독일과 달리 명문 규정이 없는 우리나라에서는 배제하는 특약이 가능하다고 본다. 다만 심하게 불공정한 상태에서 사전포기를 한 경우에는 민법 제104조의 법리에 의하여 무효로 해석될 수 있을 것이다.[15)]

라) 유추적용

① 위탁매매인

위탁매매인은 대리상과 유사하게 자기 명의와 타인의 계산으로 영업을 보조하므로 대리상의 보상청구권을 유추 적용할 수 있을 것이다.[16)]

② 특약점

자기 명의와 자기 계산으로 특정제품을 판매하는 특약점은 원칙적으로 보상청

---

11) 이철송, 470면.
12) 이철송, 471면.
13) 최준선, 324면 ; 전우현, 271면.
14) 이철송, 475면 ; 정찬형, 289면 ; 김정호, 275면.
15) 안강현, 273면.
16) 정동윤, 214면 ; 최준선, 323면 ; 최기원, 308면.

구권이 인정되기 어렵지만, 예외적으로 특약점이 공급자의 판매조직에 편입되어 있어서 경제적으로 상당한 정도로 대리상이 수행하는 활동과 같은 직무를 이행하여야 하는 때에는 보상청구권이 유추 적용될 수 있을 것이다.[17]

**대법원 2013. 2. 14. 선고 2011다28342 판결**

상법 제92조의2 제1항은, 대리상의 활동으로 본인이 새로운 고객을 획득하거나 영업상의 거래가 현저하게 증가하고 이로 인하여 계약의 종료 후에도 본인이 이익을 얻고 있는 경우에는 대리상은 본인에 대하여 상당한 보상을 청구할 수 있다고 규정함으로써, 대리상이 계약 존속 중에 획득하거나 현저히 증가시킨 고객관계로 인하여 계약 종료 후에도 본인은 이익을 얻게 되나 대리상은 더 이상 아무런 이익을 얻지 못하게 되는 상황을 염두에 두고, 형평의 원칙상 대리상의 보호를 위하여 보상청구권을 인정하고 있다.

한편 대리상의 보상청구권에 관한 위와 같은 입법 취지 및 목적 등을 고려할 때, 제조자나 공급자로부터 제품을 구매하여 그 제품을 자기의 이름과 계산으로 판매하는 영업을 하는 자에게도, ① 예를 들어 특정한 판매구역에서 제품에 관한 독점판매권을 가지면서 제품판매를 촉진할 의무와 더불어 제조자나 공급자의 판매활동에 관한 지침이나 지시에 따를 의무 등을 부담하는 경우처럼 계약을 통하여 사실상 제조자나 공급자의 판매조직에 편입됨으로써 대리상과 동일하거나 유사한 업무를 수행하였고, ② 자신이 획득하거나 거래를 현저히 증가시킨 고객에 관한 정보를 제조자나 공급자가 알 수 있도록 하는 등 고객관계를 이전하여 제조자나 공급자가 계약 종료 후에도 곧바로 그러한 고객관계를 이용할 수 있게 할 계약상 의무를 부담하였으며, ③ 아울러 계약체결 경위, 영업을 위하여 투입한 자본과 그 회수 규모 및 영업현황 등 제반 사정에 비추어 대리상과 마찬가지의 보호필요성이 인정된다는 요건을 모두 충족하는 때에는, 상법상 대리상이 아니더라도 대리상의 보상청구권에 관한 상법 제92조의2를 유추적용할 수 있다고 보아야 한다.

(라) 발생효과

대리상이 위의 보상요건을 구비하면 본인에게 상당한 보수를 청구할 수 있다. 상당한 보상이란 대리상의 기여도, 본인의 현존이익 사항을 고려하여 구체적 타당성에 부합하는 보상액이다. 청구금액은 대리상계약 종료 전 5년간의 평균보수액을 초과할 수 없고, 대리상 존속기간이 5년 미만인 경우에는 그 기간 평균연보수

17) 최기원, 308면 ; 김정호, 275-276면 ; 정동윤, 214면. 특약점에 대하여 보상청구권이 인정되지 않는다는 견해가 있다(최준선, 323면).

액으로 한다(상 92조의2, 2항).

(마) 행사기간

계약종료일부터 6월 이내에 행사하지 아니하면 소멸한다(상 92조의2, 3항). 6월의 기간은 제척기간이다.

## 2. 대리상과 제3자의 관계

### (1) 대리상의 권리

#### 1) 체약대리상

대리상의 행사권한의 범위는 계약의 내용에 따르는데, 체약대리상은 대리상계약에서 인정한 범위 내에서 계약체결의 대리권을 갖는다.

#### 2) 중개대리상

중개대리상은 영업주와 제3자 사이에서 거래의 성립을 중개만 하므로 원칙적으로 대리권이 없다.

#### 3) 수동대리권한(통지수령권)

대리상계약에서 정하지 아니한 경우에 대리상이 제3자로부터 통지수령권을 갖는지 의문이다. 특히 중개대리상은 대리권이 없기 때문에 제3자는 영업주에게만 직접 통지를 하여야 하는 불편을 감수해야 한다. 이를 해결하기 위하여 상사매매에서 목적물검사의무가 있는 매수인을 돕고 매매의 원활화를 기하기 위하여 대리상에게 통지수령권을 부여하고 있다. 즉, 물건의 판매나 그 중개를 위임받은 대리상은 매매의 목적물 하자 또는 수량부족 기타 매매의 이행에 관한 통지를 받을 권한이 있다(상 90). 그러나 매매의 이행과 무관한 대금수령, 매매의 무효 또는 취소의 통지수령 등에 대하여는 통지를 받을 권한이 없으므로 본인에게 직접 통지를 하여야 한다. 한편 중개인은 통지수령권한이 없다(상 93).

**대법원 1997. 3. 25. 선고 96다51271 판결**

중개인이 본인인 회사에게 오피스텔의 분양 희망자를 중개하여 주고 그 대가로 회사로부터 수수료만을 지급받기로 하였고, 분양계약서의 작성 및 분양대금 수납은 회사에서 직접 관리하였으며, 중개인은 오피스텔을 분양받고자 하는 자가 있으면 그를 오피스텔 내에 있는 회사 분양사무소에 데리고 가서 분양대금을 지급하고 회사 명의의 계약서를 작성하여 받아오는 방식을 취하였고, 상대방의 매매계약서도 그러한 방식에 의하여 작성되었다면, 상대방이 중개인에게 지급한 매매대금에 대한 영수증이 회사의 명의로 발행되지 아니하고 중개인 명의로 발행된 경우, 오피스텔을 분양받으려는 상대방으로서는 본인에게 중개인의 대리권 유무를 확인하여 보았더라면 그가 단순한 중개인에 불과하고 오피스텔의 매매대금을 수령할 대리권이 없다는 점을 쉽게 알 수 있었을 것임에도 이를 게을리한 과실이 있고, 나아가 본인이 중개인에게 오피스텔의 분양중개를 부탁한 것을 가지고 오피스텔 분양에 관련한 어떤 대리권을 수여한 것이라고 볼 수도 없다고 보아 민법 제125조의 표현대리에 해당하지 않는다.

#### (2) 대리상의 의무

1) 체약대리상이 한 법률행위의 효과는 본인에게 귀속되어 본인이 의무와 책임을 부담하고, 대리상은 아무런 의무와 책임이 없다. 중개대리상은 단지 중개행위만 하였으므로 제3자에게 아무런 책임과 의무를 지지 않는다.

2) 대리상 또는 그의 피용자가 대리행위나 중개행위를 하는 중에 고의나 과실로 제3자에게 손해를 입힌 경우에는 대리상만이 책임을 지고 본인은 책임을 지지 않는다.

### 3. 대리상관계의 종료

#### (1) 종료원인

**1) 일반적인 종료원인**

대리상계약의 성질이 위임이므로 민법상 위임의 종료원인이 있으면 종료된다. 즉 위임인의 파산, 수임인의 사망, 파산, 성년후견개시 등의 사유로 계약이 종료한다(민 690). 다만 상행위의 위임에 의한 대리권은 본인이 사망하더라도 소멸되지 않는다(상 50). 그러나 대리상계약은 본인의 존속을 전제로 하므로 본인의 영업폐지나 양도 등의 사유가 발생하면 당연히 종료된다.

**2) 계약의 해지**

민법상 위임계약은 존속기간을 정한 경우 외에는 쌍방이 언제나 해지할 수 있으나(민 689조 1), 상법은 계약의 존속기간을 약정하지 아니한 때에 각 당사자는 2월 전에 예고를 하여 계약을 해지할 수 있도록 하였다(상 92조 1). 다만 부득이한 사정이 있으면 존속기간의 약정 유무와 상관없이 언제든지 계약을 해지할 수 있다(상 92조 2). 부득이한 사정이란 경업금지의무위반, 채무불이행 등이다.

(2) 종료의 효과

대리상계약이 종료하면 본인은 대리나 중개에 대한 보수를 지급해야 한다. 또 대리상은 요건을 충족하는 경우에 보상청구권을 가지며, 계약종료 후에도 영업비밀준수의무를 부담한다.

<table>
<tr><th colspan="2">구분</th><th>대리상</th><th>상업사용인</th></tr>
<tr><td colspan="2">공통점</td><td colspan="2">1. 특정한 상인의 보조자<br>2. 체약대리상과 상업사용인은 모두 상인을 대리할 수 있는 권한 보유</td></tr>
<tr><td rowspan="9">차이점</td><td>상인과의 관계</td><td>위임계약</td><td>고용계약 또는 위임계약</td></tr>
<tr><td>당사자</td><td>특정상인의 보조자이나 영업부류가 같지 않은 이상 다수인이라도 무방하며 대리상 자신도 자연인에 한하지 않음</td><td>영업주는 특정되어 있고 1인에 한정되며 상업사용인은 영업활동을 하는 자이므로 성질상 자연인에 한함</td></tr>
<tr><td>지위</td><td>독립된 자로서 본인의 지시 없이 대리 또는 중개</td><td>영업주에 종속된 자로서 기업조직 내부에서 영업주 명령에 따름</td></tr>
<tr><td>보조의 대상</td><td>거래마다 일정한 수수료 수령.<br>대리상의 채권의 이행확보를 위해 상사유치권 인정</td><td>고정적 급료<br>영업주가 주식회사·유한회사인 경우 사용인의 우선권 인정</td></tr>
<tr><td>영업소</td><td>본인의 영업소와는 다른 장소에 자기의 영업소 보유</td><td>영업주의 영업소에서 활동</td></tr>
<tr><td>영업비용 부담</td><td>특별 규정 없는 한 스스로 부담</td><td>영업주의 부담</td></tr>
<tr><td>통지 의무</td><td>대리 또는 중개 시<br>지체 없이 본인에게 통지</td><td>영업주에게 항상 보고하므로<br>보고업무에 관한 특칙 없음</td></tr>
<tr><td>경업피지 의무</td><td>본인과의 이익충돌을 방지하려는 취지에서 경업피지의무 있음</td><td>부정경쟁 및 정력낭비를 방지하기 위해 경업피지의무 있음</td></tr>
<tr><td>대리권의 차이</td><td>정형화되어있지 않고<br>위임계약에 의해 결정</td><td>지배인의 지배권에 포괄성·정형성·특정성·불가제한성·영업 관련성 등이 포함</td></tr>
</table>

# 제2절 중 개 업

## 제 1. 총 설

일반인보다 시장과 상품에 대한 전문적인 정보를 가지고 공급자와 수요자를 찾아 연결시켜주고 적절한 거래조건을 제시하여 계약체결을 촉진하며 그 대가로 보수를 받는 자를 중개인이라고 한다. 그래서 중개인은 위탁자를 위하여 거래당사자를 소개하고, 시장의 형세, 상대방의 신용, 상품의 감정 등 전문자료를 준비하고 조언하여 계약체결의 기회를 제공하고 그 성립을 촉진한다. 각 분야마다 전문적인 식견을 가진 자들에 의하여 석유나 곡물처럼 복잡한 유통과정을 거치거나, 거래와 가격의 구조가 기술적으로 이해하기 힘든 분야인 증권이나 외환분야 등의 시장에서 중개업이 발달되어 왔다.

중개업은 고대 로마시대부터 자유업으로 존재하였으나, 중세시대에 도시나 상인단체에 의하여 중개인이 임명되어 공적 직위를 가지고 독점적 영업권을 누렸다. 당시 중개인은 중개에 그치지 않고 통역, 감정 등의 직무와 공증업무 및 영업경찰업무까지 담당하였으며, 공적 지위를 가지고 있는 관계로 자기나 제3자를 위하여 영업을 할 수 없는 제한이 있었다. 그 이후 1897년 독일 신상법에서 중개업이 사적 자유영업으로 확립된 이래 오늘에 이르렀다.[18)]

## 제 2. 의 의

중개인(broker)은 타인간의 상행위의 중개를 영업으로 하는 독립된 상인이다(상 93).

### 1. 중개(仲介)

중개는 추진 중인 계약의 쌍방 당사자를 교섭하여 그들 간의 거래계약이 성공할 수 있도록 조력하는 사실행위이다. 중개인은 이러한 중개를 영업으로 하는 자이다. 상인을 대리하여 계약을 체결하는 체약대리상이나 타인의 위탁을 받아 제3자와 자기의 이름으로 계약을 체결하는 위탁매매인은 중개라는 사실행위를 하는

---

18) 최준선, 327-328면 ; 이철송, 479면.

중개인과 차이가 있다.

## 2. 상행위의 중개

(1) 중개인은 '상행위'를 중개하여야 한다. 따라서 상행위가 아닌 행위, 예컨대 비상인간의 토지나 건물의 매매나 임대차를 중개하는 공인중개사, 결혼 중개업자, 직업소개인 등은 민사중개인이지 상법상의 중개인이 아니다. 민사중개인도 그러한 중개행위를 영업으로 하면 상법 제46조 제11호에 의하여 상인이 되지만 상법 제93조의 중개인은 아니다. 이러한 민사중개인의 행위도 보수에 관한 규정(상 100) 처럼 그 성질이 허용되는 범위 내에서 상법의 중개인에 관한 규정이 제한적으로 유추 적용된다.

(2) 상사중개의 대상인 상행위는 영업적으로 반복되는 상행위의 중개를 의미하기 때문에, 영업적 상행위 및 준상행위인 기본적 상행위만을 의미하고, 보조적 상행위는 포함되지 않는다는 견해가 있다.[19] 그러나 중개인이 계약상대방과의 1회의 중개를 하는 경우가 대부분이므로 중개되는 행위가 계약상대방에게 상행위이면 충분하고, 그에게 계속적으로 반복되는 행위일 필요는 없다. 따라서 계약상대방이 상인이라면 그의 행위가 보조적 상행위이더라도 상법의 중개인 규정을 적용하는 것이 타당하다고 본다.[20] 또 그 상행위는 일방적 상행위이라도 상관없으므로 타인 중 일방은 상인이어야 한다.

## 3. '타인'의 상행위 중개

중개인은 '타인'간의 상행위의 중개를 하되 불특정 다수인을 대상으로 중개활동을 한다는 점에서, 특정한 상인만을 위하여 상시 중개활동을 하는 중개대리상과 다르다.

## 4. 상인성

중개인은 중개를 '영업으로' 하여야 한다. 즉, 중개인은 사실행위인 '중개'를 영업으로 하는 것이 아니라, 법률행위인 '중개의 인수'를 영업으로 하는 독립된 상인이다. 즉 불특정 다수인을 위하여 그와 중개를 하기로 계약을 체결하는 것이다.

---

19) 정찬형, 292면 ; 손주찬, 302면 ; 최기원, 317면 ; 김정호, 278면.
20) 이철송, 480면 ; 최준선, 328면 ; 김성태, 555면.

## 제 3. 중개계약의 종류와 성질

### 1. 일방적(편무적) 중개계약

중개계약은 중개를 위탁하는 자와 중개인간의 계약이다. 수탁자인 중개인이 적극적으로 중개를 할 의무가 없으며, 계약이 성립하게 되면 보수를 청구할 수 있다. 따라서 중개계약은 도급 또는 이와 유사한 특수한 계약이라고 한다.[21]

### 2. 쌍방적(쌍무적) 중개계약

수탁자인 중개인이 적극적으로 중개할 의무가 있으며, 비법률행위적인 사무의 위탁으로서 민법의 위임의 성질을 갖는다고 한다. 쌍방적 중개의무를 부담하므로 적극적으로 중개를 하지 않으면 채무불이행이 되어 손해배상책임을 부담할 수 있다. 당사자 간에 특약이 없으면 중개계약은 원칙적으로 위임의 성질을 갖는 쌍방적 중개계약으로 보아야 한다고 한다.[22]

### 3. 소 결

중개계약이 일방적 중개계약인지 쌍방적 중개계약인지는 각 계약의 구체적 내용에 의하여 결정된다. 당사자 간에 특약이 없으면 쌍방적 중개계약으로 보아야 한다는 견해에 따르면 중개인이 적극적으로 중개를 하지 않으면 채무불이행으로 인한 배상책임을 진다고 설명하는데, 중개인에게 적극적으로 중개할 책임이 있다고 보는 것은 이례적이고 거래실정에도 부합하지 않으므로, 특약이 없는 한 일방적 중개계약으로 보아야 할 것이다.[23]

한편 일방적 중개계약의 법적 성질을 도급 또는 그와 유사한 계약으로 보게 되면, 중개인은 중개를 완성하여야만 보수를 받을 수 있다. 이는 중개계약이 성립하면 보수를 받을 수 있다는 규정과 배치되는바, 일방적 중개계약도 그 법적 성질을 위임으로 보는 것이 타당하다.[24]

---

21) 최준선, 329면 ; 정동윤, 218면 ; 이철송, 481면.
22) 손주찬, 303면 ; 정찬형, 295면 ; 안강현, 276면.
23) 김성태, 559면 ; 전우현, 278면 ; 이철송, 481면.
24) 이철송, 482면 ; 전우현, 278면.

## 제 4. 중개인의 의무

중개계약의 법적 성질이 위임이므로 중개인은 선량한 관리자의 주의로써 중개의무를 부담한다(민 681). 상법은 중개인의 중립적 지위를 고려하여 특칙을 두고 있는데, 중개되는 계약의 쌍방은 상반되는 이해관계를 가지므로 중개인은 어느 일방만의 이익보호에 치중해서는 안 되고 중립성과 객관성을 유지하여야 한다.

### 1. 견품(見品)보관의무

#### (1) 의 의

중개인이 그 중개한 행위에 관하여 견품을 받은 때에는 그 행위가 완료시까지 이를 보관하여야 한다(상 95). 견품매매에서 발생할 소지가 있는 목적물의 품질에 관한 분쟁이 발생할 경우에 대비하여 증거를 보전하려는 것이다.

#### (2) 내 용

매도인은 담보책임이 소멸하는 등 분쟁의 소지가 없을 때까지 견품을 보관하여야 하는데, 법은 '그 행위가 완료된 때'까지 보관하도록 규정하고 있다. 행위가 완료될 때란 이의기간의 경과, 계약의 해제, 소멸시효의 완성, 화해의 성립 등 계약상 권리의무가 소멸되어 분쟁이 발생하지 않을 것이 확실한 때를 의미한다. 견품보관의무가 종료한 때에는 견품을 소유자에게 반환하야야 한다. 이 의무는 중개인의 법률상 의무이므로 다른 약정이 없는 한 보관에 따른 보수를 청구하지 못한다. 보관은 위임계약의 취지에 따라 선량한 관리자의 주의로써 보관하여야 하며, 이 의무를 위반하여 그로 인한 손해가 발생하면 거래당사자에게 손해배상을 하여야 한다.[25]

### 2. 결약서(結約書)교부의무

#### (1) 의 의

당사자 간 계약이 성립된 때에는 중개인은 지체 없이 각 당사자의 성명 또는 상호, 계약연월일과 그 요령을 기재한 서면을 작성하여 기명날인 또는 서명한 후 각 당사자에게 교부해야 한다(상 96조 1). 당사자간에 분쟁이 생길 때에 대비하여 계약

---

25) 최준선, 330면.

의 성립과 내용을 명확히 하려는 것이다. 계약요령이란 계약내용의 중점적 내용으로서, 목적물의 명칭・수량・품질, 이행의 시기와 방법 등이며, 결약서의 기재형식은 특별한 제한이 없다.

### (2) 성 질

결약서는 계약이 성립된 후에 중개인이 증거방법으로 작성하는 것이므로 계약의 내용에 영향을 미치지 않는 증거서면에 불과하다. 따라서 당사자 간 약정이나 관습에 의하여 결약서를 작성하지 않아도 상관없으며 결약서의 증거력은 법관의 자유심증에 맡겨진다(민소 202).

### (3) 결약서 교부와 이의

1) 당사자 간에 계약이 성립된 때에는 중개인은 지체없이 각 당사자의 성명 또는 상호, 계약연월일과 그 요령을 기재한 서면을 작성하여 기명날인 또는 서명한 후 각 당사자에게 교부하여야 한다(상 96조 1). '지체없이'란 의미는 '중개인에게 책임 있는 사유로 지연됨이 없이'라는 의미이다. 그러나 기한부 또는 정지조건부 계약처럼 당사자가 즉시 이행을 하여야 하는 경우를 제외하고 중개인은 각 당사자로 하여금 결약서의 서면에 기명날인 또는 서명하게 한 후 그 상대방에게 교부하여야 한다(상 96조 2).

2) 양 당사자가 이의없이 결약서를 수령하면 후에 다툼이 발생하는 경우 결약서의 내용에 따라서 계약이 성립된 것으로 추정할 수 있다(민소 358). 이의가 있는 경우에는 중개인이 아닌 계약상대방에게 이의를 제기하여야 한다. 그래서 당사자의 일방이 결약서의 수령을 거부하거나 기명날인 또는 서명하지 아니한 때에는 중개인은 지체 없이 상대방에게 그 통지를 발송하여야 한다(상 96조 3, 발신주의). 분쟁의 발생이 예상되므로 상대방에게 준비할 기회를 주기 위한 것이다.

## 3. 장부작성 및 등본교부 의무

중개인은 결약서의 기재사항을 장부에 기재하여야 하며(상 97조 1), 당사자는 언제든지 자기를 위하여 중개한 행위에 관한 장부의 등본 교부를 청구할 수 있다(상 97조 2). 이 장부를 중개인 일기장이라고 한다. 중개인 일기장은 중개인 자신의 거래에 관한 정보를 기재하는 것이 아니라 타인간의 거래에 관한 증거를 보전하는 것이므로 상업장부가 아니지만, 일기장에 수수료 등 중개인 자신의 영업회계에 관한 기재를 병행시킨 때에는 상업장부로 볼 수 있다는 견해가 있다.[26] 법에 일기장 보존기간을 명시하고 있지 아니하나 상업장부 보존기간(상 33)을 유추 적용하여 10년간 보존하는 것으로 보아야 할 것이다.

### 4. 성명·상호 묵비(黙秘)의무

당사자가 그 성명 또는 상호를 상대방에게 표시하지 않도록 중개인에게 요구한 때에는 중개인은 그 상대방에게 교부할 결약서와 중개인 일기장의 등본에 이를 기재하지 못한다(상 98). 이러한 의무는 비개성적 상거래에서 거래당사자의 성명을 알리지 않음으로써 거래를 유리하게 이끌 수 있고, 또 상거래에서 거래당사자의 개성이 중요하지 아니하므로 당사자를 은폐하더라도 무방하다는 취지이다. 이 묵비의무는 중개를 위탁한 당사자뿐만 아니라 그 상대방이 요구한 때에도 발생한다고 본다. 이 의무를 위반하면 손해배상책임을 부담한다. 그러나 거래당사자의 성명과 상호는 중개인 일기장에는 기재하여야 한다.

### 5. 개입의무(이행담보책임)

#### (1) 의 의

중개인이 임의로 또는 당사자 일방의 요구에 의해 그 당사자의 성명 또는 상호를 상대방에게 표시하지 아니한 때에는 상대방은 중개인에게 이행을 청구할 수 있다(상 99). 거래 일방 당사자를 익명으로 중개한 결과 성립된 거래에 대하여 거래자는 중개인을 신뢰하기 마련이고 그 신뢰를 보호하기 위하여 중개인에게 이행담보책임을 지우는 것이다. 중개인의 개입의무라고 하며, 중개인의 개입의사와 무관하게 발생하는 법정 담보책임이다.

#### (2) 요 건

중개인에게 개입의무가 발생하기 위해서는 먼저 중개인이 당사자 일방의 성명 또는 상호를 상대방에게 표시하지 아니하였어야 한다. 이 묵비는 중개인이 임의로 한 것이든 일방 당사자의 요구에 의한 것이든 불문한다. 개입의무는 당사자 간에 성립된 계약상의 의무를 이행하는 것이므로, 계약이 성립하여야만 개입의무가 발생한다. 계약성립 후에 중개인이 묵비했던 당사자의 성명이나 상호를 밝히더라도 중개계약

---

26) 최기원, 320면 ; 정동윤, 221면 ; 손주찬, 305면 ; 이철송, 484면.

이 성립한 때에 이행청구권이 발생하므로 중개인의 이행책임은 소멸하지 않는다.[27)]

(3) 효 과

위의 요건을 구비하면 중개인은 계약 당사자가 아니지만 익명 당사자의 계약상 의무를 대신하여 상대방에게 이행할 책임을 부담한다. 상대방은 익명의 당사자에게도 계약이행청구권을 갖는다. 중개인이 이행을 하였을 경우 익명의 당사자에게 구상권을 행사할 수 있다. 그렇다 하더라도 중개인이 계약당사자가 되는 것이 아니기 때문에 상대방에게 반대급부를 청구할 수 없다.[28)] 중개인은 개입의무를 부담할 뿐이므로 상대방의 요구가 없을 때에는 스스로 개입권을 행사할 수는 없다.[29)]

## 제 5. 중개인의 권리

### 1. 보수청구권

(1) 의 의

중개인은 상인이므로 특약이 없더라도 보수청구권이 있는데, 이를 중개료 또는 구전(口錢)이라고 한다. 중개료는 산정기준을 정하지 않으면 거래가액을 기준으로 산출한다.[30)]

(2) 요 건

1) 청구권이 발생하려면 계약이 유효하게 성립해야 한다. 다만 계약서의 작성, 교부까지를 중개인의 사명으로 보고, 결약서의 작성, 교부 전에는 보수를 청구할 수 없다(상 100조 1).

따라서 계약이 무효 또는 취소되거나 정지조건부계약에서 조건이 성취되지 아니하는 등 계약이 성립하지 아니하면 중개인의 노력 여하를 불문하고 보수청구권이 성립하지 아니한다.[31)] 그러나 계약이 일단 유효하게 성립되면 그 이행여부는

---

27) 이철송, 486면 ; 최준선, 333면 ; 김성태, 564면 ; 정찬형, 298면.
28) 손주찬, 307면 ; 최준선, 333면.
29) 정동윤, 222면.
30) 대법원 1964. 6. 30. 선고 64다268 판결.
31) 대법원 1991. 4. 9. 선고 90다18968 판결(건물임대중개의 완료를 조건으로 중개료 상당의 보수를 지급받기로 하는 내용의 계약과 같은 유상위임계약에 있어서는 시기여하에 불문하고 중개완료 이전에 계약이 해지되면 당연히 그에 대한 보수청구권을 상실하는 것으로 계약 당시에 예정되어 있어 특별한 사정이 없는 한 해지에 있어서의 불리한 시기란 있을 수 없으므로, 수임인의 사무처리 완료 전에 위임계약을 해지한 것만으로 수임인에게 불

계약당사자가 위험을 부담하는 문제이므로, 이행되지 않더라도 보수청구를 할 수 있다.[32] 또 채무불이행 때문에 계약이 해제되더라도 보수청구권은 인정된다.

2) 중개에 의하여 계약이 체결되어야 하고, 중개행위와 계약성립 사이에 인과관계가 있어야 한다. 따라서 중개를 하였더라도 계약체결에 이르지 못하면 보수청구권이 발생하지 않는 것이 원칙이다. 그러나 중개인이 중개행위를 착수한 이상 당사자가 중개수수료를 면할 목적으로 중개계약을 해지하고 당사자 간 직접 교섭으로 계약을 성립시킨 경우에, 신의성실의 원칙에 반하여 정지조건의 성취를 방해한 때에 조건이 성취된 것으로 보아서(민 150) 중개료를 청구할 수 있다고 본다.[33] 다만 계약의 이행을 조건으로 한 중개료지급의 특약은 유효하다.

### (3) 중개료 결정

중개인의 보수는 당사자 간의 약정에 의하여 결정되겠으나 약정이 없으면 당사자 쌍방이 균분하여 부담한다(상 100조 2). 그리고 보수지급의무는 분할채무이므로 어느 일방이 지급하지 않더라도 다른 당사자에게 청구할 수 없다. 보수액은 특약에 의하여 정해지며, 특약이 없으면 관습이나 법원에 의하여 정해진다.[34]

**부산지방법원 2007. 1. 25. 선고 2005나10743 판결**

부동산중개행위는 중개업자가 중개대상물에 대하여 거래당사자 간의 매매·교환·임대차 기타 권리의 득실·변경에 관한 행위를 알선하는 것으로서 원칙적으로 중개업자는 중개대상물에 대한 계약서의 작성업무 등 계약체결까지 완료되어야 비로소 중개의뢰인에게 중개수수료를 청구할 수 있는 것이나, 다만 중개업자가 계약의 성립에 결정적인 역할을 하였음에도 중개행위가 그의 책임 없는 사유로 중단되어 최종적인 계약서 작성 등에 관여하지 못하였다는 등의 특별한 사정이 있는 경우에는 민법 제686조 제3항, 상법 제61조의 규정 취지나 신의성실의 원칙 등에 비추어 볼 때 그 중개업자는 중개의뢰인에 대하여 이미 이루어진 중개행위의 정도에 상응하는 중개수수료를 청구할 권한이 있다.

---

리한 시기에 해지한 것이라고 볼 수는 없어 중개인은 임대중개 의뢰를 받은 건물 전체에 대한 중개가 가능하였음을 전제로 기대중개료 상당의 손해배상청구를 할 수 없다).

32) 부산지방법원 2007. 1. 25. 선고 2005나10743 판결

33) 이철송, 487면 ; 최준선, 334면.

34) 대법원 2002. 9. 4. 선고 2000다54406 · 54413 판결(부동산 중개업법 소정의 상한을 초과하는 부동사중개수수료 약정은 무효이다).

### 2. 비용청구권

중개인은 당사자를 위하여 하는 노력의 대가는 중개료로 보상되므로 중개료 이외의 별도의 지출된 비용을 청구할 수 없다. 다만 당사자의 특별지시에 의하여 일반적인 중개행위에 필요한 비용 이상이 지출되는 경우에는 상인의 보수청구권에 관한 규정(상 61조)에 의하여 청구할 수 있을 것이다.

### 3. 급여수령대리권의 배제

중개인은 다른 약정이나 관습이 없는 한, 자신이 중개한 행위에 관하여 당사자를 대리하여 지급 기타의 이행을 받지 못한다(상 94). 중개인은 대리인이나 계약당사자가 아니기 때문이다. 따라서 당사자 일방은 중개인에게 지급 기타 이행을 하더라도 상대방에 대하여 면책되지 않는다.

## 제3절 위탁매매업

### 제 1. 서 설

자기명의로써 타인의 계산으로 물건 또는 유가증권의 매매를 영업으로 하는 자를 위탁매매인이라고 한다(상 101). 기업이 영업확대를 위하여 지점을 설치하려면 직원을 고용하고 영업소를 설치하는 등 상당한 자본이 소요되는데, 위탁매매인을 이용하면 새로운 투자를 하지 않고 기업활동의 범위를 확대할 수 있으며, 위탁매매인의 신용과 지식, 경험 등 노하우를 충분히 활용할 수 있으므로 거래의 신속을 기할 수 있다. 중세 유럽에서는 국제무역상이 일정한 지방의 토착상인에게 위탁하여 매매를 하였으며, 이들이 자기 명의로 위탁된 행위를 실행하였다.

18세기 말에 위탁매매업은 매우 활발하였으며 1807년 프랑스 상법과 그 이후 독일 상법에서 위탁매매인의 법률상 개념이 확정되었다.[35] 국내에서 증권거래업이 가장 활발한 위탁매매업의 분야이다.

35) 최준선, 336면.

## 제 2. 위탁매매인의 의의

자기명의로써 타인의 계산으로 물건 또는 유가증권의 매매를 영업으로 하는 자를 위탁매매인이라고 한다(상 101).

### 1. 자기 명의(계약 당사자)

위탁매매인은 위탁자의 위탁을 받아서 매매계약의 당사자로서 계약을 체결하므로 계약의 법률효과가 위탁매매인에게 귀속되어 그가 권리와 의무의 주체가 된다. 따라서 위탁자의 대리인으로 행위를 하거나 중개행위의 형식을 취하지 않으며 자신이 계약 당사자로서 기명날인 또는 서명을 한다.

### 2. 타인의 계산(경제적 효과)

위탁매매인은 위탁자의 경제적 이익을 위하여 위탁매매를 실행하고 그 실행의 결과로 취득하는 금전 기타의 권리는 위탁자에게 귀속된다. 따라서 법률행위의 형식은 자기 명의로 하더라도 위탁매매의 경제적 효과는 자신이 아닌 위탁자에게 귀속된다(주선).

### 3. 물건 또는 유가증권의 매매

물건 또는 유가증권의 매매를 주선한다. 여기의 '물건'에 부동산이 포함되는가에 관하여는 이를 제외한다는 법 규정이 없으므로 포함된다는 견해가[36] 있다. 한편 부동산을 위탁매매인이 자기 명의로 매매를 하는 것은 등기이전 등 복잡한 문제가 있으며 위탁자의 이익을 침해할 수도 있고, 상법의 운송업이나 창고업의 규정에서 '물건의 운송'이라고 표현하고 있지만 이 경우 부동산을 제외하는 것에 비추어 볼 때, 부동산을 제외하는 것이 타당하다는 견해가 있다.[37] 운송업이나 창고업의 규정과 형평을 맞추고 부동산에는 등기라는 제도가 있는 점을 고려하면 부동산은 위탁매매의 대상에서 제외된다고 본다.

---

36) 정찬형, 303면 ; 안강현, 281면.
37) 최준선, 337면.

### 4. 상인성

위탁매매인은 물건 또는 유가증권의 매매를 '영업'으로 하는 자이다. 따라서 위탁매매인이 영업으로 하는 대상은 매매행위(사실행위) 자체가 아니라 위탁매매를 할 것을 약속하는 채권행위(인수)로서, 위탁매매인은 위탁매매 기타 주선에 관한 행위(상 46조 12호)를 하는 상인이다. 따라서 위탁매매인은 인수행위를 반복하는 상인이며, 위탁의 실행으로서 행하는 매매계약 자체는 그의 영업행위(인수)를 위하여 하는 보조적 상행위(상 47)이다.

## 제 3. 위탁매매의 성질

위탁매매행위가 있기 전에 위탁자와 위탁매매인 사이에 위탁매매계약이 있어야 한다.[38] 위탁매매인과 위탁자 사이에는 물건 또는 유가증권의 매매라는 법률행위를 하는 것을 위탁하는 것이므로 유상위임계약으로서 민법상 위임에 관한 규정이 적용된다(상 112). 또 위탁매매계약은 낙성계약이므로 당사자 간의 합의로 효력이 발생하고 물건·대금의 수수를 동시에 하여야 하는 것은 아니다. 위탁매매계약은 불요식계약이므로 그 방식은 원칙적으로 자유롭다.

당사자 간에 위탁매매계약에 관한 합의와 위탁매매계약의 본질적인 부분이 갖추어져 있는 한, 부수적인 결함이 있다고 하더라도 위탁매매계약의 효력에 영향을 미치지 아니한다. 한편, 위탁매매는 명의와 계산이 분리되는 것이 본질이므로, 어떠한 계약이 위탁매매계약인지 여부는 계약의 명칭 내지 형식적인 문언을 떠나 그 실질을 중시하여 판단하여야 한다.

위탁매매계약에서 매매목적물과 가격 및 시기를 약정하는 것이 일반적이지만 이러한 사항의 일부나 전부를 위탁매매인에게 일임하는 '일임매매'의 위탁도 가능하다. 그러나 유가증권에서는 일임매매의 위탁이 제한된다(자본시장 71조 6호).

---

38) 대법원 2003. 1. 10. 선고 2000다34426 판결(단주 이외의 상장주식의 장외거래가 증권거래법상 금지된 것이 아니어서 증권거래법에 따라 증권업을 영위하는 증권회사는 상장주식의 장외거래에 대하여 위탁매매, 그 대리 또는 중개를 할 수는 있으나, 기록에 의하면 증권회사가 단주 이외의 상장주식의 장외거래에 대하여 관여하는 것은 예외적인 경우로서 증권회사는 이를 통상의 업무로 취급하고 있지 않고 있음을 알 수 있으므로 증권회사가 단주 이외의 상장주식에 대한 장외거래에 대한 위탁매매업무를 취급하기 위하여는 고객과 사이에 통상의 방법에 의한 주식의 위탁매매를 위하여 체결된 매매계좌설정계약 이외에 별도로 매매위탁약정이 필요하다).

**대법원 2008. 5. 29. 선고 2005다6297 판결**

위탁매매라 함은 자기의 명의로 타인의 계산에 의하여 물품을 구입 또는 판매하고 보수를 받는 것으로서 명의와 계산이 분리되는 것을 본질로 하는 것이므로, 어떠한 계약이 일반 매매계약인지 위탁매매계약인지는 계약의 명칭 내지 형식적인 문언을 떠나 그 실질을 중시하여 판단하여야 한다. 위탁매매인이 위탁자로부터 받은 물건 또는 유가증권이나 위탁매매로 인하여 취득한 물건, 유가증권 또는 채권은 위탁자와 위탁매매인 또는 위탁매매인의 채권자 간의 관계에서는 이를 위탁자의 소유 또는 채권으로 보므로(상법 제103조), 위탁매매인이 위탁자로부터 물건 또는 유가증권을 받은 후 파산한 경우에는 위탁자는 구 파산법(2005. 3. 31. 법률 제7428호 채무자 회생 및 파산에 관한 법률 부칙 제2조로 폐지) 제79조에 의하여 위 물건 또는 유가증권을 환취할 권리가 있고, 위탁매매의 반대급부로 위탁매매인이 취득한 물건, 유가증권 또는 채권에 대하여는 구 파산법 제83조 제1항에 의하여 대상적 환취권(대체적 환취권)으로 그 이전을 구할 수 있다.

## 제 4. 위탁매매의 법률관계

### 1. 위탁매매의 내부관계

#### (1) 위탁매매인의 의무

위탁자와 위탁매매인 사이의 주선계약은 위임이므로 위탁매매인은 선관주의의무를 부담하며, 매매행위의 실행의무와 매매의 경제적 효과를 위탁자에게 귀속시켜야 할 의무를 부담한다(상 112). 위탁매매인은 상법이 규정한 특수한 의무를 부담함은 물론이고 매수위탁자가 상인인 경우에는 상인간의 매매에 관한 규정인 상법 제68조 내지 제71조가 준용된다(상 110).

**1) 통지 및 계산서제출의무**

위탁매매인이 위탁받은 매매를 한 때에는 지체 없이 위탁자에 대하여 그 계약의 요령과 상대방의 주소, 성명의 통지를 발송하여야 하며 계산서를 제출하여야 한다(상 104). 민법의 수임인은 위임인의 청구가 있는 때에 한하여 위탁사무의 처리상황을 보고할 의무를 부담하나(민 683), 상법은 위탁매매인에게 지체없이 통지 및 계산서 제출의무를 부담시키고 있는데, 이는 상거래의 신속한 처리와 적절한 지시와 계획의 수립을 하기 위해서이다.

#### 2) 지정가액준수의무

(가) 의의

위탁자는 위탁매매인에게 매매를 위탁함에 있어서 매매가격을 지정하면 그 지정가액에 따라서 매매를 실행하여야 한다. 위탁자가 매매가격을 지정할 경우 단순한 희망가격을 표시하는 것이 아니라 위탁자가 취할 수 있는 이익 내지 손실의 한계선을 제시하는 구속가격의 의미로 지시하는 경우가 보통이므로, 위탁자가 매도가격 또는 매수가격을 지정한 때에는 위탁매매인은 수임인으로서 그 지시를 따라 위탁자의 이익이 극대화되고 손실은 극소화되도록 선량한 관리자의 주의로써 위탁매매업무를 수행하여야 할 의무를 진다(상 112, 민 681). 통상적으로 판매위탁의 경우에는 최저가액을, 매수위탁의 경우에는 최고가액을 지정하여 일임한다.

(나) 내용

가) 차액부담부 염가매도 또는 고가매수

위탁매매인이 지정가액보다 낮은 가격으로 판매하거나 고가로 매수하는 경우에는 위탁의 취지에 맞지 아니하므로, 위탁자는 매매의 효과를 인정할 필요가 없다. 그러나 위탁매매인이 그 차액을 부담하는 경우에는 위탁자에게 손실이 없으므로 그 매매는 위탁자에게 효력이 있다(상 106조 1). 만일 위탁자가 지정가격이 아니면 매매를 하지 않겠다는 취지의 특약을 한 경우에는 위탁매매자가 그 차액을 부담하더라도 그 매매의 효력을 위탁자에게 귀속시킬 수 없다. 그리고 차액은 전액을 의미하며, 조건이 없어야 한다. 차액부담의 의사표시는 위탁자의 거절권을 상실시키는 일방적 행위이므로 늦어도 매매 또는 매수의 통지와 동시에 위탁자에게 도달하여야 한다.

나) 고가매도 또는 염가매수

위탁자가 지정한 가액보다 고가로 매도하거나 염가로 매수한 경우에는 위탁자에게 손해가 없으므로 반대 약정이 없으면 그 효력을 위탁자에게 귀속시킬 수 있다. 즉, 당사자 간에 다른 약정이 없으면 그 차액은 위탁자의 이익으로 한다(상 106조 2).

(다) 기능

위탁매매인의 지정가액준수의무는 다음과 같은 기능을 수행한다.

첫째로 위탁자와 위탁매매인의 이해관계를 조정하는 기능을 갖는데 그 중점은 위탁자의 보호에 있다.

둘째로 위탁매매인이 수수료 수입을 올리기 위하여 위탁자에게 불리한 가격에 의한 거래를 무리하게 강행하는 것을 방지하는 효과를 기대할 수 있다.

셋째로 지정가액보다 불리한 가격에 의한 매매라도 위탁매매인이 그 차액을 부담하면 유효케 하여 거래의 성사를 촉진시키고 신속한 거래를 가능하게 하는 기능을 수행한다.

넷째로 지정가액과 실제 매매가격과의 차액을 위탁매매인이 부담하더라도 보수가 그 차액을 능가하는 경우에는 이익을 얻는 것이 가능하기 때문에 부수적으로 위탁매매인의 이익을 보호하는 기능도 있다.

#### 3) 이행담보책임

(가) 의의

위탁매매인은 위탁자를 위한 매매에 관하여 상대방이 채무를 이행하지 아니하는 경우에는 위탁자에 대하여 이를 이행할 책임이 있다. 그러나 다른 약정이나 관습이 있으면 그러하지 아니하다(상 105). 원칙적으로 제3자가 채무이행을 하지 아니하는 경우에 위탁자와 제3자인 상대방 사이에는 직접적 법률관계가 없으므로 상대방이 계약을 불이행하는 경우에 위탁자는 상대방에게 이행을 청구할 수 없다. 이러한 불편을 해소하여 위탁자를 보호하고 위탁매매제도의 신뢰를 높이기 위하여 위탁매매인에게 이행담보책임을 부담시킨 것이다. 이 책임은 상법이 인정한 특수한 책임으로서 무과실책임이다.[39]

(나) 요건

첫째로 상대방이 채무를 이행하지 않아야 한다. 둘째로 채무의 성질상 대체급부가 가능하여야 한다. 매도위탁의 경우에는 대금채무, 매수위탁의 경우에는 목적물의 인도채무가 해당될 것이다. 셋째로 위탁자와 위탁매매인 사이에 명시나 묵시의 이행담보책임을 배제하는 약정이 없어야 하고, 배제의 관습도 없어야 한다(상 105조 단서).

(다) 책임의 범위와 내용

이행담보책임의 범위와 내용은 상대방이 위탁매매인에게 부담하는 의무와 동일하다. 따라서 위탁매매인은 상대방이 위탁매매인에게 대항할 수 있는 항변으로 위탁자에게 항변할 수 있으며, 상대방의 채무가 소멸되면 위탁매매인의 이행담보책임도 소멸한다.[40]

(라) 의무이행의 효과

위탁매매인이 상대방의 의무를 이행한 경우에는 상대방이 채무를 이행한 것과

---

39) 안강현, 284면 ; 정찬형, 308면 ; 손주찬, 314면.

40) 안강현, 284면.

동일하게 위탁자에 대하여 보수나 비용을 청구할 수 있다.

(마) 소멸시효

위탁매매인의 이행담보책임은 상행위로 인한 채무이므로 상사채권의 시효(5년)가 적용된다.

**대법원 1991. 5. 24. 선고 90다14416 판결**

증권회사직원을 통하여 매매거래구좌설정계약을 체결하고 그에게 송금하여 주식을 매수하고 위 직원은 위탁자로부터 그 거래구좌의 통장 및 인감을 건네받고 주식의 매입, 매도 등 거래전반에 관하여 위임을 받은 뒤 위탁자 명의로 거래를 계속해 왔다면, 위탁자는 위 직원을 통하여 그의 재량적 판단 아래 주식거래를 하여 이득을 남겨줄 것을 의뢰함과 동시에 이익배당금의 수령이나 무상증자에 따른 신주의 인수 등 주식위탁과 관련하여 통상 위탁자에게 손해가 되지 않고 경제적으로 이익이 된다고 볼 수 있는 제반사항의 대행을 포괄적으로 위임한 것이고, 위탁자와 증권회사 사이에 있어서도 그와 같은 내용의 증권매매위탁약정이 성립되었다고 할 것이다. 위의 경우에 있어 증권회사가 위탁받은 주식에 관한 이익배당금의 수령이나 무상증자에 의한 신주의 인수를 이행하지 아니하였다면 이는 특단의 사정이 없는 한 위 위탁약정에 관한 채무불이행이 된다고 할 것이므로 증권회사는 위탁자에게 이로 인한 손해를 배상하여야 할 의무가 있다 할 것인 한편, 유상증자의 경우는 위탁자 본인의 청약 및 그에 따른 업무대행위임에 관한 명시적인 의사표시가 있는 때에 한하여 증권회사가 그 업무를 대행처리하는 것이 거래관행이어서 특약이 없는 한 유상주식의 인수에 관한 통지나 업무대행이 위탁자와 증권회사 사이의 위탁매매약정상의 채무에 당연히 포함되는 것이 아니다.

#### 4) 위탁물의 하자·훼손 등의 통지의무

위탁매매인이 위탁매매의 목적물을 인도받은 후에 그 물건의 훼손 또는 하자를 발견하거나 그 물건이 부패할 염려가 있는 때 또는 가격저락의 상황을 안 때에는 지체 없이 위탁자에게 그 통지를 발송하여야 한다(상 108조 1). 이 경우에 위탁자의 지시를 받을 수 없거나 그 지시가 지연되는 때에는 위탁매매인은 위탁자의 이익을 위하여 적당한 처분을 할 수 있다(상 108조 2).

이 의무는 위탁매매인이 선량한 관리자로서의 주의의무를 부담한다는 점에서 주의적 규정이라는 견해가 있다.[41] 그런데 물건의 훼손 또는 하자가 발견되거나

41) 전우현, 287면.

부패의 염려가 있는 때 통지·처분의무는 일반 수임인의 의무라고 볼 수 있으나 가격저락의 상황을 알고 통지·처분하는 것은 위탁자의 영리성을 존중하여 위탁매매인에게 위탁자의 손실을 최소화시킬 특별한 의무를 상법이 부과한 것으로 본다.[42] 이 의무위반으로 위탁자가 손해를 입으면 위탁매매인은 그 손해를 배상하여야 한다.

(2) 위탁매매인의 권리

**1) 보수청구권**

위탁매매인은 상인이므로 위탁매매를 실행한 이후에 보수청구권을 행사할 수 있다. 또 위임사무인 매매를 실행하는데 비용이 소요되는 때에는 비용선급청구권을 가지며 필요비를 지출하면 비용상환청구권이 있다.

**2) 개입권**

(가) 의 의

위탁매매인이 위탁을 받은 물건 또는 유가증권을 제3자에게 매매하는 것이 원칙이지만 그 매매가 공정하게 되는 이상 매매상대방이 누구든지 상관이 없다. 상법은 위탁매매인이 거래소의 시세가 있는 물건의 매매를 위탁받은 때에는 스스로 매수인 또는 매도인이 될 수 있는 것으로 규정하고 있는바(상법 107조 1), 이를 개입권이라고 한다. 위탁매매인에게 개입권을 허용할 것인지 여부는 각 나라마다 다르다.

독일은 위탁매매인의 개입권을 명문으로 인정하고 있고, 영미법에서는 위탁자에게 모든 사실을 알리고 그 동의를 얻은 경우에 한하여 개입권을 행사할 수 있도록 한다. 우리 상법은 개입권을 원칙적으로 금지하면서도 일정한 요건을 갖춘 경우에 예외적으로 허용하고 있다.

(나) 허용근거

상법은 위탁매매인의 개입권 행사를 원칙적으로 금지하고 있다. 그 이유는 위탁매매인이 매매당사자의 지위를 겸하게 되면 거래에 관한 정보나 지식 등이 월등한 위탁매매인이 위탁자의 희생으로 자기 이익을 도모할 가능성이 크며, 위탁자가 위탁매매인에게 매매를 위탁하는 본래의 취지는 다양한 거래상대방을 물색하여 이들 간의 경쟁을 통하여 보다 유리한 조건을 제시하는 자와 거래하도록 하는 취지가 내포되어 있는데, 위탁매매인의 개입권 행사로 경쟁의 기회가 봉쇄될 위험이 있기 때문이다.

---

42) 이철송, 502면 ; 안강현, 285면.

따라서 위탁매매인은 먼저 자신이 아닌 제3자 가운데에서 매매상대방을 물색하여 매매를 실행하도록 노력하여야 한다. 하지만 거래 상대방에 상관없이 거래가격과 조건의 공정성이 확보되면 위탁매매인이 매도인 또는 매수인의 지위를 겸하여도 위탁자의 이익을 해칠 염려가 없고, 오히려 제3자와의 거래보다 거래의 신속 및 비용절감의 효과를 제고할 수 있는 등 위탁자에게 유리할 수 있으므로 개입권을 인정할 필요가 있다. 그래서 매매가격의 공정성이 담보되고 위탁자와 위탁매매인의 이해관계가 충돌하지 않은 경우에 개입권을 상법이 인정하고 있다.

(다) 개입권 행사요건

가) 거래소의 시세 있는 물건일 것

위탁매매인이 개입권을 행사하려면 위탁받은 물건에 대하여 거래소의 시세가 있어야 한다(상 107조 1항 본문). 거래소의 시세가 있는 물건은 매매가격이 경쟁에 의하여 형성되므로 가격의 공정성이 담보되어 위탁자의 이익을 해치지 않고, 매매가격의 기준이 명확하다. 거래소라 함은 공개되고 객관적인 가격결정방식에 의하여 형성된 가격에 의하여 매매가 이루어지는 시장을 의미한다. 거래소는 관습이나 위탁자의 지시에 의하여 매매지역이 정해진 경우에는 그 지역의 거래소이며, 지정되지 아니한 때에는 위탁매매인이 소재하는 지역의 거래소를 말한다. 시세라 함은 거래소에서의 매매를 통하여 형성된 가격을 의미하므로, 거래소에서 거래되는 물건이라도 개입권을 행사할 시점에 매매되고 가격이 형성되어 있어야 한다.

나) 위탁매매를 실행하지 않았을 것

위탁매매인이 개입권을 행사하려면 위탁자와 위탁매매인간에 위탁매매계약이 유효하게 존속하고 있어야 하는바, 이미 위탁매매계약이 해제되었거나 위탁매매계약의 소멸사유가 발생한 경우에는 위탁매매인의 개입권을 인정할 여지가 없다. 또 위탁업무를 실행하여 상대방과 매매를 종료한 후에는 위탁매매인은 그 매매에 의하여 취득한 것을 위탁자에게 귀속시켜야 하므로 개입권을 행사할 수 없다. 만약 이때 개입권을 인정하게 되면 위탁매매인이 상대방과의 매매차익을 가로채는 부당한 결과가 되기 때문이다.

다) 개입을 금지하는 특약·법률이 없을 것

거래소의 시세가 있는 물건인 경우라 하더라도 위탁자는 명시 또는 묵시의 의사표시에 의하여 위탁매매인의 개입을 금지할 수 있다. 예컨대, 위탁자가 매도 또는 매수의 상대방을 지정한 경우라면 위탁매매인의 개입을 금지하는 의사가 묵시적으로 표시되어 있는 것으로 볼 수 있다.

위탁매매인이 개입권을 행사하기 전에는 위탁자가 개입을 금지하는 의사표시를 할 수 있다. 개입금지의 특약이 없더라도 반대의 합의가 없는 한 위탁자는 사후적으로 위탁매매인의 개입을 금지하는 지시를 할 수 있다. 그러나 위탁매매인의 개입권은 형성권이므로 위탁매매인이 이미 개입권을 행사한 후에는 개입을 금지할 수 없다. 또 개입권의 행사를 금지하는 법률이 없어야 한다. 자본시장법 제67조는 원칙적으로 유가증권의 개입금지를 규정하고 있다.[43]

(라) 개입권의 행사방식

위탁매매인의 개입권은 형성권이므로 위탁자에 대하여 일방적인 의사표시에 의하여 행사한다. 행사하는 방식에 제한이 없으므로 구두 또는 서면으로 행사할 수 있으나 명시적으로 행사하여야 한다. 개입권의 행사는 개입의 의사를 위탁자에게 통지하면 충분하고 그의 동의나 승낙을 필요로 하지 않는 단독행위이다. 또 위탁매매인이 개입권을 행사하면서 조건을 붙이는 것은 인정되지 않는다.

개입권의 행사시기는 매매기간이 특정되어 있는 경우에는 그 기간 내에 행사하여야 하고, 그렇지 않은 경우에는 위탁매매인이 선량한 관리자의 주의로써 위탁자의 이익에 부합하는 적당한 시기를 선택하여 개입권을 행사하여야 한다. 그러므로 위탁매매인이 위탁자에게 불리한 때에 개입함으로써 위탁자에게 손해가 발생한 경우에는 개입권 행사는 유효하지만 발생한 손해에 대하여는 배상을 하여야 한다.

(마) 개입권 행사의 효과

가) 위탁매매인이 개입권을 행사하면 위탁매매인은 위탁자에 대하여 매도인 또는 매수인의 지위에 서게 된다. 그러나 개입권을 행사하더라도 위탁매매인과 위탁자 사이에 매매계약이 성립하는 것은 아니다. 그 이유는 계약의 성립에는 당사자간의 합의가 있어야 하는데 아직 합의가 없기 때문이다. 개입권을 행사하여 위탁매매인이 매수인 또는 매도인의 지위에 있다 하더라도 위탁계약이 매매계약으로 변경되는 것이 아니기 때문에 위탁계약과 매매계약이 병존한다. 위탁매매인이 개입권을 행사한 경우에는 위탁자에게 그 비용과 보수를 청구할 수 있다.

나) 개입권의 효력발생시기는 위탁매매인의 개입의사가 위탁자에게 도달하였을 때이다. 따라서 개입의 의사표시가 위탁자에게 도달하기 전에는 위탁매매인이 이를 철회할 수 있고, 철회의 의사표시가 개입의 의사표시보다 먼저 또는 동시에

---

43) 자본시장법 제67조 : 투자매매업자 또는 투자중개업자는 금융투자상품에 관한 같은 매매에 있어 자신이 본인이 됨과 동시에 상대방의 투자중개업자가 되어서는 아니 된다. 다만, 다음 각 호의 어느 하나에 해당하는 경우에는 그러하지 아니하다. 1. 투자매매업자 또는 투자중개업자가 증권시장 또는 파생상품시장을 통하여 매매가 이루어지도록 한 경우, 2. 그 밖에 투자자 보호 및 건전한 거래질서를 해할 우려가 없는 경우로서 대통령령으로 정하는 경우

위탁자에게 도달한 때에는 개입의 효과가 발생하지 않는다. 그러나 개입의 의사표시가 일단 위탁자에게 도달하여 개입의 효과가 발생한 후에는 위탁매매인은 이를 임의로 철회할 수 없고, 위탁자도 위탁매매계약을 해제하여 이미 발생된 개입의 효과를 배척할 수 없다.

다) 매매가액은 위탁매매인이 개입의사의 통지를 발송한 때의 거래소의 시세에 의한다(상 107조 1항 후단). 그러므로 개입의 통지를 발송한 이후 도달하기 전에 가격의 등락이 있더라도 결정된 매매가격은 영향을 받지 아니한다.

#### 3) 유치권

위탁매매인은 대리상이 갖는 유치권과 동일한 성질의 유치권을 갖는다. 즉, 위탁매매인은 다른 약정이 없는 한 위탁자에 대한 채권이 변제기에 있는 때에는 그 변제를 받을 때까지 위탁자를 위하여 점유하는 물건 또는 유가증권을 유치할 수 있다. 그러나 당사자간에 다른 약정이 있으면 그러하지 아니하다(상 111, 상 91).

#### 4) 매수물의 공탁 · 경매권

위탁매매인이 매수의 위탁을 받고 이를 이행하였으나, 위탁자가 목적물의 수령을 거부하거나 이를 수령할 수 없는 경우에는, 위탁매매인은 그 물건을 공탁하거나 상당한 기간을 정하여 최고한 후 경매할 수 있다(상 109, 67). 이 경우 위탁매매인은 지체없이 위탁자에 대하여 그 통지를 발송하여야 한다(상 67조 1). 그리고 위탁자에 대하여 최고를 할 수 없거나 목적물이 멸실 또는 훼손될 염려가 있는 때에는 최고없이 경매할 수 있다(상 67조 2). 상인간의 매매에 있어 매도인에게 인정된 것과 같은 공탁권과 경매권이 위탁매매인에게도 인정된다. 위탁매매인이 그 목적물을 경매한 때에는 그 대금에서 경매비용을 공제한 잔액을 공탁하여야 한다. 그러나 그 전부나 일부를 매매대금에 충당할 수 있다(상 67조 3).

### (3) 상인간의 매수위탁계약의 특칙

상인인 위탁자의 매수위탁에 의하여 위탁매매인이 상대방으로부터 매수한 물건이나 유가증권은 위탁매매인에게 먼저 귀속되기 때문에 매수위탁자와 위탁매매인의 관계는 상인간의 매매와 유사하다. 이 경우에 위탁매매인(매도인)을 보호하기 위하여 상인 간의 매매에서 매수인에게 인정되는 의무를 위탁자에게 부과하고 있다(상 110). 따라서 위탁자인 상인이 그의 영업거래에 관하여 물건의 매수를 위탁한 경우에는 상사매매에 있어서의 확정기 매매(상 68), 매수인의 목적물의 검사와 하자통지 의무(상 69), 매수인의 목적물의 보관 공탁의무(상 70, 71)의 규정이 준용된다(상 110).

## 2. 위탁매매의 외부관계

### (1) 위탁매매인과 제3자의 관계

위탁매매인은 위탁자를 위한 매매로 인하여 상대방(제3자)에 대하여 직접 권리를 취득하고 의무를 부담한다(상 102). 위탁매매인은 자기명의로 거래를 하였기 때문에 권리의무의 주체가 되며, 사기나 강박처럼 매매에 영향을 미치는 사유는 오직 위탁매매인과 제3자 사이에 존재하는 사유만이 고려된다. 따라서 위탁자와 위탁매매인 간의 내부관계는 매매에 영향을 미치지 아니한다.

### (2) 위탁자와 제3자의 관계

위탁자와 거래상대방인 제3자와는 아무런 거래가 없으므로 직접적인 법률관계가 발생하지 아니한다. 따라서 위탁자는 제3자에 대하여 아무런 권리를 가지지 않고 제3자가 위탁매매인에게 채무를 이행하지 않더라도 위탁자가 제3자에게 손해배상을 청구할 수 없다.

### (3) 위탁자와 위탁매매인의 채권자 간의 관계

위탁매매인이 위탁자로부터 받은 물건 또는 유가증권이나 위탁매매로 인하여 취득한 물건, 유가증권 또는 채권은 위탁자와 위탁매매인 또는 위탁매매인의 채권자간의 관계에서는 이를 위탁자의 소유 또는 채권으로 본다(상 103). 위탁매매인이 위탁자로부터 받은 물건 등을 위탁매매의 상대방에게 이전하기 전에 파산하여 그의 권리나 물건이 위탁매매인의 파산재단에 귀속되는 경우나 위탁매매인의 채권자가 강제집행을 하는 경우에 위탁자는 환취권을 행사할 수 없으며 제3자 이의의 소도 제기할 수 없는 상황이 발생한다. 이러한 상황을 피하기 위하여 상법 제103조에 의한 환취권(파산 407, 409)과 제3자이의의 소(민집 48)를 위탁자에게 허용함으로써 그를 보호하려는 것이다. 위탁매매인의 채권자란 위탁매매인의 일반채권자를 말하고, 위탁매매인과 사이에 매매계약을 체결한 상대방인 채권자는 이에 포함되지 아니한다.

**대법원 1982. 2. 23. 선고 81도2619 판결**

> 위탁판매에 있어서는 위탁품의 소유권은 위임자에게 속하고, 그 판매대금은 다른 특약이나 특별한 사정이 없는 한 이를 수령함과 동시에 위탁자에 귀속한다 할 것이므로 이를 사용, 소비한 때에는 횡령죄가 구성된다.

## 제 5. 준위탁매매인

1. 준위탁매매인이란 자기명의로써 타인의 계산으로 매매 아닌 행위를 영업으로 하는 자를 말한다(상 113). 운송주선인은 제외되고, 주식위탁매매 · 여객운송 · 광고주선 · 임대차주선 등이 여기에 해당된다.

2. 준위탁매매인에게는 위탁매매에 관한 일반적인 규정이 준용된다. 다만 주선의 목적물에 거래소의 시세가 없으므로 개입권(상 107)은 준용되지 않는다. 또 매수위탁에 관한 상법 제109조와 매수위탁자가 상인인 경우의 상사매매에 관한 상법 제110조는 준용되지 않는데, 이들 규정은 매매에 관한 규정이므로 매매가 아닌 행위를 영업으로 하는 준위탁매매인에게 적용될 수 없다.

**대법원 2011. 7. 14. 선고 2011다31645 판결**

위탁매매란 자기의 명의로 타인의 계산에 의하여 물품을 매수 또는 매도하고 보수를 받는 것으로서 명의와 계산의 분리를 본질로 한다. 그리고 어떠한 계약이 일반의 매매계약인지 위탁매매계약인지는 계약의 명칭 또는 형식적인 문언을 떠나 그 실질을 중시하여 판단하여야 한다. 이는 자기 명의로써, 그러나 타인의 계산으로 매매 아닌 행위를 영업으로 하는 이른바 준위탁매매(상법 제113조)에 있어서도 마찬가지이다. 갑 주식회사가 국내에서 독점적으로 판권을 보유하고 있는 영화의 국내배급에 관하여 을 주식회사와 체결한 국내배급대행계약이 준위탁매매계약의 성질을 갖는지가 문제된 사안에서, 배급대행계약서의 내용 등 여러 사정에 비추어 을 회사는 위 배급대행계약에 따라 갑 회사의 계산에 의해 자신의 명의로 각 극장들과 영화상영계약을 체결하였다고 보아야 하므로, 을 회사는 준위탁매매인의 지위에 있다고 본 원심판단을 정당하다.

# 제4절 운송주선업

## 제 1. 서 설

오늘날 상거래가 대형화되고 그 내용과 방법이 다양해지고 있는데, 송하인이 운송인과 직접 운송물에 관한 운송계약을 체결하면 여러 가지 복잡한 문제에 부딪히게 된다. 그러나 운송에 관한 지식이 풍부한 운송주선인을 이용하게 되면 신속하고 정확하게 운송의 목적을 달성할 수 있을 것이다. 즉, 운송물에 관한 통관절차, 상품포장, 운송의 경로와 시기, 운송물의 적재·보관·인도 등에 관하여 전문적 지식을 가지고 있는 운송주선인의 도움이 필요하다.

운송주선업은 그 성질상 위탁매매업인데, 독일 신상법은 운송주선업을 독립된 영업으로 규정하고 있는 반면 프랑스에서는 운송업의 일종으로 보고 있다.[44] 운송주선업은 특별한 능력이나 시설을 요구하지 않는 자유영업이지만 운송주선업자가 운송인과 송하인 사이의 운송질서에 영향을 미쳐서 송하인의 이익을 침해할 소지가 있는 관계로 운송주선업을 하려면 면허나 허가가 요구되고, 그 활동에는 각종 규제와 감독이 필요하다. 예컨대 화물자동차 운송주선업을 하려면 국토교통부장관의 허가를 얻어야 한다(화물자동차운수사업법 24조 1).

[ 운송주선관계 ]

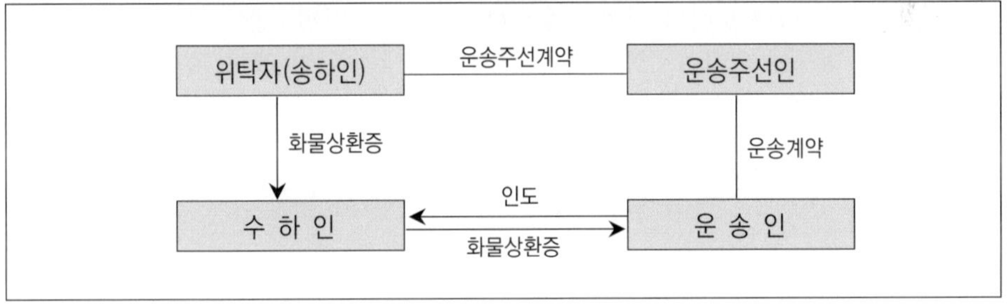


## 제 2. 운송주선인의 의의

운송주선인이란 자기 명의로 위탁자의 계산으로 물건운송의 주선을 영업으로 하는 자를 말한다(상 114). 이를 나누어 설명하면 다음과 같다.

### 1. '타인의 계산'으로 '자기의 명의'로 주선

(1) 운송주선인은 자기의 명의로 타인의 계산으로 운송계약을 체결한다는 점에서 위탁매매인·준위탁매매인과 동일하고, 본인의 이름과 계산으로 법률행위를 하는 대리상 그리고 타인 사이의 법률행위의 성립을 위하여 중개라는 사실행위를

44) 최준선, 350면.

행하는 중개인과 다르다.

(2) 실무에서 운송주선인은 운송주선을 하면서 송하인이나 운송인의 대리인으로서 운송계약을 체결하기도 하고, 위탁자(송하인)의 이름으로 운송계약을 체결하는 경우도 있는데, 그 이유는 화환어음거래에서 은행의 신용을 얻기 위하여 위탁자를 송하인으로 지정하여 화물상환증이나 선하증권을 발행할 필요가 있기 때문이다. 위와 같은 경우에도 여전히 운송주선인의 지위에 있다.[45]

**대법원 2007. 4. 26. 선고 2005다5058 판결**

상법 제114조는 "자기의 명의로 물건운송의 주선을 영업으로 하는 자를 운송주선인이라 한다."고 규정하고 있는바, 여기서 '주선'이라 함은 자기의 이름으로 타인의 계산 아래 법률행위를 하는 것을 말하므로, 운송주선인은 자기의 이름으로 주선행위를 하는 것이 원칙이지만, 실제로 주선행위를 하였다면 하주나 운송인의 대리인, 위탁자의 이름으로 운송계약을 체결하는 경우에도 운송주선인으로서의 지위를 상실하지 않는다. 한편, 해상운송주선인이 위탁자의 청구에 의하여 선하증권을 작성한 때에는 상법 제116조에서 정한 개입권을 행사하였다고 볼 것이나, 해상운송주선인이 타인을 대리하여 그 명의로 작성한 선하증권은 특별한 사정이 없는 한 상법 제116조에서 정한 개입권 행사의 적법조건이 되는 '운송주선인이 작성한 증권'으로 볼 수 없다.

## 2. 물건운송의 주선

(1) 운송주선인은 물건운송의 주선을 하는 자이다. 여기의 물건이란 운송의 객체가 될 수 있는 모든 물건을 말하나 부동산은 제외되고, 운송의 방법에 제한이 없으므로 물건의 육상·해상·항공 운송을 모두 포함한다. 그리고 운송주선업이 물건운송의 주선으로 한정하였으므로, 여객운송의 주선을 영업으로 하는 자는 준위탁매매인이다. 운송주선인의 주선의 목적이 물건운송이라는 점에서 위탁매매인의 주선의 목적은 물건 또는 유가증권의 매매인 점(상 101)과 준위탁매매인의 주선의 목적은 매매 아닌 행위(상 113)인 점과 다르다.

(2) 운송주선인은 주선의 목적이 물건운송이라는 점을 제외하고는 위탁매매인과 같기 때문에 상법은 운송주선인에 대하여 다른 정함이 있는 경우를 제외하고

---

45) 대법원 1987. 10. 13. 선고 85다카1080 판결.

는 위탁매매인에 관한 규정을 준용한다(상 123).

(3) 운송주선의 범위는 운송계약 체결뿐만 아니라 운송물의 검사·포장·수령·보관·인도·서류작성·보험계약체결·통관절차대행 등 운송의 실현을 위하여 필요한 행위도 포함된다고 본다.[46]

### 3. 상인성

운송주선인은 물건운송의 주선을 영업으로 하는 자이다. 운송주선인은 물건운송의 주선행위를 영업으로 함으로써 당연상인이 된다(상 4조, 46조 12호). 운송주선인에게 다른 영업을 겸영하는 것이 금지되지는 아니하므로, 운송주선인이 운송업을 겸영하는 경우도 많다.

**대법원 2015. 5. 28. 선고 2014다88215 판결**

물품운송계약은 당사자의 일방이 물품을 한 장소로부터 다른 장소로 이동하기로 하고 상대방이 이에 대하여 일정한 보수를 지급할 것을 약속함으로써 성립하는 계약이므로, 운송계약에 따른 권리·의무를 부담하는 운송인이 누구인지는 운송의뢰인에 대한 관계에서 운송을 인수한 자가 누구인지에 따라 확정된다. 따라서 운송주선업자가 운송의뢰인으로부터 운송관련 업무를 의뢰받은 경우 운송까지 의뢰받은 것인지, 운송주선만을 의뢰받은 것인지 여부가 명확하지 않은 때에는 당사자의 의사를 탐구하여 운송인의 지위도 함께 취득하였는지 여부를 확정하여야 하지만, 그 의사가 명확하지 않은 경우에는 계약 체결 당시의 상황, 선하증권의 발행자 명의, 운임의 지급형태, 운송을 의뢰받은 회사가 실제로 수행한 업무 등 여러 가지 사정을 종합적으로 고려하여 논리와 경험칙에 따라 운송주선업자가 운송의뢰인으로부터 운송을 인수하였다고 볼 수 있는지 여부를 확정하여야 한다(대법원 2007. 4. 27. 선고 2007다4943 판결 ; 대법원 2012. 12. 27. 선고 2011다103564 판결).

46) 최준선, 352면.

## 제 3. 운송주선인의 형태[47)]

### 1. 대리인으로서의 운송주선인

운송주선인이 송하인을 대리하여 업무를 수행하여 송하인의 운송을 위한 보조자라 할 수 있는 경우로서, 전통적인 의미의 운송주선인을 말한다. 이 경우 운송주선인은 송하인을 보조하여 선박과 발항지 및 발항일을 지정하고 화물을 부두까지 운송하는 등의 업무를 수행한다. 이러한 운송주선인의 행위는 대리행위에 불과하므로 권리와 의무의 귀속자는 송하인이다. 영미법에서는 운송주선인이 송하인 또는 운송인의 대리인으로서 기능을 한다고 설명한다.[48)]

### 2. 순수한 운송주선인

운송주선인이 송하인으로부터 독립적 지위에 서서 운송주선인 스스로 본인이 되어 운송인과 사이에 운송계약당사자가 되는 경우로서, 상법이 인정하는 전형적인 운송주선인이다. 이 경우 2개의 법률관계가 발생하는데 첫째로 운송주선인은 위탁자(송하인)와 사이에 수하인을 특정하여 물건운송계약을 체결할 것을 위탁하는 운송주선계약을 체결하고, 둘째로 운송주선계약의 이행으로써 운송주선인은 자기명의로 운송인과 운송계약을 체결한다.

따라서 물건운송계약에서는 운송주선인이 송하인의 지위에 서고, 원래의 송하인과 운송인 사이에는 직접적인 법률관계가 발생하지 아니하므로, 송하인이 운송인에게 권리를 행사하려면 운송주선인으로부터 지명채권의 양도방식이나 화물상환증 또는 선하증권의 양도에 의하여 채권을 양도받아야 한다.[49)] 이러한 순수한 운송주선인도 개입권을 행사하거나(상 116조 1항), 화물상환증 또는 선하증권을 발행한 경우(개입권의 행사 의제; 상 116조 2항)에는 운송인이 된다.

---

47) 김인현, "운송주선인의 다양한 법적 지위에 따른 법률관계 -해상운송주선인을 중심으로", 「안암법학」 제26호, 안암법학회, (2008. 4.), 5-7면.

48) 송상현 · 김현, 242면 ; 대법원 1987. 10. 13. 선고 85다카1080 판결(운송주선인은 자기의 이름으로 주선행위를 하는 것을 영업으로 하는 것이지만 하주나 운송인의 대리인이 되기도 하고 실제에 있어서도 위탁자의 이름으로 운송계약을 체결하는 일이 많은 것도 사실이며, 이와 같은 경우에도 운송주선인임에는 변함이 없다). 대법원 2007. 4. 26. 선고 2005다5058 판결도 같은 취지이다.

49) 이철송, 564면 ; 대법원 1987. 10. 13. 선고 85다카1080 판결.

## 3. 운송인으로서의 운송주선인

운송주선인이 스스로 운송인이 되어 송하인으로부터 운송을 인수한 경우이다. 이때는 운송주선인은 운송인으로서 책임을 부담한다. 여기의 '운송인으로서의 운송주선인'은 처음부터 운송을 인수한 경우만을 지칭하는 것이며, 운송주선인이 개입권을 행사하여 운송인이 되는 경우는 제외된다고 본다.[50]

미국에서는 운송인의 기능을 하는 운송주선인을 무선박운항자(NVOCC : Non-Vessel Operating Common Carrier)라고 하는데, 이는 운송주선인이 직접 선박을 운항하지 않으면서 실제운송인인 선주에 대하여는 송하인의 지위에 서는 것이다.[51] 이때 운송주선인은 송하인과 운송계약을 체결하고 하우스 선하증권(House B/L)을 발행하며,[52] 운송주선인은 다시 운송인(실제운송인)인 선박소유자와 운송계약을 체결하여 선박소유자로부터 마스터 선하증권(master B/L)[53]을 발급받는다. 그래서 선박소유자는 운송주선인의 이행보조자의 지위에 서게 되고,[54] 송하인은 선박소유자와 사이에는 직접적인 운송계약관계가 생기지 아니하므로 선박소유자에게 계약책임을 물을 수 없고 불법행위에 해당되는 경우에만 책임을 물을 수 있다.[55]

육상운송주선인이 육상운송인이 되면 상행위편의 운송업 규정이 적용될 것이고 해상운송주선인이 해상운송인이 되면 해상편 규정이 적용될 것이다.[56] 그런데 상법 해상편에는 운송인의 책임제한규정이 있으므로 해상운송인이 된 운송주선인은 책임제한의 이익을 향유할 수 있다. 그러나 상행위편의 운송업 규정에는 책임제한의 규정이 없으므로 육상운송인이 된 운송주선인은 상법상 책임제한의 이익을 누릴 수 없고, 단지 운송약관 등을 이용하여 책임을 제한할 수 있을 뿐이다.[57]

---

50) 채이식, 280면.

51) 김창준, "복합운송주선업자의 법적 지위에 관한 연구-법해석론적 쟁점을 중심으로", 경희대학교 대학원 박사학위논문, 2004. 2. 15면.

52) 운송주선인이 송하인에게 발행하는 선하증권을 실무상 하우스 선하증권이라고 하는데, 이는 단순한 선적증명서에 해당하고 유가증권이 아니라는 견해도 있으나, 운송주선인이 운송을 인수하면서 운송인의 지위에서 이를 발행하는 것이므로 통상의 선하증권과 동일한 효력이 있는 것으로 보는 것이 일반적이다. 통상 하우스 증권은 해상운송을 의뢰한 실제 화주를 송하인으로, 양륙항에서 정당하게 운송물을 수령할 수 있는 자를 수하인(신용장이 개설된 경우에는 신용장개설은행이 수하인으로 지정됨이 일반적이다)으로, 실제 수입상을 통지처로 하여 발행된다(해상재판실무편람, 2004, 8-9면).

53) 실제 운송인이 운송주선인을 송하인으로, 운송주선인과 상호 대리 또는 현재 파트너 계약 등을 체결한 별도의 도착지 운송주선인을 수하인으로, 실제 수입상을 통지처로 하여 발행된다(해상재판실무편람, 2004, 8-9면).

54) 김인현, 45면.

55) 김인현, 46면.

56) 김인현, 앞의 논문, 12면

## 제 4. 운송주선인의 의무

### 1. 선관주의의무

위탁자(송하인)와 운송주선인과의 주선인수계약의 성질은 위임이므로, 위탁매매인에 관한 규정이 준용될 뿐만 아니라(상 123), 민법 및 상법의 위임 규정도 보충적으로 적용된다(상 112). 따라서 운송주선인은 선량한 관리자의 주의의무를 부담한다. 여기의 '운송의 주선'이란 운송계약체결에 한정되지 않고 이에 부수되는 업무로서 상관습상 인정되거나 위탁자로부터 위임받은 업무를 포함하므로, 운송물의 수령・보관・서류작성・운송경로・방법 등에 관한 주의의무도 부담한다.[58)]

### 2. 개별적 의무

#### (1) 통지의무・계산서제출의무

운송주선인은 운송인과 사이에 물건운송계약을 체결하였을 때에는 위탁자에게 그 예약의 요령과 운송인의 주소, 성명의 통지를 발송하여야 하고, 계산서를 제출하여야 한다(상 123, 상 104).

#### (2) 지정운임준수의무

위탁자가 운송주선인에 대하여 운임을 지정한 때에는 이를 준수하여야 한다. 만일 운송주선인이 고가로 운송계약을 체결한 때에는 그 차액을 부담하여야 하고, 염가로 운송계약을 체결한 경우에는 그 차액은 위탁자의 이익으로 한다(상 123, 상 106)

#### (3) 부패가능운송물에 대한 통지・처분의무

운송주선인이 운송물을 인도받은 후에 그 물건이 부패할 염려가 있는 때에는 지체없이 그 통지를 발송하여야 하고, 위탁자의 지시를 받을 수 없거나 그 지시가 지연된 때에는 위탁자를 위하여 적당한 처분을 하여야 한다(상 123, 상 108).

---

57) 김인현, 앞의 논문, 29면.
58) 정찬형, 319면.

## 3. 손해배상책임

### (1) 성 질

운송주선업의 특수성에 비추어 손해배상의무에 관한 특칙을 두고 있다. 즉, 운송주선인은 자기나 그 사용인이 운송물의 수령, 인도, 보관, 운송인이나 다른 운송주선인의 선택 기타 운송에 관하여 주의를 해태하지 아니하였음을 증명하지 아니하면 운송물의 멸실, 훼손 또는 연착으로 인한 손해를 배상할 책임을 면하지 못한다(상 115).

운송주선인은 자기 또는 사용인이 주의를 해태하지 아니하였음을 증명하지 아니하면 손해를 배상할 책임을 부담하므로, 스스로 과실이 없음을 입증해야만 배상책임을 면한다. 그러므로 운송주선인의 손해배상책임은 과실책임의 일종으로서 채무불이행으로 인한 책임이다.[59] 사용인의 고의나 과실에 대하여도 운송주선인이 책임을 지며 운송주선인측이 무과실임을 입증할 책임을 부담하는 점에서 민법상 채무불이행책임(민 390)의 예외규정으로 보는 견해가 있다. 그러나 민법에서도 이행보조자의 과실을 채무자의 과실로 보고(민 391),[60] 그 증명책임은 채무자가 부담한다고 해석되는바, 상법 제115조는 민법의 일반원칙에 대한 주의규정이라고 보아야 할 것이다.[61]

### (2) 책임의 원인

운송주선인의 손해배상책임원인 중 채무불이행의 유형은 '운송주선인은 자기나 그 사용인이 운송물의 수령, 인도, 보관, 운송인이나 다른 운송주선인의 선택 기타 운송에 관하여 주의를 해태'뿐만 아니라 그 밖에 선량한 관리자로서의 주의의무의 해태, 예컨대 서류작성, 포장, 보관 등의 주의의무 해태를 포함하고, 손해의 유형도 '운송물의 멸실 · 훼손 · 연착으로 인한 손해'에 한정하지 않고 그 밖의 손해도 포함한다.[62] 따라서 법에 규정된 책임원인은 예시적인 것으로 본다.

---

59) 정찬형, 320면.
60) 민법 제391조(채무자의 법정대리인이 채무자를 위하여 이행하거나 채무자가 타인을 사용하여 이행하는 경우에는 법정대리인 또는 피용자의 고의나 과실은 채무자의 고의나 과실로 본다).
61) 정찬형, 320면.
62) 정찬형, 320면 ; 최준선, 354면.

### (3) 손해배상의 범위

#### 1) 원 칙

손해배상액에 대하여 상법에 특별한 규정이 없으므로 민법의 일반원칙에 의한다. 따라서 운송주선인은 원칙적으로 채무불이행과 상당인과관계에 있는 모든 손해를 배상하여야 하며(민 393조 1), 다만 예외적으로 특별손해는 운송주선인이 그 사정을 알았거나 알 수 있었을 때에 한하여 배상할 책임을 진다(민 393조 2).

#### 2) 고가물에 대한 특칙

운송주선인의 손해배상책임은 '운송인의 경우의 고가물에 관한 특칙'이 준용된다(상 136). 따라서 화폐, 유가증권 기타의 고가물에 대하여는 송하인이 운송을 위탁할 때에 그 종류와 가액을 명시한 경우에 한하여 운송주선인이 손해를 배상할 책임이 있고, 이를 명시하지 않으면 운송주선인은 손해배상책임을 지지 않는다. 이처럼 고가물에 대한 특칙을 둔 이유는 위탁자가 고가물의 종류와 가액을 명시하지 않으면 운송주선인은 운송물의 보관 등에 대한 특별한 주의를 기울이지 않을 것이고, 또 위탁자가 고액의 수수료를 부담하지 않을 의도로 가액과 종류를 밝히지 아니한 책임을 묻기 위한 것이다.[63]

### (4) 단기소멸시효

1) 운송주선계약에 의하여 운송주선인이 부담하는 채무는 상행위로 인한 채무이므로 채무불이행으로 인한 책임은 일반 상사소멸시효가 적용될 것이지만, 상법은 운송주선인의 책임에 관하여 단기소멸시효를 두어 '수하인이 운송물을 수령한 날로부터 1년을 경과한 때에는 소멸시효가 완성한다'고 규정하였다(상 121조 1). 그 이유는 운송물의 멸실·훼손·연착 등에 의한 운송주선인의 책임은 증거가 인멸되기 쉬울 뿐만 아니라 많은 운송물을 다루는 운송주선인으로서는 장기간 증거를 보전하기 어려운 사정을 감안한 것이다. 따라서 1년의 단기소멸시효는 운송주선계약에 의하여 운송물이 멸실·훼손·연착으로 인한 손해에 한정하고 불법행위책임에는 적용되지 않는다.

2) 단기소멸시효는 운송주선인이나 그 사용인이 악의인 때에는 적용되지 않고(상 121조 3), 일반상사 소멸시효인 5년이 적용된다. '악의'의 의미에 관하여, 단기소멸시효의 적용을 배제하는 채무자의 악의는 보다 강한 귀책사유가 요구되기 때

---

63) 최준선, 395면.

문에 고의로 운송물의 멸실·훼손을 야기한 경우 또는 운송물의 멸실·훼손을 은폐한 경우를 의미한다는 견해[64]와 운송물의 멸실·훼손·연착을 초래하거나 은폐한 경우뿐만 아니라, 소극적으로 이를 알면서 수하인에게 알리지 않고 인도한 경우도 포함한다는 견해[65]가 대립한다. 운송주선인의 악의를 일반적 해석보다 좁게 해석하여 피해자 보호를 소홀히 할 이유가 없으므로 후자의 견해가 타당하다.[66] 1년 단기 소멸시효기간은 당사자 간의 약정에 의하여 이를 배제하거나 연장할 수 없다.[67] 수하인에게 운송물을 인도할 때 운송주선인이 악의라는 입증책임은 위탁자가 부담한다. 1년의 시효기간은 원칙적으로 수하인이 운송물을 수령한 날부터 기산하지만, 운송물이 전부 멸실한 경우에는 그 운송물을 인도할 날로부터 기산한다.

**대법원 1991. 8. 27. 선고 91다8012 판결**

구상법 제812조에 의하여 준용되는 같은법 제121조 제1항, 제2항의 단기 소멸시효의 규정은 운송인의 운송계약상의 채무불이행으로 인한 손해배상청구에만 적용되고, 이 사건과 같은 일반 불법행위로 인한 손해배상청구에는 적용되지 아니하는 것이므로(대법원 1985. 5. 28. 선고 84다카966 판결).

**대법원 1987. 6. 23. 선고 86다카2107 판결**

1. 상법 제812조에 의하여 준용되는 같은법 제121조 제1항은 해상운송인의 책임에 관하여 "수하인이 운송물을 수령한 날로부터 1년을 경과하면 소멸시효가 완성한다"라고 규정하고 있는 바, 위 기간은 소멸시효기간으로서 소멸시효의 이익을 미리 포기하거나 당사자 사이의 약정에 의하여 이를 배제, 연장 또는 가중할 수 없다 할 것이다(민법 제184조 제1항, 제2항). 당사자 사이에 해상운송인의 책임에 관하여 제소기간을 약정하고 그 기간연장에 합의하였다 하더라도 위와 같은 제소기간의 약정과 그 기간연장에 관하여 상관습법이 확립되었다고 인정되지 아니하는 한 그러한 약정과 합의에 의하여 위 소멸시효에 관한 상법이나 민법규정의 적용을 배제할 수는 없는 것이다

2. 상법 제812조에 의하여 준용되는 같은법 제121조 제3항에 규정된 운송인이나 그 사용인이 "악의인 경우"라 함은 운송인이나 그 사용인이 운송물에 훼손 또는 일부멸실이 있다는 것을 알면서 이를 수하인에게 알리지 않고 인

64) 손주찬, 325면 ; 대법원 1987. 6. 23. 선고 86다카2107 판결.
65) 정찬형, 323면.
66) 안강현, 295면.
67) 정찬형, 323면 ; 대법원 1987. 6. 23. 선고 86다카2107 판결.

도된 경우를 가리킨다 할 것이다 그런데 성립에 다툼이 없는 갑 제5호증(화물인수도 협정서)의 기재에 의하면 이 사건 운송물(열연강판)의 양하장에서 수하인인 주식회사 쌍용재팬의 직원과 운송인인 피고의 사용인인 선박의 일등항해사가 이 사건 운송물의 인도수령시 공동으로 그 상태를 확인점검한 결과 운송물일부(열연강판 329매)가 해수로 녹이 슨 것을 확인한 사실이 인정되는 바, 위 인정사실에 의하면 위 운송물의 인도당시 수하인의 직원에게도 위 운송물일부가 녹이 슨 것이 알려졌으므로 피고의 사용인이 이를 수하인에게 알리지 않고 인도한 것이라고 볼 수 없고, 따라서 피고는 "악의"의 운송인에 해당되지 아니한다 할 것이다.

(5) 불법행위책임과의 관계

운송주선인이 운송주선계약의 채무불이행을 하는 경우에는 그로 인한 손해배상책임을 부담함과 아울러 운송주선인이나 그 사용인의 고의·과실로 인하여 운송물을 멸실·훼손한 때에는 민법상의 불법행위책임도 부담한다(민 750). 이때 위탁자는 운송주선인에 대하여 채무불이행과 불법행위를 이유로 하는 두 개의 청구권을 가지는데, 계약책임과 불법행위책임은 그 요건과 효과를 달리하는 별개의 청구권이므로 피해자인 위탁자가 어느 하나의 청구권을 선택하여 청구할 수 있다는 청구권경합설이 있다.

한편 불법행위책임은 일반적인 손해배상책임이고, 특별법의 지위에 있는 계약법이 일반적인 불법행위의 규정의 적용을 배제하므로 위탁자는 운송주선인에 대하여 채무불이행에 기한 손해배상청구권만을 갖는다는 법조경합설이 있다. 피해자의 보호에 유리한 청구권경합설이 다수설이며, 판례의 입장이다.[68] 고가물에 대한 특칙이나 면책약관은 불법행위책임을 묻는 경우에도 적용되어야 한다고 본다. 면책약관은 선량한 풍습 기타 사회질서에 반하지 아니하는 한 유효하다고 본다.

**대법원 1999. 7. 13. 선고 99다8711 판결**

운송계약상의 채무불이행책임이나 불법행위로 인한 손해배상책임은 병존하고, 운송계약상의 면책특약은 일반적으로 이를 불법행위책임에도 적용하기로 하는 명시적 또는 묵시적 합의가 없는 한 당연히 불법행위책임에 적용되지 않는다.

68) 정찬형, 321면 ; 최준선, 357면 ; 대법원 2004. 7. 22. 선고 2001다58269 판결 ; 대법원 1999. 7. 13. 선고 99다8711 판결.

### 4. 수하인에 대한 의무

운송주선계약의 당사자는 위탁자와 운송주선인이지만, 운송물이 도착지에 도착한 때에는 운송주선계약에 정하여진 수하인도 원칙적으로 위탁자와 동일한 권리를 취득한다(상 140조 1). 그리고 운송물이 도착지에 도착한 후 수하인이 그 인도를 청구한 때에는 수하인의 권리가 송하인의 권리에 우선한다(상 140조 2). 수하인은 운송계약의 당사자는 아니지만 운송의 목적에서 볼 때 위탁자와 수하인을 일체로 인정하는 것이 타당하기 때문이다. 이처럼 운송물이 도착지에 도착한 때에는 수하인도 위탁자와 동일한 권리를 취득하므로 손해배상청구권과 기타 운송주선계약에 따르는 모든 권리가 있다. 아울러 수하인은 운송주선인에 대하여 보수 및 기타의 비용을 지급할 의무를 진다(상 124, 141).

## 제 5. 운송주선인의 권리

### 1. 보수청구권

#### (1) 보수청구권의 발생

운송주선인은 상인이므로 당사자 간에 보수에 관한 특약이 없더라도 위탁자에 대하여 상당한 보수를 청구할 수 있다(상 61). 운송주선인은 운송인과 운송계약을 체결하고 운송물을 운송인에게 인도한 때에 위임사무의 처리를 완료하였다고 할 수 있으므로 이때에 보수를 청구할 수 있다(상 119조 1).

운송주선인의 보수청구권은 운송계약의 존재를 전제로 인정되는 것이므로 운송물을 인도하였더라도 운송계약이 성립되지 않으면 보수를 청구할 수 없다. 그러므로 운송계약이 체결되지 않은 동안은 운송물을 운송인에게 임치한 경우에도 운송주선인의 보수청구권은 발생하지 않는다.[69] 다만 운송계약이 성립하였음에도 불구하고 운송주선인의 책임 없는 사유로 운송물을 인도할 수 없었을 때에는 운송물의 인도 없이 보수를 청구할 수 있다.

69) 최기원, 349면.

### (2) 보수청구권의 미발생

#### 1) 확정운임 운송주선계약

(가) 운송주선계약으로 운임의 액을 정한 경우에는 다른 약정이 없으면 따로 보수를 청구하지 못한다(상 119조 2). 운송주선계약에서 운송주선인이 운임까지 정할 수 있는데, 이 경우 다른 약정이 없다면 운송주선인은 송하인과 운임을 결정할 때 자신의 영리성을 실현할 수 있는 기회를 가지고, 자신의 운송주선보수를 운임 속에 포함시켰다고 볼 수 있기 때문이다. 운송주선인은 확정운임과 그가 실제로 운송인에게 지급하는 운임과의 차액을 취득한다. 그리고 운송주선계약으로 운임의 액이 정해진 경우라도 그것을 확정운임운송주선계약으로 볼 수 있으려면 주선인에게 해상운송인으로서의 기능을 수행하는 것이 가능한 재산적 바탕이 있어야 하고 또 그 정해진 운임의 액이 순수한 운송수단의 대가만이 아니고 운송품이 위탁자로부터 수하인에게 도달되기까지의 액수가 정해진 경우라야만 한다.[70)]

(나) 확정운임 운송주선계약에서 보수청구권이 제한되는 근거에 대하여 견해가 대립한다. 첫째로 확정운임 운송주선계약은 운송주선인이 확정운임과 현실운임 사이의 차액을 얻기 위하여 운송을 인수하는 것이므로 운송주선인이 개입권(상 116)을 행사한 경우로 보아야 한다는 견해가 있다(개입설). 둘째로 확정운임 운송주선계약을 운송계약으로 보아 운송주선인과 위탁자와의 법률관계에 운송의 규정을 적용하여야 하며, 운송주선인은 운송인이 되므로 운송주선인의 보수를 청구하지 못하고 운송이 종료된 후 운송인의 지위에서 운임만을 청구할 수 있다는 견해가 있다(운송계약설).

생각건대 개입권은 당사자 일방의 의사표사에 의하여 행사되는 형성권인 반면에 확정운임 운송주선계약은 당사자 간의 계약에 의하여 성립하는 것이므로, 운송계약설이 타당하다.[71)]

(다) 확정운임 운송주선계약이 성립하려면 위탁자와 운송주선인 사이에 운임의 합의, 즉 송하인으로부터 수하인에 이르기까지 운송을 위하여 일정한 운임을 지급한다는 합의가 운송인에게 운송물을 인도하기 전까지 이루어져야 한다. 운송물을 운송인에게 인도하면 운송주선인의 의무는 이행되고 이때부터 그 내용을 변경할 수 없기 때문이다.

운송주선인의 확정운임청구권은 운송물을 단순히 운송인에게 인도한 때가 아니

---

70) 대법원 1987. 10. 13 선고 85다1080 판결.
71) 정찬형, 324면 ; 이철송, 570면 ; 최준선, 358면.

라 수하인에게 운송물을 인도하여 운송의무를 완료한 때에 발생한다. 그리고 운송주선인이 선정한 운송인은 운송주선인의 이행보조자가 되므로 그의 고의·과실에 대하여도 운송주선인이 책임을 진다.[72)]

**대법원 1987. 10. 13. 선고 85다1080 판결**

피고와 우양간의 계약을 상법 제119조 제2항의 확정운임운송주선계약으로 판단하고 있는 바, 상법 제119조 제2항은 "운송주선계약으로 운임의 액을 정한 경우에는 다른 약정이 없으므로 따로 보수를 청구하지 못한다"고 규정하고 있다. 이것은 이미 본 바와 같이 본래 운송주선계약은 위임계약으로서 운송의 결과에 관계없이 다만 운송인과 운송계약을 체결하고 운송품을 운송인에게 인도하기만 하면 위임사무는 완료한 것이 되므로 그때에 보수청구권이 생기고 지급시기가 도래하는 것이나 운송주선인이 운송주선계약으로 운임의 액을 정한 경우 즉, 이른바 확정운임운송주선계약이 체결되었을 때에는 바로 그때에 위탁자와 운송주선인과의 사이에 운송계약이 체결된 것으로 보아 운송의 결과에 따라 지급되는 운임에 의하여 운송주선인의 보수와 운송인으로서의 보수가 함께 약정된 것으로 해석되므로 특약이 없는 한 운송주선인으로서의 보수를 따로 구하지 못한다는 뜻인 것이다. 그런데 운송주선인이 해상운송인으로서의 기능을 수행하는데는 그것이 가능한재산적 바탕이 있어야 한다는 것은 이미 본 바와 같으므로 운송주선계약으로 운임의 액이 정해진 경우라도 그것을 확정운임운송주선계약으로 볼 수 있으려면 첫째로, 주선인에게 위와 같은 재산적 바탕이 있어야 하고 둘째로, 그 정해진 "운임의 액"이 순수한 운송수단의 댓가 즉 운송부분의 댓가만이 아니고 운송품이 위탁자로부터 수하인에게 도달되기까지의 액수가 정해진 경우라야만 한다할 것이므로 구체적인 경우에 당사자의 의사표시를 해석함에 있어서는 위와 같은 요소가 갖추어져 있었느냐를 따져 보아 확정운임운송계약인가의 여부를 확정해야 하는 것이다.

### 2) 혼재운송계약

운송주선인은 수인의 위탁자로부터 동일한 운송노선을 거치는 동종의 운송물을 일괄하여 자기의 명의와 계산으로 하나의 혼재운송계약을 체결할 수 있다. 이 때는 운임이 확정되지 않은 경우에도 운송주선인은 운송인으로서 권리·의무의 주체가 되므로 확정운임운송주선계약과 동일하게 운송주선인은 위탁자에 대하여 운임 외에 별도의 보수청구권을 갖지 못한다.

---

72) 이철송, 570면.

다만 운송주선인이 위탁자의 계산으로 운송계약을 체결하는 경우에는, 운송주선인이 받은 운임과 실제의 운임의 차액은 위탁자가 이득을 얻게 되므로 이 운송계약은 실제로 운송주선계약이 되고, 따라서 운송주선인은 위탁자에 대하여 보수청구권을 갖는다.[73)]

## 2. 비용상환청구권

운송주선인은 위탁자를 위하여 체결한 운송계약에 의하여 운송인에게 지급한 운임 기타 운송을 위하여 지출한 비용에 관하여 위탁자에 대하여 그 상환을 청구할 수 있다(상 123, 112, 민 687, 688).

## 3. 유치권

운송주선인은 운송물에 관하여 받은 보수, 운임 기타 위탁자를 위한 체당금이나 선대금에 관하여서만 그 운송물을 유치할 수 있다(상 120). 유치권이 운송물로 한정된다는 점에서 민사유치권(민 320조 1)과 다르다. 그러므로 운송주선인의 특별상사유치권은 피담보채권과 유치목적물과의 견련성을 요구하고, 유치목적물(운송물)의 소유권 여부나 점유취득원인이 상행위인지 여부를 묻지 않는 점에서 민사유치권과 유사하고, 일반 상사유치권과 다르다.[74)]

운송주선인은 운송물에 관하여 수령할 운임·보수 기타 위탁자를 위한 체당금이나 선대금에 관해서만 그 운송물을 유치할 수 있는 특별상사유치권을 갖는다. 이처럼 피담보채권의 범위를 제한하는 것은 위탁자와 운송주선인 사이에는 계속적 거래관계가 없거나 운송인과 수하인이 다른 경우가 많으므로 수하인의 이익을 보호할 필요가 있기 때문이다.

운송주선인은 운송물을 직접점유하고 있는 경우는 물론이고 운송인을 통하여 간접점유를 하는 동안에도 유치권을 행사할 수 있다. 즉, 운송주선인은 자기명의로 운송계약을 체결하여 송하인으로서 운송인을 통하여 운송물을 간접점유하고 있으므로 운송물의 처분청구권에 의하여 유치권을 행사할 수 있다.[75)]

---

73) 정찬형, 325면.
74) 정찬형, 326면.
75) 최준선, 360면.

## 4. 개입권

### (1) 의 의

운송주선인은 다른 약정이 없으면 직접 운송할 수 있다(상 116조 1). 이를 운송주선인의 개입권이라고 한다. 그 성질은 위탁매매인의 개입권과 같은 형성권으로서, 개입의 통지가 위탁자에게 도달하였을 때 효력이 발생하므로, 그때부터 운송주선인은 운송인과 동일한 권리의무가 있다(상 116조 1항 후단).

### (2) 행사 요건

운송주선인이 개입권을 행사하기 위해서는 개입금지의 특약이나 위탁자의 지시가 없어야 한다. 그리고 위탁매매인의 개입권과 달리 운임에 관하여 시세가 없더라도 주선인이 개입권을 행사할 수 있는데, 그 이유는 운임은 물건이나 유가증권과 달리 거래소의 시세가 없는 반면 구간에 따라 정형화되어 있으므로 운송주선인이 개입권을 행사하더라도 위탁자에게 부담을 주지 않기 때문이다. 그리고 운송주선인이 운송물의 종류에 비추어 적합한 운송수단을 확보하고 있어야 개입권을 행사할 수 있다고 본다.[76]

### (3) 개입의 방법과 시기

개입권의 행사는 특약이 없는 한 위탁자에 대한 명시 또는 묵시의 의사표시로서 할 수 있으며, 통지에 특별한 방식을 요구하지 않는다. 운송주선인이 운송을 실행하면 묵시에 의한 개입의 의사표시가 있는 것으로 본다. 개입권의 행사시기에 관하여는 제한이 없으므로 운송주선인은 운송인과 운송계약을 체결하기 전에는 물론이고 운송계약을 체결한 이후에도 위탁자에게 주선계약의 이행을 통지할 때까지는 그 운송계약을 해지하고 개입권을 행사할 수 있다. 다만 운송주선인은 위탁자에게 손해가 생기지 않도록 선량한 관리자로서의 주의를 다하여야 한다.

### (4) 개입의 의제

운송주선인이 위탁자의 청구에 의하여 화물상환증을 작성한 때에는 직접 운송하는 것으로 본다(상 116조 2). 그러므로 운송주선인이 위탁자에게 화물상환증을 작성・교부한 때에는 개입권을 행사한 것으로 의제하고 있다. 이처럼 개입의제 규정을 둔 이유는 화물상환증은 운송인이 발행할 수 있는 것이므로 송하인이 운송주선인에게 화물상환증의 발행을 청구한 것은 개입을 권유한 것으로 볼 수 있고, 이

76) 최기원, 352면.

에 대하여 운송주선인이 화물상환증을 발행하는 것은 개입한다는 묵시의 의사표시가 있는 것으로 볼 수 있기 때문이다.

### (5) 행사의 효과

운송주선인이 개입을 한 경우에는 운송인과 동일한 권리의무를 갖는다(상 116조 1항 후단). 따라서 운송주선인과 위탁자 사이에 운송계약관계가 성립하며, 운송주선인은 운송주선인으로서의 지위와 운송인의 지위를 동시에 갖게 된다. 그러나 운송주선인의 개입으로 위탁자와의 운송주선의 위임관계가 소멸되는 것은 아니므로, 운송주선인은 보수·비용·운임 등을 청구할 수 있다(상 123, 107조 2). 개입권의 행사가 부적절하여 위탁자를 위한 선량한 관리자로서의 주의의무를 위반한 경우에는 위임관계에 의하여 손해배상책임을 부담한다.

**대법원 2007. 4. 26. 선고 2005다5058 판결**

상법 제114조는 "자기의 명의로 물건운송의 주선을 영업으로 하는 자를 운송주선인이라 한다."고 규정하고 있는바, 여기서 '주선'이라 함은 자기의 이름으로 타인의 계산 아래 법률행위를 하는 것을 말하므로, 운송주선인은 자기의 이름으로 주선행위를 하는 것이 원칙이지만, 실제로 주선행위를 하였다면 하주나 운송인의 대리인, 위탁자의 이름으로 운송계약을 체결하는 경우에도 운송주선인으로서의 지위를 상실하지 않는다. 한편, 해상운송주선인이 위탁자의 청구에 의하여 선하증권을 작성한 때에는 상법 제116조에서 정한 개입권을 행사하였다고 볼 것이나, 해상운송주선인이 타인을 대리하여 그 명의로 작성한 선하증권은 특별한 사정이 없는 한 상법 제116조에서 정한 개입권 행사의 적법조건이 되는 '운송주선인이 작성한 증권'으로 볼 수 없다.

### (6) 단기소멸시효

위탁자에 대한 운송주선인의 채권은 1년의 시효로 인하여 소멸한다(상 122). 그 기산점은 위탁자 또는 수하인에 대하여 채권을 행사할 수 있는 때부터이다. 이 단기시효는 운송주선인의 보수청구권과 비용상환청구권에도 적용된다.

## 제 6. 수하인 등과의 관계

1. 운송주선계약의 당사자는 운송주선인과 위탁자이고, 수하인은 운송주선계약의 당사자가 아니다. 그러나 운송물의 공간적 이동과 계약이행의 정도에 따라 운송계약에서의 운송인과 수하인 사이의 관계처럼 수하인과 운송주선인과의 사이에도 직접적인 법률관계가 생긴다. 즉 운송물이 도착지에 도착한 때에는 수하인은 운송주선계약의 위탁자의 권리와 동일한 권리를 취득하고(상 124, 140조 1), 운송물이 도착지에 도착한 후 수하인이 그 인도를 청구한 때에는 수하인의 권리가 위탁자의 권리에 우선하며(상 124, 140조 2), 수하인이 운송물을 수령한 때에는 운송주선인에 대하여 보수 기타의 비용과 체당금을 지급할 의무를 부담한다(상 124, 141). 이때는 수하인의 의무와 위탁자의 의무가 부진정연대채무로서 병존한다.

2. 위탁자와 운송주선인의 채권자 사이에는 직접적인 법률관계가 없다. 그렇지만 운송주선인에 대하여는 위탁매매의 규정이 준용되므로(상 123), 운송주선인이 위탁자로부터 받은 위탁물이나 운송주선으로 인하여 취득한 권리는 '위탁자와 운송주선인' 또는 '위탁자와 운송주선인의 채권자'와의 사이에서는 이를 위탁자의 소유 또는 채권으로 본다(상 123, 103). 그러므로 운송주선인의 채권자가 위 물건이나 채권을 압류하면 위탁자는 제3자이의의 소를 제기할 수 있고(민집 48), 운송주선인이 이를 제3자에게 양도하면 위탁자는 이를 취소할 수 있다(민 406).[77]

## 제 7. 순차운송주선

동일운송물의 운송에 여러 사람이 순차로 운송하는 경우가 있는데, 이때 순차운송에 수인의 운송주선인이 관계하는 형태를 순차운송주선이라고 하며, 다양한 형태가 있다.

### 1. 하수운송주선

최초의 운송주선인이 전구간의 운송의 주선을 인수하고, 그 일부나 전부를 다른 운송주선인으로 하여금 운송주선을 하게 하는 형태를 하수운송주선이라고 한다. 이 경우에는 최초의 운송주선인만이 운송주선계약의 당사자이고, 다른 운송주선

77) 최준선, 362면.

인은 처음 운송주선인의 이행보조자에 해당하므로 위탁자와 직접적인 법률관계를 맺지 아니한다. 최초 운송주선인을 원수(元受)운송주선인이라 하고, 기타 운송주선인을 하수(下受)운송주선인이라고 한다.

### 2. 부분운송주선

수인의 운송주선인이 각 구간별로 독립하여 위탁자로부터 운송주선의 위탁을 받는 형태로서 부분(部分)운송주선이라고 한다. 이 경우에는 각 운송주선인과 위탁자 간에는 당사자로서 법률관계를 맺고 있으나, 운송주선인 사이에는 법률관계가 없다.

### 3. 중간(중계)운송주선(협의의 순차운송주선)

발송지의 제1운송주선인이 위탁자의 위탁에 따라 최초 구간의 운송주선을 인수하고, 나머지 구간에 대하여는 제1운송주선인이 자기의 이름으로 위탁자의 계산으로 제2운송주선인을 선임하는 경우를 중간운송주선이라고 한다. 제2운송주선인 이하 제3 또는 제4의 운송주선인을 중간운송주선인이라고 한다. 발송지의 제1운송주선인은 위탁자로부터 운송물을 수령하여 운송인에게 인도할 때까지 사무를 맡고, 중간운송주선인은 중간지점에서 운송인이 교체될 때까지 운송중계를 맡으며, 도착지의 운송주선인은 도착한 운송물을 수령하여 수하인에게 인도될 때까지 사무를 맡는다. 상법 제117조와 제118조의 순차운송주선은 이 형태의 중간운송주선을 의미한다.

### 4. 순차운송주선의 법률관계

#### (1) 전자의 권리를 행사할 의무

수인이 순차로 운송주선을 하는 경우에는 후자는 전자에 갈음하여 그 권리를 행사할 의무를 부담한다(상 117조 1). 첫째 구간의 운송주선인이 A이고, 둘째 구간의 운송주선인이 B라면, B는 A의 권리(보수청구권, 유치권 등)를 행사할 의무를 부담한다. 즉, 후순위 중간운송주선인은 자기의 위탁자인 앞순위 중간운송주선인 및 그 이전 단계의 운송주선인이 갖는 운송주선에 관한 보수·비용청구권·유치권 등을 행사할 의무를 진다.

이때 중간운송주선인과 그 전자인 운송주선인의 관계는 위임의 관계이므로 후자가 이 의무를 위반하여 전자에게 손해를 입힌 경우에는 배상책임을 부담한다.

이는 원격지 간의 운송이라는 지리적 특성을 고려하여 후자에게 전자의 법정대리인의 지위를 인정한 것이다.[78)]

### (2) 전자의 권리의 취득

순차운송주선에서 후자가 전자에게 변제한 때에는 전자의 권리를 후자가 취득한다(상 117조 2). 여기의 전자라 함은 자기의 직접 전자뿐만 아니라 그 이전 단계의 운송주선인도 포함한다. 전자의 청구금액이 확실하면 후자의 변제가 전자에게 불리하지 않기 때문이다. 예컨대, 첫째구간의 운송주선인이 A이고, 둘째 구간의 운송주선인이 B라고 하면, A가 위탁자에 대하여 청구할 수 있는 보수 등을 B가 A에게 변제한 경우에는 B는 A의 위탁자에 대한 보수청구권을 승계 취득한다. 승계취득이므로 위탁자는 A에게 주장할 수 있는 항변으로 B에게 대항할 수 있다. 변제는 현금 이외에도 대물변제, 상계 등 채권을 소멸하게 하는 모든 방법을 포함한다.

### (3) 운송인의 권리취득

수인이 순차로 운송주선을 하는 경우에 운송주선인이 운송인에게 변제한 때에는 운송인의 권리를 취득한다(상 118). 통상적으로 중간운송주선인은 이전 구간의 운송인에게 운임 기타 비용을 지급하고 운송물을 인도받아 다시 다른 운송인에게 운송을 하게 하므로, 상법 제118조의 운송인이란 자기가 운송계약을 체결한 운송인이 아니라 자기 이전 구간의 운송인을 의미한다.[79)] 예컨대, 첫째 구간의 운송주선인이 A가 운송인 '갑'에게 운송을 의뢰하여 운송이 이루어 진후, 둘째 구간의 운송주선인 B가 운송인(갑)으로부터 운송물을 인계받아서 운송인 '을'에게 운송하게 한다면, B가 '갑'에게 변제함으로써 운송인 '갑'의 권리(운임 · 보수 등)를 취득한다는 것이다. 이 규정은 중간운송주선인(B)이 전 단계의 운송인(갑)으로부터 운송물을 수령할 때 운송인(갑)의 요구에 따라 운임 비용을 지급하는 것이 상례임을 감안한 것이다.[80)]

---

78) 최준선, 364면.
79) 최준선, 365면.
80) 이철송, 576면.

# 제5절 운송업

## 제 1. 총 설

### 1. 서

운송이란 물건, 사람 등을 공간적으로 이동시키는 행위를 말하며, 운송업이란 운송의 인수를 전문으로 하는 영업이다. 운송을 통하여 생산자와 소비자 사이에 재화를 교환하고 이동시킴으로써 생산과 소비를 유기적으로 연결시키고 재화의 수요와 공급을 조절한다. 운송업은 운송수단으로 사용되는 자동차, 선박, 항공기 등의 운행에 따른 커다란 위험이 수반되므로 운송인의 책임을 경감시켜 줄 필요가 있다. 운송업은 사회의 안녕질서와 연관이 있고 사회적 편익수단으로서 대중이 이용하기 때문에 허가 등 법적 규제가 필요하고 다수의 이용자를 보호하기 위하여 사적자치원리가 어느 정도 제한된다.[81]

### 2. 운송의 종류

운송업은 운송의 목적물에 따라서 물건운송, 여객운송, 통신운송 등으로 구별되고, 운송의 장소에 따라 육상운송, 해상운송, 항공운송으로 구분된다. 상법 총칙에서는 육상운송을 규정하고 있고, 해상운송은 상법 제5편 해상편에, 항공운송은 상법 제6편 항공운송편에 규정하고 있다. 이와 같이 운송수단에 따라서 달리 규정하고 있는 이유는 각 운송의 설비, 시간, 규모 등이 서로 다르고, 운송 위험의 정도와 성격이 상이하므로 다른 법규를 적용할 필요가 있기 때문이다. 역사적으로는 해상운송이 먼저 발달하고 그 후에 육상운송이 발달하였기 때문에 육상운송이 해상운송의 제도를 수용하였다. 상법의 편제상 육상운송이 앞에 있으므로 육상운송에서 완결적 규정을 하고, 이를 해상운송편과 항공운송편이 준용하는 방식을 취하고 있다.

---

81) 이철송, 510면.

## 3. 운송인의 의의

### (1) 운송영역

운송인(transporter, carrier)이란 육상 또는 호천, 항만에서 물건 또는 여객의 운송을 영업으로 하는 자를 말한다(상 125). 여기의 운송인은 육상운송인을 의미하므로, 해상운송인이나 항공운송인은 포함되지 아니한다. 육상이란 지하나 지면(지하철)을 포함하고, 일시적으로 공중으로 운행하더라도 육상에 연결된 수단을 이용할 때에는 육상운송이다(케이블카, 공중 경전철). 호천이나 항만을 육상운송에 포함시킨 이유는 운송의 위험의 정도가 육상운송과 비슷한 수준이기 때문이다. 호천・항만의 범위는 평수구역(상법 시행령 4조, 선박안전법 시행령 2조 1항 3호 가목)에 의하고, 평수구역은 해안선에 따라 선박안전법 시행규칙 별표 4에 열거되어 있다.

### (2) 운송의 객체

육상운송의 객체는 물건 또는 여객에 한정되므로 서신 등 통신은 대상이 아니다. 물건이란 운송이 가능한 동산과 유가증권으로서, 거래의 목적물이 될 수 없는 것이라도 상관이 없으므로 시체나 군용물자도 포함된다. 여객이란 자연인을 말하고 여객 자신이 반드시 운송계약의 상대방일 필요가 없기 때문에 영・유아도 여객운송의 대상이다.

### (3) 운송수단

운송이란 물품이나 여객을 공간적으로 이동시키는 사실행위이므로 거리・운송수단・운송방법의 제한이 없다. 따라서 동일건물 내에서 물건 등을 운송수단을 사용하지 않고 인편으로 이동을 시키는 것도 육상운송이다. 해상운송이 반드시 선박을 사용하여야 하는 점과 구별된다.

### (4) 상인성

운송 자체는 사실행위이므로 그로부터 운송인의 상인성이 도출되지 않고, 운송인은 운송의 인수(계약)를 영업으로 하기 때문에 상인이 된다(상 46조 13호). 실제로 운송행위는 다른 사람에게 맡겨도 상관없다.

## 4. 운송계약의 성질

운송계약은 운송인이 물긴이나 여객을 일정한 장소까지 이동시킬 것을 내용으로 하므로 일정한 일을 완성시킬 목적으로 하는 도급계약(민 664)이다. 이에 관하여 상법에서 충분하게 규정하고 있으므로 민법의 도급규정이 준용될 여지는 많지 않다. 운송계약은 낙성 불요식의 계약이므로 운송장이나 화물상환증 기타 서면의 작성을 요건으로 하지 않으며, 운송물의 인도가 계약의 성립요건이 아니다.

## 제 2. 물건운송

### 1. 운송계약

물건운송계약의 당사자는 운송을 인수하는 운송인과 운송을 위탁하는 송하인이다. 송하인이 물건의 소유자일 필요가 없으며 점유할 권원이 있는지 여부도 운송계약의 성립에 영향을 미치지 않는다. 운송물을 도착지에서 수령할 권원이 있는 수하인은 운송계약의 당사자가 아니다.

물건운송계약은 운송인과 송하인 사이에 체결된다. 물건운송계약이 체결되면 송하인은 화물명세서를 교부하고, 운송인은 송하인의 청구에 따라 화물상환증을 교부한다(상 126, 128).

### 2. 물건운송인의 의무

#### (1) 일반적 의무

운송계약이 체결되면 운송인은 운송물을 수령·보관하고 상당한 기간 내에 운송을 완료하여 정당한 권리자에게 운송물을 인도할 의무를 부담한다. 그리고 운송인은 운송물을 수령한 때부터 인도할 때까지 선량한 관리자로서 주의의무를 부담한다.

#### (2) 화물상환증 발행의무

운송인은 송하인의 청구가 있으면 화물상환증을 교부하여야 한다. 이는 운송 중인 물건의 교환가치를 활용할 수 있도록 하기 위한 것이다. 이 의무를 해태하면 손해배상책임을 진다.

#### (3) 운송물 처분의무

**1) 의 의**

송하인 또는 화물상환증 소지인은 운송 도중에 또는 수하인이 권리행사를 하기 전에 운송인에 대하여 운송의 중지, 운송물의 반환 기타의 처분을 청구할 수 있다(상 139조 1항 전단). 이를 송하인 등의 운송물의 처분권 또는 지시권이라 하고, 이러한 운송인의 의무를 처분의무라고 한다. 상법은 운송의 특수성을 감안하여 송하인의 처분권을 특칙으로 인정하는바, 송하인이 처분권을 행사하더라도 운송계약의 해제가 아니므로 손해배상책임을 지지 않는다. 운송의 필요성이 없게 되거나 또는 다른 장소에서의 운송계약이 유리하는 등 상황이 변화된 경우에 신속히 대응하게 함으로써 당사자의 이익을 도모하기 위한 것이다.

#### 2) 처분권자

화물상환증이 발행되지 않은 경우에는 송하인이 처분을 청구할 수 있고, 화물상환증이 발행되면 화물상환증의 소지인이 처분을 청구할 수 있다(상 139조 1).

#### 3) 처분의 내용

송하인이 처분권을 운송계약의 범위 내에서 행사해야 하므로 처분으로 인하여 운송인에게 불이익을 주거나 새로운 부담을 가중시켜서는 안 된다. '운송의 반환'은 현재지에서 운송물을 인도하는 것이며, '기타의 처분'이란 운송인에게 부담주지 않는 노선 · 적하방법 · 수하인의 변경 등을 의미하고, 운송노선의 연장, 추가운송 등은 포함되지 아니한다. 처분이란 사실행위를 의미하므로 양도나 경매 같은 법률상 처분은 제외된다.

#### 4) 운임 계산

처분권 행사는 상법상의 권리이므로 송하인이 운송인에게 손해배상을 할 의무가 없으며, 운송인은 이미 운송한 비율에 따른 운임, 체당금과 처분으로 인한 비용의 지급을 청구할 수 있다(상 139조 1항 후단). 그런데 운송인은 자신의 의사와 상관없이 운송중단으로 인하여 손해를 입게 되고, 운송물의 일부나 전부가 송하인의 과실로 멸실한 때에도 운송인이 전액운임을 청구할 수 있는 상법 제134조 제2항과 비교할 때 형평에 맞지 아니하므로 개정할 필요가 있다.

### (4) 운송물 인도의무

운송인은 운송을 완료하면 도착지에서 수하인 또는 화물상환증 소지자에게 운송물을 인도하여야 할 의무를 부담한다. 여기의 '인도'란 운송물을 수하인 또는 화물상환증 소지인의 점유, 즉 사실상 지배로 이전하는 것이다.

#### 1) 화물상환증이 미발행된 경우

운송물이 도착지에 도착한 때에는 수하인은 운송계약에 의하여 송하인과 동일한 권리를 취득하므로(상 140조 1), 수하인은 운송인에게 운송물의 인도를 청구할 수 있다. 그러나 송하인의 권리가 소멸되지는 아니한다. 운송물이 도착지에 도착한 후에 수하인이 인도청구를 하면 수하인의 권리가 송하인의 권리보다 우선하므로(상 140조 2) 운송인은 수하인에게 운송물을 인도하여야 한다.

#### 2) 화물상환증이 발행된 경우

(가) 증권의 상환에 의한 인도

화물상환증은 운송물의 인도청구권을 표창하는 유가증권이므로 화물상환증소지인이 배타적으로 운송물인도청구권을 갖는다. 따라서 화물상환증으로만 운송물을 처분하여야 하고, 화물상환증과 상환하지 않으면 운송물의 인도를 청구할 수 없다(상 129). 화물상환증소지인이라 함은 적법하게 증권을 발행받은 자 또는 그에 의해 지시된 자를 의미하며, 단순한 점유자는 해당되지 않는다. 만일 운송인은 화물상환증과 상환하지 않고 운송물을 인도한 경우에는 화물상환증의 정당한 소지인에 대하여 채무불이행 또는 불법행위로 인한 배상책임을 진다.

(나) 보증도·가도

가) 의의

보증도(保證渡)는 운송인이 은행 기타 제3자의 보증서를 믿고 화물상환증과 상환하지 않고, 운송물을 인도하는 관습이다. 운송인이 수하인을 신뢰하여 화물상환증과 상환하지 않고 운송물을 인도하므로 공도(空渡) 또는 가도(假渡)라고도 한다. 보증도는 거래계의 상관습으로 인정되고 있다.

나) 위법성 여부

보증도가 상관습으로 그 유효성이 인정되지만, 화물상환증의 정당한 소지인에 대하여 운송인의 운송물인도의무가 면제되지 않는다. 따라서 보증도나 가도로 인하여 운송물을 인도할 수 없게 된 때에는 화물상환증의 정당한 소지인의 운송물인도청구권을 침해하므로 채무불이행으로 인한 배상책임을 부담한다. 나아가 운송인이 화물상환증과 상환하지 아니하고 운송물을 인도한 경우에는 화물상환증소지인의 권리를 위법하게 침해한 것으로서 특별한 사정이 없는 한 권리의 침해의 결과를 운송인이 인식한 것으로 보아야 하고, 만일 그 결과의 발생을 인식하지 못하였다면, 운송인으로서 주의의무를 현저하게 결여한 중대한 과실이 있다고 볼 수 있다. 그러므로 운송인은 화물상환증의 정당한 소지인에 대하여 민법상 불법행위

로 인한 손해배상책임을 부담할 수 있을 것이다.[82)]

그러나 운송인이 화물상환증의 정당한 소지인의 지시에 의하여 운송물을 제3자에게 인도한 경우에는 가도가 아니다.[83)] 보증도에 의하여 운송물을 인도받은 자는 화물상환증을 정당하게 넘겨받지 않는 한 운송물의 소유권을 취득할 수 없다. 다만 보증도에 의해 운송물을 인도 받은 자가 선의의 제3자에게 운송물을 인도하게 될 경우 제3자는 선의취득을 할 수 있다.

**대법원 1992. 2. 25. 선고 91다30026 판결**

'보증도'의 상관습은 운송인 또는 운송취급인의 정당한 선하증권 소지인에 대한 책임을 면제함을 목적으로 하는 것이 아니고 오히려 '보증도'로 인하여 정당한 선하증권 소지인이 손해를 입게 되는 경우 운송인 또는 운송취급인이 그 손해를 배상하는 것을 전제로 하고 있는 것이므로, 운송인 또는 운송취급인이 '보증도'를 한다고 하여 선하증권과 상환함이 없이 운송물을 인도함으로써 선하증권 소지인의 운송물에 대한 권리를 침해하는 행위가 정당한 행위로 된다거나 운송취급인의 주의의무가 경감 또는 면제된다고 할 수 없고, '보증도'로 인하여 선하증권의 정당한 소지인의 운송물에 대한 권리를 침해하였을 때에는 고의 또는 중대한 과실에 의한 불법행위의 책임을 진다.

**※ 보증도 · 가도**

① 의 의

운송인이 수하인의 편의를 위하여 화물상환증과 상환하지 않고 운송물을 인도하는 것을 가도(가인도) 또는 공도(空渡)라고 한다. 그리고 운송인이 가도를 함에 있어서 수하인으로부터 「증권과 상환하지 않고 인도함으로써 발생하는 일체의 손해에 관하여 책임을 진다」는 내용의 보증장을 받는 경우를 특히 보증도(보증인도)라고 한다. 보증장은 수하인의 거래은행이 발행하는 수가 많다. 이것은 화물상환증이 운송물보다 늦게 도착하는 경우에 운송물의 변질과 보관비용의 증가를 방지하고, 수하인에게는 운송물을 조속히 처분할 수 있는 기회를 주는 동시에, 운송인에게는 빨리 운임을 회수할 수 있도록 하는 방법으로 이용되고 있다. 운송인이 증권소지인의 지시에 따라 운송물을 인도하는 것은 가도가 아니며, 유효하다.[84)]

82) 최준선, 371면.
83) 대법원 1997. 6. 24. 선고 95다40953 판결.
84) 운송인이 화물상환증 소지인의 지시에 의하여 운송물을 제3자에게 인도하는 경우에는 운

② 유효성

보증도의 상관습에 대하여는 상법 제129조의 강행규정에 반하고 선량한 풍속 기타 사회질서에 반한다는 이유로 무효라고 보는 견해가 있으나, 판례와 다수 학설이 그 유효성을 인정하고 있다. 상법 제129조가 운송인에게 인도거절권만을 규정한 것인가 아니면 인도거절의무까지도 규정한 것인가, 강행규정인가 임의규정인가에 따라 다르다. 대법원은 상법 제129조가 거절의무까지도 규정하였다고 하면서도, 보증도의 상관습은 보증도로 인하여 정당한 선하증권 소지인이 손해를 입게 되는 경우에 운송인이 그 손해를 배상하는 것을 전제로 하고 있는 것이므로, 무효는 아니라고 한다.[85]

③ 위법성

보증도가 유효하다고 하는 것은 보증도가 위법하지 않다는 뜻은 아니다. 운송인이 보증도를 하는 경우에는 증권소지인의 정당한 권리가 침해될 가능성이 있다는 것을 알 수 있으므로, 증권소지인에 대한 관계에서 위법성을 면할 수 없다. 대법원도 보증도로 인하여 증권소지인의 권리가 침해된 때에는 고의 또는 중과실로 인한 불법행위가 성립한다고 본다.[86]

④ 운송인과 증권소지인 사이의 법률관계

㉠ 운송인은 화물상환증 소지인에게 운송물을 인도할 의무가 있으므로, 가도 또는 보증도를 한 후에 화물상환증의 정당한 소지인이 운송물의 인도를 구할 때에는 운송인은 운송물을 회수하여 인도하지 못하는 한 화물상환증 소지인에게 채무불이행으로 인한 손해배상책임을 진다. ㉡ 대법원은 운송인이 보증도를 함으로써 선하증권 소지인에게 운송물을 인도하지 못하게 된 경우에는 그 운송인의 행위는 선하증권 소지인의 운송물에 대한 권리의 위법한 침해로서 불법행위가 되며, 운송인은 특별한 사정이 없는 한 그 권리 침해의 결과를 인식한 것으로 보아야 하고, 만약 그 결과의 발생을 인식하지 못하였다면 그와 같이 인식하지 못하게 된 점에 운송인으로서의 주의의무를 현저히 결여한 중대한 과실이 있다고 한다.[87] ㉢ 가도 또는 보증도로 인한 운송인의 채무불이행 또는 불법행위의 책임은 가도 또는 보증도가 있은 후에 화물상환증을 양수한 정당한 소지인에 대하여도 인정된다. 이것은 증권의 소지인이 증권을 양수할 때에 가도 또는 보증도가 되었다는 사실을 알고 있어도 마찬가지라고 한다.[88] 이 경우에 소지인이 입은 손해액은 운송물의 멸실 당시의 가액(운송물의 가액을 한도로 한 신용장대금) 및 이에 대한 지연손해금 상당액이다.

---

송인에게 손해배상책임이 없다(대법원 1997. 6. 24. 선고 95다40953 판결)

85) 대법원 1992. 2. 14. 선고 91다4249 판결.

86) 대법원 1992. 2. 25. 선고 91다30026 판결.

87) 대법원 1989. 3. 14. 선고 87다카1791 판결 ; 대법원 1999. 4. 23. 선고 98다13211 판결.

88) 대법원 1991. 4. 26. 선고 90다카8098 판결.

⑤ 운송인과 보증도·가도를 받은 자 사이의 관계

㉠ 보증도·가도를 받은 수하인은 운송물의 인도를 받더라도 화물상환증을 입수하지 못하는 한 운송물의 소유권을 취득하지 못한다(상법 제132조, 제133조). 통설에 의하면 수하인이 이것을 전매한 경우에 전득자에게 악의 또는 중과실이 없는 한 전득자가 운송물의 소유권을 취득한다고 한다. ㉡ 보증도를 받은 수하인은 화물상환증을 입수하는 즉시 이를 운송인에게 교부할 의무가 있고, 위 의무를 이행하지 못한 때에는 운송인에 대하여 손해배상책임을 진다.

⑥ 운송인과 보증장 서명자와의 관계

보증장에는 뒤에 화물상환증을 입수하는 즉시 이를 운송인에게 교부하고, 보증도로 인하여 발생하는 일체의 손해에 대하여 배상책임을 진다는 내용의 약정이 기재된다. 따라서 운송인이 증권소지인에게 손해배상을 한 경우에는 운송인은 수하인 또는 보증은행에 대하여 손해의 보상을 청구할 수 있다.

⑦ 형사책임

운송인은 수하인과 공모하여 증권소지인의 이익을 해하기 위하여 보증도를 한 때에는 배임죄를 구성할 것이며, 수하인이 보증도를 받은 운송물을 소비한 때에는 횡령죄가 될 수 있다.

## 3. 물건운송인의 손해배상책임

### (1) 책임의 완화

운송인은 송하인으로부터 운송물을 인도받아 선량한 관리자의 주의의무를 다하여 운송물을 보관하고 도착지까지 운송하고 적당한 때에 수하인 또는 정당한 화물상환증 소지자에게 운송물을 인도할 의무가 있다. 그러나 운송과정에서 물건이 손상되거나 멸실 또는 도착지연 등 손해가 발생할 가능성이 크며 운송에 수반되는 위험이 크므로 운송업을 상인들이 회피하려 할 것이므로, 운송업을 장려하기 위하여 운송인의 책임을 제한하고 있다. 정액배상주의, 고가물의 특칙, 책임의 단시소멸시효 등을 채택하고 있다.

### (2) 손해배상책임의 원인

#### 1) 서

운송인은 자기 또는 운송주선인이나 사용인, 그 밖에 운송을 위하여 사용한 자가 운송물의 수령, 인도, 보관 및 운송에 관하여 주의를 게을리하지 아니하였음을 증명하지 아니하면 운송물의 멸실, 훼손 또는 연착으로 인한 손해를 배상할 책임이 있다(상 135). 로마법에서는 운송인이나 여관주인은 그가 수취하여 보관한 물건에 손해가 발생한 경우에는 불가항력이 아닌 한 과실이 없는 경우에도 배상책임을 묻는 레셉툼(Receptum)원칙을 따랐지만, 우리 상법은 과실책임주의를 취하고 있다. 그러므로 운송인이 손해배상책임을 면제받으려면 자기나 이행보조자의 과실이 없음을 적극적으로 입증하여야 한다. 채무불이행의 경우에 채무자 측에서 무과실을 입증하여야 한다는 점에서 민법과 동일하므로, 상법 제135조의 운송인의 배상책임은 민법의 원칙을 주의적으로 규정한 것으로 본다.

#### 2) 이행보조자의 과실

운송인이 선임한 운송주선인이나 사용인 기타 운송을 위하여 사용한 자의 과실에 대하여 책임을 진다. 운송을 위하여 사용한 자란 운송인과의 고용관계 없이 운송에 관여한 자이다. 운송인이 이행보조자의 선임·감독에 과실이 없더라도 이들의 과실로 손해가 발생하면 배상책임을 진다. 민법에서 이행보조자의 고의·과실을 채무자의 고의·과실로 보는 점은 동일하다(민 391).

#### 3) 손해의 원인과 유형

운송인은 운송물의 수령, 인도, 보관 및 운송에 관하여 주의를 게을리하지 아니하였음을 증명하지 아니하면 운송물의 멸실, 훼손 또는 연착으로 인한 손해를 배상할 책임이 있다고 규정하여, 손해의 원인으로서 운송물의 수령, 보관, 운송을, 손해의 유형으로서 멸실, 훼손 또는 연착을 열거하고 있다. 이는 민법의 일반원칙을 수용한 것으로서 손해의 원인이나 유형을 예시적으로 열거한 것으로 본다.

한편 상법 제137조가 멸실손해·훼손손해·지연손해만을 한정하여 적용되는 점을 고려할 때, 멸실·훼손·연착 이외의 사유로 생긴 손해에 대하여는 상법 제135조가 적용되지 않고 민법 제390조가 적용된다는 견해가 있다.[89] 생각건대 민법이 과실책임주의를 취하고 이행보조자의 과실도 채무자의 과실로 보는 점 등에서 상법과 차이가 없는바, 멸실·훼손·연착 이외의 원인과 유형으로 생긴 손해도 상법 제135조가 적용된다고 보아야 할 것이다.[90]

### (3) 배상액의 정형화

#### 1) 취 지

운송인에게 민법상 채무불이행과 상당인과관계가 있는 모든 손해에 대한 배상

89) 정동윤, 244면 ; 김정호, 321면.
90) 이철송, 523면.

책임을 물으면 감당하기 어려워 운송업을 기피할 가능성이 있다. 그래서 상법은 정액배상주의를 채택하여 원칙적으로 배상액을 물건의 가액으로 한정하여 기타의 손해는 제외하며, 다만 예외적으로 운송인에게 고의 또는 중과실이 있을 때에는 민법 일반원칙을 적용하여 모든 손해에 대하여 배상을 하도록 하고 있다(상 137조 3). 이는 운송업의 보호육성이라는 정책적 이유와 운송인의 책임을 경감해 주기 위한 것이다.

### 2) 원 칙

(가) 전부멸실·연착의 경우

운송물이 전부멸실 또는 연착된 경우의 손해배상액은 인도할 날의 도착지의 가격에 따른다(상 137조 1). 여기의 '인도할 날'이란 전부멸실의 경우에는 운송계약에 의하여 인도하기로 예정된 날 또는 화물상환증이 발행된 경우에는 증서에 기재된 날이며, '도착지의 가격'이란 도착지에서 형성되는 시장가격을 의미한다. 거래소의 시세 있는 물건이라면 거래소의 가격에 의한다.

연착이란 인도할 날이 아닌 그 이후의 날에 인도하는 것인데, 인도한 날의 가격이 인도할 날의 가격보다 하락한 경우에는 수령권자는 그 차액을 배상받을 수 있다. 반대로 인도한 날의 가격이 인도할 날의 가격보다 높거나 변동이 없는 경우에는 수령권자는 인도한 날의 가격을 받으면 된다. 연착으로 수령권자는 제3자와 매매계약의 해제 등으로 불이익을 받을 수 있는데, 이때는 민법의 채무불이행의 일반원칙에 의하여 배상을 청구할 수 있을 것이다. 한편 연착의 경우에는 전부멸실과 달리 배상액을 정형화하는 입법이 필요하다는 견해가 있다.[91]

(나) 일부멸실·훼손의 경우

운송물의 일부가 멸실 또는 훼손된 경우의 손해배상액은 인도한 날의 도착지의 가격에 의한다(상 137조 2).

(다) 일부멸실 또는 훼손됨과 동시에 연착된 경우

운송물이 일부멸실 또는 훼손된 상태에서 연착까지 된 경우에 관하여 법에 규정이 없으나 연착의 경우에 포함되어 배상액은 인도할 날의 도착지 가격에 의해 산정한다(상 137조 1). 인도할 날의 완전한 물건의 가격에서 인도한 날이 잔존물 가격을 공제한 금액이 배상액이다.[92]

---

91) 이철송, 525면.
92) 최준선, 375면.

#### 3) 예 외

(가) 운송인의 고의·중과실이 있는 경우

운송인에게 경과실이 있는 경우에는 위의 원칙이 적용되지만, 운송물의 멸실, 훼손 또는 연착이 운송인의 고의나 중과실로 인한 경우에는 운송인은 모든 손해를 배상하여야 한다(상 137조 3). 따라서 민법의 일반원칙에 의하여 상당인과관계 있는 손해(민 393조 1)를 배상함은 물론이고, 운송인이 알았거나 알 수 있었을 때에는 특별한 사정으로 인한 손해(민 393조 2)까지도 배상해야 한다. 배상청구권자가 운송인의 고의나 중과실을 입증해야 한다.

(나) 기타의 손해

상법 제137조의 정액배상책임은 운송물의 멸실, 훼손 또는 연착의 경우에만 적용된다. 다른 유형의 손해는 민법의 일반원칙에 의하여 상당인과관계 있는 손해를 배상하여야 하고, 운송인이 알았거나 알 수 있었을 때에는 특별한 사정으로 인한 손해도 배상하여야 한다.

#### 4) 운임 등의 공제

운송물의 멸실·훼손으로 인하여 지급을 요하지 아니하는 운임 기타 비용은 손해배상액에서 공제해야 한다(상 137조 4). 통상 배상액에는 운임 기타 비용이 포함되는 것이 상례이므로 이중지급을 방지하기 위한 것이다. 기타 비용이란 운송에 필요한 일체의 비용으로서 관세 등이 해당된다. 연착의 경우에는 비용공제가 되지 않는다.

### (4) 고가물에 대한 특칙

#### 1) 의 의

화폐, 유가증권 기타 고가물에 대하여는 송하인이 운송을 위탁한 때에 그 종류와 가액을 명시한 경우에 한하여 운송인이 손해를 배상할 책임이 있다(상 136). 고가물이라는 것을 미리 알려줌으로써 운송인에게 상당한 주의를 기울이도록 하여 손해발생을 사전에 방지하고, 운송인은 고가물에 상응하는 적정한 운임을 받도록 하여 운송인을 보호하려는 것이다. 고가물이라 함은 부피, 무게 등에 비추어 일반물건보다 현저히 가격이 비싼 물건을 의미한다. 화폐, 유가증권, 귀금속, 미술품, 반도체칩, 정밀기계 등이 여기에 해당될 것이다. 고가물인지 여부는 시세와 사회적 통념에 의하여 판단한다.

**2) 명시하지 아니한 고가물에 대한 책임**

송하인은 운송인의 책임을 묻기 위하여 고가물의 종류와 가액을 명시해야 한다. 만일 고가물이라는 것을 명시하지 아니하면 그 고가물이 멸실, 훼손되더라도 운송인은 배상책임을 지지 않는다. 운송인은 고가물을 보통물로 보아서 보통물에 대한 주의를 기울여야 하며, 그러한 주의를 기울이지 않았다면 보통물로서의 배상책임이 있다는 견해가 있으나,[93] 고가물로서의 책임을 지지 않음은 물론이고 보통물로서의 책임도 지지 않는다고 본다.[94] 그 이유는 귀금속, 골동품 등 고가물은 어떤 종류의 보통물로 특정하여 그 가액을 환산하여야 하는지에 대한 일정한 기준이 없고 또 명시의무를 위반한 하주에 대한 제재도 필요하기 때문이다.

**3) 운송인이 우연히 고가물임을 알게 된 경우**

(가) 고가물책임설

운송인이 고가물이라는 것을 알게 된 이상 고가물에 해당하는 주의를 기울여야 하고, 만일 이를 해태하여 손해가 발생하면 고가물로서의 책임을 진다고 한다.[95]

(나) 절충설

운송인은 고가물임을 알았더라도 고가물의 운임을 받지 않았고 송하인이 명시를 하지 않았으므로, 보통물로서의 주의를 기울이면 되고, 만약 이를 해태한 경우에 한하여 고가물로서의 책임을 진다고 한다.[96]

(다) 무책임설

고가물임을 명시하지 아니한 이상 운송인은 면책되고, 설사 운송인이 우연한 사정으로 알게 된 주관적 사정은 책임 유무에 영향을 주지 못한다.

(라) 소 결

생각건대 고가물을 명시하지 않았다고 운송인의 책임을 면책시키는 것은 지나치게 송하인의 권리를 침해하는 것으로서 부당하고, 송하인이 고가물임을 고지하지 않았더라도 결과적으로 고가물이라는 것을 알게 된 이상, 운송물이 온전하게 운송되도록 주의를 다하는 것이 상인의 도리라고 생각되므로 운송인은 고가물로서 주의를 하고 고가물로서 책임을 져야 한다고 본다.

**4)** 송하인이 고가물임을 명시하지 않았으나, 운송인이 중대한 과실로 인하여 고

---

93) 이철송, 529면.
94) 최준선, 378면 ; 정찬형, 346면 ; 안강현, 307면 ; 정동윤, 247면 ; 손주찬, 343면.
95) 이철송, 529면 ; 손주찬, 344면.
96) 정찬형, 347면 ; 정동윤, 247면 ; 최준선, 378-379면 ; 김정호, 327면.

가물임을 알지 못한 경우, 고가물을 알지 못한 경우에 해당되므로 운송인은 책임을 지지 않는다고 본다.[97]

#### 5) 운송인의 고의 · 중과실로 고가물이 멸실 · 훼손된 경우

송하인이 고가물임을 명시하지 않았고, 운송인이나 그 사용인이 고가물임을 알지 못한 경우에도 운송인이 고의나 중과실로 운송물에 손해가 발생한 경우에는 운송인은 불법행위를 원인으로 고가물로서의 배상책임을 진다고 보아야 할 것이다.[98]

#### 6) 고가물임을 명시한 책임

고가물임을 명시한 경우에는 송하인이 명시한 가액을 최고한도로 하여 운송인의 배상액을 계산한다. 즉, 명시가액이 확정된 손해액으로서 운송인을 구속하지 않으므로, 실제가액이 명시가액보다 낮으면 운송인은 이를 증명하여 실제가액 범위 내에서 배상을 하면 되고, 반대로 실제가액이 명시가액보다 높은 경우에는, 운송인은 명시가액만 배상하면 된다. 송하인의 고가물의 명시는 운송물을 인도할 때까지 하면 된다.

#### 7) 증명책임

운송인이 책임을 면하기 위해서는 운송물이 고가라는 점, 송하인이 명시가 없다는 점을 증명해야 한다. 따라서 송하인은 자기의 손해액만 입증하면 되고, 고가물임을 명시한 사실을 증명할 필요가 없다.

#### 8) 적용범위

상법 제136조는 채무불이행책임에 관한 규정이다. 따라서 운송인이나 그 사용인의 불법행위로 인하여 고가물이 멸실 · 훼손된 경우에는 민법의 불법행위책임에 의하여 고가물에 대한 모든 손해를 배상해야 한다.

**대법원 1991. 8. 23. 선고 91다15409 판결**

상법 제136조와 관련되는 고가물불고지로 인한 면책규정은 일반적으로 운송인의 운송계약상의 채무불이행으로 인한 청구에만 적용되고 불법행위로 인한 손해배상청구에는 그 적용이 없으므로 운송인의 운송이행업무를 보조하는 자가 운송과 관련하여 고의 또는 과실로 송하인에게 손해를 가한 경우 동인은 운송계약의 당사자가 아니어서 운송계약상의 채무불이행으로 인한

---

97) 정찬형, 347면 ; 정동윤, 247면.
98) 정찬형, 347면 ; 정동윤, 247면.

책임은 부담하지 아니하나 불법행위로 인한 손해배상책임을 부담하므로 위 면책규정은 적용될 여지가 없다.

(5) 불법행위책임과의 경합

운송물이 멸실·훼손된 경우에 운송인은 채무불이행으로 인한 손해배상책임(상 135)을 부담하는 것은 물론이고 운송물의 소유권에 대한 침해로서 불법행위(민 750, 756)가 성립하는 경우에 배상청구권자가 채무불이행책임과 별도로 불법행위책임에 의한 배상청구를 할 수 있는가에 관하여, 이를 긍정하면 운송인의 배상책임을 경감해주는 상법의 규정이 무색해지고, 이를 부정하면 피해자 보호가 소홀해지는 문제점이 있다.

**1) 청구권경합설**

통설과 판례는 채무불이행과 불법행위는 요건과 효과가 각각 다른 청구권이므로 양 청구권은 경합관계이고, 배상청구자는 그 가운데 어느 것이라도 선택하여 청구할 수 있다고 한다.

**2) 법조경합설**

채무불이행책임은 일반 불법행위책임에 대하여 특별법적 지위에 있으므로 채무불이행책임이 성립하면 불법행위책임의 규정은 적용되지 않는다고 한다. 이 설에 의하면 채무불이행책임이 불법행위책임보다 송하인의 보호에 유리하므로 청구권경합을 인정할 실익이 없다고 한다.

**3) 소 결**

상법상 운송인의 채무불이행으로 인한 책임은 그 배상액을 제한하고, 고가물의 특칙에 의한 책임을 완화하며, 단기소멸시효를 적용하고 면책약관에 의하여 운송인의 책임을 경감시키고 있다. 법조경합설에 의하면 운송인의 불법행위에 대하여도 채무불이행책임만 물을 수 있으므로 운송인의 책임이 경감되는 효과가 있는 반면에 청구권경합설에 의하면 배상청구권자가 운송인에 대하여 불법행위책임을 묻게 되면 책임경감사유가 적용되지 않아 실제 모든 손해를 배상받을 수 있게 된다. 운송인의 불법행위로 인한 책임을 경감시켜줄 이유가 없으므로, 청구권경합설이 타당하다.

### (6) 면책약관

1) 운송인의 배상책임규정은 임의규정이므로 당사자간 특약에 의하여 배상책임을 완화하거나 경감할 수 있다.[99] 화물상환증의 약관에서 면책약관(과실약관, 부지약관 등)을 두는 경우가 있다. 면책약관이 약관규제법을 준수하고 신의성실의 원칙에 반하지 않는 한 운송인의 책임이 강행규정이 아니므로 유효하다고 본다. 다만 고의에 의한 배상책임을 면책시키는 약관은 사회질서에 반하는 특약으로서 무효라고 본다.

2) 청구권 경합설에 의하여 운송인의 채무불이행책임과 불법행위책임이 경합하는 경우, 면책약관이 불법행위에도 적용하는 것이 당사자의 의사에 합치된다는 견해와,[100] 면책약관은 운송계약상 채무불이행책임에 관한 것이므로 당사자간의 명시적·묵시적 합의가 없는 한 청구원인을 달리하는 불법행위책임에는 면책약관이 적용되지 아니한다는 견해가 대립하고 있다.[101]

3) 법원은 면책약관이 선하증권에 기재된 때에는 당사자간에 동 약관을 운송물의 소유권침해로 인한 불법행위책임에도 적용하기로 하는 숨은 합의가 포함되어 있다고 보아서 불법행위책임도 면책된다고 하였다. 그러나 선하증권에 기재된 면책약관이라 할지라도 운송인의 고의 또는 중대한 과실로 인한 불법행위책임에는 동 면책약관이 적용되지 않는다고 하였다.[102] 근래 대법원은 운송계약상의 채무불이행책임과 불법행위로 인한 손해배상책임은 병존할 때, 운송계약상의 면책특약은 일반적으로 이를 불법행위책임에도 적용하기로 하는 명시적 또는 묵시적 합의가 없는 한 당연히 불법행위책임에 적용되지는 않는다고 판시하고 있다.[103] 그러므로 면책약관이 존재하더라도 운송인의 고의나 중과실이 있는 경우에는 불법행위책임이 면책되지 않는다고 본다.

---

99) 정찬형, 349면 ; 손주찬, 346면.

100) 정동윤, 251면 ; 전우현, 328면

101) 정찬형, 349면 ; 이철송, 533면 ; 대법원 1977. 12. 13. 선고 75다107 판결 ; 대법원 1999. 7. 13. 선고 99다8711 판결.

102) 대법원 1983. 3. 22. 선고 82다카1533 판결. 동 판결은 소유권의 침해로 인한 불법행위책임에 한정하여 불법행위책임도 면책약관의 적용한다는 것이므로 운송인의 행위가 기타 불법행위를 구성할 때에는 면책약관을 적용할 수 없다고 해석된다(이철송, 534면).

103) 대법원 2004. 7. 22. 선고 2001다58269 판결.

### 대법원 1983. 3. 22. 선고 82다카1533 전원합의체 판결

1. 해상운송인이 운송 도중 운송인이나 그 사용인 등의 고의 또는 과실로 인하여 운송물을 감실 훼손시킨 경우, 선하증권 소지인은 운송인에 대하여 운송계약상의 채무불이행으로 인한 손해배상청구권과 아울러 소유권 침해의 불법행위로 인한 손해배상 청구권을 취득하며 그 중 어느 쪽의 손해배상 청구권이라도 선택적으로 행사할 수 있다. 2. 운송계약상의 채무불이행 책임에 관하여 법률상 면책의 특칙이 있거나 또는 운송계약에 그와 같은 면책특약을 하였다고 하여도 일반적으로 이러한 특칙이나 특약은 이를 불법행위책임에도 적용하기로 하는 명시적 또는 묵시적 합의가 없는 한 당연히는 불법행위 책임에 적용되지 않는 것이나, 운송물의 권리를 양수하여 선하증권을 교부받아 그 소지인이 된 자는 운송계약상의 권리를 취득함과 동시에 목적물의 점유를 인도받은 것이 되어 운송물의 소유권을 취득하여 운송인에 대하여 채무불이행 책임과 불법행위 책임을 아울러 추궁할 수 있게 되는 점에 비추어 볼 때 운송인이 선하증권에 기재한 면책약관은 채무불이행 책임만을 대상으로 한 것이고 당사자 사이에 불법행위 책임은 감수할 의도였다고 볼 수 없으므로 불법행위책임에 적용키로 하는 별도의 명시적. 묵시적 합의가 없더라도 당연히 불법행위 책임에도 그 효력이 미친다. 3. 선하증권에 기재된 면책약관이라 할지라도 고의 또는 중대한 과실로 인한 재산권 침해에 대한 불법행위 책임에는 적용되지 않을 뿐만 아니라 이 약관의 상법 제787조 내지 제789조의 규정에 저촉되는 경우에는 불법행위책임에도 적용되지 않는다.

### 대법원 2004. 7. 22. 선고 2001다58269 판결

운송계약상의 채무불이행책임과 불법행위로 인한 손해배상책임은 병존하고, 운송계약상의 면책특약은 일반적으로 이를 불법행위책임에도 적용하기로 하는 명시적 또는 묵시적 합의가 없는 한 당연히 불법행위책임에 적용되지 않는다(대법원 1987. 6. 9. 선고 87다34 판결 등 참조). 원심이, 이 사건 항공화물운송장의 이면약관에 항공화물운송장의 발행일로부터 120일 이내에 화물의 미인도 또는 분실 등의 사실을 항공운송인에게 서면으로 통지하도록 규정되어 있더라도 위와 같은 약관 규정은 운송계약상의 채무불이행을 원인으로 한 청구에만 적용되고 불법행위를 원인으로 한 청구에 당연히 적용되는 것은 아니므로 피고 항공은 위 약관 규정을 들어 책임을 면할 수 없다고 판단한 것은 정당하다.

### (7) 손해배상책임의 소멸

#### 1) 특별소멸사유

운송인의 책임은 수하인 또는 화물상환증소지인이 유보없이 운송물을 수령하고 운임 기타 비용을 지급한 때에는 소멸한다(상 146조 1항 본문). 운임 기타 비용을 사전지급한 때에는 운송물의 유보없는 수령만으로 같은 효과가 발생한다. 운송물이 전부멸실한 경우에는 수령이 불가능하므로 본 규정이 적용되지 아니한다.

운송물에 즉시 발견할 수 없는 훼손 또는 일부멸실이 있는 경우에 운송물을 수령한 날부터 2주간 내에 운송인에게 그 통지를 발송한 때에는 운송인의 책임이 소멸되지 아니한다(상 146조 1항 단서). 그러나 운송인 또는 그 사용인의 악의가 있는 때에는 운송물수령권자의 유보 여부에 상관없이 운송인의 책임이 소멸하지 아니한다(상 146조 2). 여기의 악의라 함은 운송인이 멸실·훼손을 초래하였거나 이를 적극적으로 은폐한 것을 의미한다는 견해가 있으나, 운송인이 멸실·훼손의 사실을 알면서도 수하인에게 알리지 않고 인도한 것으로 해석하는 것이 타당하다.[104)]

#### 2) 단기소멸시효

운송인의 배상책임은 전부멸실의 경우에는 운송물을 인도할 날부터, 기타 손해의 경우에는 수령권자가 운송물을 수령한 날부터, 각 1년이 경과하면 소멸시효가 완성한다(상 147, 121). 그러나 운송인 또는 그 사용인이 악의인 경우에는 일반상사시효(상 64)에 따른다(상 147조, 121조 3항).

여기의 악의의 의미를 운송인이 멸실·훼손·연착을 알면서도 알리지 않고 인도하는 것으로 해석하는 견해가 있으나,[105)] 이 악의는 상법 제146조와 달리 운송인이 고의로 운송물을 멸실·훼손·연착시키거나 그러한 사실을 은폐하고 인도하는 경우로 보아야 한다. 만일 운송인이 소극적으로 멸실·훼손·연착을 알고 있는 것으로 해석하게 되면, 운송물의 전부멸실이나 연착의 사실은 운송인이 당연히 알 것이므로 이 경우에 단기소멸시효가 적용될 여지가 전혀 없게 되어서 단기소멸시효제도를 규정한 취지가 사라지기 때문이다.[106)] 운송물의 멸실·훼손 또는 연착 이외의 사유로 인한 운송인의 손해배상책임 등으로 인한 손해배상책임은 본조가 아닌 상사 일반시효인 5년이 적용된다는 견해가 있으나, 이 경우에도 본조가 적용된다고 본다.[107)]

---

104) 이철송, 531면.
105) 정동윤, 249면.
106) 이철송, 532면 ; 최준선, 383면.
107) 최준선, 383면.

## 4. 수하인의 지위

### (1) 의 의

운송에서 발송지와 도착지가 멀리 떨어져 있으므로 도착지에서 운송물을 수령할 수하인이 필요하다. 화물상환증을 발행하는 경우에는 그 소지인이 배타적인 운송물에 관한 권리를 행사할 수 있을 것이나, 상환증이 발행되지 않고 송하인이 수하인을 지정한 경우에는 수하인이 비록 제3자이지만 운송계약상 권리를 취득하고 의무를 부담한다.

### (2) 수하인의 지위변동

**1) 운송물이 도착하기 전**

운송물이 운송지에 도착하기 전에는 수하인은 아무런 권리를 갖지 못하고 송하인만이 권리를 갖는다.

**2) 운송물이 운송지에 도착한 때**

운송물이 현실적으로 운송지에 도착하면 수하인은 송하인과 동일한 권리를 갖는다(상 140). 따라서 수하인은 운송물인도청구권과 손해배상청구권을 갖는다. 그렇지만 송하인의 권리가 소멸하지 않으며, 수하인이 인도청구할 때까지 처분권을 갖는다(상 139). 이때 양자의 권리는 병존하고, 먼저 권리를 행사하는 자가 우선한다. 운송인은 송하인에 대한 항변권으로 수하인에게 대항할 수 있다.

**3) 도착 후 수하인이 인도청구를 한 때**

수하인이 운송물이 운송지에 도착하고 그 이후 인도청구를 한 때에는 수하인의 권리가 송하인의 권리보다 우선한다(상 140조 2). 수하인이 운송물을 수령거부하거나 수령할 수 없는 때에는 운송인은 송하인에게 처분지시를 최고할 수 있다(상 143조 1, 142조 2).

### (3) 수하인의 지위의 성질

수하인은 운송계약 당사자가 아니면서도 운송계약상 권리를 갖는다. 수하인을 송하인의 대리인으로 보는 견해, 송하인을 위해 사무관리를 하는 것으로 보는 견해, 수하인의 지정을 제3자를 위한 계약으로 보는 견해 등이 있으나, 수하인의 권리의무는 운송의 특수성을 감안하여 상법규정에 의하여 발생되는 특수한 권리의무라고 본다.

## 5. 화물상환증

### (1) 서

#### 1) 의 의

화물상환증은 운송인이 수령을 증명하고 목적지에서 증권소지인에게 운송물을 인도할 의무를 표창하는 유가증권이다. 운송물의 인도청구권을 표창하는 유가증권인 화물상환증은 유통을 목적으로 발행되어 운송계약의 당사자를 통하여 수하인이나 제3자에게 교부된다. 이러한 화물상환증의 교부에 의하여 증권소지인은 운송물을 점유하지 않고 운송 도중에 있는 물건을 양도 또는 입질하여 권리를 이전하거나 금융의 편의를 도모할 수 있고, 운송물이 도착하기 전에 이를 다른 사람에게 전매할 수도 있다.

상법에서는 화물상환증에 의하여 운송물을 받을 수 있는 자에게 화물상환증을 교부한 때에는 운송물 위에 행사하는 권리의 취득에 관하여 운송물을 인도한 것과 동일한 효력이 발생하는 것으로 규정하고 있다(상 133). 이러한 효력을 화물상환증의 '물권적 효력'이라고 한다.

#### 2) 효 용

화물상환증은 처분증권으로서의 유가증권이므로, 증권소지인이 화물상환증으로 운송 중인 운송물을 처분할 수 있으며, 화물상환증을 제시하여야만 운송물의 인도를 청구할 수 있다. 화물상환증의 이러한 성질로 인하여 상품의 매도인은 화환어음을 발행하여 할인받는 방법으로 즉시 상품의 대금상당액을 회수할 수 있고, 매수인은 운송물이 도착하기 전에 증권에 의하여 운송물의 전매 기타의 처분을 할 수 있는 장점이 있다. 즉, 화물상환증의 발행으로 운송에 수반하는 시간적・장소적 장애를 극복할 수 있다.

그러나 육상운송은 그 기간이 대체로 단기간이고 1회의 운송량이 적기 때문에 화물상환증은 선하증권에 비하여 이용률이 크지 않고, 특히 국토가 좁은 우리나라에서는 육상운송거리가 단거리이므로 많이 이용되지 않고 있는 실정이어서 화물상환증이 거의 발행되지 않는다. 화물상환증 규정은(상 129, 130, 132, 133) 선하증권 규정(상 852 및 상 855)에 준용된다.

#### 3) 법적 성질

화물상환증은 불완전 유가증권으로서 요식증권성(상 128조 2)・요인증권성(상 128조 1)・지시증권성(상 130)・제시증권성(상 129)・상환증권성(상 129)・문언증권성(상

131) · 인도증권성(상 133) · 처분증권성(상 132)의 특성을 지니고 있다.

### (2) 화물상환증의 발행

운송인은 송하인이 청구에 의하여 화물상환증을 교부하여야 한다(상 128조 1). 발행을 청구할지 여부는 송하인의 자유로운 의사이지만, 송하인이 청구를 하면 운송인은 반드시 발행하여야 한다. 화물상환증이 운송물의 수령을 증명하는 기능을 하므로, 운송물을 수령한 이후에 발행하여야 한다. 다만 수령 이전이라도 운송인이 위험부담을 안고 발행할 수 있다.

화물상환증은 요식증권으로서 법이 정한 요건을 기재하고 운송인이 기명날인 또는 서명을 하여야 한다. 기재할 사항으로는, ① 운송물의 종류, 중량 또는 용적, 포장의 종별, 개수와 기호, ② 송하인의 성명 또는 상호, 영업소 또는 주소, ③ 운임 기타 운송물에 관한 비용과 그 선급 또는 착급의 구별, ④ 화물상환증의 작성지와 작성연월일 등이다. 법정기재사항 중 흠결이 있는 경우에도 화물상환증은 요인증권으로서 엄격한 요식증권은 아니므로 본질을 해하지 않는 한 무효로 보지 않는다. 법정기재사항 외에도 운송인과 송하인이 합의한 사항을 기재할 수 있다.

### (3) 화물상환증의 양도

1) 화물상환증은 법률상 당연한 지시증권이므로 기명식으로 발행된 것이라도 배서금지의 표시가 없는 한 배서에 의하여 양도할 수 있다(상 130). 화물상환증의 배서에는 권리이전적 효력과 자격수여적 효력이 있다(상 65, 민 508, 513). 권리이전적 효력이 있으므로 인적 항변이 절단되고(상 65, 민 515), 자격수여적 효력이 있으므로 선의취득이 인정되며(상 65, 민 514), 변제자에게 면책적 효력이 인정되는 것은(상 65, 민 518) 어음 · 수표의 배서와 동일하다.

그러나 화물상환증의 배서는 어음 · 수표의 배서와 달리 담보적 효력은 없다. 그 이유는 금전채권과 달리 운송물은 특정물로서 배서인에 의해서 이행이 담보될 수 없기 때문이다. 화물상환증의 발행인 및 배서인은 일반 사법상의 담보책임을 진다.[108]

2) 화물상환증에 배서를 금지하는 뜻을 기재한 때에는 그 화물상환증은 기명증권이 되므로(상 130), 이때는 지명채권의 양도방법(민 450)에 의하여만 양도할 수 있다. 즉, 당사자 간에 양도의 합의를 하고, 대항요건으로서 양도인이 운송인에게 양도의 통지를 하거나 운송인으로부터 양도의 승낙을 받아야 하며, 나아가 증권을

---

108) 정찬형, 359면.

인도하여야 한다(상 129).

3) 화물상환증은 무기명식 또는 선택무기명식으로 발행된 경우 증권의 교부에 의하여 양도할 수 있다(상 65, 민 523, 525).

## (4) 화물상환증의 효력

### 1) 채권적 효력

화물상환증의 채권적 효력이란 증권소지인과 운송인간의 채권관계, 즉 증권소지인이 운송인에 대하여 운송계약상의 채무의 이행을 청구하고 불이행을 하는 경우 손해배상청구를 할 수 있는 법적 지위를 말한다.

(가) 문언증권성

화물상환증이 발행된 경우에는 운송인과 송하인 사이에 화물상환증에 적힌 대로 운송계약이 체결되고 운송물을 수령한 것으로 추정하고(상 131조 1), 화물상환증을 선의로 취득한 소지인에 대하여 운송인은 화물상환증에 적힌 대로 운송물을 수령한 것으로 보고 화물상환증에 적힌 바에 따라 운송인으로서 책임을 진다(상 131조 2). 이를 화물상환증의 문언증권성(文言證券性) 내지는 문언적 효력이라고 한다.

(나) 요인증권성

운송인이 화물상환증을 발행하였더라도 그 증서는 운송계약을 원인으로 발행되었으므로, 운송인과 송하인 사이에서는 화물상환증은 운송계약 이상의 효력이 없다. 즉, 화물상환증은 운송계약에 근거하여 발행된 것이므로 화물상환증에 의한 권리관계는 그 원인인 운송계약의 내용에 의하여 정해진다. 이를 화물상환증의 요인증권(要因證券)성이라고 한다.

(다) 문언증권성과 요인증권성의 관계

화물상환증은 운송계약에 의한 운송물의 수령을 원인으로 하여 발행되므로(상 128), 그 발행의 원인인 운송계약의 내용에 의하여 영향을 받지 않을 수 없다. 따라서 화물상환증은 요인증권이고, 그 효력은 실제의 운송계약에 의하여 결정되는 것이 원칙이다. 그런데 실거래에서 운송계약의 내용과 달리 기재된 화물상환증이 발행되는 경우 증권의 기재를 무시하고 운송계약의 실제 내용에 따른다면, 화물상환증의 선의취득자가 피해를 입게 된다. 운송인이 송하인으로부터 운송물을 받지 아니하고 화물상환증을 발행하거나(공권) 실제로 받은 운송물과 다른 물건 또는 다른 수량을 받은 것처럼 기재하여 화물상환증을 발행한 경우가 있는데, 이를 어떻게 처리할 것인가가 문제된다.

가) 요인성을 중시하는 학설

상법 第131조의 문언성은 운송계약의 존재에 의하여 제한을 받고, 문언성이 적용되는 '운송에 관한 사항'은 운임 등 경미한 사항에 한정되고, 운송물의 수령여부와 같은 근본적 사항은 문언성의 지배를 받지 않는다고 해석한다. 따라서 원인 없이 발행된 공권은 언제나 무효이고, 운송물이 실제와 다른 경우에는 운송인은 실제로 수령한 운송물을 인도하지 못하므로 증권소지인에 대하여 고의·과실에 의한 불법행위로 인한 배상책임을 진다고 한다. 즉 화물상환증은 운송계약에 의하여 '실제로 수령한 운송물의 인도청구권'을 나타내고 있을 뿐이라고 한다. 운송인에게 유리한 해석이다.

나) 문언성을 중시하는 학설

화물상환증은 운송계약의 실제 내용과 관계없이 증권에 기재된 운송물의 인도청구권을 나타내는 것으로 이해한다. 증권의 요인성을 극도로 형식화하여, 증권의 문언에 원인된 운송관계가 기재되면 충분하다고 한다. 따라서 공권의 경우와 운송물이 상이한 경우에도 화물상환증은 유효하므로 운송인은 증권에 기재된 대로 운송물을 반환하여야 하며, 다만 기재된 운송물이 부존재하거나 상이하여 반환을 할 수 없기 때문에 채무불이행으로 인한 손해배상책임을 진다고 한다. 이 견해는 증권소지인에게 유리한 해석으로서 화물상환증의 유통성의 보호에 치중한다.

다) 절충설

화물상환증이 요인증권이지만, 그 유통성을 보호하기 위하여 문언성에 의하여 수정을 받아야 한다는 견해와 계약법의 일반원칙에 따라 해결하려는 견해가 있다. 전자에 의하면 화물상환증의 요인성은 그 작성의 실질관계를 고려하여 인정된 것이고, 문언성은 유통관계를 고려하여 인정된 것으로서, 접촉면에서 서로 다르다고 한다. 그래서 공권은 그 원인인 운송계약이 없으므로 무효이지만, 운송인은 금반언의 원칙에 따라 증권의 선의취득자에 대하여는 증권에 기재된 외관에 의하여 책임을 져야 하며, 그 책임의 성질은 채무불이행이라고 한다. 후자에 의하면 운송물을 수령하지 아니한 경우에는 화물상환증은 무효이고, 운송인은 불법행위책임을 부담하지만, 그 이외의 경우에는 증권은 유효하고 운송인은 채무불이행책임을 진다고 해석한다.[109]

요인성을 중시하는 견해는 화물상환증의 유통성을 해친다는 점에서 비판을 받고, 문언성을 중시하는 견해는 화물상환증이 특정한 운송물의 인도청구권을 체화하고 있다는 실질을 외면하고 있을 뿐 아니라 공권의 효력을 인정하는 점에서 비

109) 정동윤, 260-261면.

판을 받는다.

(라) 상법 제131조의 해석

가) 2010. 5. 14. 개정 전 상법 제131조는 '운송에 관한 사항은 화물상환증에 기재된 바에 의한다'고 규정되어 있었다. 따라서 공권인 경우와 실제수령한 운송물이 증권에 기재된 운송물과 다른 경우에 화물상환증의 요인성과 문언성을 어떻게 조화시킬 것인가가 문제되었다. 이를 해결하기 위하여 2010. 5. 14. 개정된 상법에서는 운송인과 송하인 사이에 운송계약의 내용에 따라 효력을 인정하는 요인성으로 일관하지 않고 '화물상환증에 적힌 대로 운송계약이 체결되고 운송물을 수령한 것으로 추정'함으로써, 증명책임을 배분하고 있고, 화물상환증의 선의소지인과 운송인 사이에서는 화물상환증에 적힌 대로 운송물을 수령한 것으로 간주함으로써 문언성을 따르고 있다.

나) 운송인과 송하인

화물상환증이 상법 제128조의 형식적 요건을 갖추어 발행된 경우에는 운송인과 송하인 사이에 화물상환증에 적힌 대로 운송계약이 체결되고 운송물을 수령한 것으로 추정한다(상 131조 1). 따라서 화물상환증의 기재와 다른 내용의 운송계약이 체결된 사실을 증명하면 문언성의 추정은 깨어지고 운송계약의 내용에 따른 법률관계가 정해지는데, 그 이유는 화물상환증이 요인증권이기 때문이다.

운송인은 증권에 기재될 물건을 수령한 것으로 추정되므로 반증이 없는 한 증권에 기재된 물건을 인도하여야 하고, 공권이나 운송물이 상이하여 기재된 물건을 인도하지 못하는 경우에는 불법행위책임 또는 채무불이행책임을 진다.

추정적 효력이 미치는 사항은 화물상환증에 기재된 운송물의 종류, 중량 또는 용적, 포장의 종별, 개수와 기호 등이고, 운송인이 상당한 주의를 기울여도 알 수 없는 운송물이 품질이나 밀봉된 컨테이너 내부의 운송물의 상세에 관하여는 추정적 효력이 미치지 아니한다.[110)]

다) 운송인과 증권의 선의취득자

화물상환증을 선의로 취득한 소지인에 대하여 운송인은 화물상환증에 적힌 대로 운송물을 수령한 것으로 보고 화물상환증에 적힌 바에 따라 운송인으로서 책임을 진다(상 131조 2항). 증권의 선의취득자에 대하여는 운송인이 반대사실이 있더라도 이를 주장하지 못하고, 화물상환증에 기재된 운송물을 수령한 것으로 간주되어 화물상환증에 적힌 바에 따라 운송물을 인도하여야 하며, 이를 이행하지 못하

110) 최종현, 432면.

면 채무불이행의 책임을 져야 한다.

(마) 채권적 효력의 한계

화물상환증의 채권적 효력은 증권의 기재를 신뢰한 선의의 제3취득자를 보호하기 위한 것이므로 공권인 줄 알면서 증권을 취득한 악의의 취득자에 대하여는 효력이 미치지 않는다. 화물상환증의 채권적 효력은 선의의 증권소지인을 보호하기 위한 것이므로 반대로 증권소지인에 대하여 운송인이 유리하게 증권의 기재를 원용할 수 없다. 예를 들어 운송인이 오토바이를 수령하고 자전거로 허위 기재한 경우에는 운송인은 자신이 허위기재한 자전거의 멸실에 대한 손해배상을 주장할 수 없다. 한편 선의의 증권소지인이 반대사실을 입증하여 오토바이의 멸실에 대한 손해배상청구를 할 수 있다. 이 규정이 선의의 증권소지인을 보호하기 위한 것이기 때문이다.[111)]

화물상환증의 문언성은 운송계약에 관한 조항에 관한 것이다. 그러므로 운송인이 증권작성과정에서의 강박이나 착오의 주장, 증권의 성질로부터 발생하는 사유(운송물의 멸실, 소멸시효 완성) 그리고 증권소지인에게 직접 대항할 수 있는 인적항변은 주장할 수 있는바, 이 범위 내에서는 문언성이 제한된다.

**2) 물권적 효력**

(가) 의 의

운송물을 받을 수 있는 자에게 화물상환증을 교부한 때에는 운송물 위에 행사하는 권리의 취득에 관하여 운송물을 인도한 것과 동일한 효력이 있는데(상 133), 이러한 효력을 화물상환증의 '물권적 효력'이라고 한다. 화물상환증의 물권적 효력을 인정하는 이유는 운송 중에 있는 운송물의 매매 또는 입질을 가능하게 함으로써 물권의 이전이나 설정 등 운송물의 처분을 용이하게 하려는 것이다. 그리하여 운송물의 처분을 위하여 증권을 교부하면 운송물을 현실로 인도한 것과 동일한 효력이 생기고, 증권의 취득자는 운송물에 대한 소유권 또는 질권을 취득하게 된다. 이와 같이 화물상환증은 증권의 교부가 증권에 기재된 운송물 자체의 인도와 동일한 효력을 가지는 유가증권이라는 점에서 인도증권(Traditionpapier)이라고도 한다.[112)]

(나) 발생요건

가) 운송인이 운송물을 인도받아 점유할 것

화물상환증의 물권적 효력은 운송인이 운송물을 인도받아 점유하고 있는 것을

---

111) 최준선, 399면 ; 최종헌, 435면.

112) 정동윤, 263면.

전제로 인정되며, 운송인이 증권소지인에 대하여 운송물의 인도(반환)채무를 부담하고 그 인도청구권의 양도에 관하여 법이 인정한 효력이다. 따라서 운송물이 멸실되거나 공권의 경우에는 물권적 효력이 생기지 아니한다. 운송인이 운송물을 직접 점유할 것을 요구하지는 아니하므로 운송물을 인도받아 소지인에게 반환할 수 있으면 된다.[113)]

나) 화물상환증에 의하여 '운송물을 받을 수 있는 자'에게 증권이 교부될 것

화물상환증에 의하여 '운송물을 받을 수 있는 자'란 화물상환증의 정당한 소지인을 의미한다. 화물상환증의 정당한 소지인이란 연속되는 배서에 의하여 화물상환증을 취득하여 점유하는 자, 즉 형식적 자격을 갖추어야 하고, 동시에 실질적 권리도 가진 자를 의미한다. 다만 상속, 합병처럼 법률상 당연한 권리를 가진 자에게 이전되는 경우에는 배서의 연속이라는 형식적 자격이 없더라도 물권적 효력을 갖지만 그 소지인은 정당한 권리승계사실을 증명하여야 한다. 따라서 증권의 절취자나 실질적 권리가 없는 단순한 점유자에게는 물권적 효력이 없다.

(다) 물권적 효력에 관한 학설

상법 제133조는 증권의 교부는 '운송물의 인도'와 동일한 효력이 있는 화물상환증의 물권적 효력을 규정하고 있다. 한편 민법 제190조는 제3자가 점유하고 있는 동산의 점유이전방식으로 '목적물 반환청구권의 양도'를 규정하고 있는데, 이 방법에 의하여 양수인에게 운송물의 점유이전을 할 수 있다. 그런데 목적물반환청구권의 성질이 채권적 청구권이기 때문에, 목적물반환청구권을 양도하려면 양도인이 채무자인 운송인에게 통지하거나 그의 승낙을 받는 등 지명채권양도의 대항요건을 갖추어야 한다(민 450). 그래서 목적물 반환청구권의 양도에 관한 민법 제190조 및 지명채권양도의 대항요건에 관한 민법 제450조와 관련하여 상법 제133조를 어떻게 조화롭게 해석해야 하는지에 대하여 학설이 대립하고 있다.

가) 절대설

① 상법 제133조를 민법 제190조와 성질을 달리하는 '상법상 특별히 인정된 점유취득의 원인'이라고 해석한다.[114)] 또 상법 제133조는 운송물이 존재하기만 하면 운송인의 운송물의 직접 점유 여부를 불문하고, 화물상환증의 인도가 운송물의 점유를 이전시키는 효력이 있으므로, 화물상환증을 인도받은 자는 절대적으로 운

113) 운송물을 제3자가 선의취득한 경우에는 운송물의 멸실처럼 물권적 효력이 생길 여지가 없다는 것이 다수설의 견해이나, 운송물이 존재하므로 물권적 효력은 인정되나 운송물의 선의취득자가 증권소지인보다 우선하므로 물권적 효력을 인정할 실익이 없다는 보는 견해가 있다(정찬형, 363면)

114) 이병태, "화물상환증의 효력", 「고시계」 제32권 제10호, 고시계사, 1987. 8면.

송물의 점유를 취득한다고 한다.[115] 그래서 상법 제133조에 의한 화물상환증의 교부는 민법 제190조의 목적물 반환청구권의 양도와 달리 운송물에 대한 물권변동을 일으키므로, 지명채권양도의 대항요건(민 450)이 필요하지 않다고 한다.

② 절대설에 의하면 화물상환증의 취득자는 운송인이 운송물을 직접 점유하고 있는지 여부를 조사하지 않고 거래를 할 수 있기 때문에, 증권소지인은 증권을 교부받으면 무조건 운송물의 점유를 취득한 것이 되어 증권의 원활한 유통을 강화할 수 있다고 한다. 예컨대 도난이나 분실 등에 의해 운송인이 일시적으로 직접점유를 상실하더라도 증권의 교부에 의해 운송물의 점유는 증권소지인에게 이전되어 그 증권소지인을 보호할 수 있다고 한다. 그러나 운송물은 반드시 존재하여야 하므로, 운송물이 도난·분실되어 제3자가 선의취득한 경우, 공권의 경우, 운송물이 소멸된 경우, 운송물이 증권에 기재된 물건과 다른 경우 등에는 물권적 효력이 생기지 않는다고 한다.

③ 이 견해는 운송물이 반드시 존재하는 것을 전제로 하는바, 공권이나 제3자의 선의취득의 경우에는 증권양수인은 보호를 받지 못하게 되므로 화물상환증의 유통을 보호하는데 한계가 있다. 또한 운송 중에 있는 운송물에 대하여 운송인과 증권소지인이 모두 직접점유를 하는 효과가 있다고 설명하는데, 이러한 해석은 운송인의 점유와 증권소지인의 점유와의 관계를 명확하게 구별하여 설명하지 못할 뿐만 아니라, 동일한 물건에 대하여 서로 다른 자가 중복점유를 하는 결과가 되어 이론적으로 무리가 있다.[116] 절대설은 창고증권의 물권적 효력에 관한 독일 상법 제424조에 대한 해석으로부터 유래된 것이며, 독일에서는 창고증권의 물권적 효력을 우리나라의 절대설과 마찬가지로 해석하고 있다고 한다. 독일 상법 제450조는 화물상환증의 물권적 효력에 관하여 우리나라 상법 제133조와 동일하게 규정하고 있다.[117]

나) 상대설

상대설에서는 운송인이 운송물을 직접 점유하는 것을 전제로 하여, 운송물의 간접점유만이 증권의 인도에 의하여 이전된다고 한다. 즉, 운송인이 증권소지인을 위하여 운송물을 '직접점유'하고, 증권소지인은 운송인에 대하여 운송물인도청구권을 갖기 때문에 운송물에 대하여 '간접점유'를 한다. 그러므로 운송물이 멸실되거나 제3자가 운송물을 선의취득하면 운송인의 직접 점유가 상실하게 되고, 증권

115) 최기원, 401면.
116) 최기원, 401면.
117) 손주찬, 365면 각주 1).

소지인의 운송물에 대한 인도청구권도 상실하게 된다. 상대설은 엄정상대설과 대표설로 나누어진다.

① 엄정상대설

상법 제133조의 규정을 민법 제190조의 예시규정으로 본다. 따라서 상법 제133조에 의한 화물상환증의 교부는 민법 제190조와 동일하게 운송인이 운송물을 직접 점유해야 하고 증권소지인은 이를 간접 점유하고 있어야 하며, 동시에 민법 제450조에 의한 대항요건인 양도인의 운송인에 대한 통지 또는 운송인이 승낙의 요건을 갖추어야 한다. 이 견해에 따르면 화물상환증의 물권적 효력을 부인하는 것이 되어 상법 제133조를 사문화시키는 문제점이 있다.[118)]

② 대표설

i ) 상법 제133조를 민법 제190조의 특칙으로 보는 견해로서, 화물상환증이 운송물을 대표한다고 한다. 운송인이 운송물을 직접 점유하는 것을 전제로 증권의 소지는 운송물의 간접점유를 대표하므로, 지명채권양도의 대항요건(민 450)을 갖출 필요 없이, 화물상환증을 교부하면 곧바로 운송물의 간접점유가 이전된다고 한다.[119)] 이 견해는 운송인의 운송물에 대한 직접 점유를 전제로 하는데, 운송인이 일시적으로 직접 점유를 상실하더라도 운송인이 점유회수의 소권(민 204)을 가지고 있는 동안에는 운송인이 운송물을 직접점유하고 있는 것으로 본다.

ii ) 이 견해는 운송인이 운송물을 직접 점유하여야 한다는 점에서 엄정상대설과 동일하지만, 화물상환증이 운송물을 대표하는 것으로서 화물상환증의 인도에 의하여 운송물의 간접점유가 이전된다고 보므로, 목적물반환청구권의 양도절차(운송인에 대한 통지 또는 운송인의 승낙)를 요구하지 않는 점에서 엄정상대설과 구별된다. 대표설은 증권의 교부 이외에 민법 제450조의 지명채권 양도의 대항요건을 갖출 필요가 없다는 점에서는 절대설과 동일하지만, 운송인이 운송물을 원칙적으로 직접 점유하고 있어야 한다는 점에서는 직접 점유를 전제로 하지 않는 절대설과 구별된다. 대표설은 절대설과 엄정상대설의 중간입장을 취하는 것으로서 통설적 견해이다.[120)]

다) 유가증권적 효력설

① 유가증권적 효력설 내지 수정상대설에 의하면, 상법 제133조는 화물상환증에 표창된 운송물반환청구권을 유가증권법적으로 양도하는 특별한 방식을 규정한 것이기 때문에 증권의 교부를 운송물의 인도로 보는 '인도의 대용물'을 규정한 것

---

118) 최기원, 402면.

119) 손주찬, 367면 ; 이철송, 549-550면 ; 정찬형, 365면 ; 최준선, 402면.

120) 최준선, 402면 ; 정찬형, 366면 ; 손주찬, 404면 ; 최기원, 367면 ; 이철송, 549-550면.

이라고 해석하며, 민법 제190조의 목적물반환청구권의 양도가 아니라고 한다. 또 민법 제450조의 지명채권양도의 대항요건을 요구하지 않는다. 동산의 점유이전과 관련하여 유가증권법 고유의 특수한 성질에 입각하여 종래의 상대설을 수정 발전시킨 것이라고 한다.[121]

② 이 견해에 의하면 운송인이 운송물을 직접 점유하고 있기 때문에 증권소지인이 인도청구권을 가지는 것이 필요하지만 운송인이 증권소지인을 위하여 점유하는 것(타주점유)을 요구하지 않는다고 한다. 따라서 운송인이 운송물을 자주점유하고 있는 경우에도 증권소지인이 보호를 받는다. 대표설에 의하면 운송인이 운송물을 자주점유하고 있는 때에는 증권양수인에게 간접점유의 이전이 불가능하기 때문에 증권소지인이 보호받지 못하므로 부당하다고 한다. 또한 엄정상대설이나 물권적효력 부정설은 상법 제133조의 존재의의를 상실하게 하므로 받아들일 수 없다고 한다.[122] 요컨대 유가증권적 효력설은 대표설과 달리 운송인이 운송물을 횡령하여 자주점유를 하는 경우에도 증권의 교부에 대하여 물권적 효력을 인정하므로 대표설과 비교하여 증권소지인을 보호하여 거래의 안전에 기여한다는 장점을 갖고 있다고 한다.[123]

라) 물권적 효력 부정설

① 민법의 일반이론에 의하더라도 화물상환증의 물권적 효력을 충분히 설명할 수 있기 때문에 별도로 화물상환증의 물권적 효력이 불필요하다고 한다. 그래서 화물상환증을 양도하면 그 증권이 표창하고 있는 운송물 인도청구권이 양도되어 물권변동에 관하여 동산을 인도한 효과가 생기게 되고, 또한 운송물 인도청구권이 증권에 화체되어 존재하는 경우에는 당연히 화물상환증에 의해서만 그 인도청구권을 양도할 수 있을 뿐이고 그 이외의 방법으로는 양도할 수 없다고 한다.[124]

② 그러므로 물권적 효력이라는 것은 화물상환증의 양도로 인하여 발생하는 채권적 효력이 동산물권변동의 한 방법인 목적물반환청구권의 양도방법으로 이용된 경우에 지나지 않는다고 한다.[125] 그리고 운송물이 분실이나 도난 등으로 멸실된 경우에는 물권적 효력이 발생하지 아니한다고 한다. 결국 상법 제133조는 화물상환증이 갖고 있는 처분증권성의 당연한 원리를 선언하는데 지나지 않고, 동조의 화물상환증의 교부는 화물상환증 자체의 양도를 의미한다고 해석하여 화물상환증

121) 이기수 외, 489면.
122) 정동윤, 266면.
123) 정동윤, 488-489면.
124) 채이식, 상법강의(상), 박영사, 1998, 331~332면.
125) 이기수 외, 489면.

의 물권적 효력을 부정한다.

마) 소 결

절대설은 운송인에 의한 운송물의 직접점유와 관계없이 증권의 교부를 받은 자는 절대적으로 운송물의 점유를 취득하게 되기 때문에 당해 운송물 위에 행사할 수 있는 권리를 주장할 수 있으며, 운송물에 대한 악의의 점유자에 대하여 그 운송물의 반환을 청구할 수 있기 때문에 증권소지인의 지위를 강화하는 장점이 있다. 하지만 운송물이 존재하지 않는데도 이를 존재한다고 속이는 송하인이나 기타 증권의 양도인을 신뢰한 양수인이 전혀 보호를 받지 못하게 되어 결국 화물상환증의 유통보호에 한계가 있게 된다.

물권적 효력 부정설은 상법 제133조의 효력을 사문화시키고 물권변동에 관하여 형식주의를 취하는 우리 법에서 타당하지 않다. 엄정상대설은 증권의 인도 이외에 민법 제190조의 목적물반환청구권의 양도절차가 필요하다고 함으로써 상법 제133조의 의미를 퇴색시키는 결과가 된다. 유가증권효력설은 타주점유이든 자주점유이든 물권적 효력이 발생한다고 보므로 거래의 안전과 증권소지인의 보호에 적합하다고 하나, 자주점유인지 타주점유인지 여부는 운송인의 내심의 의사이므로 실제에서는 별 차이가 없고, 상법 제133조가 특별한 양도방식이라고 설명하지만 그 의미가 무엇인지 이해가 쉽지 않다. 따라서 화물상환증의 인도를 운송물의 인도로 의제하고, 이러한 의제를 인정한다면 증권이 운송물을 대표한다고 설명하는 대표설이 민법상의 대항요건을 요구하지 않는다는 점에서 간명하다.[126)]

(라) 물권적 효력의 범위

가) 화물상환증의 물권적 효력은 '운송물 위에 행사하는 권리의 취득'에 관하여 인정된다. '운송물 위에 행사하는 권리'에 소유권, 질권, 유치권, 위탁매매인의 처분권도 포함된다.

나) 화물상환증소지인이 화물상환증에 의하여 운송물을 처분하더라도 특약이나 관습이 없는 한 화물상환증의 인도가 상법 제69조의 매매목적물의 수령이 되지 아니하므로, 매도인의 인도의무가 면제되지는 않는다. 화물상환증의 물권적 효력은 화물상환증의 취득은 운송물에 관하여 권리를 취득하고, 또 제3자에 대하여 대항할 수 있다는 것일 뿐이고, 현실적으로 운송물이 인도된 것은 아니기 때문이다.

다) 처분증권성

화물상환증이 발행된 경우에 증권소지인이 운송물에 관한 물권적 처분을 하기

---

126) 최준선, 402면 ; 손주찬, 367면.

위해서는 반드시 그 증권을 교부해야 한다(상 132). 이러한 성질을 화물상환증의 '처분증권성'이라고 한다. 수하인도 증권과 상환 없이 운송인에게 운송물의 인도를 청구할 수 없으며(상 129), 증권을 소지하지 않고 운송인에 대하여 운송의 중지나 운송물의 반환 기타의 처분 등의 지시를 할 수 없다(상 139). 이처럼 화물상환증의 처분증권성을 상법에 규정하여 운송인의 운송물에 대한 처분권한을 제한함으로써, 증권의 정당한 소지인을 보호하고 증권의 안정적인 유통을 보장하고 있다.

라) 선의취득과의 관계

화물상환증을 소지한 자는 운송물의 처분을 반드시 화물상환증으로 하여야 함에도 불구하고, 운송물이 실물로 처분되어 양수인이 동산의 선의취득요건(민 249)을 구비한 경우, 화물상환증 소지인과 선의취득자 중 누가 우선 보호되는지가 문제된다.

① 선의취득자 우선보호설

운송물이 실물로서 처분되어 양수인이 동산의 선의취득요건(민 249)을 구비하면, 화물상환증의 교부가 없더라도 선의취득이 되므로, 운송물 자체의 선의취득자가 화물상환증의 선의취득자보다 우선하여 권리를 취득한다고 한다. 운송물의 선의취득의 법적 성질이 원시취득이므로 운송물의 인도청구권을 표창하는 유가증권이 있는 경우에도 이와 분리된 운송물 자체의 선의취득을 인정하지 않을 수 없다는 것이다.[127] 즉 운송물이 멸실되어 제3자가 선의취득한 경우에는 화물상환증을 교부하더라도 물권적 효력이 발생하지 아니하며, 채권적 효력만이 남아서 운송인에게 손해배상청구를 할 수 있다고 한다.[128]

② 화물상환증 소지인 우선보호설

화물상환증의 물권적 효력은 선의취득의 경우에도 인정된다. 즉, 화물상환증의 선의취득자도 운송물을 인도받을 수 있는 자이기 때문에 화물상환증을 인도받으면 운송물의 점유를 인도받는 효력이 있다. 따라서 선의의 제3자가 운송물을 인도받더라도 화물상환증을 교부받지 못하면 소유권이 이전될 수 없다. 즉, 화물상환증이 발행되면 운송물 인도청구권은 증권과 불가분적으로 결합되기 때문에, 증권과 분리하여 운송물만을 양도하더라도 선의취득의 효력이 발생하지 않는다고 한다.[129]

---

127) 김성태, 633면.

128) 손주찬, 364면 ; 최준선, 403면; 김정호, 316면 ; 정찬형, 362면(운송물이 선의취득되더라도 물권적 효력의 대상인 운송물은 여전히 존재하여 화물상환증 소지인이 운송물의 점유를 취득하는 것과 같은 화물상환증의 물권적 효력은 인정되지만, 운송물의 선의취득자가 증권소지인보다 우선하기 때문에 물권적 효력을 인정할 실익이 없다고 한다).

129) 정동윤, 264면.

③ 소 결

화물상환증의 물권적 효력은 운송물이 실제로 존재하고 그것이 운송인의 점유에 있음을 전제로 하여 인정된 효력이므로, 증권이 운송물의 인도 없이 발행되거나(공권) 운송물이 멸실된 경우에는 물권적 효력이 발생하지 않고, 채권적 효력의 문제만 남기 때문에 선의취득자가 우선보호 받는다고 본다.

## 제 3. 여객운송

### 1. 의 의

여객운송이란 자동차, 선박, 항공기 등에 의하여 운송인이 여객 즉 자연인을 일정한 장소에서 다른 장소로 운반하는 것이다. 상법 제148조의 여객운송이란 육상의 물건운송에 대응하는 의미의 여객운송, 즉 육상 또는 호천, 항만에서의 여객을 장소적으로 이동시키는 행위를 의미한다. 여객운송에 대하여는 운송수단별로 철도사업법, 궤도운송법, 여객자동차운수사업법 등 특별법이 적용된다. 상법은 여객운송에서의 운송인의 책임에 관하여 3개의 조항을 두고 있다.

### 2. 여객운송계약

#### (1) 계약 당사자

여객운송계약은 자연인의 운송을 목적으로 하는 계약으로서, 운송의 위탁자와 운송을 인수하는 운송인 사이에 체결된다. 여객 자신이 운송의 위탁자가 되는 경우가 일반적이지만 부모가 자녀의 운송을 위탁하는 경우처럼 여객 아닌 자도 운송의 위탁자가 될 수 있다.

#### (2) 승차권

여객운송에는 주로 승차권이 이용되는데, 승차권은 운송채권을 표창하는 유가증권이다. 무기명식 승차권은 양도가 가능하고 운송채권을 표창하는 유가증권이라는 견해가 통설이나, 개찰을 한 후에는 유가증권성을 상실하고, 특정인에 대하여 운송채무를 부담하고 운임의 지급을 증명하는 증거증권이라는 견해[130]와 여전히 유가증권성이 있다는 견해가 있다.[131] 한편 기명식 승차권은 특정인에 대한 운

130) 손주찬 368면 ; 김정호 346면.

송책임만을 지므로 증거증권에 불과하다는 견해[132]와 논리의 일관성의 측면에서 보면 이러한 승차권도 유가증권성이 있다는 견해[133]가 있다.

(3) 법적 성질

여객운송계약은 그 청약과 승낙에 의하여 성립하는 낙성계약 그리고 불요식의 계약이다. 보통은 승차권의 발매 시에 계약이 성립되며, 승차 후에 승차권을 구입하는 경우에는 승차 시에 계약이 성립한 것으로 볼 수 있다.[134]

## 3. 여객운송인의 책임

여객운송인은 운송계약에 따라 목적지까지 여객의 운송을 위하여 선량한 관리자의 주의의무를 부담하고, 이를 게을리 하여 여객에게 손해가 발생하면 그 손해를 배상할 책임이 있다.

### (1) 여객의 손해에 대한 책임

**1) 책임의 원인**

(가) 운송인은 자기 또는 사용인이 운송에 관한 주의를 해태하지 아니하였음을 증명하지 아니하면 여객이 운송으로 인하여 받은 손해를 배상할 책임을 면하지 못한다(상 148조 1). 이는 물건운송인의 손해배상책임과 동일하게 여객운송인의 채무불이행으로 인한 책임으로서, 운송인이 무과실에 대한 증명책임을 부담한다.

(나) 운송인이나 그 사용인이 운송에 관한 주의의무의 범위 내에 속하는 사항으로 인하여 사고가 발생하였으므로 손해배상책임을 지는 것이고, 그것이 운송인이나 그 사용인이 운송에 관한 주의의무의 범위에 속하지 아니하면 운송인은 배상책임을 지지 않는다. 따라서 운송 중에 사고라도 외부에서 차량에 투석을 하는 등 제3자의 행위가 개입된 경우에는 배상책임을 지지 않는다.[135]

(다) 여객운송인의 주의의무는 차량 등의 운행에만 한정되지 아니하고 운송설비의 안전점검이나 운송인의 관리범위에 속하는 노선의 안전 확보에도 미치고, 운행 전에 사고발생의 가능성을 예방하기 위한 주의의무를 베풀어야 하는 등 다양하다.[136]

---

131) 정찬형, 372면 ; 최준선, 404면.
132) 이철송, 556면.
133) 정찬형, 372면 ; 정동윤, 267면.
134) 최준선, 404면.
135) 대법원 1969. 7. 29. 선고 69다832 판결.
136) 이철송, 557면.

(라) 비여객이 입은 손해는 적용되지 않는다. 입장권을 소지한 사람이 열차에서 뛰어내려 상해를 입었더라도 입장권의 발매만으로는 여객운송계약이 체결되었다고 할 수 없으므로 운송인은 배상책임이 없다.[137)]

**대법원 1991. 7. 23. 선고 91다12165 판결**

소외 망 구상우가 1989.12.18. 10:20경 서울역에서 피고가 관리, 운행하는 여수행 제371호 통일호열차에 승차하여 순천방면으로 가던 중 같은 날 14:29경 위 열차가 전북 임실군 성수면 오류리 이리기점 58킬로미터 지점을 통과할 무렵 위 열차의 제일 뒷부분에 연결된 객차의 뒷쪽 승강구 맨 윗계단 위에 서 있다가 열차가 좌우로 흔들리자 몸의 균형을 잃고 주저 앉으면서 문이 열려진 승강구의 계단 아래로 미끄러져 그 지점에 설치된 약 5미터 높이의 다리 아래로 추락하여 뇌진탕, 호흡부전 등으로 현장에서 사망한 이 사건에 있어서 위 사고는 위 열차의 여객전무인 소외 이만수가 열차의 운행중에는 승강구의 문을 닫아 두어야 하고 수시로 열차내를 순회하면서 승강구의 문이 열려져 있는 곳이 있는가를 확인하여야 하며 승강구 주위에 승객이 있을 경우 안전한 객차 내로 들어가도록 조치하여 사고발생을 방지하여야 할 주의의무가 있음에도 승강구의 문을 열어 놓은 채 위 열차가 운행되도록 하였고 위 열차를 순회중 위 구상우가 문이 열려진 위 승강구 부근에 서 있는 것을 보고도 단지 객차 내로 들어가도록 권유하였을 뿐 적극적으로 안전한 객차 내로 들어가도록 조치하지 아니한 과실과 위 구상우 역시 친구인 소외 안창욱과 맥주 1병을 나누어 마신 상태에서 위 이만수가 객차 내로 들어가 안전하게 여행하도록 권유했음에도 객차 안으로 들어가지 아니하고 운행 중 요동이 가장 심한 열차의 제일 뒷부분 객차의 승강구 맨 윗계단 부근에 서있었고 위 승강구의 문이 열려져 있어 객차의 요동으로 인한 추락의 위험성이 있었음에도 객차출입문의 손잡이를 잡는 등의 안전조치를 전혀 취하지 아니한 과실이 서로 경합하여 발생한 것이라고 인정한 다음 피고는 위 이만수의 사용자로서 위 이만수의 위와 같은 사무집행중의 과실로 발생한 이 사건 사고로 인한 손해배상책임을 면할 수 없고 한편 위 구상우의 과실도 피고의 손해배상책임을 면제할 정도에는 이르지 아니하므로 피고가 배상할 손해의 범위를 정함에 있어 이를 참작하기로 하되 쌍방의 과실 내용에 비추어 위 망인의 과실비율은 전체의 50퍼센트로 보는 것이 상당하다.

137) 대법원 1991. 11. 8. 선고 91다20623 판결.

**대법원 1993. 2. 26. 선고 92다46684 판결**

원고는 위 열차가 영등포역에 도착한 줄도 모르고 객실좌석에서 계속 잠을 자다가 정차시간 내에 하차하지 못하고 열차가 출발할 무렵 잠에서 깨어나 옆에 앉은 승객에게 물어보고 비로소 영등포역 도착사실을 알고는 황급히 객실 뒤쪽 승강구로 나가 이미 출발하여 서서히 진행중인 열차의 열려있는 출입문 승강대 계단을 내려와 승강대 손잡이를 잡고 있다가 그대로 플랫홈으로 뛰어 내리는 바람에 위 열차와 플랫홈 사이에 다리가 빠지면서 다소 끌려가 위 열차의 정차위치로부터 약 60미터 진행한 지점에 추락한 사실을 인정할 수 있는바, 위 무궁화호 열차는 자동개폐식 출입문이 아니므로 열차의 기관사 또는 여객전무가 열차출발에 즈음하여 출입문을 폐쇄하였거나 영등포역의 역무원이 뒤늦게 열차를 타고 내리는 승객이 있는지 여부를 계속 확인한 후 발차신호를 보냈더라면 이 사건 사고를 예방할 수 있었을 텐데 그러한 조치를 취하지 아니한 데에 피고나 그 피용자들의 과실이 있다는 취지이다.

… 중략 …

그러나 피해자가 스스로 진행중인 열차에서 밖으로 뛰어 내리다가 사고를 당한 이 사건에 있어, 출입문이 열려 있었다는 점이 사고발생의 원인이라 보기도 어려울 뿐 아니라(당원 1991.11.8. 선고 91다20623 판결 참조), 기록에 의하면 위 열차는 당시 11개 이상의 차량을 달고 있었고 영등포역에서 2분간을 정차하는 중에 하차한 승객만도 150여명에 달하였다는 것이므로 그러한 상황에서 당시 여객운송을 책임지고 있던 소수의 피고 피용자들에게 사고예방을 위하여 위와 같이 안내방송 및 유도안내를 실시하는 등 조치를 취하는 이외에 열차의 출발전에 모든 객차의 여객이 자유로히 개폐할 수 있는 출입문을 일일이 폐쇄할 것을 기대할 수는 없다 할 것이고, 한편 영등포역 역무원들이 당시 예정된 정차시간 경과 후 더 하차하는 승객이 없음을 확인한 후 발차신호를 보낸 것이므로 그들에게 어떠한 과실이 있다 할 수도 없는 것이다.

### 2) 책임의 범위

(가) 상법 제148조 제1항의 '여객이 운송으로 인하여 받은 손해'란 여객이 받은 생명·신체에 대한 손해는 물론이고 의복에 대한 손해, 연착으로 인한 손해도 포함된다. 또 적극적 손해와 소극적 손해를 포함한다.

(나) 여객의 정신적 손해인 위자료도 여객이 운송으로 인하여 받은 손해에 포함된다. 그런데 운송인의 책임이 채무불이행책임인 경우 피해자의 가족이 입은 정신적 손해에 대하여는 배상을 청구할 수 없다는 것이 판례의 입장이다. 즉 여객이

사망한 경우 사자(死者)는 권리의무의 주체가 될 수 없고, 그 상속인도 운송계약의 당사자가 아니므로 운송인의 채무불이행을 원인으로 한 손해배상청구에는 위자료가 인정되지 않는다. 이는 채무불이행을 원인으로 하는 손해배상청구에서 위자료를 부정하는 우리 판례와 일맥상통한다. 다만 청구권경합설에 의하여 운송인의 행위가 불법행위에 해당되면 불법행위를 원인으로 하여 가족이 입은 정신적 손해에 대한 위자료청구는 가능하다.[138] 이에 대하여, 여객이 상해를 입고 그 후에 사망한 경우와 비교해볼 때 균형이 맞지 않고, 사망의 경우가 상해의 경우보다 피해자를 보호할 필요가 더 크다는 점을 고려하면 여객이 위자료청구권을 취득하고 그 권리가 상속인에게 승계된다고 해석하여야 한다는 견해가 있다.[139]

(다) 손해배상의 액을 정함에는 법원은 피해자와 그 가족의 정상을 참작하여야 한다(상 148조 2). 이는 '여객이 입은 특별한 사정으로 인한 손해는 채무자가 그 사정을 알았거나 알 수 있었을 때에 한하여 배상의 책임이 있다'는 민법 제393조 제2항의 특별손해의 배상원칙에 대한 예외를 인정한 것으로서, 당사자의 예견 유무와 상관없이 법원이 당연히 정상을 참작하여야 한다는 것이다.

상법 제148조 제2항이 적용되는 손해는 그 성질상 '여객의 사상으로 인한 손해'만을 의미하고, 그 이외의 피복에 발생한 손해나 연착으로 인한 손해는 적용되지 않는다고 해석되므로 이러한 손해는 민법의 배상원리에 의하여 해결하여야 할 것이다.[140] 여객운송인의 여객의 사상으로 인한 손해배상책임은 개별적이고, 특별손해에 대하여도 배상책임을 부담한다는 점에서 정액배상인 물건운송인의 책임과 구별된다.

### (2) 여객의 수하물에 대한 책임

#### 1) 인도받은 수하물에 대한 책임

운송인은 여객으로부터 인도를 받은 수하물에 관하여는 운임을 받지 아니한 경우에도 물건운송인과 동일한 책임이 있다(상 149조 1). 그러므로 운송인이 무과실에 대한 입증책임을 지며, 손해배상액은 정액배상주의에 따르고(상 135, 137), 고가물의 특칙(상 136)이 적용된다.

여객이 수하물의 수령을 지체할 경우에는 물건운송에 관한 규정이 배제된다. 즉 수하물이 도착지에 도착한 날로부터 10일내에 여객이 그 인도를 청구하지 아니한

138) 최준선, 406면.
139) 정찬형, 373면.
140) 정찬형, 372면 ; 최준선, 406면.

때에는 상법 제67조의 규정을 준용하여 수하물을 공탁·경매할 수 있다. 그러나 주소 또는 거소를 알지 못하는 여객에 대하여는 최고와 통지를 요하지 아니한다(상 149조 2).

#### 2) 인도받지 않은 수하물에 대한 책임

운송인은 여객으로부터 인도를 받지 아니한 수하물의 멸실 또는 훼손에 대하여는 자기 또는 사용인의 과실이 없으면 손해를 배상할 책임이 없다(상 150). 수하물을 여객이 보관하므로 손해배상을 청구하려면 운송인의 과실을 주장 입증하여야 한다. 배상액의 산정에 대하여 규정이 없으나 인도받은 수하물과 동일하게 상법 제137조의 정액배상주의에 따른다고 해석된다.

## 3. 여객운송인의 권리

### (1) 운임청구권

여객운송인은 상인이므로 당연히 보수청구권을 갖는다. 운송계약은 도급계약이므로 운송이 종료된 후에 운임을 청구할 수 있음이 원칙이나, 실제로는 약관 또는 상관습에 의하여 승차권 구매시 선급을 받는 경우가 대부분이다.

### (2) 유치권

여객운송인의 인도받은 수하물에 대한 유치권 규정이 상법에 없으므로 운송인이 운임채권을 확보하려면 민사상 유치권을 행사할 수 있을 것이나, 탁송수하물에 대한 운임을 받지 않는 것이 관례이므로 사실상 유치권을 인정하지 않는 결과가 된다. 따라서 운송인의 운임채권을 보호하기 위하여 물건운송인의 특별상사유치권(상 147, 120)을 유추 적용하여 특별상사유치권을 인정할 필요가 있다.[141]

---

141) 최준선, 408면 ; 정찬형, 378면 ; 정동윤, 271면. 여객운송인에게 물건운송인의 특별상사유치권을 유추적용할 필요가 있다는 주장은 입법론으로는 타당하나 해석론으로서는 물권법정주의원칙에 위반되기 때문에 반대하는 견해가 있다(이철송, 561면).

# 제6절 공중접객업

## 제 1. 필요성

사람들은 일상생활에서 극장, 여관, 음식점, 목욕탕, 이발소 등 시설물을 빈번하게 이용한다. 이처럼 공중에게 시설을 제공하여 영업을 하는 공중접객업은 사회의 발전과 소비형태의 변화로 그 종류가 다양할 뿐만 아니라 그 규모도 점차 커져가고 있다. 공중접객업은 국민 편의를 위한 서비스업으로 많은 사람들이 이용하고 있기 때문에 고객의 안전을 위하여 충분한 대비를 하고 휴대품의 분실에 대하여도 대책을 강구하여야 한다. 따라서 공중접객업자는 고객의 안전을 보장하여야 하는 등 책임이 중시되므로, 이에 관하여 법은 일정한 규율을 하고 있다.

## 제 2. 의 의

1. 공중접객업(entertainment business transaction; service trader)이란 극장 · 여관 · 음식점, 그 밖의 공중이 이용하는 시설을 제공 · 이용시키는 영업을 말하며, 이는 기본적 상행위에 속한다(상 46조 9호). 공중접객업자란 공중이 이용하는 시설에 의한 거래를 영업으로 하는 자로서(상법 151), 공중접객업에 제공되는 시설의 소유자를 의미하는 것이 아니라 공중접객업을 경영하는 기업의 주체(상인)를 말한다(상 151). 공중접객업이 기본적 상행위이므로 자기명의로 이러한 거래를 영업으로 하는 자는 당연상인이 된다(상 4). 2010 개정 전 상법에는 '객의 집래를 위한 시설'이라는 표현을 사용하였으나, 개정법에서는 '공중이 이용하는 시설'로 변경하였는데, 이는 불특정 다수인이 모여 특정한 목적을 위해 이용할 수 있도록 제공된 인적 · 물적 설비 및 장소를 말한다.

2. 공중이 이용하는 시설로는 법문에 열거한 것 이외에도 목욕탕, 볼링장, 골프장, 카페, 이발소 등 다양하다. 공중접객업자는 공중이 이용하는 시설을 고객에게 이용시키는 행위를 영업으로 하는 자이므로, 공중접객업은 거래행위의 특성에 따라 정의되지 않고 그 거래행위가 이루어지는 시설에 의하여 정의되어 거래행위의 내용은 영업의 종류에 따라 달라진다. 그래서 여관은 임대차, 음식점은 매매, 이용

업이나 골프장은 도급의 성격을 갖는다. 이처럼 공중접객업의 거래내용은 다양하지만, 이용하는 고객의 휴대품의 분실, 도난 등의 사고를 예방하고, 고객의 안전을 보호하여야 하는 등 공중접객업자의 책임의 중요성이 증가하고 있다.

3. 공중접객업은 그 제공한 시설에 의하여 다수인과 거래를 영업으로 하는 것이므로 위생상 감독의 필요가 있는바, 공중접객업자의 영업의 내용에 따라 경찰관서 또는 행정청의 사전 허가를 요하는 등 다양한 행정단속법규가 있다.[142] 공중접객업자의 이용자에 대한 보호의무는 공법적 규제 등에 맡기고, 상법은 공중접객업자가 고객으로부터 임치 받거나 임치를 받지 아니한 물건에 대한 책임만을 규정하고 있다.

## 제 3. 공중접객업자의 책임

### 1. 서

상법은 객의 휴대물에 관한 공중접객업자의 책임만을 규정하고 있다. 공중접객업자의 책임은 고객으로부터 임치를 받은 물건에 대한 책임(상 152조 1)과 임치를 받지 아니한 물건에 대한 책임(상 152조 2)으로 나누어진다. 임치를 받은 물건에 대한 책임이 임치를 받지 아니한 물건에 대한 책임보다 엄격하다. 고가물에 대하여는 별도의 특칙을 두고 있으며 단기소멸시효를 규정하고 있다.

### 2. 임치받은 물건에 대한 책임

#### (1) 의 의

공중접객업자는 자기 또는 그 사용인이 고객으로부터 임치받은 물건의 보관에 관하여 주의를 게을리하지 않았음을 증명하지 못하면 그 물건의 멸실 또는 훼손으로 인한 손해를 배상하여야 한다(상 152조 1). 공중접객업자의 책임은 로마법상의 수령책임(Receptumhaftung)에서 기원하였는데, 공중접객업자의 물건의 임치는 보조적 상행위임에도 불구하고 그 책임을 가중하였다. 즉 로마법에서는 운송인이나 여관주인은 수령한 운송물이나 여객의 휴대품을 안전하게 보관하였다가 반환할 의무가 있고, 그 멸실 또는 훼손으로 인한 손해에 관하여는 수령하였다는 사실만

142) 청소년보호법, 공연법, 공중위생관리법, 식품위생법, 풍속영업의 규제에 관한 법률.

으로도 법률상 당연히 결과책임을 부담하도록 하였다.

2010년 상법 개정 전에는 로마법상의 수령책임처럼 공중접객업자는 불가항력으로 손해가 발생하였음을 증명하지 못하면 그 손해를 배상할 책임이 있다고 규정되어 있었으나 2010년 개정된 상법에서는 과실책임으로 완화하여 공중접객업자의 책임을 운송주선인(상 115), 육상물건운송인(상 135조), 육상여객운송인(상 148), 창고업자(상 160)의 책임과 동일하게 자기나 사용인의 무과실을 증명하여 책임을 면할 수 있도록 하였다.

(2) 책임요건

상법 제152조 제1항의 책임이 발생하기 위해서는 공중접객업자가 객으로부터 임치를 받고, 받은 그 물건이 멸실 또는 훼손되어 손해가 발생하여야 한다.

**1) 물건의 임치**

임치받은 물건에 대한 책임이 성립되기 위해서는 물건의 임치를 받았어야 한다. 따라서 공중접객업자는 그 휴대품에 관하여 고객과 사이에 명시 또는 묵시의 임치계약이 체결되었어야 한다.[143)]

**대법원 1998. 12. 8. 선고 98다37507 판결**

소외 서해석은 1996. 9. 5. 21:00경 피고가 경영하는 여관에 투숙하면서 여관 건물 바로 옆에 위치한 위 여관 부설주차장에 그가 운전하던 이 사건 차량을 주차시켜 놓은 사실, 위 주차장은 승용차 20대 이상이 주차할 수 있는 비교적 넓은 공간을 차지하고 있고, 그 입구에는 '동원장주차장'이라고 쓰여진 입간판이 설치되어 있으며 그 외부는 담장으로 둘러싸여 있었으나, 주차장의 일부를 감시할 수 있는 감시카메라가 설치되어 있는 외에는 출입문 등 차량 출입을 통제할 만한 시설이나 인원을 따로 두지는 않은 사실, 위 서해석은 투숙시 위 여관 관리인에게 위 주차사실을 알리거나 차량열쇠를 맡기지 않았고, 위 차량 주차 장소는 위 감시카메라의 감시영역 밖에 위치하였기 때문에 여관관리인 등 피고측으로서는 위 주차사실에 대하여 전혀 알 수가 없었는데, 위 차량은 위 주차장에서 주차되어 있는 동안 도난 당한 사실 등을 인정한 다음, 공중접객업자와 객 사이에 임치관계가 성립하려면 그들 사이에 공중접객업자가 자기의 지배영역 내에 목적물 보관의 채무를 부담하기로 하는 명시적 또는 묵시적 합의가 있음을 필요로 한다고 할 것이고, 여관 부설주차장에 시정장치가 된 출입문이 설치되어 있거나 출입을 통제하는

143) 대법원 1992. 2. 11. 선고 91다21800 판결.

관리인이 배치되어 있는 등 여관 측에서 그 주차장에의 출입과 주차시설을 통제하거나 확인할 수 있는 조치가 되어 있다면, 그러한 주차장에 여관투숙객이 주차한 차량에 관하여는 명시적인 위탁의 의사표시가 없어도 여관업자와 투숙객 사이에 임치의 합의가 있는 것으로 볼 수 있으나, 이 사건에 관하여는 피고측이 위 주차장의 출입차량을 통제하거나 감시할 수 있는 시설이 설치되어 있지도 않고 그러한 일을 하는 관리인도 따로 두지 않아 위 주차장은 단지 투숙객의 편의를 위하여 주차 장소로 제공된 것에 불과한 것으로 보여지므로, 그러한 주차장에 주차한 것만으로 여관업자인 피고와 위 서해석 사이에 이 사건 차량에 관하여 묵시적인 임치의 합의가 있었다고 볼 수 없다.

2. 공중접객업자가 이용객들의 차량을 주차할 수 있는 주차장을 설치하면서 그 주차장에 차량출입을 통제할 시설이나 인원을 따로 두지 않았다면, 그 주차장은 단지 이용객의 편의를 위한 주차장소로 제공된 것에 불과하고, 공중접객업자와 이용객 사이에 통상 그 주차차량에 대한 관리를 공중접객업자에게 맡긴다는 의사까지는 없다고 봄이 상당하므로, 공중접객업자에게 차량시동열쇠를 보관시키는 등의 명시적이거나 묵시적인 방법으로 주차차량의 관리를 맡겼다는 등의 특수한 사정이 없는 한, 공중접객업자에게 선량한 관리자의 주의로써 주차차량을 관리할 책임이 있다고 할 수 없다.

#### 2) 고객으로부터 임치

공중접객업자가 책임져야 할 상대방인 고객은 공중접객업소의 시설을 이용하는 자이지만, 반드시 이용계약이 성립되어야 하는 것은 아니고 시설을 이용할 의사를 가지고 시설 내에 소재한 자를 포함한다고 본다. 예컨대, 여관에 투숙하기 위하여 대기 중이었으나 만원으로 이용하지 못하였음에도 물건을 임치한 경우에는 공중접객업자의 책임이 인정된다.

#### 3) 물건의 멸실 또는 훼손으로 인한 손해발생

고객의 신체의 사상에 관하여는 본조가 적용되지 않는다. 멸실에는 도난, 제3자에 의한 선의취득 등이 포함된다. 손해발생은 시설에 의한 거래와 관련하여 임치를 하고 있는 중에 일어나야 한다.

### (3) 과실의 추정

공중접객업자의 책임은 임치받은 물건에 대한 부주의에서 생기는 통상의 과실책임이다. 그리고 임치받은 물건이 멸실 또는 훼손된 경우 공중접객업자의 과실이 추정되므로, 공중접객업자는 무과실을 입증해야 면책될 수 있다.

## 3. 임치받지 아니한 물건에 대한 책임

### (1) 의 의

공중접객업자는 고객으로부터 임치받지 아니한 경우에도 그 시설 내에 휴대한 물건이 자기 또는 그 사용인의 과실로 인하여 멸실 또는 훼손되었을 때에는 그 손해를 배상할 책임이 있다(상 152조 2). 공중접객업자의 책임은 임치계약상의 책임 또는 불법행위책임이 아니라, 공중접객업자와 고객 사이의 시설 이용관계를 근거로 하여 고객의 보호를 위하여 상법이 인정한 특별책임이다. 이 책임은 고객이 스스로 그 물건에 대하여 감독할 수 있는 입장에 있으므로 임치받은 물건에 대한 책임에 비하여 감경하였다.

### (2) 책임요건

**1) 고객이 그 시설 내에 휴대한 물건.**

손해배상청구권을 가지는 자인 고객의 의미는 임치받은 물건에 대한 책임과 같다.

**2) 자기 또는 사용인의 과실**

손해발생이 공중접객업자 또는 그 사용인의 과실로 인한 것이어야 한다. 여기의 과실은 선량한 관리자의 주의의무(민 681)를 다하지 못한 것을 말한다. 공중접객업자의 부주의에 대한 입증책임을 고객이 부담한다는 점에서, 임치받은 물건의 책임과 다르다. 공중접객업자는 자기뿐만 아니라 자기의 사용인의 과실에 대해서도 책임을 지며[144], 여기의 사용인은 피용자에 한정되지 않고 널리 공중접객업자가 고객과 시설이용의 거래를 하기 위하여 사용하는 모든 자를 포함하며 그 가족이나 친지도 포함될 수 있다. 반드시 고용관계를 요구하지도 않는다.

**3) 물건의 멸실 또는 훼손으로 인한 손해발생**

물건의 멸실 또는 훼손으로 인하여 손해가 발생하였어야 한다. 임치받은 물건에 대한 책임의 경우와 같다.

## 4. 면책약관의 효력

(1) 공중접객업자의 책임에 관한 규정은 임의규정이므로, 당사자 간의 특약으로

---

144) 공중접객업자는 그 사용인의 과실에 대하여 선임·감독상의 주의를 해태하지 아니한 경우에도 책임을 지는 점에서 민법의 일반원칙(민 제756조 단서)에 대한 예외이다.

고객의 휴대물에 대한 공중접객업자의 책임을 감면할 수 있다. 그러나 공중접객업자가 고객의 휴대물에 대하여 일방적으로 책임이 없음을 게시한 것만으로는 면책의 특약이 있는 것으로 인정될 수 없으므로 상법 제152조 제2항의 책임을 면하지 못한다(상 152조 3).

(2) 면책약관을 게시하는 것도 고객의 과실을 판단하는 자료가 될 수 있으므로 공중접객업자의 책임산정에서 과실상계의 대상이 될 수 있다.

**서울민사지법 1991. 3. 20. 선고 90나24290 판결**

골프장이 많은 이용객으로 항시 붐비는 상태인데도 이용객의 소지품 도난을 방지하기 위하여 경비원 수를 늘리거나 현관에 있는 골프가방거치대에 시정장치를 하지 아니한 잘못으로 이용객이 위 거치대에 놓아 둔 골프가방을 도난당하였다면, 위 골프장이 대중골프장로서 일반골프장과 달리 이용객이 보조자(캐디)없이 스스로 운반용 카트를 골프가방을 싣고 다니도록 되어 있고 그 사용요금도 현저히 저렴하며 위 골프장의 현관 등에 골프가방의 보관, 관리는 본인이 하여야 하고 분실시 책임지지 않는다는 안내문을 게시하였다 하더라도, 위 골프장 경영자는 상법 제152조 제2항, 제3항에 따라 위 이용객이 위 골프가방을 도난당함으로써 입게 된 손해를 배상할 책임이 있다.

## 5. 고가물에 대한 특칙

### (1) 성 질

고객이 공중접객업소에 출입할 때 현금, 유가증권, 보석 등 고가물의 도난사고가 자주 발생한다. 따라서 고가물의 멸실 또는 훼손에 대하여 일반 물건과 동일한 책임을 공중접객업자에게 지우면 배상액의 규모가 커 공중접객업자에게 가혹할 수 있다. 그래서 공중접객업자를 보호하고, 고객에 대하여 고가물에 대한 사전의 명시를 유도하여 손해를 미연에 방지시키고자 고가물에 대한 특칙을 두고 있다.

화폐, 유가증권, 그 밖의 고가물에 대하여는 고객이 그 종류와 가액을 명시하여 임치하지 아니하면 공중접객업자는 그 물건의 멸실 또는 훼손으로 인한 손해를 배상할 책임이 없다(상 153). 이는 고가물이라고 알려주었더라면 공중접객업자가 세심한 주의를 기울여 보관을 하였을 터인데 고가물임을 명시하지 않았기 때문에 그러한 주의를 하지 아니한 것으로 보는 것이다. 운송주선인(상 124) 및 운송인(상 136)의 고가물에 대한 손해배상책임과 같은 취지이다.

**대법원 1977. 2. 8. 선고 75다1732 판결**

결혼식장에서 선물로 교환된 부로바시계 1개(시가 64,000원 상당). 옥토시계 1개(시가 25,000원 상당). 백금부착 3푼짜리 다이아반지 1개(시가 150,000원 상당)과 백금부착 1푼짜리 다이아목걸이 1개(시가 70,000원 상당)는 상법 제153조 소정의 고가물에 해당하고, 원고들이 여관에 들고서 위 물품의 종류, 가액을 밝혀 주인에게 맡긴 바 없으면 피고에게 없어진 물건에 대하여 손해를 배상할 책임을 물을 수 없다.

(2) 책임요건

**1) 임치할 물건이 화폐, 유가증권 기타의 고가물이어야 한다.**

고가물이란 동일한 중량과 용적의 다른 물건에 비하여 그 성질·가공정도·연대 등의 이유로 현저하게 고가인 것(귀금속, 보석, 고급미술품, 골동품 등)을 말한다. 고가물은 사회통념에 비추어 판단하여야 할 것으로 객관적·경제적 가치로 판단하여야 하고 자동차처럼 용적·중량이 상당히 거대하여 고가인 것은 고가물에 해당하지 아니한다. 또 고객이 특별히 부여하는 주관적 가치는 판단기준이 되지 않는다.

**2) 고객이 그 종류와 가액을 명시하여야 한다.**

고객이 고가물의 종류와 가액을 밝혀 공중접객업자에게 맡긴 바가 없다면 공중접객업자는 상법 제153조에 의하여 그 물건에 대한 손해배상책임이 없다. 그런데 고객이 고가물임을 명시하지 않았더라도 공중접객업자 또는 그 사용인이 고가물임을 알게 된 경우 책임에 관하여 의견이 나누어진다.

첫째로 보통물로서의 주의의무를 지며 고가물로서의 책임을 진다는 견해, 둘째로 고가물로서의 주의의무를 지고 고가물로서의 책임을 진다는 견해, 셋째로 면책이 된다는 견해 등이 있다.

생각건대 우연히 고가물임을 안 경우 고가물을 명시하지 않았다는 이유만으로 공중접객업자의 책임을 완전히 면하게 하는 것은 지나치게 고객의 권리를 침해하는 것으로서 신의칙에 어긋나며, 고객이 고가물임을 고지하지 않았더라도 결과적으로 고가물이라는 것을 알게 된 이상, 임치받은 물건이 온전하게 보관되도록 주의를 다하는 것이 상인의 도리이므로 공중접객업자는 고가물로서의 주의를 기울여야 하고, 고가물로서의 책임을 진다고 보는 것이 타당하다.[145] 그러나 공중접객업자가 고의로 임치물을 멸실 또는 훼손시킨 경우에는 고가물임을 명시하지 않더

라도 공중접객업자는 불법행위로 인한 고가물로서의 손해를 배상하여야 한다.[146)]

#### 3) 물건의 멸실 또는 훼손으로 인한 손해가 발생하여야 한다.

#### 4) 고가물의 '임치'

고객이 고가물의 종류와 가액을 명시하여 '임치'하여야 한다. 단지 고가물임을 명시하였으나 임치하지 아니하고 고객이 계속 점유하였다면 고가물책임(상 153)을 물을 수 없고, 임치하지 아니한 물건에 대한 책임(상 152조 2)으로 해결하여야 할 것이다.

고가물임을 명시하지도 않고, 임치하지도 않은 고가물에 대해서는 상법 제152조 제2항의 책임도 지지 아니한다고 본다. 이는 고가물을 휴대하고 있음을 알지 못한 공중접객업자는 그것의 임치를 권고하거나 더 깊은 주의를 기울일 수 없기 때문이다.

**대구고등법원 1977. 4. 22. 선고 76나665 제2민사부판결**

피고는 원고가 분실하였다는 물건들은 현금, 유가증권에 준하는 예금통장, 고가물인 시계등임에도 원고가 그 종류와 가액을 명시하여 따로 임치하지 아니하였으므로 그 분실에 대한 책임이 없다고 하고 그렇지 않다고 하더라도 위 탈의실내에 욕객이 휴대하는 귀중품에 대하여는 별도로 임치하지 아니하면 그 책임을 지지 아니한다고 게시하였으므로 원고의 위 소지품 분실에 대한 책임이 없다고 주장하므로 살피건대, 전자에 대하여는 앞서 본 바와 같이 피고에게 인정하는 책임이 상법상의 공중접객업자로서의 책임이 아니고 민법상 사용자 책임에 근거하는 것이고 보면 원고가 그 소지품에 대한 종류와 가액의 명시에 의한 별도의 임치가 없었다는 사유만으로는 피고의 책임이 면책된다 할 수 없는 것이고 후자에 대하여는 원심 및 당심의 현장검증 결과에 의하면 피고가 위 탈의실내에 귀중품보관소를 설치하고 보관치 않는 물건에 대하여는 그 책임을 지지 않는다고 게시한 사실, 각 옷장문 내부에도 도난사건 발생을 예고하면서 귀중품이나 현금은 보관소에 보관하도록 하고 보관치 않는 물건의 도난에 대한 책임은 지지 않는다고 경고문을 부착시켜

145) 서울민사지법 1985. 5. 1. 선고 84나1190 판결(고객이 목욕탕영업주의 상업사용인에게 고가물을 그 종류와 가액을 명시하지 아니하고 임치하였다가 분실당한 경우라 하더라도 그 상업사용인이 전에도 그 목욕탕시설을 이용하기 위하여 그 곳에 온바 있는 그 객으로부터 그 고가물을 임치받은 일이 있어서 그 종류와 가액을 이미 잘 알고 있었다면 공중접객업자인 목욕탕영업주는 다른 특별한 사정이 없는 한 그 객에게 그 고가물의 멸실로 인한 손해를 배상할 책임이 있다).

146) 최준선, 414면.

> 놓은 사실들은 인정할 수 있으나 그러한 사실이 있다고 하여 바로 피고의 위 책임이 면책된다고 단정되지 아니하므로 피고의 위 주장 모두 이유없음에 돌아간다 하겠다.
>
> 다만 원고의 위 소지품 분실사고는 피고의 위와 같은 귀중품보관에 관한 게시 및 경고에도 불구하고 앞서 인정한 바와 같이 원고가 이를 별도로 보관시키지 아니하고 그대로 옷장 속에 넣어 둔 과실도 경합되어 발생한 사실을 인정할 수 있는 바, 원고의 이러한 과실은 피고의 위 책임을 면제할 정도에는 이르지 아니하므로 아래의 피고의 손해배상액을 정함에 있어서 참작하기로 한다.

## 6. 채무불이행책임과 불법행위책임의 관계

공중접객업자나 그 사용인의 '고의 또는 중과실'로 인하여 고객의 휴대물이 멸실 또는 훼손된 경우에, 채무불이행으로 인한 손해배상청구권과 휴대물의 소유권 침해로서의 불법행위로 인한 손해배상청구권이 동시에 성립한다. 법조경합설은 임치계약에 대한 채무불이행이 불법행위보다 우선하다고 보아서, 언제나 채무불이행으로 인한 손해배상청구권만 성립한다고 보고, 불법행위책임은 묻지 않는다. 청구권경합설은 양 청구권의 각 성립요건과 효과가 다르기 때문에 경합되며, 채권자는 유리한 청구권을 선택하여 행사할 수 있다고 한다(판례).

## 7. 책임의 소멸시효

### (1) 단기소멸시효

고객의 휴대물에 대한 공중접객업자의 책임은 공중접객업자가 임치물을 반환하거나 고객이 휴대물을 가져간 후 6월이 지나면 소멸시효가 완성한다(상 154조 1). 물건이 전부 멸실된 경우에는 6월의 소멸시효의 기간은 고객이 그 시설을 퇴거한 날부터 기산한다(상 154조 2). 그러나 공중접객업자나 그 사용인이 악의인 경우에는 위 6월의 시효를 적용하지 않고 일반 상사시효인 5년의 시효를 적용한다(상 154조 3).

### (2) 일반상사시효

공중접객업자의 책임의 단기소멸시효는 공중접객업자를 보호하기 위하여 책임을 가급적 신속하게 소멸시키고 또 시일이 오래 경과하면 입증이 어려운 점을 고려한 규정이다. 그러나 이 단기소멸시효 규정은 공중접객업자나 그 사용인에게 악의가 있으면 적용할 수 없다. 여기의 악의란 고의로 물건의 멸실·훼손을 생기게 하였거나 멸실 또는 훼손의 사실을 고의로 은폐한 경우를 말하고, 단순히 멸실 또는 훼손을 알고 있었다는 것만으로는 악의라고 할 수 없다.[147] 한편 악의의 개념을 고의로 물건의 멸실·훼손뿐만 아니라, 단순히 멸실 또는 훼손을 알고 있는 것도 악의로 보는 견해도 있다.[148] 이행보조자의 악의도 포함된다. 이와 같이 공중접객업자가 악의인 경우 그의 책임은 5년의 상사소멸시효에 의하여 소멸한다(상 64).

# 제7절 창고업

## 제 1. 총 설

창고업은 중세 유럽의 항구도시의 보세창고에서 비롯되었는데, 19세기 이후 국제무역의 발달과 더불어 번성하게 되었고 특히 영국의 항구에 있던 창고영업이 창고업의 선구가 되었다.[149] 창고업은 상품의 유통과정에서 발생하는 시간적 차이를 극복하도록 상품을 보관함으로써 상품의 가치를 보존하는 기능을 수행한다. 상품거래에서 상품의 보관은 상인 스스로 해결하는 것이 원칙이지만 상품의 대량거래가 이루어질 경우에 전문상인으로서 창고업자가 필요하게 되었다.

상인이 창고를 이용함으로써 비용을 절감하고 안전한 보관을 할 수 있는 이득을 얻을 수 있고 또 창고업자에게 임치한 물건에 대한 창고증권을 발행받아 임치물을 처분하거나 담보로 금융을 조달할 수 있는 편리함을 누릴 수 있다. 창고업의 순기능적 역할이 매우 크므로 각국은 이를 보호 육성하고 있다. 그러나 창고업이 농산품을 대량 저장하였다가 품귀가 될 때 고가로 판매하는 등의 방법으로 상품의 시장시세를 교란시키는 수단으로 악용될 수 있기 때문에 각국은 감독과 규제를 하고 있다. 우리나라는 물류정책기본법, 관세법 등에 의해 창고업을 규율하고 있다.

---

147) 최준선, 414면 ; 정찬형, 384면.
148) 정동윤, 301면 ; 안강현, 300면.
149) 최준선, 415면.

## 제 2. 창고업자의 의의

타인을 위하여 창고에 물건을 보관함을 영업으로 하는 자를 창고업자라 한다(상 155).

### 1. '타인의 물건'의 보관

창고업자는 타인을 위하여 물건을 창고에 보관하여야 한다. 임치의 목적물이 타인의 물건이며, 물건은 보관에 적합한 동산에 한정된다. 타인의 화폐나 유가증권 등과 같은 고가물이나 동물도 대상이 될 수 있다고 본다. 자기의 물건이나 타인의 부동산은 임치의 대상이 아니다.

### 2. '창고'에 보관

창고는 물건의 보관에 적합한 설비를 말한다. 반드시 지붕이 있어야 하는 것은 아니므로 목재나 석재의 야적창고, 자동차의 야외주차장에서의 보관도 가능하다. 창고는 반드시 창고업자의 소유일 것을 요구하지 아니하므로 타인의 창고를 임차하여도 된다.

### 3. '보관'의 방법

보관이란 물건을 창고에 장치하여 그 멸실·훼손을 방지하는 것이다. 그러므로 자기의 점유하에 물건을 장치하고 그 물건의 현상을 보존해야 한다. 창고업자는 임치물을 처분할 권한을 갖지 아니하는바, 임치인의 소유물의 소유권을 취득하여 임치물의 처분권한을 가지고 동량의 다른 물건으로 반환하는 것(소비임치)의 인수를 영업으로 하는 자는 창고업자가 아니다. 그러나 곡물·석유 등 대체성 있는 임치물을 혼합하여 보관하는 경우, 보관자는 임치물의 처분권한을 갖지 않고 임치인 상호간에 임치물의 공유관계만 존재하며, 수치인은 그 혼합물에서 임치인의 청구에 따라 출고할 의무만 부담하는 것이므로 이러한 혼합임치(혼장임치)를 인수하는 자는 창고업자가 될 수 있다.[150]

---

150) 정찬형, 386면 ; 최준선, 416면 ; 이철송, 586면.

### 4. 상인성

창고업자는 물건의 보관을 영업으로 한다고 표현하고 있으나, 보관은 사실행위이므로, 물건의 보관(임치)의 인수를 영업으로 하는 상인이다(상 46조 14호). 농업협동조합이 농업창고를 운영하는 것은 영업으로 하는 것이 아니므로 창고업이 아니다.

## 제 3. 창고업자의 의무

### 1. 임치물 보관의무

창고업자는 선량한 관리자의 주의로써 임치물을 보관할 의무를 부담한다(상 62). 창고업자는 전문적인 보관업자이므로 일반 임치인보다 높은 주의의무를 부담한다고 본다. 보관기간이 지나면 임치인이나 창고증권소지인에게 반환할 의무를 부담한다. 당사자가 임치기간을 정하지 아니한 때에는 창고업자는 임치물을 받은 날로부터 6월을 경과한 후에는 언제든지 이를 반환할 수 있다(상 163조 1). 임치물을 반환할 때에는 부득이한 경우를 제외하고는(상 164) 2주 전에 예고하여야 한다(상 163조 2). 임치물이 부패할 염려가 있거나 보관이 위법하는 등 부득이한 경우에는 언제든지 반환할 수 있다(상 164).

### 2. 창고증권 교부의무

창고업자는 임치인의 청구에 의하여 창고증권을 교부하여야 한다(상 156조 1).

### 3. 임치물의 검사, 견품적취, 보존처분에 따를 의무

임치인 또는 창고증권소지인은 영업시간 내에 언제든지 창고업자에 대하여 임치물의 검사 또는 견품의 적취를 요구하거나 그 보존에 필요한 처분을 할 수 있다(상 161). 이러한 요구가 있을 때에는 창고업자는 이에 응하고 협력할 의무가 있다. 이는 임치인에게 임치물 보전의 완전성 여부를 확인할 수 있게 하고, 또 임치 중인 물건의 거래를 할 수 있도록 편의를 제공하기 위한 것이다. 견품의 적취는 임치물의 양도, 입질 등을 위하여 임치물의 견품을 가져가는 것을 말하며, 임치물의 적취정도에 따라 수량변화가 될 수 있으므로 적취수량에 대한 증명서의 교부나 상당한 담보제공을 요구할 수 있다.

보존에 필요한 처분이라 함은 임치물의 멸실, 훼손을 방지하기 위한 행위로써 임치물의 현상을 보전하는 정도에 그쳐야 하므로, 특약에 없는 임치물의 수리나 가공을 할 수 없다. 이 의무는 당사자간에 특약으로 제한할 수 있으나 전면적으로 배제할 수는 없다.

## 4. 임치물 반환의무

임치인의 청구가 있는 경우에는 창고업자는 임치기간 유무에 불구하고 임치물을 반환하여야 한다. 창고증권이 발행된 경우에는 그 소지인에 대하여만 반환할 의무를 부담한다. 이때 창고업자는 창고증권소지인에게 창고증권의 상환으로써만 임치물을 반환할 수 있으나, 예외적으로 보증도나 가도에 의하여 창고증권 없이 반환할 수 있다.

## 5. 임치물의 하자통지·처분의무

창고업자는 임치물을 인도받은 후에 그 물건의 훼손 또는 하자를 발견하거나 그 물건이 부패할 염려가 있는 때는 지체없이 임치인에게 그 통지를 발송하여야 한다(상 168, 108조 1). 그리고 임치인의 지시를 받을 수 없거나 그 지시가 지연되는 때에는 창고업자는 임치인의 이익을 위하여 적당한 처분을 할 수 있다(상 168, 108조 2). 창고업자가 '가격저락의 상황을 안 때에는' 그 통지를 발송할 의무가 없다고 해석한다. 창고업자는 매매의 주선을 영업으로 하는 위탁매매인과 달리 물건의 보관을 영업으로 하는 자이기 때문이다.

## 6. 손해배상책임

### (1) 책임의 원인

창고업자는 자기 또는 사용인이 임치물의 보관에 관하여 주의를 해태하지 아니하였음을 증명하지 아니하면 임치물의 멸실 또는 훼손에 대하여 손해를 배상할 책임을 면하지 못한다(상 160). 과실책임주의를 채택하면서, 창고업자가 무과실을 입증하지 못하면 책임을 지게 하여 입증책임을 전환하고 있다. 여기의 멸실은 물리적인 멸실 뿐만 아니라, 임치물을 반환받을 정당한 권리자가 아닌 자에게 인도함으로써 정당한 권리자가 반환받지 못하게 되는 경우도 포함된다.[151)]

임치인이 수령지체에 빠진 상태에서 임치물이 멸실, 훼손된 경우에는 창고업자에게 고의 또는 중과실이 없는 한 손해배상책임이 없다.[152] 창고업자에 대하여 고가물에 대한 특칙(상 124, 136, 153)이 없으므로 임치계약에 관한 민법의 손해배상원칙에 의하여 해결하여야 할 것이다.[153]

(2) 책임의 소멸

**1) 특별소멸원인**

운송인의 특별한 책임소멸원인이 창고업자에게 준용되므로, 창고업자의 책임은 임치인 또는 창고증권소지인이 유보없이 임치물을 수령하고 보관료 기타의 비용을 지급한 때에는 소멸한다. 그러나 i) 임치물에 즉시 발견할 수 없는 훼손 또는 일부 멸실이 있는 경우에 임치물을 수령한 날로부터 2주간내에 창고업자에게 그 통지를 발송한 때, 또는 ii) 창고업자 또는 그 사용인이 악의인 때에는 그러하지 아니하다(상 168, 146).

**2) 단기소멸시효**

임치물의 멸실 또는 훼손으로 인하여 생긴 창고업자의 책임은 그 물건을 출고한 날로부터 1년이 경과하면 소멸시효가 완성한다(상 166조 1). 이 기간은 임치물이 전부 멸실한 경우에는 임치인과 알고 있는 창고증권소지인에게 그 멸실의 통지를 발송한 날로부터 기산한다(상 166조 2). 그러나 이 단기시효는 창고업자 또는 그 사용인이 악의인 때에는 적용하지 아니하므로(상 166조 3), 일반상사시효인 5년이 적용된다. 악의라 함은 단순히 임치물의 훼손, 일부 멸실을 알고 있는 경우[154]뿐만 아니라 임치물을 인도받을 정당한 권리자가 있음을 알고 있는 경우[155]도 포함된다. 단기소멸시효는 창고업자의 상대방인 임치인이 손해배상을 청구하는 경우에만 적용되고, 임치물이 타인의 소유물건이라서 소유권자가 청구하는 경우에는 적용되지 아니한다.[156]

**3) 면책약관**

창고업자의 책임은 당사자 간의 특약에 의하여 공서양속과 신의성실의 원칙에

151) 대법원 1981. 12. 22. 선고 80다1609 판결.
152) 대법원 1983. 11. 8. 선고 83다카11476 판결.
153) 이철송, 589면 ; 최준선, 420면 ; 정찬형, 390면. 창고업자에 대하여도 상법 제136조(고가물에 대한 책임)를 유추 적용하여야 한다는 견해가 있다(최기원, 428면).
154) 대법원 1987. 6. 23. 선고 86다카2107 판결.
155) 대법원 1978. 9. 26. 선고 78다1376 판결.
156) 대법원 2004. 2. 13. 선고 2001다75318 판결.

반하지 않는 범위 내에서 이를 면제 또는 경감할 수 있다고 본다.[157)]

**대법원 1978. 9. 26. 선고 78다1376 판결**

상법 제166조의 멸실이라 함은 임치물을 반환받을 정당한 권리자가 아닌 자에게 인도하므로써 정당한 권리자가 그의 반환을 받지못하게 된 경우도 이에 해당하는 것이라고 함이 상당하다고 할 것이고 이 경우에 악의라고 함은 인도받은 자가 그 임치물을 반환받을 정당한 권리자가 아님을 알면서 그자에게 출고한 경우를 말한다고 할 것인바, 이건에 있어서 원심의 설시는 이건 임치물인 양고기의 임치 자의 명의를 원고 앞으로 변경하므로써 피고는 원고에게 이사건 양고기를 출고할 의무가 있다는 것이며 동 명의의 변경은 위소외 정계선과 원고가 피고회사 창고담당직원인 위 소외 이주철을 찾아와서 요구하므로써 이루어졌다는 것이고, 한편 기록에 의하면 피고는 이사건 양고기를 원고에게 출고하지 아니하고, 위 소외 정계선의 지시에 따라서 소외 최충렬에게 전량을 출고하였음을 자인하고 있으며, 원심이 채택한 증인 이주철(위 소외인)의 증언에 의하면 동 증인이 피고회사의 창고담당직원으로서 이건 양고기의 임치명의자를 그 임치자인 위정계선의 요청에 의하여 원고앞으로 변경하고 새로이 원고를 보관의뢰자로 한 피고회사명의의 이건 양고기에 대한냉동냉장 통장 (갑1호증)을 원고에게 발행하였음에도 불구하고 동인 (위 이주철)이 원고에게는 출고하지 아니하고 소외 최충렬에게 전량 출고한 사실이 명백하며 기록을 정사하여도 이사건 양고기의 반환에 관해서 원고와 위 정계선 및 최충렬과의 관계가 어떠한 것인지 그것이 명확하다고도 할 수 없으니 사실관계가 이와같다면은 일응 피고의 사용인인 위 이주철이 위 소외 최충렬이가 임치명의자로서 그 반환을 받을 정당한 권리자인 원고가 아닌 사실을 알면서도 이건 임치물인 양고기를 전량 위소외인에게 출고하였다고 하여야 할 것이므로 이와같은 경우에 있어서는 창고업자인 피고는 위 소외인에게 출고할시에 피고 또는 그 사용인이 악의가 아니였다는 점에 대하여 입증을 하지 아니하는 한 원고에 대한 책임을 면할 수 없다 함이 상당하다 할 것인데, 원심이 채택한 증거를 기록에 대조하여 정밀히 검토하여도 피고가 임치명의자가 아닌 위 소외 최충렬에게 이건 임치물인 양고기를 출고할시에 피고 또는 그 사용인에게 악의가 없었다고 인정함에 충분하다고 할 수 없으니(기록을 정독하여도 원고와 위 최충렬과의 관계가 어떠한 것인지도 명백하지 아니하다) 결국 원심판결에는 충분한 자료없이 사실을 인정하고 심리를 미진하여 상법 제166조를 잘못 적용한 흠이 있다고 아니할 수 없고 이점을 지적하는 취지도 포함되었다고 보이는 논지는 이유있다고 할 것이다.

---

157) 최준선, 420면.

## 제 4. 창고업자의 권리

### 1. 보관료 · 비용상환청구권

(1) 창고업자는 임치물을 출고할 때가 아니면 보관료 기타의 비용과 체당금의 지급을 청구하지 못한다. 그러나 보관기간 경과 후에는 출고전이라도 이를 청구할 수 있다(상 162조 1). 임치인 또는 창고증권소지자가 출고를 게을리 함으로써 인하여 창고업자가 손해를 입지 않도록 하기 위한 것이다. 창고업자의 보관료 등의 채권에 관하여서는 별도의 유치권이 인정되지 않으므로 창고업자는 임치인이 상인인 경우에는 일반유치권(상 58)을 행사할 수 있고 그러하지 아니한 경우에는 민법상의 유치권을 행사할 수 있다. 보관료의 지급채무자는 임치인이지만 창고증권이 발행된 때에는 창고증권소지인이다.

(2) 임치물의 일부출고의 경우에는 창고업자는 그 비율에 따른 보관료 기타의 비용과 체당금의 지급을 청구할 수 있다(상 162조 2). 그러나 비용 · 체당금이 출고한 물건에 관하여 지출한 것인 때에는 전액을 청구할 수 있다.[158]

### 2. 공탁 · 경매권

임치인 또는 창고증권소지자가 임치물의 수령을 거부하거나 이를 수령할 수 없는 때에는 창고업자는 상인간의 매매에서의 매도인과 같이 임치물을 공탁하거나 상당한 기간을 정하여 최고한 후 경매할 수 있으며, 이 경우 지체없이 임치인 등에 대하여 그 통지를 발송하여야 한다(상 165, 67조 1). 임치인 등에 대하여 최고를 할 수 없거나 임치물이 멸실 또는 훼손될 염려가 있는 때에는 최고없이 그 임치물을 경매할 수 있다(상 165, 67조 2).

## 제 5. 창고증권

### 1. 의 의

창고증권은 임치물의 반환청구권을 표창하는 유가증권이다. 실무에서는 창고증권 이외에 하도지시서(delivery order) 또는 입고증이 이용되고 있는데, 하도지시서

158) 이철송, 592면.

는 임치인이 창고업자에 대하여 임치물의 일부 또는 전부를 그 소지인에게 인도할 것을 위탁하는 지시서이다.

## 2. 법적 성질

창고증권에 대하여는 화물상환증에 관한 상법 제129조 내지 제133조의 규정이 준용된다(상 157). 그러므로 창고증권은 문언증권, 상환증권, 지시증권, 처분증권, 요인증권이고, 창고증권의 교부는 물권적 효력이 있다.

## 3. 창고증권의 발행

(1) 창고업자는 임치물의 수령 후에 임치인의 청구에 의하여 창고증권을 교부하여야 한다(상 156조 1). 그리고 창고증권에는 다음의 사항을 기재하고 창고업자가 기명날인 또는 서명하여야 한다(상 156조 1). i) 임치물의 종류, 품질, 수량, 포장의 종별, 개수와 기호, ii) 임치인의 성명 또는 상호, 영업소 또는 주소, iii) 보관장소, iv) 보관료, v) 보관기간을 정한 때에는 그 기간, vi) 임치물을 보험에 붙인 때에는 보험금액, 보험기간과 보험자의 성명 또는 상호, 영업소 또는 주소, vii) 창고증권의 작성지와 작성연월일 등이다.

(2) 창고증권은 엄격한 요식증권이 아니므로 비교적 중요하지 아니한 것은 사실과 다르거나 기재하지 않더라도 효력이 있다. 위의 법정사항 이외의 기재를 하더라도 효력이 있다.

(3) 임치물의 분할청구

임치물이 나누어질 수 있는 경우에는 임치인은 임치물을 분할하여 각 부분별로 별개의 창고증권을 발행할 수 있고, 분할된 임치물을 수인의 매수인에게 양도하거나 또는 일부는 양도하고 일부는 입질할 수 있다. 분할한 물건이 종류 또는 품질이 상이하여 혼장임치를 할 수 없는 경우에는 별도로 보관하여야 할 것인바, 그 비용이나 분할된 창고증권의 발행 교부에 소요되는 비용은 창고증권소지인이 부담한다(상 158조 2).

## 4. 창고증권의 유통

(1) 창고증권은 법률상 당연한 지시증권이므로 기명식인 경우에도 배서금지의

특약이 없는 한 배서에 의하여 양도할 수 있다. 무기명식 창고증권이 발행된 때에는 단순교부에 의하여 양도할 수 있다. 배서에 따른 권리이전적 효력과 자격수여적 효력은 있으나 담보적 효력은 없다.

(2) 창고증권에 의하여 임치물을 입질하는 경우에는 질권설정계약과 함께 창고증권을 질권설정자에게 인도하여야 한다(상 157, 133, 민 330). 창고증권으로 임치물을 입질한 경우에도 질권자의 승낙이 있으면 임치인은 채권변제기 이전에도 임치물의 일부반환을 청구할 수 있다. 증권소지인이 채권액을 초과하는 임치물을 질권자의 승낙하에서 그리고 창고증권 반환없이 활용할 수 있게 배려한 것이다. 그렇지만 이 때문에 창고업자가 이중으로 반환책임을 져서는 안 되므로 창고업자는 반환한 임치물의 종류, 품질과 수량을 창고증권에 기재하여야 한다(상 159).

### 5. 창고증권의 효력

화물상환증과 동일하게 채권적 효력과 물권적 효력이 있다(상 157, 131, 133). 임치물을 받을 자에게 창고증권을 교부한 때에는 임치물을 인도한 것과 동일한 효력이 있다. 창고증권 소지인은 임치계약상 임치인의 지위에 있으므로 보관료, 기타 비용과 체당금을 지급할 의무를 부담한다.[159]

# 제8절 금융리스업

## 제1. 총 설

### 1. 리스의 의의

(1) 리스(lease)는 전통적으로는 특정인에게 동산 또는 부동산을 비교적 장기간에 걸쳐 이용하게 하고 그 대가로 임차료를 받는 임대차 일반을 의미하였다. 그러러

159) 대법원 1963. 5. 30. 선고 63다188 판결(입고된 물건에 관하여 창고증권이 발행되면 그 발행일자 이후에는 그 창고증권의 명의인이 그 물건에 대하여 소유권을 취득하고 따라서 그 뒤에 생기는 창고료, 화재보험료는 물론, 감량 등에 대한 책임도 그 명의인이 부담해야 될 것이다).

나 오늘날의 리스는 기업이 고가의 물건을 필요로 하는 경우 이를 리스회사를 통하여 임차하는 방식을 말한다.

상법 제46조 제19호는 리스를 "기계·시설·그 밖의 재산의 금융리스에 관한 행위"라고 정의한다. 또 여신전문금융업법은 이를 시설대여라고 하는데, 동법 제2조 제10호는 '시설대여란 대통령령으로 정하는 물건을 새로 취득하거나 대여받아 거래상대방에게 대통령령으로 정하는 일정기간 이상 사용하게 하고, 그 사용기간 동안 일정한 대가를 정기적으로 나누어 지급받으며, 그 사용기간이 끝난 후의 물건의 처분에 관하여는 당사자간의 약정으로 정하는 방식의 금융을 말한다'고 규정하고 있다. 즉 리스물건을 리스회사(lessor)가 공급자(supplier)로부터 취득하거나 대여받아 그 리스물건에 대한 유지·관리책임을 지지 않으면서 리스이용자(lessee)에게 리스기간 이상 사용·수익하게 하고, 리스기간 중에 정기적으로 리스료를 분할지급 받으며 리스기간이 종료된 후 리스물건의 처분에 관하여서는 당사자 간의 약정으로 정하는 방식의 물적 금융이다.[160]

(2) 우리나라에서 리스는 1972년 12월 한국산업리스(주)가 한국산업은행의 출자로 설립된 때부터 시작되었고, 1978년 9월에 종합금융회사에도 리스업무가 인가되었다. 1991년 12월에는 종래의 '시설대여산업육성법'을 '시설대여업법'으로 바뀌었다가 다시 1997년 8월 '여신전문금융업법'으로 개편되었다.

## 2. 임대차계약과 금융리스계약의 구별

리스는 물건을 대여하는 점에서 렌탈(rental), 할부판매, 임대차와 유사하지만, 렌탈은 렌탈회사가 단기간에 걸쳐 불특정다수의 이용자에게 한정된 종류의 범용성 있는 물건(자동차, 복사기 등)을 대여하는 것이나, 리스는 특정이용자가 선정한 물건을 리스회사가 장기간에 걸쳐 대여하는 것이다. 할부판매에서는 물건의 소유권이 매수인에게 이전되나, 리스는 리스물건의 소유권이 리스이용자에게 이전되지 아니한다. 하자담보책임의 유무, 관리책임의 유무, 물건의 일부 멸실의 경우 리스료 감액의 가부, 해지권보유의 유무 등에서 양자는 상이하다.[161]

160) 최준선, 428면.
161) 최준선, 428면.

[ 임대차계약과 금융리스계약의 차이 ]

| 항 목 | 임대차 계약 | 금융리스계약 |
|---|---|---|
| 임대인의 유지·관리 책임 | 있다 | 없다 |
| 임대인의 하자담보책임 | 있다 | 없다 |
| 임대인의 위험부담 | 있다 | 없다 |
| 물건일부 멸실 시 감액청구권 | 있다 | 없다 |
| 임차인의 계약해지권 | 있다 | 예외적으로 인정 |

## 3. 리스의 기능

### (1) 특정물건의 매수자금조달

리스는 특정한 물건을 필요로 하는 자가 거액의 물품매수자금을 리스회사로 하여금 지급하게 하고 이용기간에 그 대금을 리스료로 분할 상환하는 것을 내용으로 하므로 특정 물건의 매수자금을 조달하는 기능이 있다. 기계설비의 확보를 위하여 리스제도를 이용하면 자금의 고정화를 초래하지 않고 필요한 설비를 신속 간편하게 조달할 수 있다.

### (2) 소유와 이용의 분리

리스거래는 이용자가 필요한 물건을 선정하고 공급자가 이용자에게 물건을 사용할 수 있도록 직접 인도하는 것을 내용으로 하므로 리스회사가 물건의 소유권을 취득하지만 물건의 유지관리책임이나 하자담보책임을 부담하지 않는바 소유와 이용이 분리된다. 그리고 리스회사가 리스물건의 소유자로서 구입금액 전액을 지급하므로 이용자는 시설확보를 위한 자금의 전액을 융자받는 것과 다르지 않고, 구매절차도 리스회사가 담당하므로 이용자는 비용과 노력을 절감할 수 있다.

### (3) 절 세

리스료는 실질적으로는 리스물건의 구입대금이지만 형식적으로는 리스물건의 사용대가이므로, 리스이용자는 세법상 리스료 중에서 차입금의 이자에 상당하는 부분은 손비로 인정되는 절세효과를 누릴 수 있다.

### (4) 국제금융이용

외국의 리스회사를 이용하여 플랜트, 자본재 또는 시설을 취득하는 경우에 국제금융을 이용하는 것과 같은 효과가 있다.

#### (5) 리스제도의 단점

리스료가 금전차입의 이자보다 비싸고, 물건의 소유권이 리스회사에게 있으므로 리스이용자는 소유에 의한 만족감을 얻을 수 없다는 단점이 있다. 또 이용자가 경영부진으로 리스료의 지급능력을 상실한 때에는 리스회사가 물건을 회수할 위험이 있다.[162)]

## 제 2. 리스의 종류와 형태

### 1. 금융리스와 운용리스

#### (1) 금융리스

금융리스(finance lease)는 통상 대여시설이용자(리스이용자)가 공급자, 리스물건, 구매조건 등을 결정하고 이같이 선정된 특정의 물건을 시설대여자(리스업자)가 매수하거나 대여받아 그 물건에 대한 직접적인 유지 관리책임을 지지 아니하면서 리스이용자에게 일정기간 사용하게 하고 그 대여기간중 지급받는 대가(리스료)에 의하여 대여시설에 대한 취득자금과 그 이자, 기타 비용을 회수하는 거래관계를 말한다.[163)] 일반적으로 리스라고 할 때에는 금융리스를 말한다. 이는 형식적으로는 물건의 임대차이지만, 실질적으로는 자금의 대여이므로 금융리스라고 한다. 그러므로 금융리스에서의 리스기간은 보통 리스물건의 사용가능연수(使用可能年數)로서 장기이고, 리스기간 중에 리스이용자가 계약을 원칙적으로 중도해지를 할 수 없고, 리스료는 리스물건의 구입대금, 부대비용 및 리스업자의 이윤 등을 합한 금액이며, 리스물건에 대한 유지 관리책임을 리스이용자가 진다.[164)]

#### (2) 운용리스

운용리스(operating lease)는 금융리스 이외의 리스를 총칭하는 것인데, 이용자가 원하는 물건을 리스업자가 조달하여 리스업자의 유지 관리책임 아래 일정기

---

162) 최준선, 429면.

163) 시설대여(금융리스; finance lease)는 시설대여회사(리스회사)가 대여시설이용자(리스이용자)가 선정한 특정 물건을 새로이 취득하거나 대여받아 그 리스물건에 대한 직접적인 유지·관리 책임을 지지 아니하면서 리스이용자에게 일정 기간 사용하게 하고 그 대여 기간 중 지급받는 리스료에 의하여 리스물건에 대한 취득 자금과 그 이자, 기타 비용을 회수하는 거래관계로서, 그 본질적 기능은 리스이용자에게 리스물건의 취득 자금에 대한 금융 편의를 제공하는 데에 있다(대법원 1997. 11. 28. 선고 97다26098 판결).

164) 정찬형, 399면.

간 정기적인 대가를 받기로 하고 이용자로 하여금 물건을 이용하게 하는 거래이다. 대체로 컴퓨터, 자동차, 복사기 등 범용성이 있는 물건을 대상으로 이용된다. 리스기간이 보통 리스물건의 사용가능연수의 일부로서 단기이고, 리스기간 중에 이용자의 중도해지가 허용되며, 리스물건의 유지, 관리 및 납세의 의무를 리스회사가 진다.

## 2. 기 타

### (1) 단기리스와 장기리스

리스기간이 단기인 단기리스와 장기인 장기리스가 있다. 보통 금융리스는 장기리스이고, 운용리스는 단기리스이다.

### (2) 순리스와 총리스

순리스(net lease)는 리스물건의 유지관리비, 보험료, 세금 등의 부대비용을 리스이용자가 부담하는 리스이고, 총리스(gross lease)는 그 부대비용을 리스회사가 부담하는 리스이다.

### (3) 완결리스와 미완결리스

완결리스(full payout lease)는 리스회사가 리스기간이 경과하면 리스물건 구입가액 전부를 회수하는 리스이고, 미완결리스(non-full payout lease)는 그 일부를 회수하는 리스이다.

### (4) 서비스부리스와 비서비스부리스

서비스부리스(lease with service)는 리스회사가 리스물건의 유지, 보수, 정비 등의 서비스를 제공하는 리스이고, 비서비스부리스(lease without service)는 이러한 서비스를 제공하지 않는 리스이다. 서비스부리스는 주로 운용리스로서 자동차, 컴퓨터, 포크레인, 불도저 리스 등에 이용된다.

## 3. 리스의 형태

### (1) 단순리스

단순리스는 리스회사가 공급자로부터 리스물건을 매입하거나 임대를 하여 리스이용자에게 리스를 하는 것으로서 전형적인 리스형태이다.

(2) 전대리스

전대리스(sublease)는 리스회사가 공급자로부터 매입 또는 임대한 물건을 리스이용자에게 리스하고, 리스이용자가 이를 다시 제3자에게 전대하는 리스의 형태이다.

(3) 판매재취리스

판매재취리스(sale and lease back)는 공급자가 리스물건을 리스회사에 매각하고 이를 리스회사로부터 대여받는 형태이다. 예컨대 기업이 영업용 빌딩이나 공장을 매각하였다가 리스에 의하여 대여를 받는 형태이다.[165)]

## 제 3. 리스거래의 구조

### 1. 당사자

금융리스계약의 당사자는 리스회사(lessor)와 리스이용자(lessee)이고, 공급자(supplier)는 물건을 공급하는 자이다. 리스회사는 금융위원회에 등록하여야 하고(여신전문금융업법 3조 1), 납입자본이 200억원 이상이어야 한다(동법 5조 1).

### 2. 리스거래의 과정

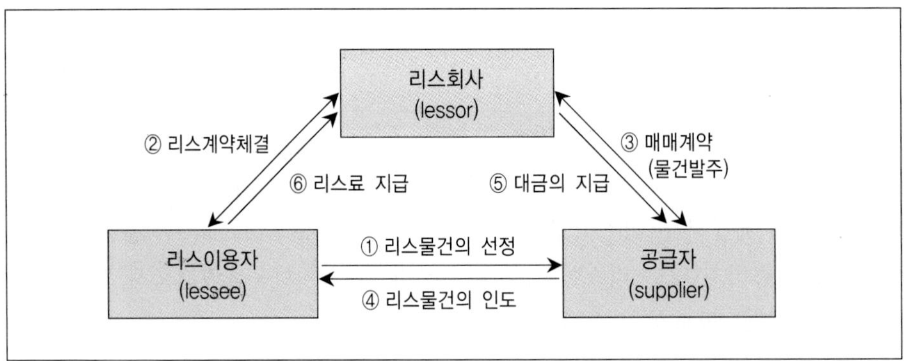


금융리스계약의 체결과 이행은 다음과 같은 과정으로 이루어지고 있다.

① 리스이용자는 자신이 필요로 하는 기계, 설비 등의 리스물건을 공급자와 상담하여 결정한다.

165) 최준선, 430면.

② 리스회사와 리스이용자가 금융리스계약을 체결한다.
③ 리스회사가 금융리스계약의 이행으로 공급자와 매매계약을 체결한다(물건발주).
④ 공급자가 리스물건을 리스이용자에게 인도한다.
⑤ 리스회사가 공급자에게 리스물건의 대금을 지급한다.
⑥ 리스이용자가 리스회사에게 리스료를 지급한다.

## 3. 금융리스계약의 특색

### (1) 약관에 의한 거래

금융리스계약은 각 리스회사가 작성한 약관에 의하여 체결되는 것이 보통이다.

### (2) 중도해지의 제한

리스이용자는 리스기간 중에 금융리스계약을 해지할 수 없다. 리스물건은 리스이용자의 특수한 요구에 따라 구입·제작된 것이므로, 금융리스계약을 해지하고 리스물건을 반환하면 리스회사가 그 물건을 동일한 조건으로 타인에게 재리스하기 어렵기 때문이다.

다만 범용성이 있는 물건이나 기술혁신이 빠른 물건과 같은 사무용기기(컴퓨터, 복사기)는 신기종이 단기간에 개발되고 리스이용자가 교환을 요구하는 경우가 많으므로 합의에 의하여 중도 해지하는 경우가 늘어나고 있다. 한편 리스회사도 금융리스계약을 중도해지 할 수 없는 것이 원칙이나, 리스이용자가 리스료를 지급하지 않거나 파산, 리스이용자에 대한 강제집행절차의 개시, 은행거래정지처분, 회사해산 등으로 금융리스계약의 존속을 기대할 수 없는 경우에는 금융리스계약을 해지할 수 있다.

### (3) 리스회사의 하자담보책임 배제

리스물건에 하자가 있더라도 리스회사는 리스이용자에 대하여 하자담보책임을 지지 않는다. 다만 리스물건에 하자가 있는 경우에 리스회사는 공급자에 대하여 손해배상청구권을 가지며, 특약에 의하여 그 손해배상청구권을 리스이용자에게 양도하는 경우에는 리스이용자가 공급자에게 직접 손해배상을 청구할 수 있다.

### (4) 위험부담의 전환

천재지변 기타 리스이용자의 책임 없는 사고로 리스물건이 멸실·훼손된 경우에 리스이용자는 리스회사에 대하여 일정한 손해금을 지급하여야 한다. 임대차계약에서는 채무자위험부담의 원칙(민 537)에 따라 임대인이 그 위험을 부담하나 금융리스계약에서는 리스이용자가 부담한다. 이는 실질적으로는 리스회사가 리스이용자에게 물건매입대금을 융자해 준 것이어서 리스물건의 멸실이 융자대금반환의 면책사유가 될 수 없기 때문이다.

#### (5) 물건보전의무의 전환

리스물건의 유지, 보전, 수선 등의 의무를 리스이용자가 진다. 임대차계약에서는 임대인이 물건의 사용·수익에 필요한 수선의무를 부담하나(민 623), 금융리스계약에서는 리스이용자가 이 의무를 부담한다. 리스회사가 리스물건에 관하여 전문지식을 가지고 있지 아니하므로 기술적으로 이를 수선하기 곤란하고, 또 리스료에 리스물건의 유지, 보전, 수선비가 포함되어 있지 않기 때문이다.

### 4. 금융리스계약의 법적 성질

운용리스의 법적 성질이 임대차계약인 것에 대하여 이론이 없다. 금융리스는 형식상으로는 임대차계약이나 실질상으로는 융자계약이므로, 법적 성질에 관하여 임대차계약설과 무명계약설이 대립한다.

#### (1) 특수 임대차계약설

금융리스계약을 임대인이 특정한 임차인에 대하여 특정한 물건을 일정기간 유상으로 사용시킬 목적으로 그 물건의 점유를 임차인에게 점유시키는 특별한 임대차계약으로 본다. 금융리스계약의 법 형식적인 면을 중시하여 임대차계약으로 보며, 다만 민법의 임대차와 다른 면을 인정하여 특수한 임대차계약이라고 한다. 즉, 민법상 임대차계약은 민법 제652조에 기재된 강행규정을 제외한 나머지 규정은 임의규정으로서 계약당사자가 그 범위내에서 자유롭게 계약조건을 정할 수 있는바, 금융리스계약은 임대차의 조건을 변형시킨 특수한 임대차계약이라고 한다. 이 견해에 따르면 금융리스계약도 민법상 임대차에 관한 규정이 적용되어 민법상 임대차에 관한 강행규정을 위반하는 금융리스계약은 효력이 없게 된다.[166]

#### (2) 무명계약설

금융리스계약은 금융리스계약의 실질적, 경제적 측면인 물적 금융의 성격을 강조하여, 전형계약에 속하지 않는 임대차, 소비대차, 매매 등 요소가 혼합된 특수한

166) 최준선, 432면.

내용의 무명계약(비전형계약)이라고 한다. 금융리스업자가 자산의 소유보다는 자본의 효율적인 이용에 중점을 두고 있으며, 금융리스료는 리스물건의 사용대가가 아니라 물건대금의 원금 및 그 이자의 분할상환금이고, 여신전문금융업법이 금융리스를 물적 금융이라는 것을 전제로 규정하고 있는 점 등을 그 이유로 들고 있다.[167]

### (3) 특수한 소비대차계약설

금융리스계약의 본질을 금융리스이용자가 물건공급자로부터 물건을 공급받고 이에 대하여 금융리스업자가 이용자에게 융자를 해주면서, 담보목적으로 물건에 대한 소유권을 유보하는 형태의 특수한 소비대차계약이라고 한다.[168]

### (4) 판 례

금융리스는 대여시설이용자가 선정한 특정물건을 시설대여회사가 취득하거나 대여받아 그 물건에 대한 직접적인 유지・관리책임을 지지 않으면서 대여시설 이용자에게 일정기간 사용하게 하고, 그 기간 종료 후의 물건의 처분에 관하여는 당사자 간의 약정으로 정하는 계약으로서, 형식에 있어서는 임대차계약과 유사하나 그 실질은 물적 금융이며 이에 대하여는 민법상의 임대차에 관한 규정이 바로 적용되지 않는다고 판시하여 무명계약설을 취하고 있다.[169]

## 5. 금융리스거래의 법률관계

### (1) 리스이용자와 리스업자

리스업자는 리스이용자에 대해 리스료 청구권, 기간만료시 리스물건 반환청구권을 가지는 반면, 리스물건의 인도의무, 인도지체 등에 따른 책임, 평온한 점유의 보장의무 등을 부담한다. 한편 리스이용자는 리스업자에 대해 리스물건의 사용수익권, 계약갱신청구권 또는 구매선택권 등의 권리와 리스물건의 수령과 수검의무, 리스료 지급의무, 리스물건의 보관의무, 통지 및 보고의무, 표지부착의무, 리스물건반환의무 등을 부담한다.

---

167) 정찬형, 402면 ; 이철송, 599면.
168) 최준선, 433면.
169) 대법원 1994. 11. 8. 선고 94다23388 판결 ; 대법원 1997. 10. 24. 선고 97다카27107 판결.

### 1) 금융리스이용자의 의무

(가) 리스물건 수령, 수령증 발급의무

금융리스이용자는 공급자가 공급하는 리스물건을 인수하고 일정한 장소에 설치한 후 소정기간 내에 검사를 마치고 금융리스업자에게 수령증을 발급하여야 한다. 금융리스이용자가 금융리스업자에게 수령증을 발급하면 당사자 사이에 금융리스물건이 수령된 것으로 추정한다(상 168조의3, 3항). 수령증을 발급하면 금융리스계약에 적합한 내용의 물건을 수령한 것으로 추정하는 효과가 생기므로 물건이 부적합하다는 입증책임은 금융리스이용자에게 전환되고, 리스이용자의 반증이 없는 한 리스물건에 대한 금융리스업자의 담보책임이 면제된다. 따라서 대부분의 리스약관이나 리스계약서에서 리스이용자가 리스물건의 수령증을 발급한 후에는 리스이용자가 리스물건의 사용·보관·유지책임을 지고 그가 멸실 또는 훼손에 대한 위험부담을 지는 것으로 규정하고 있다.[170]

(나) 리스료 지급의무

금융리스이용자는 리스물건을 수령함과 동시에 금융리스료를 지급하여야 한다(상 168조의3, 2항). 그리고 리스이용자가 리스물건 수령증을 발급한 경우에는 리스계약에 적합한 물건을 수령한 것으로 추정하므로(상 168조의3, 3항), 리스이용자의 반증이 없는 한 리스이용자는 리스물건의 수령증을 발급한 때부터 리스료의 지급의무를 부담한다. 그러나 이 규정이 강행규정이 아니므로 계약당사자는 리스물건을 수령하기 전에도 리스료의 지급을 약정할 수 있는바, 예컨대 선박이나 항공기는 물건의 완성 전부터 리스료를 지급할 수 있다. 또 리스업자는 리스물건의 수령증의 발급 전에도 리스물건이 공급된 경우에는 리스료의 지급을 청구할 수 있다.[171] 시설대여로 인한 월 대여료채권은 민법 제163조 제1호의 '1년 이내의 기간으로 정한 채권'에 해당되므로, 금융리스료 지급채무의 소멸시효기간은 3년이다.[172]

(다) 리스물건 유지관리의무

금융리스이용자는 금융리스물건을 수령한 이후에는 선량한 관리자의 주의로 금융리스물건을 유지 및 관리하여야 한다(상 168조의3, 4항). 임대차계약에서는 임대인이 물건의 사용·수익에 필요한 상태를 유지하게 할 의무를 부담하는 것(민 623)과 달리 리스계약에서는 리스이용자가 이 의무를 부담한다. 따라서 금융리스료에는 리스물건의 유지·수선에 관한 비용이 포함되지 않는다. 리스이용자는 목적물의

---

170) 정찬형, 405면.
171) 대법원 1988. 4. 14. 선고 98다6565 판결.
172) 대법원 2013. 7. 12. 선고 2013다20571 판결.

보관에 관하여 매도인 또는 제조자의 지시를 따라야 하고 물건의 설치·보관에 관하여 제3자가 손해를 입은 때에는 이를 배상하여야 한다.

(라) 기타 의무

리스이용자는 리스물건의 멸실·훼손위험에 대비하여 약관이 정하는 바에 따라 손해보험계약을 가입할 의무를 부담한다. 또 리스이용자는 리스업자가 정하는 방법에 의하여 채무이행을 보증하는 담보제공의무를 부담한다. 그리고 리스이용자가 리스물건을 인도받은 때에는 그 물건에 리스업자의 소유임을 명시하는 표지를 부착하여야 한다. 리스이용자는 리스물건을 타인에 양도하거나 타인으로 하여금 사용·수익하게 하지 못한다.

**2) 금융리스업자의 의무**

(가) 목적물 조달의무

금융리스업자는 금융리스이용자가 금융리스계약에서 정한 시기에 금융리스계약에 적합한 금융리스물건을 수령할 수 있도록 하여야 한다(상 168조의3, 1항). 리스물건을 리스이용자에게 인도할 의무를 부담하는 자는 형식상으로는 공급자이지만 실질적으로는 리스업자이므로 위와 같이 규정하고 있다. 이 규정의 취지는 리스업자가 계약당사자로서 계약의 내용인 물건의 인도가 잘 이행되도록 노력하여야 한다는 의미로서, 리스업자에게 리스물건에 대한 담보책임을 부여한 것으로 볼 수 있다.[173]

(나) 협력의무

금융리스물건이 공급계약에서 정한 시기와 내용에 따라 공급되지 아니한 경우 금융리스이용자는 공급자에게 직접 손해배상을 청구하거나 공급계약의 내용에 적합한 금융리스물건의 인도를 청구할 수 있다(상 168조의4, 2항). 그리고 금융리스업자는 금융리스이용자가 상법 제168조의 4, 제2항의 권리를 행사하는 데 필요한 협력을 하여야 한다(상 168조의4, 3항).

(다) 목적물의 인도지연책임 및 하자담보책임의 제한

대부분의 금융리스약관이나 금융리스계약서에는 목적물의 인도가 지연되더라도 리스업자는 책임을 지지 않는다고 규정하고 있고, 리스물건의 하자가 있더라도 리스업자는 리스이용자에 대하여 하자담보책임을 지지 않는다고 규정되어 있다. 이러한 약관규정은 약관규제법 제7조 제2호 제3호(사업자의 면책조항)에 위반되지 않는다. 즉 리스업자의 담보책임은 리스물건이 공급업자로부터 이용자에게 인도

173) 강정혜, "금융리스에 대한 개정 상법안의 쟁점", 「상사법연구」, 제28권 제2호, 한국상사법학회, 2009, 47면.

될 당시에서의 물건의 성능이 정상적이라는 것을 담보하는 것으로서, 이용자가 이의 없이 물건인수확인서를 발급하면 리스업자의 하자담보책임을 충족되는 것으로 보는 한도 내에서의 책임이라고 한다.[174]

#### 3) 금융리스이용자의 권리

(가) 리스물건의 사용·수익권

금융리스이용자는 리스기간 동안 리스물건을 점유하여 사용·수익할 수 있다. 사용장소는 약정된 곳이어야 하며, 금융리스업자의 동의없이 이동하지 못한다. 그리고 리스이용자는 선량한 관리자의 주의를 기울여서 리스물건을 사용하여야 한다.

(나) 재리스계약 또는 구매의 청약권

금융리스이용자는 리스기간이 종료된 후에 리스물건을 계속 사용하고자 하는 경우에는 재리스계약을 체결하거나 리스물건의 구매계약을 체결할 수 있다. 금융리스업자는 금융리스이용자의 재리스계약이나 리스물건의 구매의 통지가 있는 때에는 이에 응하여야 한다.

#### 4) 금융리스업자의 권리

금융리스업자는 리스이용자에 대하여 리스물건의 멸실이나 하자 또는 금융리스계약의 해지 여부를 불문하고 금융리스료의 지급을 청구할 수 있다. 또 금융리스업자는 리스기간이 종료된 때에는 리스물건반환 청구권이 있다.

### (2) 공급자와의 관계

#### 1) 공급자의 금융리스업자에 대한 권리

리스물건의 공급자는 리스물건 매매계약의 당사자이므로 리스이용자가 리스물건의 수령증을 발급한 때에는 금융리스업자에 대하여 대금지급청구권을 갖는다.[175] 리스업자는 물건수령증의 교부가 없더라도 물건이 공급되었다는 것과 리스이용자가 정당한 사유없이 물건수령증을 교부하지 않았다는 사실을 알고 있다면, 공평의 관념과 신의칙에 비추어 물건수령증의 교부가 없음을 이유로 물건대금의 지급을 거절할 수 없다.

#### 2) 공급자와 금융리스이용자의 관계

(가) 공급자의 리스물건 인도의무

금융리스물건의 공급자는 공급계약에서 정한 시기에 그 물건을 금융리스이용자

174) 대법원 1996. 8. 23. 선고 95다51915 판결.

175) 대법원 1998. 4. 14. 선고 98다6565 판결.

에게 인도하여야 한다(상 168조의4, 1항). 리스물건의 인도는 이용자가 지정하는 장소에 설치하는 것까지 포함한다.

(나) 리스이용자의 직접 손해배상청구권과 리스물건 직접 인도청구권

금융리스물건이 공급계약에서 정한 시기와 내용에 따라 공급되지 아니한 경우 금융리스이용자는 공급자에게 직접 손해배상을 청구하거나 공급계약의 내용에 적합한 금융리스물건의 인도를 청구할 수 있다(상 168조의4, 2항). 금융리스이용자를 보호하기 위하여 양자 간의 계약관계가 없음에도 불구하고, 리스이용자에게 손해배상청구권과 리스물건 직접 인도청구권을 인정하고 있다.

#### (3) 제3자에 대한 관계

리스물건으로 인하여 제3자가 손해를 입은 경우, 그 소유자인 리스회사의 손해배상책임은 경우에 따라 다르다. 첫째로, 리스물건인 자동차에 의하여 교통사고가 생긴 경우에, 리스회사는 자동차의 운행을 지배하지 아니하므로 운행자의 책임이 없다. 여신전문금융업법에서는 건설기계나 차량 등의 리스물건에 의하여 사고가 생긴 경우에 리스회사에 책임이 없다고 규정하고 있다(동법 35조).

둘째로, 리스물건이 특허권을 침해한 경우에는 리스물건을 제조한 공급자, 이를 대여한 리스회사 및 리스이용자 모두가 특허권자에 대하여 책임을 진다.[176] 셋째로, 공작물의 설치 또는 보존의 하자로 타인에게 손해를 입힌 경우, 1차적으로 공작물점유자가 손해배상책임을 지고, 공작물점유자가 손해의 방지에 필요한 주의를 해태하지 않은 때에는 그 소유자가 2차적 책임을 지지만(민 758조 1), 금융리스계약에 있어서 리스회사는 리스물건의 설치, 보존 또는 관리에 관여하지 아니하므로 공작물점유자의 책임을 지지 않는다.[177]

## 6. 금융리스계약의 해지

#### (1) 금융리스업자의 해지권

1) 금융리스업자가 리스계약을 중도에 해지할 수 없는 것이 원칙이지만, 리스이용자가 리스료를 지급하지 않거나 파산, 은행거래정지처분, 해산 등으로 금융리스계약의 존속을 기대할 수 없는 경우에는 리스계약을 해지하고 리스물건의 반환과 잔여리스료의 지급 또는 손해배상을 청구할 수 있다.

---

176) 최준선, 440면.
177) 최준선, 440면.

2) 금융리스이용자의 책임 있는 사유로 금융리스계약을 해지하는 경우에는 금융리스업자는 잔존 금융리스료 상당액의 일시 지급 또는 금융리스물건의 반환을 청구할 수 있다(상 168조의5, 1항). 그리고 상법 제168조의5, 제1항에 따른 금융리스업자의 청구는 금융리스업자의 금융리스이용자에 대한 손해배상청구에 영향을 미치지 아니한다(상 168조의5, 2항).

이 경우 '잔존 금융리스료 상당액의 일시 지급' 이나 '금융리스물건의 반환'을 선택적으로 행사할 수 있는지 아니면 양자를 동시에 청구할 수 있는지 의문이 있다. 두 가지 권리 중 하나만을 선택하여 행사할 수 있고 그로 인하여 손해가 있으면 별도로 손해배상청구를 할 수 있다는 견해[178)]와 법 규정이 리스업자의 권리를 예시한 것으로 보아서 양자를 모두 행사할 수 있으며, 다만 리스물건 반환시에 그 물건이 가지는 가치와 금융리스기간의 만료 시에 가지는 그 물건의 잔존가치의 차액에 대하여 정산하여야 한다는 견해가 있다.[179)] 후자의 견해가 타당한 것으로 여겨진다.

3) 금융리스계약의 해지로 말미암은 리스업자의 손실을 전보하는 방법으로서 잔여리스료 전액을 청구하는 방법과 규정손실금을 청구하는 방법이 있다. 규정손실금은 손해배상의 예정이며, 과다하게 책정된 경우에는 감액청구를 할 수 있다.[180)] 리스이용자의 귀책사유로 리스업자가 리스계약을 해지하는 경우에 리스물건의 공급자와 재매입약정을 체결하였다면 그러한 약정은 약관규제법에 위반되지 않은 것으로 본다.[181)]

**대법원 2012. 3. 29. 선고 2010다16199 판결**

리스회사인 갑 주식회사가 고가의 의료기기인 디스크감압치료기를 리스물건으로 공급한 의료기기 판매업자 을과 리스물건 재매입약정을 체결하면서 '갑 회사와 리스이용자 병 사이에 체결된 리스계약에서 정한 계약해지사유가 발생하면 갑 회사의 요청에 따라 을이 리스물건의 상태 및 존재 유무에 상관없이 리스계약에서 정한 규정손해금을 매입대금으로 하여 무조건 리스물건을 매수하여야 한다'는 내용의 조항을 둔 사안에서, 금융리스계약의 본질적 기능이 리스이용자에게 리스물건의 취득자금에 대한 금융 편의를 제공하는 데 있고, 디스크감압치료기와 같이 리스물건이 범용성이나 시장성을 결여하여 그

178) 정찬형, 408면.
179) 강정혜, 앞의 논문, 53-54면 ; 최준선, 442면 ; 대법원 1995. 9. 29. 선고 94다60219 판결.
180) 서울민사지법 1982. 4. 20. 선고 81가합2642 판결.
181) 대법원 2012. 3. 29. 선고 2010다16199 판결.

처분가액으로 취득자금을 회수하기 어려운 경우 리스회사가 리스계약에서 리스물건의 취득자금 회수와 기타 손해 전보를 확보하기 위한 조치를 취해 둘 필요가 있으며, 리스물건 공급자의 입장에서도 금융리스제도의 이용으로 판로가 제한된 고가의 리스물건을 보다 용이하게 판매할 수 있고 매매대금을 일시에 지급받는 이익을 누릴 수 있는 점 등에 비추어, 위 조항이 구 약관의 규제에 관한 법률(2010. 3. 22. 법률 제10169호로 개정되기 전의 것) 제6조 제1항 및 제2항 제1호에서 정한 '신의성실의 원칙에 반하여 공정을 잃은 약관 조항 및 고객에 대하여 부당하게 불리한 조항' 또는 제7조 제2호에서 정한 '상당한 이유 없이 사업자의 손해배상범위를 제한하거나 사업자가 부담하여야 할 위험을 고객에게 이전시키는 조항'에 해당하여 무효라고 보기 어렵다.

(2) 금융리스이용자의 해지권

금융리스약관에 의하여 리스이용자는 리스기간 중에 원칙적으로 리스계약을 해지할 수 없다고 규정하고 있다. 그 이유는 리스물건은 리스이용자의 특별한 요청에 의하여 구입 제작된 경우가 많으므로 리스계약을 해지하고 리스물건을 반환받더라도 타인에게 다시 리스를 하기 어렵기 때문이다. 그러나 금융리스이용자는 중대한 사정변경으로 인하여 금융리스물건을 계속 사용할 수 없는 경우에는 3개월 전에 예고하고 금융리스계약을 해지할 수 있다(상 168조의5, 3항 1문). 이 규정은 강행규정으로서 이를 위반한 약관은 무효라고 본다.[182] 이 때 금융리스이용자는 계약의 해지로 인하여 금융리스업자에게 발생한 손해를 배상하여야 한다(상 168조의5, 3항 2문).

# 제9절 가 맹 업

## 제 1. 가맹업의 발달

가맹업(프랜차이즈[183])은 프랜차이즈 제공자(가맹업자)가 프랜차이즈 인수자(가맹

182) 강정혜, 앞의 논문, 55면.

183) 프랜차이징의 연원은 멀리 중세기나 로마시대까지 올라간다는 설도 있으나, 지금부터 약 150년 전 영국에서 발생한 연쇄주점(tied pub)이 근대적 프랜차이징의 시초라고 보는 견해가 유력하다. 연쇄주점이란 주점의 소유권은 주점주에게 있으나, 거기에서 판매하는 주류는 특정한 양조상으로부터 공급받아야만 하는 주점, 즉 특정회사의 술만 파는

상)에 대하여[184] 자기의 상호 · 상표 · 기타 영업표지 등을 사용하여 영업할 것을 허락하는 한편 자기의 지시와 통제 하에 영업할 것을 약정하고, 이에 대하여 가맹상은 가맹업자에 대하여 일정한 사용료를 지급하기로 하는 계속적인 채권계약관계이다.[185] 가맹업은 1990년대 이후 지속적으로 증가하여 2000년에는 약 250여개의 업종, 1,500여개의 사업본사, 120,000여개의 가맹점이 존재하였다. 공정거래위원회 가맹사업거래 통계 자료에 따르면 2017년 기준 프랜차이즈 가맹본부는 4,682개(9.9%, 2016년 4,269개), 브랜드는 5,708개(7.7%, 2016년 5,227개), 가맹점은 22만 8,247개(5.4%, 2016년 21만 7,823개)로 집계됐다. 이처럼 프랜차이즈가 급격히 증가함에 따라 당사자 간의 법적 분쟁도 급증하여 오늘날 중요한 상행위의 한 분야가 되었다.

1995년 개정 상법 제46조 제20호에 새로운 유형의 상행위로서 가맹사업이 신설되었다. 그러나 구체적 거래에 관한 법적 규정이 없는 관계로 구체적인 법률관계는 주로 약관에 의존하였으며, 2010년 개정 상법 제13장에 '가맹업'을 규정하였다.

[ 프랜차이즈 현황 ]

| 구 분 | 가맹본부(증가율) | 브랜드 수(증가율) | 가맹점수(증가율) |
|---|---|---|---|
| 2015년 | 3,921(29.9) | 4,828(23.7) | 208.154(9.9) |
| 2016년 | 4,269(6.4) | 5.227(6.3) | 217.823(5.3) |
| 2017년 | 4,682(9.9) | 5,708(7.7) | 228.247(5.4) |

※ 2017년 12월 기준(단위 : 개, %) 자료 : 공정거래위원회 가맹사업거래

## 제 2. 가맹업의 기능

자신의 상호 · 상표 등을 제공하는 것을 영업으로 하는 자(가맹업자)로부터 그의 상호 등을 사용할 것을 허락받아 가맹업자가 지정하는 품질기준이나 영업방식에

---

주점을 의미하였다. 그러나 근대적인 프랜차이징의 발전에 있어서 선구적 역할을 한 것은 미국에서 1860년경 싱거(Singer) 재봉틀 회사가 그 재봉틀을 판매함에 있어서 이 제도를 도입하였다(Adams John & Jones K V Prichard, Franchising(London : Butterworths)(1981), p. 3 (최완진, "프랜차이즈 계약", 「고시계」 통권 제488호, 고시계사, 1997, 141면에서 재인용).

184) 프랜차이즈 계약의 당사자의 명칭에 관하여 상법에서는 '가맹업자'와 '가맹상'으로 규정하고 있으나, 가맹사업거래의 공정화에 관한 법률 제2조는 '가맹본부'와 '가맹점사업자'로 규정하고 있다.

185) 정찬형, 409면.

따라 영업을 하는 자를 가맹상이라고 한다(상 168조의6).

가맹업 거래는 가맹업자가 가맹상에게 상호・상표・영업표지 등의 사용을 허락하면 일반 소비자에게는 가맹상의 영업이 가맹업자의 영업과 동일하게 나타나고, 가맹상은 가맹업자의 상호・영업표지 등의 사용권을 취득하게 된다. 또한 가맹업자는 가맹상의 주된 영업에 관하여 지시나 통제를 하며 가맹상은 독립한 상인으로서 프랜차이즈 계약에 따라 가맹업자에게 일정한 가맹금을 지급하는 과정으로 이루어진다.

따라서 프랜차이즈를 이용하면 가맹업자가 직접 투자를 하지 않고 사업의 확장이 가능하고, 가맹상으로부터 사용료를 받아 수익을 증대할 수 있으며 대량으로 물건을 구입 공급함으로써 규모의 경제를 이룰 수 있는 장점이 있다. 한편 가맹상은 공중에게 널리 알려진 가맹업자의 유명상호・명성・영업비결・기술 등을 사용하여 소규모 자금으로 사업을 개시할 수 있으며 가맹업자로부터 경험을 전수받을 수 있고 사업장의 장소선정, 설비시공, 자금조달 등에 관한 원조나 조언을 받을 수 있는 장점이 있다. 그렇지만 가맹업자는 가맹상의 영업행위를 감독하여야 하며, 가맹상은 가맹업자의 지시와 통제를 받아야 하고 불리한 계약조건이 있는 경우 이를 감내하여야 하고, 양자 사이에 분쟁이 자주 발생한다.

## 제 3. 다른 계약과 차이

### 1. 라이센스계약과 구별

라이센스계약은 상표 등의 실시권자가 타인의 영업표지를 자기의 영업에 사용할 권리를 가진다는 점에서 가맹상과 유사하다. 그러나 실시권자는 영업표지의 사용할 권리 이외에 영업지도나 통제 등을 받지 않는 것이 원칙이므로, 영업표지의 단순한 실시권 이외에 다른 지도 및 통제를 필수적 요소로 하는 가맹계약과 구별된다. 다만 상표 등의 실시권자가 라이센스계약 하에 그 실시권을 획득하면서 상표권 등의 소유자로부터 일정한 지시 및 통제를 받을 것을 아울러 약정하였다면, 가맹상으로서의 지위를 가질 수도 있다. 라이센스계약은 프랜차이즈계약의 한 요소이다.

### 2. 체인점과 구별

체인점(연쇄점)이란 같은 형태의 다수의 영업점을 중앙에서 소유하고, 경영이 관리도 어느 정도 중앙집권적으로 행한다. 같은 형태의 영업점이 같은 이미지로 같은 영업방법을 사용하고 있다는 점에서는 체인점이나 가맹상의 영업장은 유사하다. 그러나 체인점은 영업점의 소유자가 동일하지만, 가맹업 시스템에서는 소유주가 서로 다르다.

## 제 4. 가맹업 계약의 법적성질[186)]

### 1. 학 설

#### (1) 라이센스 계약설

이 견해는 프랜차이즈 계약의 본질을 판매 및 서비스 제공방법 기타 영업표지에 관한 권리 등 무형재산의 사용허가, 가맹업자의 영업상의 노하우 사용허가 또는 프랜차이즈 영업의 허가에 있다고 한다. 프랜차이즈 계약이 상호나 상표, 서비스표 등의 사용권을 설정하는 계약이라는 면에서는 라이센스 계약적인 측면이 있으나, 프랜차이즈 계약의 주요한 내용인 가맹업자의 영업상의 노하우, 마케팅 계획, 가맹상에 대한 계속적인 지도나 보호 또는 통제 등은 그 성질상 허가의 대상이 될 수 없다. 따라서 프랜차이즈 계약에는 라이센스 계약적인 요소가 일부 존재하지만, 프랜차이즈 계약이 반드시 라이센스 계약이라고 단정할 수 없다.[187)]

#### (2) 상품매매 또는 권리용익임대차설

상품배급을 주로 하는 프랜차이즈 계약은 일종의 상품의 매매계약이고, 사업형 프랜차이즈 계약은 노무급부매매로서 일종의 권리용익임대차계약이라고 보는 견해이다. 그러나 상품 프랜차이즈의 경우 가맹업자가 가맹상에게 자기의 상품을 공급하는 경우도 있고 가맹업자가 지정한 생산자나 공급자로부터 상품을 공급받도록 알선만 하는 경우도 있는데 전자의 경우에는 상품의 매매라고 할 수 있으나, 후자의 경우에는 상품의 매매라고 할 수 없다. 그리고 사업형 프랜차이즈의 경우

---

186) 임재호, “프랜차이즈 계약의 내용과 해석원리”, 「제남 강위두 박사 회갑기념 상사법논총(상)」, 1996, 105-108면.

187) 프랜차이징을 단순한 라이센싱으로 보던 시각은 프랜차이즈 발달 초기에 나온 Susser v. Garvel Corp 206 F.Supp. 636 (S.D.N.Y, 1962), aff'd. 322 F. 2d 505 (2d Cir. 1964), cert, dissmissed, 381 U.S. 125 (1965) 판례에서 비롯되었지만, 지금은 그 단계를 넘어선 개념으로 보고 있다. Glickman, Franchising, Matthew Bender, 2008, Vol. 1 § 2.02. (최영홍, “프랜차이즈 관련 상법 개정안의 고찰”, 「상사법연구」 제28권 제2호, 한국상사법학회, 2009, 72면에서 재인용).

에도 단순한 노무공급 이외에 상품이나 원료 등을 공급하는 계약내용이 병존할 수 있으므로 일률적으로 노무급부매매 또는 권리용익임대차라고 할 수는 없다.

### (3) 위임계약설

프랜차이즈 계약을 위임계약 또는 위임계약을 본질적인 요소로 하는 혼합계약이라고 한다. 1세대 프랜차이징 형태인 상품가맹업이나 2세대의 형태인 사업형 가맹업처럼 가맹업자와 가맹상이 수직적 협력관계를 형성하는 종속적 프랜차이즈 계약은 가맹업자가 가맹상에게 상품의 판매나 서비스의 제공에 관한 사무의 처리를 위임하였다고 볼 수 있는 면이 존재한다. 그러나 3세대 프랜차이징인 조합형 가맹업처럼 가맹업자와 가맹상이 수직구조 속에서 수평적 협력관계를 형성하고 있다고 볼 수 있는 비종속적 프랜차이즈 계약은 위임계약과는 거리가 멀다.

### (4) 신탁관계설

프랜차이즈 계약관계를 신탁관계로 보고 프랜차이즈 계약의 체결로 가맹업자는 수탁자, 가맹상은 수익자의 지위에 놓이게 된다고 한다. 따라서 수탁자인 가맹업자는 수익자인 가맹상의 최고 이익을 위하여 노력하여야 하며, 수익자인 가맹상의 이익에 반하여 가맹업자가 이익을 추구하는 행위는 회피하여야 한다고 한다. 프랜차이즈 계약관계 중 입지선정 등은 신탁관계로 보아서 가맹업자에게 충실의무가 존재한다고 볼 수 있지만, 가맹금이나 로열티의 지급, 계약의 해지나 갱신, 영업권의 양도 등의 관계는 신탁관계라고 볼 수 없으므로 가맹업자에게 충실의무가 있다고 할 수 없다.

### (5) 혼합계약설

프랜차이즈 계약을 라이센스 계약적 요소와 노하우계약 및 대리상계약의 요소를 가진 혼합계약이라고 하거나, 권리용익임대차계약과 고용계약 그리고 매매계약적 요소를 가지는 혼합계약 또는 영업표지의 사용허락계약과 상품이나 서비스의 공급계약 그리고 영업을 지도·통제할 것을 내용으로 하는 계약 등 여러 가지 계약이 복합적으로 일체를 이루는 복합계약이라고 한다.

## 2. 소 결

### (1) 혼합계약

프랜차이즈 계약은 독립된 상인 간에 일방이 상대방에게 자신의 영업표지, 상호, 상표, 서비스 및 기술 등을 제공하고 이에 대한 영업을 행할 권리를 부여함과 아울러 해당 영업과 관련하여 자신이 기획한 마케팅계획에 따라 일정한 지도와 통제를 하며, 상대방은 이에 대하여 일정의 대가를 지급할 것을 약정함으로서 성립하는 계속적 채권계약이면서 동시에 계약의 여러 요소가 복합적으로 사업상 일체를 이루고 있는 혼합계약이다. 즉 가맹계약은 영업표지의 사용허가계약과 상품이나 서비스 공급계약, 영업을 지도·통제 등 여러 계약이 혼합되어 있는 계약이다.

(2) 유상·쌍무계약

가맹업자는 영업표지의 사용을 허가하고 가맹상의 영업에 대하여 통제와 조력을 할 의무를 부담하고, 가맹상은 가맹업자에게 사용료를 지급할 의무가 있으며, 이들 의무는 대가관계에 있다.

## 제 5. 가맹업의 종류

### 1. 발생시기

1세대 가맹계약(제조자가맹업 또는 상품가맹업)은 생산자가 그의 제품의 유통을 보장하기 위한 수단으로 사용하는 것이고, 2세대 가맹계약(사업형 가맹업)은 가맹업자가 가맹상에게 자기가 개발한 노우하우나 판매전략 등을 이용하여 사업을 경영하도록 지도하는 것이다. 3세대 가맹업은 가맹상이 결정권과 영향력을 종전의 프랜차이즈보다 더 많이 가지는 새로운 형태로서 조합형 프랜차이즈(Partnerschaft Franchise)가 대표적인데, 이는 판매의 극대화라는 공동 목적을 달성하기 위하여 당사자 간의 공동협력관계를 강조하고 있다. 조합형 프랜차이즈는 가맹업자와 가맹상이 수평적 협력관계를 형성하고 있는 비종속적 프랜차이즈이다.

### 2. 대상사업

상품의 판매에 관한 상품가맹계약과 용역의 제공에 관한 용역가맹계약이 있다.

### 3. 당사자

생산자와 도매상 간의 가맹계약, 도매상과 소매상 간의 가맹계약, 소매상과 생산자 간의 가맹계약, 소매상과 소매상 간의 가맹계약이 있다.

# 제 6. 가맹계약 당사자의 의무

## 1. 가맹업자의 의무

상법 제168조의7, 제1항은 '가맹업자는 가맹상의 영업을 위하여 필요한 지원을 하여야 한다'고 규정하고, 제2항에서는 '가맹업자는 다른 약정이 없으면 가맹상의 영업지역 내에서 동일 또는 유사한 업종의 영업을 하거나, 동일 또는 유사한 업종의 가맹계약을 체결할 수 없다'고 규정하고 있다.

### (1) 영업지원의무

**1) 영업표지 제공의무**

가맹업자는 가맹상의 영업을 위하여 필요한 지원을 하여야 한다(상 168조의7, 1항). 가맹업자는 가맹상에게 자기의 상호, 상표, 서비스표, 로고 등 영업표지를 사용하여 독립적으로 가맹점포를 운영할 권리를 부여해야 하고, 제3자가 이를 침해하는 경우에는 그 침해를 배제하여야 한다. 이러한 영업표지사용권은 기간과 지역으로 제한을 받으며, 그 사용방법상 제한을 받기도 한다. 가맹업자가 가맹상의 영업행위로 인하여 법적 책임을 부담하는 것을 회피하기 위하여 가맹업자에게 책임이 귀속될 위험이 있는 표현을 사용하지 못하게 하는 것이 일반적이다.[188]

**2) 서비스 제공의무**

가맹업자는 가맹상에게 그가 독립하여 영업을 운영할 수 있도록 각종 서비스를 제공할 의무가 있다. 즉 연수교육의 실시의무, 개업준비행위의 지원의무, 원료나 제품의 공급의무, 노하우 전수의무 등을 부담한다.

**3) 정보제공의무**

가맹상이 되고자 하는 자는 상당한 금액을 투자하여 장기간에 걸친 사업을 계획하기 때문에 가맹계약의 내용이 될 중요한 사항에 대하여 계약체결 전에 미리 알아야 할 필요가 있다. 가맹업자는 가맹상에게 정보를 적절히 제공하여야만 정보의 차이에서 기인하는 계약체결상의 불평등을 실질적으로 해소할 수 있으므로 적절한 정보제공이 계약체결단계에서 당사자 간의 신의성실에 부합된다.[189]

---

188) 최준선, 448면.

189) 안동섭, "가맹사업의 법률관계", 「법학논총」 제22권, 단국대학교 법학연구소, 1996, 139-140면.

특히 가맹업자가 수요예측 등 입지조건을 조사하여 작성한 시장조사보고서는 중요한 자료인데, 가맹업자가 가맹상을 모집할 때 시장조사보고서의 작성 또는 설명을 함에 있어 어느 정도의 주의의무를 기울여야 하는지가 문제된다. 판례[190]는 '프랜차이즈 본부는 계약체결 이후에는 물론이고 계약체결과정에서도 계약체결 여부에 대한 객관적인 판단자료가 되는 정확한 정보를 제공할 신의칙상 의무를 진다'고 판시하고 있다. 따라서 가맹업자에게 신의성실의무가 부여됨으로 인하여 가맹업자에 의하여 제공된 자료가 기망행위에 해당하는 경우에는 가맹상은 프랜차이즈 계약을 취소하고, 이로 인한 손해배상을 청구할 수 있다. 계약체결 단계에서 중요한 정보를 제공하지 않고 가맹계약자의 무경험과 결합하여 현저하게 공정을 잃은 계약을 체결한 경우에는 독점규제법상 무효로 볼 수 있다는 견해가 있다.[191]

**대전지법 2002. 8. 14 선고 2001가합9179 판결**

프랜차이즈계약에 있어서는 영업지식과 경험이 부족한 가맹점주(프랜차이지)로서는 가맹점 운영에 관한 축적된 경험을 가진 본부(프랜차이저)가 제공하는 정보를 신뢰하고 그에 기초하여 점포를 선정하고 영업활동을 전개할 수밖에 없어 가맹점주의 영업상의 성패는 계약체결과정에 있어서의 입지선정과 그 이후의 교육훈련, 경영비법의 전수 등 프랜차이즈 본부가 제공하는 정보에 크게 의존한다고 할 것이므로, 프랜차이즈 본부는 계약체결 이후에는 물론이고 계약체결과정에 있어서도 계약체결 여부에 대한 객관적인 판단자료가 되는 정확한 정보를 제공할 신의칙상 의무를 진다고 할 것이고, 특히 프랜차이저가 가맹점 모집에 즈음하여 시장조사를 실시하고 그 내용을 개시한 경우에는 그 내용은 가맹점에 가입하려는 사람에게는 계약체결의 가부를 판단함에 있어 극히 중요한 자료가 되는 것임에도 그 방면에 대한 경험이 부족하여 전문지식과 축적된 노하우에 의하여 조사된 프랜차이저측의 시장조사 결과를 분석하여 비판하는 것이 쉽지 아니한 점을 고려할 때 그 시장조사 내용이 객관성을 결여하여 가맹점 가입계약 체결 여부에 관한 판단을 그르치게 할 우려가 큰 경우에는 그 프랜차이저는 신의칙상 보호의무 위반의 책임을 면할 수 없다.

#### 4) 물품공급의무

가맹업자는 프랜차이즈 계약을 체결한 가맹상에게 계약에서 지정한 물품을 제

---

190) 대전지방법원 2002. 8. 14. 선고 2001가합9179 판결.

191) 정상조, "프랜차이즈계약의 법적 문제점", 「서울대학교 법학」 제38권 제1호, 서울대학교 법학연구소, 1997, 125면.

공할 의무가 있다. 그런데 가맹상의 계약불이행이 있는 경우 가맹업자의 물품제공 의무가 면제되는지가 문제되는데, 이전의 대금채무를 이행하지 아니한 가맹상에 대하여 가맹업자가 장래 물품공급을 거절하는 것이 상당하다고 이해되는 정도의 의무위반행위가 가맹상에게 있었던 경우에 한하여, 그 위반의 정도에 상응한 한도에서 장래의 물품공급을 거절할 수 있다고 한다.

#### 5) 운영교범에 의한 운영통제의무

프랜차이즈 계약에서는 가맹업자가 제정한 운영교범에 따라 가맹사업을 운영할 것을 규정하고 있다. 가맹점 매뉴얼(manual)이라고 하는 운영교범은 가맹업자가 제품의 통일성과 품질관리 및 명성의 유지를 위하여 가맹점계약에 터잡아 가맹점 운영규칙의 일환으로 제정한 것이므로, 가맹업자가 상품 등을 제조·판매·보관·포장은 물론이고 가맹점계약에 의하여 가맹상에게 부과되어 있는 의무를 구체화하기 위한 내용이 포함될 수 있다.[192] 그리고 가맹업자는 가맹상에게 훌륭한 사업투자가 되도록 연수계획을 제안하거나 입지선정을 돕고, 영업개시 후 상당기간 해당 점포에 훈련된 직원을 파견하여 지도하고 그 이후에는 정기적으로 판매대·점포시설·장비·식품조리법·영업장청결·고객접대방법 등을 지도하여야 한다.

그러나 운영교범에 가맹상이 준수할 수 없는 품질기준이나 관리기준이 있거나, 가맹사업의 이전이나 계약의 갱신에 관하여 지나치게 엄격한 규정으로 인하여 가맹상이 계약위반으로 인한 해지의 위험에 노출될 수 있다. 따라서 가맹업자의 가맹상에 대한 운영통제는 신의성실의 원칙과 권리남용금지의 원리 내에서 이루어져야 한다.[193] 가맹본부가 가맹점사업자와 가맹점계약을 체결함에 있어 가맹점사업자에게 별도의 설명을 하지 아니하여도 충분히 예상할 수 있는 사항까지 명시·설명의무가 가맹본부에 부과되지는 않는다고 한다.[194]

### (2) 경업 및 중복계약체결 금지의무

가맹업자는 다른 약정이 없는 한 가맹상의 영업지역 내에서 동일 또는 유사한 업종의 영업을 하거나, 동일 또는 유사한 업종의 가맹계약을 체결할 수 없다(상 168조의7, 2항). '다른 약정'이란 가맹업자가 경업을 할 수 있도록 허용하는 약정을 말하므로 이러한 약정이 없는 한 예정된 영업권 내에서의 독점은 가맹상의 권리이다.

---

192) 대법원 2005. 6. 9. 선고 2003두7484 판결; 박해식, "가맹사업거래에 있어서 가맹본부의 가맹점에 대한 통제의 한계", 「경쟁법연구」 제12권, 한국경쟁법학회, 2005. 322면.
193) 안동섭, 앞의 논문, 57-58면.
194) 대법원 2005. 6. 9. 선고 2003두7484 판결.

## 2. 가맹상의 의무

### (1) 가맹업자의 영업권 보호의무

가맹상은 가맹업자의 영업에 관한 권리가 침해되지 아니하도록 하여야 한다(상 168조의8, 1항). 가맹사업은 가맹업자의 신용과 명성에 의존하므로 가맹상이 가맹업자의 신용과 명예를 훼손하지 아니할 의무를 부담한다.[195]

### (2) 가맹업자의 영업상 비밀 준수의무

가맹상은 계약이 종료한 후에도 가맹계약과 관련하여 알게 된 가맹업자의 영업상의 비밀을 준수하여야 한다(상법 제168조의8, 2항). '계약이 종료한 후'라 함은 가맹계약기간의 만료뿐만 아니라, 계약기간이라도 중도해지 등으로 계약이 소멸하는 경우도 포함한다. '영업상의 비밀'이라 함은 영업과 관련된 사항으로서 일반인에게 알려지기를 바라지 않는 것을 의미하며, 가맹업자의 영업기술로서 예컨대 고객관리기법과 음식조리법 등이 해당되고, 공개된 비밀도 매뉴얼처럼 내부문서의 형태로 총체적으로 관리될 때에는 영업비밀이 될 수 있다.[196] 가맹계약이 종료된 후에도 가맹상은 가맹계약 존속 중에 알게 된 가맹업자의 영업비밀을 보유하고 있으므로, 이를 활용하거나 제3자에게 누설하지 말 것이 요구된다.

## 3. 가맹업자의 동의에 의한 가맹상의 영업양도

가맹상은 가맹업자의 동의를 받아 그 영업을 양도할 수 있다(상 168조의9, 1항). 그리고 가맹업자는 특별한 사유가 없으면 가맹상의 영업양도에 동의하여야 한다(상 168조의9, 2항). 가맹계약은 고도의 신뢰를 기초로 이루어지는 계속적 계약이므로 가맹상의 동의를 받은 후에만 영업양도를 허용하고 있다. 한편 가맹상이 투자재산을 회수할 수 있도록 원칙적으로 영업양도에 가맹업자는 동의를 하여야 한다. 다만 양수를 하려는 자가 독립적으로 영업을 할 능력이 없다고 판단되는 경우나 가맹업자의 영업권을 침해할 우려가 있는 경우에는 동의를 할 필요가 없다. 가맹상이 영업을 임대하는 경우도 영업양도와 동일하게 해석하여야 할 것이다.

---

195) 이철송, 620면.
196) 이철송, 622면.

### 4. 가맹상의 경업금지의무

상법 제41조 제1항은 '영업을 양도한 경우 다른 약정이 없으면 양도인은 10년간 동일한 특별시·광역시·시·군에서 동종영업을 하지 못한다'라고 규정하고 있는 바, 가맹상에 대한 영업도 여기의 영업에 포함된다. 즉 가맹상의 영업이 양도되면 가맹계약상의 지위와 함께 유기적 일체를 이루는 기능적 영업재산이 양도되므로 특별히 배제하는 규정이 없는 한 상법상 영업양도의 규정(상법 41-45조)이 적용된다고 본다.[197] 따라서 가맹상이 해당 영업을 양도하게 되면 본 조항에 적용을 받아 영업의 양수인에 대하여 다른 약정이 없으면 10년간 일정한 지역에서 경업금지의무를 부담하게 된다. 한편 영업을 양도한 가맹상이 가맹업자에게도 경업금지의무를 부담하는가에 관하여, 상법 제41조를 유추적용하여 경업금지의무가 있다는 견해[198]가 있으나 가맹업자가 영업양수인처럼 보호를 받아야 한다고 설명할 근거를 찾기 어려워 부정하는 것이 타당해 보인다.[199]

## 제 7. 제3자에 대한 책임

### 1. 원 칙

독립된 상인인 가맹상이 상품이나 서비스를 유통시키는 과정에서 거래상대방에게 손해를 입힌 경우, 가맹상이 그 손해에 대하여 채무불이행책임 또는 불법행위책임을 질뿐이고, 가맹업자는 원칙적으로 책임을 지지 않는다.

### 2. 예 외

#### (1) 명의대여자책임

가맹거래에서 가맹업자가 가맹상에게 자기의 상호 등을 사용하도록 허락하였고 가맹업자 명의로 영업을 하므로 가맹상의 영업에 관하여 가맹상과 연대하여 상법 제24조의 명의대여자책임을 부담할 수 있다.[200]

---

197) 정찬형, 416면.
198) 유시창, 278면.
199) 이철송, 625면.
200) 이철송, 625면. 명의대여자책임을 인정하기 어렵나는 견해도 있다(최준선, 450면).

(2) 사용자책임

가맹상이 가맹업자의 피용인이 아니므로 가맹상의 불법행위에 대하여 원칙적으로 가맹업자가 불법행위책임을 지지 아니한다. 다만 가맹업자가 가맹상의 영업에서의 품질기준이나 영업방식을 지정하고, 약관이 정하는 바에 따라 교육, 경영지원 등을 하는데 그 강도에 따라서 가맹업자를 사용자로 보고 사용자책임을 물을 수 있을 것이다.[201]

(3) 제조물책임

가맹업자가 상품의 제조자인 경우에 제조물책임의 법리에 의하여 가맹업자는 제3자에 대하여 책임을 질 수 있다.[202]

## 제 8. 가맹계약의 해지

가맹계약상 존속기간에 대한 약정의 유무와 관계없이 부득이한 사정이 있으면 각 당사자는 상당한 기간을 정하여 예고한 후 가맹계약을 해지할 수 있다(상 168조의10). 가맹계약은 당사자 간의 신뢰를 바탕으로 이루어지는데 이러한 신뢰에 반하는 부득이한 사정이 있는 경우에는 각 당사자는 계약을 해지할 수 있으며, 다만 가맹계약이 계속적 계약의 성질을 갖기 때문에 상당기간을 정하여 예고한 후에 해지할 수 있도록 하였다.

부득이한 사정이라 함은 가맹상이 특정한 품질기준이나 영업방식을 준수하지 아니하는 경우 또는 가맹업자가 가맹상이 영업지역에 동일·유사한 영업을 직접 수행하거나 제3자와 동일·유사한 업종의 가맹계약을 체결하는 경우 등이 해당될 것이다.[203]

201) 이철송, 625면.
202) 최준선, 450면.
203) 정찬형, 417면.

# 제10절 채권매입업

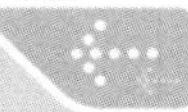

## 제 1. 의 의

타인이 물건・유가증권의 판매, 용역의 제공 등에 의하여 취득하였거나 취득할 영업상의 채권을 매입하여 회수하는 영업을 채권매입업이라고 하며, 팩토링(factoring)이라고도 한다. 팩토링은 채권매입업자(팩토링회사; factor)가 채권매입계약의 채무자(거래기업; client)로부터 그 영업에서 발생한 현재나 장래의 외상매출채권을 일괄하여 매수하고 거래기업을 대신하여 그 영업채무의 채무자(제3채무자; customer)로부터 매출채권을 추심함과 아울러 거래기업에게 금융, 회계관리, 경영정보 등을 인수하는 것을 말한다.

## 제 2. 기능과 종류

### 1. 기 능

#### (1) 금융제공

채권매입업자가 매출채권에 대한 대금을 거래기업에게 변제기가 도래하기 전에 지급함으로써 기업의 필요한 자금을 마련해주는 신용제공기능을 수행한다.

#### (2) 위험인수

채권매입업자가 제3채무자로부터 채권추심을 하지 못하더라도 거래기업(client)에 대하여 상환청구를 하지 않는 조건으로 매출채권을 매입하게 되는 경우에는(진정팩토링), 채권매입업자가 매출채권회수 불이행의 위험을 인수하게 된다.

#### (3) 서비스제공

채권매입업자는 거래기업으로부터 채권을 매수하여 제3채무자에게 지급독촉 및 추심을 하고 세금계산 등의 업무를 처리한다. 또 지급상황에 나쁜 고객에 대한 정보를 거래기업에 제공하여 그러한 고객과의 거래나 상품공급을 중단하도록 촉구한다.

### 2. 종 류

#### (1) 상환청구권 유무

제3채무자(customer)가 지급불능인 경우에 거래기업(client)에 대하여 상환청구를 할 수 없는 진정채권매입업(factoring without recourse)과 상환청구가 가능한 부진정채권매입업(factoring with recourse)으로 나눌 수 있다. 부진정팩토링은 채무자의 지급능력을 보증하지 않는 것이다. 당사자간에 특약이 없는 한 채권매입업자는 영업채권의 채무자에게 상환청구권을 갖는 부진정팩토링이 원칙이다(상 168조의 12).

#### (2) 채권양도통지 유무

거래기업이 매출채권을 채권매입업자에게 양도할 때, 이를 채무자에게 통지하는 통지식 채권매입업(notification factoring)과 통지를 하지 않는 비통지식 채권매입업(non-notification factoring)으로 분류된다. 전자를 공연한 채권매입업, 후자를 묵시적 채권매입업이라고도 한다.

#### (3) 선급 유무

채권매입업자가 거래기업에게 매출채권의 변제기 전에 매출채권의 대가를 미리 지급하는 선급채권매입업(advance factoring)과 변제기에 지급하는 만기채권매입업(maturity factoring)으로 구별된다.

## 제 3. 채권매입업의 구조

① 채권매입업자와 거래기업 사이에 채권매입계약을 체결한다.

② 채권매입업자는 신용위험을 피하기 위하여 거래기업의 채무자(customer)에 대한 신용조사를 하여 거래기업에 통지한다.

③ 거래기업은 채권매입업자로부터 통지받은 거래기업의 채무자의 신용상태를 감안하여 물건판매거래를 한다.

④ 거래기업은 외상매출채권을 채권매입업자에게 양도한다.

⑤ 거래기업은 외상매출채권의 변제기 전에 채권매입업자로터 외상채권대금을 선급받는다.

⑥ 채권매입업자는 거래기업을 위하여 외상매출채권의 회수와 관련하여 회계, 장부정리, 세금 등 기타 서비스를 제공한다.

⑦ 채권매입업자는 변제기에 제3채무자로부터 채권을 변제받는다.

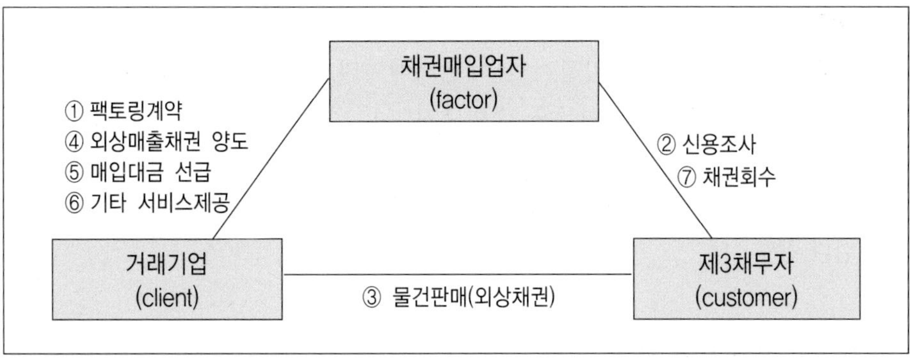


## 제 4. 채권매입의 법적 성질

채권매입계약은 거래기업의 채무자에 대한 매출채권을 채권매입업자에게 양도하는 것을 요소로 하고 있는데, 이러한 채권양도가 어떤 성질을 갖는가에 대하여는 채권매입업자에게 상환청구권이 인정되는지 여부에 따라 달라진다.

### 1. 상환청구권이 없는 채권매입

채권매입업자가 신용위험을 부담하므로 제3채무자가 자력부족으로 외상채권이 지급불능이 되더라도 거래기업이 상환의무를 부담하지 아니한다. 채권매입업자는 사전에 채권의 가치를 충분히 조사하여 매입을 결정할 것이므로 그 대가로 지급한 선급금은 거래기업에 귀속되고 채권채무관계는 남지 않는바, 그 성질은 채권의 매매이다.

### 2. 상환청구권이 있는 채권매입

#### (1) 채권매매설

채권매매설은 상환청구권의 유무를 불문하고 채권매입에 의한 채권양도는 채권매매의 이행행위라고 본다.[204)]

#### (2) 소비대차설

소비대차설은 상환청구권이 있는 채권매입의 경우에 채권매입업자가 선급금융의 형태로 비전형적인 소비대차계약을 체결하여 금융을 제공한다고 한다.[205)]

---

204) 정찬형, 423년.

(3) 혼합계약설

채권매입계약은 첫째로 일괄적인 채권매매이며, 둘째로 채권의 매수대금은 변제기 전에 추심하는 계약이므로 소비대차이고, 셋째로 채권의 포괄적인 관리를 위탁하는 위임이면서, 판매와 생산에 관한 업무를 대행하는 계속적인 사무처리계약이다. 따라서 채권매매, 소비대차, 위임, 사무처리 등이 혼합된 무명계약이라고 한다.[206)]

## 제5. 채권매입의 법률관계

### 1. 채권 양도

채권매입계약으로 인하여 거래기업의 불특정 다수의 채권이 채권매입업자에게 양도된다. 따라서 양도가 가능한 채권이어야 하며, 장래의 채권도 양도의 대상이 된다. 채권양도는 개별적으로 또는 포괄적으로 할 수 있다. 채권매입업자가 양수받은 매출채권을 추심하는 것은 변호사법 제112조 제1호에 해당되지 않는다.[207)]

**대법원 1994. 4. 12. 선고 93도1735 판결**

변호사법 제79조 제1호(현행 변호사법 제112조 제1호)는 타인의 권리를 양수하거나 양수를 가장하여 소송, 조정 또는 화해 기타의 방법으로 그 권리를 실행함을 업으로 하는 자를 처벌하고 있는바, 이는 법률에 밝은 자가 업으로서 타인의 권리를 유상 또는 무상으로 양수하여 이를 실행하기 위하여 법원을 이용하여 소송, 조정 또는 화해 기타의 수단을 취하는 것을 금지함으로써 남소의 폐단을 방지하려는데 있으므로, 이 사건에서 원심이 적법히 확정한 바와 같이 피고인이 대표이사로 있는 공소외 1회사가 타인의 기존의 권리를 양수한 것이 아니고 물품할부판매계약의 성립단계에서부터 금융을 제공하는 당사자로서 개입하여 사실상채 권발생과 동시에 채권양도가 이루어지고 타인의권리를 양수한다고 하더라도 당초부터 소송을 하는것을 주된 목적으로 하지 아니할 뿐 아니라, 소송 등의 수단에 의한것이 다수의 양수권리 중 적은 일부에 지나지 아니하여 계속적,반복적으로소송을 할것을 예정하고

205) 최기원, 450면 ; 정동윤, 314-4면.
206) 이철송, 634-5면 ; 최준선, 455면.
207) 대법원 1994. 4. 12. 선고 93도1735 판결.

있었다고 보기 어려운 경우등은 이에해당하지 아니한다고 봄이 상당하다 할 것인 바, 같은취지에서 한 원심의 판단은 정당하고 거기에 소론과 같은 변호사법 제79조 제1호의 법리오해의 위법이 없다.

## 2. 채권양도의 통지

(1) 지명채권의 양도는 양도인이 채무자에게 통지하거나 채무자가 승낙하지 아니하면 채무자, 기타 제3자에게 대항하지 못하므로(민 450조 1), 채권매입에 있어서 채권양도인(거래기업)은 제3채무자(customer)에 대하여 채권매입업자(factor)에 대한 채권양도를 통지하여야 한다. 통상 채권매입업자가 거래기업으로부터 제3채무자가 이의 없이 채권양도를 승낙하였다는 취지의 확정일자서면을 받기 때문에, 채권매입업자가 제3채무자로부터 항변을 받을 염려가 없다.

이때 제3채무자는 양도통지를 받은 때까지 거래기업에 대하여 갖는 항변사유로써 채권매입업자에게 대항할 수 있다. 그러나 제3채무자가 이의 없이 채권양도를 승낙한 경우에는 거래기업에 대항할 수 있는 사유로써 채권매입업자에게 대항하지 못한다.[208)]

(2) 제3채무자가 거래기업에 대하여 가지고 있는 채권(자동채권)으로써 채권매입업자의 채권추심에 대하여 상계항변을 할 수 있는지가 문제된다.

1) 제3채무자가 이의를 보류하지 않고 채권양도를 승낙한 경우에는, 채권매입업자의 매출채권(수동채권)의 추심에 대하여 제3채무자가 자동채권으로 상계주장을 할 수 없다.

2) 매출채권(수동채권)의 포괄적 양도 이후에 제3채무자의 거래기업에 대한 채권(자동채권)이 성립한 경우에는, 채권매입업자의 채권추심에 대하여 제3채무자가 자동채권과의 상계주장을 할 수 없다(민 451조 2항 반대해석).

(3) 거래기업은 채권매입업자에 대하여 매출채권을 양도함에 있어서 매출채권이 유효하게 성립한 점과 상품위험을 담보하므로, 채권매입업자는 제3채무자로부터 이에 대한 항변의 대항을 받지 않는다.[209)]

---

208) 정찬형, 425면.
209) 최준선, 456면 ; 정찬형, 425면.

## 3. 채권매입업자의 상환청구

영업채권의 채무자(customer)가 그 채무를 이행하지 아니하는 경우 채권매입업자는 채권매입계약의 채무자에게 그 영업채권액의 상환을 청구할 수 있다(상 168조의12 본문). 다만 채권매입계약에서 다르게 정한 경우에는 그러하지 아니하다(상 168조의12, 단서).

# 판례 색인


대법원 1962. 12. 27. 선고 62다660 판결 312
대법원 1965. 8. 31. 선고 65다1156 판결 58
대법원 1967. 5. 16. 선고 67다311 판결 45
대법원 1969. 3. 31. 선고 68다2270 판결 161
대법원 1970. 10. 23. 선고 70다1985 판결 (출고지시서) 301
대법원 1975. 5. 27. 선고 74다1366 판결 198
대법원 1976. 1. 27. 선고 75다1606 판결 277
대법원 1976. 7. 13. 선고 76다860 판결 116
대법원 1976. 9. 28. 선고 76다955 판결 156
대법원 1977. 2. 8. 선고 75다1732 판결 424
대법원 1978. 9. 26. 선고 78다1376 판결 432
대법원 1978. 12. 13. 선고 78다1567 판결(영업소 실질 부정) 108
대법원 1978. 12. 26. 선고 78도2131 판결 94
대법원 1982. 2. 23. 선고 81도2619 판결 361
대법원 1982. 12. 28. 선고 82다카887 판결 163
대법원 1983. 11. 8. 선고 83다카1476 판결 273
대법원 1983. 2. 8. 선고 82다카1275 판결 44
대법원 1983. 3. 22. 선고 82다카1533 전원합의체 판결 397
대법원 1983. 3. 22. 선고 82다카1852 판결 166
대법원 1983. 6. 14. 선고 80다3231 판결 42
대법원 1985. 10. 8. 선고 85누542 판결 45
대법원 1986. 12. 23 선고 85다카551 판결 56
대법원 1987. 6. 23. 선고 86다카2107 판결 60, 371
대법원 1987. 7. 21. 선고 86다카2446 판결 288
대법원 1987. 10. 13. 선고 85다1080 판결 375
대법원 1988. 2. 9. 선고 87다카1304 판결 162
대법원 1989. 5. 23. 선고 89다카3677 판결 104
대법원 1989. 9. 12. 선고 88다카26390 판결 158
대법원 1989. 10. 10. 선고 88다카8354 판결 156
대법원 1989. 10. 24. 선고 88다카20774 판결 297
대법원 1989. 12. 26. 선고 88다카10128 판결 222
대법원 1990. 4. 10. 선고 89다카20252 판결 45
대법원 1991. 4. 9. 선고 90다18968 판결 348
대법원 1991. 5. 24. 선고 90다14416 판결 356
대법원 1991. 7. 23. 선고 91다12165 판결 414
대법원 1991. 8. 23. 선고 91다15409 판결 394
대법원 1991. 8. 27. 선고 91다8012 판결 371
대법원 1991. 12. 10. 선고 91다14123 판결 44
대법원 1992. 2. 25. 선고 91다30026 판결 387
대법원 1993. 2. 26. 선고 92다46684 판결 415
대법원 1993. 7. 13. 선고 92다49492 판결 145
대법원 1993. 12. 10. 선고 93다36974 판결 106
대법원 1994. 4. 12. 선고 93도1735 판결 464
대법원 1994. 4. 26. 선고 93다62539 판결 272
대법원 1994. 4. 29. 선고 93다54842 판결 72
대법원 1994. 6. 28. 선고 93다33173 판결 214
대법원 1995. 7. 14. 선고 94다20198 판결 206
대법원 1996. 1. 23. 선고 95다39854 판결 256
대법원 1996. 7. 12. 선고 95다41161 · 41178 판결 266
대법원 1996. 8. 23. 선고 95다39472 판결 93
대법원 1996. 10. 15. 선고 96다24637 판결 141
대법원 1996. 10. 25. 선고 94다41935 판결 251
대법원 1996. 12. 23. 선고 96다37985 판결 220
대법원 1997. 3. 25. 선고 96다51271 판결 339
대법원 1997. 4. 25. 선고 96누19314 판결 210
대법원 1997. 8. 26. 선고 96다36753 판결 98
대법원 1997. 11. 25. 선고 97다35085 판결 206, 207
대법원 1997. 11. 28. 선고 97다26098 판결 438
대법원 1998. 3. 13. 선고 97다6919 판결 276
대법원 1998. 8. 21. 선고 97다6704 판결(영업소의 실질 인정) 109
대법원 1998. 10. 13. 선고 97다43819 판결 124

대법원 1998. 12. 8. 선고 98다37507 판결 420
대법원 1999. 1. 29. 선고 98다1584 판결 291
대법원 1999. 1. 29. 선고 98다48903 판결 264
대법원 1999. 2. 5. 선고 97다26593 판결 331
대법원 1999. 3. 9. 선고 97다7721 · 7738 판결 101
대법원 1999. 7. 13. 선고 99다8711 판결 372
대법원 2001. 3. 9. 선고 2000다67235 판결 50
대법원 2001. 4. 24. 선고 2001다6237 판결 255
대법원 2001. 11. 13. 선고 2000다18608 판결 214
대법원 2002. 2. 26. 선고 2001다73879 판결 142, 144
대법원 2003. 1. 10. 선고 2000다34426 판결 352
대법원 2003. 4. 8. 선고 2001다38593 판결 284
대법원 2004. 2. 27. 선고 2002다19797 판결 196
대법원 2004. 3. 26. 선고 2001다72081 판결 137, 150
대법원 2004. 3. 26. 선고 2003다34045 판결 272
대법원 2004. 7. 22. 선고 2001다58269 판결 397
대법원 2004. 10. 28. 선고 2004다10213 판결 205
대법원 2005. 11. 10. 선고 2004다22742 판결 255
대법원 2006. 2. 10. 선고 2004다70475 판결 84
대법원 2006. 6. 15. 선고 2006다13117 판결 112
대법원 2006. 11. 23. 선고 2006다10989 판결 254
대법원 2007. 4. 26. 선고 2005다5058 판결 364, 378
대법원 2007. 7. 26. 자 2006마334 결정 73
대법원 2007. 8. 23. 선고 2007다23425 판결 114
대법원 2008. 1. 24. 선고 2006다21330 판결 163
대법원 2008. 2. 14. 선고 2006다47585 판결 299
대법원 2008. 4. 10. 선고 2007다91251 판결 253
대법원 2008. 4. 11. 선고 2007다89722 판결 204
대법원 2008. 5. 29. 선고 2005다6297 판결 353
대법원 2008. 10. 23. 선고 2008다46555 판결 159
대법원 2008. 12. 11. 선고 2006다54378 판결 248
대법원 2008. 12. 15. 자 2007마1154 결정 185
대법원 2009. 1. 15. 선고 2007다17123 · 17130 판결 208, 223
대법원 2009. 5. 28. 선고 2009다9294 · 9300 판결 49
대법원 2009. 7. 9. 선고 2009다15565 판결 285
대법원 2009. 12. 10. 선고 2009다61803 · 61810 판결 49
대법원 2010. 1. 14. 선고 2007다55477 판결 269
대법원 2010. 5. 27. 선고 2007다8044 판결 218
대법원 2010. 11. 11. 선고 2010다26769 판결 226
대법원 2010. 12. 9. 선고 2009다60305 판결 52
대법원 2011. 7. 14. 선고 2011다31645 판결 362
대법원 2011. 7. 28. 선고 2010다70018 판결 199
대법원 2011. 11. 24. 선고 2010도5014 판결 318
대법원 2011. 12. 8. 선고 2009다25111 판결 254
대법원 2012. 3. 29. 선고 2010다16199 판결 448
대법원 2012. 4. 13. 선고 2011다104246 판결 81
대법원 2012. 12. 13. 선고 2011다69770 판결 113
대법원 2013. 2. 14. 선고 2011다28342 판결 338
대법원 2013. 2. 28. 선고 2010다57350 판결 259
대법원 2013. 2. 28. 선고 2011다79838 판결 111
대법원 2013. 9. 26. 선고 2013다36392 판결 164
대법원 2014. 9. 4 선고 2012다204808 판결 55
대법원 2015. 5. 28. 선고 2014다88215 판결 365
대법원 2015. 9. 10. 선고 2014다80440 판결 216

서울민사지법 1991. 3. 20. 선고 90나24290 판결 423
부산지방법원 2007. 1. 25. 선고 2005나10743 판결 349
대구고등법원 1977. 4. 22. 선고 76나665 제2민사부판결 425
대전지법 2002. 8. 14 선고 2001가합9179 판결 456

# 사항 색인


ㄱ

가도 386
가맹상 451
——의 의무 458
가맹업 449
가맹업자 450
———의 의무 455
개별약정 우선의 원칙 50
개업준비행위시설 80
개인상인 133
개입권 120, 357, 377
개입의무 347
견품(見品)보관의무 345
결약서(結約書)교부의무 345
겸직금지의무 121
경매권 282, 433
경업금지의무 118, 215, 332
경영관리계약 231
경영위임 230
경제법 30
계약설 47
고가물에 대한 특칙 370, 392, 423
공급자 440, 446
공동지배인 102
공법인 84
공시주의 37
공익법인 83
공정거래위원회 53
공중접객업 418
공중접객업자 419
공탁권 281
권리남용설 100
금융리스 438
금융리스업 435
금융리스업자 445
기명증권 296
기본적 상행위 240
기업법설 24
기업조직인식시설 80

ㄴ

낙부(諾否)통지의무 263
노동법 31
능동대리 103

ㄷ

다수당사자의 채무 275
단기소멸시효 370, 398, 426, 431
당연상인 71
대리상 329
대차대조표 177
동일상호등기 배척권 148
등기관 184
등기말소청구권 147
등기법설 136, 150
등기소 184
——의 심사권 185

ㄹ

리스 435
리스업자 443
리스이용자 440, 443
리스회사 440

ㅁ

마스터 선하증권 367
매도인의 공탁·경매권 280
매도인의 보관·공탁의무 291
면책약관 396
면책증권 300
명의대여자책임 155, 459
목적물 검사와 하자 통지의무 286
무기명증권 298
무상수치인의 주의의무 272
무선박운항자 367
무인증권 298
무한책임조합원 321
문언증권 299
문언증권성 402
물건보관의무 265
물건운송 384
물건판매점포사용인 115
물권증권 296
미성년자 85
민법의 상화 29
민사회사 77
민상이법 통일론 27

ㅂ

법정이자청구권 269
법조경합설 395
보상청구권 336, 348, 373
보조적 상행위 246
보증도 386
보증인의 연대책임 278
보충적 효력설 60
보통거래약관 46
부분운송주선 380
부분적 포괄대리권을 가진 사용인 110
부실등기의 효력 195
부진정채권매입업 462
불명확조항 해석의 원칙 51
비문언증권 299
비설권증권 299
비영리법인 83
비통지식 채권매입업 462
비현명주의 249

ㅅ

사실인 상관습 40
사업형 프랜차이즈 452
사용자책임 460
사원권증권 296
상관습법 40
상관습조약 34
상대적 등기사항 182
상법 21
——의 대상 23
——의 법원 39
——의 이념 34
——의 자주성 29
——의 지위 27
——의 특성 33
——의 효력 63
상사매매의 특칙 280
상사 법정이율 271
상사시효 252
상사자치법 46
상사조약 34, 40
상사특별법 39
상업등기 180
————의 공신력 194
————의 추정력 193
————의 효력 187
상업등기사항 181
상업등기절차 183
상업사용인 90
————의 의무 117

상업장부 169
———의 의의 172
상인 69
——의 보수청구권 267
상인법주의 69
상인자격 79
상행위법주의 70
상행위의 대리 249
상호 127
——의 가등기 134
——의 폐지 154
상호가등기의 효력 136
상호계산 302
———의 효력 305
상호계산기간 304
상호계산능력 304
상호계산불가분의 원칙 305
상호권의 변동 151
상호권의 보호 138
상호단일의 원칙 132
상호부금 245
상호사용권 139
상호사용폐지청구권 146
상호양도 151
상호자유주의 129
상호전용권 136, 140
상호진실주의 130
선결례구속의 원칙 56
선택무기명증권 298
설권증권 299
설비상인 76
성명·상호 묵비(黙秘)의무 347
소극적 공시의 원칙 187
소상인 78
수동대리 104
수하인의 지위 399
순리스 439
순차운송주선 379
신의성실의 원칙 49
실질적 의의의 상법 23
실체법설 137, 150
심리유보설 100
쌍방적 중개계약 344

ㅇ

업무집행조합원 325, 327
여객운송 412
여객운송인의 권리 417
여객운송인의 책임 413
영업능력 85
영업비밀준수의무 333
영업소 122
———의 실질 107
영업양도 201
영업의 담보 232
영업의 임대차 228
영업의 제한 88
영업자 311
영업재산양도설 203
외관주의 37
요인증권성 402
운송업 382
운송인 383
운송주선업 362
운송주선인 363
————의 권리 373
————의 의무 368
운영교범 457
운용리스 438
위탁매매업 350
위탁매매인 351
————의 권리 357
유가증권 294
유인증권 298
유질계약 256

유치권 335, 360, 376
유한책임조합원 322, 325, 327
의제상인 76
2세대 가맹계약 454
이익형량설 101
이행담보책임 355
익명조합 310
———의 종료 317
———의 효력 313
익명조합원 311
————의 감시권 314
일반기업회계기준 171
일반 상사유치권 257
일방적 중개계약 344
1세대 가맹계약 454

ㅈ

잔액채권 306
재판적 125
적극적 공시의 원칙 189
절대적 등기사항 182
절대적 상행위 249
제조물책임 460
제한적 해석의 원칙 51
조리 57
——의 법원성 57
조합형 프랜차이즈 454
준상행위 246
준위탁매매인 362
중간법인 83
중간운송주선 380
중개대리상 339
중개업 342
중개인 342
——의 권리 348
중개인 일기장 346
중소기업회계기준 171
증거증권 300
지배권 96
——의 남용 100
지배인 93
지시증권 297
지정가액준수의무 354
지정운임준수의무 368
진정채권매입업 462

ㅊ

창고업 427
창고업자 428, 429
———의 권리 433
창고증권 433
채권매입업 461
채권증권 295
청구권경합설 395
청약의 효력 261
체당금의 이자청구권 270
체약대리상 339
총리스 439

ㅌ

통지수령권 339
통지식 채권매입업 462
통지의무 332
특별 상사유치권 258

ㅍ

팩토링 461
표준약관 54
표현지배인 105
프랜차이즈 449
피성년후견인 87
피한정후견인 86

ㅎ

하도지시서 433
하수운송주선 379
하우스 선하증권 367
한국소비자원 53
한국채택 국제기업회계기준 170
합자조합 319
협의의 경영위임 230
형식적 의의의 상법 22
혼재운송계약 375
혼합계약 453
화물상환증 400
——의 물권적 효력 405
——의 채권적 효력 402
——의 효력 402
화물상환증 발행의무 384
확정기 매매 284
확정기(確定期)매매의 해제 283
확정운임 운송주선계약 374
회사 82, 133
회계장부 176

## 최 정 식

**[ 저자약력 ]**

서울대학교 법과대학 · 대학원(법학석사)
연세대학교 대학원(법학박사)
UC Berkeley School of Law, Visiting Scholar
변호사 · 변리사

중앙병무청 행정심판위원회 위원
서울지방변호사회 인권위원회 위원
대한주택보증보험(주) 법률고문
한국주택금융공사 사업자보증심사위원회 자문위원
한국상사법학회 · 한국기업법학회 · 한국상사판례학회 · 한국증권법학회 이사
서울 남부지방검찰청 범죄피해구조심의회 위원
서울 남부지방검찰청 형사상고심의회 위원장
법무부 증권관련집단소송 개정위원회 위원
서울 남부지방법원 조정위원
법제처 법제자문관
법무법인 청솔 대표변호사
숭실대학교 법과대학 학장
**현)** 숭실대학교 법학연구소 소장
숭실대학교 법과대학 교수

**[ 저 서 ]**

증권집단소송법의 이해(삼영사, 2009, 문체부 우수학술도서)
어음 · 수표법(삼영사, 2013)
보험 · 해상법(삼영사, 2014)

저자와의
협의하에
인지생략

# 상법총칙 · 상행위법

2019년 2월 25일 1판 1쇄 인쇄
2019년 3월 2일 1판 1쇄 발행

저 자 최 정 식
발행인 고 성 익
조 판 해 인 기 획

05027
발행처 서울특별시 광진구 아차산로 335 삼영빌딩
도서출판 三 英 社
등 록 1972년 4월 27일 제 2013-21호
전 화 737-1052 · 734-8979 FAX.739-2386



정가 29,000 원

ISBN 978-89-445-0045-9-93360